UNE HISTOIRE DU PARADIS

Jean Delumeau

ジャン・ドリュモー

西澤文昭・永見文雄◆訳

楽園の歴史 III

QUE RESTE-T-IL DU PARADIS?

喜びへの希望

新評論

ファン・エイク兄弟「神秘の子羊」1432年、ゲント（ベルギー）、聖バヴォン教会。開かれた多翼祭壇画。「天国」を決定づけた奇蹟の作品（本文21頁）

はじめに——「希望の歴史」

「誰がわれわれに幸福を見せてくれるのか、と多くの人が問う」（『詩篇』四章、七節）。私は幸福を見せることができただろうか。それは読者の判断にお任せする。しかしながら、私の計画はより慎ましくより学問的なものだった。すなわち二十七年前に始まった研究〔本書『喜びへの希望』は二〇〇〇年刊行〕に論理的結論を与えることである。事実、ずっと昔から、その「歴史的対象」は研究されることを、とりわけ相互の継続において解明されることを待っていたし、私は長い探求を通じてそれをなそうとした。最初の「対象」は「恐怖」だった（『恐怖心の歴史』一九七八〔邦訳一九九七〕年、『罪と恐れ』一九八三〔邦訳二〇〇四〕年）。ふたつ目は「安全という感情」だった（『安心と加護』一九八九年〔邦訳未刊〕、『告白と許し』一九九〇〔邦訳二〇〇〇〕年）。三つ目を私は『楽園の歴史』と名づけて、その三部作の中で順に、エデンの園に対する絶えることのないノスタルジー（第Ⅰ巻『地上の楽園』一九九二〔邦訳二〇〇〇〕年）と、エデンの園を未来に再出現させる試み（第Ⅱ巻『千年の幸福』一九九五〔邦訳二〇〇六〕年）について、そして最後に——本書第Ⅲ巻において——永遠の喜びへの希望について研究した。

「恐怖」をめぐる著作に直接応えるこの「安全という感情」と「天国」については、私がすぐに研究を発表しなかったためにしばしば批判を受けた。しかし遅れた理由は簡単である。時間を要するいうことだ。こうした本を書くために必要な資料を集め、まとめるには、多くの時間がかかる。また、探求の順序はおのずから定まると私には思えた。「天国」から始めて「恐怖」で終えることなど考えられようか。そうではなく、「恐怖」から「安全という感情」に、次に「安全という感情」から「幸福への希望」へと導かれるのが、段階的な解釈の筋道というものだ。

この新たな著作はおそらく、かつて十分に研究されたことのない過去の広範な部分を明らかにするという、何にもまして歴史学の仕事である。『天国の何が残っているのか』という〔原著の〕タイトルは、しかしながら、われわれの同時代人の不安のこもった問いかけを表している。この不安は私自身のものでもあり、ゆえに私は歴史が提供する史料によってその不安を明らかにしようと試みたのである。そうすることによって、私はかつてリュシアン・フェーヴル〔一八七八－一九五六、フランスの歴史家。アナール学派の創立に貢献した。『ラブレーの宗教－十六世紀おける不信仰の問題』〕が表明した確信の正しさをもう一度あらためて確かめることができた。「歴史家は時代の関心事を心に入れて問いを立てる」ということを。

私は本書においてキリスト教の天国についてのみ言及する。それにはふたつの理由がある。第一の理由は、これまで私が試みた「恐怖」や「安全という感情」の研究に対しても同じ制限を設けたからである。またそれに続く『楽園の歴史』の第Ⅰ巻と第Ⅱ巻、つまり、ある人々が地上に再生することを願っていた（あるいは今でもなお願っている）原罪の悪も不幸もない土地についても、同様の制限を設けたからである。第二の理由は、よく知らない他の文明世界に乗り出すことはいかにも不用意であるからだ。来世（死後世界）の永遠の幸福へのキリスト教徒の期待は、それひとつでも大きな主題を構成する。そこから生じた希望は、非常に長期にわたりわれわれの文明全体を支えてきたのであり、これは十分に言われてこなかったことだが、その希望は、しばしばとても美しいやり方で表現されたのである。

本書で私は、一般に受け入れられている見解に反論するつもりである。キリスト教文学と図像学は天国よりも地獄を見事に描き出したとよく言われる。すなわち、絵画的奇抜さは地獄の表現の方にあり、みすぼらしさ、単調さ、退屈さは天国の表現の方にあるとされている。確かに説教師たちは、「言葉で表しえない実態」[1]についてはあまりに具体的かつ人間的な記述を避け、対して地獄については地上の生活がまとうようなありとあらゆる恐ろしさをたやすく――それも飽きることなく――記述することができた。最後の審判の図像学においても、天使に迎え入れられる選ばれた者たちの平和な行列より、悪魔的場面の方に人々の関心が注がれたのである。しかしダンテ〔一二六五－一三二一、イタリアの詩人。『神曲』はトスカーナ方言で書かれた作品〕の「天国篇」は、「地獄篇」や「煉獄篇」の成功をもたらした彩り豊かで斬新な表現と同等の、驚くべき詩的創造がそのスタイルの中に反映されているのがわかる。

書物と図像における天国表現の豊かさは、長いあいだキリスト教の歴史とともにあった。しかし、その豊かさを測るには、膨大で体系的な典礼に関わる賛歌、幻視の記述、神秘的文献、とりわけ幸福の国に確実に到達するという希望について語られたさまざまな主題と信仰を考慮に入れなければならない。とくにカトリックの典礼には、日々「グロリア」〔「栄光あれ」の意。栄光の賛歌〕と「サンクトゥス」〔感謝の賛歌〕によって現実化される天国のテーマが入り込んでいることがわかる。暦はクリスマス（地上における一日だけの天国の日）から万聖節（選ばれた者たちの祝日）へとひとつの流れを進むが、そのあいだには復活祭（天の門を開けた救い主の復活）、主の昇天祝日（イエスの昇天）、聖霊降臨祭（神の知恵が使徒に下る）、そして聖母被昇天（マリアの天国への移動）が並んでいる。

最後の審判における地獄の表現に目を張りづけにした結果、明らかに一望の下にまとめられるべき表現についてはばらばらの区画に位置されることになった。天のエルサレムや永遠の緑の平原といった表現はもちろんのこと、万聖節、天の宮廷と奏楽の天使たち、マリアの戴冠、クリスマス――地上の生活の単調さと悲しみを中断する天国の挿入――あるいは十七、八世紀バロック芸術のお気に入りのテーマ、すなわち聖母の被昇天、イエスの昇天、雲の裂け目から入場する聖人たちの永遠の「栄光」といった表現もそうである。さらに、天国の一部をなすものとしての建築、ステンドグラスあるいは装飾――バロック時代には眼を眩ますほどの――によって意匠を与えられた教会に関わる概念がこれらに付け加えられなければならない。

このように、キリスト教内部の天国をめぐるテーマの集合は、教会内部の真の次元における大規模な企てであり、ほとんど尽きることのない研究テーマであったのだ。その構成要素をあげるという右の一事だけで、これほど重要な主題を無視することが歴史的にどれほど不当なことだったかが明らかになる。『煉獄の誕生』（一九八一年）の最後でジャック・ル・ゴフ〔一九二四－二〇一四、アナール派第三世代を代表する歴史家〕は次のように書いた。「（カトリックの来世〝死後世界〟における「第三の場」――煉獄――を説明する）駆動し構成する要素は天国ではなかったかと問うてみることもできるのではないか。歴史家たちの関心を引くことはほとんどなかった天国、それは私の史料を参照すると、言われたほど色褪せてもいなければ単調でもないのである」[2]。ジャック・ル・ゴフはこうした言い方で正しくも問いを発したのであり、私は今回の本でその問いに答える。というのも、この本はキリスト教の天国の復権を、また天国を生み出させたあらゆるジャンルの作品が持つ美しさと多様性の復権を、そしてもちろんのこと、これらの作品の構想を可能にした宗教的インスピレーションの復権を目指しているからである。

そうなると、来世の幸福に関する本書の展望と私が以前の研究のいくつかで強調した暗い展望とのあいだに矛盾を見つける必要があるだろうか。とんでもない。そんな必要はない。今日われわれの目に相反すると見えるこの宗教的なふたつの言説は、かつては長いあいだ共存していたのである。天国の美しさを最大限の華やかさで称えるとともに、「滅びの塊《マース・ド・ペルディシオン》」〔大量の破滅する者たち〕という聖アウグスティヌス〔ヒッポの司教と呼ばれる。三五四―四三〇、初期キリスト教会の教父、哲学者〕の教義を教えることもありえたのである。ひとつの例としてイェレミアス・ドレクセル〔一五八一―一六三八、ドイツの著作家、説教家〕の例をあげてみよう。ドレクセルは十七世紀ドイツのイエズス会士で、その著作は国を超えて評判の書となった。ドレクセルは六百四十頁の大著『天国の喜び一覧』を著した。これはわれわれにとって興味深い書だが、[3] さらにもう一冊、『地獄の厳罰《インフェルヌス・ダムナトルム・カルケール・エト・ログス・》一覧《アエティニタティス》』も書いていて、その中で、呪われた者の数は一千億人としている。[4] ドレクセルと他の多くの者たちの見解を要約してみると、「天国はとても美しい、だが到達するのは難しい」である。

ジャック・ル・ゴフが天国を歴史学の対象とするよう勧めてから八年後のこと、コリーン・マクダネルとバーンハード・ラングが『天国の歴史』（イエール大学出版、一九八八〔邦訳一九九三〕年）を刊行した。私は自身の研究のために有益にこの本を使った。私がこの素晴らしい作品に多くを負っていることは明らかにしておかねばならない。だが、この作品と私の作品は根本的に異質であり、競合することなく補完し合う関係にある。両者のアプローチを見れば読者は私の方がずっと多くをマリアの戴冠や被昇天にあてていることがわかるだろう。また、音楽家たち、広くいえば音楽に、あるいはバロック芸術に、そして「新しい天文学」の登場によって生まれた「天の脱構築」に、ずっと多くをあてていることもわかるだろう。逆に私は、スウェーデンボリ〔一六八八―一七七二、スウェーデンの科学者、哲学者、神学者。『天国と地獄、惑星と天体の驚異』〕の来世に関する観念については足早に通り過ぎ、『天国の歴史』を参照するよう勧める。そして本書の最後の部分〔第四部〕で、今度はふたりの著者に別れを告げてキリスト教の天国を取り上げ、それが社会的結合の希望として完全にうまくいったことを強調した上で、愛した人々との永劫の再会という古い起源を持つテーマについて探求する。

問題はふたつある。まずこの私の三部作『楽園の歴史』においては、図像学の意味という一般的問題やテキストと図像《イメージ》との関係といった問題が当然ながら提起された。こうした点については、ここ二十年ほどのあいだに一連の文献が現れた。[5] 私が確信していることはいかなる天国の表象も、たとえルネッサンス以降であっても、他とつながりのないものはないということである。どれひとつとして芸術至上主義に還元することはできないし、ヴィルトゥオーソ〔イタリア語、「優れた芸術家」の意〕と呼ばれる芸術家の単なる技に帰すことはできない。そうではなくて、そうしたすべての表象はしばしば複雑な暗示に満ち、超自然的なものを見せたいと望んでいたのだ。だからそれらすべては私がそうしようとしたように、宗教的コードを用いて説明されなければならない。とはいえ、そのことは神学博士たちの解釈学が「当然ながら読解の最良の鍵」[6]であることを意味しない。

ふたつ目の問題に移ろう。宗教的表象の領域では、著述物とりわけキリスト教の天国の基礎文献に比して、図像に依拠していることがより頻繁にあり、この明白な事実を本書の道のりを通して検証し確かめる必要があるだろう。しかし依拠することは隷属することを意味しない。今日では、キリスト教の図像を「非識字者の聖書」[7]と定義することは否定されている。厳密な体系化から離れて、われわれは何度となく、図像の独自性と自律性とを確認することになる。

天使はしばしば光輪〔後光とも。キリスト像や聖人像の頭や背後につけられる〕とともに描かれたが、聖トマス・アクィナス〔一二二五頃―七四、イタリアのドミニコ会士、神学者、教会博士、聖人。『神学大全』〕によれば、天使に光輪はない。マリアは天のもっとも高いところで戴冠されることが多いが、至高天〔天界の最上層で、神々が住むとされた〕の専門家たちは、天頂は三位一体のためにあると断言していた。マリアの戴冠そのものは天国についての有名な文献に拠るものではないし、[8]二百年にわたりキリスト教の芸術家たちが誉め称えた奏楽の天使たちの、かくも美しいテーマもそうではない。さらに、いくつかの図像が一種の内的論理から別の図像を生み出す。[9] 決定的に見出される地上の楽園のテーマは、かくして、無数の抗いがたい絵画的多様性のうちに花開き、バロックの装飾上の好みは教会を驚異的に過度に飾られた天国的な場へと変化させた。

バロック芸術に関しては、「天の裂け目」（曲面天井《ヴォールト》〔石材をアーチ状に組んで空間を覆った天井様式〕や丸天井によく見られるが）と同時代神秘文学とのあいだの関係――これについて私は本書第二十二章で試みた――を打ち立てることができるが、この関係は偶発的ではない。しかし、文献に拠ることなく、高い丸天井の建設と遠近法や短縮法の習得という新しい知識が、あの世の表象において真の革命をもたらしたことも確かにある。別の言い方をすれば、たとえ文献的基礎が同じままであったとしても、天国には歴史がある。つまり天国には相次ぐ表現の歴史がある。これらの表現は全体的進展を明らかにするものであろう[10]。それらは「ヨハネの黙示録」の成立の時代に始まるわれわれの文明の諸変化を伴ったのだ。

みなさんがこれから読む本は、したがって、美術史ではなく、天国に関する想像力についての試論であり、ひとつの希望が、絶えず進展する文化的コンテクストの中に入り込んでいくそのやり方を明らかにしようとする試みである。こうして、十四世紀半ばから十六世紀半ばまでに生じた奏楽の天使のテーマの重要性は、明らかに、当時西欧文明の中でますます重要な地位を占めていく音楽の領域と結びつけられなければならない。だからといってそれは、他方で当時の「新しい天文学」（コペルニクス〔ニコラウス。一四七三―一五四三、ポーランドの天文学者。『天体の回転について（レヴォルツィオニブス）』〕やケプラー〔一五七一―一六三〇、ドイツの天文学者。『新天文学』『ルドルフ表』〕、そしてガリレイ〔ガリレオ。一五六四―一六二四、イタリアの物理学者、天文学者。『天文対話』〕のそれ）が天国のヴィジョン〔イメージ、光景。想像力によって得られた姿・視像〕にもたらした大混乱を強調したとしてもけっして強調しすぎることにはならないだろう。天国はそのことによって、徐々にひとつの場所であることをやめたのだから。

今まで述べた本書の主たる意図は、それぞれ順に「眩暈《めまい》」「幸福」「変化」「脱構築？」と名づけられた本書の四部構成によって、全体的な記述の仕方を明らかにしている。ゲント〔＝ヘント。ベルギー北西部の都市。フランドル派の画家を輩出〕の多翼祭壇画「神秘の子羊」を前にしての「絵の前にたたずむ」〔第一章標題〕は、基礎文献、幻視、あの世への旅の物語に始まり永遠の幸福の国を詳細に述べる前半のふたつの部の幕開けである。一方では、文献と図像との頻繁な往復、他方では、文献、図像、ゲントの祭壇画とのあいだの往復が明らかにするように、ゲントの祭壇画は、キリスト教初期から十五世紀までに付け加わってきた天国についての確信の、真の「大全」になっている。同時に、この祭壇画は地上的要素――花、樹木、建築物、豪奢な衣服など――がどれほど天の空間に侵入しつつあったかを思わせる。

後半のふたつの部は、文明とあの世の表象とが入れ子状になっていることを確認した上で、天国の運命をたどることに専念する。それは大規模な変化を通しての運命であり、音楽の地位向上、遠近法の習得、丸天井の驚異的成功、プロテスタントと近代科学の誕生がその契機となる。天と天国とが一致しない瞬間に立ち会うことになったのである。十八世紀末から、あの世は姿を持てなくなる。われわれはこの変化の意味と結果について考えることになる。

『罪と恐れ』以後の一連の著作すべてと同様に、本作品もまたサビーヌ・メルシオール・ボネの貴重な助けを借りたが、今回は過去よりずっと大きな形で助けを受けた。私の妻——彼女の思い出にこの本を捧げる——の長い闘病のために私は外出することがきわめて困難になった。ある人が、もちろんサビーヌ・メルシオール・ボネだが、彼女は毎週毎週、ときには毎日毎日、少しも変わることのない優しさをもって、私の求め、すなわち情報、確認、書物、原典、コピー、芸術作品の複製といった尽きることのない求めに、根気よく応えてくれた。彼女の歴史知識の能力の高さと絶大な寛容さがなければ、この本はおそらく計画段階のままだったであろう。私は彼女に大きな感謝の気持ちを表明する。

同じく、私にとって貴重な情報を伝えてくださった方々、とりわけ、フィリップ・フォール、ピエール・マリー・ジ神父、クロード・ルベデル、ジェルメーヌ・ルクレール、クリスティアーヌ・ロルグ、エルヴェ・マルタン、ミッシェル・メナール、ジョゼフ・ペレス、イザベル・プートラン、ジョルジュ・プロヴォー、ジャン・フランソワ・シス、マルティーヌ・ソネ、ジャン・フランソワ・トゥルネール、パトリス・ヴェ、そしてジャン・マリー・ザンの諸氏にもお礼を申し上げる。

喜びへの希望／**目次**

凡例

一　本書の底本は次の通りである。

Jean Delumeau: *Que reste-t-il du paradis ?*, Fayard, 2000.

一　本書は底本の全訳である。

一　底本には巻末に人名索引がある。本書では日本語版の人名索引と作品名索引を訳者が作成した。

一　底本には資料として絵画・彫刻・建築関係の作品が付されている。本書ではこれらの作品をすべて図版資料として収録した。ただし底本では頁のない別丁に収められているが、本書では本文対応箇所に適宜収録した。また、本書では訳者が選んだ図版もいくつか収めた。これらについては「訳者追加図版」と明記した。

一　章分けならびに改行は底本に従った。

一　固有名詞の表記は、よく知られたものは慣例に従った。判別できないものについては原文の音をうつした。

一　原文中のイタリック体は原則として「　」で示した。

一　原文中のラテン語は日本語に直して「　」で示し、カタカナでルビを振った。

一　原文中の著作名は『　』で、聖書・詩・絵画・音楽などの作品名は「　」で示した。

一　本文中の［　］は著者による補足、引用文中の［…］は著者による省略を示す。

一　本文中の〔　〕は訳者による註もしくは補足を示す。

一　翻訳は、「はじめに」から第十六章までを西澤文昭が、第十七章から「結び」までを永見文雄が担当した。

〈楽園の歴史〉Ⅲ

喜びへの希望

ジャニーの思い出に

Jean Delumeau
UNE HISTOIRE DU PARADIS:
QUE RESTE-T-IL DU PARADIS ?

This book is published in Japan
by arrangement with Librairie Arthème Fayard, Paris,
through le Bureau des Copyrights Français, Tokyo.

第一部

Éblouissement

眩暈《めまい》

「眩暈《めまい》」とは、初めてゲントの多翼祭壇画を前にしたときのまさに私が得たものだった。この祭壇画はおそらく西欧絵画の天国についての総括の中でもっとも豊かなものだろう。キリスト教の天国の構造と美しさを規定した文献、そして物語を作った幻視者たちやあの世を旅した者たちの驚嘆。彼らは「天が開いているのを」見た。彼らは「上層の天の本当の姿」に見入った。それは「金や銀のように輝く石畳のある住まい」、「神の玉座の前の、火の光のように美しい選ばれた者たち」、「最大限の花弁を持つバラ」のような至高天。ドイツ人神秘思想家ハインリヒ・ゾイゼ〔一二九五―一三六六、ドイツの神秘主義者。『永遠の知恵の書』〕に「知恵」は言う、「見よ、あれは何と美しい光景か」。この「光景」は、アリストテレス〔前三八四―前三二二、ギリシアの哲学者、プラトンの弟子。『命題論』『形而上学』『自然学』〕とプトレマイオス〔クラウディオス。一〇〇頃―一七〇頃、ギリシアの天文学者。『アルマゲスト』〕由来の、そして不可侵と見なされた宇宙形状誌そのままに、天の最上部に自らの場所を持つ。この「光景」は、さらにまた、異教的古代とキリスト教古代の最良の権威によって正当化された魂離脱論〔身体を離れ天国に至った魂は非時間的世界に入るという見解〕によって信頼のおけるものとされたのである。

第一章　絵の前にたたずむ――ゲントの天国

「キリスト教国で描かれたもっとも美しい絵」

一五一七年、われわれが「神秘の子羊」と呼ぶゲントの聖バヴォン大聖堂〔ベルギー〕の多翼祭壇画は、ふたりのイタリア人旅行者、アラゴンの枢機卿とその秘書ベアティスの目から見て、「キリスト教国で描かれたもっとも美しい絵」[1]だと映った。ルネッサンスの炎がすでに一杯に輝いていた国から来た訪問者によるこの表現は、素晴らしい誉め言葉である。[2]この評価は後世の人々に認められた。人々は、一四三二年に完成し、奇蹟的にわれわれに伝えられたこの無二の作品を賛美し続けている。

第三十六代フランドル伯、絵画の大いなる愛好家だったフェリペ二世〔一五二七－九八、スペイン王在位一五五六－九八、神聖ローマ皇帝カール五世の子〕[3]はこの絵を買おうとしたが、ゲントの町から奪い取るのを思いとどまり、代わりにコピーを作らせた。一五六六年、祭壇画はプロテスタントの「偶像破壊熱」の時代に危うく消滅しかけた。次いで、一七八一年にオランダに立ち寄った、高潔なヨゼフ二世〔一七四一－九〇、神聖ローマ皇帝在位一七〇五－一一、啓蒙専制君主として知られる〕は、この多翼祭壇画からアダムとイヴを削らせた。裸の度が過ぎるという理由だった。その後、総裁政府〔フランス革命中の一七九五から九九まで続いた五人の総裁からなる政府〕の命令で、「神秘の子羊」はパリに移送され、ゲントにもどったのは一八一五年である。そして次に、この作品は棄損され、一部を売却され、稚拙な塗りを施され、一九二〇年に修復された。一九三四年、盗難の結果、パネルのひとつ、「公正な審判者」の図が失われ、それ以来コピー

ファン・エイク兄弟「神秘の子羊〔ゲントの（多翼）祭壇画〕」1432年、ゲント（ベルギー）、聖バヴォン大聖堂。「マリアへのお告げ」を中心にした閉じられた祭壇画。©Scala.

開かれた同じ祭壇画。「キリスト教国で描かれたもっとも美しい絵」。キリスト教における楽園のテーマの集大成。©Scala.

天国の草原（同上作品、下段中央パネル）訳者追加図版

証聖者たち

処女（おとめ）たち〔女性殉教者〕

ユダヤの預言者と族長、異教徒たち

十二使徒、ローマ教皇、司教、殉教者たち

（同上作品、下段中央パネル、細部）訳者追加図版

が取って代わった。最後に、第二次世界大戦のあいだに、ドイツ軍がシュトリア塩鉱〔オーストリア〕に運び入れ、一九四五年にアメリカ軍が発見することとなった。今日では、科学と愛の力で、この傑作はかつての寄進者ヨッセ・フイト〔ゲントの有力者、市長職にあったといわれる〕とその妻が用意した礼拝堂に本来の場所を見つけている。

開かれた祭壇画[4]を正面にすると、観る者の目に入るのは――おそらく十五世紀でもそうだっただろう――大きな天国の草原である。それは森の中に開いた空間で、花があちこちにあり、木立に囲まれた空間で、木立の後方に建物がそびえ立っていて、天のエルサレムを思わせる。東西南北から、木立を抜け出てきた整然とした行列が、それぞれ天使に囲まれた子羊の祭壇とその下にある生命の泉〔泉は天使に囲まれていない〕のまわりに輪を作る。前面左側では、ユダヤの預言者たちが書物を広げている。その後ろに、〔族長と〕キリスト以前に、唯一神を信仰し自然の法を守った異教徒たちがいる。右側には、異教徒たちと向かい合って使徒たちがいる。次に証聖者たち〔正しくは殉教者たち〕、とりわけ教皇たちと司教たちが赤い豪奢な衣服に身を包んで立つ〔以上、前頁図版の下段〕。奥から出てくるふたつの行列はシュロを持っている。行列の左側は青い色の衣服の殉教者たち〔正しくは証聖者たち〕、右側は色鮮やかな処女《おとめ》たち〔以上、前頁図版の上段〕。風景と行列は祭壇画下段の両翼パネルへと続き〔本書二三頁上段祭壇画パネルの下段両翼〕、そこでは左側に騎士と公正な審判者、右側に隠者たちと巡礼者たちが神の子羊〔＝イエス〕を注視している。右側では、粗末な服を着た巡礼者たちの前に、赤い服の巨人、聖クリストフォルス〔三世紀頃の伝説的聖人〕のたのもしい姿が目立っている。この聖人は幼子イエスを背負ったという言い伝えがあり、今ここでは、イエスの方へと巡礼者たちを導いている。

一羽の白い鳩によって象徴される聖霊の光で照らし出された天国の草原の上に、七つのパネルに分割された祭壇画上部があり、第一の席を勝利する主に与えている。主は教皇冠《ティアラ》に赤い豪華なマントを身に着けた高位聖職者の姿で表される。主は右手で祝福を与え、左手には笏《しゃく》を持つ。主はイエスであり、その父でもある。言い換えれば、具現化された「言葉」と聖なる権威であり、その権威ゆえにあらゆる人間的表現を超える。主は聖母と洗礼者聖ヨハネ〔?－一八頃、ユダヤの祭司ザカリアとその妻エリザベツの子。ヨルダン川でイエスに洗礼を授ける〕のあいだにいる。マリアが目を引く。「マリアは唇を動かし、読んでいる本の言葉を発するかに見える」[5]と十七世紀初頭に、フランドルの画家にして理論家カレル・ファン・マンデル〔一五四八－一六〇六、フランドル生まれの画家、詩人、伝記作家〕は指摘した。マリアの顔は神々しく美しい。マリアは、息子によってすでに王冠《ディアデム》を授けられた天の女王として、暗いブルーの豪華なマントをまとった姿で表現されている。王冠はマリアが地上の生活で経験した「七つの喜び」の象徴である七つのユリと金色のバラで飾られている。王冠の上には十二のスズランが十二の琴の星に連なっているが、これは「ヨハネの黙示録」の「天に大きなしるしが現れた。ひとりの女〔がいて〕〔…〕十二の星からなる冠がその頭を飾っている」（一二章、一節）に拠る。マリアの左側に、画家は天使たちの合唱隊とアダムを描いた。洗礼者聖ヨハネの右側には、音楽家たち——おそらく天使たち——をオルガン、ヴィオル〔中世の擦弦楽器〕、ハープのまわりに配し、次にイヴを置いた。

イヴとアダムの裸体は写実的でグリザイユ画法〔モノクロームの色彩を使って人物像などを描いた版画や絵つけ〕が用いられており、それは歌い手であり

白鳩によって象徴される聖霊の光

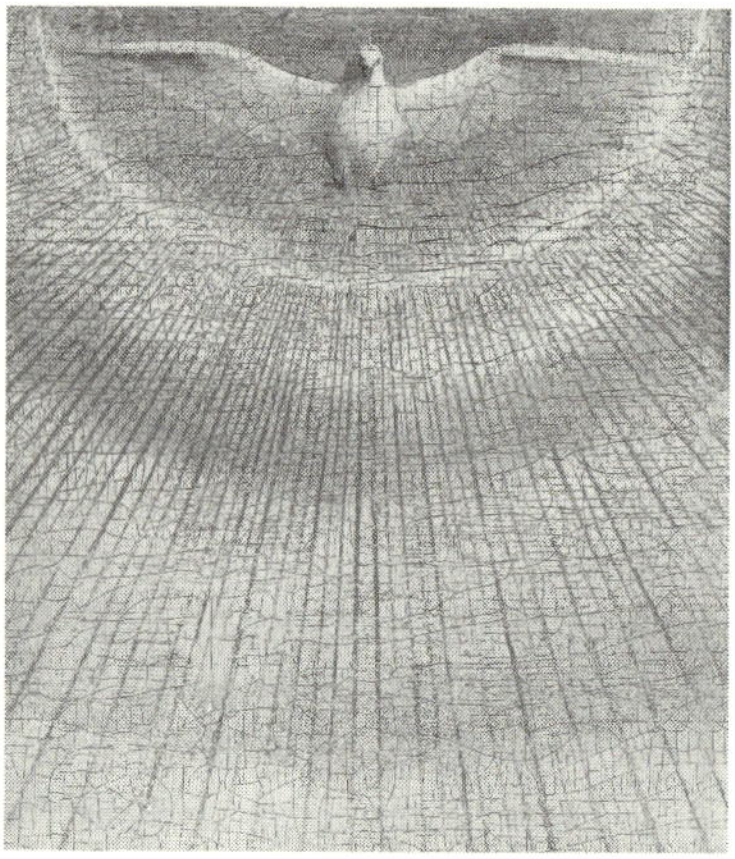

聖霊、神秘の子羊、生命の泉

(同上作品、下段中央パネル、細部)訳者追加図版

演奏家である天使たちの着る衣服の荘重な色彩や刺繍とコントラストをなしている。エルヴィン・パノフスキー〔一八九二—一九六八、アメリカの美術史研究家。ドイツに生まれアメリカに亡命、図像解釈学（イコノロジー）を提唱〕が指摘したことだが、ゲントの多翼祭壇画以前に、アダムとイヴが、図像学において、ここに見えるように天の至高天に現れたことはなかった。[6] この祭壇画の実質的な作者ヤン・ファン・エイク〔一三九〇頃—一四四〇／四一、十五世紀ネーデルラント絵画の創始者、油彩画法の完成者〕は、神秘の子羊の犠牲によって贖罪があることをすべての力で示そうと、この人間主義的な図像を導入したのだろう。十六世紀には「アダムとイヴの祭壇画」と呼ばれたが、他の名前もあった。アラゴンの枢機卿とその秘書には、「マリアの被昇天」と映った。[7] 一五六七年、ルドヴィコ・グイッチャルディーニ〔一五二一—八九、フィレンツェ生まれの文筆家。一五四一年からアントワープに居住〕はその有名な『全オランダ誌』において、「子羊の勝利」と呼んだが、それは「神秘の子羊」よりもさらに適切な呼称であった。次いで一六〇四年のこと、カレル・ファン・マンデルは「「ヨハネの黙示録」に想を得た中央部分は、族長たちに崇められた神秘の子羊を表している」と断じた。[8]

閉じられた祭壇画は十二枚のパネルからなる。開かれた場合も同数の十二の場面になるが、配置は異なる。十二という数字は偶然の産物ではない。教会の土台となった十二人の使徒を喚起するのである（聖パウロ。「エフェソスの信徒への手紙」二章、二〇節）。閉じた祭壇画には、下の方に、守護聖人福音書記者聖ヨハネ〔使徒中代表的存在。兄弟ヤコブとともにイエスの弟子となる〕と洗礼者聖ヨハネとともにふたりの寄進者が見える。ふたりのヨハネは守護聖人である〔十六世紀半ばまでゲントの聖バヴォン大聖堂は聖ヨハネ大聖堂と呼ばれた〕。中央部——すなわち中心となる部分——に「受胎告知」がある。上部にはふたりの預言者とふたりのシビラ〔神託を告げる巫女〕。アーチ型開口部が都市景観を臨む、王侯のものらしい住まいの寝室で、天使がマリアに話しかけている。この具体的描写の向こうに、この祭壇画の大きなテーマが明白に示される。すなわち、「マリアへのお告げ」と「キリストの受肉」は、祭壇画のもうひとつの側で神の子羊によって象徴化される「贖罪」を可能にしたのである。

「神秘の子羊」と『薔薇物語』

ゲントの多翼祭壇画には多くの疑問がある。祭壇画のもうひとりの作者とされるフーベルト・ファン・エイク

〔一三七〇頃―一四二六〕は弟ヤンの作品にどの程度関わったかがわからない。さらに、作品は並外れた大きさであり、高さ五メートルを越えていて、「子羊の礼拝」〔原註8のカレル・ファン・マンデルの表現にもあるが、これが一般的な名称である〕それだけで、縦百三十八センチ、横二百四十三センチである。そこから次のような、上の部分は最初の祭壇画に付け加えられたものであろうという仮説が出てくる。というのも、上の部分全体が、聖遺物箱を構成する木と宝石からなる構造に含まれていた可能性が指摘できるからである。上部と下部のあいだに、いずれにせよ、不釣り合いが生じている。祭壇画が開かれると、上部の人物像がその下に表されている人物たちに比べて巨人であるように見えるのである。上部人物群は天国の草原の、風の吹き抜ける軽やかな景色の上に、支えもないタイル張りの地面の上にいる。上部は観る者の位置を考慮していないのに対して、下の階では遠近法が守られている。

十六世紀のゲントの一年代記作者によると、また同様にカレル・ファン・マンデルによると、祭壇画の下にプレデルラ〔祭壇の下の装飾画、裾絵〕があり、そこにはイエスあるいは子羊の名の前にひざまずく呪われた者たちが描かれていたという――水彩のこの絵は杜撰な修復の際に損なわれたらしい[9]。しかし、あの世での苦痛の悲劇的な想起は、もしそれが実在したのなら、おそらく華々しい天国の表現の下に追いやられていただろうし、そのことで天国から発する幸福の感情が台なしにされることはなかっただろう。同じことが、一四五〇年代にアンゲラン・カルトン〔一四一五頃―六六、十五世紀アヴィニョン派を代表する画家、写本彩飾師〕によってヴィルヌーヴ・レ・ザヴィニョン〔ローヌ河を挟んでアヴィニョンの対岸にある町〕で描かれた「聖母戴冠」〔本書二二五頁図版〕についても言える。煉獄と地獄は、天と比べるととても小さな空間としてあり、観る者には父なる神とイエスの赤い衣服、そしてマリアの青い長衣しか目に入らない。天の宮廷の輝く光景から離れて、地上レベルまで目を下げさせるには努力が必要だ。地上部にはカルヴァリオの丘〔キリスト磔刑の地〕の十字架、ローマとエルサレムの簡潔な描写が、苦悶の地下と喜びの大きな広がりとを分けている。

ゲントの祭壇画は、もともと最後の審判に起源を持っていたのだろうか。そのことには肯定的回答として、「コリントの信徒への手紙一」（聖パウロ。六章、二節）の中の「聖なる者が世を裁くのです」や、オータンのホノリウス（十二世紀）〔一〇八〇以前―一一五〇／六〇、スコラ哲学者、修道士。実名、生涯は不明〕の『エルキダリウム』〔中級以下の聖職者向けの手引き〕の次のような部分、すなわち「問：〔最後の審判の」裁き手は誰ですか？　答：使徒、殉教者、証聖者〔殉教者と区別して、血を流さなかった男性聖人を指す〕、修道士そして処女《おとめ》たちです」[10]が引用された。これらのさまざまな集団は祭壇画に確かに存在する。しかしながら逆に、「多翼祭壇画全体は、明らかに、最後の審判の後に出現した理想の空間を表している」[11]という印象がある。ゲントの祭壇画はむしろ諸聖人の祝日〔万聖節〕のようなもので、これをニューヨークのメトロポリタン美術館所蔵のヤン・ファン・エイク「最後の審判」と対比させることができる。この作品では、地獄は天国と同じ大きさを占め、翼のあるコウモリの骸骨によって表されている死が画面の中心に位置する。ゲントではそのようなことはまったくない。最後の審判はすでに終わり、人類は安定した状態に入っている。天国の草原が描かれた祭壇画下部と、中央に栄光の姿の主や両脇にわれわれの始祖がいる祭壇画上部は、天の王国の最終的な姿を表現している。だから、全能なる者の玉座の段には「死なき命、老いなき若さ、悲しみなき喜び、恐れなき安全」と記されるのだ。これはジェルソン（一四二九年没）〔ジャン・ド、一三六三－一四二九、フランスの神学者。コンスタンツ公会議に参加、教会の大分裂の終結に貢献〕の表現に近い。ジェルソンはこの作品が描かれる何年か前に、天国には「夜なき日、過つことなき知、老いることなき若さ、病なき健康、死することなき命、悲しみなき喜び」があるだろうと書いていた。[12]

　注解者たちはルーペを用いてゲントの祭壇画を調べ、エデンを思わせる風景の植物や花が――五十種に上る――博物学者の細密さをもって描かれていることを発見した。植物学者たちは天の草原に、イチゴ、スグリ、ツメクサ、スズラン、クサノウ、ヒメリュウキンカ、クルマバソウ、ユキノシタなどを確認した。問題になるのは二百四十八に上る建物と人物の同定である。木立の向こうの都市部の建築物が当時の建造物に対応しているのかどうかは不明だ。キリストの方へと向かう道で人々を率いている「正しい人たち」の同定も定かとなっていない。逆に、隠者の中に、画家は隠生修道士の聖パウロ〔テーベの。？－三四五頃、最初の隠者のひとり〕や聖アントニウス〔二五〇頃－三五〇頃、隠者の祖。隠者の修道院制度を組織〕――ただひとり靴を履いている――、それにマグダラの聖マリア〔新約聖書福音書に出てくるイエスの信者。「悔悛した罪の女」とされる。イエスの刑執行と埋葬に立ち会い、復活したイエスに会った〕――香油箱を持っている――や罪を犯し砂漠で改悛した女性で、ひとりの司祭によって長い髪以外何も身にまとっていない姿で見つけられたエジプトの聖マリア〔五世紀あるいは六世紀没〕を入れたいと望んだとされるが、これは本当らしい。

　ゲントの祭壇画で不思議なことのひとつは、画家がきわめて具体的かつ月並みでさえある細部と崇高なヴィジョンとを類なく見事に結びつけていることである。証聖者たちの中にいる何人かの高位聖職者は醜く栄養過多である。閉じられた祭壇画の下段両端にあるふたりの寄進者ヨッセ・フイトとその妻は実際の姿のままに描かれおり、画家は美化してはいない。開かれた祭壇画の上段、選ばれた者たちの列にあって尖った縁なし帽とターバンが意表をつく。教皇冠《ティアラ》、司教冠《ミトラ》、履物〔衣服のことか〕についていうと、貴石を過剰につけていると言えよう。豪奢なるものと取るに足りないものが正確さをもって表現される。カレル・ファン・マンデルは注記でこう書いた。「キリストが手にする水晶の十字架は、黄金の蕾と宝玉からなる装飾で見事に飾られ、その細工の完璧さは、何人もの画家の言を借りれば、この杖ひとつで少なくとも一カ月を要する仕事であろう」[13]。しかしファン・マンデルによるこの「一過性の探究」は宗教的象徴体系と矛盾しない。現実が奇蹟的なものに対立しないのである[14]。「画家の聖なるヴィジョンは大いなる全体を包み込み、どんな小さな細部も見逃さない」[15]。一四五五年、イタリアのユマニスト〔人文主義者〕、バルトロメオ・ファツィオ〔一四一〇頃–五七、歴史家、文筆家、占星学者〕はヤン・ファン・エイクにふたつの無限、すなわち限りなく小さな細部とコスモス全体という無限を、その絵画の中で調和させる能力のある、真の画家の姿を見ていた[16]。

「神秘の子羊」の全体は典礼の一種として描かれている。各要素は記号としての価値を持ち、神学によって説明することができる。というのも、構図全体は「人間の五感で理解しうる形で」[17]永遠の幸福を表現するために考えられているからだ。天国の朝の静かな光を浴びている超自然的な美しさ、この理想の空間を備えた作品から発せられるのは、無限の幸福なのである。贖われ許された人類は、ついにすべてが平穏と光と歌に包まれた幸福な園に到達したのだ。生まれ変わった大地はこの上なく美しい花々を生み出す。神に選ばれた者たちにとって、衣服はどれひとつとして豪華すぎることはなく、すべての刺繍は凝りすぎず、すべての宝石は豪奢すぎることはない。造形という面からするとゲントの多翼祭壇画はまさに『神曲』第三部〔天国篇〕に比べられるような叙事詩となっている[18]。いずれにせよこの祭壇画は長い天国の歴史の到達点なのであり、本書はそのことをこれから示すことになろう。

エデンを思わせる祭壇画の草原は『薔薇物語』〔中世フランスの韻文寓喩物語。一二三〇年頃ギョーム・ド・ロリス（？–一二三五頃）が前編＝第一部を、七五年頃ジャン・ド・マン（一二四〇頃–一三〇五頃）が後編＝第二部を完成〕の〔第二部〕最後でゲニウス〔物語では「自然」の聴罪司祭とされる〕が想起する草原に引き比べることができる。ゲニウスは最後の説教で、事実、天国の「美しい園に閉じ込められている素晴らしきもの」について語ろうとしている。「ここで心を楽しませる人々は〔…〕すべての善きものをまさしくあるひとつの貴い泉から汲んでいるのです。その泉は澄んで美しく、透きとおり、清らかで純粋であり、園全体を満たしているのです」[19]。園の中、泉の近くでは子羊たちが草を食み、そして「群れ全体のうちで、もっとも憐れみ深く、もっとも美しく、もっとも感じがいいのは、あの飛び跳ねている白い子羊です。一生懸命になって他の羊たちを庭園に連れてくるあの白い子羊です」[20]。次に、聴く者たちに対する説教がくる。「あなた方がその庭園に遊び戯れに行くのを、犯した罪のせいで妨げられないよう祈っております。そこはたいへん美しく、気持ちよく草が茂り、とても香りのよい花々や、スミレやバラ、そしてありとあらゆる素敵なもので満ちている場所です」[21]。楽園のような囲いの上には「夜を追い払う」光が支配し、「始まりも終わりもない、〔…〕黄道の〔十二の〕宮や、〔分割する〕度や、時《じ》を分割できるような分《ふん》も、さらに細かい部分〔秒〕もなく、昼間が続くのです」[22]。結論はおのずと定まる。

殺人などという行為にはけっして手を染めてはなりません。手と口は清く保ち、誠実かつ憐れみ深くあって欲しいものです。そうすればあの甘美な草原に行って、永遠の生命を持つ子羊のあとに従って歩き、美しい泉で喉を潤すことができるでしょう。泉の水はたいへんに甘くきれいに澄んでいますので、飲んだときから以後けっして死に苦しめられることはないはずです。それどころか永遠に、モテトゥス〔モテット。十三世紀のポリフォニーの声楽曲。聖書、「詩篇」などを歌詞にした〕や合唱やシャンソネット〔一般的な歌〕を緑の草と小さな花々の上で陽気に歌い、オリーヴの木の下で踊っていることでしょう[23]〔『薔薇物語』からの以上の引用については篠田勝英氏の邦訳（『薔薇物語』）を参考にした〕。

子羊、生命の泉、天国の草原、そして草原を満たす時を超えた澄んだ光。これら四つのテーマ、祭壇画のもっとも明確なそしてもっとも見事なテーマはこの説教の中にすでにある。『薔薇物語』の第二部とゲントの祭壇画は一世紀半隔たっている――ジャン・ド・マンによる第二部の執筆は一二七〇年代のことであり、「神秘の子羊」は一四三二年に完成した。『薔薇物語』は十六世紀半ばまでよく知られており、これが「神秘の子羊」に影響を与えたのだろうか。それは確かではない。むしろ両者に共通する原典のことを、なるほどすぐれて詩的ではあるが長い宗教的伝統に根ざした数々のテーマによって呼び起こされる魅力のことを、しかも大きな希望へとつながれたその魅力のことを考えるべきだろう。人類史の幸せな結論への期待と想像がこうした大作品群にテーマを与えたのであり、その結果、この作品群は人々の明白な願いに応えるものとなったのである。

大地のレベルにおける天国

「子羊の祭壇画は、大領主や守衛に気前よく支払いをした者にしか開かれることはなかった」とカレル・ファン・マンデルは伝える。「民衆はそれを大祝祭日にしか見ることができなかった。しかし、そんな日はたいへんな人出で、近づくことも難しく、礼拝堂は一日中一杯であった」[24]。祭壇画が広げられるやゲント市民は天国を見ようと押しかけた。そもそも市壁の中にこのような作品が存在していること自体、市民の誇りは大きなものだった。一四五八年、フィリップ善良公〔一三九六－一四六七、ブルゴーニュ公在位一四一九－六七〕が入城したとき、市の詩人たちが行列行進を企画し、祭壇画の主たるテーマをいささかの自由度をもって表現した。観客は生き生きとした絵画の形で、祭壇画のさまざまな集団をそれと認識することができた。すなわち、使徒、殉教者、処女《おとめ》と、山上の垂訓（「マタイによる福音書」五章、三－一〇節）〔マタイはイエスの十二人の使徒のひとり〕の中でイエスによって名をあげられた「至福の人々」も含めて[25]。強調されたことは、したがって、天国への道を開く善行であった。

君主の入城式の際に採られる直線的で水平方向の配置方式は、道筋に据えられた演台を伴っていて、当時しばしば使われた円形の仮芝居小屋よりも、この聖バヴォン大聖堂の多翼祭壇画の移動に適していた[26]。しかし、ここでとりわけ重要なのは神聖な劇が「日常の中に啓示を挿入している」[27]ことであり、また図像、演劇、説教そして聖体の大祝日の行列行進のような行列が「同じひとつの宗教教育の不可分の要素」[28]を作っていることである。これら諸要素は天国を見せるために、天を大地のレベルまで下ろすのである。

ブザンソン〔フランス東部の中心都市〕に所蔵されている写本の中に、一三九〇年から一四一五年のあいだに作られた聖史劇『審判の日』を飾る彩色画があり、エルサレムを見下ろす天国を表現している。その天国は天の宮廷を迎え入れるのに十分な、広大な規模を持つ。玉座のキリストが赤いタイルで覆われたゴシック様式の小寺院の中に座している。聖母はそこから離れた遠い場所の玉座にいる。聖母の前を行進した選ばれた者たちがイエスの足元に来てひざまずく。受難の天使たち〔キリストの受難のときに用いられた拷問具を持つ〕はいろいろな高さに散らばっている。細密画の左に、天使たちによって部分的に隠されてはいるものの、エノク〔人類の父祖のひとり。初期ユダヤ・キリスト教においては死ぬことなく天界に移された人間の模範とされた〕とエリア〔前九世紀頃、古代イスラエルの預言者。生きたまま「火の戦車」に乗って天に上げられたとされる〕を天に昇らせるための歯車、綱、滑車があるのが見てとれる。何層にもなった天国は、そこが「至高天」であることを示すために赤みがかった色合いで覆われている。天使たちが身を乗り出す手前の廊下は、白と青の布の下へ消えていく。[29]

アラース〔フランス北部の町〕に保存されているアルヌール・グレバン〔一四二〇頃－七三、フランスの詩人〕の『受難の聖史劇』（一四五二年以前）の写本は、冒頭の場面について同様の指示を与えている――贖罪についての「慈悲と平和」対「正義と真実」の天における論争である。

> ここには天国の三位一体がいる。すなわち父なる神が玉座におり、そのまわりには天使と大天使が多数いて、ある者は音楽を奏で、ある者は神の前にひざまずいている。神とともに「慈悲」がいて、小さなオリーヴの枝を持っている。そして、そのかたわらに「正義」が手に剣を持って、すっくと立っている。[30]

ファン・エイク兄弟の時代の人々にとって、天国とはこのように目に見えるものだった。人々は選ばれた者たちが街中を行進するのを目にした。劇場は人々に天の宮廷を表現して見せた。彫刻、絵画、彩色挿絵は、前もって最後の審判を活写していたのである。

ゲントの祭壇画を前にして絵に見入ること、このことは確かに、西欧世界のキリスト教圏芸術の中でもっとも成功したもののひとつに対する感動を示していると言えるだろう。だが他方で、この「神秘の子羊」は、天国についての、キリスト教的言説の無数の構成要素が流れ込んでいるひとつの総体をなしてもいる。この作品は、したがって、本書におけるわれわれの研究過程の中で、特別な参照となるだろうし、ターニング・ポイントとなる作品として現れてくるだろう。なぜなら、この作品には、やがては人々に不安を感じさせるものとなる近代性がもぐり込んでおり、その近代性に対して、トリエント公会議〔一五四五―一五六三〕から発する芸術は反発し、「天はあまりにも地上に近くなりすぎたのではないか」と問うことになるからである。

この問いはもうひとつの、さらに大きな問いを引き出すだろう。天国に関するキリスト教の図像と文献についての総体を、永遠の幸福に福音書が捧げている文章と比較してみると、そこに驚くべき対照があることに強いインパクトを覚える。というのも、「福音書」は「天の王国」をきわめて控えめに語っているからだ。「天の王国」とは、神を前にしての、最終的な喜びと平和を示すユダヤ教と福音書の古典的な表現である。この王国――ルカ〔使徒パウロの同行者。「ルカによる福音書」「使徒行伝」の作者とされる〕は「宴会」（「ルカによる福音書」一三章、二九節）に譬えているが――では、イエスは「ブドウの実から作ったもの」（同、二二章、一八節）を使徒たちとあらためて飲むだろう。「次の世に入ると、死者の中から復活するにふさわしい者たちは天使に似ている、そうイエスは断言する。なぜならその者たちは復活の子であるからだ」（同、二〇章、三六節）。すでにこの地上において、イエスの使徒ペテロ、ヤコブ、ヨハネは、めくるめく経験の中で、キリストが変容するときに天の光へと開く、ひとつの開口部という恩恵を得た。このとき、キリストの顔は「真っ白に輝いた」（同、九章、二九節）。イエスは最後の審判を予告して、「人の子は、栄光のうちに、天使たちすべてとともに来る」、そしてそのとき「その栄光の玉座につくだろう」（「マタイによる福音書」二五章、三一節）と断言する。これらすべての記述において、説明的、具体的な要素が占める割合は全体としてそれほど多くはない。

そうした要素は「手紙」の中でも稀である。とりわけ、イエスの復活のおかげで使徒たちに復活を約束するパウロ〔イエスの十二人の使徒のひとり〕の「手紙」においてはそうであり、この約束にイメージ豊かな言及を付加することはない。パウロは「テサロニケの信徒への手紙一」（四章、一三節）でこう言う。「イエスが死んで復活されたと、われわれは信じています。神は同じように、イエスゆえに死んだ者たちをもまた、イエスと一緒に導き出してくださいます」。パウロはまた、「コリントの信徒への手紙一」の中で（一五章、四二節）、「死者はどんな風に復活するのか」と問い、「蒔かれるときに朽ちるものでも、朽ちないものに復活し、蒔かれるときに卑しいものでも、輝かしいものに復活し、蒔かれるときに弱いものでも、力強いものに復活するのです。つまり、自然の命の体が蒔かれても、霊の体が復活するのです」と答える。この答は、ある意味では、イメージ化しやすいものだった。だがパウロは同じ「手紙」の中でこれを訂正するような文言を付している（二章、九節）。キリスト教の啓示は「人の目が見もせず、人の耳が聞きもせず、人の心が思い浮かべもしなかったこと、それらすべてを神はご自分を愛する者たちに準備された」ということだと、パウロは有名な表現で言い換えている。天は、人間が地上にいる限り人間によっては表現されえない。パウロはやはり同じ「手紙」で、これもよく知られている証言によってそのことを補った（一三章、一二節）。「われわれは、今は鏡におぼろに映ったものを見ている。だがそのとき〔天の王国に行ったとき〕、一対一でそれ〔神〕を見ることになる」。

　天国についての言説におけるこの控えめな新たな誘いは、われわれが行おうとしている探求そのものの原点において、根本的な問いを呈することになる。「天の王国」についての具体的な表現法がわれわれのテーマである。だとすれば、イエスの説教と使徒たちの手紙によって残されたこの空白を、キリスト教徒たちは一体どうやって埋めたのか、という問いに答えねばならない。

第二章　基礎となる文献

いくつもの基礎文献――その中にはユダヤ教からきた文献もある――が天国の門を開いた。それらは文学、芸術、そして神学にテーマを与え、後に問題となる「物語的幻視」に正当性と構造を与えた。

「創世記」

基礎文献の第一は「創世記」（二章、八－一七節）にあるエデンの園の想起である。「［そこでは神が］地面から見るに美しく、食べておいしいあらゆる樹木を生えさせた［…］。一筋の河がエデンに発し、園を潤していた。そこから、この河は四つの支流に分かれていた。［…］主は［主が創った］男を選ぶとその男をエデンの園に置き、土地を耕せ守らせた」。この非常に簡潔な記述は、世紀を数えるにつれて徐々に増幅されていった。まずヘブライ語文献において、次いで他のギリシア、ラテン語の文献において引用が付け加えられた。[1] とりわけ「エゼキエル書」（四七章、一二節）は、見事に水で潤されたエデンの園のイメージを取り上げた〔エゼキエルは旧約聖書の預言者。預言は前五九三年から前五七三年に及ぶ〕。そこでは、生命の木が豊かな植物群の中央に生えており、貴石の壁に囲まれた山の上に園が位置づけられている。また、エゼキエルの描写の延長上としては、聖ヨハネのものとされる「黙示録」もまた、天のエルサレムの内側に、「水晶のように輝く命の水の川」と「年に十二回実を結ぶ生命の木」（二二章、一―二節）を置いている。

これと平行して、ギリシア・ラテンの作家たちが黄金時代やエリゼの園、幸福の島を想起するときも、天国を思わせる園を描いていた。そして、紀元二世紀以降、キリスト教作家の異教徒たちのあいだでこうした魅惑的な場所が書かれたことは、「創世記」にある地上の楽園からそれは生じている、という確信を広めた。十七世紀にもなお普通に受け入れられていたこの見解が混交し、アダムとイヴの楽園に、黄金時代、エリゼの野、幸福の島のすべての美が与えられることになった。しかし「天国《パラディ》」という語は、少なくとも六世紀まで、さらにはその後までもエデンの園を指していたのだが、以降、徐々に永遠の幸福の場を意味するようになった。地上から天へと昇って行く楽園は、そこにあるすべての草花の美も一緒に上昇させたのだが、これについては第五章の「あの世への旅行者」で取り上げる。衰退することのない悦楽の場、そこへとエデンの園が移動することは、ふたつ目の基礎文献といえる「ヨハネの黙示録」とともに始まった。

「ヨハネの黙示録」

燃え上がるイメージに満ちた、まるで雪崩のように激しく押し寄せる「ヨハネの黙示録」は、楽園というテーマにおけるもうひとつの大貯蔵庫である。「ヨハネの黙示録」の記述には以下のような光景が次々と現れてくる。七つの金の燭台、その中央には人の子がおり、金の帯を締め、その頭は白い羊毛に似ている。虹の前の玉座に座っている「誰か」。そのまわりには二十四人の長老と四つの生きものがいる。長老と生きものはおのおのハープと香のいっぱい入った金の鉢を持っている。玉座の前には水晶の海。万の数万倍、千の数千倍の天使。白い衣を着てシュロを持った多数の選ばれた者たち。「新しい賛歌」が響く中、シオン〔エルサレム旧市街にある丘の名。ダビデ王がイスラエルの首都とし、「聖なる山」と呼ばれる〕の丘に立つ子羊。「新しい天と新しい地」。聖なる都、「天から下ったエルサレム」は輝き、その城壁の土台石はあらゆる貴石で飾られている。神と子羊の玉座から流れ出て、水晶のように輝く生命の水の川。最後に再び、神と子羊の玉座が、今度は、夜の帳《とばり》がけっして覆うことのない都に立つ。

「ヨハネの黙示録」のこうした記述そのものは、部分的に預言的な先行文書に依拠している。その中でもとりわけ次の三つが重要である。第一の「イザヤ書」（六五－六六章）では、すべての民が「新しい天と新しい地」とひとつになることを預言する〔イザヤは前八世紀中頃、ユダヤの預言者。旧約聖書最大の預言書とされる「イザヤ書」を残した〕。第二の「エゼキエル書」（四〇－四八章）では、「とても高い山があり、その山の上の南に、都市の建物のようなものがあった。［…］そして、この都市の名は「ヤーヴェ〔イスラエルの神〕がそこいる」となるであろう」と語られる。第三の「ダニエル書」（七章）では、「長老の幻」の中で人の子が預言者ダニエルの前に導かれ、「永遠の帝国」を与えられる〔ダニエルは旧約聖書「ダニエル書」の主人公。ユダヤの青年貴族とされる伝説的人物〕。

東方キリスト教が新約の正典として「ヨハネの黙示録」を認めたのは十四世紀にすぎなかった。この理由から、ビザンチンの人々は、エジプトのコプト人たち[2]のような、ギリシア帝国の辺境地にある修道院内での例外を除き、「ヨハネの黙示録」を表現することはほとんどなかった。逆に、西方教会は「未知の事実を語る」書を存分に注解し、そこから膨大な数の図像を引き出した。それらはサンタ・マリア・マッジョレ大聖堂（五世紀）にある古代ローマのモザイクから、一四九八年に刊行されたデューラー〔アルブレヒト。一四七一－一五二八、ドイツの画家、版画家〕の作品群〔「ヨハネの黙示録」（木版画）。本書一三五頁図版〕に至るまで、そしてそのあいだにはアストゥリアス〔スペイン北部、現在のオビエド周辺地方〕の修道士〔＝リエバナのベアトゥス〕によって書かれた『ヨハネの黙示録注解』を含む十世紀から十三世紀までの二十におよぶ写本があり、彩色された「ベアトゥス写本」が存在している。アンジェ城〔アンジェはロアール川下流の都市、城はアンジュー公の居城だった〕に所蔵されている中世でもっとも大きなタピスリーが「ヨハネの黙示録」をテーマとしているのも興味深い〔本書一三四頁図版〕。

ゲントの祭壇画は、「啓示の書」たる「ヨハネの黙示録」の知識なしには理解不可能である。子羊の祭壇へと向かう聖人たちのいくつかの集団と、この終末的巡礼行を包む超自然的な光は、「ヨハネの黙示録」（二一章、二三－二四節）の絵画的表現である。すなわち、「この都には、それを照らす太陽も月も、必要でない。なぜなら、神の光が都を照らしており、その松明は子羊であるからだ。諸国民は神の光に向かい歩むだろう」。この預言は「イザヤ書」（六〇章、三節）の預言である「諸国民はあなたの光に向かい歩むだろう、王たちは昇るあなたの光に向かって歩むだろう」[3]の反復である。
「ヨハネの黙示録」が教会人たちに歴史を理解し未来を予測する鍵を与えたことは、十六世紀メキシコの、ある教会の絵画からもはっきりとわかる。[4]それらのフレスコ画は、プエブラ〔メキシコ中南部プエブラ州の都市〕近郊のテカマチャルコにあるフランシスコ会修道会付属教会の祭壇入口のヴォールト〔曲面天井〕に、一五六二年から描かれ始めた。セルジュ・グリュザンスキ〔一九四九―、フランスのラテンアメリカ研究家〕によれば、制作者ファン・ゲルソンは名前がヨーロッパ化されたインディオ一族の家系の者だった。ゲルソンは明らかに装飾の素案をフランシスコ会士たちから受けていた。メキシコにやって来たそのフランシスコ会士たちは、フロリスのヨアキム〔一一三五頃―一二〇二、イタリアの預言的歴史神学者。信仰により直接神と接することを説いて歴史の三区分説を唱え、ラテラノ公会議で異端とされた〕の後継者に由来する千年王国というモチーフの影響を受けており、「ヨハネの黙示録」に最大級の重要度を与えていた。

　ファン・ゲルソンの多彩色の作品は、白、トルコ石の青、多様な黄土色のテンペラで盛り上がった二十八の楕円形で囲まれた図柄からなる。それらはふたつの円の上に描かれており、旧約聖書の場面（アベルの殺害〔アダムとイヴの息子カインが弟アベルを殺害したことを指す〕、大洪水、バベルの塔、エゼキエルの幻視）や「ヨハネの黙示録」の中でももっとも衝撃的な場面を表現している。メキシコの画家は、したがって、きわめて劇的な局面を選んで描いたのだが、だからといって、人類の歴史の幸福な最後を忘れることはなかった。すなわち、聖なる子羊の下には、歌を歌う奏楽の天使たちが上下に連なり、雲の高みには、荘厳な建造物でそれと示されるエルサレムが描かれている。テカマチャルコの「ヨハネの黙示録」はかくして象徴を具体化する。というのも、十六世紀メキシコのこの思いがけない絵画は、キリスト教の天国に関する基礎文献のひとつを示すからである。

　「ヨハネの黙示録」と「マタイによる福音書」（二五章）双方で予示されている最後の審判とのあいだのつながりは、とりわけ図像学において顕著であった。これらふたつの終末に関わるテキストは、そこに描かれたイメージの豊かさと力強さによって相互に響き合い、強化し合った。いずれも死者の復活、審判者、そして選ばれた者たちと拒まれた者たちの選別を描いている。したがって、大いなる審判の日と天国の栄光が一緒に、数多くの芸術作品を通して信徒たちに示されたのである。こうして、オルヴィエート大聖堂（イタリア）には「ヨハネの黙示録」と「マタイによる

ジョットの「最後の審判」は「ヨハネの黙示録」と「マタイによる福音書」が最後の審判の基本的文献であることを示す。1303-05年、パドヴァ（イタリア）、スクロヴェーニ礼拝堂。訳者追加図版

福音書」（二五章）に描写された光景が密接に組み合わされて、大聖堂正面（十四世紀初頭の作）四番目の付け柱の彫刻群とサン・ブリツィオ礼拝堂（十六世紀初めの数年間の作）の壁にはルカ・シニョレリ〔一四四一頃－一五二三、イタリア・ルネッサンス期の画家〕による終末のドラマにあてた壮大な連作が同時に存在するのである。また、ジョット〔ディ・ボンドーネ。一二六六頃－一三三七、イタリア・ルネッサンス期の画家、建築家〕によってパドヴァ〔イタリア北部、ヴェネツィアの西にある古都〕のアレーナ礼拝堂〔スクロベーニ礼拝堂の別名〕に描かれた、より凝縮された形の「最後の審判」（一三〇三－〇五）は、非常に自由に利用しているとはいえ、これらふたつの基本的な原典に拠っていることを明らかにしている。

さらに、複数の大聖堂に見られる彫刻の施されたポーチも、これらに符合した例を無数に提供している。

『神の国』

聖アウグスティヌス〔ヒッポの司教と呼ばれる〕の文献に、天のエルサレムの魅惑的な描写を見出そうとすることもできたであろう。この三つ目の基礎文献といえる『神の国』〔四一三－四二六〕――明らかに「ヨハネの黙示録」から得られた題名――において、確かにヒッポの司教は、われわれの肉体が栄光の復活のときに何になるかを何度も自らに問い、その問いに

穏やかな確信をもって答えている。[5] しかし、われわれには驚くほど詳細と映るその描写にもかかわらず、アウグスティヌスは天国での生活について具体的に描くことを自らに禁じている。その理由をアウグスティヌスは、聖パウロを拠り所に（「フィリピの信徒への手紙」四章、七節）、こう書いている。「それはあらゆる人知を越えている」[6]からであると。

数世紀を経ていくうちに、しかしながら、「ヨハネの黙示録」、「マタイによる福音書」（二五章）、『神の国』の混交が生じた。聖アウグスティヌスのこの作品は多大な成功を収め、その数多くの写本はかなりの割合で、とくに十四世紀の最後の数年以降から、天のエルサレムでの諸聖人の祝日や最後の審判の挿絵で飾られた。聖アウグスティヌスによって用いられた「天の都市」という表現は、この著作と「黙示録」とのあいだに一種の鏡の働きを生み出した。中世の最後は「『神の国』の挿絵と翻訳が広く求められた」時代という特徴を持つ――このように書いたエルヴィン・パノフスキーは、そこにアウグスティヌス主義の再興の徴を見ている。[7]

もっと広く見ると、十四世以前の時代からすでに『神の国』の写本に入った細密画は、あらゆる種類の色彩と細かな描写によって天の宮廷を表現していた。一一八〇年頃の制作と特定できるザクセン〔ドイツ北部地方〕の写本では、天の宮廷は洗礼者聖ヨハネの胸像や、左手で教会の砦を持つ聖ペテロ、そして聖ステパノ〔一世紀初期のキリスト教徒。最初の殉教者〕や聖マルティヌス〔トゥールの。三一六－三九七、トゥール司教〕、それに使徒たちとひとりの天使によって象徴されている。[8] 一二五〇年前後の作と思われるプラハの写本では、天の国の外壁、金色地を背景にした神、そして青い雲と中央に黄金のある光輪をつけた聖人たちを表象している。[9]

聖アウグスティヌスの著作と天国に関わる描写との共生は、次の時代になるとますます強まる。一三七六年、フランス国王シャルル五世〔賢明王。一三三七－八〇、在位一三六四－八〇〕はラウル・ド・プラエル（またはプレール）〔一三一六－八二、翻訳家。同名の父はフィリップ四世端麗王の法律顧問〕に『神の国』の翻訳を命じた。この翻訳を保存する十五世紀の写本は天国を次のように描いた。中央に父なる神、右手で祝福を与え、左手で天球を持っているその神は、福音書記者たち、天使たち、聖母と聖人に囲まれている。[10] 同じ十五世紀の別のフランス語写本は、青と金色のマンドルラ〔玉座のキリストなどを取り巻くアーモンド形の光輪〕の中に三位一体を描いた。父と天球、子と十字架、白い鳩によって象徴される聖霊である。その横に受胎告知を受ける姿でマリアが位置する。マンドルラの下では選ばれた者たちが会話をしているが、各自は成聖の理由となった物体により個別化されている。同じ翻訳のさらに別のフランス語写本の挿絵は、前者に近い天の宮廷の形象表現を収めている。[11]「ヨハネの黙示録」と『神の国』は、したがって、無数の変化と発展が可能な天国について、イメージのストックを競って読者に与える。マリアの戴冠というテーマが可能にした天国像の出現については後に強調することになるが、[12]マリアの戴冠に関する描写は十四世紀末からますます『神の国』を飾る表象として用いられるようになる。聖アウグスティヌスの著作はマリアの戴冠について一切言及していないのだが。このことは明らかに、この頃から画家と注文主が、天国の色鮮やかな栄光と天の都市にマリアを迎えることとのあいだに、結びつきを作り始めていたことを示している。

西欧文化における『神の国』の重要性はきわめて大きなもので、表向きはこの著作への依拠を示さない作品であっても、その影響を見抜けるほどである。私はここで「真実の道《ウィア・ウェリタス》」という絵を思い描いている。これは、フィレンツェのサンタ・マリア・ノヴェッラ教会のスペイン人礼拝堂の壁に一三六六年から六八年に描かれたアンドレア・ダ・フィレンツェ〔アンドレア・ディ・ボナイウートとも。一三一九－七七、フィレンツェ出身の画家〕によるフレスコ画のひとつである。[13]そこにはふたつの都市のテーマが透けて見える。作品の上部では、栄光のキリスト、天使たち、そして聖人たちが天国の入口に到着した選ばれた者たちを迎えている。下では、天の都市と地上の都市が、アウグスティヌスの図式が望んだように、重なり合っている。描かれた「教会」は、当時はまだ計画段階にあったフィレンツェ大聖堂や教皇、司教たち、聖職者たち、とりわけこの建物を所有することになるドミニコ会士たちによって象徴されている。絵の中で托鉢修道士たちは、自分たちの権威と教えによって、人々を虚しい地上の快楽から、そして異端から、切り離そうと努めている。天国への道は「教会」を通って行く。これが聖アウグスティヌスによる著作の重要なメッセージであった。

『神の国』の影響はまた、ルネッサンスの芸術家たちが天国の住民を想像するそのやり方にも表れた。[14]晩年に至ってヒッポの司教は、実のところ、新プラトン主義から受け継いだ物質に対する敵意を棄てていた。『神の国』の最終章〔最終巻か〕で、天においては原罪から生じるあらゆる穢れから解き放たれた身体が復活する。そこでは、選ばれた者たちは「身体的調和」を取りもどし、「彼らの動き、態度、風貌、それらすべてが恩寵を受けるであろう」[15]。天において肉体は霊化されるであろう、「だが肉体であることには変わりはなく、霊になることはない」[16]。人は「魂的な身体の老朽化」から「霊的身体の新しさへと移り、［…］不朽性と不滅性を得る」[17]。性的欲望は消え去るが、美は再び見出されるであろう。選ばれた者たちを描き出すために、ルネッサンスはこうして人体の調和を再発見し、選ばれた者たちを裸のまま表現するそのやり方において聖アウグスティヌスに論拠を求めることができた。それはオルヴィエート大聖堂の「最後の審判」でルカ・シニョレリが、またシスティナ礼拝堂の「最後の審判」でミケランジェロ〔一四七五－一五六四、イタリアの画家、彫刻家、建築家〕が、見事になし遂げたことである。

『天上位階論』

四つ目の基礎文献はキリスト教の天国の理解にとって基本的なもので、五三二年、コンスタンティノープルにおける論争の過程で初めて言及された『天上位階論』である。この時代、この『天上位階論』を含めていくつもの神学論考がディオニュシオス・アレオパギテース〔偽ディオニュシオス。五世紀のシリアの神学者、「ディオニュシオス文書」の著者を指す。「偽」とされるのは「使徒行伝」（新約聖書の中で、四福音書に次ぐ五番目の文書。初代教会の歴史を伝える）中の同名の人物と区別するため〕の作であるとされた。偽ディオニュシオスはアテネで聖パウロによって回心し、伝承によれば、この町の最初の司教となった、五世紀末あるいは六世紀初頭に作品を著したシリア人で、明らかにキリスト教に改宗した新プラトン主義者であった[18]。

古代ユダヤ教は〔メソポタミア系の名前である〕智天使《ケルビム》〔九階級のうち上から二番目の天使で知に秀でる〕と熾天使《セラフィム》〔九階級のうち最上級の天使。三対の翼を持つ〕のことを知っていた[19]。次いで、聖パウロが天使たちを「王座」「主権」「支配」「勢力」に区別し〔「コロサイの信徒への手紙」一章、一六節〕、これにさらに「権威」を加えた〔「エフェソスの信徒への手紙」一章、二一節〕が、それらに上下の区別はつけなかった。その後で、教父たちが天使の階級の数について考えた。エルサレムのキュリロス〔三一三－三八六、ギリシア教父、エルサレム主教〕とクリュソストモス〔ヨハンネス・クリュソストモス。三四七－四〇七、コンスタンティノープル司教、教会博士〕はその数を九つとした。偽ディオニュシオスはこの数を肯定し、真正であると認め、その階級のそれぞれの存在理由を説明し、天上世界の総体的組織に採り入れた。偽ディオニュシオスは聖パウロと「聖なる神学者たち」から教えを受けていると主張して、「自分の力の範囲」において、「天使のありさま」[20]を明らかにしようとした。そして天の宮廷を九つの階級に分け、それらを上下に連なる三階層に配列し、第一の階級〔熾天使〕を神のすぐかたわらに、最後の階級〔天使〕を人類の横に位置づけた。こうして、偽ディオニュシオスは超越的善の「発現」という新プラトン主義的テーマをキリスト教化するやり方で再び取り上げたのである。

神学者たちは次のことをはっきりと明らかにしている。天使たち〔直訳は「天使の本質あるいは本性」〕のうちで、下位の諸階級は上位の諸階級から聖なる行いに関するすべてのことを然るべく学ぶ。これに対して、最上位の諸階級は、神を冒瀆することなくできるその限りにおいて、自分よりも上位の諸階級の光そのものによって導かれる。そして、最上位の諸階級は〔上位の諸階級から〕、神こそは天上の支配者であり、栄光の王、テアルキア〔すなわち神性〕であることを学ぶ。[21]

三つの階層、そして、その中における九つの階級はかくして鎖の環のようなありようで結ばれている。「純粋さ、輝き、完全さ」は神から発して上位から下位まで、次いで下位から人類にまで行きわたる。第一の階層に住まうのは、火と愛の霊である「セラフィム〔熾天使〕」、聖なる智に満ちた「ケルビム〔智天使〕」そして「座天使」である。第二の階層はつねに神に仕えて他の霊を支配する「主天使」、下位のものに聖なる力を伝える「力天使」、そして他のものたちに優しく助けを出す「能天使」から構成される。最後に、第三の階層は「権天使」「大天使」そして「天使」である。「天使」は人間と直接関係を持つ。[22]「ディオニュシオス文書《コルプス・アエロパギティクム》」には「教会の位階」について書かれた論考もあり、その記述によると、選ばれた者たちは霊的天使たちと同じ仕方で天に「置かれる」であろう。

偽ディオニュシオスはまたたく間に文句なしの権威となり、その歴史上の重要性は聖アウグスティヌスと聖トマス・アクィナスのそれに比べられるほどになった。五九三年、聖大グレゴリウス〔五四〇–六〇四、教皇在位五九〇–六〇四。アングロ・サクソン人への福音宣教に努めた〕は『天上位階論』の天使の構成から想を得た天使構成論を書いた。七五八年、教皇パウルス一世〔七〇〇頃–七六七、教皇在位七五七–七六七。フランク人との同盟策をとった〕はアレオパギテース〔＝偽ディオニュシオス〕の著作のコピーを小ピピン〔ピピン三世。七一四–七六八、フランク王在位七五一–七六八。カロリング朝の創始者。シャルルマーニュの父〕のもとに届けさせた。また、八二七年、コンスタンティノープルの皇帝〔ミカエル二世。七七〇–八二九〕はルイ敬虔王〔ルードヴィヒ一世。七七八–八四〇、フランク王、西ローマ皇帝在位八一四–八四〇。シャルルマーニュの第三子〕にそれを一冊送った。[23] ラテン語に訳された偽ディオニュシオスの著作は次々と注解の対象になり、なかんずくヨハネス・スコトゥス・エリウゲナ（八六〇年頃）〔八一〇頃–八七七以降、アイルランド生まれの哲学者、神学者。カール二世（禿頭王）に招かれカロリング・ルネッサンス期に活躍〕、次に、十三世紀の大アルベルトゥス〔アルベルトゥス・マグヌス。一一九三頃–一二八〇、ドイツの哲学者、自然科学者。ギリシア・アラビア・ユダヤの哲学者の業績をラテン世界に伝えるという知の巨人の役割を果たした〕、聖ボナヴェントゥラ〔一二二一–七四、イタリアのスコラ学者。フランシスコ会総会長〕、聖トマス・アクィナス、そしてドゥンス・スコトゥス〔ヨハンネス。一二六五／六六–一三〇八、スコットランド出身のスコラ哲学者、神学者〕によって取り上げられた。以上のリストは網羅的なものではまったくないが、偽ディオニュシオスによって打ち立てられた天使の位階制がそのまま、十二世紀から十三世紀の重要な神学大全の著者たち、さらにまた十七世紀のイエズス会士スアレス〔フランシスコ。一五四八–一六一七、スペインのグラナダ生まれ、イエズス会を代表する神学者、スコラ哲学者〕に至るまで、すべての専門家たちによって受け入れられたことを示す。中世のあらゆる神秘思想を生み出した背景、またマルシリオ・フィチーノ〔一四三三–九九、イタリアのプラトン哲学者、ユマニスト。『プラトン神学』〕が十五世紀に新たに行なった「ディオニュシオス文書」の翻訳の長期にわたる成功を考えてみれば、こうした受容は当然である。天上の九つの階級という分類は、いずれにせよ、理論家たちの枠を越えて、教理問答の図像に、そして幻視者の著作や文学に広がったのである。

十二世紀末のこと、ホーヘンブルク（現在のアルザス、サント・ディール〔フランス北東部〕）修道院の女子大修道院長ヘラート〔ランツベルクのヘラート。一一二五から三〇–九五〕は、天使の創造から最後の審判までの「救済」の歴史を図像によってたどるという、見事な写本を書き上げた。その序論で、ヘラートは共同体の修道女たちに向けてこう言っている。「あなた方はこの本で、美味な食べ物を追い求め、あなた方の霊に再び力を与えなければなりません。霊的食べ物をたっぷり食べると、あなた方は地上の生命の原野を通り過ぎ、永遠の生命の園に至り着くことができるでしょう」。[24]『悦楽の園《ホルトゥス・デリキアルム》』〔ヘラートが見習い修道女たち向けに編んだ霊的指導書〕と題されたこの書は、中世においてもっとも美しい写本のひとつだった。残念なことに、一八七〇年の

ヘラート『悦楽の園（ホルトゥス・デリキアルム）』（12世紀末）の修復版における挿絵「天の宮廷」。各聖人または聖女が、偽ディオニュシオスの序列と一致して、彼らに対応するひとりの天使を伴っている。©Éditions Coprur.

プロイセン軍によるストラスブール攻囲のさなかに焼失したが、その部分的なコピーが作られていたおかげで、この驚くべき記録は技術と忍耐によって最近修復された。[25] さて、修復された挿絵のひとつは「天の宮廷」を描いており、明らかに偽ディオニュシオスの図式に依拠していて、偽ディオニュシオスと同じように、天の霊たちの位階と選ばれた者たちの位階とのあいだにひとつの呼応関係を作り出している。[26] そこには、聖人あるいは聖女の横にそれぞれひとりの天使がいる図で、選ばれた者たちの九つのカテゴリーを数えることができる。それらカテゴリーは上から下へ、処女《おとめ》たち、使徒たち、殉教者たち、証聖者たち、預言者たち、族長たち、未婚者たち、既婚者たち、そして最後に救済された異教徒たちの姿で並んでいる。この分類は、ほぼ天の霊の位階をそのまま反映している。処女《おとめ》は熾天使、使徒は智天使、殉教者は座天使、証聖者は力天使、預言者は主天使〔本来なら、「証聖者は主天使、預言者は力天使」となるべきところ〕、族長は能天使、未婚者は権天使、既婚者は大天使、そして救済された異教徒は天使に結びつけられているのである。

ベネディクト会の女子修道院長で、預言者であり幻視者でもあったビンゲンのヒルデガルト〔一〇九八－一一七九、ドイツのベネディクト会修道女。一一五〇年ビンゲン（ドイツ南西部の都市）近郊のルーベルツベルクに自身の修道院を新設〕が生きたのも十二世紀であった。その名はキリスト教圏全土に知れわたり、書簡の交換相手には聖ベルナルドゥス〔クレルヴォーのベルナール。一〇九〇頃－一一五三、クレルヴォーに新修道院を設立、シトー会を発展させた〕、君主たち、司教たち、教皇たちがおり、赤髭皇帝フリードリヒ〔フリードリヒ一世。一一二三頃－九〇、ドイツ国王・神聖ローマ皇帝在位一一五二－九〇〕さえもいた。もっともよく知られているヒルデガルトの作品は『神の道を知れ』であり、神聖な証明により確かなものとされた一連の幻視を語っている。そこから、ヒルデガルトがこの書物の冒頭に置く次のような神の命令が出てくる。

ひ弱な人間よ、灰の中の灰、腐敗の中の腐敗、おまえが目にし耳にすることを伝え記しなさい。だが、おまえは話すには臆病であり、示すには未熟であり、書き記すには無知なのだから、それを伝え記すには、人間の言葉によるのではなく、人間の発明した知恵によるのではなく、まとめようとする人間の意志によるのではなく、おまえが上からの、天にある、神の驚異の中にあるそれを、目にし耳にするという事実に基づいてのみ伝え記すのです。[27]

さて、ヒルデガルトは聖なる光のまわりに冠状をなしている天の「軍勢」の集団を見た。そしてこの集団はヒルデガルトの第六と第七の幻視に現れるが、それは偽ディオニュシオスが定義した階級に符合する。すなわち、熾天使、智天使、座天使が、父より発する力が流れ出る源にもっとも近い内側の環を構成しているのだ。そして外側の環には、本文でも細密画でも「人々を守る」役目を持つ天使たちと「正しい人たちの魂を受け取る」[28]大天使を位置させている。十四世紀に入ると、今度はフランシスコ会士ヤコポーネ・ダ・トーディ（一二三〇－一三〇六）〔イタリアの宗教詩人〕が、その『賛歌《ラウディ》』――その賛歌は「愛の熱狂、愛の嵐」と人々に言われたほど激しいものだ――の中で九つの天使の隊を称揚する。トーディは書く。「天国は、九つの天使たちの隊として組織されていると私には見える。三つの階層の中に、この幸いなる集まりの身分がある」[29]。頂点には熾天使の階級があり、その「燃える命は愛にほかならない」、またそれは「主を激しく抱擁している」。

プラハの国立図書館は十四世紀の非常に美しい挿絵で飾られた写本を所蔵している。それは国王プシェミスル・オタカル二世〔一二三三頃－七八、ボヘミア王〕の娘である修道院長クネグンデ（クンフタとも。一三二一年没）のために作られた『クンフタ・プシェミスルの受難記』である。この写本は三部からなり、そのうちのひとつが「天の住まい論」である。この『受難記』ではクンフタでもあり理性的魂でもある〔女性の〕婚約者が、その「堕落」の後、〔男性の〕婚約者と別れる。その後、男性はクンフタを「堕落」から救い出し、天へと導き、マリアのように戴冠させる。きわめてプラトン的なやり方で、魂は天への旅の始めに、「身体の牢獄」を棄てる。その後、クンフタの解放の道程は偽ディオニュシオスによって記述された九つの天使の隊を通る。写本の文章は明白に記す。「まず、この上なく天の物質の総体すなわち天使たちは、幸いなるディオニュシオスによって三つの階層に分けられている。[…]そして、それぞれの階層は三つの階級に分けられる」。さらにその後には、九つの階級が数え上げられる。文に対応する細密画には、頂点に神による魂の戴冠が描かれ、その下部には、天上の階級に釣り合う九つの空間に選ばれた者たちが分けられている[30]。

ドイツの神秘思想家ハインリヒ・ゾイゼは、神の意思に身を捧げることを歌う詩人であるが、一三二八年頃『永遠の知恵の書』を書き、その中で「知恵」は「僕《しもべ》」にこう言う。

今や、おまえの純粋な理解力の目によって、見てごらん。同じ隊に属している崇高なる熾天使と愛情豊かな魂は、私のために激しい愛で、絶えず燃えるように熱くなっているのを。光り輝く智天使とその仲間たちが、言葉で表せない永遠に光輝く私の発散物を受け取り、反射しているさまを。崇高な座天使とその軍団が私のうちに憩い、また私が彼のうちに憩うさまを。次に、第二の階層の三つの隊をじっと見てごらん。主天使、力天使、能天使が、その階級に従って、自然全体の中に調和のある永遠の秩序を作り出しているのを。また、天使の霊の第三の階層も見てごらん。この階層は私の崇高な伝言と私の掟を、世界のあちこちの場所で実行しているのだ。おお！見てごらん、多数のものたちを支配する素晴らしい、驚嘆すべき、そして多様な秩序を。それは何と美しい光景なのだろう！[31]

ダンテと偽ディオニュシオス

ダンテは『神曲』「天国篇」を、偽ディオニュシオスの『天上位階論』をもとにした見事なやり方で作り上げた。ダンテは、実際に、偽ディオニュシオスから次のことを学んでいる。すなわち、七つの惑星天、次に、その上に、恒星の天と「初動因」の天（至高天に囲まれている）に天使の九つの隊が住んでいること、そして、天の霊たちのさまざまなカテゴリーが、星を動かす神聖な力を、上から下へと降ろさせる仲介者の役割を務めていること、である。異教的古代は、オリンポスの主たる神に七惑星の支配と、そこから生じる人間への影響を制御しうる力を与えていた。アレオパギテース〔＝偽ディオニュシオス〕は、ギリシアの天文学者・地理学者であるプトレマイオスが記述した宇宙の内側にとどまりながら、他の誰よりもこの神話のキリスト教化に貢献したのである。[32]

一三〇四年から〇七年に書かれた未完の作品『饗宴』の中で、ダンテはすでに、偽ディオニュシオスの説にならう形で九つの天体の動きを九つの天の階級の隊に分けていた。ただ時として、アレオパギテースの分類法からわずかにずれることもあった。当時ダンテはまだ聖トマス・アクィナスの著作を深く学んではいなかった。このブランクをダンテは、一三二一年の死の直前に完成した『神曲』を書いたときに埋めたのだった。こうして「天国篇」では、聖トマス・アクィナスのように、偽ディオニュシオスから引き継いだ構成図にぴたりと適合させることができたのである。その第一〇歌（一一五－一一七行）で、ベアトリーチェ（一二六六－九〇、ダンテが永遠の女性像としたフィレンツェの女性）[33]はダンテに、「下界で肉体のうちにありながらも誰よりも深く天使の性質と務めを考察した大蝋燭の光」を見るよう促す。この「大蝋燭」とは偽ディオニュシオスである。さらに、第二八歌（九一－一三二行）で、ベアトリーチェは天上の霊の階級とさまざまな天体の階級をあげて、次のように述べる。「ディオニュシオスは非常な熱意をもって、これらの階級を瞑想しようと力を尽くし、私がしたようにこれらの階級を命名して区別しました」。ダンテが実現する天国への上昇はアレオパギテースの轍に従って行われる。すなわち、キリスト教化されたプトレマイオスの天文学と、天使の階級と選ばれた者たちの階級との組み合わせという図式である。

天の階層	天上の霊的存在	選ばれた者たち
第一天：月	天使	誓いを守ることを妨げられた人々
第二天：水星	大天使	善行をなし名声や栄誉を得た人々
第三天：金星	権天使	愛に支配された人々
第四天：太陽	能天使	偉大な博士たち
第五天：火星	力天使	信仰の戦士たち
第六天：木星	主天使	公正で敬虔な君主たち
第七天：土星	座天使	偉大な瞑想家たち
第八天：恒星	熾天使と智天使	キリストの勝利。聖母、聖ペテロ、聖ヤコブ、聖ヨハネの賛美
第九天（初動因または水晶天）	神のまわりに集まった九つの天使の隊	

至高天＝天上のバラ

至福の人々が最後の審判で持つことになる身体をまとって現れる

ダンテのもっとも素晴らしい発明のひとつは、天の最上位に神秘のバラのような至高天を考え出したことである。「無数の階段のある」円形劇場さながらに、このバラはすべての選ばれた者たちからなる。選ばれた者たちは、ふたつの場所〔地上と天上〕にいるという特権を用いて、詩人〔＝ダンテ〕とベアトリーチェが天から天へと昇りながら通り過ぎるいくつもの天球に自分たちも存在する能力を持つ。アレオパギテースによって定義された位階原則に従って、ダンテは選ばれた者たちと天使たちとがすべて同じ幸福の度合いを有するのではなく――このことから、バラの中心からの距離の大小といくつかの天に上下の配列が生じる――、それぞれの能力に応じてそれが完全に満たされるということを意味したかったのだ。同じ意味で聖トマス・アクィナスはこう断言した。「ただひとつの霊的な場所しかないのであるが、そこに近づく度合いは多様である」[34]。

アレオパギテースの天使の位階論は命運を長く保った。十七世紀初め、イギリスの医師・神智学者であるロバート・フラッド（一六三七年没）〔一五七四－一六三七、パラケルスス派の錬金術を学ぶ。パラケルススは十六世紀前半のスイスの錬金術師、医師。その思想はフラッドなどの自然哲学に継承されて学派を形成した〕は、その時代の西欧秘教主義の主要な代表者のひとりであったが、フラッドは読者に九つの階級からなる照応の図式を提示する。それによれば、高いところに熾天使と「初動因《プリムム・モビーレ》」、低いところに天使と月の環がある[35]。また、十七世紀以降の東方正教会の教会法書式集と見なされる『正統信仰箇条』には明確に次のように記されている。「三つの階級あるいは階層に分かれた九つの天使の隊がある。第一の階層は神にもっとも近い者たちを含む。すなわち、座天使、熾天使そして智天使である。第二の階層には能天使、主天使、力天使がいる。第三の階層は天使、大天使そして権天使を含む」[36]。十八世紀半ばになってもなお、チリのイエズス会士イグナティオ・ガルシア・ゴメスは、ある信徒団体向けの、不純な誘惑の例をあげているある霊的作品の中で、いくつもの忠告を与えているが、そのひとつに次のようにある。「崇めなさい。そして何かをお願いしなさい。熾天使、智天使、座天使、主天使、力天使、能天使、天使、大天使そして権天使のいとも輝かしい軍団に。天の君主たちの、偉大な神の宮廷を飾る人々の姿は何と美しい眺めであることか」[37]。

第三章　天の体系における天国

中世の宇宙形状誌の構成要素

キリスト教の天国についての基礎文献を明らかにしたところで、われわれはこの天国がどのような宇宙形状誌の中に位置していたのかを明確にしなければならない。というのも、ユダヤ教の伝統、プトレマイオスの理論、新プラトン主義的思想という三つの流れの影響下で、天国は「ひとつの場」として長いあいだ見なされ、そのようなものとして天の高いところにあるとされたからだ。[1]

イエスの時代、ユダヤ教は三層の天という知識を持っていた。空気の天、恒星の天、そして神の天である。聖パウロは「コリントの信徒への手紙二」（一二章、三節）で「第三の天」についてほのめかしている。しかし、古代末期、次いで中世、さらにはその後までも、もっとも一般的に受け入れられていた宇宙形状誌は、ギリシアの数学者クラウディオス・プトレマイオスの説だった。プトレマイオスは紀元二世紀にエジプトで生きた人物で、古代の天文学知識の総体を集大成した。

プトレマイオスはアリストテレスがその『天体論《デ・カエロ》』で展開した概念を引き継いだ。その体系に従えば、球体で不動の地球は宇宙の中心にある。そのまわりを絶え間なく透明な球体が回っている。それら球体はちょうどロシアの人形マトリョーシカのように互いに嵌め込まれた状態になっていて、その動きによって惑星と恒星を引っ張る。内側から外側へ、月、水星、金星、太陽、火星、木星そして土星の天球が、地球から離れれば離れるほどより高速度で回っている。惑星の七つの天球の上に、二十四時間で回転する恒星の天球がある。

月より下の圏内では物体は土、水、空気、火の四元素からなっており、土のまわりを他の元素が層を作るような構成になっている。そこは変化、変質、腐敗の領域である。というのも、そこで生じる直線運動は、四元素のそれぞれがその「自然の場」にもどることを許すという目的を持つからである。これとは逆に、月より上の圏では、変質も腐敗も存在しない。ここではただひとつ可能な運動は円運動であり、円は完全さの同義語、そして球体の形も同様である。天の球体は純粋で透明な変質しない物質でできており、それら天球が含む空間は重くも軽くもない、分解できない物質であるエーテル〔天空の原質〕あるいは「第五元素」〔アリストテレス自然学の定義〕で満たされている。

古代末期と中世はプトレマイオスの体系にさらにふたつの天球を加えた。「初動因」と「至高天」のふたつである。「水晶天」とも呼ばれる「初動因」は、八つの下位にある球体を囲んでおり、それらを動かす。八つの球体の回転は天使たちの推力で強められて、内側にある球体の回転を生み出す。「至高天」（古代の人々はほとんど用いなかった、火と光を意味するギリシア語に由来する）、そこは神話によれば神々の住むところであるが、キリスト教の宇宙形状誌では、神、天使たちと選ばれた者たちの不動の住まいであり、ダンテの「天国篇」はまさにこの図式に則っている。『諸原理について』において、オリゲネス〔アマンティウス。一八五頃－二五四頃、初期キリスト教会のギリシア教父、神学者〕は、ただひとつ可能な宇宙についての総体的な概念として、目に見える世界と、それを取り巻くまだわれわれには見えない世界の両方を含む宇宙像を明らかにした。実のところ、文脈から知れるのは、本質的にオリゲネスは今まで述べた宇宙形状誌に与していたということである。

ある人々は、月と太陽、また惑星と呼ばれる天体が、それぞれ世と呼ばれていることを受け入れる。しかし、彼らは、そうは言いながら、上述の天体を凌駕する天体、恒星天をも、厳密な意味で世と呼びたがる。［…］そして、恒星天の上にも、〔…〕われわれの下にあって天の下にある万物を天が包含しているのと同様に、巨大な大きさと名状しがたい広がりをもって他のすべての球体の空間を壮大に取り囲む別の球体が、すなわち、われわれのこの地球が天の下に存在するように別の球体がこの天の上に存在すると想定する。万物はその壮大な球体の内に存在するというのである。〔…〕

ある人々はこの世について次のように言っている。すなわち、この世は造られたものであるから、朽ちうるものではあるが、実際に朽ちることはない。なぜなら、世を造り、世を滅びが支配することのないよう保持しておられる神の意思は、滅びよりも強く、堅固であるからだ、と。けれども、われわれが恒星天の球体の上にあると述べたあの世についてそのように考える方が一層正確だろう。というのは、神の意思のおかげで、あの世はけっして滅びることがないからである。それは、滅びの原因を持たないからである。実際、あの世は聖なる者たちの世であって、完全に浄められた者たちの世である。それは、現世のような不敬な者を含む世ではない。〔…〕見えるものの状態が過ぎ去り、朽ち果てる状態がことごとく振り落とされ、浄められ、惑星の天体がそこにあると言われているあの世のありさまが凌駕された後、恒星と言われるかの球体の上に、敬虔な人々と至福の人々の滞在所が据えられる。[2]

アリストテレスとプトレマイオスの宇宙論は、中世にはキリスト教化されることによって、おそらくはより知られていたもうひとつの体系に対して勝ちを収めた。水に囲まれた神の住まいであり、未来の選ばれた者たちの住みかとなるヴォールトの空に覆われた平らな円盤という大地、という体系に。この考え方は六世紀のエジプト人修道士・インド航海者であるコスマス〔アレクサンドリアの旅行家、地理学者。世界地誌を聖書によって解釈した〕によるもので、コスマスはその『キリスト教地誌』において、プトレマイオスなどの「作り話をする異教の地理学」を拒否した人物である。[3]

聖アウグスティヌスは宇宙論にほとんど関心を示さなかった。その『創世記逐語注解』の中で、諸々の天と星と太陽ならびに月の動きに関する断言はキリスト教の教義に欠かせないものではないと明言している。後に、ガリレイはこの主張を取り上げて、神学の領域と科学の領域を区別するため援用することになる。アウグスティヌスによれば、キリスト教徒にとっては永遠の生命の空間や選ばれた者たちの場所を知ろうと努めることより優るものがあるのだ。[4] それにもかかわらず、アウグスティヌスがオスティア〔イタリア、ラツィオ、テヴェレ河口部にある町。アウグスティヌスの母はこの地で没した〕の幻視を想起する『告白』の箇所〔同書収録第九巻第十章の一節を指す〕で次のように語るとき、アレクサンドリアの宇宙形状誌を暗黙のうちに採用しているように見える。「われわれは段階を追って、すべての身体的なものと、天さえも駆け抜けました」[5]。アウグスティヌスの何世紀も前のこと、キケロ〔前一〇六－前四三、ローマの政治家、雄弁家、著作家〕は「スキピオの夢」〔『国家論』中第六巻〕で天の球体の実情を明確に断言していた。

天の歴史の中で大きな出来事は、アリストテレスとプトレマイオスに発してアラブの天文学者たちによって修正されたこの宇宙形状誌が、新プラトン主義に基づく偽ディオニュシオスの「天上の位階」秩序によって構成される総体としての世界の観念と調和したことだ。偽ディオニュシオスは創造を一種の「発出」と考え、それが光源から遠ざかるにつれて徐々に濃密になる力を作り出し、継起する段階を経て、無数の身体にまで降りて行くとした。霊的生命は、宇宙の、倫理的かつ宇宙的なさまざまな段階を通って、神聖なるものへと昇ることの中に存在する。偽ディオニュシオスは、三つの天使〔直訳は「天使の本質あるいは本性」。前章にならい「天使（たち）」と表現する〕の階層に触れ、そのそれぞれがさらに三つのカテゴリーに下位区分されて天のさまざまな階梯に住まうとして、次のように明言する。

> 第二の階層の本性〔＝天使〕は第一の階層の本性の仲介によって神の輝きに与る。これは、神の加護によりすべての秩序の神聖な「原理」によって打ち立てられた不変の法則である。［…］〔第一の階層の〕後、第二の階層、次に第三の階層が、そしてその後人間の位階が、それぞれの性質に釣り合った形で、すべての秩序の調和ある「原理」が定めるところに従い、神聖に釣り合った和合において「原理」と終着点へと向かって、秩序立って昇る。「原理」と終着点は調和全体のこの上ない基本である。［…］
>
> 自然全体を支配するこの調和ある同じ法則に応じて、すべての可視、不可視の次元における驚異なる「原理」は幸いなる放射によって、もともと自分の光であったものを上位の天使たちに露わにし、それら上位の天使たち

の仲介によって、後に来る天使たちが神の光線に与るのである［…］。かくして、先に行く天使が、段階を経ながら、後に続く天使に神聖な光を分配するのであるが、神聖な光は贈り物として受け取られ、それぞれの天使の能力に比例して、すべて天使たちの上に神の摂理として広がっていくのである。

細かな部分においてやや難解だが、およその意味は明白だ。天空の頂上から神の光、愛、知恵が宇宙の継起する階段上に位置する三つの大きな「天使たち」の仲介によって人間の土地に下る。また継起する階段は循環する。偽ディオニュシオスは事実、「天使たちの第一の階級」について、「それは神のまわりにあり」、そして神を「単純で継続的なロンド〔輪舞〕のように」取り囲むと述べる。神すなわち「唯一物」から発して地上にまで至る運動は、「分割と多様なものの平原の中」を経て、「さまざまな形をとりうる多様性へと向かう」降下である。しかしながら、霊性の使命は「後もどりすること、そして〔多様な〕形を天使たちの持つ単純さへともどすこと」にある。[6] 受肉と上昇の往還というふたつの道程は、単純なものから多数のものへ、天空の頂上から地上へ、光から闇へ、もっとも霊的なものからもっとも身体的なものへ、しかも神徳によってその逆の道をとる必然も備えた、統一性ある宇宙論に位置を占める。

きわめて当然なことに、聖トマス・アクィナスは至高天に触れて、偽ディオニュシオスを参考に次のように書く。「ディオニュシオスによれば、もっともありうることは、至高天に座す最上位の天使たちが――その天使たち自身は伝令ではないのであるが――伝令の役割を持つ中間の階級の天使たちに影響を及ぼす。それと同じように、至高天は、自身は不動でありながら、動く身体に影響を及ぼす」[7]。ここで思い出しておくべきは、偽ディオニュシオスの影響は、その著作が九世紀にヨハネス・スコトゥス・エリウゲナによってラテン語に翻訳されたときから、西欧にあっては甚大になった、ということである。十二世紀のオータンのホノリウスとサン・ヴィクトルのフーゴー〔一〇九六頃－一一四一、フランスの神学者、神秘思想家〕は、偽ディオニュシオスの著作に大きな刻印を記された者たちの一部であった。[8]

至高天

惑星の運動はスコラ学者、アラブ人のあいだで議論を引き起こしたが、その議論にわれわれは立ち入らない。われわれにとってむしろ重要なのは、いかにしてキリスト教的図像と思考が「上層の天」の性質と機能を詳述しようと努めたか、である。というのは、至高天を、地球を回るすべての球体を含む「下層の天」との関わりにおいて位置させる必要があったからだ。

キリスト教美術は非常に早い時期からそう努めた。それは、その時代の科学的図式を用いることによって、また上層の天が他のすべての球体を包含するひとつの球体であると想像することによってであった。この点についてアンドレ・グラバール〔一八九六－一九九〇、フランスの美術史家〕はこう書いた。「キリスト教徒は非常に古い時代から（五世紀からという確証がある）、この天を上層にあり、理解しうるものとして示そうと努め、それを自分たちの先駆者たちの異教モデルを修正することによってなし遂げた。修正点は［とりわけ］雲のモチーフを少しずつ確実と思わせる形で図式化することにあった。雲は可視的な天を想起させること役立ったし、また、もしこうしたテーマが許される場合は、神の姿やその手を、雲に支えられた可視的な天に存在させることに役立った。神は雲より上にいるから、神とその手は雲の幕を裂き、あるいは押し開けて、自らの姿を現すというおなじみの表現になる」[9]。アンドレ・グラバールは証拠として五世紀から九世紀のローマとラヴェンナ〔イタリア中北部アドリア海に臨む都市。五世紀以後、西ローマ帝国、西ゴート王国の首都、ビザンチン帝国総督府となる〕の後陣《アプス》〔祭壇後方の半円形部分〕をあげる。この表現の完成形は、その凱旋門〔初期教会の内陣入口にあるアーケードを指す〕が天のエルサレムを喚起する、サンタ・プラッセーデ教会のローマ風バシリカ教会〔古代ローマの長方形の公共建築物。その建築形式に基づいた初期キリスト教会〕によって与えられた。「この天国は雲の上方にある。そうと感じることはできないが、雲が開いているために天国が見える」[10]。

最上層の天の現実を教えてくれる素晴らしい例が、ローマのサン・クレメンテ教会〔ローマのバジリカ教会、サン・クレメンテは第四代教皇〕の豪華なモザイク（十二あるいは十三世紀）である。後陣の頂上にあるキリストのモノグラム〔姓名のイニシャルを組み合わせて図案化したもの〕はイエスの聖性を意味する。モノグラムの下の部分にいくつもの半円が扇状に広がっている。もっとも外側の半円、そこに白い雲が現れていて、そこから全能者の手が出て、後陣の中心的モチーフをなしている黒い大きな十字架の「子」に王冠を与えている。

地上の人物の上方にある天から神の手が出るというテーマは古く、もとはユダヤ美術から来ている（とくにシリアのドウラ・オロポス・シナゴーグから）[11]。次にそれは帝国時代のキリスト教美術に応用され、またシャルル禿頭王〔八二三－八七七、西フランク王在位八四〇－七七〕やオットー三世〔九八〇－一〇〇二、ドイツ国王在位九八三－一〇〇二、神聖ローマ皇帝在位九九六－一〇〇二〕に祝福を与える、あるいは王冠を授ける、神の手を表現する彩色挿絵にも用いられた[12]。さらにそれは、紀元一〇〇〇年頃の『ウィンチェスター司教用定式書』にも見られ、そこではペンテコステ〔五旬節。聖霊降臨の主日、すなわち、聖霊が使徒に降臨したことを祝う復活祭後の第七日曜日〕の日に神の手が聖霊を使徒たちに送っている。このように時代をもどってみると、サン・クレメンテ教会の後陣の上部と、神の手が出てくる上層の天の意味がよりよく理解できるようになる。このモザイクでは天の一部の曲線が上方へと向かっているが、しばしばそれは下方に向かうこともあり、そのときは「小さな日傘」を形成する。それは、神聖な球体が世界の壁布としてあり、宇宙の総体を包含していることを示すやり方のひとつである[13]。

至高天はプトレマイオスの宇宙形状誌に対する付加物、神学的な「付加的断片」[14]であった。修道士であり司教だったカエサレアのバシレイオス（三七九年没）〔三三〇頃－三七九、初期のキリスト教教父、カエサレア司教〕、イギリスのベネディクト会士である尊者ベーダ（七三五年没）〔六七三－七三五、イギリスの学者、歴史家、聖職者。『イギリス教会史』〕、フルダ〔ドイツの都市、フランクフルトの北東百五キロ〕の修道院長ヴァラフリド・ストラボン（八四九年没）〔八〇八／八〇九－八四九、カロリング時代の詩人〕、こうした人々が至高天の性質と場を理論化した主たる著作者である。いずれの著作者も「至高天《エンピレ》」という語は用いていないが、世界の起源より古い上層の天についてのバシレイオスの考察はひとつの流派を形成した。その著書『創世の六日間《イン・ヘクサエメロン》』が大きな反響を呼んだからである。この作品を構成する講話の中でバシレイオスは聖アウグスティヌスのような「不謹慎な研究」や「疲れる推論」を避けるべきだと述べた上で、それでもなお、ひとつの天ではなくふたつの天があるという主張を表明する。ひとつは、運動によって運ばれる円環の天であり、もうひとつ――「第二の天」――は、「固有の機能を持ち［そして］起源に創造された天とは異なる。それは、その構成物の堅固さと、宇宙においてそれが果たす特別な機能によって異なる」。ここでまさに、後に「至高天」と名づけられるもの、そして「天と地」の創造以前に存在するものが語られている。バシレイオスにとって、これが「教会の教義」[15]である。この天の本質についてはこう述べる。それは「軽い物質で、固くも厚くもない」、だからこそイザヤは「雲のような天を作った人」（「イザヤ書」四〇章、二二節〔出典指示はバシレイオスによる〕）について語ったのである、と。[16]

尊者ベーダは自説をこう示す。「栄えある神の予知が、回転するわれわれの世の位置づけと異なるものを与えた。それが上層の天であり、これはつね静止している〔…〕。人の目に見えないこの上層の天は、大地が〔その始めに〕そうであったのとは異なり、無のまま、誰も住まないままに創られたのではない。というのは、この天はすぐに住民たち、すなわち幸福なる天使の軍団で満たされたからである」[17]。ベーダは別の著作で次のように書いた。「上層の天の環は自らの境界を定めており、〔周囲が〕どこも一様な空間の中に作らていて、天使の軍勢を迎えている。神は、下方の要素を燃やさないように、上層の天の環の〔下を〕氷で冷やした。次いで神は運動——ひとつではなく多数の——と堅さを下層の天に与え、それを「蒼穹《フィルママン》」と名づけた。それが上層の水を支えるからそう読んだのである」〔ラテン語フィルマメントゥムは「支え」の意〕。ヴァラフリド・ストラボンはほとんど逐語的にベーダの主張を引き継いだ。ストラボンもまた「至高天」という用語は用いていないが、明らかに「創られるとすぐに天使に満たされた」「上層の天」と、「星々が置かれる」[18]二番目に現れたもうひとつの天〔恒星天〕を区別する。アルクィン（八五〇年没〔まちがいか〕）〔七三〇頃－八〇四、カロリング・ルネッサンスの代表的神学者〕も「至高天」という語をその「創世記」注解の中で用いていない。だがアルクィンは、一日目に創られた天使の天と二日目に創られた恒星天の区別をはっきりと記している。[19]

これと対照的に、「エンピレウム」〔火の空＝至高天〕という語は、八四七年と八五七年のあいだに書かれたイシドルス・メルカトールという者による『偽教皇法令集』〔『偽イシドルス教会法令集』ともいわれる北フランスで作られた法令集。セビリャのイシドルスの名を借りている〕に現れている。その中で、主はルキフェル〔神に反逆した天使の長。悪魔の別名、堕天使〕の「専制に耐えることを拒んで」、「天の宮廷と至高天の場から」「純潔な乙女の純粋な子宮の中に」受肉を「決意した」[20]と記されている。九世紀半ば、神と天使の住まい「上層の天」はこのときから「至高天」の名前を持つようになった。[21]『偽教皇法令集』にこの名前が存在することは重要である。なぜなら、この作品は広く流布し、読まれ、百以上の写本が知られているからである。[22]

　九世から十二世紀に跳ぶと、至高天の名は頻繁にあげられ、定義される。サン・ヴィクトルのフーゴーは「〔創世の〕二日目に創られた蒼穹」を、「すぐに天使たちに満たされた至高天、すなわち、元素の判然としない組成がそのまわりに広がっている上層の部分」から明確に区別する。[23] ペトルス・ロンバルドゥス〔一〇九五頃－一一六〇、前期スコラ学者、パリ司教。『命題集』は十六世紀まで西欧の大学の神学部における標準教科書であった〕はその『命題集』の中で、天使の住まいを取り上げ、尊者ベーダとヴァラフリド・ストラボンを参照して、「天使の天」は「二日目に創造された蒼穹ではなく、至高天と呼ばれる輝く天、すなわち熱のためでなくその光のゆえに輝く天であり、そこは創造のときから天使に満たされ、蒼穹の上にある」[24]と断言する。

　この時代以降、長いあいだにわたり、至高天はプトレマイオス的宇宙論を統合した神学的言説に、しっかりとした場所を占めることになる。著名な者をあげるだけでも、フランシスコ会士のヘイルズのアレクサンダー（一二四五年没）〔一一八〇以前－一二四五、スコラ学、フランシスコ学派の創始者〕、ボナヴェントゥラ（一二七四年没）、そしてドミニコ会士の大アルベルトゥス（一二八〇年没）とトマス・アクィナス（一二七四年没）は、それまでの主張を基本的に繰り返す形で、至高天について論じた。いずれも三つの主要な論題を対象としたが、実際にはすでに解決済みの論題ばかりであった。三つの点とは、上層の天の実質、上層の天の不動性、そしてその光の性質である。

　至高天は物体であるのか、もしそうであるなら、どのような存在であるのか。こうした問いに対して、専門家たち、とくに聖トマス・アクィナスは、仮説として「物体的な場である」とし、ただし「物体的な場のうちでもっとも崇高なもの」[25]と答える。聖ボナヴェントゥラは、神学博士や哲学者が至高天をほとんど主題化していないとして、こう述べる。「至高天は物体のうちで最初に作られたのであるから最大の規模とエネルギーを所有する。その広大な領域ゆえに、至高天はすべての物体を囲み、含み込む。その強い力ゆえに、至高天はすべての物体を活発にし、すべてを保持し続ける」。しかしながら、異議が出てくるかもしれない。というのも、天使は霊であるのになぜ物体的な場に住むと言えるのか、と。聖ボナヴェントゥラは反論する。「天使は霊であるが、それでもその物質は限定的に存在し、万物の秩序が求めるように、至高天に住む」[26]。

ふたつ目の問いは、当時考えられていたような運動の物理学を含む。至高天は動くのか動かないのか。ベーダ以降の一貫した答は、至高天は不動だというものである。アリストテレスの弟子である中世の知識人たちにとって、不動の状態は完全と同義語だった。不動は運動の源であり終わりである。天国の住民は、不滅であり、どんな変化も免れており、完全に安定した場所にしか住むことができない。アルベルトゥス・マグヌスは、この場所は「運動の中の静止《キエトゥム・イン・モトゥ》」であり、「永遠の至福を有する人々にこの場所がふさわしいのは、この静止のためである」[27]と教える。聖トマス・アクィナスは偽ディオニュシオスに拠りながら次のように言う。

至高天自体は運動に従わないが、運動に従う物体に影響を及ぼす。そこで次のように言うことができる。運動［初動因の運動］に従っている第一天〔至高天の下層にある天〕に対して、一時的で運動によって起こされる何らかの現実とは別の、固定した恒久的な何かを与える。至高天の偉大さにふさわしいような、含み込む力や引き起こす力のような現実とは別なもの、あるいはその類の別なものが影響する。[28]

三番目の問いは至高天の光に関わる。これについて教義は堅固である。至高天の光は燃えない。アラン・ド・リール（一二〇三年没）〔一一二〇－一二〇三、シトー会士〕はアルベルトゥス・マグヌス以前において「全科博士」という高貴な称号にふさわしかった人だが、非常によく読まれた詩『アンティクラウディアヌス』の中で至高天を次のように称える。

［至高天、］世界の外側の円そして世界の幸福な部分、世界や慎み深さより純粋で、光より輝かしく、黄金よりもきらめく。それはこの上ない輝きで燃える。それは無害な火で照らす。それは熱を持たず、光に満ち、心地よいきらめきを備え、熱さの異常を嫌い、その光輝で暖めるが、もちろん熱でやけどを負わせることはない。この火が輝くほど、焼くような熱さは下がる。[29]

これと対照的に、地球の奥へと追いやられた地獄は、当然、至高天とは逆に、炎は燃えるが光らないということになる。

より教訓的な聖トマス・アクイナスはまず聖バシレイオスを引用してこう教える。

> 呪われた者たちが最後の闇に追い込まれるのと同様に、その者たちの称賛すべき行いに対しては世界の外にあるこの光の中で報償が与えられる。この光の中で至福の人々が安息の住まいを分かち合うのである。
>
> 始めから、物体的栄光が、腐敗と変化への従属から守られ、復活の後、物体的被造物全体が、そうなりたいと希求するものに適合して、全的光を持つ物体の中で［…］始められるのは、正しいことであった。であるから、この天はエンピレすなわち火の天と呼ばれるのだが、それは燃えているからではなく、輝くからである。

聖トマス・アクイナスは次に、至高天の光に例外的な特質を付与するいくつも仮説のあいだで迷い、その上でこう言い切る。「至高天は、太陽という物体が発する光線のような凝縮した光ではなく、もっと微細な性質の光を持つということができよう。とはいえ、別な答もなお可能である。至高天は、自然な光と同じ種類のものではない、栄光の状態の光を有する、という答である」[30]。

この時代の多くの人のように、ヤコポーネ・ダ・トーディは、その『賛歌《ラウディ》』で自論を展開し、至高天の位置と光に言及する。トーディの詩は当然ながら公式の神学の宇宙形状誌に適っている。魂が自己を無にすることによって例外的に達する完全な結びつきを称え、こう書く。

> 〔上層の天の〕この高さにおいて魂は外の光を求めない［…］。恒星に覆われ、すべての徳に装われた大空の上方に、そして水晶天の上方に魂は上昇し、〔大気の〕清澄さを越えて、熾天使の熱、第三天を見出した。かくも神聖な光は、過ちによって穢れることもなく、身を落とすことも、自身の中に悪臭を感じることもない［…］。この至高天は

いかに高いところにあろうとも、〔…〕夜は昼である。[31]

ここでもう一度、神学と物理学および宇宙形状誌を、そして単一性と不動性を重要視し、アリストテレス、プトレマイオス、聖書、偽ディオニュシオスを結びつける綜合の中にこれらを位置づけたいという意志を強調しておこう。この点については、プトレマイオスのアラビア語の著作のラテン語訳が決定的となった。プトレマイオスの『アルマゲスト』、またの名『大天文学総覧』が、トレド在住のクレモナのゲラルドゥス〔一一一四‐八七。クレモナはイタリア北部の都市〕の翻訳のおかげでスコラ的文化の手に入るものとなったのは一一七五年である。ゲラルドゥス自身、ラテン語で『惑星の理論』を書いてプトレマイオスの作品を生徒たちに親しませた。[32]『アルマゲスト』はこのときから、すでにイスラム世界でそうであったように、中世キリスト教圏における一種の規範的文献となった。その影響は、他の著作によってさらに強められたが、なかでも、イスラムの地で、コーランの短い十七スーラ〔章〕を飾る『マホメットの階梯の書』の働きが大きい。この書は預言者の天への夜の旅を語る。『階梯の書』は十世紀から十三世紀のあいだに徐々に内容が充実し、その結果、アラビア語からカスティリア語には一二五〇年から六〇年頃、古フランス語には早くも一二六四年に翻訳された。その中で語られている宇宙論は、七つの天の上に「第八天」と呼ばれる神聖な玉座の空間が位置するというものである。ダンテが『神曲』を書いたとき、この『階梯の書』について何らかの知識を持っていたと考えるだけの確かな根拠がある。[33] さらに、イギリスの修道士で数学者のハリウッドまたはハリファクスのジョンあるいはサクロボスコのヨハネス〔一二世紀末‐一二四四／五六、ソルボンヌ教授、数学者、天文学者〕とも呼ばれた人物が、一二四四年に、アラビアの数学と幾何学を『天　球　論《デ・スフェラ・ムンディ》』で説明した。この概論は長期間ベストセラーとなり、印刷術の普及により十五世紀末から十七世紀まで広く読まれた。[34] この論考は、十三世紀にトレドに住んだマイケル・スコット〔一一七五頃‐一二三四頃、スコットランド出身の翻訳家、占星術師〕によって注解の対象となったが、この注解はフリードリヒ二世〔一一九四‐一二五〇、ドイツ国王在位一二一二‐五〇、神聖ローマ皇帝在位一二二〇‐五〇。そのシチリア・パレルモの宮廷は学芸の中心地となった〕の依頼により書かれた。これもまた広く知られることになったが、とりわけ一五一八年のヴェネツィア版にはこう読める箇所がある。

第一天は神学者によって至高天〔エンピレウム＝火の空〕と呼ばれるが、それは熱さのためではなく、その荘厳さのためである。この天は一様に光で満たされており、不動である〔…〕。一が多より上であるように、一形態は二形態、多形態より上である。それゆえ、天の分類において、一形態と単一性を有する天が第一となるであろう〔…〕。第一天は、したがって、完全に一形態にして不動である。というのも、完全に円状で一形態の何かとは、いかなる方向といえども動き始める理由など持たないからである〔…〕。さらに、運動を伴うよりも運動なしに気高さをともにすることの方がより高貴である。第一天は、したがって、もっとも気高い物体であるのだから、第一天が受け取りうる最大の威厳を持つのは運動を伴わない場合である〔…〕。

第二天は神学者によって水晶天と呼ばれる。それは光を受け取るが、光を与えることはない。それはふたつの部分を持たないという意味で一形態である〔…〕。しかしながら、それはやはり二形態である。というのも、右と左を持っており、そのようなことは第一天には当てはまらないからである。したがって、この天は可動で、単一の動力に押されて動く。というのは、単一の動因の中にはただひとつの運動しかありえないからである。このようなわけで、「動かない」星の天の上方にある天〔第二天〕は、ただひとつの動力とともにただひとつの運動により動く。[35]

サクロボスコのヨハネスによるこの概論は、一二六〇年から七〇年代にフランシスコ会士ジョン・ペッカム〔一二三〇頃－一二九二、カンタベリー大司教〕によりパリで追補、修正された。ペッカム自身も『天球論』の作者であり、とりわけ詩篇集や神学指導書の挿絵に影響を与えた。こうした挿絵のひとつによれば、地球、その奥底に当然地獄がある地球は、いくつもの同心円によって囲まれている。つまり、地球にもっとも近いところに三元素——アリストテレスによれば、地球と結びつく水、空気、火——があり、次に内から外へ七つの惑星の天、恒星の天、水晶天すなわち初動因が順に並び、そして最後に「ソロモン〔イスラエル王、在位前九七一－前九三二〕の玉座を中に持ち、神と聖霊の場である」至高天がくる。[36]

三位一体の天

「神の場所」という表現には注解が必要である。というのも、何人もの著作家が、三位一体の住まいは至高天の上方の、天使たちも聖母マリアさえも近づくことができない高さにあり、さまざまな天の最頂点にあると明言したからだ。このことは、とくにアルベルトゥス・マグヌスが教えたことだ。アルベルトゥスはその『被造物大全』において、四つの問いを立て、三位一体の天の住まいにそのひとつをあてている。三位一体の天は物体であるか。もし物体でなければ、それは神と同一のものか。三位一体の天には何があるのか。どのような方法によってすべての天の上に上げられたのか。答その一、「三位一体の天、至高天、蒼穹は三つの天、すなわち三つの物体である。これら三つはいずれも下層のすべての物体を包含し保持する」。答その二、「三位一体の天は神ではないが、存在するもののうちでこの上なく単一な物体で、いつも変わることがない。それは、したがって、変化しない神の住まいにもっともよく適応している」。答その三、「三位一体の天には、父、子、聖霊以外何もない。なぜなら、三位一体の天にいるということは神聖な力を平等に分かち持つことであるからである。この力とは、その支配下に置かれるすべてを包含し保持する力である」。答その四、「三位一体の天は本質と尊厳により至高天の外にある。物体的な場所としてではなく、あるいは物体的場所としての位置のゆえではなく、その神聖な本質の無限の性質ゆえに[37]」。

このような区分は一般の人々に届いたのだろうか。確かに、ずっと昔から、「最後の審判のキリスト」あるいは「勝利する主」を表現するとき、画家たちはしばしばキリストと主をマンドルラや円の中央に、他と離して位置させた。このような直線的境界の設定は、おそらく天の最上階の境界を定めようという意図があったからだろう。そのことをアルベルトゥス・マグヌスはよしとしたと思われる[38]。ゲントの祭壇画にもどってみれば、開かれた祭壇画の上部に主の姿——それは同時に父と子である——があり、主はマリアと洗礼者ヨハネから分離され、ふたりに比べてさらに高いところにいる。天国の草原について見ると、それは超自然的な光の輪に支配され、光の輪は聖霊の白い鳩を天の他の部分から分離するが、その天はしかしすでに永遠の天である。もっと遅い時期の例では、デューラーの「諸聖人の祝日」〔別名「三位一体の礼拝」〕が天国とその住民、三位一体のまわりにまとめられた天使たちと聖人たちを表現する。構成は、三位一体を強調しながら、天の内側に天使たちと選ばれた者たちを、聖なる三つのペルソナ〔位格〕を敬うように距離をあけて配置している。そして三位一体には、いわば離れた空間、至高天の主賓席を設けている。

しかし、数多くのマリアの戴冠を研究すると、事柄は複雑になる。マリアの戴冠は十四世紀半ばから西欧の民衆と画家たちが強く好んだ天国の表現だが、これらの作品において、マリアは完全に天のもっとも高いところ、あるいは中心に迎え入れられている。たとえそれが、ひざまずいたり、座っていたり、体を傾けているにせよ、マリアは我が子あるいは三位一体のわずか下層のレベルにいる。こうした譲歩が一度なされると、フラ・アンジェリコ〔一三八七－一四五五、十五世紀前半のフィレンツェの代表的画家。調和的で静謐な画風と高潔な人格から「天使のような画僧」と呼ばれる〕あるいはアンゲラン・カルトンのように、画家たちはマリアを神の場所そのものに受け入れる。かくして、これらの表象は、アルベルトゥス・マグヌスの「三位一体の天には父、子、聖霊以外に何もない」という断言から遠ざかっていった。

三つの例が神学的規範との乖離を示す。第一の例は、一三五四年から五八年頃にパオロ・ヴェネツィアーノ〔一三七二頃－一四二九、ヴェネツィアの画家〕によって描かれた「聖母戴冠」で、今日ではヴェネツィアのアカデミア美術館にある。金色が支配的なこの多翼祭壇画の中央部にイエスと、イエスが戴冠している母が、青を背景とした、金の星々に囲まれた円から浮かび上がっている。この円の向こうでは奏楽の天使たちが楽器を演奏している。明らかに画家は天国の中の、他の天の残りの部分より崇高な場所を分離して、マリアの戴冠にあてている。

第二の例はフィレンツェのネリ・ディ・ビッチ（一四五一年没〔まちがいか〕）〔一四一九－九二〕によって描かれた「聖母戴冠」である。現在はボルティモアのウォルターズ・アート・ギャラリーにある。キリストとその近くにひざまずくマリアが、同心円状の円で形作られた金の大きな円盤からくっきり浮き出ている。その円盤は同心円状の重なり合う天からなる宇宙を表すと考えることができる。円盤のまわりには、下に聖人たち、上に小さな天使たちがいて、戴冠の場面を見るために、称賛と好奇心から体をかがめている。われわれ観る者は、天の地理について、マリアが天の内部に、天使たちやもっとも偉大な聖人たちでさえ外から眺める特別な空間に認められた、という以外のどんな教えをこの作品から引き出すことができるだろうか。

聖ビルイッタ〔一三〇三頃－七三、スウェーデンの神秘家、聖人〕の、聖体の奉納のときの幻視を語る十五世紀末の細密画も同じ印象を与える[39]。聖女〔＝ビルイッタ〕は、書きものをしていると、突然上の方から二条の光線に打たれるのだが、その光線は並んで座るイエスとマリアの手から発せられている。地上のレベルすなわちビルイッタとミサを執り行う司祭のレベルは、星の輝く円のアーチによって隔てられる。上方には、天が広々と開かれて下から上まで聖人たちが占めている。さらに使徒たち、天使たちがいる。しかし、互いに重なり合ったふたつのマンドルラが頂上で天使の群れの列を妨げている。一番外側の部分は赤い熾天使で満ちている。一番内側の部分はイエスとマリアが住み、ふたりはビルイッタに幻視を運ぶ光線を放つ。こうしてビルイッタは、神性が座を占める天の空間で聖母を見たのである。

中世宇宙形状誌の一貫性と持続

長く人気を博し、十六世紀に多くの版を重ねた『一般光学《ペルスペクティワ・コムニス》』という著作の中でジョン・ペッカムはこう書いていた。「球形は光に似ている。球形は世界のあらゆる物体と調和する。すべての形象のうちで、事実、球形はもっとも完全で、もっとも本質をよく保持する形象である。なぜなら、球形はその内部に、すべての部分をもっとも完全なやり方で結びつけるからである。光は、したがって、自然にこの形に向かい進む[40]」。

このような主張はしばしば『神曲』にもどることを促す。『神曲』は、伝統的な宇宙論とキリスト教神学、あるいはアリストテレスの天空と偽ディオニュシオスの位階、そして天球の称賛と天国の光の強調を結び合わせる中世のもっとも見事な総括である。ダンテの注解者、ポール・レヌッチ〔一九一五－七六、フランスのイタリア文学研究者〕はこう述べる。「天国篇」では「天球、おそらくは物質的だが陽光溢れるダイヤモンドの透明さを持つ滑らかな蒸気とちょうど同じような」この天球は、「まさに水が自ら入口を作ることなく光を迎え入れるのと同じように」あの世への旅人に来ることを許すのだ。レヌッチは続けて言う。ダンテによって訪れられた天の世界の方へ昇るにつれて、「神聖な肉体がこの世の法則と入れ代わる。そしてすべては、神における恍惚に至るまでのあいだ、光、透明さ、目を眩ませる――いやむしろ輝かせる――光のイメージでしかない」[41]。魂は太陽のまわりでぐるぐる回る冠、光の「栄光の輪」を形作る。他の魂は土星の天〔第七天〕にあって、金の梯子の上の至高天へと昇っていくが、稲妻のうごめきのように見える。最終の歌で、至高天は「純粋」で「永遠の光」と呼ばれ、詩人〔＝ダンテ〕は視線をその中に投じて「視力の尽きるほどに」眺める。この生き生きとした光は「以前からそうであったように、つねにある」。それを見つめると「その光から目を逸らして〔…〕他を見たいと思うことなどけっしてできない」。この光は「太陽と他の星々を動かす愛である」――これが『神曲』の最後の一行である。

『天国の歴史』の著者、コリーン・マクダネルとバーンハード・ラングは、「天国篇」での光の強調を、サン・ドニのバシリカの再建時にシュジェル〔一〇八一頃―一一五一、サン・ドニ修道院長。ゴシック式大聖堂を建てた〕が企図した神学的で芸術的な概念に近づけて解釈する[42]。修道院長シュジェルは、小礼拝堂群が円弧を作る形で大きな内陣を囲む構造の、前のバシリカよりずっと広々とした明るい聖堂を望んだのである。シュジェルはまた、天の光を思わせる光がステンドグラスの効果によって聖堂内に入り込むことを願った。シュジェルの目には、聖堂は天のエルサレムを象徴し、至高天の賛美となるべきものと思われた。その後、素晴らしい発展を遂げるステンドグラスは、祈る信徒たちに神聖な光の束をもたらすだろう。ゴシックの聖堂がステンドグラスの色彩鮮やかなシンフォニーを徐々に受け入れたことと、バラ窓〔聖堂に用いられる丸窓を大きく分類したうちのひとつ。十七世紀の用語で花のような窓を指す〕がそのファサード〔正面〕を好んで飾ったこととは偶然の一致ではない。ステンドグラスの効果を考えた人々の心の中では、薄い光を変化させて通すこれらの円形〔バラ窓〕は天国を意味した。神は永遠の光の中心に座すのである。

『神曲』以後も、プトレマイオスの天球と神学者たちの至高天を結びつける天の体系はなおも見事に受け継がれた。「驚嘆すべき人」ロイスブルーク（一二八一年没）〔ヤン・ファン。一二九三―一三八一、フランドルの神秘思想家〕――「新しい信心」の創立者――は、伝統的宇宙論に基づいて、次のように説明する。天地創造はまず四元素――土、水、空気、火――を含む。地上のすべてのものはこれらでできている。その上には「下層の天」があり、それは「自然を支配する惑星と恒星の偉大さ、澄明さを、その飾りとして、光として受け取った」。そして「下層の天」は月、太陽、惑星、恒星が継起する八つの天球を包含する。さらに上層には、「透明な、液体状の、水晶のようなと呼ばれる第二天がある」。これは『神曲』の第九天にあたる。「その頂点は初動因と呼ばれる。というのは、それは天と元素のすべての運動の初動点であり原点であるからだ。惑星、天の運行と元素の動きはそれに従っている」。しかしながら人間の自由はその運動の中に入らない。最後に、「神は上層の天を創られた。それは純粋で単一そして不動の輝き、物質的なものすべての原理、源そして基である。この天は、その内に球体のように、すべての天とすべての元素を含み持つ。それは神が創られたすべての物質的なものよりも、広く、深く、高く、そして大きい。それを飾るものは神そのものであり、天使たちと聖人たちがそのもとにある」[43]。それは至高天である。かくして、聖パウロが魅了された「第三天」(「コリントの信徒への手紙二」一二章、三節)が、ダンテの場合と同じく、プトレマイオスの宇宙を完成させに来るのである。

これと一致する形で、ロイスブルークの同時代人ハインリヒ・ゾイゼは弟子に向かって知恵にこう言わせる。

見なさい、地球全体より十万倍以上、はるか無限に大きい第九天の上に、至高天、火の天と呼ばれる、別の天があるのを――このように呼ばれるのは、火のせいではなく、本性として具わっている、無限に光を放つ輝きによるのだ――。この天は不動で腐敗しない。これこそが天の軍勢の住まいであり、夜明けの星々がこぞって私を称え、神の子らみなが喜びの声を上げる場である。[44]

キリスト教化され、至高天を戴冠した古代の宇宙形状誌は、長いあいだ尽きないほどに、詩と図像に彩られた。そしてそのことは、かつての人々にとってはこの宇宙形状誌が学問によって確証されていると思われたがゆえに、なおさらであった。

第四章　「切り拓かれたことのない道を通って」

時間、「永遠の一断片」

キリスト教の天国は長いあいだひとつの宇宙形状誌と結びついていた。そしてこれまた長いあいだ、天国は過去、現在、そして未来のあいだに「区切られた持続」[1]を設定する時間概念と分かちがたかった。未来はかなり近く、歴史が終焉を迎えて永遠に場所を譲るだろうと考えられていた。時間はすでに「永遠の一断片」だった。なぜなら、時間は人類を神へと導くものと考えられ経験されてきたからであり、神は「あり、かつてあった、そしてこれから来る」からである。キリスト教徒は一望のうちに「救済」の歴史を目にしていた。すなわち、人類の創造、原罪、モーセ〔前一三五〇頃－前一二五〇頃、ヘブライ人の宗教・軍事指導者、最初の立法者〕の戒律の創始、救世主の出現、「教会」の到来である。そうであるからには、キリスト教徒は終末を待つよりほかになかった。こうして緊密な関係が「すでにあるもの」と「まだないもの」[2]とを、そして現在とその未来におけるその完結とを結びつけていた。

ファン・エイク兄弟の時代に、おそらくはそれよりもかなり前に、キリスト教徒である民衆はかなり粗野な階層においても、教会により何世紀も前から飽くことなく繰り返されてきたこの教義を自分のものとしていたにちがいない。人類の長い歴史という、今やわれわれになじみ深いものとなった観念は、十五世紀のわれわれの先祖にとって、また十九世紀以前に生きた人々の大半にとってさえも、想像しがたいものだった。聖ユスティノス（一六五年頃没）〔殉教者、教父〕にさかのぼる長い伝統、聖アウグスティヌスにより『神の国』の最後の頁で高らかに採り入れられた伝統によると、世界の歴史は六日間の天地創造の歴史を要約していると、また最後の時代が近づいていると一般には考えられていた。われわれ人類は、天地創造とモーセの戒律とのあいだに二千年過ごし、次に戒律の支配の下、モーセとイエスのあいださらに二千年過ごした。そしてメシア〔ユダヤ教、キリスト教の救世主〕の支配はまた二千年続き、十五世紀にはその大半はがすでに過ぎ去っていた。千年王国論者たちのように、地上に復活するキリストの統治の下の「千年の幸福」という中間の時期を、この激動の歴史に加えたところで、かつての人々には、人類の創造と最終決算のあいだに七千年以上を人類の歴史に割り当てることはできなかった。

歴史叙述が、この十四世紀から十七世紀半ばにかけて起こったラテン・キリスト教圏における終末への不安の重要性を強調したのは、かなり後になってからのことにすぎない[3]。当時の多くの人々にとって、最後の審判は、いずれにせよ、地平線の先にあった。そうであれば、たとえば聖史劇やゲントの祭壇画のような場に接した折に、すでに天国――そしてさらに、煉獄と地獄――を見てとることは無分別な心理ではなかった。ナンシー・ゴーチエ〔一九三八―、フランスのローマ史・中世史家〕[4]が正しくも強調するように、「キリスト教のあの世の独創性」は「空間すなわち時間」であることなのである。

「天は開かれていた」――物語的幻視

画家というものは、もちろん教会当局の同意を得て、信徒たちに天国を見せることができた。ただし、画家にそうするに足る正当性が与えられるのは、聖性において例外的な人々として、神からあの世を見ること、さらには、短期的であれそこに滞在することを許され、その衝撃的な体験を知らせることができた場合だけだった。しかるに、画家はまさにそのケースだった。画家はあの世の存在を遠く過去にさかのぼる例証で証明できるとされた。そして、そうした例証そのものが、幻視と魂の旅の理論化よって正当化された。

エゼキエルは、バビロン捕囚の時期に、幻視によって「神殿」すなわち終末後の人々が住むであろう未来の都市に見入った。「主の手が私の上にあった。主は私をあの場所に連れて行った。［…］非常に高い山の上に連れて行った。その山の上、南側に、ひとつの都市の建物群があった［…］。そしてひとりの人がいた。その姿は青銅のような姿だった［…］。その人は言った。「人の子よ、自分の目すべてで見、自分の耳すべてで聞きなさい。［…］これから見るものすべてをイスラエルの家に語りなさい」」（「エゼキエル書」四〇章、一－五節）。その後の時代、紀元前一六〇年頃、「ダニエル書」は預言者ダニエルにこう言わせている。「幻の中で私は夜のあいだに見た、［…］いくつもの玉座が据えられ、ひとりの老人がそこに座った。その衣は雪のように白く、その白髪は洗われた羊毛のようだった。老人の玉座は燃える炎に包まれ、車輪は燃え盛る火だった。老人の前から火の川が流れ出ていた。幾千人がその人に仕え、幾万人がその前に立っていた」（七章、九－一〇節）。

このダニエルの幻視はヨハネのものとされる「黙示録」に明らかに想を与えた。すでにユダヤのいくつかの黙示録は天への上昇について述べている。「エノクの第一の書」の数々の断章は紀元前一世紀に集められたと思われ、キリスト教思想に大きな影響を与えたが、この書は預言者エノクにこう言わせている。「そのとき、強い風が私を地上から巻き上げて、天の縁に下ろした。そして、その場に、私は［…］聖人たちの住まい、正しい人たちの憩いの場を見た［…］。私の両目は正義と忠誠の「選ばれた者」〔＝主〕を［…］見た。そして選ばれたすべての正しい人たちはその者の前にあって火の光と同じように美しかった」[5]。

もうひとつのユダヤの黙示録的物語、すなわち「エズラの第四の書」はおそらく紀元七〇年のエルサレム破壊のあと、間もなく書かれたものだが、この物語はバビロンへの亡命の後、ユダヤ教神殿を再興したエズラ〔前五世紀、ユダヤ教の律法学者。律法的ユダヤ教の基礎を確立。その活動は「エズラ記」「ネヘミア記」に記されている〕が得た七つの幻視を語る。その六番目の幻視で、「夜のあいだに」エズラはひとりの男を見た。その男は海から昇り、雲とともに飛び、その視線が向けられた者すべてを震え上がらせた。無数の者たちがこの男と戦ったが、打ち負かされた。「次に私は、この男が［…］別の平和な群衆を自分のもとに招いているのを見た」[6]。ところで、「エズラの第四の書」はラテン語に訳されて「ウルガータ」〔ラテン語訳聖書。四世紀から五世紀にかけて聖ヒエロニムスが訳し、一五四六年（第一会期）のトリエント公会議でカトリック教会の公式聖書と認知された〕の写本に挿入された。アレクサンドレイアのクレメンス〔一五〇頃―二一五／二二〇、ギリシア教父、オリゲネスの師〕はその『ストロマテイオス』（Ⅲ、一六）で「エズラの第四の書」についてそれとなく示唆しており、聖アンブロシウス〔三三三頃―三九七、教会博士のひとり、ミラノ司教〕にあってはその『良き死』（Ⅹ、四六）で、あの世の選ばれた者たちが住む「住まい」に関する箇所で、「エズラの第四の書」にはっきりと言及している。[7]

「エノクの第一の書」と「エズラの第四の書」は、聖ヨハネに与えられた「啓示」が、幻視に支えられた終末論に関するこれらの書の幅広い伝統に含まれていることを示す。「ヨハネの黙示録」の一章、九―一三節にこうある。

私、ヨハネは、［…］神の言葉とイエスの証のゆえに、パトモス島にいた。私は霊に捉えられた。［…］そして、後ろの方でラッパのように響く大声が聞こえ、その声はこう叫んでいた。「おまえの見ていることを書物に書いて、七つの教会に送れ［…］」。私は、語りかける声を見ようと振り向いた。振り向くと、七つの金の燭台が見え、中央に人の子が見えた［…］。

「私は見た」という断言が、この後絶えず現れる。「その後、私は見た。開かれた門が天にあった（四章、一節）［…］。また、私は見た。白い馬だった（六章、一節）［…］。そのとき、私は新しい天と新しい地を見た（二一章、一節）」などである。「ヨハネの黙示録」が正典体系に統合されると、聖職者たちや信徒たちは、まるでイメージの奔流のように次から次へと連なるこの「黙示録」の幻視をどうして疑うことができたであろうか。

これらの幻視は同系列の他の二作品、「ペテロの黙示録」〔キリストが終末における自身の再臨、死者の復活について語ったことをペテロが伝えるという形を採っている〕やとりわけ「パウロの黙示録」〔成立は三世紀半ば以降でありパウロが著者でないことは明らかである。以下の記述にあるようにダンテの『神曲』「地獄編」との関わりが指摘されている〕によって確かなものとなった。そして二作品とも正典に入れられていないものの、「ヨハネの黙示録」の幻視に劣らない衝撃を与えた。「ペテロの黙示録」は、遅くとも紀元後一五〇年頃のものだが、ペテロが弟子のクレメンスに話した変容の物語としてある。四つの「福音書」のうち三つ〔「マタイによる福音書」「マルコによる福音書」「ルカによる福音書」〕が、イエスはペテロ、ヤコブ、ヨハネを伴って山に登って祈り、そこで変容してモーセとエリアと一緒になったと語る。「ペテロの黙示録」で、ペテロはこう言う。

大きな雲が突然現れて頭上に広がった。雲はとても白かった〔…〕。われわれは見つめた。天が開いていた〔…〕。天使たちの顔は太陽よりも輝いている。その冠は雨季の虹のようだった。冠はナルドの香油〔カンショウコウから採る香油〕の香りがする。天使たちの目は明けの明星のように輝いている。姿の美しさは言い表しようがない〔…〕。天使たちの衣服は編まれたものではない。私がモーセとエリアがいる山の上で見たところによると、その衣服は縮絨《しゅくじゅう》工の衣服のように白い。[8]

「パウロの黙示録」はさらに有名になった。ダンテはあの世への旅の冒頭で（『地獄篇』第二歌、二八－三〇行）、ふたつの旅、すなわちアエネアス〔ローマの詩人ウェルギリウス作『アエネーイス』の主人公。トロイアの英雄、ローマの建国者〕とパウロの旅を想起するが、ふたりとも自らの身体とともに死後の世界に赴いたと見なされていた。ところで、聖パウロは、自分は確かに「第三天にまで引き上げられた」のだが、しかしそれが「身体とともにであったか否か」はわからないと言う（「コリントの信徒への手紙二」一二章、二－五節）。逆に、「パウロの黙示録」において、パウロが主の天使によって死後の空間に導かれたのは身体とともにであった。クロード・カプレール〔現代フランスの中世史家、オリエント学者〕は書いている。「ダンテにとって大事なこと、それはパウロが、ダンテ自身が一瞬後にそうなるように、「身体のうちに」奪い去られたということである。そのことをまさに「パウロの黙示録」が請け合うのである〔…〕。「パウロの黙示録」の後継となった数多くの中世のバージョンのひとつ『パウロの幻視《ウィシオ・パウリ》』〔聖パウロの地獄下りの物語。四－十三世紀にギリシア語・ラテン語・フランス語などの作品が作られた〕に、ダンテがここで依拠しているということは大いにありうることである」[9]。

ギリシア語で最初に書かれた「パウロの黙示録」は三世紀半ばにさかのぼり、最初のラテン語訳は六世紀初めまでさかのぼると思われる。やがて、シリア語、コプト語、スラボニア語〔古スラブ語から派生したもので、現在ではいくつかの正教会の典礼語〕、アラビア語、アルメニア語、エチオピア語および西欧の大半の言語に翻訳されて広まった。とりわけ八世紀から十一世紀まで華々しい成功を収めたが、この時期はそれまでの「長い著作」の簡略版や改作版である「レダクション」〔中世ラテン語で「減少」を意味した〕といわれる版が多数作られた。[10]少なくとも、総数で五十二写本が長短まぜたバージョンを含んでいる。[11]「パウロの黙示録」は、最後の審判後にあるであろう天国を記述するのではなく、むしろその日のために準備される天国を描いた。ラテン語写本のひとつは次のような詳細な表現を含む。

〔天使はパウロを〕土地が金《きん》でできている非常に美しい都に〔連れて行く…〕。その住民たちは金よりも輝いている。都には十二の囲い壁があり、壁の中には十二の塔がある。〔…パウロは〕そこに壮麗に整えられた数多くの座を見た。パウロは尋ねた。「これらの座には誰が座るのですか」。天使は答えた。「この世で愚か者として知られた者たちで、しかし、その心の中に善意を持っているので、善について耳にしたすべてを行動の規範として守った者たちです」。

そこから〔パウロは〕そびえ立つ見事な祭壇を目にした。ひとりの男が手にプサルテリウム〔ハープ〕〔古代ギリシア・ローマの角形ハープ〕を持ってそこにおり、「ハレルヤ」を歌っていたが、神殿の基礎がそのために上下逆さまになっていた。パウロは天使に、他の誰よりも美しいあの人は誰かと尋ねた。天使は答えた。「王であり預言者であったダビデ〔イスラエル第二代目の王（在位前一〇〇〇頃－前九六一）、優れた武人であり、音楽、詩歌に秀でていた。ソロモンの父〕です。あの方は地上で多くの奇蹟をなし遂げました。この地は天のエルサレム《イエルサレム・スペルナ》と呼ばれている。聖人の中の聖人キリストが、その大いなる栄光と力とともに来られるであろうとき、ダビデは〔誰よりも先に〕キリストの前で歌い、すべての天使が同じようにするでしょう」[12]。

「パウロの黙示録」は、幻視の文学に深く影響を残したが、幻視の文学は相次ぐ啓示へと至る上昇のテーマをしばしば「パウロの黙示録」から借りている。聖ヨハネに帰せられる書〔「ヨハネの黙示録」のこと〕の中で、恍惚を得た者は突然、時代の終わりのイメージを眼前にするが、しかし、ここでのパウロは上昇運動によって第一天、次に第二天、さらには第三天にまで連れて行かれ、その後「非常に美しい都」、その土地は金で、住民たちもまた「金と同じように輝いている」

都へと至る。なかでもダンテは上昇と幻視を結びつけるこのやり方を自分のために採用した。[13]

終末的幻視のジャンルにはまた、おそらく教皇ピウス一世〔?―一五四頃、ローマ教皇、殉教者〕の兄弟であったヘルマスにより一四〇年頃書かれた『牧者』も連なる。この作品は古代教会で大きな評価を得たものであり、一時期は霊感の書といわれた。第一の幻視でヘルマスはこう言う。「歩きながら私は眠ってしまった。霊が私を捉え、切り拓かれたことのない道を通って連れ出した」[14]。ヘルマスの前に現れた牧者〔羊飼い〕はヘルマスの守護天使でもあり、啓示を与える天使でもある。牧者はヘルマスに広い野原を示し、その中央に、山より高く四角い白い大きな岩を見せるが、その岩は太陽よりも輝いている門で、世界全体を収めるかのようであった。門のまわりに亜麻のチュニック〔婦人用の長めの上衣〕を着た、「喜びと熱意に溢れた」十二人の処女《おとめ》が立つ。美しく力強い男たちが岩の上に塔を建てるために多数集められる。次にヘルマスは塔を越えるほど背の高いひとりの男を目にする。キリストである。ヘルマスは案内する天使に尋ねる。「塔は何を意味するのでしょうか」「白い塔は教会だ」、「それではあの処女《おとめ》たちは誰なのでしょう」「聖霊たちだ。処女《おとめ》たちが人間に自らの衣を着せなければ、誰も神の国に入ることはできない」[15]。

ヘルマスの『牧者』と『聖ペルペトゥアとその侍女聖フェリキタスの受難』〔テルトゥリアヌスの作とされるが、ドリュモーはそれを疑問視する〕は、試練とその後の報償というテーマを共通点として持つ。[16]『聖ペルペトゥアとその侍女聖フェリキタスの受難』は、二〇三年にカルタゴでキリスト教徒が蒙った迫害について書かれている。ふたりの女性、ペルペトゥア〔二〇三年にカルタゴで殉教。棄教を迫る父親の説得を拒み、死刑判決を受ける。猛獣の餌食となる刑を受け殉教した〕とその侍女である聖フェリキタス、そして三人の男性、サトゥルス、サトゥルニウス、レウイカトゥスは、五人が牢獄で得た幻視、とりわけサトゥルスとペルペトゥアの幻視を、書き残すか口頭で外部に伝えることができた。この『ペルペトゥアの受難《パッシオ・ペルペトゥアエ》』の中で、助祭サトゥルスは、自分の殉教が完遂された後、その身に起こるであろう予兆の夢を得たと語る。

　戦いが済むと〔拷問が終わると〕、われわれは肉を離れました。すると四人の天使が、われわれに触れることもなく、われわれを東の方へと連れて行きました〔…〕。われわれの惑星の大気から出ると、強い光が見えました〔…

そして」われわれは果樹園に似た広い庭に入り込んだのです。その庭の木々はバラやあらゆる花を咲かせていました。［…次に］われわれはその壁が光でできているように思えるある場所に近づきました。その門の前に四人の天使がいて、われわれに白い衣を着せてくれました。このような装いでわれわれは無限の光の中に入ったのです。ひとつの声が絶えることなく「聖なるかな、聖なるかな、聖なるかな」と繰り返していました。中央にひとりの老人が座っていました。その人の雪のように白い髪は若者の顔を囲んでいました。両足は隠されていました。その右側と左側に二十四人の長老が来て、またその後ろには別の長老たちが立っていました。[17]

「ヨハネの黙示録」の記憶がここには明白にある。光でできた壁、雪のように白い髪の老人を囲む二十四人の長老などである。このように、黙示録的文書から殉教を待つ罪人が得る幻視への移行が行われる。その証人として、『ペルペトゥアの受難《パッシオ・ペルペトゥアエ》』があり、さらに時代を下って、二五九年にアフリカのキリスト教共同体を襲った迫害を語る、どちらも同じ時代の『マリアヌスの受難《パッシオ・マリアニ》』と『モンタヌスの受難《パッシオ・モンタニ》』がある[18]〔マリアヌスはヌミディア（前共和政ローマ時代のアフリカ北部地域にあった王国、後にローマ属州名）において、またモンタヌスはカルタゴにおいてともに二五九年に殉教〕。

眠り、夢、幻視

ヘルマスが幻視を得たのは夢の中だった。同じくペルペトゥアもサトゥルスもマリアヌスも、受難録が語るところによれば、拷問の後、深い眠りに落ち、そのあいだにこの地を離れたという[19]。死または死の予兆と考えうるこの眠りは、眠りと幻視の関係に関する文学のすべてにわれわれを赴かせる。この文学はとりわけキケロの「スキピオの夢」に根を下ろしている。キケロは、スキピオ・エミリアヌス〔前一八五－前一二九、共和政ローマ期の軍人、政治家。スキピオ・アフリカヌスの長男の養子〕がカルタゴにおいて、マッシニッサ〔前二四〇頃－前一四九、ヌミディアの王〕と夕食をともにした後、「いつもより深い眠りに落ち」、そして夢の中で、人が通常「身体という牢獄から解き放たれた」ときにしか見ることのできない光景を見たと語る。

スキピオ・エミリアヌスは言う、そこ〔天の川〕から私は世界すべてを眺めていた。そして、私が見るものすべては驚嘆すべき美しさだった…。「導きの天使としているスキピオ・アフリカヌス〔エミリアヌスの祖先〕はこう言った」、おまえがどのような聖域の中に入ってきたか気づかないのかね。おまえは宇宙の九つの球体を見つめることができる。そのうちのひとつが、外側にある天の球体で、それは他のすべてを包括する」。私はこれらを呆然と眺めていた。我に返って、私が「これは何ですか。私の耳を一杯に満たす、かくも大きな、かくも甘美な音楽は何ですか」と問うと、アフリカヌスはこう答えた。「互いに異なる間隔で区切られているいくつかの音の総体が作る音楽だ。これらの音は、しかしながら、完全に理に適った関係に保たれている。この音楽は、〔九つの〕球体自体に及び、飛翔を起こす運動によって作られるのだ」[20]。

ピタゴラス学派、プラトン学派、ストア学派の貢献を集めた「スキピオの夢」は、幻視に関わるキリスト教文学に深い影響を与えた〔ピタゴラスは前五九〇頃-前五一〇頃、古代ギリシアの数学者、哲学者。プラトンは前四二七-前三四七、古代ギリシアの哲学者〕。そして、キケロが『占いについて』において、夢のさまざまなカテゴリーを区別し——明白なもの、曖昧なもの、予兆的なもの——、あの世への旅を死につつある者たちの特別な能力によると説明したことから、なおさら影響力を増したのである[21]。

「スキピオの夢」はその後長いあいだにわたり後継者を得た[22]。というのも、ペトラルカ〔フランチェスコ。一三〇四-七四、イタリアの詩人、ユマニスト。アヴィニョンで文学活動を行う〕がその『アフリカ』という詩の中で、「スキピオの夢」のかなりの部分を移し換えたからだ。その前に聖アウグスティヌスと聖アンブロシウスは、「スキピオの夢」から、生はひとつの死、そして死は真実の生という考えを引き出していた。ふたりの同時代人で、ピタゴラス主義とプラトン主義で涵養されたマクロビウス〔三七〇頃-四三〇頃、アフリカ生まれの著述家、哲学者、文献学者〕は、その後評判を得た注解を著し、そのおかげで、ジャック・ル・ゴフの表現によれば、「中世の夢学の大家」となった[23]。さらにマクロビウスより早い時代に、テルトゥリアヌス〔一六〇頃-二二五頃、カルタゴ生まれの初期キリスト教教父〕は『占いについて』をもとに、夢と夢が可能にする離脱の中に、魂の不滅性の証を見ていた。夢はテルトゥリアヌスにとって眠りと覚醒の組み合わせであり、夢を見る能力は預言の才能の一種であり、霊感を受けた夢は認識のひとつの道具であると思えたのである。眠りによって魂が身体から解放されるとき、魂は時間を離れ、苦もなく過去から未来へと、そして一時的に永遠の中に入る。魂はそのとき、「空虚で内実のない霊ではない…。〔魂は〕触れうるし、〔それは〕柔らかく、光を放ち、空中の色となり、全体では人間の形をとる」[24]とテルトゥリアヌスは『魂について』で断言する。テルトゥリアヌスは『ペルペトゥアの受難《パッシオ・ペルペトゥアエ》』と同時代人であり、しばしばその作者とされる。いずれにせよ、テルトゥリアヌスが幻視あるいは預言の夢について与える説明は、夢の中で魂は「エクスタシー《エクタシス》」、「狂喜《エクケスス・メンティス》」を体験するが、身体を本当に棄てることはないという内容であり、この説明がアフリカの「受難」の教義的土台を構成したのである。[25]

マクロビウスは、「スキピオの夢」の注解において、夢を五つのカテゴリーに分けた。本来の意味での夢《ソムニウム》、幻視《ウィシオ》、神託《オラクルム》、夢幻《インソムニウム》そして幻影《ウィスム》（ギリシア語でファンタスマ）である。最後のふたつは眠る者の霊に起源を持ち、初めの三つは外部から由来し、未来を占う助けをする、あるいは行動の指針を示唆することができるとされる。マクロビウスは、スキピオ・エミリアヌスは神託の声——祖先アフリカヌスの声——を聞き、同時に幻視を受け取ったと考えた。[26]というのも、スキピオは死後の場所を見たのであるし、解釈を求める夢を見たからである。

聖アウグスティヌスはその『創世記逐語注解』でマクロビウスのリストに変更を加えた。ダマスカスへの道についての聖パウロの幻視から始めて、幻視のヒエラルキーを作り上げた。下のレベルには、われわれの目が非物体（非身体）的現実を見ることができる「物体的幻視」がある。中のレベルには、夢の中でのように物体のない形態を見ることを可能にする「霊的幻視」あるいは「想像的幻視」がある。そして最後に上のレベルには、「知的幻視」がある。「知的幻視」は物体のない現実とイメージのない観念に直接通じている[27]〔『創世記逐語注解』邦訳は幻視ではなく「視像」という表現を用いている。文脈からここでは幻視とした〕。

ヒッポの司教〔＝アウグスティヌス〕は、復活を待つ死者の中間の状態についてためらい、また死者と生者の直接的接触の可能性を否定した[28]——この点について、中世は司教に従うことはないだろう。しかしヒッポの司教もまた、生者が地上の世界からあの世へと一瞬離れる可能性を信じた。このことに関して有名なのが『告白』の一節で——「スキピオの夢」のキリスト教バージョンである——、瞑想の中で自分と母親が「尽きない豊饒の場」にまで上昇したと語る。

われわれの会話は、あのような生活の楽しさ〔あの世の楽しさ〕の前では、われわれの官能の快楽がどんなに大きくても、またどんなに強い物体的光で輝こうとも、比較にならないのみではなく、単に語るにさえも値しないという結論に到達したのでした。そのとき、われわれは「存在そのもの〔神を指す〕」に対してますます激しい熱情を抱いて立ち上がり、段階を追って、すべての物体的なものを通り過ぎ、そして天さえも通り過ぎました。その天からは太陽と月と星々が地球を照らしています。それからわれわれは、われわれ自身の心のうちで、あなた〔主〕の御業を思い、称え、驚嘆しながらなお高く昇ったのです。こうしてわれわれ自身の魂に到達したのですが、われわれはそれをも越えて、あの「永遠に豊かな地」に到達しようとしました。あの地はあなたが真理の糧をもって永遠にイスラエルを養うところであり、そこでは生命は「知恵」であり、この「知恵」はすべて今あるもの、過ぎ去ったもの、まさにこれから来るものの原理であるのです。しかもこの「知恵」そのものは作られたことがないのです。なぜなら、「知恵」はかつてつねにあったように今もあり、将来もつねにあるからです。〔…〕われわれは、この「知恵」について語り、「知恵」を切望しているあいだに、われわれの心の至高の飛翔において一瞬「知恵」に触れたのでした。[29]

アウグスティヌスはここで「知的幻視」の一例を与えて、神秘的瞑想を真実と認めている。また、別の著作で「霊的幻視」を正当とするが、これはヒッポ近郊の農夫クルマのあの世への旅を記したものである。この中でクルマは「何日間もほとんど死んだ状態でいた」という。「霊的幻視」の折にクルマは事物と物体的存在の「類似物」を見ることができた。アウグスティヌスは書いている。「なぜクルマが死者たちを、われわれを見たように見たと信じないでいられようか。すなわち、お互いが、それと知らずに不在のまま、そしてそれゆえに、死者たち自身をではなく、死者たちの類似物と場の類似物を見たのである。したがって、これは、事物が現実に存在するままに現れるのではなく、それを模倣する事物の仲介によって現れる類の幻視である」[30]。

何世紀にもわたる読者の多さから、聖アウグスティヌスは長いあいだ、西欧が「幻視」について抱いた観念に影響を与え続けた。オータンのホノリウスは十二世紀に、「霊的幻視」を十二段階に区別し、こう説明する。「十一番目の幻視、それは誰かの霊が聖なる身体のまま、何かの霊によって連れ去られ、エクスタシーを経験する者たちに起こったように、物体的事物の類似物を見る場合に起こる。十二番目は、かつて預言者たちに起こったように、霊が完全に身体的感覚に従属し、身体的事物の類似物だけの霊的幻視を享受する場合にのみ起こる」[31]。

同様に重要だったのはラクタンティウス（三二五年没）〔二四〇頃－三二五、北アフリカ出身のキリスト教の護教家、修辞学者〕とプルデンティウス（四一〇年没）〔三四八－四一〇、スペインのキリスト教ラテン詩人。『プシコマキア』〕の夢についての断言である。前者はコンスタンティヌス〔一世、大帝。二八〇頃－三三七、ローマ皇帝在位三〇六－三三七〕の改宗を、兵士たちの盾にキリストの印を着けさせよと警告したとされる夢によるものとして、「神は夢という手段で人間に未来を教える可能性を持っている」[32]と主張する。また、殉教者たちの「受難録」をよく読んでいたプルデンティウスだが、その著作『日々の賛歌《カテメリノン》』も中世にはよく読まれており、この書ではラクタンティウスによって見直され修正されたテルトゥリアヌスの眠りと夢の理論に想を得て、本格的な理論を展示している。眠りのあいだの魂の恍惚状態への移行を記述して、プルデンティウスは次のように書いた。

感覚能力は、解放されると、空気の中を力強く素早く動き回り、さまざまな形態のもとに、隠されていた物を見る。なぜなら、心配事から解放されると、天に起源を持ち、エーテルにその純粋な源を持つ霊は、動かないままとどまることはできないからである。霊は、模倣によって自らを多様な形の像に作り上げ、その像を素早い動きで突き抜ける。[33]

プルデンティウスはまた、夢のあいだの魂の旅について明確に断言した。「われわれの霊は、なお生きていて、離れた遠い場所をそのとき目にするのであり、その視線を野原、星、海へと向ける」[34]。さらにプルデンティウスはパトモスにおける聖ヨハネの黙示録的幻視を説明する中で、使徒ヨハネは「自分の体をわずかのあいだ離れた」が、その魂はそのとき「瞬間的にその身体から不在となっても、完全に分離したわけではなかった」と明言した。[35]

このように、キリスト教の初期の数世紀は、確かに例外的な人々に対してだが、あの世への旅の可能性——身体を伴ってか、伴わずにか——が、わずかな時間であっても与えられ、その人々には慣れた地上の生活を取りもどすことが定められていた。この可能性はいくつものさまざまな権威、すなわちヘルマス、テルトゥリアヌス、ラクタンティウス、聖アウグスティヌス、プルデンティウスの、そして『パウロの幻視《ウィシオ・パウリ》』のような、成功を博した著作によって確かなものとされた。したがって、ここではふたつの流れが合流し、この信仰にお墨付きを与えたのである。ひとつはキケロとマクロビウスによるピタゴラス主義とプラトン主義に由来するもの、もうひとつは「エゼキエル書」「ダニエル書」そして「ヨハネの黙示録」の作者に起源を持つものである。

ここで正確を期す必要が出てくる。すなわち、たとえマリアの出現についての信仰がギリシア東方から生まれたとしても、西方キリスト教圏での幻視の多さについては、東方キリスト教圏での同じ分野の少なさと関係づけて考える必要があるということである。正教徒たちにとって「イコン〔キリストや聖人を描いた礼拝用画像〕はそのモデルをそのまま見せる」、「イコンはひとつの存在をもって信徒に随伴する」、そしてイコンは「聖なるものが自然となじみ深くなる」よう信徒を導く。「ビザンチン教会の丸天井が典礼参加者に対してすでに天国にいるという印象を与えるのと同様に、イコンのそれぞれは、あるいは聖画壁全体は、それだけで、信者に対して「ヘブライ人たちへの手紙」が信仰の贈り物として示すものを与える。「信仰は人が望む財産の保証、人の目に見えない現実の証拠である」（聖パウロ。九章、一節）[36]」。

他方、ラテン教会〔西方教会〕は、ギリシア的伝統を持った教会の教義に匹敵するようなイコンの教義を発展させることはまったくなかった。これは最近シルヴィー・バルネ〔一九六四－、フランスのキリスト教史家〕がマリアの出現に関して、東方正教会の注解者たちにならって書いていることだが、「図像を崇める者は誰でも、そこに表される現実を崇める。イコンは、だから、目が捉えられない現実を知覚できるようにする。イコンは物質的相似を表すものではない。イコンは反映でも鏡でもない、別の視線へと人々を誘う…。〔だから〕西方ではマリアの跡を幻視において追っていくのであり、それに対して東方では基本的にイコンにマリアの存在を求めていくことになる。〔…〕東方の目は表面の姿の背後に見えないものを認める。これに対して西方の目はこの同じ表面の姿により〔そこに〕とどめられるのである」[37]。ラテン・キリスト教圏にずっと多くの幻視や超自然的出現があったということは、あえて言うと、リアリズムをより強く必要とすることの逆説的な代償であった。

第五章　あの世への旅行者

聖大グレゴリウスにならって

キリスト教の初めの数世紀のあいだに書かれた、あの世の「幻視」を引き継いだ「魂の旅」は中世に見事な成功を収めた。この旅の研究は、さまざまな要素を次々と組み合わせていくことが、いかに天国についてのイメージのストックを豊かにしたかを、実情に即して把握することを可能にした。

この領域においては、聖大グレゴリウス（五四〇－六〇四年）の著作が基本となった。なぜなら、クロード・カロッツィ〔現代フランスの中世史家〕[1]が認めていることだが、その著作は、あの世に思いをめぐらせるすべての人々の「座右の書《ブレヴィエール》」となったからである。その『対話』の中で、聖大グレゴリウスは実話を例にあげて、魂はその最後の時が近づくと、特別な能力を得て、あの世についての知識を幻や啓示の形で得ると語る。また魂が身体を離れると、魂は周囲の人々に、鳩のように飛び去る姿で現れる、と続ける。そして、聖人の死に立ち会う人々はしばしば魂が天国へと移るときの啓示的徴の目撃者となるが、その徴とは、天の歌、強い光、芳香である。聖大グレゴリウスはさらに加えて言う。「奇蹟を起こす力によって死者たちの骸骨のうちにさえ現れる、身体から離れた魂の生命、これを見出さない理由はないであろう[2]」。

死者の世界が生者の世界に交じり、未来が現在に交じるという例外的な時間が存在する。それはとりわけ、魂が自分の故郷へもどろうとする瞬間に起こる。「われわれの世界は夜であり、来たるべき世界は昼である。だが〔場合によっては〕この世の終わりはもうすでに来たるべき時代の始めと交じり、その時代の残りの影さえも霊的輝きで光る」[3]。魂の旅において、天国の――あるいは地獄の――すべての喚起は、教皇グレゴリウス〔一世〕の権威によって正当化されたのである。

約六百年後のこと、イギリスのシトー会士ソルトリーのヘンリクス〔ソルトリー修道院の修道士〕が『聖パトリクの煉獄』――一一八〇年頃書かれた中世のベストセラーのひとつ――の冒頭の「序」に、上に述べた事柄の証拠が見出される。この作品は、騎士オウェインがアイルランドの聖パトリク〔三八七頃－四六一、ウェールズのキリスト教徒の家に生まれ、神学を学んだ後、アイルランドでの布教を使命とした。大規模な改宗をなし遂げ「アイルランドの使徒」と呼ばれた〕の井戸を下り、そこであの世のいくつかの場所を見るという話である[4]。オウェインはしたがって、この旅を身体とともに行うのだが、それにもかかわらず、ヘンリクスは『聖パトリクの煉獄』の「序」で、聖大グレゴリウスに依拠して、魂の旅の現実をこう語る。

> 至福なる教皇グレゴリウス〔一世〕が、地上の絆から解放された魂について多くを語り、実に多くの具体的な物語でそれを述べたいくつもの事実。これを私は読んでいます。〔教皇は、それらの魂が〕まだ身体の中にあるあいだ、離脱する前に、我が身に起こるであろうことについて、内なる意識下の反応を通じて、あるいは外部からの啓示を通じて、予示される〔ことがあると認めています〕。また、恍惚に捉えられた後、再び身体にもどされた魂は、不信心な者たちの拷問や正しい人たちの歓喜について、自身が体験した幻視および啓示によって物語る、と聖大グレゴリウスは述べています。〔…〕魂が身体から離脱し、神の命令で再び身体に帰るという経験をした者たちを介して、物体に似ている徴が霊的実体を示すために現れるのです[5]。

聖大グレゴリウスの『対話』が書かれて以降、あの世への旅の物語は増えていく。それらは地獄について多くを教えたが、天国については、これは事実のことであるとして、ずっと口数少なく語った。トゥールのグレゴリウス〔五三八頃－五九三、フランク王国の歴史家、司教。『フランク史』〕は、聖大グレゴリウスの同時代人だが、修道士サルヴィが得た幻視を語ることによって、ひとつのモデルを提起した。サルヴィは死にかかっていた。だが、その葬送のミサが準備されたときに、身を震わせた。まるで深い眠りから覚めるかのように。その後サルヴィは三日間飲みも食べもせずにいて、それからまわりの修道士たちに、我が身に起こったことを語った。

四日前のこと、みなさまが揺らめく僧坊の中で私が死んだことをご覧になっているとき、私はふたりの天使に支えられて天の高い所へ連れて行かれました。そのとき私は、この惨めな地上ばかりか、天も月も、雲も星々も、私の足の下にあると想像していました。それから私は、それらの光よりも明るい門をくぐって、とある建物の中に導かれました。そこの床は金と銀のように輝いており、その美しさは言い表しがたく、その広大さは文字で表現できるものではありませんでした〔…〕。われわれ〔私と天使〕は〔続いて〕遠くから目に入っていたある場所に着きました。その場所の上には、どんな光よりも眩しい厚い雲が垂れ込めていました。太陽も月も星も見えませんでしたが、それらすべてに優って、その雲は自然の光できらきら輝いており、まるで多くの水のさざめきに似ている声が雲間より響いていました。〔…そして〕私はきわめて甘い香りに包まれ、その結果、一旦この甘美さで蘇った私は、もはやいかなる食べものも飲みものも、もう欲しくはありませんでした。[6]

ラテン語で書かれた「魂の旅」はひとつの文学ジャンルを構成し、十二世紀末まで成功を収めた。イタリアからブリテンの島、スペインからドイツまで、全西欧で人々は「魂の旅」を作り、修道院がその作成と伝播の大きな中心となったのである。

「心地よい場所《ロクス・アモエヌス》」と天の宮廷

「あの世への旅」は「死後の《ポスト・モルテム》」苦痛も記述しているが、そうした記述は天国への言及よりもしばしば長く、詳細だった。さらに、天国の記述はしばしば、天のエルサレムと「心地よい場所《ロクス・アモエヌス》」〔「魅惑的な場所」の意。悦楽境〕に二分された。後者は、それが最終的な天国に統合されるか否かは別として、再び見出された一種の地上の楽園のことを指した。事実、長いあいだ、「正しい人たちは祝福された園で全的復活と幸福な永遠への移行を待つ」という概念が保持された。[7] 幸福な空間への旅の物語は、この新しい地上の楽園を語るだけであったり、あるいはそれを最終的な天国に結びつけたり、最終的な天国についてのみ語ったりする。しかし、これらすべての幻視の総体が、積み重ねというプロセスを通して、天国についての想像を豊かにしたのである。

そうした幻視の例のいくつかを取り上げよう。六七五年から六八〇年頃、スペインの隠者ウァレリウス〔ビエルツォの。六二〇頃―六九五頃〕は、病で死んだひとりの修道士が自らの身体にもどって、あの世に行った旅について語ったことを伝えている。あの世で修道士は天使に迎えられ「この上ない心地よい場所《アメニッシムス・ロクス》」に連れて行かれた。その園の中央、銀色の砂の上を見事な川がきらきら光りながら流れており、園の水の味は何ものにも比べがたいという。[8] ふたつ目の幻視は、ランス〔パリの東北東百三十キロ、シャンパーニュ地方の中心都市。歴代国王の戴冠即位式の場〕の参事会員フロドアール〔八九四―九六六、その『年報』は九一九年から九六六年の出来事の記録〕の『年報』が伝えるものである。それはフロティルドという名の乙女《おとめ》の幻視とされるもので、九五四年の項に記されている。フロティルドが夜に幻視を見るときは多くの聖人と悪魔を目にするのがつねだったが、ある夜、「心地よい場所《アモエノ・ロコ》」にいると、ある声がフロティルドに修道女になるよう求めたという。[9] 三つ目の幻視は『聖ブレンダヌスの航海』〔聖ブレンダヌスは五七七年没。物語は九世紀にラテン語で書かれた。中世を通じてもっとも有名な冒険物語のひとつ〕が伝えるもので、この場合、特徴的なのは、魂ではなく生きている人間によってなされた「航海」であることだ。成功を収めたこの物語は、アイルランドの聖人とその仲間たちが海の中にある「幸福の地」への旅を伝えている。一二〇〇年頃に作られたこの詩篇のアングロ・ノルマン語版は、この地が、飢えも渇きも、ひどい寒さも暑さも、病気も苦痛も知らない、あらゆる幸福が存在する場所だと記す。[10]

年代を下って、次のような幻視を強調しておこう。幻視者たちを天の場所へと移行させた話である。いくつかの例があり、そのそれぞれにおいて、天の場所は、ひとつの庭の次にあったり、地理的に庭と入れ代わったり、また天の空間、聖なる山、天のエルサレムといったものを特権化するために庭が省かれたりする。

まず、六五〇年頃、スペインの助祭が著した、聖大グレゴリウスの『対話』の系統に属する『メリダの教父伝』〔メリダはスペイン南西部エストラマドゥーラ地方の中心都市〕において、若きアグストゥスが得たとされる幻視である。修道院に所属する少年アグストゥスが病気になる。夜、アグストゥスは軽やかな空気で涼しい「心地よい場所《ロクス・アモエヌス》」に運ばれる。そこでアグストゥスは玉座の両側にある座席の前で宴の料理を並べる子どもを目にする――「ヨハネの黙示録」の一九章で語られる天の宴である――。やがて、多数の人々が入って来て、とても美しい男性であるキリストにお辞儀をする。キリストはアグストゥスのために素晴らしい味の飲み物と料理を給仕させ、次いで花々や茂みや池の見事な庭園を訪れさせる。[11]

天の王国の話は隠者バルダリウスによっても語られ、その幻視についてはビエルツォのウァレリウスが六七五年から六八〇年頃に伝えている。病気になっていたあいだに、バルダリウスの魂は三羽の白い鳩によって東の方へと運ばれた。鳩たちは恒星の上方を飛んで、バルダリウスの魂を美しい山の頂上に連れて行った。そこは白い衣をまとった老人たちで占められていた。幻視者はこの群衆の中を抜けて、「ヨハネの黙示録」の一九章にあるように、玉座に座る主の前に至った。[12]

聖ファーシー〔五六七頃‐六四八頃、アイルランド生まれ〕の幻視は七世紀半ばに書かれた聖ファーシーの伝記に含まれ、次いで尊者ベーダの『イギリス教会史』に再録されたが、実際には天国を記述していない。だが、ファーシーは「パウロの黙示録」にあるような上昇を経て、高みから世界全体を見下ろすことができた。そしてファーシーは「驚くべき光によって輝く天使の巨大な軍勢を目にし」、天使たちの賛歌を聴き、天の静穏さ、至高の調和の甘美さ、そして言葉にできない喜びの音楽に浸る。[13]

より明確なのはバロントゥス〔?‐七二五頃〕の幻視である。ただし、われわれを天の最上階の外に置いたままであるが。

身分の高い領主バロントゥスは、波乱の日々を送った後、修道士になった。六七八年あるいは六七九年に、バロントゥスは熱に襲われ、仮死状態となり、その魂は一時的に身体を離れ、天国と地獄に連れ去られた。この移動は事件から十二年ほど後に語られた。バロントゥスは大天使ラファエル〔大天使は天使の九階級のうち下から二番目の八階級に属する天使で他にミカエル、ガブリエルなど計七大天使がいる〕に案内されて、第一の天国の門の前に至るが、ふたりの黒い悪魔の妨害のために門をくぐるのは簡単ではなかった。この門の前にはまだ十分に浄化されていない多数の魂が押し寄せ、ひしめいていたのだ。第一の門を越えた訪問者は白い衣をまとった子どもの巨大な群れのあいだを通る。第二の門の向こうで、バロントゥスは歌う処女《おとめ》たちに迎えられる。そして今や第三の門に至る。第三の門は水晶でできており、冠を戴き光り輝く聖人たちが金の玉座に座る空間へと開かれている。しかし第四の門は、聖ペテロに守られて越えることは不可能である。そしてバロントゥスは再び天界の入り口にもどされる。[14]

ふたつの天国の区別はウェンロック〔イングランド西部シュロップシャーにあるマッチ・ウェンロック〕の修道士の幻視において明白である。この話は聖ボニファキウス〔六八〇－七五五、イギリスの伝道者。「ドイツの使徒」と呼ばれる〕が、八世紀に、書簡のひとつで伝えている。ウェンロックの修道士はまず、芳香に満ちた大きな幸福を享受する「無数の非常に美しい人々」が住む「心地よさのある場所《アモエニタティス・ロクス》」にいた。「聖なる天使たちはこの場所が有名な神の国だと言った」。物語の続きから、これは最終的な天国ではないことが明らかになる。なぜなら、そこにいる魂は、天のエルサレムに至るために、炎と松脂で泡立つ川を、一本の柱を渡って越さなければならないからだ。ウェンロックの修道士は天のエルサレムの城壁を見る。「聖なる魂が永遠の幸福を得るのはこの神聖にして高貴な都においてである」のだ。しかし、今のところは、その都から出る光はあまりにも人間の目には強すぎる。[15]

ウェンロックの修道士は少なくとも天のエルサレムの城壁を目にした。他方、ベーダがその幻視を伝えているドゥリゼルム〔?－七〇〇頃〕は例外的に一般信徒だったが、このような特権を持たず、「花の咲いた場所」に見とれることで満足しなければならない。その場所では「非常に美しい若者が楽しんでいるが」、それは天の王国の控えの間にすぎない。ドゥリゼルムの案内人が言うには、「おまえが、甘美な香りと素晴らしい光の伴う心地よい朗詠の音を聞いたその場所は、天の王国の近く」なのだった。[16]

天国のような場所の言及は、九世紀初めに、自身が見た夢を語るアングロ・サクソン人の修道士エゼウルフの物語にも見出される。幻視者は天の都の内部にまで導かれるという幸運さえも手に入れた。花咲き芳香の匂い立つ「心地よい場所《ロクス・アモエヌス》」を過ぎた後、エゼウルフは城壁が雲に達する町の中に到達する。そして、この城壁を越えると、大理石でできた広大な神殿に入る。神殿は「強い光で赤々と輝き」、円形で、重ねられた柱廊に囲まれている。「柱廊の上に、多様な形の小部屋がある」。この神殿が建てられたのは「全能の神が善意によってここに住まわせた聖なる魂の功績による」。したがって、これは選ばれた者たちの最終的滞在地にちがいない。その頂上部は丸天井となり、その下に床があり、それが祭壇と亜麻で覆われた墓を支えていて、その上に金と貴石でできた十字架がある。十字架は世界の軸を象徴する。祭壇の右にエゼウルフは見事な玉座に座るひとりの「畏敬すべき長老《セニオール・ウェネランドゥス》」を目にする。それは、聖なる魂を迎える場所に座するキリストである。墓はキリストの死を思い起こさせ、布はおそらく磔刑のとき、兵士たちがくじ引きをしたという縫い目のないチュニックを指すのであろう。神殿内では供物と香とともに、天の典礼のひとつが挙行されている。幻視の語り手は西欧で想像されていたような聖墳墓教会の喚起とアーヘン〔ドイツ西部の都市。ベルギー、オランダ国境に近接、フランク王国の事実上の首都〕のパラティナ侯家〔神聖ローマ帝国の選帝侯家のひとつ〕の礼拝堂の想起、そしてもちろんのこと、「ヨハネの黙示録」の記憶、玉座の前の金の祭壇と神に向かって立ちのぼる芳香（八章、三節）を結びつけているように思える。[17]

エゼウルフが見た天国の構造物は、八二四年のヴェッティン修道士の幻視（韻文と散文のふたつの版が残っているが、これらはヴァラフリド・ストラボンがヴェッティンのもとで勉学したライヒェナウ修道院〔ドイツ南西部バーデン・ビュルテンブルク、コンスタンツ湖にある〕で書いた）に現れるものと引き比べるべきだろう。ヴェッティンのあの世での遍歴は、実際のところ、罪人たちに与えられる永劫の運命を示す説教である。しかしヴェッティンは、それでもなお、とても美しい場所へ導かれるという特権を得た。その場所で、ヴェッティンは金と銀の彫刻が施されたアーチに支えられた、とてつもない規模の建物群を目にする。「王中の王、主中の主」が、無数の聖人たちとともにそこに着く。その中にヴェッティンは、司祭たち、殉教者たち、そして処女《おとめ》たちを順に見分けていく。[18]

十二世紀、「あの世への旅」の黄金時代

十二世紀は幻視の物語に富んだ時代だった。たとえば、ダーラム地方〔イングランド北部〕の十四歳の少年オームが一一二五年頃に幻視を得た例を見てみよう。この物語はリンカーンシャー〔イングランド東部の州〕のとある小修道院にある書簡によってわれわれの知るところとなった。オームは病気になり、十三日間にわたりほとんど死んだ状態にあった。蘇生したオームは自分の身に起こったことを語った。大天使ミカエルがオームの前に現れ、恒星天まで連れて行ったが、そこは月、太陽、無数の星よりも上方にあった。ふたりは一緒に金と貴石でできた天の門に行き、マリアと使徒たちに囲まれた、十字架――とても美しい十字架――のイエスと対面した。多数の天使たちがキリストの前にいた。次にオームとその導き手は北に向かい、そこで地獄の責め苦を見た。その後の行程はふたりを南へ、すなわち天国の大理石の壁の前へと導いた。壁の上からふたりは、白い衣をまとって神を称える四つの集団からなる聖人たちを見分けた。主はこのとき玉座に座っており、無数の天使たちに囲まれていた。マリアがその右にいた。十二人の使徒もまた玉座に座っていた。[19]

さらに複雑な例はエリナン・ド・フロワモン〔一一六〇頃－一二二九以後、シトー会士〕がその『年代録』の中で伝えているもので、フロワモンによって一一六一年のこととされるグンゼルムの幻視である。テキストはボーヴェ地方〔パリ盆地北部〕で書かれたがイギリスの修道院で起こった出来事を語る。幻視者は神に何度も背いたが悔悛してエルサレムに旅立つことを思いながら修道院に入った。グンゼルムのあの世への旅は、三日間半死の状態にあったときの、一時期に位置する。グンゼルムはまず聖ベネディクトゥス〔四八〇頃－五四七頃、イタリアのヌルシア出身、修道院改革を目指し、会則を著した。ベネディクト会の始祖、聖人〕、次いで大天使ラファエルを案内役に持つ。グンゼルムは困難な上昇を経て第一に「心地よい場所《ロクス・アモエヌス》」を通る。そこには無数の修道士たちがいて、そのうちには冠をかぶっている者もいた。その後グンゼルムは、貴石でできた壁に囲まれた都、天国に導かれる。その中に、まるで嵌め込まれた形で第二の「心地よい場所《ロクス・アモエヌス》」を発見する。そこは鳥、花、果物で一杯であり、一本の木の下を素晴らし

い泉水が流れている。別の木の下には美しい巨人すなわちアダムがいて、終末を待っている。そこから幻視者とラファエルは責め苦の場所へと下降し、次いで再び上昇して、「上層の場《スペリオラ・ロカ》」へと至る。グンゼルムはそこで、ひとりの天使が太陽の運行を決めているのを見る。[20]

十二世紀に作られたアルベリクス〔?―一一〇九、シトー会の創設者のひとり〕、オウェイン、トンダル〔トゥヌクダルスとも。十二世紀のアイルランドの騎士〕の三つの幻視が再び「心地よい場所《ロクス・アモエヌス》」と天の王国について言及する。モンテ・カッシーノ〔イタリア中部、ベネディクト派修道院の所在地〕の修道士アルベリクスは聖ペテロに案内されて、あの世の場所へと至るが、そこでアルベリクスは詳細に、罪人たちに課される数多くのさまざまな責め苦――一時的なものから最終的なものまで――を見る。次に「心地よい場所《ロクス・アモエヌス》」に至るが、それはユリとバラの香りのする素晴らしい野であり、その中央に天国がある。選ばれた者たちの群れは、最後の審判を経てからでしかその中に入らないが、聖人たちはすでにそこに至っており、第六天に行くことができた。というのは、正しい人たちが待つ野は非常に高く、天の近くにあるからだ。アルベリクスは七つの天に次々と運ばれて行く。第六天で、アルベリクスは天使たち、長老たち、使徒たち、殉教者たち、聖人たち、そして処女《おとめ》たちを目にし、そして第七天で、智天使たちがその前で歌う神の玉座を見る。[21]

ふたつの天国の区別は、最新の研究によって一一七三年から八六年のあいだに書かれたとされる『聖パトリクの煉獄』の中で強調されている。だが、天の王国自体の記述はない。[22] 身体とともに――このことを思い起こしておこう――完遂されたあの世への周航のあいだに、騎士オウェインは呪われた者たちへの責め苦と、最後には救われることになる魂に課せられる浄化の苦痛を、延々と目にする。オウェインは、次に、橋を越え、さまざまな金属と貴石で作られた門を通り、「心地よい場所《ロクス・アモエヌス》」に入り込む。そこでオウェインは行列によって迎えられる。そこはアダムが追放され、魂が天に昇ることを待つ地上の楽園である。この憩いと平穏の場から、オウェインはある山の上へと連れて行かれる。溶けた金の色を持つ天の門が開くのはそこである。そこから炎が降りてきたが、その何とも言えない甘さの光線がオウェインに届く。それは選ばれた者たちの日々の食べ物である。[23]

『トンダルの幻視』は、おそらくは修道士と思われるアイルランド人によって、十二世紀半ばに書かれた。この作品は、トンダルと呼ばれる貴族によって作られた物語のラテン語訳という形をとっている。この作品がわれわれにとって意義あるのは、他の作品よりもあの世の幸福について、長く言及していることから来る。トンダルはまず、そしてたっぷりと地獄を見る。次に、もっと穏やかな場所に入り込み、「完全に悪くはない」魂が滞在する区域に行く。これらの魂は夜と地獄の臭気を免れているが、雨と風の攻撃をまだ受けている。ひとつの門を通り過ぎると、今やそこは泉水の流れる気持ちのよさそうな野に至る。魂はそこで概ね幸福だが、まだ完全にではない。そこは、したがって、救われた者たちの待つ古典的な場ということになる。その後、トンダルと案内役の天使は銀の壁を越えて新たな、まちがいなく天国を思わせる「心地よい場所《ロクス・アモエヌス》」の中にいる。その場所はたいへん美しく、結婚の秘蹟を守った人々のためにある。この人々の幸福は次のように語られる。

［トンダルは］聖人たちの聖歌隊を見た。聖人たちは神に向かって歓喜のうちにこう歌っていた。「父なる神よ、汝に栄光を、子よ、汝に栄光を、聖霊よ、汝に栄光を」。歌う者たちは、男も女も、純白のとても高価な衣装を身にまとい、とても美しく、シミも皺もなかった。人々は陽気で楽しそうであった。人々の幸福は絶えることなく、人々は高揚の中で聖なる永遠の三位一体を称賛してやまなかった。その衣装の白さはまるで日差しで照らされた新雪のようであった。人々の多様ではあるが協和する声は調和して、旋律豊かな歌のようになっていた。輝き、魅力、陽気さ、歓喜、美しさ、誠実さ、健全さ、永遠性、調和、これらすべてを人々は等しく持っており、そしてまた愛徳をも持っていた。さらに、彼らがいた野の芳香たるや、何と言ったらいいだろう。

トンダルはこの場所にとどまりたいと望んだが、天使はもっと先へと連れて行く。というのは、天使が言うには、「これよりよいものを見るだろう」からだ。ふたりの訪問者はすると金の壁を越え、黄金、貴石で飾られ実に高価な絹で覆われた数多の座席を見つける。座席には白い衣装をまとった男女の長老たちが腰掛けており、教皇冠《ティアラ》をかぶり、誰もかつて「見たことも考えたことさえもできなかったであろう」装飾品を身に着けている。銘々の顔は真昼の太陽のように輝いている。黄金の髪を持ち、頭には宝石をちりばめた冠を戴いていた。長老たちの前には書見台が置かれ、その上には金文字で綴られた書物が載せられており、長老たちはあまりに甘美な旋律に乗せて賛歌を歌っているので、そのおかげで、過去の歌すべてを忘れてしまう。この祝福された場所で、殉教者たちと貞淑な者たちが幸福を知る。

トンダルの驚きはそこで終わらない。なぜなら、トンダルは次に「カストラ」（住まいのことか？）や金と銀色の絹でできた天幕を見つけるからだ。天幕の中では、さまざまな楽器――タンブラン〔一本のばちで叩く小型の長太鼓〕、シンバル、キタラ〔古代ギリシアの撥弦楽器〕など――に伴奏されて、選ばれた者たちが歌っている。そこは清らかに生きた修道士や修道女たちにあてられる場所である。修道士、修道女たちの唇は動くこともなく歌う。楽器は誰も触れないのに音楽を奏でる。頭上の天蓋は燦然と光り輝き、純金の鎖がぶら下がり、その鎖に銀の糸が絡んでいて、香炉、聖杯、シンバル、鐘、ユリの花や金の小球を支えている。これらの鎖を縫って、金の翼を持つ天使の大群が飛び交っていて、その軽やかな飛翔は優美で甘美な音楽を生み出している。

トンダルはまたもこの場にとどまりたい――それももっともなこと――と思ったが、だが天使は、またもや、トンダルをもっと先へと連れて行き、一本のとてつもなく大きな木を見せる。それは葉と花とあらゆる種類の果物をたっぷりとつけている。木の葉叢ではさまざまな種類の色鮮やかな数多くの鳥が美しい旋律で歌っている。木の下にユリやバラの花、芳香を放つ植物が生えている。またこの木の下には、金と象牙でできた住まいがあり、そこに、地上において「教会の創設者たちと守護者たち」だった者たちがいる。木そのものは教会の象徴なのである。

最後に、行程の終わりに至り、トンダルとその案内役は貴石でできた壁の前に来るが、それは、細部を除いて、「ヨハネの黙示録」の壁を思わせる（二一章）。壁の上から、ふたりのあの世の訪問者は天使の九つの隊を目にする。そして「言葉で言い表せない言葉を聞いたが、それは人間が語ることができず、語ってはいけない言葉である」。この至高の見晴台からは、すべての選ばれた者たちの栄光とすべての呪われた者たちの責め苦を一望のもとに目にすることになった。トンダルはさらに何人かの聖なる司教たちに出会い、そして自分の体にもどる。[24]

クロード・カロッツィによれば、イギリスで一二〇七年に書かれた『サーキルの幻視』が、「魂の旅」というジャンルの展開の中では「最高峰にして最後の作品」だという。[25] だがこの作品では、『トンダルの幻視』よりも天国の言及は多くない。農夫サーキル――例外的に一般信徒〔前出、ドゥリゼルムの例もある〕だが、その冒険は修道士によって語られる――は、眠っているあいだに、歓待者聖ユリアヌス〔キリストの七十人の弟子のひとりとされ、ル・マンの最初の司教〕に連れられて大きなバシリカに入る。そこには最後の審判での計量前の魂が集められている。幸福な永遠への移行は杭と鋭利な釘からできている橋を渡ることでなされる。選ばれた者たちの最終的な住まいは、ここでは「歓喜の山」と呼ばれる。それは教会を持つ山である。教会の中で白い衣装の魂たちは非常に美しい「住まい《マンシオーネス》」に分けられており、教会の外側では聞くことのできない天の音楽の演奏を聴いている。[26]

祝福された庭園、星々を越える旅、金と銀からできている門や壮大な建築物のある天の都市、玉座にしばしば座す主とその使徒たち、ときには聖体を思わせる宴、白い衣をまとった無数の天使たちと多数の聖人聖女たち、広大で柔らかな光、美しい旋律の歌と至るところにある芳香、これらが、あの世への旅行者たちを、一部にせよ全部にせよ、待つ天国の光景の主な要素である。こうした旅の物語が積み重なって、読者に――そして芸術家たちに――選ばれた者たちの幸福についての知識とイメージの宝庫を提供したのである。

第六章　神秘思想家の幻視

シェーナウのエリザベトとビンゲンのヒルデガルト

　十二世紀はあの世への旅の豊かな文学を生み出したが、十二世紀なりの神秘的幻視をもたらし、それらが幻視者たちに天国の秘密を知らせることになった。ここではとりわけシェーナウのエリザベト〔一一二九－六四、ドイツ、シェーナウ修道院修道女、聖人。シェーナウはドイツ中西部の都市〕とビンゲンのヒルデガルト（一一七九年没）が残した証言について考えてみる。

　エリザベトはある日、東の方向に「三つの壁に囲まれ、その中にさまざまな住まいを含む、強く光り輝く建物を見た。その全体を素晴らしい大きな光が照らし出していた。建物のまわりを樹木、草、花が縁どる気持ちのよい魅惑的な川が流れていた」。だが、この幸福な場所に近づく前に、刺すように痛い、そして燃えているかのような棘だらけの空間を横切らなければならなかった。エリザベトは、白い衣装を着た無数の人々が、たいへんな苦労をして急いでその建物に向かい、とうとうそこに到達するのを見た。待降節〔クリスマス前の四週間〕に起こった別の幻視では、エリザベトは再び壁に囲まれたとある建物の前にいる。建物の中央にとても高い塔があり、「その頂きは空を突き抜けているように見えた」。それは天のエルサレムのことだと教えられた。新しい幻視の数々は、エリザベトのために天の門を開き、エリザベトに処女《おとめ》たちを、神の玉座を、真っ白な子羊を見させ、そして素晴らしい芳香を嗅がせてくれたのである。[1]

神秘思想家たちの幻視は、見かけ上の死という状態の中で人間によって経験されたあの世への魂の旅とは異なった体験を作り出している。ビンゲンのヒルデガルトは次のように言う。「私が耳にするのは、私の体の耳によって聞くのではない。私が目にするのは、私の心の思いによるのでも私の五感のどれかによるものでもない。そうではなくて、両目は開いていても私の魂の中においてだけなのです。だから私は恍惚感で気を失うことはなかったのです」[2]。いずれにせよ、このような幻視を文字にすること、また写本の彩色挿絵でイメージに移し換えることによって、天国についての文学と図像学に新たな豊かさがもたらされた。

その二十六の幻視のひとつ目で、ヒルデガルトは創造主の姿を受け取る。

鉄色の高い山のようなものを私は見た。その上に誰かが座っていた。その人はあまりに光り輝いていたので、その光が私の視覚を曇らせた。どの側からもその人の甘美な影が覆い、驚くほど長く幅の広い翼が広がっていた。その人の前、山の麓に目が一杯の姿があり［…］そして、その姿の前に、黒っぽい衣をまとい、白い履物の子どもの姿があり、その上にまばゆい光が下りていて、それは山の上にいる人から出ていたが、私はその顔を見ることができなかった[3]」。

第五の幻視は「勝利の教会」〔天国の至福を得た魂。天の聖人を指す〕をヒルデガルトに見せる。「勝利の教会」と少女に似た天のシオン〔エルサレムあるいはその丘〕である。

そしてこの少女のまわりに、人間の太陽よりも明るい男たちの大いなる群れを私は見た。男たちはみな驚くべき仕方で金と宝石とで飾られていた。そのうちの何人かの頭部は、金の帯状の飾りのある純白のヴェールで覆われていた。そしてその上には、言い表しえない三位一体の象徴が、帯状のヴェールの飾りに彫り込まれたようなさまで現れていた［…］。それらの者たちの額には神の子羊の姿が、また首には人間の姿が、そして右の耳には智天使の姿が、左の耳には他のカテゴリーの天使の姿があった。その結果、一条の金色の光線が、非常に高くて栄光に輝く三位一体の象徴から、これらの姿へと滑って移動するように見えた。しかし、これらの男たちのあいだに、他の男たちが現れた。その者たちは頭部に司教冠を戴き、肩には司教のパリウム〔(大司教の)肩衣〕をまとっていた。そして私は再び、高みから告げる声を聞いた。「あの者たちはシオンの息子たち。そしてシオンの息子たちとともに、キタラ奏者たちとすべての種類の音楽家がいる。ここで、すべての歓喜と幸福の中の幸福が表現される」[4]。

ダンテの「天国篇」

だが、十二世紀にすでに、部分的とはいえ、こうした幻視の奔流に抗する反応が始まった。新しい精神の出現の徴として、『聖パトリクの煉獄』の作者ソルトリーのヘンリクスのような、あの世への旅の語り手たちは、自分たちの示す物語の現実性を正当化しなければならないと思い込んだ。ノジャンのギベール〔一〇五三－一一二四、フランスのベネディクト会士、歴史家〕[5]やアベラール〔一〇七九－一一四二、フランスの哲学者、神学者〕[6]のような神学者たちは、幻視を得た者たちによって記述された天国と地獄の歓喜と苦痛は、到達できない現実の形象にすぎないと断言した。オータンのホノリウスはというと、現実主義的立場からギベールとアベラールの立場へと変化したように見える[7]。

十三世紀、フランシスコ会士アウクスブルクのダーヴィト（一二七二年没）〔一二〇〇－七二。アウクスブルクはドイツ・バイエルン州の都市〕が、その『外的および内的人間の構成《デ・エクステリオリス・エト・インテリオリス・ホミニス》』という著書の中で、黙示録的かそうでないかを問わず、同時代の幻視と啓示の侵入に反対する[8]。なぜなら、それらはあまりにしばしば、インチキやでたらめとは言わないが、幻覚だからだ、とダーヴィトは述べる。アウクスブルクのダーヴィトは、誤って聖ボナヴェントゥラ（一二七四年没）の作とされた『信仰の進歩』の著者でもある。この作品は前述の著作を編集し直したもので、イエスや聖母を見た、また直接慰めの言葉を得たと信じる人々を非難する。そうした話は、ダーヴィトによれば、どれもこれも冒瀆である[9]。

これは、ダンテに向かっては、なされえなかったと思われる非難である。『神曲』は確かにあの世への旅であるが、この旅はウェルギリウス〔前七〇－前一九、古代ローマの詩人。『アエネーイス』『農耕詩』〕の語ったアエネアスの地獄下りに感化を得ていて、われわれがあげた旅とは画然と距離を置いている。ダンテはアエネアスのように、身体を伴って死後の世界に行く。そのことは、物語を作りものの中に位置させる――優れたフィクションだが、その限界を心得ているのだ。詩人〔＝ダンテ〕は「天国篇」〔以下同〕第一三歌、六一－六三行で告白する。「天国を描きながら、私の聖なる叙事詩は跳躍せざるをえない。あたかも自分の道が断ち切られているのに直面した者のように」。至高天に達すると（第三三歌、六一－六二行、一二一－一二二行）、ダンテは告白する。「私の見た光景はほとんどすべてが止まる。〔…〕おお、何と私の言葉の足りないことか、何と私の概念の弱いことか」。ポール・レヌッチはこう注釈する。「「天国篇」においてダンテは「擬人主義あるいは絵画的なものを」追い求めなかった。〔…〕具体的なものとしては声と光、光とその働きしかない。ひとつの聖なる物理学が月の下の世界〔この世〕の法則に取って代わる。そしてすべては、神のもとでの恍惚に至るまで、光のイメージでしかない〔…〕、それをダンテは象徴の振付法において休みなく作りまた作り直す」[10]。

詩人は「天のあらゆる場所が天国である」（第三歌、八八－八九行）と語り、あの世において「群れ集う無数の輝きを見た」（第二三歌、八二行）が、ダンテはそれらをほとんど書かない。これと対照的に、崇高な現実の近似物、あるいは比喩的な置き換えのイメージを作り出すことに巧みである。第四天、太陽天には信仰の偉大な博士たちが集められているが、博士たちはダンテとベアトリーチェの周囲を回る王冠を形作る。それは「生き生きとした眼も眩む火のようで、〔…〕目に輝く以上に甘美な声をしている」（第一〇歌、六四－六六行）。それらは「燃え上がる太陽」で、詩人は「これらの光の歌」に耳を傾ける（同、七三－七六行）。第五天、火星天では、ふたつの光線が世界の両極のあいだに十字架を作り、頂点から下まで、光線によって露わになった「素早くそして、長くて短い微細な塵」にも比べられる「火花を散らす光」となって魂は動いていく（第一四歌、一〇九－一一五行）。木星天、第六天、そして正しく敬虔なる君主たちの天では、聖なる鷲が十字架を継ぐ。「ちょうど川岸から飛び立つ鳥たちが、〔…〕ある時は円形、またある時には列を自分たちで作るのにも似て」、選ばれた魂たちは光の中を飛び回り、踊りながら、歌いながら、「国を治める者たちよ、義を愛せよ《ディリギテ・ユスチティアム・クイ・ユディカティス・テラム》」〔「知恵の書」一章、一節。「知恵の書」とは神の教え、神の認識としての知恵を語る。旧約聖書の一。紀元前一世紀〕という碑文を描き始める（第一八歌、七三－九二行)。

次いで選ばれた魂たちは第五番目の語の
Mに配置されたままとどまった。そのため木星は
そこだけが黄金で象眼された銀のように見えた。
そして私は、別の光の群れが降りて来て、
自分たちを惹きつける善を、そう私は思う、称えながら、
Mの頂点の上に落ちつくのを見た。
次に、燃えている薪を叩くかのように
無数の火花が上がる。[…]
私は、その場所から千余の光が再び出現して
昇って行く姿を見た。あるものは高く、あるものは低く、
それらの光に火をつける太陽が望んだ通りに、
それぞれの光が自身の場所に落ちついた。
私は、一羽の鷲の頭と首が
光を背景に火の形で表されているのを見た。(第一八歌、九四－一〇八行)

第七天、すなわち土星天であり瞑想家たちの天は、「太陽が輝く黄金の色の」の中を一本の階段が下から上へと伸びている。選ばれた魂たちは階段を一歩一歩昇ったり降りたりしている、きらめく鳥たちのように(第二一歌、二八－四〇行)。恒星天――第八天――はキリストの勝利に、より静的な境界として役立つ。しかし、上昇運動は続き、第九天――水晶天あるいは「初動天」――に向かう。「愛と光だけがその果てを区切るこの驚異の天使の修道院」、そ

こでは「天の笑い声が隅々まで広がった美しさで響きわたる」（第二八歌、五三－五四行、八三－八四行）。そこで、天使の九階級が、神の光を中心に回転し、輝く。そして、とうとう至高天に至る。ここでダンテは「ヨハネの黙示録」第二二章を思い出し、生命の川を感嘆の思いで見出す。

すると私には、きらめく川の姿をした光が
驚くべき春の情景に彩られた
両岸に挟まれてきらめいているのが見えた。
この広々とした川から生き生きとした火花が飛び上がり
そしてあちこちで花々の中に入っていった、
まるで黄金に囲まれた紅玉のように。（第三〇歌、六一－六五行）

ダンテの天国への旅は、「一番外の花びら」を持つバラを見ることで終わる。バラは「白い長衣の修道院」で、天使たちと選ばれた者たちの調和ある集まりである。「永遠のバラの」中心部から「永遠の春をもたらす太陽を称える香気」が立ちのぼる（第三〇歌、一一七－一二六行）。

このように、ダンテが先人たちの天国と比べて変化した点は自由度の大きさである。先人たちより書くことはずっと少なく、そして想像することはずっと多い。ダンテは学術的な、「輝かしい光輪」ときらめく魂の回転が主役となるような、詩的創意によってつねに姿を変え続ける作品を書くことを意識していたのだ。エミール・マール〔一八六二－一九五四、フランスの美術史家。『ロマネスクの図像学』『ゴシックの図像学』〕と指摘した[11]。このようなきらめく魂はボッティチェリ〔一四四五－一五一〇、イタリア・ルネッサンス期の代表的画家。『神曲』の挿絵でも有名〕が「天国篇」のために描いた素描にも見出される。しかし明らかに、フィレンツェの画家〔＝ボッティチェリ〕は、はじめのふたつ〔「地獄篇」と「煉獄篇」〕に比べて、『神曲』のこの第三部ではくつろいでいない。なぜなら、画家はここに強い描写を持つテーマがずっと少ないと思ったからだ。無数の炎によって表される天使と魂たちの中を天から天へと昇って行くベアトリーチェと詩人、この描写を中心に画は繰り返されるのである。

幻視文学の続き

『神曲』はこのジャンル〔「魂の旅」というジャンル〕としてはふたつとない作品である。これが、その後に弾みがついて続いた幻視文学に影響を与えたことはおそらくないからだ。一方、シトー会士ディギュルヴィルのギョーム（十四世紀半ば〔一二九五－一三八〇、韻文詩『巡礼』三部作で知られる〕）の『魂の巡礼』は「魂の旅」というジャンルを控えめではあるが延長させた。修道士は夢の中で天のエルサレムを見る。「建物の基礎はとても高く鮮やかで高価な石でできていた。そこにはたくさんの家と建物が歓喜とともにあり、人が数えたことも求めたこともないほど多くの財産を、すべての住民がそれぞれ所有していた」[12]。十五世紀には『キリストにならいて』〔トマス・ア・ケンピス作〕が次のような非常に古典的な表現を、敬虔な魂に語るイエスの口に語らせている。天国の喜びとは「永遠の光、無限の明るさ、堅固な平和、完全に安全な憩いであろう。［…］ああ、天に聖人たちの不滅の冠が見られたならば！」。さらに『キリストにならいて』の文は続く。「天の都に住むことのこの上ない喜びよ！　夜が暗くすることのけっしてない、至福の真理の光線が絶えず照らし続ける、永遠の輝かしき日よ、永久に移り変わりを免れた、永遠の喜びの、終わることなき安心の日よ[13]」。

十三世から十五世紀の神秘思想家が得る幻視はさらに内容豊かである。マクデブルクのメヒティルト（一二九八年没）〔一二一〇－九八、ドイツのヘルフタ修道院で没した。マクデブルクはドイツ中部エルベ川沿岸の都市〕は断言する。「天が私の前で開き、私は思わず立ち止まった」。メヒティルトは「神の玉座を、［…］燃え立ち、輝き、赤く燃え上がる光の中に」見た。そして玉座は智天使たちの方まで伸びており、それゆえ神の玉座と天は壮麗な宮殿のようである［…］」。玉座の上の方に、神性の鏡、人類の姿、聖霊の光が見える。そしてこの三者がどのようにしてひとつになっているかが知らされる」。メヒティルトは、洗礼者ヨハネが、ルキフェルが空いたままにした席を占めるだろうことを知る。それは熾天使たちの上の席で、「ヨハネとともに純潔な心を持ちながら、まだ自分たちの席を待っている処女《おとめ》たちが座るだろう。玉座の反対側にわれらが尊い聖母が、かつて誰のものでもなかった席を占める［…］。処女《おとめ》たちの衣装はユリの白さである。説教師たちの衣装は太陽のような炎の輝きであり、殉教者の衣装は紫がかったバラ色で光り輝いている」。選ばれた者がひとり到着すると、「神ご自身が、天の軍勢を従えて、すべての隊〔天使の九つの隊〕を通り抜けて、魂を迎えに来る。礼儀に適った壮麗さのうちに、その魂は、門のところですでに、神のご意思である、いつもの冠を頭に置かれる。このように神がこの魂を栄光のうちに導くのである」[14]。

　聖フランシスコ会の第三会〔在俗修道会〕に入った寡婦のフォリーニョのアンジェラ（一三〇九年没）〔一二四八－一三〇九、イタリア中部フォリーニョ出身の神秘家。二〇一三年に列聖〕はその幻視で有名になったが、幻視によってアンジェラは「光の頂点」すなわち神を、そして「神の前にいる聖人たち［…］そして聖人たちの上方にいるように見えた天使たち」を熟視することができた。別の折に、アンジェラは神によって食卓に呼ばれた「招待客たち」を目にしたが、それは「処女《おとめ》たち、貞淑な者たち、貧しい者たち、体の悪い者たち、病弱な者たちだった」。同様に「キリストのお供」も見た。「このお供とは、「座天使たち」だった。それらのお供は軍隊をなし、その数はとても多くて、もし私が、神は節度をもってすべてをなさるということを知らなかったならば、無数だと思ってしまったことだろう」[15]。

　さらに豊かなのがエックハルト師〔ヨハネス。一二六〇／六一－一三二七、ドイツの神学者、神秘学者〕の弟子、ドイツの神秘思想家ハインリヒ・ゾイゼの「永遠の知恵」が「純粋な知性の目に」明らかにする光景である。「ヨハネの黙示録」の喚起がこの作品〔『永遠の知恵の書』〕中で見事に復活の機会を得ており、黄金の張られた都市と天における選ばれた者たちの勝利を示して、「彼らが深い平穏と大きな幸福のうちに名誉ある裁き手と判事の席に立っている」のを描く。さらに「知恵」――「ヨハネの黙示録」への色彩鮮やかな付加物――はゾイゼに、「［殉教者たちは］バラ色の衣にくるまれて輝き、証聖者たちは緑に萌える美しい光を放ち、たおやかな処女《おとめ》たちは天使のごとく純潔に輝き、天の全軍は神の慈しみに覆い尽くされることでしょう」と述べる[16]。

　十五世紀のあるフランシスコ会士は、一四三三年に死んだオランダの女性神秘家、聖リドヴィナが経験した恍惚と幻想を語った。その聖遺物はブリュッセルの聖グドゥラ大聖堂〔聖グドゥラ（六四六－六八〇から七一四のあいだ）は、ブリュッセルの守護聖人〕に所蔵されている。

ひとりの天使がリドヴィナを待っている悦楽のことをときどき語った。天使はリドヴィナに言っていた。「私は偉大な王の宮殿を見た。その中に、壮麗に飾られた部屋がひとつあった。部屋の中に素晴らしい寝台があり、その天幕はすでに下りていたが、寝台には花がちりばめられていた。入口はユリの花飾りに囲まれ、窓はバラに囲まれており、食卓の準備は調い、絹の布で覆われていた。私の目には料理がいっぱい置かれているのが見える。ブドウ酒は壺から溢れ、四方に広がっている。壺はどれも高価なものだが、種類はさまざまだ。素材は金で、形と装飾が異なっているだけだ。この新郎新婦の寝室の横に、花に彩られた心地よい庭があり、芳香を放つ樹木が植えられている。香気はえも言われぬ香りがする［…］」。

天使がリドヴィナを神の直観へと導くよう命令を受けたとき――神は物体でできているのか、それともただ霊だけなのか、私にはわからない。神のみがご存じだ――［…］天使はリドヴィナの手を取り［…］東の方へと連れて行き、心地よい庭に入った。人間の視覚では捉えられない庭だ。そこにはユリ、バラ、そして他の千もの花が、それらの香りで空気を満たしながら、美しい色を咲き誇らせていた。そこには北風が凍りつくように吹くこともないし、南風が灼熱を運んで来ることもない[17]。

リドヴィナとリドヴィナのために語るフランシスコ会士は、ここで、ふたりの天国についての――そして非常に官能的な――綜合の中に天国の諸要素を融合したわけだが、これら天国の諸要素は、当時の人々がエデンの園について知っていると信じていたこと、および「雅歌」から借りているのである。

スウェーデンの聖ビルイッタが得た天啓は、リドヴィナのものよりも大きな影響を与えたが、それは終末論的予示があるという理由による。短いものであるが、天国の表現は意味深い。リドヴィナ同様にビルイッタも聖なる王〔＝イエス〕の妻の役割を演じるが、ビルイッタは自分の幻視の霊的性格をさらに強調する。自分の「霊的な目は見るために開かれていた」とビルイッタは言う。そうした理由から、あれほど多くのイメージが含まれる場面が由来する。「ヨハネの黙示録」から借りた子羊や長老たち、選ばれた者たちに関わるいくつかの場面や、ビルイッタの時代に急速に高まっていた聖体信仰と関係する場面、そして当時の天についての概念に共通する源から汲まれた場面である。以下にあるのは聖ビルイッタの『天啓』〔一四九二年出版〕の一六二四年に刊行されたフランス語訳からの抜粋である。

そして私はアブラハム〔イスラエル民族の祖、イサクの父。神への全的服従により「信仰の父」と呼ばれる〕が彼の世代に由来するすべての聖人とともに来るのを見た。すべての族長と預言者たちが来た。その後、私は四人の福音書記者を見た。その形はこの世の壁に描かれた四匹の獣に似ていた〔…〕。その後、私は十二の椅子とそこにいる十二人の使徒を見た。使徒たちはこれから来る力ある者を待っている。これらすべての後、アダムとイヴが、殉教者たち、証聖者たち、アダムとイヴの子孫であるすべての他の聖人たちとともに来た〔…〕。その後、私は神の座である祭壇、ブドウ酒と水の入った聖杯、祭壇に供えるホスチア〔聖体〕の形をしたパンを見た。そしてそのとき、この世の教会の中でのように、祭服を着たひとりの司祭を見た〔…〕。パンを聖別する言葉に至ったとき、私は太陽と月と他のすべての惑星と恒星とともに、動きを伴ったすべての天が、甘美な調和をもって響きわたるのを見ていた。それらの声は、互いに応え合うので、賛嘆すべき歌と旋律を私は耳にしていた。また、あらゆる種類の無数の音楽家たちを見ていたが、その者たちの和音はとても美しく、五感がそれを理解し、口で言うことは不可能なほどだった〔…〕。
　司祭がパンに神聖な言葉を発すると、生きている子羊になり、子羊の姿には男の顔が見えた〔…〕。そして子羊とともに王冠を戴いたひとりの処女《おとめ》が座っていたが〔…〕、すべての天使が処女《おとめ》と子羊に仕え、その数は太陽の中の原子ほどもいると見えた。[18]

ニューヨークに保存されている十四世紀末の『天啓』の写本『天の書《リベル・ケレスティス》』は、一三七三年に没し早くも一三九一年に列聖された聖ビルイッタの『天啓』が急速に有名になったことを裏づける。写本挿絵のひとつが、聖体奉献の瞬間に幻視を与えられる聖ビルイッタを描いている。聖女〔＝ビルイッタ〕はこのときに、天の住民すべて、キリストとマリアに発して聖女に向かって進む光のすべてを見出した[19]。

ビルイッタと同時代人の神秘思想家、その影響が「新しい信心」に対して深甚なものだった「驚嘆すべき人」ロイスブルークは、このような「天啓」の、たとえ「霊的な」ものであっても、図像性に満足を覚えることがなかった。ロイスブルークはこう言っている。「身体的天が終わるところでは、想像力と内的外的感覚も停止する」。なぜなら、物質がなければ感覚がすがるべきものは何もないからだ。神も、天使も、魂も、感覚によって捉えることはできない。というのも、姿を持たないからだ［…］。神が友たちに示す善と悦楽、それを聖書はわれわれに訳して伝えることができない。神が愛情豊かな霊にそれらを見せるようには、誰ひとりとしてそれらを明晰かつ完全に言い表すことはできない。「至高の味」は「無知と自己の永遠の喪失」の中にある」[20]。

スウェーデンの聖ビルイッタの幻視と天啓は論議の対象となった。ジェルソンは「霊の区別」について論考を書いたが、そこでは「本当の幻視と似非《えせ》なる幻視の区別」についての以前の著作の主題を再び取り上げている[21]。ジェルソンは慎重な方向の結論を出している。なぜなら、キリストに姿を変えた悪魔がある日、ひとりの聖者の前に現れたが、この聖者は騙されることはなかったという話が伝えられていたからだ。バーゼル公会議（一四三一－四九年）はビルイッタの天啓について討議し、結局それを認めたが、ただし聖書と同じ次元に位置させないという条件をつけた。

バーゼル公会議は、聖人たちを見た、その声を聞いたと証言したジャンヌ・ダルク〔一四一二－三一、フランスの愛国者、異端の罪に問われ火刑に処された〕の死の年にその会期を始めた。一四四〇年のこと、ローマの聖フランチェスカ・ロマーナ〔一三八四－一四四〇、ローマ貴族の出身〕が聖母被昇天の幻視を得た。一四六四年、ドミニコ会士でロザリオ〔聖母マリアへの祈りを唱える際に用いる数珠状の道具およびその祈り〕の普及者、アラン・ド・ラ・ロッシュ〔一四二八頃－七五、ブルターニュ出身のベネディクト会士。ロザリオ信徒会を創設〕はマリアから金の指輪を得たという。こうしたいくつかの想起[22]は聖ビルイッタの幻視を歴史的文脈に置き直すことになる。というのも、当時、そしてずっと以前から、特権を与えられた人物は神や天国を見ることができると認められていたからだ。ジャック・ル・ゴフは『聖王ルイ』の中で、一二七〇年〔正しくは一一九〇年〕、フィリップ尊厳王〔フィリップ二世。一一六五－一二二三、フランス王在位一一八〇－一二二三、王権強化と領土拡張を行い、カペー朝の世襲制を確立した〕は十字軍へと向かう船中においてジエノヴァとシチリアのあいだを航行中に嵐に襲われたが、そのとき、天から神が降りて来て旅行者たちを安心させるのを見たと伝えている。[23] ゲントの祭壇画のような、天の宮廷の美しさを信徒たちに見せて魅了した作品をわれわれが見るときは、こうした精神状態を思い出さなければならない。

あの世の近さ

神学者たちは幻視の真正さを疑問に付すことができた。しかし、民衆向けの牧人劇や文学はこの議論には入っていかないで、つねに次元の混同をうまく使っていた。見えないものが見えるものになり、死者たちは生き返り、天使たちは天から降り、人間は天に昇ったり地獄に堕ちたりするのを、飽くことなく表現した。

ドミニコ会士でジェノヴァの大司教ヤコブス・デ・ウォラギネ（一二二八－九八年）によって書かれた『黄金伝説』は、天国と煉獄と地獄は地上の人間にとって一時的に到達可能だという宇宙論を維持するのに、いや、さらに広めるのに、大きく貢献した。「黄金伝説」という書名の意味は考える価値がある。「伝説《レゲンドゥム》」とは「読まれるべきもの」を意味し、「黄金」は作品の内容の価値を保証する。『黄金伝説』はしたがっていきなり重要な、信頼できる書物として姿を現した。ところで『黄金伝説』は、天の楽園に関しては諸聖人の祝日を語る重要な物語を含んでいる。この祝日――キリスト教世界では八三五年に広まった――の制定の翌年に、ローマのサン・ピエトロ大聖堂の納室係《クートル》が得た幻視である。

［納室係は］脱魂の状態に陥った。すると、高くしつらえられた玉座に王の中の王が座り、すべての天使たちがそのまわりに立っているのが見えた。そこへ処女《おとめ》の中の処女《おとめ》である聖母マリアが、大勢の処女《おとめ》たちと禁欲者たちを従えてすぐに到着した。即座に王は立ち上がって聖母を迎えに行き、自分のかたわらに用意してあった椅子を勧めた。次には、らくだの毛でできた服をまとったひとりの人物が現れ、厳かな様子をした老人たちが、その後

に続いた。さらに司教服をまとった別の人物が現れ、同じような服装をした一団の人たちが続いた。それから数えきれないほど多くの兵士たちが到着し、最後に、さまざまな国の人たちが、これまた数えきれないほどたくさん入って来た。一同は、王たるキリストの玉座の前まで来ると、恭しくひざまずいて、主を礼拝した。やがて、司教姿の人物が朝課を唱え始め、一同もこれに唱和した。すると、納室係を案内してきた天使は、この光景を納室係に説明した。「最初の列におられる処女《おとめ》さまは、聖母さまです。らくだの毛の衣服を着た方は、洗礼者ヨハネさま、それに族長がたと預言者たちです。司教の祭服を着ておられるのは、聖ペテロさまと使徒のみなさまです。兵士の姿は、殉教者たち、そのほかは、証聖者の方々です。これらすべての人が王の前に集まって来たのは、この日、人間たちが示してくれた崇敬に感謝し、全世界のために祈られるためです」。続いて天使はまた別の場所に納室係を連れて行った。天使はそこに男性と女性がいることを示したが、いずれも楽しげに、ある者は黄金の敷物に横になっており、別の者は食卓についていた。[24]

『黄金伝説』は、聖ヨサパト〔仏陀の伝説がキリスト教文献に入り、仏陀はヨサパトという王子として修道士になり、聖人となった〕にあてられた項に天国へのもうひとつの言及を含んでいる。ある若い娘を見て悩んだ聖人は祈り始め、そして眠りに入った。

　色美しい花が咲きみだれている美しい野原に連れて行かれた夢を見た。木々の葉叢は、そよ風に吹かれて、心地よい葉ずれの調べを奏で、かぐわしい匂いをあたりに撒きちらし、見るからに美味しそうな、見事な果実［をつけていて］、ここかしこに黄金と宝石の座椅子や、高価な毛氈《もうせん》を敷いた寝椅子が置いてあり、［そして］とても澄んだ小川がそばを流れていた。そこから、［ヨサパトの案内役は］壁が金でできた都市の中へ来させた［…］。都市は素晴らしい輝きで光っていた。天使たちの群れが、かつて人間の耳が聞いたことのないような歌を歌っていた。すると、声があって、「ここは、至福の人々の住まいです」と告げた。[25]

目を覚ましたヨサパトには、あの娘の美しさは「汚物よりもおぞましいものに」見えた。

『黄金伝説』は超自然的存在の出現の場面に溢れ、したがって、驚異が日常的になっている。プランタジネット朝のヘンリー二世〔一一三三－八九、プランタジネット朝初代のイギリス王在位一一五四－八九。前フランス王妃アリエノールと結婚〕の唆かしによって暗殺されたカンタベリーの聖トマス〔一一一八－七〇、カンタベリー大司教一一六二。殉教者、聖人〕の葬儀の日のこと、天使たちがこの殉教者のためのミサを執り行い、「正しき人は主にあって喜び《ラエタビトゥール・ユストゥス・イン・ドミノ》」と歌い始めた。聖アグネス〔二九〇頃－三〇三、殉教者、聖人〕が娼家に連れて行かれると、天使がその家を驚くほどの輝きで満たし、聖女〔＝アグネス〕を守った。聖ベネディクトゥスは姉妹の魂が天に昇って行くのを見た、などなど。このような「幻視的霊性」[26]は過去、現在、未来のあいだに連続性を打ち立てて、この三つを同時に想起することのできた心性にとっては自然なことであったし、人々は生者の世界と死者の世界のあいだに越えがたい障壁を設けることはなかった。あの世はけっして遠くなかったのである。

そうであるならば、なぜ幻視は、預言と同じ資格の、真正なものと見なされなかったのだろうか。幻視の物語は、あれほどしばしば図像によって描かれた「ヨハネの黙示録」の確証と同じぐらい多く現れていた。「幻視的想像力」[27]は常軌を逸してはおらず、中世の年代記に満ち満ちていた。そこから視覚に対する次のようなフォリーニョのアンジェラの賛美と次のような強い断言が出てくるのだ。「人は眼に見えるように愛するのです」。これと同じ精神状態が、どうして聖クリストフォルスの姿を見ることが死を遠ざけるのか、どうして人々が橋や通りに聖人たちの守護者像をたくさん作ったのかを理解する手助けとなる。旅をする魂については、人々は苦もなく本当の身体的特性、とりわけ見る可能性を魂に与えていた。[28]それこそまさに、幻視と結びついた治癒の際に起こっていたことである。このような治癒の例は中世を通して数多くあった。奇蹟にあずかった人は、眠りのあいだに、治癒者である聖人が治療する、あるいは触るのを見ており、目が覚めると健康になっていた。[29]

人々が確かなことだと思っていた生者と死者の世界の連続性は、聖遺物に与えられた重要性をもちろん説明するが、それだけでなく説教の中に入れられた数多くの「例話《エクセンプラ》」を理解することも助けてくれる。「例話」は十三世紀に黄金時代を迎えたが、その使用と成功はそれ以前に始まり、十三世紀を越えても続いた。それらの中からふたつを取り上げよう。細部に異なる点はあるものの、中世のあいだずっと、何度となく繰り返し使われたものである。

第一の「例話」は、パリのノートル・ダム大聖堂の建築を始めた司教、モーリス・ド・シュリー〔一一二〇頃-九六〕の説教から採られたもので、われわれにとっては天国の幸福の想起、地上から天への一時的移行、老いることのない永遠へと入り込むこと――これも一時的だが――、を合わせ持つことで優れている。ひとりの修道士が神に、「大いなる喜びについて、また神を愛する者たちを待つ甘美さについて、いささかなりともお見せください」としばしば祈っていた。天使が一羽の鳥となって修道士の前に現れ、あまりにも見事に歌い始めたので、この好人物は「地上のすべてのものを忘れてしまった」。鳥が飛び去り、修道士が修道院にもどると、そこにはこの修道士を知る人は誰もいなかった。修道士はここで鳥を眺め、歌を聴いて、三百年を過ごしたのだった。[30]

もうひとつの「例話」――これも古いものだ――は十五世紀の写本から引かれている。ひとりの男が墓地の中を通るたびに「深き淵より《デ・プロフォンディス》」を歌っていた。ある日「もっとも危険な敵」に襲われ、すぐにもっとも近い墓地に向かって逃げた。そこで男は死者たちに護られる。死者たちは生前の仕事でもっとも多く使っていた道具を手に摑み、「恐れをなした」襲撃者たちを追い払った。[31]この「例話」は、当然のことながら、死者のために、とりわけ煉獄の魂のために祈ることを勧める意図があった。だがこれは、幽霊の存在を信じる心が長く生き残ったことの証言でもある。十二世紀に始まる西欧における煉獄信仰の高まりは、あの世の第三の場が幽霊たちの大きな溜まり場となる結果を招き、[32]生者の世界と死者の世界のあいだには架け橋が存在するという、さらに一般的な確信を強固にした。

この確信は十六世紀まで広く人々に共有された。この点についてはかつてリュシアン・フェーヴルによって示された分析を再び取り上げるにしくことはない。「〔当時は〕誰ひとりとして不可能なことの感覚を持たない」。「不可能《ノン・ポッセ》」が「非存在《ノン・エッセ》」を生み出すだろう日はまだ来ていなかった。「十六世紀には、〔…〕預言的な夢、超自然的なものの出現、遠隔行動あるいは交感、こうした多くの事実があったのだから、どのようにして起きたことを疑えよう」。リュシアン・フェーヴルはこう付け加える。「不可能なこと」に対する「可能なこと」についてのわれわれの考えも、また「超自然なもの」に対立する「自然なもの」についてのわれわれの観念も、十六世紀の人々は持っていなかった。[33]いやむしろ、当時の人々にとって、「自然なもの」と「超自然なもの」のあいだには正常で絶え間ない交流があったのである。

かつての心的世界に対するこのような復元は、いかなる精神でわれらが十五世紀の祖先たちが、ゲントの「神秘の子羊」を眺めえたのか、想像することを可能にする。目の前にある天国は十五世紀の人々には近くて現実のものと映っていた。「魂の旅」も、神秘思想家の幻視も、超自然的なものの出現も、十五世紀の人々にはありえないものとは見えていなかった。天国はこの地上から見ることが可能であったのである。

第二部

Bonheurs

幸福

われわれは基礎文献から出発して、キリスト教の天国の骨格を作り上げたが、幻視とあの世への旅によって、この骨格が確証されたからには、今や天国の現場明細書を作成し、衰退なき光の国の「日常生活」と呼ぶことのできるものも記述可能となっている。永遠に幸福な生活は、神を一対一で見るという根本的な十全さから流れ来る幸福の付加物として示されうる。この「至福直観」〔選ばれた者たちの魂が天国で神を直接見ること〕には舞台がある。それは色彩と芳香の真ん中で展開する。その枠組みは、再び見出された地上の楽園であるが、それはあの世のエルサレムの光り輝く壁の内部にすでに含まれている。あの世のエルサレムは、神聖な子羊と王冠を戴いた聖母のまわりに、階層化された天の住民たちを集める。この住民たちは天国の人間に知識と知恵、安全と若さを与える神の姿に、目眩《めまい》を覚えながらも、けっして飽きることがない。

第七章　天のエルサレム

新しいエルサレムの待望

永遠の幸福の場所は天の都である。終末に至ったときに新しいエルサレムが現れるという期待はユダヤ教の歴史、次いでキリスト教の歴史を貫いてきた。「イザヤ書」（六五章、一七－一八節）は主にこう言わせる。「私は新しい天と新しい地を創造する。かくして過去が思い出されることはもはやない。それはもはや誰の心の奥底にも上ることはない。反対に、私が創造するのは永遠の熱狂と歓喜であり、事実私の創造する歓喜はエルサレムとなるであろう」。エゼキエルはといえば、ユダヤ人が活気を取りもどし、捕囚の後に落ちつく都のことを考える。「神の幻の中で、主は私をイスラエルの地に連れて行った。主は私をとても高い山の上に下ろした。その上に都市の建物のようなものがあった」。実際には、この都市は巨大な神殿であり、預言者は、八章にわたり延々と、都市の大きさと姿について測り、記述する（「エゼキエル書」四〇－四七章）。そこからパトモスの幻視者聖ヨハネ（使徒ヨハネはローマ皇帝によりエーゲ海の小島パトモスに流刑となり、その地で「ヨハネの黙示録」を書いたとされる）が想を得たのである。

その後、聖パウロが「ガラテヤの信徒への手紙」で言うように、キリスト教は「奴隷」である「現実の」エルサレムを、「自由な」そして「われわれの母」である「あの世の」エルサレムと対立させた（四章、二五－二六節）。これと同じ意図で、「ヘブライ人たちへの手紙」の作者〔聖パウロとされる〕はイエスに従う者たちに断言する。「あなた方は、シオンの山、生ける神の都市、天のエルサレム、祝いの集まりの無数の天使たち、天に登録されている長子たちの集会、そしてすべての人の審判者である神に近づいたのです」（一二章、二二―二三節）。さらにその少し先で、「われわれはこの地上に永続する都を持っておらず、未来の都を探し求めているのです」（一三章、一四節）。

新しいエルサレムのテーマの驚くべき成功にとくに貢献したのは「ヨハネの黙示録」、とりわけその二一章と二二章だった。パトモスの幻視者ヨハネに、天から下って来る、神の栄光に輝く聖なる都が示される。都は正方形、球と同じく完璧な形で、「純粋な水晶のような純金」である。都には高い大きな城壁と十二の門があり、それらの門にはイスラエルの十二部族の名が刻まれている。都の城壁は碧玉で築かれ、十二の土台は、あらゆる宝石で飾られていた――碧玉、サファイア、瑪瑙《めのう》、エメラルド、赤縞瑪瑙、赤瑪瑙、橄欖石《かんらんせき》、緑柱石、黄玉、翡翠《ひすい》、青玉、紫水晶である。十二の門はそれぞれがただひとつの真珠でできていた。都には神殿はない。「なぜなら、神殿は神だからである」。主の玉座、それは「神と子羊」の玉座であるが、そこから「水晶のように輝く清流」が流れ出る。「都の広場とふたつの分流の中央に、十二回実を結ぶ一本の生命の木がある。その木は毎月実を実らせ、その木の葉は諸国の民の病を治す［…］。もはや夜はない」。

「ヨハネの黙示録」の読者、注解者、そして挿絵画家たちは、二一章と二二章および四章と七章をひとつのものとして融合した。天のエルサレムがはっきりと触れられているわけではないのに、四章と七章は「天の開いた門」のおかげで、玉座とそこに座る神、二十四人の長老、「前にも後ろにも一面に目のある」四つの生き物、数えられないほどの天使たち、イスラエルの部族の十四万四千人の代表者たち、そして神を礼拝して叫ぶ「白い衣を着け、手にシュロの枝を持つ」人々の「あらゆる民の大群衆」を描いている。あの世の世界、これこそ永遠のエルサレムである。

「ヨハネの黙示録」とほとんど同時期に書かれた終末に関する文献の中で、ユダヤの書である「バルク書」（キリスト教的な加筆がいくつかある）〔バルクはエレミヤの弟子で書記〕は、新しいエルサレムにあてられた短い一章を含んでいる。主は預言者〔＝バルク〕に次のように言う。

私の近くで示されることになるのは、あなた方のあいだに今立っている建物［当時のエルサレム］ではなく、［地上の］楽園を作ると決意したそのときに前もってここに用意された建物である。その建物を私は罪を犯す前のアダムに示した。アダムが命令に違反したとき、その建物は楽園とともに取り上げられた。次に私は僕《しもべ》アブラハムにそれを見せた。生け贄が分けられたその夜のあいだに。さらにまた、私はシナイ山の上でモーセにも見せた。そのとき、私は幕屋の姿とすべての壺を彼に見させた。今やそれは［地上の］楽園とともに私のかたわらにある。[1]

「バルク書」も「ヨハネの黙示録」もそろって神は選ばれた者たちのための天の都を神のかたわらに用意していると語る。ここで、あの世への旅の文学の中で何回も繰り返された考え方に注目しなければならない。すなわち永遠のエルサレムと保存されている地上の楽園は今や天の高みに、互いに隣接し合って存在し、いつの日か浄化された人類の幸福と平和な場所になるという考え方である。

「パウロの黙示録」は、「バルク書」より長く天の都に言及する。その中世における影響力を考慮するならば、「パウロの黙示録」はいくつかの点で隔たりはあるものの、「ヨハネの黙示録」に比肩すべきものと考えなければならない。パウロのものとされる幻視によれば、パウロは「すべて黄金でできている」「神の国」に導き入れられるが、その都は四つの大河――蜜、乳、葡萄酒、オリーヴ油――と、次第に威厳を増す十二の門に囲まれている。十二の門のそれぞれに金の玉座が置かれており、金と宝石でできた王冠《ディアデム》をかぶった男たちが座っている。パウロに付き添う天使は、この都はエルサレムで、中心に「非常に大きな、非常に高い祭壇」がそびえ立っている、そして神聖な歌い手ダビデに先導されて、「永遠の王キリストが［…］完全な支配のためにここにやって来る」、とパウロに説明する。[2] パウロは、したがって、パトモスの幻視者ヨハネのように、金、城壁、そして主の玉座のある天の都を見るという特権を有している。しかし、パトモスの聖ヨハネによって見られた都にはすでに王が来ているのに、パウロが語るこの天のエルサレムはその王をまだ待っている。

天のエルサレムのテーマは、十六世紀初めまでの西欧キリスト教のテキストと図像類の至るところに存在した。紀元後の数世紀のあいだの石棺に刻まれた形象から十六世紀のデューラーによる壮大な版画「ヨハネの黙示録」〔初版は一四九八年。一五一一年に第二版が出版された。本書一三五頁図版〕まで存在したのである。「啓示」の書の注解、とりわけ七七六年に書かれたスペインのリエバナの修道士〔＝リエバナのベアトゥス〕の書〔『ヨハネの黙示録注解』〕は、カロリング期に多数の挿絵を生み出した〔これらを「ベアトゥス写本」と言う〕[3]。そして、最後の審判が、彫刻や絵画で、選ばれた者たちの都の多くの形式化された表現を生む契機となった。最後に、中世後期における聖アウグスティヌスによる『神の国』の再度の成功は、永遠のエルサレムに捧げられた大量の新たな図像を生み出し、このテーマはさらに、「修道院の神秘思想の好むテーマのひとつ」を構成したのである[4]。

宗教文学における天のエルサレム

オリゲネスは、「ヨハネの黙示録」を字義通りに読むという同時代の千年王国論者に反論して、次のように書いた。「これらの人々〔千年王国論者〕は、エルサレムという地上の都市が造り直され、土台は高価な宝石で固められ、壁は碧玉で築かれ、砦は水晶で装備され、さらに城壁は選りすぐられた高価な宝石すなわち碧玉、サファイア、瑪瑙、エメラルド、赤縞瑪瑙、赤瑪瑙、橄欖石、緑柱石、黄玉、翡翠、青玉、紫水晶で築かれるだろう、と空想している」。こうした読解にオリゲネスは「使徒たちの精神に従う」霊的な解釈を対置させた[5]。これと同じ意図で、聖アウグスティヌスは『神の国』の最後の章で、永遠のエルサレムについて、いかなる具体的想起もしないよう用心する。この立場は聖アンブロシウスと同じで、アンブロシウスは著作の中で、天のエルサレムと同一視される「永遠の都」「聖なる都」「平和の都」「天の都」「幸福の都」のテーマに多くを割いている[6]。

古代末期と中世の数多くのキリスト教文献が、意識的な簡素さをもって天のエルサレムに言及する。まずそれは死者のための祈りである。シリアのヤコブ派〔六世紀にシリアで成立した教派、キリスト単性論に立つ。ニシビス（現トルコのヌサイビン）の司教ヤコブ・パラダイオスの名に由来〕で用いられる『聖ヤコブの典礼』〔『楽園の歴史』第I巻『地上の楽園』邦訳五七頁以下参照〕は主に次のような言葉で嘆願する。「〔死者たちに〕休息を与え給え、死者たちを光の住まいに、幸福な霊の場所に、天のエルサレムに、天に登録された長子たちの教会に置き給え」。教皇ゲラシウス一世（四九六年没）〔在位四九二－四九六。聖人〕の『秘蹟に関する典礼書』も似た表現をしている。「〔死者が〕天国の輝く石の中央で喜びを持ちますように。〔主よ、〕死者に休息と王国すなわち天のエルサレム〔…〕をお与えください。死者に光、清涼と平和の場所をぜひともお与えください」[7]。オディロン・メルクール〔?－一〇四九、クリュニー修道院第五代修道院長〕もまったく同様に、永遠のエルサレムについては控えめである。

天の王国の都は
壮麗なるうちに
その主君の母を
適切な祈りで崇める[8]

十一世紀、禁欲者聖ペトルス・ダミアニ〔一〇〇七－七二、イタリアのベネディクト会士、枢機卿、聖人〕は、その『天国の栄光の聖歌』で、「子羊は幸福の都市の衰退しない光である」と言うにとどめる[9]。その少し後、ドイツの司教オットー・フライジング（一一五八年没）〔一一一四頃－五八、歴史家、フライジング司教。フライジングはバイエルン州の都市、八世紀以降司教座の所在地だった〕は世界の歴史についての『年代記』を終えるにあたり、あの世のエルサレムは本当の石、黄金の敷かれた通り、真珠で飾られた門でできた、文字通りの都市とは言えないだろう、と断言する。説教師たちは、まさにこれらのイメージによって、素朴な人々を、見えるものから見えないものへと導こうと努めるのである[10]。

十二世紀の公教要理である『エルキダリウム』は次のように問う。「天国は身体的な場所であるか、もしそうならどこにあるのか」。答は「身体的な場所ではない。なぜなら、魂は身体的場所に住まないからである。そうではなく、天国は、永遠の知恵が起源のとき作った至福の人々の霊的住まいであり、それは知的天にある。至福の人々は、神と対面し、神のあるがままの姿を目にする」[11]。もっと後に、『キリストにならいて』は次の短い感嘆のことばを記すことになる。「天の都のこの上ない幸せよ」[12]と。

しかしながら、当時「象徴解釈的推論」——「見えるものから見えないものへ《ペル・ウィシビリア・インウィシビリア》——と呼ばれたものを、すなわち象徴的意味を保持させたまま、「ヨハネの黙示録」のまばゆいばかりの表現を改めて取り上げることは心そそるものであった。八世紀あるいは九世紀の『永遠の安息日の過ごし方』に次のようにある。

すべての者にとってのわれわれの母である、永遠にして高貴なエルサレムの都は天の王国で光り輝く［…］。都のたくさんの家は広大な城壁の内に包まれてある［…］。長老たちがアブラハムに従う［…］。そこには使徒たちの聖なる群れもいる［…］。殉教者たちの合唱隊がキリストに勝利の歌を歌う。殉教者たちは金の王冠をキリストの玉座の前に置く［…］。そこではすべての正しき王たち、首長たち、民、兵士の老いも若きも、主の名を称える［…］。この都市には手で作られた神殿はひとつもない。神ご自身が唯一ある神殿の子羊である[13]［…］。

ベネディクト会士フェカンのヨハネス（十一世紀）〔九九〇－一〇七八、イタリア出身、フランス・ノルマンディー地方フェカンのトリニテ修道院院長〕の瞑想的著作『神学的告白』は次のような天のエルサレムの美しい記述を含んでいる。

聖なるシオン、エルサレム、我が母よ、あなたは幸福だ、無限にそして永遠に幸福だ！ 何とあなたは美しく、何と優雅で、何と幸せだ。あなたはまったく美しい。穢れは一切ない。神に選ばれた都、永遠の創造主の手によって建てられた都よ、誰がその価値を計ることができよう、誰がその麗しき建物の装飾の美しさを表現できよう。そこには、形よく削られ、磨かれ、丁寧に整えられた宝石すべてが嵌め込まれた。だから、あなたの都では、槌音など聞こえることはない。城壁は輝く宝石で無数の変化をもって形作られている。門はこの上ないほど洗練された真珠が嵌め込まれている。広場はこの上なく純粋な金だ。数多くの住まいはサファイアの上にあり、金のタイルで覆われている。いかなる不純なる者も、いかなる悪に耽る者もそこに住むことはできない。なぜなら、邪なる者も邪な心もあなたのところで出会うことはないからだ。[14]

フェカンのヨハネスを継いで、無名の修道士の『エルサレムの栄光の聖歌』はこう称える。「神がその設計者たる、至聖の場所にある都［…］。この都はその基礎として、ただひとつの石しか持たない。それは生きた、際立って貴重な隅石［…］。［ああ、神の都よ、］その門は開き、この上ない美しい真珠で輝く」。次にこの韻文詩の作者は、再び、宝石でできた城壁と塔、黄金の舗石の広場について語る。[15] 十二世紀前半のこと、修道士モルレのベルナール〔クリュニーのベルナールとも。一一〇〇頃－四〇頃、ブルターニュのモルレ、ピレネーのモルラなど出生地については諸説ある。『この世を軽蔑することについて』という長詩で有名〕は現世蔑視を勧めてこう叫んだ。

シオン、黄金の都、乳香の祖国、住民によって称えられる都よ、
汝はすべての心を満たし、すべての人々の心と口を一杯にする［…］。
シオンの宮殿は歓喜の中にある。殉教者たちが住まうからだ、
その住民たちによって光り輝くのだ、［…］
白い衣をまとった純真なる人々の集まり[16]［…］。

さらに時代を下った——おそらく十三世紀初め——、ひとつの詩篇（これも作者不詳だが）では「かつて最初の人間が所有していた」花咲く園について語り、次に十二の門と城壁を語り、それらが人の手によって建てられたのではないとして、あの世の都を記述する。その語りは詳細で、切石ひとつひとつの宝石をあげ、また「これらの石の色は永遠の償いのために寄与した信者たちの命を意味している」[17]と述べる。十三世紀の別の詩篇は天のエルサレムを称えて、こう語る。

ああ、真の母よ、高き都よ、忠実な魂はあなたに憧れ、

天より降りる甘露の杯を味わう。
あなたの光は永遠の光。あなたの塔は貞節と装い。そして
あなたの城壁からなる要塞は快活な称賛の「雅歌」を歌う。
あなたの貴石は選び抜かれた貴石。金はあなたの美しさの微笑みです。
あなたの門の真珠はいかなる飾りをも上回る。
あなたの城壁の基礎は、宝石によってつねに新しく、
そして広場では、生命の木が次々と絶えることなく果実をもたらす。
ああ、幸福な木よ、あなたは、玉座に発し神の都をその流れで楽しませる
永遠の泉から水を得ているのです。[18]

さらに後のこと、ゾイゼは永遠の知恵によって「第九天の上方」に連れて来られると、永遠の知恵がこう言うのを耳にした。「見なさい。はるか彼方で、無上の喜びの都市が敷きつめられた黄金で輝いている。あの無上の喜びの都市は宝石で飾られた、水晶のように透明な高貴な真珠できらめいている［…］。おまえのまわりの、耳に心地よい生命の泉から湧き出る水を、心ゆくまで飲んでいる無数の人の群れをよく見なさい」[19]。

一四三一年、ユマニスト、ロレンツォ・ヴァッラ〔一四〇七－五七、イタリアの文献学者。『コンスタンティヌスの寄進状』（八世紀中頃。コンスタンティヌス一世が教皇領を寄進した証拠書類とされた）を偽書と断定した〕は『快楽について《デ・ヴォルプターテ》』の第二八章を「天の都の美しさと幸福」にあてる。「ヨハネの黙示録」の記述が解釈され、時には逐語訳されてさえいる。次の注解が続く。

非常に多くのまた高名な人たち、古代の人たちだけでなくわれわれが「個人的に」その思い出を持っている人たちが、進んで旅の長期にわたる厳しい労苦に従い、有名な素晴らしい都市を訪れ、住民の習俗や衣食のありようを知り、あるいは驚嘆すべき自然の景観、たとえば大洋の入口、［エヴィア島とギリシア本土のあいだの］エウリ

ポス海峡の潮流、エトナ山の火を見たのですから——それほど新しい異様な景色は見て楽しく、話に聞いて楽しいものです——〔天の都という〕かくも驚くべきそして思いがけない現実がわれわれの眼前に輝くとき、どんな喜びがわれわれの感覚を満たすのでしょう[20]！

あの世のエルサレムは何度も幻視の物語の中に姿を現す。時には、「ヨハネの黙示録」の記述との違いを伴い、連なる城壁と門を「パウロの黙示録」から引用するものもある。バロントゥスは、あの世を経巡るうちに、「天の祖国」の三つの門を次々と通って行く。三つ目の門はガラスでできているように見えて、その近くに、黄金のレンガでできた住まいの中に、冠を戴いた殉教者たちと数多くの司祭を見る。ウェンロックの修道士は、魂が穢れを洗い落とす河の向こうに、「輝く壁」を見る。「壁は眩しい光を放ち、驚くほどの長さと並外れた高さを持つ」。聖なる天使たちはウェンロックの修道士にこう語る。「あれは神聖にして高貴な都、天のエルサレムである。そこでは聖なる魂は永遠の幸福を味わうことになろう」。だから、魂と、魂が河を越えるや急いでそこに向かって行くこの栄光の都の壁は、あまりにも強い光と明るさで光り輝いているので、過剰な明るさで眼が眩んだ瞳は、面と向かって魂も壁も見ることができないほどだ」。

『トンダルの幻視』が天国らしき空間についての詳細な記述を含み、いくつものつながっている壁に言及していることはすでに触れた[21]。第一の壁は銀でできており、結婚の聖なる掟を守った夫婦たちの白い服を着た一群の住みかとなっている。第二の門は黄金であり、殉教者たちと処女《おとめ》たちが黄金の座、貴石の座に座っている場所へと続く入口になっている。そして明らかにこの壁の保護のもとに、修道士や修道女たちの貴い布で飾られた天幕があり、またつねに花と果実に覆われ無数の葉叢をたくわえた、教会を表す一本の木がある。そして最後に、途方もなく高く、美しく、光り輝く門がある。その門は黄金と十四種の貴石からなり、それを目にした者はただそれを「愛することしかできない」。壁の上からは言葉に表しがたいものが見える——「目が見もせず、耳が聞きもせず、人の心に思い浮かびもしなかったこと」（「コリントの信徒への手紙一」二章、九節）。すなわちそれは、神を愛し、そして天使から智天使まで〔平天使から最高位の天使まで〕の至福の霊の世界を愛する者たちのために、神により用意された報償である[22]。『黄金伝説』はもっと端的に、聖ヨサパトに「黄金の壁のある都市」を見させる[23]。

宮殿かそれとも教会か

天のエルサレムは、長い年月を経る中で、「ヨハネの黙示録」に影響を与えたエゼキエルの幻視による新しい寺院という表現と一致する、宮殿もしくは教会になることもしばしばある。二〇三年に殉死した助祭サトゥルスの幻視においてもその通りで、サトゥルスは、壁に囲まれた宮殿を取り巻く花咲く園へと連れられて行く[24]。四世紀には、豪華な宮殿に迎え入れられる魂というイメージがキリスト教徒に親しいものとなる。これと同系統の内容を持つ数多くある墓碑銘の中から三七四年のものをあげると、そこにはある魂についてこう語られている。「この魂は道を切り拓いて星々に至った。魂は今やキリストの宮殿に入ったことを喜びとする」[25]。六世紀、トゥールのグレゴリウスは修道士サルヴィのあの世への旅を語る。サルヴィは言う。「天の高い所へ昇って行きました。〔…〕私はとある建物の中に導かれました。そこの床は金銀のように輝き、光は言い表しがたく、広大さは言葉で述べることができないほどでした」[26]。

アングロ・サクソン人の修道士エゼヴウルフの詩は九世紀初めに作られたが、この詩もまた「聖なる魂」の受容と滞在の場としての建築物を表現する。エゼヴウルフとその案内人はある都市の高い城壁を越えると、「広大な明かりで光り輝く住まい」の中に至る。エルサレムの聖墳墓教会とアーヘンの皇帝礼拝堂の双方からイメージを得ているのだろう、その住まいは大理石だけからなり、八角形をしていて、外側が二重の柱廊で支えられている[27]。この幻視は、エリナン・ド・フロワモンの『年代録』に加えられた、一一四六年とされるギョームという子どもの幻視に近いと考えうる。ギョームと案内人は壁を越え、次いで十二の門のある円形の広大な家に連れて行かれる。その家では、選ばれた者たちが栄光のふたつの層に分かたれている[28]。『サーキルの幻視』――これも十二世紀の作品である〔実際は一二〇七年作。本書九四頁参照〕[29]――は、またも建物について強調する。すなわち、最後の審判のために魂が集められるサンタ・マリアのバシリカ、次いでモンジョワ〔歓喜の山〕教会、そこに選ばれた者たちが黄金の壁に開けられた貴石でできた門を通ってやって来る。巡礼の最終目標である教会はそれ自体黄金の寺院である。

天国のような建物は聖リドヴィナと聖ビルイッタが目にするものでもある。聖ビルイッタには、何回も、あの世での審判の場面に立ち会う機会が与えられる。その『天啓』にはこうある。「ある人〔ビルイッタ自身〕が夜を徹して祈り、眠らずにいるが、心の中に理解しがたいほどの大きさの宮殿を見ていた。宮殿には、無数の人々、白くて輝く衣服を着た人々がいて、ひとりひとりが自分の座を持っているように見えた。この宮殿にはとりわけ審判者のための、太陽のように目立つ椅子があった。ひとりの処女《おとめ》もまた、頭に冠を戴いて、その椅子のかたわらに立っていた。すべての人々は、椅子に座す人を「頌歌」と「雅歌」で称え、仕えていた」。ビルイッタは説明を耳にした。「あなたが見た宮殿は天の姿なのです」と。別の機会だったが、ビルイッタは自分の息子カールの審判に立ち会った。ビルイッタは語る。「私は大きな美しい宮殿に自分が運ばれたのを見た。宮殿にいる自分の姿を見た。そして、N・S・J・C〔我が主イエス・キリスト〕が審判者の座におり、無数の天使たちと聖人たちを従えて、それはさながら、頭に王冠を戴いた皇帝のようだった」。さらに、あの世の審判に列したビルイッタは、それはある王の審判だったが、こう語る。「それは玉座に座るひとりの審判者がいる家で、すべての天をまるでひとつの家にしたかのように見えた。家は審判者をそれぞれが口々に称える従者で一杯だった」[30]。

一四二〇年頃、ロレート・アプルティーノ〔イタリア南部アブルッツォ州ペスカーラ県にあるコムーネ〕で描かれた作者不詳の「最後の審判」〔サンタ・マリア・イン・ピアーノ教会〕について触れると、天国の庭が二層からなるルネッサンス風宮殿の前にある。この宮殿は、明らかに、天のエルサレムを表現している。というのも、入口に聖ペテロがいるからである[31]。ゴシック様式の三つの内陣とひとつの後陣を持つ、三階建てのバシリカ型建物、それはヒエロニムス・ボス〔一四六二頃－一五一六、オランダの画家。幻想的で怪異な作風が特徴。「快楽の園」「聖アントニウスの誘惑」〕が一五〇五年から一〇年までのあいだに描いた「最後の審判」の中で、選ばれた者たちの滞在場所として表現したものでもある。われわれはこの作品を、アントワープの版画家であり版画編集者であったヒエロニムス・コック〔一五一八－七〇〕の、さらに年代の下った素描〔版画「楽園」を指す〕によって部分的に知るのみである[32]。

幻視者たちや画家たちが教会の形で天のエルサレムを見たというのは根拠がない話ではない。教会そのものは信徒の普遍的集合の形象であった。大文字で始まる「教会」は、地上にあってなお「戦う教会」〔地上の信者を指す〕であるが、いつの日か永遠の「勝利の教会」〔天の聖人たちを指す〕になるはずのものであった。すでにオリゲネスは栄光の「王」の都である最終的なエルサレムを、その精神的次元において教会と同一視した[33]。カイサレアのエウセビオス〔二六〇頃－三三九頃、教会史家、ギリシア教父〕[34]、続いて聖アンブロシウスがこの等式を確認した。聖アンブロシウスはこう明言した。「すべての人々の母なる女性がいる、霊的な家がある、永遠に生きる都がある。なぜなら、この都は死を知ることがないからである。この都は、事実、地上で見られるエルサレムだが、このエルサレムはいつかエリアの上の方に上げられるだろう〔…〕。〔天の〕エルサレムはすでに栄光に包まれ、神聖で、原罪の穢れなき、皺のない女性として〔「エフェソスの信徒への手紙」五章、二七節〕、キリストに愛される[35]」。

地上の教会は天のエルサレムの先取りである。これが、「教会の女王《レギーナ・エクレシア》」に捧げられた『悦楽の園《ホルトゥス・デリキアルム》』に収められた八二番の図の意味である。その構図最上部には、長槍と矢を持つ黒い天使たちが、剣で武装した天使たちと戦っている。この戦いは、「戦う教会」が悪の軍勢と地上において、さらに最後の時まで、繰り広げるであろう戦いを象徴している。だがこの図の残りすべてを、大きく描かれた教会が占めている。教会は、銃眼を持ち、屋根が丸天上に続く形の、石でできた二層の強大な建物である。この城砦化された建物は、信徒たちがすでに天のエルサレムにいるかのような、安全な避難所である。ただし、下の層に集められた「従者たち《スブジェクティ》」が、教会の上の層を占める「教える教会」〔教皇と司教を指す〕の代表者たちの「忠実な」弟子であることが条件になる。

このような同一化は建物としての教会と天のエルサレムの関係を明らかにする。コンスタンティヌス時代に建造されたエルサレムの聖墳墓教会のバシリカ、ローマのサン・ピエトロ大聖堂のバシリカ、コンスタンティノープルの聖使徒教会、アンタキア〔ギリシア語でアンティオケイア、トルコ南部、ハテー州の州都〕[36]のロトンド教会〔ロトンドは円形またはそれに近い多角形プランの建築を指す〕はいずれも、天のエルサレムのイメージあるいは象徴として構想された。古いサン・ピエトロ大聖堂の正面部を伝える十一世紀の素描は、その正面部の頂上に神秘の子羊を形象化したものがあったこと、そして子羊の下方に四つの「生きもの」と二十四の人物の姿があったことを明らかにする。この場合、天の都の喚起は「ヨハネの黙示録」によって語られる立方形の建物よりむしろ聖墳墓教会の丸天井にしばしば準拠していたのだ。一方で、コルヴァイ・アン・デア・ヴェーザー〔ドイツ北部ヴェーザー河西岸、現ヘクスター〕とサン・ブノワ・シュール・ロワール〔フランス・ロワレ県のロワール河流域の村。オルレアンから約三十二キロ〕の「ポーチのある教会」（それぞれ九世紀と十一世紀）が、正方形プラン〔長方形平面であるバシリカ式に対し、円、正多角形などの平面構成を持つのが集中式プランで、正方形プランはそのひとつ〕で三つの開口部が各辺にあることは偶然ではない。また、修道院が四角形のクロイスター〔方形の中庭を囲む列柱廊〕を持つことも偶然ではない。それらは、パトモスの幻視者ヨハネによって捉えられた天のエルサレムの平面図を想わせたのである。

いくつもの大きな教会が、都市を表現する円形または八角形の大型シャンデリアを備えるようになったのも、同じく「ヨハネの黙示録」に準拠したからだ。知られているものでもっとも古いシャンデリアは、司教ヘツィロンが、一〇五四年から七九年までのあいだに、ザクセンのヒルデスハイム大聖堂のために作らせたものである。このシャンデリアは十二の門のある城壁を描き、城壁の塔はまるで灯台のようで、全体としては永遠のエルサレムを表現している。このシャンデリアの他の有名なシャンデリアもこれに似ていて、アーヘン大聖堂とグロス・コムブルク教会（シュヴェービッシュ・ハル近くの）〔シュヴェービッシュ・ハルはドイツ中南部の都市。シュトゥットガルトから北東六十キロ〕では、八角形の建物の中に吊り下げられていた。[37]

クリュニー修道院付属教会の壮大な復元は、一〇八八年からスミュールのフーゴー〔一〇二四―一一〇九、同修道院第六代修道院長〕によって開始されたが、今度は終末論的意味合いで理解されなければならない。この教会は長さ百八十メールあり、中世のキリスト教圏でもっとも大きなものであった。ふたつの交叉廊、五つの身廊、何百もの柱と窓、百二十五席ある内陣、そして十七の小後陣に飾られた「天使の廻廊」と呼ばれる半円状の壮麗な廻廊があった。[38] この聖なる建築は、最後の審判の後にくる教会のイメージとして、そして先取りとして現れるはずであった。クリュニーに隠遁したフーゴーの前任者〔オディロン・メルクールのこと〕は、聖ヨハネが夢に現れて新しい建物の寸法を「ヨハネの黙示録」の天使のやり方で測るのを見ていた。天のエルサレムへの思いは、シュジェルがサン・ドニのバシリカを再建する際にヒントを与えた。シュジェルは新しいバシリカで光に大きなスペースを与えることを決意し、総体として、聖書の神秘的解釈により、信徒が、黄金、ステンドグラスの光、宝石の輝き、そして教会の建築的調和から永遠の都の不滅の華麗さへ移動するよう図ったのである。
中世の大聖堂は多くの場合、天の都の形象として構想、理解され、天の都の諸要素を取り込んだ。こうしてシャルトル大聖堂（一二三〇年頃）〔シャルトルはパリ南西部の都市〕の南面のバラ窓は、その中心に主が座す玉座、封印された書物、そして「ヨハネの黙示録」のより多くの（七つの）シャンデリアを想起させるふたつのシャンデリアを見せることになる。二十四人の長老がその場面を囲む。ここで、「教会に捧げる賛歌」（六世紀あるいは八世紀）との比較が必要になる。この歌は次のような意味深い詩句で始まる。

エルサレム、天の都、
幸いなる平和の姿、
生きた石で作られ、
あなたは天空にまで昇る、
無数の天使たちを供にする
花嫁のように。
宝石で炎と輝く
あなたの門は大きく開け放たれている…

したがって、ゴシック時代に、またシュジェルにならい、ステンドグラス、貴重な聖遺物箱や金銀細工が聖堂内に増え、パトモスの幻視者ヨハネが見た「神の栄光ゆえに輝く」（「ヨハネの黙示録」二一章、一一節）ところの「聖なる都」を喚起したのは「ヨハネの黙示録」に依拠してのことであった。さらにまた、多くのゴシック式教会で、城壁の諸要素を表す天蓋が聖人像の上に設置されたのも「ヨハネの黙示録」の記憶によるものであった。つまり、聖人たちはすでに永遠の都の壁に護られているということを意味していた。

教会があの世の都を表現するということのもっとも説得力ある例のひとつは、ロヒール・ファン・デル・ウェイデン〔一三九九／一四〇〇－六四、初期フランドル派の画家〕が描く「七つの秘蹟」の祭壇画によって与えられた。この祭壇画は、一四五三年頃トゥルネの司教のために描かれ、現在はアントワープ王立美術館に所蔵されている。その中央パネルは、仕切り壁のあるゴシック風の美しい身廊の中で、死せるキリスト、聖女たち、聖ヨハネを見下ろす大きな十字架を描いている。側廊では洗礼と終油の儀が行われている。イエスの犠牲のおかげで救済の奇蹟が与えられるこの宗教的建物は、救われた人間が永遠の安全を知ることになる聖なる空間を意味する。[39]

天のエルサレムのイメージを地上の教会の中に書き写すという意志はルネッサンスのイタリアで生き続けた。そのことを証明するのが、ブラマンテ〔ドナード。一四四四－一五一四、イタリア、盛期ルネッサンスの最初の建築家〕のチームによって企図された新しいサン・ピエトロ大聖堂のバシリカを保存するデッサンである。正方形プランの広大な教会があり、それぞれの辺に三つの開口部と角に四つのカンパニーレ〔教会横の鐘楼〕が予定されていた。「われわれの「戦う教会」に「勝利の教会」の確実なイメージと確かな象徴を与える」と当時のある資料が明言している。

芸術における天のエルサレム

これらの例が示すように、天のエルサレムは多様な図像学的置換を生み出した。いくつかの作品は、選ばれた者たちが天の都に迎え入れられるその門を描くことで満足した。フィレンツェのサンタ・マリア・ノヴェッラ教会のスペイン人礼拝堂に採用された全体的な構想がそれである。白い衣を着た魂は、聖ペテロとふたりの天使に迎えられている。天使は魂に冠をかぶせている。バラ色の大理石の門の反対側では聖人たちが新しい来訪者たちの方を向いている。

永遠の都の門で迎え入れるというテーマは十五世紀にもてはやされることになる。ゴシック風の門を画家たちは細工の細かいペディメント〔古代ギリシア・ローマ建築の切妻壁〕、クロシュトン〔小尖塔。教会の控え壁や小塔などの頂部に置かれる四角錘や八角錐の鐘楼形の建築装飾〕、ピナクル〔小尖塔。ゴシック建築に用いられ、またそれを特色づけている塔状装飾。建築の垂直性を強調する要素〕や他の装飾物で飾ったり、さらには過重に付け加えたりすることに喜びを見出すことになろ

メムリンクの作品では、選ばれた者たち（左）は地獄に堕ちる者たち（右）同様裸体で表現されている。ハンス・メムリンク「最後の審判」祭壇画、1473年以前、グダニスク、ポーランド国立美術館。訳者追加図版

う。ファン・デル・ウェイデン（フランス、ボーヌ施療院）〔本書三一六頁図版〕、ロホナー〔シュテファン。一四〇〇－五一、ゴシック後期のドイツの画家〕（ケルン、ヴァルラフ・リヒャルツ美術館）、そしてメムリンク〔ハンス。一四三〇／四〇－九四、ドイツ生まれのフランドル派の画家。ブリュージュで活動〕（グダニスク、ポーランド国立美術館）の「最後の審判」のように。メムリンクの作品では、衣服を脱いだ選ばれた者たちが水晶の階段の下に集められている。階段はピナクル、ニッチ〔壁龕《へきがん》〕、彫像で豊かに飾られた教会の正面扉に続いている。多彩な翼のある天使たちがこの光景を見ようと小塔にひしめいている。階段では、黄金の斑のある赤いダルマティカ〔初期キリスト教徒の男女に着用された貫頭衣式の衣服。中世初期の西ヨーロッパに継承され聖職者の祭服となる〕を着たひとりの天使が至福の人々――婚礼着を着せられている〔着せられる前に、か〕――をとてつもない大きさの聖ペテロの方へと導いて行く。

しかし、四世紀から十六世紀まで、キリスト教画家たちは天のエルサレムを変貌した都市全体として表現することも好んだ。まずローマの伝統に従い、そして皇帝の建築からヒントを得た。ローマのサンタ・プデンツィアーナ教会〔聖プデンツィアーナは聖プラッセーデの妹、十六歳で殉教〕後陣のモザイク（四世紀末あるいは五世紀初頭）はこの点について雄弁である。中央に、帝政期図像表現から引き継い

だ様式の、キリスト＝王として表される贖い主が円を形作る使徒たちに囲まれている。使徒たちの後方に、ふたりの女性像があり、ペテロとパウロに戴冠しているが、これは同時にユダヤ人と異教徒で構成される教会を象徴する。キリストの足元には子羊がいたが、一五八九年の改修の際に消えてしまった。場面は曲線状のポルチコ〔柱廊〕で閉じられる。その柱廊の後方に都市の建物が望める。円形の建物、八角形の構造物、そして正方形や長方形の建物などがあり、おそらくそれらを理想化することを通じて同時に当時のエルサレムの宗教建築物を表していたのだろう。建物群は黄金の屋根を持ち、大理石でできている。丘の上の贖い主の後ろに、宝石類で飾られ、四人の福音書記者の象徴によって囲まれた大きな十字架が立っている。

サンタ・マリア・マッジョレ大聖堂のバシリカに見られる五世紀の制作（ということは、同大聖堂の「マリアの戴冠」を表すモザイクよりずっと前ということになるが、そのことは後述する〔本書二二四頁参照〕）とされるモザイクのうち、後陣の凱旋門の上にある、その名も「エルサレム」と書かれた都市の様式化された表現に注目してみよう。高い城壁と黄金と貴石でできた塔が、ひしめき合うように並ぶ建物を囲んでいる。門には、六匹の羊が使徒たちを象徴し、入城のための準備をしている。やはりローマにおいてだが、サンタ・プラッセーデ教会の凱旋門のモザイク（九世紀）が想起するのも天のエルサレムである。その城壁と塔は、またしても黄金と貴石でできているが、楕円形の囲まれた空間の境界を示している。その中に、エレミヤ〔前七世紀中頃‐前六世紀初頭、ユダ王国時代の預言者〕とモーセ、マリアと洗礼者聖ヨハネ、聖プラッセーデ〔ラテン語でプラクセデス。二世紀頃、ローマで迫害されていたキリスト教徒を保護し、殉教者を手厚く葬った〕、そして十二人の使徒に囲まれたキリストの姿が見える。門の前後で、天使たちが選ばれた者たちを永遠の幸福の都に入れる準備をしている。下の方に、ゆったりとした白い長衣《トーガ》〔古代ローマの縫い目のない成人服〕を身にまとった「ヨハネの黙示録」の二十四人の長老が、キリストに天国の至福を与えている。

いくつもの教会において、画家たちがエルサレムだけでなくベツレヘムも象徴的に表現したことに驚くことはないであろう。ローマのサンタ・マリア・マッジョレ大聖堂、サンティ・コスマ・エ・ダミアーノ教会、あるいはラヴェンナのサン・ヴィターレ教会、サン・タポリナーレ・イン・クラッセ教会〔ラヴェンナの隣町クラッセにある教会。アポリナーレはラヴェンナの守護聖人アポリナリスのこと〕などがそうである。これは明らかに同一のテーマの重複であった。イエス誕生の地ベツレヘムもまた「永遠の幸福の都」

の先取りとなったのである。

その後、天の都市は西欧において素晴らしい図像学的成果を収める運命にあった。この都市は八二七年以前に描かれたライン地方の細密画であるソアソン〔ガロ・ロマン期からあるフランス北部の都市。ソアソンの戦いの地、フランク王国の首都となり、王の墓所サン・メダール修道院が付近にある〕の『サン・メダール修道院の福音書抄録』（フランス国立図書館）の中に見られる。畳まれた赤いタピスリーは都市部の景観を示す大きな断片を見せている。上部で、二十四人の長老が聖なる子羊を崇めている。[40] サントメールのランベール〔一〇六一－一一二五、説教家、編纂者〕の『花の書《リベール・フロリドゥス》』（ベルギー、ゲント大学図書館）という一二〇〇年頃の写本に、「天のエルサレム」が一頁全面に描かれている。[41] ここでは、円形の囲い城壁の中に都市があり、城壁から使徒の名前と結びつく十二の塔が立つ。城壁の基礎部分は「ヨハネの黙示録」にあるように貴石で飾られている。[42]

十二世紀から、都市部の発展と都市への賛美が西欧と中欧で起こった。この時代を示すもの、それは、十三世紀の新しい修道会——とりわけドミニコ会とフランシスコ会——が都市を拠点として布教と教育を発展させたことであった。天国についての言説と、とくに天国に関わる図像はこうした文明の方向性を当然のことながら反映した。フランシスコ会士ヴェローナのジャコミーノ〔十三世紀後半のヴェローナ出身の詩人〕[43] は、十三世紀末に天のエルサレムについて一篇の詩を作り、通りと広場だけでなく家についても記述した。

聖書は、文と語で言う。
そこにある家と宮殿は
かくも貴重で素晴らしい作品であるので
天の下にいる誰ひとりとしてそれを言い表すことはできない。
なぜなら、石の塊は素晴らしい大理石で
ガラスのように透明で、白貂《シロテン》より白い。
中も外も、寝室や煙突は

ラピス・ラズリと異国の黄金で塗られている。
円柱と門は黄金より
価値のある、水晶よりも澄んだ金属でできている。[44]

カマルドリ会〔一〇一二年に聖ロムアルドゥスが創設した修道会。ベネディクト会の一会派〕の第三会員ゲラルデスカ（一二一〇－六九年）〔ピサで隠遁生活を送った〕は天の都市の幻視を得た。それを匿名の作者が今日まで伝え、また『聖者伝《アクタ・サンクトルム》』の中に印刷された。聖なる都市はゲラルデスカには広大な領域の中心にあると思われた。その都市の黄金と貴石でできた通りを見た。また、やはり黄金でできた、見事な花をつけた木々の並木道を見た。都市のまわりに七つの優雅な城が急峻な岩の上に立っていたが、岩も建物も貴石でできている。天の宮廷は普段は都の中にあるが、年に三回これらの七つの城を訪れるために移動した。明らかにゲラルデスカは、天国を夢見ながら、その心にあったのは当時のイタリアの諸都市であり、そこは農村部の城砦によって見守られた「領土《コンタード》」〔中世イタリアで都市の支配権に服した周辺農村領域〕を支配する安全な場所だった。[45]

天のエルサレムの想起は、この時期、キリスト教西欧の図像の中で、ますます頻出するようになった。チヴァーテ（ロンバルディア）〔イタリア、レッコ県のコムーネ。ミラノから北東約四十五キロ〕の修道院付属教会に十二世紀のフレスコ画があり、ひとつひとつに宝石の名がつけられた十二の門を持つ、長方形の城壁に囲まれた天の都を表現している。中央に、足元にいる子羊とともにキリストが天球の上に座っている。その下を清澄な水が流れている。一三七三年に発注された、かの有名なアンジェ城の「ヨハネの黙示録」は、ふたつのタピスリーを新しいエルサレムにあてているが、それは「ヨハネの黙示録」二一章にある通りの順番に従っている。一番目のタピスリー〔次頁図版〕は、青い背景の中に、都市の門、要塞、教会とともに都市全体を示す。二番目のタピスリーでは、天使がパトモスの幻視者ヨハネに対し、「神のもとを離れ、天から降りて来るエルサレムの聖なる都」を見せている。タピスリーはここでは天使の右側に、都の一部しか明らかにしていない。城壁と塔、狭間と石落とし、そして積み重なった記念建築物が赤い背景から浮かんでいる。かなり多く使われている黄色は、この類例のない都の装飾における黄金の重要性を意味する。[46]

芸術家はここで「黙示録」の第21章を描いた。「私は聖なる国が天から降りて来るのを見た。神に由来する新しいエルサレムである」。「ヨハネの黙示録」14世紀末、タピスリー80の作品6、フランス、アンジェ城。Ph. Caroline Rose ©CNMHS.

アンジェのタピスリーの制作者が、「ヨハネの黙示録」二一章に断言されている聖なる都市の正方形の形状について意識していたかどうかはわからない。だが、彩色挿絵のあるフランドルのもっとも古い「ヨハネの黙示録」の写本（一四〇〇年頃。フランス国立図書館に保存されている）を見れば、疑う余地はまったくない。この写本で、天のエルサレムは、角に四つの塔と十二の門を持つ四辺形によって表されている。天使がひとりずつ門の前にいて、十字架の幟《オリフラム》のかたわらの、子羊のいる内側の方を眺めている。上方に、星のきらめく青空から浮き出た主が、片手で祝福を与え、もうひとつの手で天球を持っている。下方では、三人の王とひとりの皇帝、当時流行の衣服を着ている四人が、杯、聖体器、そしてひとつの聖遺物を持ってやって来る。[47]

「ベリー公のいとも豪華なる時禱書」（〔ジャン・ド・ベリー（ベリー公ジャン一世。一三四〇－一四一六、フランス国王ジャン二世の第三子）がランブール兄弟（フランドルの装飾写本画家の三兄弟）に作らせた装飾写本。本書一九九頁図版〕一四一六年以前。シャンティイ、コンデ美術館）でパトモスの聖ヨハネを描く細密画が想起させるものも、要塞化された、四辺形に囲まれた都である。細密画家はここで「ヨハネの黙示録」の四章と二一章を組み合わせた。聖ヨハネは自分が流された島からトランペットの響きを耳にし、イエスの姿を見る。イエスは玉座にいて、教会内陣の聖職者席にいるかのように座る二十四人の長老に囲まれている。下方に、ヨハネとは海によって隔てられた、天のエルサレムが水平線に昇って来る。正方形を描く城壁は、すらりとしたゴシック様式の建物を囲んでいる。[48]

天のエルサレムと都市の発展

サンタ・プデンツィアーナ教会のモザイク画家たちがその時代のローマ帝国記念建築物から創意を得て、永遠の都を象徴したのと同じく、十五世紀の画家たちも同じくゴシック・フランボワイヤン様式〔フランス後期ゴシックによく見られる火焔のような模様の華やかな装飾スタイル〕の洗練された建築群を天国のエルサレムに移し換えた。デューラーが「ヨハネの黙示録」――この作品がデューラーを一躍有名にした――を飾るために制作した十四点の木版画（一四九八年）の最後のものは、打ち負かされた悪魔が恐ろしい怪物となって狭い井戸の中に入って行く姿を表している。他方、ひとりの天使が聖ヨハネに指で永遠の喜びの都を示す。実際、都はニュルンベルクの複製ではないにしても、少なくとも当時のドイツの都市であり、門、要塞化された塔、ほっそりとした鐘楼、そして小塔のある城壁によって中心部につながれる城外が描かれている。ひとりの天使が主たる入口を監視している。それから数年後、一五二六年から三〇年頃、ドゥーエ〔フランス北部の都市〕の画家ジャン・ベルガンブ〔一四七〇－一五三四〕が「最後の審

打ち負かされた悪魔が恐ろしい怪物となって狭い井戸の中に入って行く。その上の方では、ひとりの天使が聖ヨハネに指で永遠の喜びの都を示す。デューラー「ヨハネの黙示録」全14点中14番目（最後）の木版画、1498年。訳者追加図版

判」を描いた。[49] そのうちのひとつのパネルは、おきまりの、選ばれた者たちの天国への入場を示している。天国はロトンド〔丸屋根のある円形の建物〕形の広大な建物で、上層階が装飾されている。イタリア・ルネッサンスの影響が明らかにこれらの建築物に示唆を与えている。

ここで、天のエルサレムの象徴的イメージとされた諸都市についてひと言付け加えておく必要がある。ブレーシア〔イタリア北部、ロンバルディア州ブレーシア県の県都、十一世紀に自由都市となる〕起源のある記録文書は、ブレーシアの住民たちは自分たちの都の中に、天のエルサレムの象徴があると見ていて、住民たちは「都市というものは天国の姿にならって作られている」とごく普通に考えていた、とわれわれに教えていることだ。[50]『神の国』の十五世紀の写本を飾る細密画は、[51] 聖アウグスティヌスが自作を執筆している姿を描いている。聖アウグスティヌスはあの世の都の表徴の下にいるのだが、その都はニコラウス五世〔教皇在位一四四七－五五〕時代のローマである。同じく、ボッティチェリによって描かれた「キリスト磔刑図」はケンブリッジ（アメリカ、マサチューセッツ州）のフォッグ・アート美術館に所蔵されているが、この絵は十字架のイエスの右に新しいエルサレムとしてサヴォナローラ〔ジロラモ。一四五二－九八、宗教改革者、フィレンツェの指導者。焚刑に処された〕のフィレンツェを出現させる。このふたつの例において、キリスト教護教の意図は、前者ではローマ、後者ではフィレンツェが、未来の永遠の都に近づいた姿だということを意味させたかったところにあるのがわかる。[52] もっと昔、ストラスブールでは、自らの都を天のエルサレムとして表現するために、その印璽を作らせたことがあった。[53]

十五世紀と十六世紀初め、フランドルとドイツの美術作品には都市名のわかる絵がいくつも見られる。詳細に描かれたそれらの都市の多くは聖人や聖母マリアの背景にその姿を現している。目的は、その場面が永遠の都と同じ景観の中に置かれていることを示すことにある。匿名の画家による「聖女ルキアの伝説」（アメリカ、デトロイト美術館）によって与えられる例はその典型例である。幼子イエスを抱くマリアが、豪華に着飾った四人の美しい娘たちに囲まれている。娘たちの後方に、バラの花で一杯の素晴らしい庭園が見える。その上部に川が流れ、その岸にブリュージュの都市が、ここでは永遠のエルサレムの明白な象徴として花開いている。[54]

時代の流れの中で、画家たちはこのようにごく自然に、その時代の都市のシルエットがもたらす要素を用いたり、あるいは再構成したりして、天の都を想像した。この指摘は「神秘の子羊」の多翼祭壇画〔ゲントの祭壇画〕によっても否定されることはない。事実、ここでも都市の景観は、子羊の祭壇のまわりに集う、あるいはそこに向かって行進する選ばれた者たちの後方の背景として現れている。そしてまた、祭壇画が閉じられると、受胎告知がなされると想像される室内から、ある都市の家々が見えており、その場面の彼方の背景にも都市の景観が現れる。フレマールの画家〔ロベール・カンパン。一三七五／七九－一四四四、初期ネーデルラントにおいてファン・エイク兄弟やファン・デル・ウェイデンに先行する革新的画家。油絵による写実的表現の創始者〕やファン・デル・ウェイデン、あるいは「聖女ルキアの伝説」の画家のように、ゲントの祭壇画の作者は聖なる歴史に鐘楼と塔、教会と家を結び合わせ、そのことに喜びを感じたのである。そして、作者のひとり、ヤン・ファン・エイクの「宰相ニコラ・ロランの聖母子」（ルーヴル美術館）もまた、神聖なるものと世俗なるものとの意図的な相互浸透の証左である〔この作品はニコラ・ロラン（一三七六－一四六二、ブルゴーニュ公国宰相）が注文し、オータン大聖堂に寄贈したとされる〕。天使が壮麗な王冠《ディアデム》をその頭に置こうとするマリアと、マリアの前にひざまずく宰相のあいだに、アーチ状の開口部が広大なパノラマを見せている。大きな川がひとつの都市をふたつの部分に分けている。奥に山々が望まれる。当時のフランドルの画家たちにおなじみであるように、都市や農村の細部が綿密に描かれている。それは宝石、人物の衣服、植物についても同様である。

ヤンは神聖なるものと世俗なるものとの意図的な相互浸透を表現する。マリアの前にひざまずく宰相のあいだに、アーチ状の開口部が広大なパノラマを見せていて、当時のフランドルの画家たちにおなじみであるように、都市や農村の細部が綿密に描かれている。ヤン・ファン・エイク「宰相ニコラ・ロランの聖母子」1435年頃、パリ、ルーヴル美術館。訳者追加図版

ゲントの祭壇画についていえば、その天国の草原を地平線上で画している建物が実際どの建物を指すかを確認する試みがなされたことがある。処女《おとめ》たちの集団の左側にあるゴシック様式

の塔はブリュージュのノートル・ダム教会の塔であるかもしれない。すぐ近くの建物はケルン大聖堂の未完成の内陣であろう。そして、もっとも右側にあるのはマインツ〔ドイツ西部の都市。十三世紀に都市特権を得た〕の丸屋根。子羊の上方にあるのは、ユトレヒト近くのアメルスフールトの鐘楼だと信じられたが、放射線による検査の結果、それは十六世紀の付け加えだとわかった。いや、画家は、地上の建物を用いつつ、だが、ほっそりとした構造物と円形の建物、ロマネスク様式、ゴシック様式、ビザンチン様式の建物群を結び合わせる隠喩的再構成によって、永遠のエルサレムを暗示させようと意識したのだと仮定してみる方がいい。証聖者たちの右側の丸天上あるいは八角堂は、もしかしたら、当時西欧で考えられていたようなエルサレムの聖墳墓教会を、空想によるイメージから表現しようとしたのではないだろうか。

しかしながら、もしこの祭壇画を拡大鏡で見ることをしなければ、目に飛び込んでくるのは天のエルサレムの建物群ではなく、子羊の祭壇と生命の泉を中心とした天国の草原である。反対に、マトライの聖ニコラウス教会（オーストリア、東チロル地方）のフレスコ画は、上層の内陣では要塞化された城壁、使徒たちが乗る十二の門を、また下層の内部では地上の楽園の四つの大河を表現している。同じ意匠は、これも十三世紀のケルンテン〔オーストリア南部の州〕の古いグルク大聖堂のフレスコ画にあり、教訓的描写に満ちている。一方にアダムとイヴが追放された地上の楽園、他方に、キリストの贖いによって選ばれた者たちに開かれた天のエルサレムがある。同じ構図が、ボルドー大聖堂の美しいルネッサンス様式の大理石パネルに見られる。墓から抜け出したキリストは、力強い天使によって天空へと連れ去られる。その左側に地上の楽園に植えられた善悪の木が描かれている。右側、雲の上方に、天のエルサレムの正方形のシルエットが見えている。これは、起源の祝福された園から始まり、選ばれた者たちのために与えられた聖なる都へと至る、救済の道程である。

第八章　あの世に移された地上の楽園

ユダヤ教の伝統からキリスト教の天国へ

ゲントの多翼祭壇画は、前章の最後に引用した作品群と同じく、受胎告知をあいだにして、われわれの最初の親から幸福な永遠への入場という道程を描いている。だがこの祭壇画は天国の原に並外れた場所を与えている。「ヨハネの黙示録」（二二章、一－二節）は子羊の玉座から湧き出す大河、十二回の収穫をもたらす生命の木については簡潔に触れるだけである。しかしながら、ユダヤ教とキリスト教古代にまでさかのぼる伝統は、時代を経るうちに、庭と喜びとのあいだにほとんど構造的な関係を打ち出した。

この伝統をよく示すのがすでに引いたフランシスコ会士ヴェローナのジャコミーノによる天の都の詩である。ジャコミーノは、永遠のエルサレムの内部を賑わせ美しくする川の流れ、素晴らしい植物、鳥たちについて「ヨハネの黙示録」よりずっと多く強調する。

都の中を流れる川と泉は
銀や溶けた金よりも美しい。

それを飲んだ者はけっして死ぬことも
喉の渇きもないことを確かなことと思いなさい。
さらに中央を美しい川が流れ、
それは広々とした緑、
木々とユリの花、その他の美しい花々、
強い芳香を放つバラやスミレに囲まれている。
波は輝く太陽よりも澄みわたり、
上質の金と銀の真珠を運んで行く。
そして、いつも、天空に位置する
星々に似ているより多くの宝石をつねに運んで行く。
星のひとつひとつにはこの上ない徳があり、
その結果、老人を青春にもどらせ、
星との出会いは墓石の下に千年も眠っていた人を
生きた壮健な人として起き上がらせる。
さらには、木々の実と草原の実が
川の岸部にあって、
それを食べるだけで、病人は治る。
実の味は蜜よりも、ほかの何よりも甘美である。
こうした甘美な実をつける木々の
葉や幹は黄金と銀からできている。
どれも一年に十二回花をつけ、

葉を失うことも乾くこともけっしてない。
そして、それぞれの木が芳香を放ち
その香りは百里以上遠くでもわかるほど。
したがって都全体は、中も外も、
シナモンとミントで満たされているようだ。
雲雀《ひばり》、鶯《うぐいす》、その他の美しい鳥たちは
灌木の上で昼も夜も歌い、
ヴィオル〔ヴァイオリンの前身〕、ロタ〔三角形の撥弦楽器。歌の伴奏に用いられた〕、シャリュモー〔クラリネットの前身〕が奏でるよりも
もっと正確な美しい歌を聴かせる。
あの高い場所では、茂みも果樹園もつねに緑で、
その中で気高い騎士たちが楽しみ、
騎士たちには不満も心配もない。
ただ天の創造主を称える心遣いを除いては。[1]

このような素晴らしい庭園を、あの世への多くの旅行者たちが天国への旅程の最中で、あるいは天国の中で、目にした。喜びの同義語であるこうした緑の牧草地は長い歴史を持っており、幻視の物語の中の「心地よい場所《ロクス・アモエヌス》」への言及を説明する。その起源には、もちろん、「創世記」の「エデンの園」（二章、八－九節）がある。次いで、聖書に長く関わる伝統が幸福と自然とを結びつけた。旧約聖書「詩篇」（二二章、一－三節）はダビデにこう言わせる。「主は私の羊飼い、私には何も欠けることがない。主は私を新鮮な青草の原に休ませる。憩いの水のほとりに私を連れて行き、私を生き返らせる」。同じく旧約聖書「雅歌」（四章、一二－一三節）では、婚約者が恋人を「園」や「天国」と呼ぶ。合唱〔実は乙女たちの歌〕が「あなたの恋人はどこへ行ってしまったのか」（六章、一節）と尋ねると、乙女は答える。「私

の恋しい人は園に、香り草の花床に下りて行きました。園で群れを飼い、ユリの花を摘むために」（六章、二節）。

エゼキエルのある預言はバビロンに捕囚とされたユダヤ人に告げている。神殿は再建され、そこから流れが出て、「川のほとり、その岸の両側に、あらゆる果樹が生えるであろう。その葉は枯れず、果実は絶えることがないであろう。木々は月ごとに実をつけるであろう。なぜなら水が聖所から流れ出るからである。その果実は食用となり、葉は薬用となるであろう」（「エゼキエル書」四七章、一二節）。他の預言もさらにヘブライ人に対して平和な未来を保証する。「園を耕し、実を食べるであろう」（「アモス書」九章、一四節）、「ユダヤの人々はユリのように花咲くであろう」（「ホセア書」一四章、六節）、「もろもろの丘には乳が流れるであろう」（「ヨエル書」四章、一節）、「茨に代わってイトスギが、イラクサに代わって銀梅花が生えるであろう」（「イザヤ書」五五章、一三節）。

ユダヤ教のメシア思想の伝統によると、人間は、最後の時にエデンの園にもどるとされており、「エノクの第一の書」（紀元前一世紀にその構成要素が集められた）は預言する。「そのとき、大地は地上の楽園の恵みで一杯になるであろう。大地のすべての木が喜ぶであろう。人々はブドウの木を植え、植えられた木は何千という瓶ほどのワインをもたらすであろう[2]」。「ヨハネの黙示録」が二二章、二節で、天の都の中心に河の支流がふたつあり、命の木が十二回の実をもたらすと慎ましく語るとき、それは上に述べた農夫たちの夢なのである。

キリスト教の時代の初めの数世紀のあいだ、祝福された自然における幸福についての言及はほとんどの場合、アダムとイヴにより失われた楽園か、あるいは、復活を待つ正しい人たちの住む新しいエデンの園を指していた。当時のもっとも進んだ天国の概念によれば、天国は「正しい人たちの魂が終末の復活を待つ場所を指す[3]」。幸福の園、すなわち原初の幸福な大地が、選ばれた者たちの待機の場所となり、人々はすでに憩いと平和のうちにある。このようなキリスト教の想起は、かなり早い時期からギリシア・ローマの宗教的、詩的伝統から借りた要素で豊かなものになっていた。その黄金時代、エリュシオンの園〔ギリシア神話で、神々に愛された英雄などが死後に送られた楽園〕、幸福の島〔カナリア諸島の古名〕、そして花で彩られた平野と果実で一杯の木々のある、新たな信者に約束されたオルフェウス教〔オルフェウスを伝説上の創始者とする古代ギリシアの密議的宗教〕の天国といったテーマは、このようにして、起源の果樹園のテーマに融合した[4]。「異教徒とキリスト教徒の対立と見なされたものは、しばしば、前期帝国と後期帝国の対立にすぎなかった。イメージの分野に関しては、キリスト教は当時利用可能なあらゆるストックから広く汲み取ったのである」[5]とナンシー・ゴーチエは言う。

「パラディスス」という語が、キリスト教の初めの数世紀を通して、稀にしか天の王国を意味しなかったことは、多くの文献によって明らかになっている。イレナエウス〔一三〇頃-二〇二頃〕、アレクサンドレイアのクレメンス〔一五〇頃-二一五/二二〇〕、アタナシウス〔二九五頃-三七三〕、ディディモス〔三一〇/三一三-三九八〕、サラミスのエピファニオス〔三一五頃-四〇三〕、ニュッサのグレゴリオス〔三三〇頃-三九四〕、ヨハンネス・クリュソストモス〔三四七-四〇七〕や他の多くの人たちも、天は最後の日にしか開かない、しかし、「聖人たち」「柔和な人たち」「正しい人たち」はすでに「天国」あるいは「アブラハムの懐」〔キリスト出現以前の正しい人たちが死後憩うとされた安息所。極楽〕と呼ばれる「選ばれたこの上なく快適な住まい」の中で「休んでいる」と考えることで一致している。[6]七世紀になってもなお、セビリャのイシドルス〔五六〇頃-六三六、セビリャの大司教、神学者。『百科事典』〕は、今日のわれわれにとっては意外な区別を示す。イシドルスは、事実はふたつの天国があると明言する。「第一の天国は地上にある」つまりアダムとイヴがしばらくのあいだ「身体を伴って」生きた天国である。第二の天国、「それは天にあり、至福の人々の魂が、身体という衣から離れるとすぐに運ばれて行き、当然受けるべき至福を味わい、身体を再び見出すのを待つ場所」である。そこでは最終的に、復活の後、選ばれた者たちは天の王国で神と一対一で会うことになるだろう。イシドルスはここで、「マタイによる福音書」（一三章、四三節）を引用する――「すると正しい人たちは、父の王国で太陽のように輝くであろう」[7]。

ここに述べられるものに近いあの世の地理が、オータンのホノリウス（十二世紀）の『エルキダリウム』によって明らかにされる。ホノリウスは「完徳者たちの魂のみ」が、「身体という殻を離れるとすぐに」永遠の神性を見る特権を得ると考える。「完徳者たち」とは「殉教者、修道士と処女《おとめ》」という意味にとるべきである。単に「正しい人たち」である場合は、「その人たちが身体を離れると、天使によって地上の楽園に導かれる、いやむしろ霊的喜びに導かれるのかもしれない。というのも、信じられていたところによれば、霊は物体的場には住まないからである［…］。ひとたび死ぬと、正しい人たちは、それぞれの功徳に応じて、とても快適な場所に受け入れられるであろう…。［しかし］

すべての人は、審判の後、天使に結びつけられるであろう」[8]。聖トマス・アクィナスはオータンのホノリウスとは異なり、同時に幸福と待機であるような場の存在を維持することはない。そうではなく、古代からの伝統の後継者であるトマス・アクィナスは、アダムとイヴが置かれた園を「天国」と呼ぶ。トマス・アクィナスによれば、この園はつねに地上の奥まった一角に存在する[9]。そしてトマス・アクィナスは、ホノリウスが、神の「天の宮殿」を「霊的天国」と形容したのに対して、「至福の人々の住まい」を「至高天」と名づける。

待機の場と幸福の園

教会の前にあるアトリウム〔初期教会建築の前庭〕あるいは四つのポルチコ〔柱廊〕からなる前庭を「広場」――ラテン語で「パラディスス」――と呼ぶようになったその理由について、歴史家のあいだで議論になった。「パラディスス」の新しい意味はまずローマのサン・ピエトロ大聖堂のアトリウムに関わり、ザンクト・ガレン〔スイス〕、聖リキエ〔アミアン〕、モンテ・カッシーノ〔イタリア〕の修道院のような他の宗教的建築物以降一般化したようである。それは地上の楽園を指そうとしたのだろうか。四つのポルチコからなる前庭が墓地の機能を持っていたためだろうか。ローマのサン・ピエトロ大聖堂の場合、アトリウムに面したバシリカの正面が「ヨハネの黙示録」を描いたモザイクを備えていたからだろうか[10]。私は次のように答えるだろう。それらすべてを合わせた理由からである、と。というのも、それらの理由はひとつに収斂するからである。すなわち、広場は、復活を待つ平和な野であって、新しい地上の楽園であった。最後の審判の後、正しい人たちはその地上の楽園から、教会によって象徴される天のエルサレムに入城することになる。「天国《パラディ》」という言葉は、いつ、どのようにして、エデンの園――あるいは待機の園――の意味から天の王国の意味に移ったのだろうか。第一の段階は正しい人たちの待機の場所を幸福の園と記述することにあった。「パウロの黙示録」では、その場所は乳と蜜の河が流れ、木のそれぞれが年に十二回実をつけ、毎月異なる実を与えてくれるような場所として現れてくることになった[11]。

助祭サトゥルスが牢獄で得た幻視はさらに特徴的である。『聖ペルペトゥアとその侍女聖フェリキタスの受難』は語る。「われわれは果樹園かと思われる広大な土地に入った。そこでは木々はバラの花やあらゆる種類の花をつけていた。木々はイトスギほどの大きさがあり、葉叢は永遠に続く囁きを聞かせていた〔…〕。〔そして次に〕われわれはある場所に近づいた。その場所の城壁は光でできているように見え、門の前に四人の天使がいた」[12]。このような光る壁の前にある（あるいは囲んでいる）牧歌的光景をウェルギリウスとオウィディウス〔前四三－後一七／一八、古代ローマの詩人。『恋の技法』『変身物語』〕の牧歌的喚起と比べたことには理由があったのであり、ここで喚起された園はローマのヴィラ（館）を取り囲む装飾的庭園である「ウィリダリウム」を思わせるのである[13]。

いずれにしても、光の住まいの前に位置するこの花咲く果樹園はすでに天国の場所である。説教師であり古代シリア語を用いた詩人でもあるエフライム（三七三年没）〔シリアあるいはニシビスの。修道士、聖人〕——その作品はすぐにギリシア語に翻訳された——の名高い『天国賛歌』〔『エフライムの祝文』という表現もある〕は、長いあいだ続いた成功のゆえに、まちがいなく、冬のない園を最終的幸福の世界に滑り込ませるのに貢献した。とはいえ、エフライムが天国について語るとき、エフライムは一方では古典的待機の場所を指していたが、他方、天国についての記述を霊的かつ寓意的な意味で理解しなければならないと警告していた。しかし、詩の中に入ってしまうと、天と天国を区別するのは難しく、エフライムの『天国賛歌』からは、「苦痛な寒さも灼熱の暑さも」訪れない場所、そこでは、「収穫は途切れることがなく」、美味な果実は「つねに手の届く範囲にあり」、「花々が密生し、勝ち誇っている」[14]という場所の概念がとくに読みとれるのである。

イエスは永遠の喜びの場所については述べなかった（「フィリピ〔イエスの十二使徒のひとり〕、私を見る者は父を見るのだ」（「ヨハネによる福音書」一四章、一〇節）。また初期キリスト教徒たちは、死後、キリストの「憩い」と「平和」の中に受け入れられるという静かな確証を表現しようととりわけ努めた。初期キリスト教徒たちのあの世についての観念はまず、この確信にとどまっており、平和な待機の場所と選ばれた者たちの最終的住まいとのあいだの違いを、必ずしも設けていなかったようである。初期のキリスト教徒の世代はあの世を描写することよりも、復活を象徴するイメージによって、地下墓所《カタコンベ》や石棺に「死後」を表現することを好んだ。そのイメージとは箱船のノア〔『創世記』の洪水伝説の人物。イスラエル人の始祖〕、炉の中の三人のヘブライ人〔「ダニエル書」三章、一九節〕、ライオンの穴のダニエル〔「ダニエル書」六章〕、墓を出るラザロ〔「ヨハネによる福音書」一一章、四四節。ラザロはイエスの友人、死後四日目にイエスによって蘇った〕であった。

だが、図像や碑銘の証言は、初期のキリスト教徒の世代がやがて救世主のかたわらでの幸福を示唆するために、エデンの園と古代詩の「心地よい場所《ロクス・アモエヌス》」の方から借りたイメージに想を得るようになったことを明らかにしている。聖カリクストゥス〔?－二二二頃、教皇在位二一七－二二二〕のローマの地下墓所〔二世紀半ばに創設された〕における、「五人の聖者」のものといわれる「クビクルム」〔ローマの地下墓所埋葬室〕は、実際は、永遠の幸福を象徴する園にいる何人もの祈禱像の形象である。ここでフレデリック・トリスタン〔一九三一－、フランスの作家、詩人〕の優れた注釈を引用しよう。「花咲く園という姿で、明日の天国となる昨日の天国を示そうとしている［…］。各［祈禱像の］脇には「平和のうちに《イン・パーケ》」と書かれている。祈禱像のまわりでは、花束が地中から出てくるように見える。それらの像の頭上に花飾り模様が伸び広がっている。もっと下に、不滅の象徴である二羽の孔雀が姿を現し［…］、そしてウェルギリウスと神秘の牧歌的アルカディアの古典的思い出である「アルカディアの平和《アルカディア・パーケ》」の文字。さらに下に、飛び回る鳥たちが、水が湧き出ると見える杯で喉を潤す。これは、したがって、正し人たちの魂に約束された［未来な］のである。すなわち、花咲く素晴らしい園、鳥たちが跳ね回るオアシスがあるのだが、これらの鳥たちは魂である」[15]。

二十世紀の初め、J・ヴィッパート〔一八五七－一九四四、ドイツのキリスト教考古学者〕もまた〔トリスタンのように〕ドミティッラの地下墓所〔二世紀のローマの墓所。名称は土地の所有者フラヴィア・ドミティッラに由来〕とルチーナ〔一世紀のローマの富裕な女性、殉教者、聖人〕の地下祭室〔聖カリクトゥスの地下墓所のうち最古の墓所〕に「天国の木々」、とりわけつねに青々としているシュロの存在を確認した[16]。自分の灰から蘇ったフェニックスと、不死とされる孔雀はたちまちあの世のこうした牧歌的描写に結びつけられた。シェルシェル教会〔シェルシェルはアルジェリア海岸部の都市〕に由来するモザイクには、二羽の孔雀がひとつの壺を囲み、壺からブドウの巻葉装飾が出ている。渦巻き装飾の中で鳩がブドウの実をついばんでいる[17]。スース美術館（チュニジア）に保存されている六世紀のキリスト教モザイクには、大きな壺から出ているシュロの木、ブドウ、孔雀――そしてキジも――が、復活と聖体を象徴する[18]。この場合もまた幸福の永遠性は天国の自然から借りたイメージによって示されている。

こうして、限りない幸福を、牧歌的な図像群に基づくイメージによって表現したいという誘惑が急ピッチに導入された。だが、古いキリスト教文書には「空《コエロム》」と「天国《パラディスス》」という語はほとんど出てこず、その後、身体の復活の後、神の最終的な光の中に至ることが定められた正しい人たちの待機の期間と場所をめぐる現実性について、さらに長期にわたりためらいが存続した。面白い例として、サン・タニェーゼ・フオーリ・レ・ムーラ教会にある、二十一歳で死んだ娘に関する三八二年のローマの碑文を見てみよう。「天国のこの上ない芳香の中で、この娘は永遠の春が岸辺の芝草を育む場所を支配している。娘は上層の地域へ自分を昇らせるであろう神を待っている」[19]。同じく、初期キリスト教における死者のための多数の祈りは天について言及しておらず、神が死者に「光と喜びの住まいの中で休息」を与え、「[…]そこで正しい人たちの霊が[…]自分たちに約束されている報償へと向く」ことを祈っていた[20]。

聖アウグスティヌスの天国についての立場は複雑で、ためらいを免れない。アウグスティヌスは、聖人たちが、最後の審判の後にいることになる場所にはまだいないと言い、その後「最高の天」に昇るとする。また――われわれにとって興味深い言い回しだが――、ダマスカスへの道での幻視で聖パウロが昇って行った第三天が「天国の中の天国」であるとも明言する。さらにまた、アウグスティヌスは、天国、アブラハムの懐、永遠の王国を区別するいろいろな呼び方は、すべての至福の人々の住まいである、同じひとつの実在を表現している可能性があるという仮説を打ち出す[21]。いずれにしても、「天国の中の天国」という言い回しを提起しており、この考え方は詩的、図像学的な輝かしい未来を約束されている。地上の楽園と天の楽園〔すなわち「地上の楽園」と「天国」〕の同一化は進行中であった。別の示唆に富む指標、それは天（空）と天国の違いは聖バシレイオスの著作にはないということで、聖バシレイオスはこの二語を区別なく用いる。その論に従えば、選ばれた者たちは天の光り輝く住まいで花と開くであろう[22]。

園における永遠

至福の永遠と祝福された園での生活を同一視する考えは、長いあいだ聖キプリアヌス〔二〇〇頃－二五八、カルタゴの司教。ローマ教会の統一と組織強化に努めた〕

に帰せられていた文献、実は、おそらく聖キプリアヌス周辺のある聖職者〔=偽キプリアヌス〕に帰すべき文献、いずれにせよ三世紀半ばと見なしうる文献の中に顕著である。「キリストの場所、恩寵の場所」は、「豊かな土地、緑の野は滋養に富む植物に覆われ、かぐわしい花々を無傷のまま保つ」とその文献には描かれている。その地では、木々は天に向かって高く伸び、衣服のような濃い影を作る。冬の寒さも夏の灼熱の暑さも植物を害することはない。[23] これは、永遠の園の様相を持った、選ばれた者たちの最終的な住まいについての最初の詳細な記述と思われる。しかし聖キプリアヌス自身は、将来の殉教者に向けて、来たるべき報償はすでに現在にあるとして、こう語りかけた。「冬の後に春が来たのです。バラに飾られ花の冠を戴いた春が。バラと花は天国の園からあなた方のもとに来て、あなた方の頭を囲む花飾りとなったのです」[24]。

聖アンブロシウス（三九七年没）はというと、地上の楽園の特権を至福の永遠の中に移し換える。『善としての死《デ・ボーノ・モルティス》』の中で、聖アンブロシウスは明言する。「聖人たちの集うところ、そして正しい人たちの共同体へと歩みを進めよう［…］。われわれは喜びの天国がある場所に行く［…］。雲も、雷も、稲妻も、突風も、闇も、夕暮れも、夏も、冬も連続する日々をかき乱すことはないであろう」[25]。引き算によって表記される「天国」ではあるが、それでも「天国」である。というのも、一般にはエデンの園は大気の乱れから護られていたのであり、天の王国は、ここではこれに似た静けさを備えていると見えたからである。

シリアのアフラハト（三四五年没）〔二七〇頃-三四五、シリア教父〕は、天上について語り得ることのすべてをもってしても、天の概念を示すことはないだろうと語る。アフラハトはそれでも、光と生命と恩寵の住まいでは空気はこの上なく甘美で軽く、輝く光線を発するだろうと明言する。神によって植えられた木々の上に、永遠の春が花を撒き、つねに青々とした葉の下で果実を実らせるだろう。[26] スペインの詩人プルデンティウス（四一〇年没）にも同様のエデンの園への言及が見られる。天の都に幸福な魂が到着するところを描いた詩人は、やがて魂が「深紅の寝台に横たわり、永遠の花の薫りを吸い、そして、バラの褥《しとね》の上で、アンブロシア〔ギリシア神話で、不老不死の源とされる神々の食べ物〕のしずくを飲む」のを見る。[27]

永遠の幸福を意味する天国の風景は、しばしば五世紀のものとされる『聖セバスティアヌス伝《アクタ・サンクティ・セバスティアニ》』〔セバスティアヌスは三世紀頃、古代ローマの聖人、近衛兵〕にも現れる。この作品は広大な敷地に囲まれた豪壮な宮殿を想い描いている。作者は言う、「かの地では、深紅のバラの花はけっして萎れることはない。かの地では、花咲く森は永遠に緑であり、新しい原は絶えず蜜の流れに溢れている。しばしばサフランのよい香りのする芝草と香り立つ田園が完璧な甘美さで芳香を放っている。永遠の生命がもたらすそよ風は鼻腔にネクタル〔ギリシア神話で、神々の飲む不老不死の酒〕の匂いを高める」[28]。六世紀より古くはない『聖フェリクス、聖フォルトゥナトゥスと聖アキレウス伝』〔これら三聖人は三世紀の人物でいずれもフランス南東部ヴァランスで殉教した〕[29]では、フェリクスが白く輝く子羊を目にする。子羊は幸福を授けるクロッカスや他の花々を食べている。確かに、これら行伝の作者たちにとって、こうしたすべての表現は、選ばれた者たちによって神の王国で味わわれる実際の幸福に劣る近似物として、二義的次元で読まれるべきものであったにちがいない。それでも、こうした表現は、この王国が永遠に緑の花咲くかぐわしい野として想像することにキリスト教徒たちを慣れさせたのである。

迫害が終わると、表現する自由を得たキリスト教芸術は、神の王国の選ばれた者たちの幸福と牧歌的植物の中の住まいの対比を強調した。その結果、「心地よい場所《ロクス・アモエヌス》」が終わりのない幸福の空間へと滑り込むことを容易にしたのである。四世紀のこと、ローマのサン・ピエトロ大聖堂で、後陣のモザイクは花壇の上方に、二本のシュロに挟まれた神の権限《テオファニ》を表現していた。やはりローマで、「聖コンスタンティーナの」と呼ばれた霊廟、これはコンスタンティヌス皇帝の娘〔コンスタンティーナのこと。三〇七／三一七－三五四、聖コンスタンツァと呼ばれた〕の遺体を納めるためにあったのだが、三五〇年頃の作とされる見事なモザイクで飾られたそのヴォールトが、ブドウを運び踏んでいる子どもたちを描いている。主題はまちがいなく異教起源だが、ここでは、その意味は明らかにキリスト教的で、「ヨハネによる福音書」（一五章、一－一七節）を指示している。すなわち、イエスは一本のブドウの木に譬えられ、弟子たちはその枝であり、そこからできるブドウ酒は救いのブドウ酒なのである。「ヨハネによる福音書」のこの表現から誘発された図像は天国を表そうとした。それが表現しようとしたのは、たとえ姿が変えられていたにしても、まさに祝福された自然であったのである。

その間接的な証拠は、ローマのサン・クレメンテ教会のとても美しいモザイク（十二世紀から十三世紀）[30]によって与えられる。このモザイクは初期キリスト教美術〔パレオクレチアン。五、六世紀までの初期キリスト教美術〕にもどるもので、本書第三章で研究したモチーフとは別のモチーフを対象として、もう一度検討してみなければならない。中心に十字架上のキリスト、脇にマリアと洗礼者聖ヨハネ。十字架の横棒はキリストの体を越えて伸び、使徒を意味する十二羽の鳩によって飾られている。生命の木から出現しているように見える拷問道具の足元から、一方にはふたつの大きなブドウの枝が出ており、後陣の最深部の上でさらに広がっている。ブドウの枝は渦巻き模様で聖人たちと象徴物を囲んでいる。他方、エデンの園の四つの河が走っていて、鹿たちを元気づけ、キリスト教徒の家畜たちが住まう緑の放牧場に水を提供している。この緑と黄金が支配的な見事な構図の全体的な意味は、十字架が人類と被造物全体を蘇らせた、ということである。創世時の園が再び見出されたのである。それはまた、形態はより小さいが、聖コンスタンティーナの霊廟のモザイクによって意味されているメッセージでもあった。

ラヴェンナのモザイクも同じことを語っている。ガッラ・プラキディア（五世紀前半）〔三八八－四五〇、西ゴート王妃、西ローマ帝国の皇后、西ローマ皇帝テオドシウス一世の娘〕の霊廟は、黄金の星々がちりばめられた濃い青を背景にした空を、緑なす田園にいる、六匹の羊に囲まれたよき司牧の牧歌的表現に結びつける。すなわち、天と地を統合する、いくつもの天国のテーマの調和ある集合である。サン・タポリナーレ・ヌオヴォ教会には、側面のふたつの大モザイク（六世紀）が、一方に処女《おとめ》たち、他方に、冠をキリストに向けている殉教者たちを描いている。つねに緑色をしたシュロで隔てられた両者は、花咲く芝草の上を歩いている。サン・タポリナーレ・イン・クラッセ教会の有名な天国の原（やはり六世紀）はさらにもっと意味深い。後陣の頂点に、貴石で飾られ、星空から浮き上がる大きな十字架は、モーセとエリアのあいだのキリストの変容を意味する。下方に、ラヴェンナの最初の司教〔＝聖アポリナリス。一世紀にこの地方で宣教を行ったとされる〕が選ばれた者たちの中に祈禱像として表される。選ばれた者たちは木々、花々、鳥たちが描かれた、これだけで後陣のもっとも大きな部分を占める広大な緑の野原で草を食む羊によって象徴されている。おそらく、キリスト教図像学において、永遠の牧草地がこれほどの広がりを持ったことはないだろう。

ラヴェンナでは六世紀にこうして終末的意味を持った牧歌的風景が愛好されていた。サン・ヴィターレ教会にも、大きさはそれほどでもないが、同じ風景がある。モレの樫〔「創世記」一二章、六節。モレはシケムというカナン地方の地名か〕の木の下でアブラハムに迎えられる三人の訪問者は、アブラハムの前に同じ形のパンが三つ置かれていることから、三位一体と聖体を同時に表している。訪問者たちは花がちりばめられたエメラルド色の芝に囲まれている。同じくサン・ヴィターレ教会における内陣のヴォールトがさらに興味深い。モザイクは四人の天使に支えられた円の中の、神秘の子羊を表している。天使たちは葉叢と果実のアラベスク模様の上に浮かんでいる。この天国の鳥の中には当然のことに不滅の象徴である孔雀がいる。

　ローマでは、六世紀のモザイクは控えめに天国の風景を描くにすぎない。サンティ・コスマ・エ・ダミアーノ教会の後陣では、聖人たちに囲まれたキリストが構図の中心になっているが、キリストのまわりに、それでもなおシュロの木と花々、そして生命の泉の水を飲みに来る鹿のいる草原が見分けられる。年代が下り、九世紀のこと、サンタ・プラッセーデ教会では、後陣のモザイクが、神秘の子羊へと収斂する永遠のヨルダン川、不滅のシュロ、十二頭の羊を統合している。この話題についてさらに雄弁なのがサンタ・マリア・マッジョレ大聖堂の後陣のモザイクである。このモザイクは一二九五年に完成したもので、「聖母被昇天」と「マリアの戴冠」を称えている。大きなマンドルラの中で、イエスが母に冠を授け、マンドルラのまわりの聖人たちと九つの天使の隊の代表者がキリストとマリアの方を向いている。だが作者（ヤコポ・トッリティ〔一二七〇－一三〇〇に活動。画家、モザイク画家〕）は以前あったモザイクのモチーフを手直ししたように思える。トッリティは聖人たちと天使たちの上方に、鳥とりわけ孔雀、花、これまた永遠のとされる植物アカンサスの葉叢で満たした。さらに画家は、マリアが運ばれた「天の王国《ケレスティア・レグナ》」の空間を川によって、すなわち新しいヨルダン川によって区切った。新ヨルダン川の岸には芝草、花、鹿、子羊、そして白鳥が見える。創世時の地上の楽園は今や天の楽園となった。それはトンダルが永遠の幸福の空間に最終的な「心地よい場所《ロクス・アモエヌス》」を見た、ちょうど『トンダルの幻視』の中でそうであったように。この園はとくに巨木――「勝利の教会」――を持ち、それは葉叢に美しいメロディーの歌を奏でる色鮮やかな鳥たちを護っていて、その影でバラなどかぐわしいありとある種類の植物を覆っている。

いくつもの層からなる天国

地上の楽園の「天の王国《ケレスティア・レグナ》」への移行は、女子大修道院長ヘラートが修道女たちのために十二世紀末に作らせた、挿絵で豪華に飾られた書物（『悦楽の園《ホルトゥス・デリキアルム》』）をも性格づけている。この書名は、「雅歌」（五章、一節）の園を思わせるとともに、教父の時代から地上の楽園にしばしば与えられた名前をも想起させる。聖書の話であると同時に公教要理ともなっているこの作品は、大修道院長の心づもりでは、修道女たちを聖なる許嫁へと導き、許嫁の教えを賛美させ、その「悦び」を味わわせるはずのものだった。修道女たちはそうすればごく自然に「永遠の生命の園」に至るであろう。[31]

少なくとも、現存する写本の中にあるこの園は、地獄の詳細さほどには記述されていない。それでも、その第三部に描かれた一〇一番の絵はアブラハムが自らの腕の中に「正しい人たち」を抱いていることを示し、その説明文では「正しい人たちはアブラハムの懐にあるであろう」とはっきり述べている。したがって、まさにこれが修道女たちの最終的運命となるのだ。ところで、アブラハムは大きな革袋から水を注ぐ四人の人物に囲まれているが、革袋は地上の楽園の四つの河の名を持っている。アブラハムの両脇に見られる二本のシュロの木は永遠を意味している。シュロの木の上のふたつの王冠は「正しい人たちの報い」と書かれている。大修道院長ヘラートはこうして「アブラハムの懐」のテーマを地上の楽園のテーマに融合させ、幸福な永遠を表現したのであり、このときからふたつのどちらもが「正しい人たち」に約束された終わりのない幸福を象徴することになった。

地上の楽園の天への移動は、天が二層からなる場所であって、その場合エデンの園は最終的に下層に復元されるであろうと想像することによってでも行われた。このような観念は、すでに見たように、長い生命を保ち、バロントゥス、ウェンロックの修道士、ドゥリゼルム、エゼウルフ、グンゼルム、アルベリクス、そしてオウェインによるあの世についての幻視の中に相次いで見出される。[32]「天国について《デ・パラディソ》」という題名の、作者のはっきりしない十一世紀の詩の中にもこの観念は見届けられる。この賛歌の初めの四詩節は「かつて最初の人間が所有した、温暖な地域、天国」と語り、残りの八詩節では天のエルサレムの門と城を飾る貴石について述べている。だが、天国はあたかもそれが選ばれた者たちの都の控えの間であるかのように、現在形で記されている。楽園に呼びかけて詩人は言う。「あなたにあっては、すべてが美しい。竜巻もない、雲は遠い、日は澄みわたり、天気は安定している。あなたにあっては、草はその芳香を放ち、バラは赤くなり、ユリは白くなり、灌木の茂みはよい匂いがする。ここには美しい園が、蜜の流れが、そして葉の茂みの優しい風がある」[33]。

コリーン・マクダネルとバーンハード・ラングが『天国の歴史』で示したように、このような地理は図像学の中でも表現された。トルチェッロ〔ヴェネツィアの北東八キロの島〕のサンタ・マリア・アスンタ大聖堂（一二〇〇年頃）の「最後の審判《ジュディツィオ・ウニヴェルサレ》」のモザイク上にそうした地理を読むことができる。そこでは、選ばれた者たちにあてられる空間はふたつの帯状区画からなる。下の区画は、左から右へ、ラザロの魂を膝に乗せるアブラハム、アブラハムの両脇の子どもたち、祈禱像としてのマリア、そして十字架を持つよき盗人、次に智天使と鍵を持った聖ペテロと最後にひとりの天使によって守られる天国の入口を示している。上の帯状区画では、四つの集団の聖人たちが主を見つめ、主に手を差しのべている[34]。

ここに述べたふたつの天国の空間は、イタリア南部、アブルッツォ州ロレート・アプルティーノのサンタ・マリア・イン・ピアーノ教会にある一四二〇年頃の作者不詳の画家によって描かれたフレスコ画「最後の審判」にも見出される。最後の審判のとき、選ばれた者たちは、橋をひとつ越えた後、ふたつの幸福な場所のどちらかに配置される。ある人々は悦楽の園に行く。そこで人々は裸になり、シュロの木に登り、枝を天のエルサレムの方向に振る。もうひとつの幸福な場所であるこの天のエルサレムは城によって象徴されているが、この城は聖ペテロによって守られており、残りの至福の人々を迎え入れる。そこでは、人々はまずひとりの天使によって衣服を着せられ、次いで、城の屋上庭園で、踊ったり、シュロの方を眺めたりする。その様子は園の主人たちと談笑をしているように見える[35]。

これに匹敵する地理がそのすぐ後、フィレンツェのサン・マルコ美術館に所蔵されているフラ・アンジェリコの

至高天に行って座す前に花咲ける園で天使たちに迎えられる選ばれた者たち。フラ・アンジェリコ「最後の審判」細部、1431年頃、フィレンツェ、サン・マルコ美術館。©Scala.

同上作品の全体図。訳者追加図版

天使たちは選ばれた者たちを丘へと導いている。丘の上には天が人々を迎え入れようとなかば開いている。ディリク・バウツ「天国への道」1470年頃、フランス、リール美術館。訳者追加図版

「最後の審判」（一四三一年頃）に現れる。構図の最上部は至高天を表現し、玉座の主は天使たちと聖人たちの中央にいる。しかし下方では、見る者の左側、したがって神の右側で、選ばれた者たちが花咲ける園の中へ天使たちによって迎え入れられ、優しい抱擁を受けている。天使たちと聖人たち〔＝選ばれた者たち〕は手をつなぎ葉叢の下で踊る。茂った葉が、この生き生きとした場面を、やや上方の主のまわりに集まっている静止した穏やかな集団から隔てている。

あの世で再び見出され、天の住まいへと向かう通過の場所として描かれた地上の楽園は、ディリク・バウツ〔一四一五頃－七五、オランダの画家。風景画、肖像画、宗教画に優れ、ベルギー中部・ルーヴェン市の公式画家となる〕によるルーヴェン市の市庁舎のために一四七〇年頃制作された絵画「天国への道」にもなお現れる。樹木があり、花が咲き、鳥たちがいる生命の泉の中で、天使たちは選ばれた者たちを丘へと導いている。丘の上では天が人々を迎え入れようとなかば開いている。[36] エラスムス〔一四六六－一五三六、オランダのユマニスト。新約聖書の注釈つきラテン語訳を出版、近代語訳聖書の普及に貢献した。『痴愚神礼賛』〕は、その『対話集』で、一五二二年に死んだロイヒリン〔一四五五－一五二二、ドイツのユマニスト、ヘブライ語学者〕を称えている。エラスムスはここで、ロイヒリンが小さな橋を渡り、次いで「この上なく快適な原」へと向かう姿を想像する。「草と葉叢のエメラルドの緑は目を楽しませ、信じられないほど多様な色を持つ花でできた星々が微笑んでおり、すべては驚くほどかぐわしいために、流れのあちら側にある空間は、幸福な草原の境界となって、生きているとも、緑なすとも見えず、それどころか死んでおり、不快で悪臭を放つように思えた」。ロイヒリンを迎えに来た聖ヒエロニムス〔三四七頃－四二〇、ラテン教父、聖書学者。教会公認となる聖書のラテン語訳（ウルガータ）を完成〕がロイヒリンを原の中央に

ある小高いところへ連れて行く。そこに立って抱擁すると、天国が開ける。[37]

おそらく一五〇五年から一〇年までのあいだに作成されたヒエロニムス・ボスの失われた「最後の審判」を復刻する版画〔一六世紀半ば、ヒエロニムス・コック作の「楽園」を指す〕には、この天国の入口は見えない。ここでは、下には地上の楽園が姿を現している。裸の至福の人々が天使たちと談笑したり、生命の泉の水場で泳いだりしている。テントと船は、この幸福な場所における滞在が一時的性格を持つことを意味しているようである。雲が完全に天と園を隔てている。天に見えるのは三位一体と天使たちを守る二層の建物である。[38] これにかなり近い構成が、一五二六年から三〇年頃、ドゥーエの画家ジャン・ベルガンブによって採り入れられた。ベルガンブの「最後の審判」（ベルリン絵画館に保存されている）では、画家は裸の至福の人々を下部に置く。草原でこれらの人々は互いに話を交わし、天使と談笑するが、草原の中央には生命の泉がある。しかし、上部では、天が天のエルサレムに対して開き、天のエルサレムに向かって選ばれた者たちが進んで行く。それに対し、ボスの構成では、悦楽の園と神の住まいのあいだの通路は見えなかった。[39]

この通路は一四九五年にサヴォナローラによって刊行された『天啓大要』の中にも存在する。天国の下層階に、フィレンツェのこの精神的指導者は広大な草原を見る。草原は素晴らしい花と美しいメロディーを奏でる色とりどりの鳥たちの住む樹木に覆われており、水晶の川が流れ、柔和な動物たち——子羊、白貂、兎——によって活気づいている。上層階に九層の天使の団、玉座のマリアと三位一体が存在する。聖人たちは何の苦もなくふたつの層のあいだを行き来し、マリアは園にふたつ目の座所を所有している。選ばれた者たちはこうして二重の天国を我が物としている。

ここでゲントの祭壇画に目をもどしてみると、フラ・アンジェリコ、ディリク・バウツ、ヒエロニムス・ボス、そしてベルガンブによって採り入れられた方針とは反対に、この多翼祭壇画の作者たちあるいは作者は、天国の草原と救済の泉とを選ばれた者たちの最終的住まいの内部に完全に移し入れたという点が際立つ。ここに、再び見出された「地上の楽園」とわれわれがこの語に与える現在の意味での「天国」とが一致するのである。

第九章　天国の植物

ルネッサンスと天国

ゲントの多翼祭壇画「神秘の子羊」の中央にある天国の草原と、シエナのジョヴァンニ・ディ・パオロ〔一三九五／一四〇〇頃－八二、イタリアのシエナ派の画家〕のほぼ同時代の作品とのあいだには共通点を見つけることができる。この画家もまた選ばれた者たちの牧歌的田園への受け入れがあることを示している。ニューヨークのメトロポリタン美術館はジョヴァンニの「天国」（〔「楽園」とも〕一四四五年頃）を所蔵しているが、これは「天地創造」「天国」「最後の審判」「地獄」そして「大洪水」を個々に描いた五つの小さな絵を含むプレデルラ〔祭壇の下の装飾画、裾絵〕のうち、唯一残ったものである。フラ・アンジェリコの影響はここでも明白である。天使による選ばれた者たちへの愛情のこもった歓迎、花の絨毯、樹木など、それに加えて愛らしい兎。この天国はこれだけでこと足りているように見える。こうした印象はジョヴァンニ・ディ・パオロの別の作品「最後の審判」（一四六〇－六五頃。シエナ国立美術館）によって確かめられる。悦楽の園が、最終的幸福の表現にあてられた部分のすべてを事実上占めており、三位一体の玉座のほとんど近くにある。ここでもまた、地上の楽園が天の空間に入り込んでいる。聖人聖女たちが話を交わす。天使たちは選ばれた者たちを迎え入れて抱擁する。兎が花咲く草の中を跳ねる。裸の子どもたちはユリの花を摘む。背景は実をつけた六本のオレンジの木で構成されている。

同じジョヴァンニ・ディ・パオロが、一四三八年から四四年のあいだにダンテの「天国篇」の手稿の挿絵を描いた。詩人ダンテは永遠の幸福の場所を庭のようなものとしては書かなかったが、ジョヴァンニは至高天にあてられた第三〇歌と第三一歌を描くにあたり、裸の至福の人々を、三位一体の下で、花の野から体を出したり野に飛び込んだりする姿で表現しようと思い立った。ジョヴァンニはまた、ユリとバラの咲く空間の中で、聖人たちと天使たちがマリアと聖なる子を崇めている図を描いた[1]。

ルネッサンスの文化的思考過程の特質である古代への回帰は、その黄金時代、エリュシオンの園、幸福の島と結びつけられたイメージによって、あの世の幸福の表現を容易にすることができただろうか[2]。そして同時に――それと近接する問題だが――当時の芸術家たちがあらためて人体に向けた興味は、芸術家たちを、自然な形で、選ばれた者たちを復活の至福の裸身で描く方向に導いたと考えるべきだろうか。このような推論は私には不当なものとは思えないが、しかし、それ採用するためには陰影をつけることが条件となる。そこでまず必要となるのが、選ばれた者たちの裸身の問題を考えること、続いて天国の植物相の問題を考えることである。両者にはつながりがあるからである。

すでに述べたが、選ばれた者たちが裸身であるというのは、『神の国』の最終章を根拠としていた[3]。中世はこの点について聖アウグスティヌスに異を唱えることはなかったのである。いくつかの証拠をあげてみよう。六八八年に書かれた『未来についての予知の書《リベール・プログノスティコルム・フトゥーリ・セクーリ》』で、トレドのフリアン〔六四二－六九〇、西ゴート王国の首府トレド大司教、聖人〕は「非常に多くの大博士たち」と同意見だ、としたうえで、「将来の復活の栄光の中で、いかなる衣服も必要ではないであろう。なぜなら、いかなる奇形も聖人たちの身体を傷つけることなく、また聖人たちは疲れも苦しみも味わうことがないからである」と書いている[4]。同じ考え方でカマルドリ会士聖ペトルス・ダミアニは、十一世紀に、選ばれた者たちの幸福を現前のものとしてこう書いた。「一切の穢れが浄められたこれらの人々は肉の戦いを知ることはない。肉は霊的になったのである」[5]。となれば、肉を隠す理由はない。

オータンのホノリウスは『エルキダリウム』で同じように、明らかに聖アウグスティヌスとトレドのフリアンに依拠して、こう問う。「〔復活の後〕聖人たちは衣服を着けているかそれとも裸であるか」。その答はこうである。

聖人たちは裸であろう。だが美しさに光り輝き、今日人が美しい眼を恥じることのないのと同じく、身体のどの部分をも恥じることはないであろう。救いと喜びが聖人たちの衣服なのである。というのも、主は身体を救いという衣服で覆うであろうし（「イザヤ書」六一章、一〇節）、魂を喜びという衣服で覆うであろうから。そして、この地上において、花々がさまざまな魅力を持つのと同じように——ユリにとっては白、バラにとっては赤——、聖人たちの身体も色の多様性を享受すると考えることができる。たとえば、殉教者たちにはこの色、処女《おとめ》たちには別の色、というように。そしてこれらの色が衣服の代わりとなるであろう。[6]

シトー会士ギョーム・ド・ディギュルヴィルの『命の巡礼』（一三三五年頃）にも、「選ばれた者たちは天のエルサレムに裸で入る。自分はそうした光景を旅程の初めに見た」と書かれている。「まず選ばれた者たちは衣服を脱ぎ裸にならなければならない。なぜなら、何びとも着たままでこの都に入ることはないからである」[7]。こうして、ジョヴァンニ・ディ・パオロやルカ・シニョレリをはじめとするルネッサンスの画家たちは、選ばれた者たちを光り輝く裸身において表現した。おそらく画家たちは当時の美学に特徴的な身体の再発見に与っていただろうが、疑いのない権威によって保証されたキリスト教の長い伝統の中にも身を置いていたのである。

ホノリウスは、完全な復活前に正しい人たちを「地上の楽園」に、いやもっと正確に言えば「霊的喜び」の場に留め置きながらも、次のような言葉で、永遠に続くことを運命づけられている新しい天と新しい地を想起していた。

すると天は今よりも七倍強く輝く太陽の栄光をまとうであろう。月と星々は言い表しようのない燦然たる華麗さで飾られるであろう。キリストと聖人たちの身体を洗礼の折に洗った水は、水晶の美しさに達するであろう。主の身体をその懐で温め直した大地は、その全体が天国のようになるであろう。そしてその大地は、聖人たちの血によって灌漑されるがゆえに、枯れることのないかぐわしい花——ユリ、バラそしてスミレ——によって永遠に飾られるであろう。[8]

選ばれた者たちの裸身と同じことが天国の植物相についても言える。西欧文明において、中世後半からルネッサンスにかけての庭園――まずは閉ざされた園、次いで開かれた園――が再び獲得した人気は、きわめて当然のごとく、あの世での幸福に関して、この文明が抱いたヴィジョンの中に反映された。画家たちが天国の場所を豊かに飾った植物相は、だから一五〇〇年頃の「無数の花」のタピスリーに現れた植物相や、十四世紀と十五世紀の文学に好まれた「愛の園」の植物相、そして『ポリフィリウスの夢』（一四六七年）〔フランチェスコ・コロンナ〔一四三三頃－一五二九、ヴェネツィアの文筆家。ドミニコ会士〕作〕の中で「ニンフたちが主人クピド〔キューピッドとも。ローマ神話で恋の神。ギリシア神話のエロス〕を崇める」場所であったキュテラ島〔ギリシアのペロポネソス半島南の島。古来より女神アフロディテの聖地〕の魅力とされている植物相と分かちがたい。君主たち、大貴族たちはますます、黄金時代に夢を馳せて、邸宅のまわりにより洗練された庭園を造っていき[9]、花の種類を増やしたのである。

古代の牧歌的文学が、ペトラルカに始まり形をなしつつあったルネッサンス文化に与えた魅力は、したがって、こうした自然の価値向上に確かに大きな役割を演じた[10]。しかし、この解読格子を通じてのみ植物相についての天国の描写を読むのは私には不十分に思える。他の説明的要素が考慮の対象となるべきであり、とりわけ、十字軍の間接的影響としての、西欧人がオリエントで発見した果樹園の記憶はこれに値するものである。しかもムスリムによってシチリア、アンダルシアで庭園への好みが花開いたという事実があるだけに、これは重要なことである。

さらに言えば、古代とオリエントの影響とはおそらく関係なく、十五世紀以降の西欧、とくにオランダとゲルマン諸国の人々は、外部世界により多くの関心を向けた。すなわち、人間の顔、都市の姿、日常品、景色、空の光、動物、花、そして木に。デューラーのいくつもの水彩画は精密に草花を表現する。ロンサール〔ピエール・ド。一五二四－八五、フランスの詩人。フランス詩の革新を行う〕はキンセンカ、マツ、ヒイラギの詩を作った。最古の植物園が一五三三年ヴェネツィアに創設された。ヘンリー八世〔一四九一－一五四七、イギリス王在位一五〇九－四七〕は何千というバラを買い、フェリペ二世は花と鳥類を収集する。十六世紀末、チューリップがヨーロッパに輸入される一方で、ドイツの植物学者タベルナモンタヌス〔本名ヤコブス・テオドロス、ドイツ名ヤコブ・ディートリヒ。一五二五－九〇、外科医、植物学者〕はその『植物図鑑』に五千八百種の植物について記述し、そのうちの二千四百八十種にイラストを添えた。一六二三年、バーゼルではガスパール・ボーアン〔一五六〇－一六二四、医学を学んだ後、バーゼル大学で植物学を教えた〕が『植物界の図絵《ピナクス・テアトリ・ボタニキ》』を刊行し、その中で六千種以上の植物について記述し、それらの自然分類を初めて試みている。[11]

二〇世紀の美術史家エルヴィン・パノフスキー以来、今日オランダの「アルス・ノーヴァ」と呼ばれるものは、十五世紀に始まる空気遠近法〔空間の奥行きを表現する画法〕と油絵の使用により可能になった、外部世界の絵画作品への一層大規模な統合であった。ゲントの多翼祭壇画、より一般的にはヤン・ファン・エイクの作品群は、絵画の形態を一変させたこの新しい実践のもっとも代表的な作品に数えられる。[12]

キリスト教の象徴体系

キリスト教の象徴体系は、ずっと昔から、古代の異教が花々に与えた意味作用を宗教用語に翻訳し、[13] 植物相を「美徳」と「天国の幸福」の両方に結びつけてきた。そして、新しい傾向――イタリア流ルネッサンスと北方の「アルス・ノーヴァ」――がこのような象徴コードに新しい息吹を加えることになったが、歴史記述はこの象徴コードの、中世を通じての持続をおそらく過小評価したのである。

中世の修道士にとって、修道院は天国のひとつのイメージを表していた。聖ベルナルドゥスは、修道院とその庭を融合させ、両者を合わせて称賛し、力強くこう言い表した。「まこと修道院は天国である。戒律の城壁に護られた場所、そこに貴い事物が豊かにある」。[14] シュールズベリー〔イングランド西部、サロップ州の州都〕のセント・メアリーズ教会の、かなり後期（十六世紀か）のステンドグラスには、聖ベルナルドゥスが内陣で、修道士たちとともに祈る姿が描かれている。修道士たちの前にひざまずく天使たちは修道士たちと歌ったり祈ったりしている。修道院、それはすでに天であった。司教ギヨーム・デュラン（一二九六年没）〔一二三〇年頃―九六、マンドの司教〕はその『典礼解説』において、「樹木と草本の植わった〔修道院の〕庭は数多くの徳を表している。清水の井戸、そして渇きをそこで癒す恵みの豊かさ、これらは来たるべき生活において熱さを消し去ることであろう」[15] と語った。これはまた、ヘラートが「悦楽の園」というただひとつの言葉の中に「修道院」「教会」「天のエルサレム」を包摂したときの感情でもあった。

ずっと昔から成り立っていたキリスト教的喜びと自然の美との関連を示すのは、司教ウェナンティウス・フォルテュナトゥス（七世紀初め没）〔五三〇頃－六〇九、ポワティエの司教、聖人〕が復活の主日のために作曲した悲歌である。

夜が終わる［…］。年の歩みは春の豊かさを蘇らせた。
心地よいスミレは紫色で草原を彩り、
草は野原で緑に色づき、草は髪のように光輝く。
花のちりばめられた目が少しずつ姿を現し
その視線で色づいた芝生は微笑む［…］。
生まれてくる世界の優雅さは
世界の救い主が、すべての恵みとともにもどって来られたことを証す。
なぜなら、森すべてはその木々の葉叢で、植物はその花々で、不吉なタルタロス〔地獄の底〕から勝利してもどられるキリストに挨拶を送るからだ［…］。
神が地獄を打ち破り、星々を獲得した
祝いの日よ、永遠に崇めるべき日よ、ようこそ、
年の貴族、月の装い、日々の善行、［…］。
すると、森はその髪の毛で、畑はその穂で、汝を称え、
ブドウはそのもの静かな若枝とともに、汝に感謝する。
藪が鳥たちのさえずりを今や響きわたらせるなら
貧しき雀のこの私は、藪の中で愛を込めて歌う。[16]

ここでまた聖ペトルス・ダミアニの『天国の栄光の聖歌』を開こう。選ばれた者たちの世界を予想して記述する中

で、ダミアニはこう確証する。

泥も泥水も伝染病ももはや見えない。ここでは恐ろしい冬も灼熱の夏も支配することはない。バラは咲き続け、永遠の春を作り出す。ユリは白く輝き、サフランは赤くなり、香木は芳香を発散する。草原は緑となり、植物は花をつけるかと思うと、蜜が流れ出る。〔自然は、すべて〕色彩、芳香、ブドウ酒、香料。花咲く木には落ちることのない果実が実る。月、太陽、星々の運行は変化を知らない〔…〕。ここには夜も時間もない。昼間が続くのである。[17]

中世末の天国に関する図像学に現れた花や木の言語を理解するためには、われわれは偽キプリアヌス、エフライム、聖アンブロシウス、アフラハト、プルデンティウスの手になる記述、また『聖セバスティアヌス伝《アクタ・サンクティ・セバスティアニ》』の中の記述〔本書一四五頁、一四七－一四九頁および一八九頁参照〕を延長するこれらの記述を眼前に思い浮かべる必要がある。また同様に、非常に念入りに作られたコードが、多数の木々、植物に宗教的意味作用を与えていたことを思い出さなければならない。もちろん「何が何でも象徴体系」という誘惑に負けてはならない。植物はある絵画の中では、植物相のほとんど解剖学的描写の口実として用いられる単なる装飾的なモチーフでありうる。しかしながら、天国の描写においては、ずっと昔からそれら植物相の描写と結びついていたのであって、それを支えていた象徴的解釈の過去をまるまる考慮しないというのは考えられないことであろう。

天国の樹木

ゲントの祭壇画にはブナ、ニワトコ、モミのようなベルギーに育つ木だけでなく、シュロ、イトスギ、イチジク、ブドウの株、オレンジの木、ザクロといった南方産の木も見られる。ヤン・ファン・エイクは南欧の国々を巡る旅の記憶をこうして永遠にとどめようとしたのだろうか。そうかもしれない。というのも、一四二八年から二九年に、ヤンはフィリップ善良公に派遣されてポルトガルに滞在したからだ。ヤンはそこで、このブルゴーニュ公の未来の妻、王女イサベラの姿を「ありのままに」描かなければならなかった。そうした具体的必要性があったにしても、画家は明らかにこれら南方の植物が、キリスト教の象徴体系の中で何を意味するかをすでに知っていた。

十四世紀、十五世紀のイタリアの宗教絵画ではシュロとその葉がもっともよくあげられる植物的要素を構成している。だから、それらがゲントの多翼祭壇画に見出されるのは何の不思議もない。「詩篇」のひとつ（九二番、一三節）は「神に従う人シュロのように茂る」と明言する。「雅歌」（七番、七節）〔正しくは八節〕は若者に「ここにおられるあなたの立ち姿はシュロにも比べられ、乳房はその実の房にも比べられる」と許嫁《おとめ》に向かって言わせる。「黙示録」の作者は、天のエルサレムに無数の選ばれた者たちを見つけ、それらの人々が「白い衣を身に着け、手にシュロの実を持っている」のを見る（「ヨハネの黙示録」七章、九節）。古代美術はシュロの枝を軍事的勝利の象徴にしたが、キリスト教図像学は早い時期から死に対する殉教者たちの勝利そして選ばれた者たちの復活の象徴へと変えた。[18] 殉教した処女《おとめ》たち、聖アグネス、聖バルバラ〔二七三－三〇八、小アジアのニコメディア生まれ〕、聖カタリナ〔シエナの。一三四七－八〇、ドミニコ会第三会員の在俗修道女〕などはゲントの祭壇画ではシュロを手にしている。イエスは、枝の主日〔復活祭の一週間前の日曜日〕にシュロを持った群衆によってエルサレムに王として迎えられた。天国の草原のまわりにシュロを植えることにはこれほど多くの理由があるのである。

イトスギのさまざまな意味作用もまた同様にずっと昔から定義されていた。そのうちのひとつがここでは重要である。聖大グレゴリウスによれば、ヒマヤラスギと同じく、イトスギは天の選ばれた者たちを象徴していたという。というのも、この二種の木材は朽ちないと評価されていたからである。聖大グレゴリウスは書いている。「ヒマラヤスギとイトスギは明らかに腐ることのない木である。したがって、それらがすべての選ばれた者たちを象徴するのは正しいことである」[19]。イトスギはさらに、蛇を追い払うことで知られており、蛇は天国の住まいには場所を持つことはできなくなる。最後に、ゲントの天国にも見える北方の木であるモミと同じく、イトスギは永遠に緑である木に属している。宗教的図像学ではイトスギは永遠を象徴していたのである。さらに、ノアの息子セツ〔あるいはセト。聖書には出てこない〕は地上の楽園に行ってそこから三つの枝を持ち帰ったが、それはそれぞれモミ、シュロ、イトスギであり、植えられると高木に成長したという。[20]

天の園にブドウが存在することを強調する必要は一切ない。イエスは自分をブドウの株に譬え、使徒たち、続いてすべての選ばれた者たちがそのブドウの若枝になったからである。イチジクの木は、それと反対に、説明を要する。その説明はとりわけ聖トマス・アクィナスの師である、ドイツのドミニコ会士大アルベルトゥス（〔＝アルベルトゥス・マグヌス〕一一九三頃－一二八〇年）の著作に見られる。大アルベルトゥスは『マリア賛歌』の中で、イチジクの木はあらゆる樹木の中でもっとも多産である、「なぜなら、イチジクは年に七回実をつけると言われているからであり［…］そしてその実は葉よりも前に実る［…］。マリアはイチジクである。なぜならマリアは、天国の木である他のすべての聖人よりも、徳と善行に富んでいるからである。しかもマリアは出産によって多産性を代表した。というのは、肉を通じてマリアはこの世にひとり息子しか産まなかったとはいえ、そのひとり息子においてマリアは無数の息子たちの母になったからである。イエスはひとり目の息子であった」と説明している。大アルベルトゥスにとって、イチジクは同じくキリストを象徴するという。「イチジクは、熟すにつれて黒くなるとても美味な実をつけ、キリストを象徴する。キリストは、地上の生活の最後で、黒くなって横たえられ、とても心地よい寝板《フェルクルム》となった墓の中で、生きている色《ディスコ》をなくした《ロール》のである。[21]

ザクロもまた「神秘の子羊」の祭壇画にある。大アルベルトゥスはザクロについても『マリア賛歌』の中で詳述しており、まずザクロをキリストの形象とするが、それは「ザクロの実が他のすべての木の実よりも、見た目、味、そして匂いにおいて優るように、キリストはすべての聖人を凌駕する。この実［イエス］の聖なる花は、貞節の白、思いやりの赤、慈悲のバラ色である」からである。しかし、ドミニコ会士大アルベルトゥスは、聖母を称えるとき、マリアをザクロに結びつけることも怠らない。大アルベルトゥスによれば、マリアは「実であり、その花が主イエス・キリストである。実は生まれたとき白く、受難のとき赤く、その肉が再び花開いたとき、すなわち復活のときバラ色すなわちさらにずっと美しい色となった」[22]。この解釈は、春、肥沃さ、再生、さらには不滅性を意味するザクロの異

地上に降りた天使たちとともに「ゲントの祭壇画」に見られる植物が描かれている。ベノッツォ・ゴッツォリ「降誕」図の一部1459-62年、フィレンツェ、メディチ・リカルディ宮の礼拝堂。訳者追加図版

教的象徴性をキリスト教化したものである。

天国の園にザクロが存在することを説明するのに適切なのは、ザクロと教会を同一視することである。なぜなら、聖ヒエロニムスによれば、たったひとつのザクロの実が無数の種子を含んでいるからである。[23] そうなると、きわめて自然に、ゲルマニアの教師《プラエケプトール・ガルマニアエ》[24]と呼ばれる九世紀ドイツの神学者ラバヌス・マウルス〔七八〇頃－八五六、フルダ修道院長、マインツ大司教〕によって提唱されたコードへと移って行く。ラバヌス・マウルスにとってザクロは天の選ばれた者たち、とくに殉教者たちを示していた。このような同一視は、十二世紀の作者不詳の詩によっても同じく示唆されている。[25] 最後に、十一世紀のある聖歌はザクロを天国の植物に含めて、「ここには花々とザクロがある」[26]と歌う。

ザクロはフィレンツェのメディチ・リカルディ宮の礼拝堂（通称「東方三博士」の礼拝堂）にも現れる。ベノッツォ・ゴッツォリ〔一四二〇－九七、フィレンツェのフレスコ画家〕は後陣内壁に「降誕」図を描いた。その全体――「東方三博士の行列」と「降誕」――は一四五九年から六二年の制作である。天使たちは天を離れて花の咲く庭園に降り立ち、そこで神の子を崇め、その脇で歌う〔「降誕」〕。この画家が次の世紀の専門的概論の中で「冠状の園《ホルトゥス・コロナリウス》」と呼ばれることになるものをモデルとしたことが確かであるとしても、またいくつもの反対意見があるとはいえ、私にはこの庭園の中に天国の表現を認めないことは難しいと思える。この形式の庭園は、確かに、「公式な儀式の折に、部屋や建物や街路を飾る花飾り、花輪、とくに大きな花綱を作るのに必要なだけの量の花を」提供した。[27] しかしながら、ベノッツォ・ゴッツォリが地

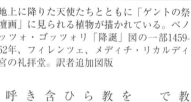

上に降りた天使たちの後ろに何本ものイトスギ、一本のシュロと一本のザクロおよび原罪によってもたらされた死を象徴する枯れた一本の木――救い主の生誕はそれを永遠の植物により置き換える――を描いたのは、まちがいなく昔から受け入れられてきた宗教的コードを参照にしてのことだった。それは、したがって、まさに最終的な幸福の描写であり、そのことは不滅を意味する孔雀と孔雀の翼をつけた天使の存在が確証している。いずれ再び取り上げて長く論じることにするが、[28]クリスマスは、この時代、天国が一日だけ地上に降りて来たかのような日であった。

　ザクロと対照的な位置に、ベノッツォ・ゴッツォリは、ゲントの多翼祭壇画に見られるオレンジの木を置いた。オレンジの木の意味は多義的である。その白い花は純潔を象徴し、マリアのアトリビュート〔表現された人物の象徴的な持ち物〕となった。しかしそれ以上に、とりわけイタリアにおいて、人々はオレンジの木に地上の楽園の〔善悪の〕知識の木を見ていた。原罪の契機となった、したがって贖罪の原因ともなった木である。救い主が到来してから、オレンジの木はつねに緑であることを運命づけられた生命の木になった。オレンジの木は葉を失わないがゆえに、永遠の園にその居場所を持っていた。オレンジの木はすでにヘスペリデス〔ギリシア神話の「夕べの娘たち」。世界の西の果てにある楽園の、黄金のリンゴのなる樹の話をしていた〕の庭の「黄金のリンゴ」〔オレンジを指すとされる〕を実らせていたのではなかったか。これを確証する重要な証言がある。ジョヴァンニ・ディ・パオロは「最後の審判」で天国の背景に六本のオレンジの木を描いているのである。

植物相

　ゲントの多翼祭壇画の草原の中に、植物学者たちは五十種ほどの植物を数え上げたが、その中のいくつかは疑いなく修道院の庭から来ている。薬草としての効果の認められたカノコソウ、ヨモギギク、クサノオウなどがそれである。本節ではタンポポとオオバコについて強調しておこう。タンポポが天の牧草地にあることは意外だろうか。苦みのある植物であるタンポポは過越の祭りの食事である「セダー」の折に、ユダヤ教徒によって穢れなき子羊とともに食べられる。ところで、ゲントの祭壇画はその中心に聖なる子羊を置いている。子羊の犠牲が人類に天国への扉を再び開いてくれた。タンポポはいずれにせよ「祝福された植物」として現れている。[29]別種の薬草であるオオバコは、天国の草原に茂る多くの理由を有している。オオバコの強い止血力のゆえに、画家たちはイエスと殉教者たちの受難を描く場面で、オオバコと血の関係をあてこんだのである。オオバコは、しかしながら、キリストへの道を求める多数の人々も意味していたと思われる。[30]これらふたつの意味がゲントの祭壇画で一緒になっているのかもしれない。というのも、イエスの死は選ばれた者たちの群れに道を開いたからである。

　ゲントの天国の花の中で、右側の赤いボタンが目を引く。ボタンも薬草であり、その花を大プリニウス〔二三－七九、古代ローマの政治家、学者。『大博物誌』（全三七巻）を残す〕はアポロン〔ギリシア神話の太陽神。知性と文化を象徴する〕と関係づけたが、キリスト教徒はすべての光の源であるキリストに結びつけた。イエスとボタンのつながりはジローラモ・ダイ・リブリ（一五五五年没）〔一四七四－一五五五、ヴェローナの画家〕の「キリストとサマリアの女」（ヴェローナ、カステル・ヴェッキオ美術館）、ジョヴァンニ・ディ・ピエトロ（一五二八年没）〔一四七四頃－一五二八、イタリアのペルージア、アッシジ、スポレートなどで活動〕の「キリストの最期」（ロンドン、ナショナル・ギャラリー）の絵に現れている。[31]キリストの象徴であるこの花は、当然、ゲントの草原に永遠の光に照らされてその場所を持つ。

　多翼祭壇画の作者はスミレ、野イチゴ、ヒナギク、スズランを忘れてはいない。これらの花はみな春の色を持っていて、すべてが幸福な永遠の中に入るために必要な徳や謙遜を象徴していた。さらに、ウェナンティウス・フォルテュナトゥスはスミレをユリとバラと並ぶ天国の花として数えていた。[32]そしてギョーム・デュランは、『典礼解説』の中で、天国は花で一杯の平原であり、スミレはその中で証聖者を表していると明言した。[33]イチゴは、われわれがあげたすべての植物のようにいくつもの意味を持っている。とはいえ、オウィディウスは『変身物語』の中で（巻一、一〇四行）黄金時代を想像して、そこで人々はイチゴを食べて育つと語っていた。したがって、イチゴがキリスト教徒の最終的黄金時代に入り込んだのは当然なことだった。イチゴはとりわけ、われわれが触れたジョヴァンニ・ディ・パオロのふたつの作品、シエナ国立美術館の「最後の審判」とメトロポリタン美術館（ニューヨーク）の「天国」に姿を現している。

　ヒナギクは代表的な春の花である。だから、ボッティチェリの『ウェヌスの誕生』〔ウェヌスはローマ神話、ヴィーナスとも〕で、ニンフは水から出てくる女神にヒナギクの花束が描かれている衣服を差し出す。ところで、キリスト教象徴体系は、しばしば、あの世の幸福を永遠の春だと想像した。そのことは、ジョヴァンニ・ディ・パオロの「天国」や天国の予感を与えるさまざまな絵、幼子イエスと聖母の絵、東方三博士や羊飼いの礼拝などの絵の中の、ヒナギクの存在を説明する。一五三九年にバーゼルで出版されたヨハンネス・アンモニウス・アグリコラ著『植物図鑑』はヒナギクを「天の鍵」や「聖ペテロの鍵」と呼ぶ。[34]スズランについては、そのラテン名「リリウム・コンウァリウム」は「谷間のユリ」を意味し、宗教的な詩や図像学によってマリアに結びつけられた。スズランも春を告げる花であり、この花が三月二五日のマリアへのお告げと結びつけられるのはこうした理由による。天国の草原と受胎告知が同時に描かれていた祭壇画にスズランがあっても驚くことはないであろう。

　ユリがゲントの祭壇画の植物群の中で恵まれた位置を占めること、それは人々が予想する通りである。少なくとも聖アウグスティヌス以来、[35]ユリは純潔の象徴としてマリアに結びついた。代表例としてあげると、尊者ベーダ[36]と聖ベルナルドゥスは、[37]ユリの中に「無原罪のお宿り」〔マリア自身が原罪の穢れを免れて懐胎されたということ〕の象徴を見た。したがって、キリスト教図像学は頻繁にこの花をマリアに関わる場面に登場させたのである。[38]ゲントでは、開かれた祭壇画の上段で、マリアの王冠はユリの花をつけている。さらに拡張されて、ユリは多数の聖人のアトリビュートとなり、聖人たちの純潔を意味した。ゲントの祭壇画では、ユリは子羊の祭壇に向かう処女《おとめ》たちの行列のかたわらに咲いている。

　しかしながら、ユリはとくに天国に結びつく別の象徴系をも持っていた。なぜなら、天には本源的純粋性が見られるからである。イエスははっきりと述べた（「マタイによる福音書」六章、二八－二九節。「ルカによる福音書」一二章、二二節）。「野のユリを観察しなさい。どのように育つかを観察しなさい。働きもせず、紡ぎもしない。あなた方に私は言います、栄華をきわめたソロモンはこれらの花のように着飾っていなかった、と」。聖アンブロシウスはこれを注解してこう書いた。「ユリが、いやむしろ天使が人間よりも多くの至福をまとっていても、われわれは神の慈悲に絶望してはならない。われわれに対して、主は、復活のおかげでわれわれが天使のようになることを約束されたのだ[39]」。ユリは選ばれた者たちの天上での条件の象徴となった。イエスの言葉――ユリは働きもせず、紡ぎもしない

――は、アダムとイヴが地上の楽園で働く必要がなかったことを思い起こさせもしたかもしれない。見出された天国では、労働あるいは少なくとも労働から生じる苦しみは消え去るであろう。

いくつもの理由から、天国の草原におけるユリの存在が正当化されていた――それはずっと昔から確かめられた存在であった。ラヴェンナの、サン・タポリナーレ・イン・クラッセ教会の有名な後陣は、司教の左右に、ユリによって隔てられた子羊を描いている。サン・ヴィターレ教会では、奥のモザイクが、鳥とユリで一杯の草原の上方に、荘厳の〔光背をつけた〕キリスト像を位置させている。ユリは、様式化された形で、ローマのサン・クレメンテ教会の大モザイク上にも姿を現す。ゲントの多翼祭壇画の時代にさえも、ジョヴァンニ・ディ・パオロは、ニューヨークの「天国」とシエナの「最後の審判」の中で、選ばれた者たちと天使たちがユリに挟まれて抱き合っている姿を描いている。

とはいえ、宗教的図像学においてもっとも表現されたのはバラである。中世のキリスト教は、かつて異教徒の花であったバラに栄誉を与え、「バラの回帰」に貢献した。[40] そのことは他の花の地位向上をも可能にした。また、バラの形をしたステンドグラスは天の光を大聖堂の中に進入させたのである。

古代においてウェヌスの象徴だったバラは、キリスト教用語で多様な意味を持つに至った。とくにこの花は、受胎告知から天における戴冠（したがって中世末の「ロザリオ」〔聖母マリアのバラの冠を意味する中世ラテン語のロザリウムに由来〕まで、マリアに結びつけられた。バラはまた殉教者、使徒、証聖者、処女《おとめ》をも象徴した。十三世紀に、聖ゲルトルート〔一二五六－一三〇一／〇二、ドイツ、ザクセンのヘルフタ修道院に五歳で入り、ベネディクト会隠修修道女となる。いくつもの天啓を得た〕はある日聖ベネディクトゥスの幻視を得た。

　三位一体の前で、聖ベネディクトゥスの華やかな衣服は光り輝き、その顔は威厳と美に溢れ、驚くほど美しく生き生きとしたいくつものバラが聖ベネディクトゥスの体の節々すべてから咲き出るかのようだった。まるで光り輝くバラで一杯の庭を作っているようだったが、それは、ひとつのバラがそのバラより香りと美しさで凌駕する別のバラを、そしてこの別のバラがそれを凌駕するまた別のバラを生み出すためであった。[41]

バラはまた、とくに天国に関する意味をも内包するのであり、聖アンブロシウスはその理由を説明していた。それによれば、エデンの園でバラは棘を持たずに茂っていた。原罪以後、バラは美しさと芳香を持ち続け、消えた幸福を思い出させるが、棘は恩寵の喪失を意味する。終わりのない喜びが花開くとき、バラはもはや刺すことはないであろう。[42] ダンテは「天国篇」の第三〇歌（一二一－一二三行〔正しくは一二五－一二六行〕）において、至高天には巨大な天のバラがあり、「芳香を立ちのぼらせて永遠の春の太陽を称賛する」と想像した。

このように、花は多様な宗教的場面、とくにあの世の幸福を予測する場面の表現と結びつけられたために、キリスト教図像学の中で栄誉ある地位を見出した。十四世紀に描かれ、ヴェネツィアのマルチアーナ図書館に保存されている『神曲』の作者不詳の版画は、ウェルギリウスを引き継いで詩人ダンテを「永遠の宮殿」へと連れて行くことを急ぐ「光の天使」ベアトリーチェと、詩人との邂逅を表現している。これからは自分が詩人の案内役にならなければならないベアトリーチェは、白と赤の花に覆われた地面におり、そこからダンテに、太陽、月そして星々を指で示す。フラ・アンジェリコの天使たちがフィレンツェの「最後の審判」（サン・マルコ美術館〔本書一五四頁図版〕）の天国の部分で手を取り合い踊る素晴らしい草原の中に生い茂っているのも、同じく白と赤の花である。かなり一般的な言い方をすれば、とはいえけっして厳格な区別だったわけではないが、白い花は純潔を、赤は愛徳と愛を、青は天の約束を指示していたのである。

第十章　天国の光、色彩、芳香

溢れる光

色彩を復元することなしに天国を想起することは不可能である。そうではあるが、まず第一に、素晴らしい光がある。ゲントの多翼祭壇画では、この光は天国の草原の上方から進入してくる。聖霊の鳩から発して、そのまわりに半円を形成し、黄金の光線が淡青色を帯びた軽やかな空間を横切る。この光は天地創造の光でもあり、幸福な永遠を照らすことになる光でもある。ミッシェル・パストゥロー〔一九四七－、フランスの歴史家。紋章研究から出発し、動物、植物、色彩の歴史の専門家〕は、中世の心性に踏み込むことにより、正しくも次のように書いた。「その光は、見えるが同時に非物質的である、感覚されうる世界の唯一の部分である。その光は表現できないものの可視化であり、そのようなものとして、神の発現である」[1]。

なぜなら、神は「光」であるからだ。使徒ヨハネが「福音書」の冒頭（「ヨハネによる福音書」一章、九節）で宣言したこのことが聖書の啓示全体を貫いた。「主よ、私の神よ、あなたは偉大である。栄光と輝きをまとい、光をマントとして身を覆っておられる、あなたは天を幕のように張る」（「詩篇」一〇四番）と「詩篇」作者は叫ぶ。あるいは、知恵は「神の光の反映」とされる（「知恵の書」七章、二七節）。「イザヤ書」（四二章、六節）、続いて「ルカによる福音書」（二章、三二節）は「諸国の光となるであろう」者を告げる。イエス自身は「私は世の光である」と語り（「ヨハネによる福音書」九章、五節）、「ヨハネの黙示録」（二一章、二三–二五節）はこう預言する。――「〔天のエルサレムには、〕それを照らす太陽も月も、必要ではない。神の栄光が都を照らしており、子羊が都の明かりだからである。〔…〕そこにはもう夜はないであろう」。「主が〔選ばれた者たちを〕照らし、選ばれた者たちは世々限りなく統治するであろう」（「ヨハネの黙示録」二二章、五節）。ゲントの祭壇画の作者たちは、永遠の諸聖人の祝日を表現するにあたり、明らかにこうした終末論的お告げを示唆しようと望んだ。これらのお告げは、「大天使ミカエルが魂を聖なる光の中に導かれんことを。絶えることのない光を魂の上に輝かせ給え」のように、葬礼の伝統的典礼に採り入れられ、歴史家ニコル・ルメートル〔一九四八–、フランス近代史家〕はこのことについて「眩い光景の神学」と語る。[2]

この神学はキリスト教の言説を絶えず豊かに育んだ。偽キプリアヌスは、三世紀の著作『殉教称賛』[3]の中で、太陽が時間とともに弱まることのない、光が夜を前に逃げる必要のない、終わらない夏を告げている。ニュッサのグレゴリオスは、亡くなって間もない若い女性プルケリアの父を慰めてこう言った。「あなたにとって、彼女は目を閉じたのでしょうが、しかし彼女は永遠の光にその目を開けたのです」[4]。聖アンブロシウスは、あの世の至福を記述して、われわれは寒さも、みぞれも、雨も知ることはないだろう、われわれは太陽、月、星々を必要としないだろうと語り、「ただ神の光のみが輝くであろう。なぜなら神はすべてのものの光となるからだ。この真実の光、すべての人を照らす光は、すべてのもののために輝くであろう」[5]と告げた。トゥールのグレゴリウスもまた、死の彼方から帰って来た修道士サルヴィの口を借りて次のような啓示を述べる。「〔私は〕いかなる光よりも輝く雲を〔見た〕。その場では太陽も月もいかなる星も見分けることはできない。だが、その雲はそれらすべてよりも燦然と、天然の光をもって輝いていた…」[6]。

ラバヌス・マウルスは反対に、永遠の実体を指示するために太陽を利用する。「聖書において太陽は、時には救い主を、時には聖人たちの放つ光を、時には知恵のきらめきを、時には徳の美を意味する」[7]。霊性についての文献はしばしば苦もなく太陽光とその彼方とを結びつけた。ペトルス・ダミアニにとっては、「子羊は幸福な都〔天のエルサレム〕の終わることのない光である。夜と時間は消え去った。昼間が続き、聖人たちは光り輝く太陽のように輝く」[8]。

この最後の表現は「マタイによる福音書」（一四章、四三節）から来ていて、それによればイエスは、時の終わりである大いなる刈り入れの後、「正しい人たちはその父の王国で太陽のように輝く」と預言した。そしてその表現はセビリャのイシドルス、[9]聖ベルナルドゥス、[10]オータンのホノリウス、[11]さらにその他の人々に引き継がれていった。

聖トマス・アクィナスは『神学大全』で、「審判後の世界の状態」について自問し、下位の身体はそのとき「とりわけ光のレベルにおいて完全なものとなるだろう［…］。地はその表面がガラスのように透明となり、水は水晶、空気は空、火は天の星のようになる［…］。光の過剰は悦ばしいものとなるだろう。というのも、光はひとえに視覚器官の弱さゆえに耐えがたいのであり、その弱さは新しい生の中にはもはや存在しなくなるだろうからだ。空気は光線を放つかのように澄むのではなく、光が浸透した半透明なものとして透明になる。地は、もともと不透明であるが、神の徳により、その不透明性を害することなく、光の栄光をその表面にまとうことになるだろう」と書いていた。[12]審判後の再生した世界では、かくして、すべては光となる――身体も魂も――、なぜならすべては神の光によって浸透されるだろうからだ。

時代を下ってきてゲントの多翼祭壇画の時代に近づいても、永遠の光の限りない美しさをはっきり示す新たなテキストを、われわれは絶えず見出していく。ダンテにとって天は「神の霊性以外に場を持ちません［…］。光と愛がひとつの輪でこの天を囲んでいるのです」（「天国篇」第二七歌、一〇九－一一二行）となる。フォリーニョのアンジェラは二番目の天啓〔アンジェラは数多くの幻視、天啓を得たが、なぜこれが二番目かは不明〕を語り、こう説明する。「私は溢れる光を目にしていた。あまりにも光で一杯になっていると感じていたので、そのことをわかってもらおうと思っても言葉も譬えも見出せないほどでした」[13]。スウェーデンの聖ビルイッタは、イエスに、栄光の姿にある主ご自身をすぐにでも人間に見えるようにしない理由を尋ねた。主は答えて言った。

私の栄光は、その甘美さと善意において言い表しがたく譬えがたい。だからもし私の栄光がそのまま見られることになると、私の栄光を山で見た者たち〔キリストの変容のエピソードへの言及〕の感覚のように、朽ちやすい人間の身体は弱り乱れるであろう。彼らの身体も魂のあまりに大きな喜びが原因で同じように衰弱し、もはや身体の運動をすることができなくなるであろう［…］。
上位と下位の事柄をともにする人間が、昼に労苦を耐え忍ぶ術を知り、また耐え忍ぶことができるように、そして夜に永遠の光の喪失を後悔する術を知り、また後悔することができるように、光は作られたのである。夜はまた身体の休息のためにも作られた。それはわれわれの中にある欲望、夜も労苦もなく、永続の昼と永遠の栄光があるような場所に行きたいという強い欲望を刺激するためなのである。[14]

『キリストにならいて』は「主がご存じの唯一の日、今のような日でも夜でもなく、永遠の光、無限の明るさ、崩れない平和、また安全な憩いの日」が来ると述べる。[15]そしてこの光が選ばれた者たちに入り込むであろう。それはゲントの「神秘の子羊」において、光線が絵画的に表現するもので、光線は聖なる鳩を囲む光の輪に発し、美しい夏の空を横切り、選ばれた者たちのさまざまなグループに行き着く。一四九二年、パリでアントワーヌ・ヴェラール〔一四八五年から一五一二年にパリで活動した出版業者〕によって出版された『往生術』のフランス語訳は同じ確信をはっきりと示す。

〔天国で選ばれた者たちは〕偉大で至高の太陽である神の輝く光線を受け、そして選ばれた者たちは、計り知れない、また理解できない影響であるこの光と光線を受ける。物質的鏡がそうした太陽の光線を受け取るように、単にその表面上においてではなく、それとともに、選ばれた魂は上に述べた神の光を受ける。それほどに魂はすべて神の光に浸され、そしてまた神とともにひとつの同じ姿へと変化するのである。このことは、疑いもなく、瞑想の功徳によりこの世の道で始められうる。そのことを「コリントの信徒への手紙」を書いた使徒〔＝聖パウロ〕は記している。「われわれは光によって光に変えられるだろう」〔「コリントの信徒への手紙二」三章、一八節〕[16]。

金の象徴体系

天国の空には歴史がある。長いあいだ、天国の空はキリスト、聖母、聖人たちの背後に、金色の背景によって表現された。金は優れて高貴な物質を代表していた。ビザンチン時代からすでに、ミッシェル・パストゥローの書くところによると、教会は「金の宮殿」となり、金銀細工は宗教的芸術となった。金は「物質であると同時に光でもある［…］。金は色彩を輝かせる。その装飾としてまた仲介としての機能は大きなものである［…］。中世において、白よりも白いもの、それは金である」[17]。

ラヴェンナのサン・タポリナーレ・ヌオヴォ教会（六世紀）では、処女《おとめ》たちと殉教者たちがそれぞれ王冠をかぶり、互いにシュロによって分けられている。そしてその姿は紺の壁を背景に浮かび上がっている。コンスタンティノープルの聖ソフィア大聖堂〔アギア・ソフィア大聖堂、アギア・ソフィアは「聖なる英知」の意〕の九世紀から十二世紀末まで徐々に作られたモザイクも同じ意匠を採用し、金の背景に全知の神、聖ヨハンネス・クリュソストモス、マリアとイエスを浮かび上がらせており、その外側に皇帝たち、女帝たち、あるいは「デイシス」〔本書二一〇頁参照〕の三人（聖母マリアと洗礼者ヨハネとそのあいだの主キリスト）がいる。[18] コンスタンティノープルのモザイクに非常に近い時代の福音書抄録集や典礼書の西欧の細密画は、降誕図、四人の福音書記者に囲まれたキリストまたはハインリヒ二世〔九三七－一〇二四、ドイツ王・神聖ローマ皇帝在位一〇〇二－二四〕とクニグンデ〔九七五－一〇三三、ハインリヒ二世の妻、リュクサンブール伯の娘、聖人〕に冠を与えるキリストを金で囲むことを好んだ。これらは多数ある例のいくつかである。[19]

金を被造物より上方に、神と同じレベルに置く象徴体系は長い経歴がある。とりわけ、ビザンチンの影響が感じられる場所、モザイクの技法が生きていた場所においてそうであった。十二世紀、チェファル大聖堂〔チェファルはシチリア島北海岸の都市〕の全能のキリスト、パレルモのパラティナ礼拝堂〔ノルマン王宮にある礼拝堂〕のイエスの生誕とイエスのイスラエル入城、トルチェッロ島のバシリカの後陣中央を占める聖母子など、金の背景によって強調された主題はこれほども多くある。[20] 金の背景は、今度は、フィレンツェの洗礼堂の天上（十三世紀）、サンタ・マリア・マッジョレ大聖堂（十三世紀末）の後陣に広大な場所を占める。後者の場合、母親に王冠を授けるイエス、そのふたりを囲む聖人たちと天使たち、そして、下の段に、降誕図、東方三博士の礼拝、マリアの永眠がある。これらすべての場面は金色の大きな後陣に位置している。さらに、金は場面そのものの中に侵入している。なぜなら、キリスト、マリア、天使たちの衣服もまた周囲の金色に一致しているからである。

天国の金はジョットの作品群になおはっきりと残っている。画家は青に大きな場所を与えてはいるが、アッシジの、バシリカ下層では、「栄光のフランチェスコ」と「純潔の寓意」と「清貧の寓意」〔これらを含む四作品は聖フランチェスコ伝を語る二十八枚とは異なる天井部分に描かれている〕が金色の三角形から浮かび出ている。バシリカ上層では、ジョットはこれにも協力したが、身廊のヴォールトで金の星がちりばめられた非常に青い空に大きな場所があてられている。しかし、バチカン宮美術館の「ステファネスキ多翼祭壇画」〔枢機卿ステファネスキの依頼により一三一五－二〇年に制作〕は、その中心部の表側に玉座のキリスト、裏側に高位聖職者の姿をした聖ペテロを描き、救世主と使徒を金色の背景の前に位置させて称揚している。同じことが、フィレンツェのサンタ・クローチェ教会の、天国で母親に王冠を授ける、イエスのまわりに集まった天使たちと聖人たちについても言える（「バロンチェリ多翼祭壇画」）。

もっと後には、フラ・アンジェリコが青の詩人そして巨匠となるだろう。しかしながら、フラ・アンジェリコのいくつもの「聖母子」像（フィレンツェのサン・マルコ美術館。フランクフルトのシュテーデル美術研究所。コルトーナ〔イタリア、トスカーナ州の都市〕の司教区美術館）は伝統的な金色の枠を保持している。この背景を画家はウフィツィ美術館（フィレンツェ）の「聖母戴冠」とオルヴィエート大聖堂のサン・ブリツィオ礼拝堂の「栄光のキリスト」のためにも選んだ。

注目すべき事実、それはロヒール・ファン・デル・ウェイデン最大の作品、ゲントの多翼祭壇画のおよそ三十年後の作品で画家のイタリア旅行直後に制作された、ボーヌ施療院の「最後の審判」〔本書三一六頁図版〕においては、構図の四分の三が金色の部分にあてられていることである。下方の明るい青色の空の帯は確かに死者の復活の証言である。これはわれわれの知る通常の空、一度審判が下されて時間が止まるとまさに消失する空である。しかし、公正な審判者とその補佐をする聖人たちがいる広い空間は金色が支配的である。これは最終的な空である。そこには、変質することのない金色のための場所しかない。

このような比較はゲントの多翼祭壇画の空の独自性を理解させてくれる。それはわれわれの土地の夏の空であって、雲がいくつかあるが、雨をもたらすような雲ではもちろんない。光は昼日中の光だが、夕方を知ることのない昼間である。上の方、「デイシス」と歌い手、演奏者の天使たちと同じ高さでは、空は青い色を保ち、それを永遠に持ち続けるであろう。

青

青い空が、しかしながら、モザイクの黄金時代のキリスト教図像に不在だったわけではない。そのもっとも明白な例はラヴェンナのガッラ・プラキディア廟堂（五世紀）――実際は礼拝堂――である。羊の番をするキリストのいる田園風景は明るい青の空を背景に展開する。礼拝堂のヴォールトはというと、深い青のモザイクで完全に覆われており、その深い青は星を表す金、白、緑、そしてライトブルーの幾何学模様がちりばめられている。サンタ・プデンツィアーナ教会（五世紀）とサンティ・コスマ・エ・ダミアーノ教会（六世紀）のローマ時代のバシリカには、モザイクに覆われた後陣は、使徒たちや聖人たちに囲まれたキリストを、雲が筋状に入った灰色がかった青い空の背景の前に配置している。雲はサンタ・プデンツィアーナ教会よりもサンティ・コスマ・エ・ダミアーノ教会の方がより赤みがかっている。しかし青空はとくにサンタ・プラッセーデ教会（九世紀）において明白である。イエスはヨルダン川の水の上に立ち、六人の人物に囲まれている。右側にパウロ、プラッセーデと教皇パスカリス一世〔教皇在位八一七–八二四。地下墓所（カタコンベ）を発掘し、多くの殉教者の遺骨を移転させた〕、左側にペテロ、プデンツィアーナそしてゼノ〔聖。三〇〇–三七一、ヴェローナの司教〕がいる。この構図の背景すべてが深い青であり、その青は天のエルサレムに捧げられた凱旋門上部の、贖い主、マリア、福音書記者聖ヨハネ、聖プラッセーデ、エリア、モーセ、そして冠を与える使徒たちが表現されている部分にも見出される。この場面の両側に、選ばれた者たちが天国の門で迎えられている。選ばれた者たちの足元に草原と花が見える。その後方そして上方に、様式化されたいくつかの小さな白い雲が筋目となっている青空がある。

非常に重要な、古代のとても美しい青の目録の中で、コンスタンティノープルの聖ソフィア大聖堂の素晴らしいモザイク（十一世紀）に触れないでいられようか。これはコンスタンティヌス九世〔一〇〇〇頃－一〇五五、東ローマ皇帝在位一〇四二－五五。ゾエの三人目の夫として即位〕と女帝ゾエ〔九八〇－一〇五〇。妹テオドラ、次いでコンスタンティヌス九世と共同統治した〕のあいだで祝福を与える救世主の姿を描いたものだ。イエスは金色の背景から浮き出る強く光る際立った青の豪華な衣服をまとっている。それは、こういう言い方が許されるなら、イエスの天国の服装である。これとはかなり異なるひとつの作品がわれわれの注意を引くかもしれない。一〇二〇年頃に制作された皇帝ハインリヒ二世のマントで（ドイツ、バンベルク大聖堂）、広がった空を描いている。深い青のその色彩は、金色の星座や黄道十二宮によって強調されている。

こうした作品のすべて――基本的にビザンチン的伝統のもの――は青の前史を語る。なぜなら、ミッシェル・パストゥローが見事に証明したように、「青の革命」は西欧において十二世紀末と十三世紀のあいだに起こったからだ。[21]当時、高価で遠来の――オリエントから来ていた――インディゴ〔青の染料。藍の主成分〕からだけでなく、われわれの国で育つ大青《ゲード》（パステルの一般名称）から色鮮やかな青を作る技術が生まれたのだ。この時期以後、大青の栽培は急速に発展し、逆に赤染めに役立つ茜の栽培は減少した。それまでの象徴体系はとりわけ白、赤そして黒によって成り立っていたのに対して、青がひとつの「価値」となり、儀式の色、カペー朝〔九八七－一三二八。フランス中世の王朝〕の国王の色となった。濃密で輝かしく充満した青が好まれ、紋章、ステンドグラス、そして細密画に入り込んでいった。青のこうした地位向上は当然ながら、空の色あるいはイエスとマリアの衣服の色にしろ、天国の描写に反映することになった。後にラブレー〔フランソワ。一四九四頃－一五五三、フランス・ルネッサンス文学の代表的作家。パンタグルエルとその父ガルガンチュアを主人公とした四作品を発表〕は次のように書くだろうが、それはわれわれのこの話題に関わりがある。「ガルガンチュアの色は白と青であった［…］。父親〔＝ガルガンチュア〕は、これらの色によって、そのことが自分にとって天の歓喜であることをみんなにわかってほしかったのである。というのも父親にとって、白は喜び、楽しみ、快楽、祝賀行事を、青は天のものを意味したからなのです」[22]。

天の青そのものも変化した。ジョットはアッシジのバシリカ上層のヴォールトとパドヴァのスクロヴェーニ礼拝堂の天井に、金の星がちりばめられた、どこも一様な深い青を用いた。また、フラ・アンジェリコがルーヴル美術館にある「聖母戴冠」を位置させたのはもう少し明るい、むらのない青の背景の上だった。これらは数多くある例の中でも重要な二例である。「ヨハネの黙示録」、聖アウグスティヌスの『神の国』、あるいはさまざまな天国の場面を描いた十五世紀の細密画家たちも同様に、絵の背景にはっきりとした青い空を配することを好んだ。『ベリー公のいとも豪華なる時禱書』（シャンティイ、コンデ美術館）の「マリアの戴冠」（ジョヴァンニ・ダル・ポンテ〔ディ・マルコとも。一三七六－一四三七、フィレンツェの画家〕）がそうした例である。ゲントの「神秘の子羊」の空は他とは違うと同時に多様でもある。「デイシス」の三人物――主、マリア、洗礼者ヨハネ――の上方では、空は一様で深い青をしている。天の音楽家たちの上方では、空はもっと青白く、上から下に向かって明るくなっている。最後に、天のエルサレムの塔と天国の草原の上方では、空には金色の光が差し込み、軽やかな雲がちりばめられている。

画家たちはすでに大気としての空を我が物としつつあった。そして、たとえ天国を表現する場合でも、空に多様なニュアンスを与えようと努力した。その後もさらに画家たちの高度な技法は増えた。デューラーの「三位一体の礼拝」（一五一一年、ウィーン美術史美術館）が、ドイツ・ルネッサンスのもっとも高度な表現を作り出していると見なされることが多い。金、緑、青の衣服の父なる神が、伸ばした両腕で息子が吊されている十字架を持っている。父なる神の上方に画家は聖霊の鳩を置いた。そして三位一体を囲む冠状に天使たちと聖人たち、教皇と皇帝を配している。すべての人物はみな、さまざまな青を帯びる、多くの雲がある空から浮かび出ている。空の色においてこれと少し似ているグラデーションが――ここにも雲があるのだが――、一五二六年にレイデンのルーカス〔一四九四－一五三三、オランダの銅版画家〕によって描かれた「最後の審判」に現れる（レイデン市立美術館）。上部の天空――そこに神と聖霊の鳩がいる――は金色である。しかし、公正な審判者、使徒たちと天使たちは淡い青色の空にある雲の上方に位置を取っている。そして、この淡い青色の空の色がゲントの多翼祭壇画の草原を見下ろす空を思わせる。

衣服に関しては、象徴体系最上層への青の上昇は、典礼のために採用されたコードとつながった。一一九五年頃、ロタリオ枢機卿——後のインノケンティウス三世〔教皇在位一一九八－一二一六、イギリス王、フランス王、ドイツ王を破門し、ローマ・カトリック教会の最盛期を出現させた〕——はミサについての概論において、この分野のローマの慣用を説明し体系化した。その後、教皇たちはこうした慣用の全面的な採用を推奨したが、それが完全な広がりに至ったのはようやく十九世紀のことだった。[23] ロタリオは述べている。

> 純潔の象徴である白は天使、処女《おとめ》、証聖者の祝日にふさわしいとともに、クリスマス、主の公現、聖木曜日、復活祭、主の昇天および諸聖人の祝日などの大祭にもふさわしい。赤はキリストと殉教者の血を思わせるので、十字架、使徒、殉教者の祝日と五旬節に望ましい。黒は喪と悔悟に結びつく。典礼ではこの色を死者のミサ、待降節、幼子殉教者および四旬節の期間に用いるべきである。緑の色が残っているが、これは通常の平日に用いられるべきである。なぜなら、緑は白、黒、赤の中間的色であるからである［…］。すべて他の色はこの主要四色に含まれる。たとえば朱色は赤に、紫は黒に、黄色は緑に。かなりの数の著者が、植物との比較を行っており、バラといえば殉教者、サフランは証聖者、ユリは処女《おとめ》になぞらえている。

ロタリオ枢機卿がこうして指令を出した頃、少なくとも西欧では、青はまだもっとも高貴な色に堂々と仲間入りするには至っていなかった。そこから、未来のインノケンティウス三世の指示に忠実である典礼用着衣に、今日においてもなお、青が不在であることが説明される。さらには、ロタリオは緑を最後の場所に追いやった。逆に、ビンゲンのヒルデガルトは、そのわずか前に、緑を誉め称えていた。「緑《ウィリディタス》」はヒルデガルトにとって、希望、若さの生気と創造力を意味していた。人間の魂は聖なる樹液の流れ、「花と草の生気の中で花開く悦楽の場所」である天国と思えたのだった。[24]

このような交錯したコード体系は、中世末の宗教的図像学におけるさらなる色彩の読解を可能にする。好まれ続けたが固定化の難しい青は、つねに天の都の高貴な人物たち、とりわけマリアの色とされた。聖母は事実、フラ・アンジェリコの作品中でしばしば青をまとって現れる。しかしながらその作品中では、たとえば複数の「受胎告知」、同じく聖母が幼子を抱いている姿〔「聖母子」〕（サン・マルコ美術館にもいくつもの祭壇画がある）、さらには連続して制作された「聖母載冠」（ウフィッツィ美術館とルーヴル美術館）において見られるように、絵画ごとに色調が変わる。逆に、『マルグリット・ドルレアンの時禱書』（十五世紀）〔マルグリット・ドルレアン（一四〇六－六六）は国王シャルル六世の弟であるオルレアン公ルイの娘〕では、マリアはつねに金の縁取りのある同じ深い青の豪奢なマントを着ているが、それはマリアがやはり青い衣服のイエスによって戴冠されるときばかりではなく、エジプトへの逃避や十字架の下にいる場合でもそうである。[25] ファン・デル・ウェイデンの「最後の審判」で、マリアは至高の審判者の横にいて、またも青い衣服を着ている。その色は三位一体を前にして礼拝の形をとるマリアのマントのためにデューラーが選ぶことになる色である（ウィーン美術史美術館〔「三位一体の礼拝」〕）。

他の色の意味

この規則はしかしながら例外を認めた。フラ・アンジェリコ自身、サン・マルコ修道院の有名なフレスコ画のひとつ、すなわちマリアの戴冠に捧げられたフレスコ画「聖母戴冠」で、イエスとその母に白を着せている——白は典礼上もっとも大きな祝日の色であった。ゲントの祭壇画についていうと、戴冠したマリアに深い青の美しい衣服を与えているのに対し、受胎告知では白を着せている。白はここでは処女性を意味している。同様に、フレマールの画家〔＝ロベール・カンパン〕は「聖ペテロと聖アウグスティヌスに現れた玉座の聖母」（エクス・アン・プロヴァンス、グラネ美術館）の聖母に青い服と袖なしマントを着せるが、画家はディジョン美術館の「降誕」では白を着せていた。最後に、天の玉座にいる者としての輝きにおいて示されるマリアは、時には金の縁どりのある荘重な赤い服を身に着けて描かれる。それは、ヤン・ファン・エイクの傑作のうちの三つ、「ファン・デル・パーレの聖母子」（ブリュージュ市立美術館〔ゲオルギウス・ファン・デル・パーレはブリュージュの聖ドナティアヌス教会参事会員。同教会にこの作品を寄贈した〕）、「宰相ニコラ・ロランの聖母子」（ルーヴル美術館〔本書一三七頁図版〕）、「玉座の聖母子」（ドレスデン国立絵画館）において、画家によって何度となく選ばれた方針である。画家ヤンは典礼的色彩体系とは離れて——赤はイエスと殉教者の責め苦の想起にあてられていた——、我が息子の皇帝としての威厳を、そして天上において分かち持つマリアが獲得した栄光を、表現しようと望んだ。まちがいなく同じ考えでショーンガウアー〔マルティン。一四五〇頃－九一、ドイツの画家、版画家。デューラーに影響を与えたとされる〕は幼子を腕に抱くマリアに赤い衣服を豪華に着せてしばしば表現した（コルマール、バーゼル、ミュンヘン、ベルリン、ウィーン）〔「バラの生け垣の聖母」（フランス、コルマール、サン・マルタン教会）など〕。

ロタリオ枢機卿によって最後尾に置かれたがビンゲンのヒルデガルトに称えられた緑は、ゲントの祭壇画で称賛されている。主の左側〔向かって右側〕にいる洗礼者ヨハネは、修道服の上に、大部分が隠れてはいるが、ゆったりとした光輝く緑の袖なしマントを着ている。それは、明らかに、原罪からずっと待たれている救世主が実現するはずの希望を意味している。ヨハネが指で示す人物がその人イエス・キリストである。だが緑の称揚はそれにとどまらない。というのも、マリアが繰る時禱書はイエス・キリストの先駆者〔洗礼者ヨハネ〕の袖なしマントと同じ緑の布に置かれているからだ。緑は確かに開かれた祭壇画の支配的な色である。緑は草原と木々を包囲していて、天国はここで永遠の園になった。

緑はこれ以降、庭園の描写以外においてさえも問題なく受け入れられた。デューラーは、「諸聖人の祝日」とも呼ばれる「三位一体の礼拝」において、洗礼者聖ヨハネに明るい緑の衣服を与え、また同じ色の大きな三角形を絵の中心に位置させるだろう。それは、イエスの十字架がある、父なる神の袖なしマントの裏地である。さらに、この天国の集団の左側、選ばれた女性たちのひとりが緑の服を着ている。

ゲントの「神秘の子羊」のまわりに集まった集団は、したがって、ロタリオによって定義された体系に非常に不完全にしか応じていないことになる。なるほど、祭壇近くの天使たちは白であり、殉教した聖職者たちは赤を着ている。しかし、前面で、赤を着るはずの使徒たちはベージュ色の衣服を着ている姿で表現されている。殉教者でない証聖者たちは青を着ているが、殉教した処女《おとめ》たち――シュロの枝を持っている――は、別々の色の服を着ている。最後に、多翼祭壇画のその他の「至福者たち《ベアティ》」――旧約聖書の預言者たち、「異教徒」、審判者、騎士、隠者、そして巡礼者――はそれぞれの身分に固有の衣服を身に着けている。これらの人々は神聖な囲い地に着くところか、あるいはすでに到着しているのだが、それぞれ地上での服装でいるので、さまざまな色彩効果を可能にしている〔本書口絵および二三－二四頁図版〕。画家は、天国は単調な場所ではないだろうということを、こうして意味したかったのだろうか。いずれにせよ、ゲントの多翼祭壇画はわれわれにとって天国を人間的なものにするための、例外的努力を表現しているのである。

天使の衣装戸棚

そのこと〔天国を人間的なものにするということ〕は、ゲントの祭壇画の天使たちを見て、西欧の宗教的図像学の中で、以前の天使たち、さらには同世代の天使たちと比べてみれば明らかになる。大体において守られてきた体系は、神聖な知恵に溢れる智天使が青であるのに対して、偽ディオニュシオスによれば火と愛に燃える霊であり、天使界の最上層カテゴリーの熾天使は赤であることを求めていた。一三七〇年頃、かつてフィレンツェでヤコーポ・ディ・チョーネ〔一三二五頃－九〇以降、フィレンツェの画家〕に帰せられる絵画「熾天使、智天使と礼拝する天使たち」（ロンドン、ナショナル・ギャラリーに保存されている）についても同様で、赤い熾天使、青い智天使、そしてさまざまな色の服を着た天使たちが礼拝の姿勢で表現されている。

アンゲラン・カルトンはヴィルヌーヴ・レ・ザヴィニョン〔アヴィニョンの対岸にある町〕で描かれた「聖母戴冠」〔本書二二五頁図版〕において、美しい対照を可能にするために彩色挿絵画家が好んでいたこの規則に従っている。『マルグリット・ドルレアンの時禱書』の作者もこの体系を遵守している。ひとつの頁に鮮やかな赤の九人の熾天使に囲まれた父なる神を、教皇冠《ティアラ》と天球とともに描き、次頁には鮮明で深い青の九人の智天使に囲まれた贖い主を、頭に皇帝の冠を戴き、十字架と笏を両手に持つ姿で描いている。『ベリー公のいとも豪華なる時禱書』の青と赤の天使たちも同じように、天からルキフェルとその高慢な軍団を追放する全能の神のまわりにマンドルラを形作る。これらの写本挿絵は極端に様式化された天使を描く。「イザヤ書」の幻視（六章、二節）に適合して、天使たちは三対の翼を持ち、そのうち二対は畳まれていて、ほとんどひとつの体の形をなしている。やはり『ベリー公のいとも豪華な時禱書』の中だが、パトモスの聖ヨハネの有名な想起は「生きている者」〔イエスのこと。「ヨハネの黙示録」一章、一八節〕を赤い顔の四人の熾天使で囲んでいるのに対し、三人の青い天使がトランペットを吹いている。

こうした図式的伝統とは反対に、長期的変化を通じて天使の衣装は多様化する方向に進んだが、一方では天使たちはますます人間的な姿と態度を獲得していき、香炉を持ったり、選ばれた者たちを天国で迎えたり、選ばれた者たちと一緒に踊ったり、楽器を演奏したりする。なるほど、神学は天使と空間の関係について問い、何世紀も前から、天使は自然態として身体と一体になるのではないと繰り返していた。しかし、とりわけ聖トマス・アクィナスは、天使は異質の身体を取りうること、この身体によって動くが、その中で生きるのではなく、この身体が天使を表現するようにこの身体を動かすと教えた[26]。かくして、受胎告知の図像すべてが正当化され、さらに一般的に天国の想起における天使の具体的存在が正当化されたのである。

彫刻の天使と描かれた天使は、当然なことに、場所、時代、様式に応じて様相を変えた。帝国風のビザンチン芸術の天使はしばしば刺繍入りのゆるやかなチュニックと緋色と金色の長靴を身に着けている。フランスの八世紀の天使はすらりとした体つき、簡素なひだのある長いチュニックを身に着け、肩にマントをはおっている。フラ・アンジェリコが採用したのはこれと同じ美意識であり、これに色彩がプラスされる。その天使たちは長くほっそりとした体形で、衣服はほとんどいつも見えない紐で体に結ばれた簡素なチュニックである。ところが逆に、十四世紀末、とくに北方美術に新しい天使が現れる。「この天使はもはや古代風衣文《えもん》〔人物像の着衣の波型やひだ〕も、ビザンチン帝国風衣服も、古典的中世のチュニックも、大きなマントも、着ていない。侍祭の白い祭服《アルバ》、そしてミサ執行司祭のダルマティカと大外套《カッパ》を着ている」[27]。ずっと以前から、天使は儀礼的機能において表現されていたが、十四世紀と十五世紀の典礼のインフレーションは、この時代にとくにフランドルにおいて、天使の衣服の驚くべき充実化をもたらした。それは色彩効果の多様化の機会であった。

われわれにとってなじみの天国のいくつかに話をもどそう。サンタ・マリア・マッジョレ大聖堂の広い後陣はキリストとマリアをマンドルラの中に描いている。マンドルラは、その一部位で、ふたつの天使の集団によって囲まれている。すなわち右と左に、天使の九階級のそれぞれの代表者がひとりずつ、熾天使は当然もっとも高いレベルに置かれている。これらの天使すべては、上にあげた両手によって、またイエスとマリアの衣服および後陣の背景と一致した金色の衣服によって、互いにたいへん似通っている。フィレンツェのサンタ・マリア・ノヴェッラ教会では、ここでもマンドルラの中にいるイエス・キリストは、イエスの方を向きイエスを称える態度で立っている天使たちに囲まれている。天使たちはとても似ているように見えるが、その衣服は淡い緑から白、そして茶紫の、慎ましやかに変化する色合いである。パドヴァのスクロヴェーニ礼拝堂ではジョットの「最後の審判」〔本書四〇頁図版〕の上層部分は天国によって占められていて、そこに天使たちがきちんと整列している。ただその最前列の八人だけが衣服の色と八人がそれぞれ持つ幟《オリフラム》によって他の全部から区別される。

今度は百二十年あるいは百三十年の時を隔てた〔ジョットの「最後の審判」は一三〇五年頃の制作〕フラ・アンジェリコの天使を見てみよう。まず天使たちは翼を別にすると、おそらく非常に美しい、だがわれわれと同じ大きさの体を獲得した。次に天使たちはさまざまな仕事を持っている。ある者たちはイエスにより戴冠されたマリアのまわりで音楽を奏で、他の者たちは天国の新しい住人たちを抱擁し、さらに他の者たちは永遠の悦楽の園で手を取り合い、踊る。最後に、天使たちはバラ色と青がかった大青の色調が主となる素晴らしい色の衣服を着ている。フラ・アンジェリコの天使についての、すでに古くなった次のような確認を受け入れることにしよう。「自然が持つもっとも繊細なものすべて、もっとも光り輝く、もっともさわやかな、もっとも燃えるような、とりわけもっとも純粋な色がフラ・アンジェリコの作品で歌う」[28]。

天使たちが祈りながら囲んでいる聖母子を表現した作品（〔「聖母子」〕フランクフルト、シュテーデル美術研究所）で、フラ・アンジェリコは天の住人たちの服装を多様化することに真の喜びを見出した。マリアは暗いブルーの袖なしマント《ケープ》をバラ色と金色の衣服の上に着ている。十二人の天使のうち五人の天使は、濃から淡へと階調が変化する青を着ている。四人〔五人のまちがいか〕は赤とバラ色の色相の衣服を着ており、十番目〔正しくは十一番目〕は緑の美しいチュニックを着、そして最後のひとりはその衣装戸棚の中から金色の服を取り出した。

そしてここに、マリアの戴冠のまわりに集まる子どもの姿をした別の天使たちがいる。新しい証拠物件だ。この「聖母戴冠」は「リフェルスベルクの受難の画家」〔ドイツ、ケルン派の画家〕によるもので、ケルンで一四六〇年から九〇年のあいだに制作された（ミュンヘン、ニンフェンブルク城に収められている）。列を作って前後に並ぶこれらの天使たちは順に淡い赤（おそらく熾天使）、暗いブルー〔智天使か〕、鮮やかな黄色、そして最後に白を着ている。ここでは、天国を夢見ることは、そこに豊かな色彩と美しい衣服を見る喜びを伴っていた。

この喜びは、イタリアでもフランドルでも、ますます地上のイメージに依拠して天国を表現していった。十五世紀末と十六世紀初めのイタリアの天使は、ますます女性的な物腰になり、柔らかいスカート、軽い胴着、浮き模様のついた布地や繻子や刺繍入りのモスリンで作られた洗練された衣服を着ている。コントラストの探求は、チュニックとマント、チュニックの上と下、ドレスの袖と裑《みごろ》を並置することに至る。そして、それは色彩の効果により実現する。ローマのサンティ・アポストリ教会のために、一四八一年頃に描かれた奏楽の天使たちの有名なフレスコ画「キリストの昇天」において、メロッツォ・ダ・フォルリ〔一四三八－一四九四〕は明るい薄緑色を薄紫色のモーヴ〔藤色〕あるいは濃い紫色に、あるいは褪せたバラ色をくすんだ緑に、そして鮮やかな薄い青をグリザイユ〔灰色や茶色の色調〕に対比させる。

ビザンチンの伝統の流れの中で、天使は長いあいだ、光輪をつけていた。フラ・アンジェリコは光輪を与え続ける。ベノッツォ・ゴッツォリも、メディチ家の新宮殿の、東方三博士の礼拝堂の後陣に描いた「降誕」図および「東方三博士の行列」において、この形式に従い、マリアと神の新生児のまわりに天使の一団（孔雀色の翼を持つ）を広く配している。メロッツォ・ダ・フォルリの「キリストの昇天」は同心円の円環の形をした光輪で奏楽の天使たちの見事な金髪を飾っている。[29] これらは多数の中の数例である。

画家たちは、天使たちに光輪を与えることによって、『神学大全』の問九六全体を光輪に費やした聖トマス・アクィナスと意見を異にした。尊者ベーダによれば、選ばれた者たちはすべて功績の報酬として金の冠をかぶる。しかし、もうひとつ別の小さな金の冠――「光輪」――は、第一の冠に重ねられて、より完全な生涯によって通常の徳のレベルの上に昇った人々を区別するという。[30] 光輪は、したがって、人間に与えられるべきものとしてあったのであり、そのことを聖トマス・アクィナスはこう喚起した。

　光輪は天使に適ったものではない。なぜなら光輪は功績において最上級の完成度の形態に対応するからだ。人間にあって、その功績の完成に貢献するものごとは、天使にとって当然なものであるか、あるいは天使の常態に属するもの、あるいは天使の基本的報酬の一部をなしているものかのどれかだ。光輪が人間に与えられるべきだという、その理由自体が、天使には光輪がないという結果になる。[31]

ゲントの多翼祭壇画の天使たちは光輪を欠いている。聖トマス・アクィナスの教義に適ったひとつの絵画的伝統がここで確かめられる。ファン・デル・ウェイデンの「最後の審判」の天使たちも同様に光輪をつけていない。時代が下っても、「聖体の論議」の中のラファエッロ〔一四八三－一五二〇、レオナルド、ミケランジェロと並ぶ盛期ルネッサンス三大巨匠のひとり〕の天使たち、ウィーンの「三位一体の礼拝」の中のデューラーの天使にたちについても同様である。しかしながら、エルヴィン・パノフスキーによって強調されたさらに驚くべき革新は[32]、ゲントの歌う天使たち、演奏する天使たちは光輪だけでなく翼も欠いているということである。これは十五世紀北方絵画の唯一の例だが、この方針をピエロ・デラ・フランチェスカ〔一四一五／二〇頃－九二、一五世紀ウンブリア派の最大の画家〕がロンドンのナショナル・ギャラリー蔵の「降誕」（一四七〇－七五年頃〔本書二九九頁図版〕）で採用した。逆にゲントの天使たちは、天国表現の中でかつて見られたことのない衣服を着ている。赤と金を組み合わせた鮮やかな布、豪華なビロード、花模様のブロケード〔豪華な絹紋織物〕。赤い美しい衣服を着ている聖母の前にひざまずく宰相ニコラ・ロランの豪奢な衣服（ルーヴル美術館の作品「宰相ニコラ・ロランの聖母子」）と、ブリュージュ（市立美術館）の「ファン・デル・パーレの聖母子」の中の聖ドナティアヌス〔三六一－三八九、フランス、ランス大司教。その聖遺物が八六三年にブリュージュの聖ドナティアヌス教会に移された〕の金色で際立つ青いダルマティカとの、近い関係が見えてくる。ブルゴーニュの宮廷の服装の豪華さがかくして大挙して天国に入ってきたのである。この例はルーヴル美術館蔵の「受胎告知」でファン・デル・ウェイデンに引き継がれた。マリアの前に現れた天使はここでは衣装戸棚から黒い花模様のある金色のケープを取り出した。

われわれはここで、地上の現実がキリスト教の天国に侵入する、その限界点に来ている。この道をさらに遠くへと進むことはできなかった。そして現実のこととして、その道はたどられなかった。ゆえに、「神秘の子羊」の祭壇画は天国の表現の歴史における唯一の総括となる。祭壇画ではすべてがコードであり、ひとつひとつのディテールは神学的説明を受け入れることができる。しかし同時に、あの世がこれほどまでに、愛すべき精密さをもって描かれたこの世の諸要素――木、川、衣服、景色、ゴシックの塔、アダムとイヴの裸体――によって満ち溢れたことはかつてなかった。ファン・エイク兄弟は地上の美と天国の美のどちらかを、またブルゴーニュの宮廷の豪華さと天のエルサレムの豪華さのどちらかを、選び出すことはしなかった。ファン・エイク兄弟の後継者たちは場面をさらに切り離すという義務を課せられることになるだろう。

崇高な香り

われわれは天国の芳香を予想することなくゲントの天の草原を見つめることはできない。長い伝統は実際のところ幸福と芳香を結びつけていた。「雅歌」（四章、一四節）の婚約者は恋人の乙女を「匂いを放つあらゆる種類の木々」で満ち満ちた庭園に譬え、そこには「ミルラやアロエが、最上の香り草とともに」ある。エノクが訪れた第三天では「すべての風が芳香を放つ」。そこに、「言い表しがたいよい匂い」の生命の木が植えられている」[33]。

嗅覚的要素の体系を分離するために、これまでに調べた文献に再登場してもらう。『聖ペルペトゥアとその侍女聖フェリキタスの受難』によれば、サトゥルスは殉教を迎える前に、幻視を得る。その中でサトゥルスと仲間たちはある果樹園にいる。そこでサトゥルスは言う。「言いようのないよい香りがわれわれ全員にとって食べものとなり、われわれは満腹だった」[34]。『聖セバスティアヌス伝《アクタ・サンクティ・セバスティアニ》』はあの世を描くが、そこは「しばしばサフランのよい香りのする芝草と香り立つ田園が完璧な甘美さで芳香を放っている。永遠の命をもたらすそよ風は鼻腔にネクタル（ギリシア神話で、神々の飲む不老不死の酒）の匂いを高める」[35]。サン・タニエーゼ・フオーリ・レ・ムーラ教会（ローマ）のローマ時代の碑文（三八二年）は亡き乙女が「天国のこの上ない芳香の中で」支配すると表現する[36]。プルデンティウスは『原罪の起源《ハマルティゲニア》』で、ひとりの至福の人が天の都に入城する様子を述べる中で、選ばれたその人の魂が緋色の寝台に横たわり「永遠の花の香りを嗅ぐのを見る」[37]。ニシビスのエフライムの有名な『天国賛歌』は嗅覚的表現に富んでいる。

老人よ、おまえの思い出を
天国に向けなさい。
その香りはおまえを若返らせる。
その息吹はおまえに若さを与える［…］。
天国では、よい匂いが
パンの役を務める。

エフライムはさらに天国を「香りの宝庫」「香料の倉庫」と形容し、「そこでは空気は喜ばしい源である」[38]と述べる。トゥールのグレゴリウスの口を借りて、あの世への旅をした修道士サルヴィは、「この上なく心地よい芳香に包まれた。そして、この心地よさによって回復し、食べものも飲みものも一切［もう欲しいとは思わなかった］」[39]と語る。ウェンロックの修道士もまた、幻想の中で、選ばれた者たちの食べものである芳香を見出す。それは修道士が天のエルサレムのほとりの川の前に広がる天国の平原に至るときである。無数の至福の人々が訪問者を仲間に加わるように招く。そのとき修道士は「驚くほど甘美な芳香がやって来た」ことに気づく。「それはその場で楽しんでいる魂の食べものである」[40]。

花が咲きよい匂いを放つ野はエゼウルフの夢にも現れる[41]。そしてさらに『トンダルの幻視』にもある。聖なる夫婦にあてられた天国の空間を表現してトンダルははっきりと言う。「聖なる夫婦たちがいる野の匂いについて何と言えよう。とても甘く心地よい匂いはいかなる香水、香料も上回る」。魔法の旅のさらに先で、あの世への旅行者は「教会の守り手と建設者」にあてられた場所に入り、鳥たちが群れをなす巨大な木の下にユリ、バラ、そして「芳香を発するあらゆる種類の植物」を見出す[42]。

こうした表現を神秘主義者の聖女たちの幻視が請け負う。イエスは聖ゲルトルートに「ハレルヤ」(halleluia) という語の母音の意味を説明してこう言う。「“I”によって、私が三位一体を前にして味わう、およそ想像しうる限りの芳香と薫りをうれしく思いなさい」〔ハレルヤ(halleluia)は神を賛美せよという意味。最後の「ヤ」あるいは「ヤハ」は神を指し、"i"は神(=ia)を表す〕。また別の機会にゲルトルートは「心の中で」聖ベネディクトゥスに会った。ゲルトルートは尋ねる。「あなたはどれほどの至福にまで昇られたのですか」と。ベネディクトゥスは答えた。「私が最後の息を吐いたとき、祈っていたからでしょう、私が息を吐くとその息は他の聖人方の息よりそのよい匂いにおいてはるかに優っていて、それゆえに、聖人方は私と一緒にいることを喜ばれるのです」[43]。至福の人リドヴィナは「偉大な王の宮殿」に入り、そこで婚礼の間を見ると、その近くに「空気が心地よい香りに満ちた、芳香のある花と木をちりばめられた心地よい庭」があるのを見出す[44]。

このように、地獄があらゆる悪臭の場であるのに対して、よい匂いは天国の空間とそこに住む人々を性格づけ、また選ばれた者たちの食べものを構成する。聖職者文学はそのことを保証することを怠らなかった。『エルキダリウム』は次のような感嘆の文を含んでいる。「心地よさの源である神から、この上なく甘美な香りを〔選ばれた者たちが〕受け取り、そして天使とすべての聖人の匂いを嗅ぐとき、何という芳香が発せられたことか!」[45]。『天国の栄光の聖歌』でペトルス・ダミアニは、永遠の幸福の国ではバルサミモミ〔樹皮からバルサムという芳香性樹脂を滲出する〕が芳香を発し、人々はよい香りを放つ植物の匂いを吸い込むと断言する[46]。同様の表現「木々がバルサムの芳香を発し[…]よい香りを放つ植物の匂いを吸い込む《イン・テ・スピラント・オドーレ・ガルミナ・[…]・アブルスタ・プロフンドゥント・バルサマ》」は、すでに引用した詩「天国について《デ・パラディソ》」の中にも見出される[47]。

さらに強力に、フェカンのヨハネスの『神学的告白』は食べものと匂いを緊密に結びつけて天のエルサレムを称える。

あなたのよい香りは聖人たちに霊的喜びを与える。あなたの食べものは胃に重くなく、知性を鈍らせもせず、嫌悪感を生むこともない。あなたのところでは、食べるものはすべて美味でよい匂いがし、けっして風味のなくならないおいしさを持つ。なぜならば、耳がよい知らせで満足するのと同じく、鼻はよい匂いで、目は美しい光景で満足するからであり、この食事が消化の結果、何ごとも引き起こすことがなく、あなたの市民たちに供される食事は、蜜のように甘美で、ひとりひとりにとって喜ばせてくれる味わいを持つからなのです[48]。

リンベルティーノという人物の作品『天国の感覚的喜びについての書』――これはヴェネツィアで一四九八年に出版され、一五一四年にパリで再版となった――は、スコラ学文献に、とりわけ聖トマス・アクィナスに依拠して、至福の人々は嗅覚を楽しみ、その人々自身が芳香の源となるだろうと断言する。だから「教会は歌う、〝聖人たちの身体は非常に心地よい匂いとなるであろう〟と。〔…〕主イエスは、この宇宙で芳香を発するすべての中で、もっとも心地よい匂いの身体を持つ」[49]。天国は光、色、そして芳香である。

第十一章　子羊のまわりに集まる聖人たち

よき羊飼いとその羊たち

永遠の悦楽の園のテーマは当然子羊のテーマと「よき羊飼い」のテーマで豊かになった。イエスは、散らばった羊たちを集め、「よき牧草地へと連れて行き」、そして命を羊たちのために投げ出す羊飼いに自らを譬えた（「ヨハネによる福音書」一〇章、一 - 一六節）。この譬えはすでに旧約聖書に見られた。エゼキエルによれば（「エゼキエル書」三四章、一一節）、神はこう言われた。「牧者が、散りぢりになった自分の羊の世話をするように、私は自分の羊の世話をする。私は雲と暗闇の日に散らされた群れをすべての場所から救い出す」。イザヤも同じイメージを取り上げた（「イザヤ書」四〇章、一一節）。「羊飼いのように、主は羊を牧草地に連れて行き、子羊を集め、腕に抱き、胸の中で暖め、また腹に子のある羊を自ら運ぶであろう」。

初めの数世紀の非常に穏やかなキリスト教美術において、「よき羊飼い」のイメージは大きく広まり、とりわけ埋葬のテーマとしてあった。一頭の羊を両肩に乗せ、牧歌的風景を背景に、神なる羊飼いは亡き人の魂を永遠の命へと連れて行く。六世紀、ラヴェンナのガッラ・プラキディアの霊廟の有名なモザイクが表現するのは天国の風景である。雲ひとつない青空の下、岩山と常緑の植物の中央にいるキリストのまわりに、六匹の白い羊が平穏に休んでいる。「よき羊飼い」はその群れを、狼たちから遠いところ、この世の攻撃から護る場所に最終的に連れて来たのである。

キリスト教図像学では子羊は使徒たちをも、そしてさらに広く、聖人たちをも象徴した。それはイエスから聖ペテロに与えられた務めを根拠としている。「私の子羊たちを飼いなさい。〔…〕私の羊を飼いなさい」（「ヨハネによる福音書」二一章、一五－一七節）。勝者となったキリスト教はこのテーマを見事なモザイクで飾った。われわれがすでに多くのモチーフに注目した構図の中から、このテーマを分離しなければならない。サンタ・マリア・マッジョレ大聖堂の、五世紀の凱旋門〔初期教会の内陣入口にあるアーケードを指す〕は、いくつかのテーマとともに、白い羊がまさに入ろうとしている天のエルサレムを表現している。この点でとくに喚起力が強いのがラヴェンナのサン・タポリナーレ・イン・クラッセ教会のモザイク（六世紀）である。後陣に、ラヴェンナの守護聖人聖アポリナリスが祈禱像として描かれていて、永遠に緑の木々がある天国の原を二分している。白い鳥たちが草原の上空を飛び、また岩と枝に止まっている。前面では下の方に子羊たちが聖人の方に向かい集まる。凱旋門の中には、祝福を与えるキリストの真下に青草を踏む子羊たちのモチーフが見える。子羊たちはここでは十二人の使徒を象徴する。子羊は、ローマのサンティ・コスマ・エ・ダミアーノ教会の後陣を飾るモザイク（これも六世紀）にも同様に存在する。贖いの川ヨルダンの岸辺で、また天国の光景の中で、コスマとダミアーノ〔兄弟。ディオクレティアヌス帝の時代（二八四頃－三〇五頃）に殉教〕が殉教の象徴である冠を持つ姿を、ペテロとパウロがキリストに示している。下の帯状部分は全体が草原に整列する十二頭の子羊によって占められている。

子羊は、サンタ・プラッセーデ教会の後陣（九世紀）、サンタ・チェチリア教会〔ローマのトラステヴェーレ地区にある教会〕の後陣（十一世紀）、そして、もっと後世のサン・クレメンテ教会の後陣にも見出される。このローマのバシリカ〔サン・クレメンテ教会〕では、贖罪の徴である大十字架の下の長い水平な帯を十二頭の子羊が占めている。花の咲く草原の上で子羊たちは神の子羊を中心に集まっている。神の子羊は金の光輪に頭を覆われている。帯状部分の両端、まさに子羊たちの向こうに、ふたつの都市が描かれていて、その名前が具体的に示されている。左にベツレヘム、右にエルサレムである。救済の物語がこのように縮約されて扱われている。「神に祝福された者たち」の群れは終わることのない平和を見出したのである。

「ヨハネの黙示録」の中で教会は無数の選ばれた者たちとして定義される。その「黙示録」は「玉座の中央にいる子羊が選ばれた者たちの羊飼いとなるであろう。子羊はその者たちを清らかな水の泉へと導くであろう。そして神はその者たちの目の涙をすべて拭うであろう」（七章、一七節）と述べている。かくして、羊飼いは同時に子羊となる。『アンブロシウスの賛歌』、これはアンブロシウスではなくて五世紀から八世紀の作者不詳の人物によって作られたものだが、その中で選ばれた者たちは喜びを歌う。

最後の晩餐に招かれた子羊たち
紅海を越えた後
われわれの白い衣服の中に輝く、
われらが主キリストを歌おう［…］。
生贄になられた子羊。
その肉体は誠実さの
種なしパンのように与えられた。[1]〔「コリントの信徒への手紙一」五章、六－八節〕

過越の子羊

キリスト教の祈りと図像を固定したのは、「羊たちを両肩に乗せて地獄から解放されてもどって来た[2]」羊飼い（アダン・ド・サン・ヴィクトル〔十二世紀フランスの詩人、音楽家〕）の姿よりも、旧・新約聖書を典拠とする神の子羊であった。イザヤはヤーヴェに仕える者を「屠《ほふ》り場に引かれる子羊」に譬えた（「イザヤ書」五三章、七節）。エレミヤは自分自身を「屠り場に引かれて行く子羊」のようだと見た（「エレミヤ書」一一章、一九節）。とりわけ、ユダヤの伝統はエジプトの奴隷状態からヘブライ人を請け出し、契約によって神と結びつく「聖なる国民」となることを可能にした過越の子羊の血に、贖いの価値を与えていた（「出エジプト記」一九章、六節）。

キリスト教初期の時代からすでに信徒たちはイエスの中に真実の過越の子羊を見た。パウロはコリントの信徒に次のように書いた。「あなた方はパン種の入っていない者なのですから、新しい練粉となるように、古いパン種をきれいに取り除きなさい。なぜなら、キリストがわれわれの生贄の子羊として屠られたからです」（「コリントの信徒への手紙一」五章、七節）。また、ヨハネの年譜に従うならば（「ヨハネによる福音書」一九章、一四節）、ピラト〔ローマのユダヤ総督。イエスを十字架に処することを認めたとされる〕によるイエスへの死の宣告は、過越祭の準備の日の正午だった。そして、このときから、人々は過越の食事として子羊を神殿に生贄として捧げるようになった。福音書記者ヨハネにとって、この一致は象徴の意味を持った。だから、ヨハネはその福音書の冒頭に、洗礼者によってなされた指示を置いたのである。「この方は、世の罪を取り除く神の子羊である」（一章、二九節）。ルチーナの地下祭室（三世紀、聖カリクストゥスの地下墓所〔ローマのサン・ロレンツォ・イン・ルチーナ教会〕）に、キリストに同一視される子羊がいる。それは横たわって、オリーヴの枝をくわえた鳩の方に顔を向けている。キリストの犠牲が人類に和解と平和をもたらしたのである。

羊たち〔キリスト教徒すべて〕の罪を贖う子羊のテーマをキリスト教の詩は称揚した。六世紀、ポワティエの司教聖フォルテュナトゥスは「羊たちを狼の口から救った聖なる優しい子羊」に感謝の心を表した。[3]同じように、ドイツの聖職者ヴィーポ（九九〇－一〇五〇年）は自作である復活祭の有名な聖歌「復活の生贄《ウィクティマエ・パスカリ》」についてこう書いている。「子羊は羊たちを贖った。無垢なるキリストは罪人たちとキリストの父とを和解させた」[4]。ゲントの多翼祭壇画全体が生贄でもあり勝利者でもある子羊を中心に存在する。十六世紀に、ルドヴィコ・グィッチャルディーニは、その『全オランダ誌』で、この祭壇画を正しくも「子羊の勝利」と呼んだ。シオンの丘を象徴する、少し高くなった場所に位置する赤と白の祭壇には、金の文字で「世の罪を取り除く神の子羊ここにあり」という「ヨハネによる福音書」から引かれた文がある。犠牲となるものの血は金の盃に流れる。祭壇の両脇に十字架と鞭打ちの円柱が現れている。下の方で、生命の泉もまた「神と子羊の玉座から流れ出て、水晶のように輝く清い水の河」と語る「ヨハネの黙示録」の二二章、一節を自由な表現で示す。泉の縁のラテン語文字は実際こう言っている。「神と子羊の玉座から流れ出る命の水ここにあり」。

浄化する聖なる血と洗礼の聖水はずっと昔から結びついたものとして復活祭の詩に現れていた。五世紀にコエリウス（あるいはセドゥリウス）〔五世紀前半のラテン詩人〕が作った「キリストの生涯についての聖歌」は次のような詩節を含んでいる。

天の子羊は
澄んだ流れの中でお浄めを行った。
世の罪を取り除く者は
その洗礼によってわれわれを守ってくださった。[5]

十一世紀、カンタベリーのレジナルド〔?－一一〇九頃、フランス生まれのベネディクト会士〕はイエスの十字架に向けてこう言った。

汝の上の偉大な王、憐れみの子羊は貴い犠牲となられ、
われわれの罪を洗い浄め、汝を神聖なものとした。
この新鮮な水滴を、この赤い液体を受けよ、
この飲みものでわれわれの渇えた魂を満たせ。[6]

「ヨハネの黙示録」における神の子羊

「ヨハネの黙示録」は、とりわけ図像学に大きな影響を与えたが、神の子羊に何度も言及する。子羊はまず逆説的に「ユダヤ族から出た獅子、ダビデの蘖《ひこばえ》」（五章、五節）として表現される。「屠《ほふ》られたような」生贄の犠牲者は今や称賛される。審判が託されるのは子羊である。子羊は「生きている者」の横の玉座に立つ。七つの角と七つの目を持

つ。七つの目は神の七つの霊である。金の冠をかぶった二十四人の長老は子羊の前に伏して歌う。「屠られた子羊は、力、富、知恵、威力、誉れ、栄光、そして賛美を受けるのにふさわしい方です」。すべての生きている者たちが次に同じ歌を歌い出す（五章、六‐一三節）。したがって、終末の混乱の始まりとなる行為、七つの封印の巻物を開けるのは子羊である。

七つの封印のうち六つが開けられたとき、「黙示録」の作者は「あらゆる国民、種族、言葉の民の大群」を見る。「人々は白い衣を身につけ、手にシュロの枝を持ち、子羊の前に立っていた」。「その衣を子羊の血で洗って白くしたのはこれらの人々である［…］。人々はもはや飢えることも渇くこともないであろう［…］。太陽とその炎が人々をもはや襲うことはないであろう」（七章、九節）。そのすぐ後に、前に引用した文〔本書一九五頁〕が挿入される。「玉座の中央にいる子羊が選ばれた者たちの羊飼いとなるであろう」（七章、一七節）。

次に竜と二匹の獣に対する勝利が続く。そのとき子羊が現れ、「シオンの山に立ち、子羊とともに額に子羊の名と子羊の父の名とが記されている十四万四千人の者たちがいて、子羊の行くところへはどこへでも従って行く。この者たちは、神と子羊に捧げられた初穂として、人間の中から贖われた者たちである」（一四章、一節）。大淫婦の裁きとバビロンの滅亡の後、大群のどよめきがこう歌うのが聞こえた。「喜ぼう、歓喜に包まれよう、そして神を称えよう。子羊の婚礼の日が来たからだ。子羊の花嫁の用意は整った［…］。子羊の結婚に招かれた者たちは幸いだ」（一九章、七‐九節）。花嫁、それは天から下って来る永遠のエルサレムである（二一章、九節）。最後に、ひとりの天使が幻視者に――すでにわれわれが出会ったテキストだが――、「神と子羊の玉座から流れ出て、水晶のように輝く清い水の河［…］」と指し示して言う。「もはや呪いは何ひとつとしてない。神と子羊の玉座が都にあり、神に仕える者たちは神を崇めるであろう［…］。もはや夜はないであろう」（二二章、一‐三節）。「ヨハネの黙示録」全体を通して、勝利のテーマは正義と怒りのテーマと交錯する。しかし最終的には、子羊の優しさが強調される。

とは言いながら、「ヨハネの黙示録」の写本挿絵では怒れる子羊が何度も描かれてきた。子羊が巻物を開きその封印を解く姿は、聖ヨハネに帰せられる作品に、七七六年頃、ガリシアの修道士ベアトゥス〔＝リエバナのベアトゥス〕が与えた注解

ヨハネは、「生きている者」が封印された巻物を持つ子羊を膝に抱いているのを見る。ランブール兄弟『ベリー公のいとも豪華なる時禱書』「パトモス島の聖ヨハネ」1416年以前、シャンティイ（フランス）、コンデ美術館。訳者追加図版

〔『ヨハネの黙示録注解』〕の、十、十一世紀の数多くの彩色挿絵写本に見えている。もっとも有名な写本のひとつがサン・スヴェール写本である〔サン・スヴェールはフランス南西部の町。同名の修道院がある〕。同じ場面はアンジェの「ヨハネの黙示録」（一三七〇年代）の大タピスリーと一四〇〇年頃に彩色装飾されたオランダ〔フランドル〕最古の「ヨハネの黙示録」（フランス国立図書館）に現れる。平穏な画風のメムリンク自身はといえば、一四七五年から七九年頃に、ブリュージュの聖ヨハネ施療院で描いた「ヨハネの黙示録」において、それを開けると終末の大混乱を起こすといわれる書物を持つ子羊を表現した。[7] しかし、子羊が持つ「命の書」は、一度ならず六回にわたり「ヨハネの黙示録」で言及されている（三章、五節。一三章、八節〔正しくは一八節〕）。一七章、八節。二〇章、一二節・一五節。二一章、二七節）。となると、強調されているのは怒りではなく救済だということになる。ランブール兄弟が『ベリー公のいとも豪華なる時禱書』（一四一六年以前）の中で「パトモスの聖ヨハネ」に捧げた彩色挿絵の印象がそれである。聖ヨハネは本を書いている姿で表され、その視線は蒼穹に向き、そこにヨハネは、「生きている者」が封印された巻物を持つ子羊を膝に抱いているのを見る。二十四人の長老は星がちりばめられた空を背景に中央場面の両側に慎み深く整然と並んでいる。

六世紀にアイルランド人聖コロンバ〔五二一－五九七、スコットランドや北部イングランドで布教〕は三位一体を称えてこう書いた。

心から鳴り響く頌詞の歌に包まれ、
天使たちの華やかな何千もの聖なる
舞いの中で、
目は四つの動物に満たされて
神の子羊の足元で冠を受け取る

幸福な二十四人の長老とともに、
三位一体が三度にわたり永遠に称えられんことを。[8]

ここでわれわれは書の有無に違いはあっても、子羊礼拝のテーマにつながっていく。子羊はしばしば「生きている者」の膝の上、玉座あるいはシオンの丘の上にいる。四世紀ローマのサン・ピエトロ大聖堂の旧バシリカは、二十四人の長老が子羊を崇拝する姿を描くモザイクを、その正面に持っていたことを思い起こしておこう。[9] このイメージは、たとえば八二七年以前に制作されたソアソンの『サン・メダール修道院の福音書抄録』に収められた細密画（フランス国立図書館）に、またシャルル禿頭王のために八七〇年頃彩色装飾された『黄金の書《コデックス・アウレウス》』（ミュンヘン、ドイツ国立図書館）に取り入れられた。十世紀末にドイツのフルダで彩色装飾され、ゲッティンゲン大学図書館に保存されている『秘蹟に関する典礼書《リベール・サクラメントルム》』、またイタリアのウディーネ司教座教会参事会図書館が保有するもうひとつの『秘蹟に関する典礼書』——どちらも同じカロリング朝時代〔八-九世紀〕のモデルから由来すると思われる——は子羊を、選ばれた者たちの群れに囲まれた円の中に置いている。[10] アンジェの「ヨハネの黙示録」のタピスリーもまた、さまざまな社会的カテゴリーのいくつかの代表者の助けを得て、「あらゆる民族〔…〕とあらゆる言葉〔…〕の大群が玉座と子羊の前に立ち」、そして次に、別のパネルでは「その額に子羊の名と子羊の父の名を持つ」十四万四千人の者たちに囲まれて、子羊がシオンの山の上にいるところを描いている。[11] 一四九八年、デューラーはその「ヨハネの黙示録」の木版画のひとつを、子羊の玉座の前でシュロの枝を持つ殉教者の大群を表現するのにあてるだろう。

ここで再び、一三六五年からフィレンツェのサンタ・マリア・ノヴェッラ教会のスペイン人礼拝堂の中の、アンドレア・ディ・ボナイウート〔＝アンドレア・ダ・フィレンツェ〕によって描かれた「戦う教会と勝利の教会」〔「真実の道」とも〕の大きなフレスコ画を思い出さずにはいられない〔本書四二頁参照〕。上層に栄光のキリストが聖人たち、天使たちの中央にある玉座にいる。そのちょうど下に、四人の福音書記者の象徴〔マタイは天使、マルコはライオン、ルカは雄牛、ヨハネは鷲〕に囲まれた祭壇上に白い子羊が横たわっており、そしてさらにその下には、選ばれた者たちが天のエルサレムに入って行く。また同様に、『薔薇物語』の最後でゲニウスによって発せられる説教にもどろう〔本書三〇一‐三一一頁参照〕。ゲニウスは「群れ全体のうちで、もっとも憐れみ深く、もっとも美しく、もっとも感じがいいのは、あの飛び跳ねている白い子羊です。一生懸命になって他の羊たちを庭園に連れてくるあの白い子羊です。[…]。われわれは、子羊がその母の願いに基づいて、狼に襲われないように羊たちを導いていけるよう、父なる神に祈っています[12]」と語る。選ばれた者たちを天国へと導くのは神の子羊である。

聖体信仰の高まり

ゲントの多翼祭壇画「神秘の子羊」はしたがって緊密に「ヨハネの黙示録」と「ヨハネの黙示録」から派生した新たな性質の作品群に結びつく。かくして祭壇に参加する天使たちは〔「ヨハネの黙示録」の〕八章、三節を思わせる。そこには「別の天使が来て祭壇のそばに立った。手に金の香炉を持っていた」とある。だが、この多翼祭壇画を、時代に固有の霊的精神のコンテクスト、すなわち聖体に対して払われたますます高まる崇拝というコンテクストの中に位置づけることも必要である。ウルバヌス四世〔一二〇〇頃‐六四、教皇在位一二六一‐六四〕が一二六四年に聖体の祝日を〔正式に〕設けたが、そのとき以降「聖　体《コルプス・ドミーニ》」の行列がラテン・キリスト教世界に増えていき、中世末期に「聖体の驚異」が広がった。洗礼はほとんど行われず、ホスチア〔聖体〕を目にすることが重要だった[13]。ある意味で、ゲントの祭壇画はひとつの「聖体の祝日」であり、ミサの称揚である。天国の幸福は、けっして終わることのない聖体の祝日に永遠のミサを執り行うことであり、祭壇画の生命の泉はそれ自体で聖体の象徴的イメージなのである。その泉が、ヤン・ファン・エイクの弟子のひとり、ペトルス・クリストゥス〔一四一〇／一五‐七三。一四四四年からブリュージュで活動〕の作品「生命の泉」（プラド美術館）にも見出され、そこにホスチアが見える[14]。

この聖体としての子羊の称揚は、かくして、信仰の長い歴史の中に組み込まれていく。イタリア絵画における「主の食事」のテーマを研究した歴史家ドミニク・リゴー〔現代の中世史家〕は、このテーマが十三世紀半ば以前では限定的地位を占めていて、次の時代に初めて飛躍が起こると言う。リゴーは一二五〇年から一四九七年までのあいだに、聖体を描く作品をおよそ三百点認めることができるとする。一四九七年といえばレオナルド・ダ・ヴィンチ〔一四五二―一五一九、イタリアの画家、彫刻家、建築家、科学者〕の「最後の晩餐」が制作された年である。[15] ラテン・キリスト教圏の他の国々における調査もおそらく同じような結果をもたらすだろう。いずれにせよ、ある修道女の天啓の後、一二四六年に聖体の祝日が設けられたのはリエージュ〔ベルギー東部の都市。聖体の祝日はリエージュの司教が地方の祭儀として始めた〕においてであり、リエージュのベギン修道会の保護者だった教皇ウルバヌス四世がそれを公式なものとし、ローマ教会全体に広げたのである。

ゲントの祭壇画は、したがって、「ヨハネの黙示録」と聖体称揚を融合する。「聖体奉挙《エレヴァティオ・サクラメンティ》」はここでシオンの丘に置かれた生贄の祭壇によって象徴化される。祭司の三重の教皇冠《ティアラ》を冠し、ストラ〔カトリック聖職者が肩から垂らす帯状の祭服〕をまとう主は「ヘブライ人たちへの手紙」（九章、一一―一四節）において賛美される大祭司を思わせる。ここでは、絵画的には互いに垂直軸で結ばれている祭壇と泉は実体変化の奇蹟を意味しており、しかもこの奇蹟は構図の頂点にいる栄光の「人＝神」の祝福の下に行われ、聖霊の働きのおかげで実現されるのだとさえ、人々は考えた。[16] この仮説においては、光の帯に囲まれる鳩はパノフスキーにより非難された突飛なもの――「余計に付け加えられたもの」[17]――ではなく、総体の一要素として他とつながる。ゲントの天国は、すると、ミサ神学を表現することになり、聖体の秘蹟の初期の祭壇のひとつの主要な要素を構成していたのかもしれない。したがって、ゲントの天国は、少し後のディリク・バウツ（一四一五頃―七五年）の「天国への道」（リール美術館〔本書一五五頁図版〕）とは異なり、この点に関してそれより豊かな神学的意義を持っている。バウツの作品では、天への道をたどる選ばれた者たちは、花に覆われた柔らかな芝生の上を歩く。主は雲の上の光の切れ目に現れている。この草原の肥沃さは、命の川が流れるゴシック風尖塔のある建物である救済の泉から生じている。泉の向こうにはシオンの丘がそびえ立ち、丘の頂上から人々は天へと吸い上げられる。ディリク・バウツはここで神の子羊とその祭壇を表現しなかった。また天のエルサレムも描かなかった。この緑の牧草地は、人類の贖罪のために我が身を捧げた聖なる犠牲者のまわりに人々が集う最終的天国ではないのだ。

諸聖人の祝日

このような指摘は、ゲントの「神秘の子羊」を、長い図像学的伝統のうちに置くことを可能にする。というのも、この祭壇画は諸聖人の祝日の見事な描写でもあるからだ。六一〇年、教皇ボニファティウス四世〔在位六〇八－六一五〕は多くの殉教者の遺体を地下墓所《カタコンベ》から教会に変えられたアグリッパ〔前六三頃－前一二、ローマの政治家。パンテオンの建設を指図した〕の古代パンテオン〔万神殿〕に移動させ、この機会に「すべての殉教者」の祭日を創設した。八三五年、教皇グレゴリウス四世〔在位八二七－八四四〕がこの祭日を「すべての殉教者とすべての聖人」の祭日に変え、全キリスト教世界において十一月一日に祝うことを命じた。ところで、この日には、「福音書」の前に読まれる「読誦文」は「ヨハネの黙示録」七章、二－一二節である。ヨハネがここで確証するのは、すべての選ばれた者たちの巨大な群れを見たということ、すなわちイスラエルと、すべての民の子たちであり、彼らは十字の印をつけ、みな子羊の血によって浄化され、神に永遠の礼拝を捧げていたということである。「マタイによる福音書」の五章、一－一二節から引かれた諸聖人の祝日についてはというと、マタイは、王国を与えられる人々をあげる。すなわち、柔和な人々、涙を流す人々、心の清い人々、憐れみ深い人々、平和を実現する人々、正義のために迫害される人々、などである。

フィレンツェでは、スペイン人礼拝堂の大フレスコ画において、選ばれた者たちが天国に入ろうとしている。ゲントでは逆に、通過検査は終わっている。さらに、フィレンツェでは天のエルサレムの城門を一度越えると、至福の人々は、たとえその中に教皇がひとり、ドミニコ会士が何人か見分けられても、互いに混じり合う。それに対し、ゲントでは、「至福者たち《ベアティ》」はカテゴリーごとにまとめられている。

「ヨハネの黙示録」はかなり簡略的な多様化で満足していた。すなわち二十四人の長老、「贖われた」十四万四千人の「女性に触れて身を穢したことのない者」と「あらゆる国民からなる［…］白い衣を身に着け、手にシュロの枝を持つ数えきれないほどの大群衆」である。「ヨハネの黙示録」以後のテキストは欠けている細部を提供したが、それは、こうした多様化が図像類に表現されるのを目にした十三世紀および十四世紀以前に起こったことだった。[18] 三世紀のオリゲネスは「至福者」の「福音書」を想起して、「敬虔な人々と至福の人々の球体」に「柔和な人々」、「神の御言葉と知恵に従った人々」、「精神において貧しい人々」を置いた。[19] アフリカの疫病の折に書いた『死を免れないことについて《リーベル・デ・モルタリターテ》』の中で、同時代人の聖キプリアヌスはさらに細かく、「使徒たちの栄光の群れ、預言者たちのおびただしい群れ、殉教者の数えきれないほどの人々、[…] 処女《おとめ》たち、[…] そして憐れみ深い人々」[20] とともにいつか至高の幸福を分かち合うことを楽しみにしている。ある書簡で聖キプリアヌスはこのようにも述べる。

われわれの栄光とわれわれの幸福はこれ以外にあるであろうか。すなわち、神に会うことを許されること、われらが神、主なるキリストとともに救いと永遠の光の喜びに加わる栄誉を持つこと、アブラハム、イサク〔イスラエルの伝説的族長。アブラハムの子〕、ヤコブ、すべての族長、使徒、預言者、殉教者にめぐり会うこと、天の王国で神の正しい人たちにして神の友である人々の中に加わること。[21]

聖キプリアヌスのふたつのテキストを結びつけると次のようなリストができる。族長、預言者、殉教者、証聖者、処女《おとめ》、そして「神の正しい人たちにして神の友である人々」、その中に「憐れみ深い人々」も当然含まれる。『神の国』で聖アウグスティヌスは至福の人々のカテゴリーを列挙しなかった。だがカテゴリーの数々は尊者ベーダの説教に現れる。というのも、諸聖人の祝日は八世紀のイギリスですでに祝われていたからだ。「全聖人の荘厳さ」についての説教の中で、ベーダは「輝かしき使徒の一群、[…] 数知れぬ預言者、[…] 殉教した数えきれない人々、[…] 驚くべき数の処女《おとめ》たち、[…] 証聖者、そして主の掟を守って、地上の富を天の財宝と取り替えた人々」[22] をあげている。九世紀に、諸聖人の祝日の教会法に基づく典礼で、アルクィンあるいはその周辺の人物によって作曲された聖歌が次々とあげる名は、使徒、預言者、殉教者、処女《おとめ》、それに、このことに早くも注目しよう、「隠者」だった。[23] 天の宮廷の主要な住民のリストはそのあたりから、ベーダの場合のように、証聖者が隠者に取って代わる。

十二世紀、オータンのホノリウスの高名な公教要理『エルキダリウム』は、選ばれた者たちは「長老の栄光、預言者の栄光、使徒の栄光、殉教者の栄光、証聖者の栄光、処女《おとめ》の栄光、そしてすべての聖人の栄光」を見るだろうとはっきり述べる。[24]ビンゲンのヒルデガルトのリストはホノリウスのリストに合致しているが、ただ最後に名の知られていない聖人をリストから外している。[25]『トンダルの幻視』のリストは使徒を殉教者と処女《おとめ》の後に置いている。[26]しかし、一四五三年にアンゲラン・カルトンに発せられた注文書にはホノリウスの仕様が正確に見出される。アンゲラン・カルトンは実際にヴィルヌーヴ・レ・ザヴィニョンの「聖母戴冠」〔本書二二五頁図版〕において、族長と預言者、使徒、殉教者、証聖者、処女《おとめ》、そして「世界のすべての身分」を明らかな個別化を伴って表現することを使命とした。[27]聖ゲルトルート[28]とゾイゼの列挙はもっと短いが、似ている。[29]すなわち、使徒（あるいは「弟子たち」）、殉教者、証聖者そして処女《おとめ》——つまりは諸聖人の祝日の教会法に基づく典礼の列挙と「隠者」の削除である。簡略化されたこのようなリストは『こう伝えられている』《シ・ヌ・ディ》〔中世末の精神生活についての貴重な資料。聖書の説明、聖人伝、動物誌、例話などが含まれ、各章は「シ・ヌ・ディ」で始まる〕が与えるリストでもある。これは、一三一三年から三〇年にかけて、ソアソン地方のある托鉢修道会士によって作られた「道徳的実例を基とした宗教教育の書物」である。[30]

もちろんのこと、ここで『黄金伝説』の寄与をあげておかなければならない。その「諸聖人の祝日」の項はまず新約聖書に限定された四つのカテゴリーを取り上げる。すなわち使徒、殉教者、証聖者、そして処女《おとめ》である。ラバヌス・マウルスの『エゼキエル書注解』[31]を自由に解釈して、ヤコブス・デ・ウォラギネはこれらの集団を四方位によって象徴させた。東は使徒、南は殉教者、北は証聖者、そして西は処女《おとめ》である。このことは、ゲントの祭壇画の中央パネルにおける選ばれた者たちの配置を理解する助けとなるかもしれない。確かに、ゲントの配置は『黄金伝説』によって見直され訂正されたラバヌス・マウルスの配置をひとつひとつ正確に採り入れてはいない。しかしその配置は、四つの集団の「至福者たち」《ベアティ》が四方位から来て、神の子羊の方へと収斂するように見えることをおそらく説明する。

けれどもその後は、『黄金伝説』がサン・ピエトロ大聖堂の「納室係」《クートル》が得た幻視を持ち出すとき〔本書一〇七－一〇八頁参照〕、分類はさらに豊かになり、異なってくる。「王中の王」から始まり、まずは処女《おとめ》たち、その先頭にマリアがいる。次に洗礼者ヨハネとともに族長と預言者、そして次に聖ペテロとともに使徒、殉教者、そして最後に証聖者がいて、他の選ばれた者たちの「群れ」を構成する。[32] 次の世紀になると、聖ビルイッタの『天啓』がこの図式に忠実である。預言者、族長、使徒、殉教者、証聖者、そして「それらの人々の子孫である他の聖人たち」である。[33]

ゲントの祭壇画における選ばれた者たちのカテゴリー〔本書第一章二四－二五頁の記述と異なる部分があるがここでの記述が正しい〕

ゲントの多翼祭壇画は、その中央部において、祭壇と生命の泉のまわりに聖キプリアヌス、ホノリウス、そして『黄金伝説』の「納室係」によって作成されたリストにある選ばれた者たちを集めている。ファン・エイク兄弟は、したがって、この点に関しては一般に認められた規範に忠実だった。いろいろな人によって提起されたさまざまな変形を採り入れなかった。というのも、メヒティルトは天国に寡婦、説教師、殉教者、[34] ヤコポーネ・ダ・トーディは預言者、使徒、博士、殉教者、証聖者、処女《おとめ》、高位聖職者、[35] フォリーニョのアンジェラは処女《おとめ》、貞淑なる者、貧者、不具者、そして「患っている者」[36] を見分けていたからである。

ゲントの祭壇画では、泉の右側に使徒が赤い衣服を着けた殉教者とグループを作っている。左側に族長、預言者および「意図においてキリスト教徒である」異教徒。異教徒の中に月桂樹の枝を持つウェルギリウスが見て取れるように思える。その上方、祭壇の右側に、殉教した処女《おとめ》が歩を進め、左側に青い司祭服の証聖者が進む。これらの調和をなす四つの集まりはしたがってオータンのホノリウスによって数え上げられた族長、預言者、使徒、殉教者、証聖者、処女《おとめ》という大カテゴリーをきちんとまとめていることになる。聖バヴォン大聖堂の多翼祭壇画〔＝ゲントの多翼祭壇画〕に描かれた「至福者たち《ベアティ》」は秩序立っていることが明らかになる。それに対して、フラ・アンジェリコとジョヴァンニ・ディ・パオロの天国、あるいは、当時聖アウグスティヌスの『神の国』を飾ったいくつもの彩色挿絵、もっと後代ではデューラーの偉大な「諸聖人の祝日」（ウィーン美術史美術館）に見られる選ばれた者たちは、カテゴリー別にそれほど明確に並べられてはいない。ゲントの構図はしたがって古典的で、明快であり、厳密で、対称性の下に位置することを自ら望んだ。バロック時代の芸術はこうした正確さへの配慮を放棄して、選ばれた者たちがまばゆい光の中にひしめく光景を選ぶことになろう。

ゲントの祭壇画に表現された聖人たちの共同体はまた、中央パネルを貫いて両側面へと広がり、その存在が説明を要する新要素がその両翼に加えられ、豊かさを増す。ファン・エイク兄弟が自分たちが取り組まなければならないテーマにさらなる幅と多様さを与えるため、いくつもの資料にあたったことは疑いない。右側には、中央から発して「隠者」、次に巨人聖クリストフォルスに率いられた「巡礼者」が、左側には「キリストの騎士」、次に「公正な審判者」がいる。これら集団のあれこれの人物に関して提起された特定化の試みはここでは重要ではない。そうではなくて、ここで提起すべきは、隠者の存在は明らかに諸聖人の祝日の典礼に結びついているにちがいないということである。教会の初期の数世紀には、迫害が鎮静化したとき、隠者が新しい殉教者と見なされ、隠者自身も自らをそう見ていた。隠者が砂漠へと逃れたことは、命をキリストのために犠牲にしたキリスト教徒の否認に比べられるこの世の否認であった。

『悦楽の園《ホルトゥス・デリキアルム》』を参照してみれば、女子大修道院長ヘラートが、二度にわたり、選ばれた者たちのカテゴリーを示していることが確かめられる。天の宮廷の表現（第九五図）は天使の九隊に対応する九つのカテゴリーに至福の人々を分けている。[37] しかし、ちょうどその前の第九四図は最後の審判にあてられていて、ゲントの場合のように、選ばれた者たちのキリストへと向かう歩みを表現しており、その中に「隠者と世捨て人」が修道女と処女《おとめ》のあいだに姿を見せている。この点で、どうしてゲントの祭壇画に対する『悦楽の園《ホルトゥス・デリキアルム》』の影響を考えないでいられよう。そのことをさらに促すのは、ヘラートの写本が表現する行列の中に、「セクラレス・ユディケス」すなわち公正な治世者も見出されるという事実である。

『悦楽の園《ホルトゥス・デリキアルム》』における選ばれた者たちの理論は「悔悛者とすべての信徒《ペニテンテス・エト・オムネス・フィデレス》」の集団をもって終わる。おそらくこの集団はゲントの多翼祭壇画の巡礼者たちにの中にいるのだろう。というのも、巡礼は中世において、さらにその後も、よくある悔悛の形態だったからである。ゲントの祭壇画の中で、公正な審判者の前を進む「キリストの騎士たち」について言うと、これら騎士たちを今度は『黄金伝説』の幻視に結びつけないわけにはいかない。その幻視は諸聖人の祝日の折に、天の住民の中に「数知れない兵士たち」を見分けていたが、その者たちは殉教者だった。[38] したがってゲントの祭壇画に着想を与えた原典の数の中に、『悦楽の園《ホルトゥス・デリキアルム》』と『黄金伝説』を、『エルキダリウム』のような古典的作品と並べて入れなければならない。さらに、少なくとも限定されたものとして、『神曲』との近さも示唆されて然るべきだろう。「天国篇」の第五天に信仰の戦士たちが、第六天にゲントの公正な審判者を思わせる「公正で敬虔なる君主たち」を住まわせているのだから。『神曲』はイタリア以外では限定された読者を持っただけだった。しかし、天国のいくつかのテーマは共通の遺産の一部をなしていたのである。

　諸聖人の祝日のテーマと聖体としての子羊のテーマとの結びつきを締めくくるために、聖ビルイッタの『天啓』にもどるとしよう。ビルイッタは、族長、預言者、アダムとイヴ、殉教者、証聖者、そして「他のすべての聖人」を、天にあってイエスの出現を心待ちにする選ばれた者たちのすべての集団として数え上げた後、こう書いた。「その後、私は主のおられる座椅子にあった祭壇を、またブドウ酒と水の入った盃《カリス》と祭壇に向けられているホスチア〔聖体〕の形をしたパン〔…〕を見た。このパンは生きた子羊となった」[39]。『トンダルの幻視』はというと、「天使のパン」を天国の至高の幸福《オムネ・ガウリディウム》として示していた。[40]

第十二章　天国の天辺で

アダムとイヴ

ゲントの開かれた多翼祭壇画〔聖バヴォン大聖堂の開かれた多翼祭壇画〕の上部両端に、大きなアダムとイヴが現れている。当時これらの裸体図はその写実性と迫真性によって衝撃を呼び起こした。ふたつの絵は北方絵画における「身体の創出」を真に画したのである[1]。しかし、人類の始祖のこのような表現は宗教的コンテクストの中に、すなわち聖バヴォン大聖堂の多翼祭壇画全体が捧げている「贖罪」の歴史の中に置かれなければならない。

ビザンチンのモザイクとフレスコ画は、イエスの「地獄」下りの表現を好んだ。イエスはアダムとイヴを手で摑み、旧約聖書の正しい人たちとともに自らの蘇りに加えるという図である。西欧のキリスト教は、人類の始祖をこれとは別なやり方で救済の大きな歴史に結びつけた。そのふたつの例が、われわれがすでに聖バヴォン大聖堂の多翼祭壇画に関して参照した作品から引かれた、以下に記すものである。

第一の例は『悦楽の園《ホルトゥス・デリキアルム》』によって与えられる。この作品の第八九から第九四の図は、救いの十字架へと進むさまざまなカテゴリーの選ばれた者たちを表現している。十字架はふたりの天使に挟まれ、両側にひざまずいたアダムとイヴがいて、「十字架によって贖われたアダムは十字架を崇める《アダム・ペル・クルケム・レデンプトゥス・クルケム・アドラート》。十字架によって贖われたイヴは十字架を崇める《エウァ・ペル・クルケム・レデンプタ・クルケム・アドラート》」

と記す説明文がつけられている。女子大修道院長ヘラートの写本挿絵は、こうしてアダムとイヴを族長、預言者、そして使徒の前に置く。「贖罪」は一義的に最初の罪の赦しだったのだから、確かにこれは年代順だということになる。ただ、最高の地位がアダムとイヴに与えられたことに変わりはない。次に前章の最後に引用した聖ビルイッタの『天啓』にもどってみよう。こう読める（十七世紀の訳文による）。

そしてそのとき私はアブラハムがその世代のすべての聖人たちと来るのを見た。すべての族長と預言者がやって来た。その後、私は四人の福音書記者を見た。さらにその後、私は十二の椅子とそこに座って支配者がやって来るのを待っている十二人の使徒を見た。こうしたすべての後にアダムとイヴ、そして殉教者、証聖者、そしてそれらの人々の子孫である他の聖人たちが来た。[2]

この幻視において、アダムとイヴはまたも特別な場所を占める。ふたりは殉教者と証聖者の前に来ているからだ。このふたつの例証は、ゲントの祭壇画において採用された方針を理解する助けとなる。祭壇画でも始祖のふたりは、奏楽の天使たち、マリア、そして、洗礼者ヨハネと同じ高さに置かれているのだ。

「デイシス」

聖母と先駆者〔＝洗礼者ヨハネ〕も同様に視線を引きつける。主を囲むふたりは選ばれた者たちが集う天国の情景を主とともに見下ろす。この配置はビザンチン図像学になじみの「デイシス」〔ビザンチン美術において、キリストを中心に、向かって左に聖母マリア、右に洗礼者聖ヨハネを配する三尊図像のこと〕を思い起こさせる。ビザンチン図像学は飽くことなくマリアと洗礼者ヨハネを描いた。ヨハネは聖人たちのリーダーであり、両腕をキリストに伸ばし、こうしてキリスト教徒のために祈る。コンスタンティノープルの聖ソフィア大聖堂とキエフの聖ソフィア大聖堂は、それぞれ、東方キリスト教圏の信仰によってこのテーマに与えられた重要性を物語る[3]。「デイシス」は原則として東方正教会の教会に必ず存在する。ビザンチン世界における「デイシス」（「祈り」）のイメージとなった）についてアンドレ・グラバール〔一八九六－一九九〇、フランスのビザンチン美術史家〕が書いたように、「聖母のビザンチン図像学は、イエスにとりなしをする神の母のテーマに優先権を与えていた。デイシスは同一のテーマを拡大していき、それゆえにデイシスがビザンチンの信仰の、典礼その他のさまざまな形式に結びついているのが見出される。デイシスは家や教会の入り口の上や、写本の初めに、あるいは指輪に描かれ、地上における安寧のための祈りを表す。しかし、死後の、また魂の救済のための祈りでもありえたので、デイシスは葬礼に関する教会の装飾の一部にもなり、また最後の審判のさらに詳述なイメージに取って代わった。中世ビザンチンにおいて、最後の審判のすべてのイメージはデイシスの三人の集団を含んでいた。マリアと洗礼者ヨハネが訴えかけるのは、そうなると、審判者キリストに対してである」[4]。

　最後の審判の西欧の表現は「デイシス」を含む上に、しばしば天使と十二使徒を補佐役として結びつける。トルチェッロ〔ヴェネツィアの島〕の有名なモザイクにある「最後の審判《ジュディツィオ・ウニヴェルサレ》」がこの形式であり、イエスの「地獄」への降下と復活の図の下に、最後の審判が縦に重なる四つの区画で進行する。一番上の区画では、キリストがマリアと洗礼者ヨハネのあいだでマンドルラの中に座っている。『悦楽の園《ホルトゥス・デリキアルム》』の彩色挿絵は最高の審判者〔＝キリスト〕を二重の虹の上に位置させていて、ここでもその姿をマリアと洗礼者ヨハネ、そして天使と十二使徒に囲ませている。ゴシック美術の黄金期には、福音書記者ヨハネが先駆者〔＝洗礼者ヨハネ〕に取って代わることも時にはあるが、「デイシス」はほとんどあらゆる場所、モラヴィアのティスノフ〔モラヴィアはチェコ共和国東部の地方、ティスノフは南モラヴィア州の都市〕（一二四〇－五〇年頃）からブルゴス〔スペインのカスティーリャ州の都市。大聖堂がある〕（一二六〇年頃）までの彫刻に見出される。また、シャルトルやパリなどの数多くの大聖堂の正面玄関に、さらにはブールジュ〔フランス中央部シェール県の県庁所在地〕の最後の審判のステンドグラス（一二一四年以前）にも現れている[5]。

　要するに、マリアとどちらかのヨハネというふたりの懇願者のあいだに審判者キリストを置くのが通常のことだった。とはいえ、例外にも触れなくてはならない。たとえばピサのカンポ・サント〔斜塔と同じ広場にある霊廟〕にオルカーニャ〔アンドレア。一三〇八頃－六八、フィレンツェの画家、彫刻家、建築家。ヤコーポ・ディ・チョーネは弟〕が「最後の審判」を描いたが、その構図の上部に地獄に堕ちた人々を手で呪うイエスと、その右に懇願しないマリアを描いている。マリアは片手を胸に置き、ある者を受け入れ他の者を拒む神の宣告を恭しく受けとめている。別の形は、十五世紀のボローニャの絵画（ボローニャ国立美術館）で、下から上へ地獄とその責め苦を、次いで使徒が第一列にいる聖人たちの節度ある集まりを、最後に天の頂上で父なる神とイエスがマリアに冠を授けているマンドルラを囲む天使たちを、段状に重ねて描いている。

それに対して、パドヴァのスクロヴェーニ礼拝堂のジョットの「最後の審判」〔本書四〇頁図版〕、あるいはサン・ジミニャーノ〔ローマに近いトスカナ州の都市〕のタッデオ・ディ・バルトロ（十四世紀末または十五世紀初め）〔一三六三―一四二二、シエナ派の画家〕やフィレンツェのフラ・アンジェリコ（サン・マルコ美術館〔本書一五四頁図版〕）やボーヌ施療院のファン・デル・ウェイデンの「最後の審判」は、古典的配置に従った。ヤン・ファン・エイク自身もその「最後の審判」においてこの配置を正確に守り、マリアと洗礼者ヨハネが両手を合わせて懇願する相手、審判者キリストに構図の上部すべてをあてている。デューラー、クラナッハ父〔一四七二―一五五三、宗教画を多く描いた〕、バルチュなどの、十六世紀初めの数十年間に制作された多くの版画は「二重のとりなし」〔神と人とのあいだを取り次ぐ仲介者としての働きをキリストだけでなくマリアが行うことを指す〕を表現し続けていたが、そのことがルター〔一四八三―一五四六、ドイツの宗教改革者〕を怒らせた。なぜなら、ルターは審判者である神の概念を拒んでいて、このような図像は「われわれのキリスト教信仰、すなわちキリストの存在を信じるという非常に崇高で主要な信仰箇条」から遠ざけると考えていたからである。[6]

しかし、ゲントの祭壇画においては、このテーマは多くの自由度をもって脚色された。祭壇画は、たとえそこに地獄を描くプレデルラがかつてあったにしても、われわれを最後の審判後へと移動させ、今そこに残されている部分においては、天国をその最高の輝きのうちに示している。洗礼者ヨハネは主を指さすが主に懇願してはいない。そうすることが何の役に立つのか。ヨハネは一冊の書物を持ち、そこには「コンソラミニ」つまり「［わが民よ…］慰められよ」とある。ヨハネは隠者のチュニックを着ているが、その大部分は、宝石に飾られた縁どりのある豪華な緑の衣服に隠されている。その服装は高位の選ばれた人にふさわしい。そしてヨハネはマリアと同じように玉座に座っている。

マリアも懇願していない。マリアも一冊の書物を持つが、それはヨハネの書物と対称をなす。書物は、ヘルマスの『牧者』にまでさかのぼる伝統に従えば、教会のアトリビュート〔教会を表す象徴物〕である。[7]だが、書物はここではむしろ信仰の歴史を指し示している。時禱書に基づく、静かな個人的祈りが、とくに十四世紀以降、以前はきわめて普通であった集団で朗唱する祈りと重なり合ったその歴史である。時禱書は読書の実践をもちろん前提としていたが、それは中世末期に教育を受けた世俗の人々、とくに、読むことのできる上流社会の女性によって採り入れられた。その黄金期は十五世紀と十六世紀初めに位置している。敬虔で教養のある女性たちは時禱書を初等読本としても使用して、何世代にもわたって娘たちに伝えた。[8] ゲントの多翼祭壇画の読書する聖母が示すのはこのような社会の実相である。

マリア、天国の象徴

マリアはここでは豪奢な衣服をまとい、宝石とユリやバラの花で飾られた王冠《ディアデム》をかぶって現れる。その穏やかな表情を光輪で包む文字は、「〔マリアは〕太陽よりもすべての星座よりも輝いている。光と比べてもそれよりはるかに輝かしい。なぜならマリアは永遠の光の輝き、神の尊厳の穢れなき鏡であるからだ」（「知恵の書」七章、二五－二六節〔正しくは二九節〕）と語る。

この栄光の聖母を、中世末期が好んだある天国のテーマと結びつけないわけにはいかない。すなわち聖母の戴冠である。このテーマは一四〇〇年頃から西欧美術において爆発的出現を見た。西欧の信仰と図像学はこの戴冠を天の宮廷の華麗さを豪華かつ多彩に表現する口実としたのだ。それを示す示唆的な比較例は、ゲントの祭壇画と同時代の、ジョヴァンニ・ダル・ポンテ（一三七六－一四三七年）によって描かれた、シャンティイのコンデ美術館に所蔵されている「マリアの戴冠」である。洗礼者聖ヨハネを左〔向かって右〕に配して、イエスが母に冠を授ける姿を示している。「デイシス」と天のマリアの称賛がここで重なり合うが、最後の審判への示唆は消えている。

もうひとつ、一四三〇年頃、われわれが「上部ラインの画家」と呼ぶ作者不詳の画家によって制作され、フランクフルトのシュテーデル美術館に所蔵されている、「天国の小さな庭」との比較も素描されるべきであると私には思われる。ここではマリアの戴冠ではなく、天国の空間がテーマである。庭は、花がちりばめられ、実をつけた桜の木も

「閉じられた庭」は天国を表す。マリアの姿は「ゲントの祭壇画」のマリアに似る。上部ラインの画家「天国の小さな庭」1430年頃、フランクフルト、シュテーデル美術館。訳者追加図版

生えている「閉じられた庭」によって表現される。[9] この作品へのエロティックな解釈は私にとってはおよそ受け入れられるものではない。なぜなら、幼子イエスが聖カタリナのキタラ〔古代ギリシアの撥弦楽器〕で遊んでいるこの再び見出された地上の楽園は、とくにマリアの純潔を象徴しているからである。マリアは、この構図の中で名誉ある位置を占めており、ゲントのマリア同様に、王冠をかぶっている。そして同様に暗いブルーのマントをはおり、本を読んでいる。これこそ、信仰と想像力によって確立された天国とマリアの王国との関係の新しい例である。

両者の関係は東方教会でも知られていた。エチオピアのある賛歌はマリアに、「〔マリアは〕世が存在する前に、智天使と熾天使に護られた、神のために準備された喜びの庭」であると呼びかける。またコンスタンティノープルのゲルマノス二世（一四二〇年没）〔正しくは一二四〇没〕のホメリア〔福音書解説を中心とした説教〕はマリアをして、「神によって植えつけられた天国」とす

[10]る。西欧においては、ペルセーニュの修道院長アダムス（一二二一年没）〔一一四五－一二二一、シトー会士〕がその『マリア賛歌《マリアーレ》』の中でこう述べている。「マリアは閉ざされた庭。そこではユリの花が純潔をつねに守って白く咲き、スミレの花が不可侵の謙遜の香りを放ち、バラの花が尽きない愛徳の心で赤く咲く」[11]。ヤコポーネ・ダ・トーディは、マリアに向かってこう言った。「あなたは生命の木が植えられているすべての花で飾られた庭だと、私は言うことができます」[12]。

フランクフルトの「天国の小さな庭」は例外的作品ではない。十五、十六世紀イタリア絵画にマリアに関わる「閉じられた庭《ホルトゥス・コンクルスス》」を十一例数えることができる。イタリア以外でもきわめて美しく意義深いいくつもの作品が存在する。シュテファン・ロホナーの「バラの聖母」（一四五〇年頃、ケルン、ヴァルラフ・リヒャルツ美術館）とショーンガウアーの「バラの生垣の聖母」（一四七三年、コルマール、サン・マルタン教会）もそのひとつである。ショーンガウアーの作品はふたりの天使によって戴冠され、その赤い衣服は息子が受ける悲劇的運命を予告する。ロホナーのマリアはもっとも古典的な暗いブルーの衣服をまとっている。光景は純粋に天国である。すなわち、バラの格子組の上に浮き上がるマリアは、ゲントの場合と同様に、すでに冠をかぶっている。そして小天使たちが、天の女王とその幼子のまわりで楽器を演奏している。「閉じられた庭《ホルトゥス・コンクルスス》」をさらに強く喚起するのはメムリンクのふたつの作品である。ミュンヘンの作品〔「聖母と幼子と奏楽の天使たち」〕では、マリアと幼子を天使たちの中央に、またルーヴルの作品〔「聖女たちに囲まれた聖母子」〕ではマリアと幼子を聖カタリナをはじめとする処女《おとめ》のあいだに位置させている。これらの表現では聖母の後ろの牧歌的風景は見出されたエデンの園という幻想を作り出す。

明らかに、マリアの「閉じられた庭《ホルトゥス・コンクルスス》」のテーマは天国表現の一変型を構成した。なぜなら、今見たばかりの作品は、神の母とその子のまわりに、バラに飾られた庭をさらに加えて描いているからだ。なるほど束の間の幻であるにちがいない。というのも鑑賞者はその子の悲劇的運命がどのようなものであるか知っているからだ。しかしながら、これは心を励ます予兆でもある。幼子の血がもはや花と幸福しかない天国の門を再び開くからだ。

天の女王の称賛を、書物とイメージをもって政治的、文化的コンテクストの中に固定することも忘れずになされた。とりわけマリアの戴冠のテーマはヨーロッパ諸国で、明白な形で成功を収めた。そしてその時期〔十四、十五世紀〕は、いく

マリアの背後の牧歌的な風景はエデンの園を再創造している。ハンス・メムリンク「聖女たちに囲まれた聖母子」15世紀、パリ、ルーヴル美術館。©Giraudon.

つものヨーロッパの国家が固まっていく過程であり、聖別式の儀式が最大の宗教的規模で行われた時期でもあった。[13] 十四世紀には『フランス大年代記』やフロワッサール〔ジャン。一三三三／三七－一四〇〇頃、年代記作家、詩人〕の『年代記』〔百年戦争期の社会の記録〕を飾る細密画が執拗なまでにジャン善良公〔二世。一三一九－六四、フランス国王在位一三五〇－六四〕とシャルル五世の戴冠を描写する。[14] フランスでは、王妃の戴冠儀礼がシャルル五世の時代に厳密化しかつ複雑化した。シャルル六世〔一三六八－一四二二、フランス国王在位一三八〇－一四二二〕の妻イザボー・ド・バヴィエール〔一三七〇－一四三五、ドイツのバイエルン公の長女、シャルル七世の母〕の戴冠式はたいへん盛大な様相を呈した。

マリア信仰の上昇はまた、宮廷風恋愛の発展とも関連づけられた。[15] 天の女王にして貴婦人であるマリアはキリスト教徒である騎士にとって女性の至高のモデルとして現れた。こうした関連づけは、もし次の基本的なこと、すなわちマリア信仰とマリア被昇天についての信仰の上昇を忘れなければ、すべて正当化される。ただ、この上昇についての確信がカトリックの教義となったのは一九五〇年〔教皇ピオ十二世がカトリック教会において信じるべき教義と認めた〕のことであった。十二世紀と十三世紀のマリア信仰の爆発は、フランス、スペイン、イギリス、スイス、ゲルマン諸国で、数多くの大聖堂がマリアに奉献されたことに表現された。一一三四年に、シトー会はその教会のすべてをノートル・ダム〔「われらの貴婦人」。聖母マリアを指す〕に捧げることを決定した。一二八八年にはミラノの詩人ボンヴェシン・ダ・ラ・リーヴァ〔一二四〇頃－一三一三頃、ミラノ出身のラテン語教師、詩人、作家〕が、「ミラノでは三十六の教会、コンタード〔都市周辺領地のこと〕を入れると二百四十以上の教会がマリアに捧げられた」と断言する。[16]

聖母被昇天

マリアの被昇天に対する信仰、それは結果としてマリアの戴冠というテーマにつながったが、その信仰の起源はメリトン〔？－一九〇頃、キリスト教護教論者。「復活祭についての講話」が有名〕に帰せられるある外典に起源があると思われる。メリトンは使徒聖ヨハネの弟子であり、二世紀にサルディス〔現トルコのサルトにあった古代リュディア王国の首都〕[17]の司教になった人物であるようだ。ラテン語に翻訳されたこの物語のタイトルは『聖母の死《デ・トランシトゥ・ヴィルギニス》』だった。実際には六世紀にさかのぼるにすぎないと見えるこのテキストは、西欧においては、トゥールのグレゴリウスによってその頃広められた。『奇蹟の書』においてグレゴリウスは偽メリトン

〔『聖母の死』を指す〕を要約して次のように書いた。

マリアがその生の営みを終え、そしてこの俗世から呼びもどされようとしていたとき、使徒たちがみな、それぞれの国からマリアの家に駆けつけた。マリアがこの世から奪い去られると知った使徒たちは、マリアとともに夜を徹していたが、天使に伴われた主がお出でになった。マリアの魂を受け取った主はそれを大天使ミカエルに預けて去った。夜が明けると使徒たちはマリアの体を寝床とともに持ち上げて墓の中に入れ、主の到来を待ちながら護っていた。突然、主イエスが再び使徒たちの前に現れ、そしてマリアの聖なる体を雲の中に運び、かくしてイエスはそれを天国へと運ばせた。天国でマリアは体を取りもどし、選ばれた者たちとともに、いかなる終末も来ることのない永遠の宝を味わうのである[18]。

聖母被昇天の祝祭は、東方では七世紀から、西方では八世紀末から祝われてきたが、それはマリアの天への上昇とあの世においてマリアが女王であることを結びつける可能性をもたらした。クリュニー修道院長オディロン・メルクール（一〇四九年没）は「被昇天のための聖歌」で次のように言う。

これこそ喜びの日
光に溢れた
この日に、処女《おとめ》たちの女王は
星にきらめく道を昇った。
天使のまばゆい供回りと
聖なる処女《おとめ》たちの

供回りに囲まれて。
立派な軍勢がマリアを守る。

われわれすべてが信じなければならないように、
キリストはマリアから生まれた。
キリストはマリアを迎えに行く、
天の王冠《ディアデム》のもとに輝いて。

栄光の上にあって
初夜の床の過ちを知らないマリアは
我が身とともに子たちのうちでもっとも偉大なる者を
父の玉座へとお連れになる。

天の王国の都は
この上ない豪華さのうちに
王国の君主の母を
それにふさわしい祈りで称える。

喜びのうちにあの方たちとともに
今日の大きな幸福を祝おう、
神を称え、神に願いながら。[19]

この詩の中にすでにマリアの戴冠の重要な要素が現れている。マリアは「女王」と形容される。マリアは「天使たちのまばゆい供回り」に囲まれている。キリストが迎えに来る。「天の王国の都は王国の君主の母を称える」、などだ。『ようこそ女王様《サルウェ・レギーナ》』〔という作品〕もまた十一世紀にさかのぼると思われる。そのタイトルは面白い――というのも、〔この書では〕祈りそのものはとりわけ慈悲を強調しているからだ――[20]。十一世紀の聖アンセルムス〔一〇三三―一一〇九、イギリスのスコラ哲学者、カンタベリーの大司教〕は「天使たちの女王、世界の女主人」に対して激烈ないくつもの「祈禱《オラティオーネ》」を捧げる。[21] 次の十二世紀に聖ベルナルドゥスは、主の昇天についての説教の中で、昇天とマリアの戴冠のあいだに関係を打ち立て、また同じ主題の別のホメリア〔説教〕の中で、「ヨハネの黙示録」の記述にある「太陽を身にまとった」女性をマリアに当てはめる。

誰が想像できるであろうか。世界の女王を今日包む栄光を、天のすべての人々がマリアを迎えに行くときのその熱狂を、栄光の玉座までマリアに伴う歌を。どのようなにこやかな顔で、どのような優しい眼差しで、そしてどのような神々しい抱擁をもって、子イエスはマリアを迎えるかを。マリアはすべての被造物の頂点に位置するが、それはこのような母親とこのような息子の栄光が、受けて当然の栄誉をもってのことである。[22]

ヴェネツィアのベネディクト会士、チャナードのゲラルドゥス（一〇四六年没）〔九八〇―一〇四六、ヴェネツィア生まれ、ハンガリーのチャナード（現ルーマニアの町セナド）の司教、聖人〕やシェーナウのエリザベト（一一六四年没）のような幻視者たちもまた、被昇天によって明らかになったマリアの王国を称えた。[23] 幻視に続いてエリザベトは書いている。

人の住むところからとても離れた場所にお墓があるのを見ました。大きな光に囲まれていて、その中に女の人の形をしたようなものと、あたり一面にたくさんの天使たちがいました。間もなく女性の姿をしたものは墓の中から出て立ち上がっており、そしてまわりの天使の大群とともに空中に昇りました。すると天のもっとも高いところから、人が想像できるすべてのものよりも輝かしい男性が女性を迎えに来たのです。その方は右手に旗を持ち、そこに十字の印がありました。私はその方がわれらの救い主、主その方だとわかりました。何千もの天使に囲まれていたのです。天使たちは女性を抱え、声をそろえて歌い、その体を天のもっとも高いところへと運んで行きました。

［エリザベトが恍惚状態にあるときは通常エリザベトのかたわらにいる天使がエリザベトに説明してこう言った］この幻視の中であなたに示されたもの、それは聖母がどのようにして体と霊とともに天に運ばれたかということだ［…］。聖母はわれわれが被昇天を祝うその日にこの世の生活を終えた。そして聖母が復活したのは［…］四十日後のことだった［…］。被昇天の荘厳さを教会で祝うことを決めた聖なる教父たちは、マリアの体の被昇天について確信を持っていなかった。だから教父たちはこの祝日を聖母の最後の眠り《ドルミシオン》の日と定めた。だが教父たちはそれを被昇天と名づけた。なぜなら教父たちは肉とともになされる天への上昇をとても固く信じていたからだ。[24]

マリア被昇天、さらに一般的には、天の女王についての神学的考察は、西欧において、「雅歌」と「詩篇」四十五の解釈によって広がった。たとえばオータンのホノリウスは「雅歌」の六章〔正しくは四章〕を解釈するにあたり、第六節以下をマリアに当てはめて、それをキリストの口に語らせる。「私はミルラの香る山と乳香の丘に行こう［…］。恋人よ、あなたはとても美しい［…］。私とともに、レバノンからおいで、許嫁よ、おいで、レバノンから出ておいで」[25]。そして西欧の図像学は戴冠したすべての聖母像と、とりわけゲントの聖母を見るとき、どうして「詩篇」四五（一一―一五節）を思わずにいられようか。そこにはこうある。「娘よ、聞きなさい！［…］。王があなたの美しさの虜となりますように。王はあなたの主［…］。厳かに、王の娘は金糸の織りの衣服を着けて進み入る。色とりどりに飾り、娘は王のもとに導かれて行く」。

マリアの戴冠は『悦楽の園《ホルトゥス・デリキアルム》』には欠けている。しかしその図版八二番――ここでこの図版にしばし立ちもどる必要がある〔本書一二六頁参照〕――、それは「教会の女王《レギーナ・エクレシア》」にそっくり捧げられている。女王は、聖職者と平信徒が置かれているふたつの階層のある建物の中で、玉座に座っている。碑文が明確にしている。「神殿に座す女王、それは教会であり、処女《おとめ》なる母と呼ばれる」。ここで表現されている「処女《おとめ》なる母」という教会は、イエスの母との関係が打ち立てられるためにあると考えるべきである。さらに広く言えば、マリアの王国のテーマの広がりは、教皇たち、とりわけインノケンティウス三世が教会の普遍的な絶対的支配を主張したことと偶然に一致したわけではなかったと、ジョルジュ・デュビー〔一九一九－九六、アナール派の中世史家〕とともに考えることができる。[26] この『悦楽の園《ホルトゥス・デリキアルム》』の図版は、そうなると、両者の関係を強調していることになるだろう。

『黄金伝説』については少なくとも二回にわたりマリア称賛に取り組んでいる。その中で、ある非常に長い項目が聖母被昇天にあてられている。著者ウォラギネは、マリアの死、お眠り、葬儀、復活、そして被昇天にまつわる驚くべき物語を語るが、ウォラギネによれば、それらの物語は、ディオニュシオス・アレオパギテース〔＝偽ディオニュシオス〕によって、だが実際には偽メリトンによって語られたと言う。そして、それらの物語が、聖ヒエロニムスからパウラとエウスタキウム〔聖パウラは三四七－四〇四。エウスタキウムはそのひとり娘〕への書簡（実は九世紀の作）に依拠しており、「外典」だと断言する。しかしこの書簡とチャナードのゲラルドゥスおよびシェーナウのエリザベトの幻視に基づいて、著者は最終的にこの話の基本の枠組みを再構築した。「すなわち、マリアは苦しむこともなくみまかった、〔…〕イエス・キリストと天の宮廷のすべてがマリアを迎えに来た、〔…〕最後にマリアは体と魂とともに天に昇った」。天への移動について、ウォラギネはゲラルドゥスのテキストを引用する。

この日、天は至福の人マリアを喜びとともに迎えた。天使は喜び、大天使は大喜びし、座天使は興奮して、主天使は「雅歌」でマリアを称え、権天使は声を合わせ、能天使は楽器でそれを伴奏して、智天使と熾天使は聖歌を歌う。すべての者がマリアを神聖なる国王の至高の法廷まで導く。[27]

ここでわれわれの興味を引く観点からすると、『黄金伝説』の章の中で、被昇天の章とおそらく同じぐらい重要な章が、すでにわれわれが引用した諸聖人の祝日の章である。この章では、ローマのサン・ピエトロ大聖堂の納室係が、諸聖人の祝日の幻視で、「高くなった玉座に座る王の中の王」を見たと語る。そして次に「処女《おとめ》の中の処女《おとめ》が、光り輝く王冠《ディアデム》に飾られ、無数の処女《おとめ》たちと禁欲者たちに従われて間もなく到着した。すぐに王は立ち上がってマリアを迎え、自分の横に作らせた玉座に座るよう誘った」と語る。[28] 戴冠それ自体は触れられていないが、マリアは王冠《ディアデム》を着けており、息子のまさに横に座る。これとは反対に、ダンテは「天国篇」第二三歌で、天の中央から「ひとつの燃える松明が降下し、冠のように輪の形をなして」マリアを「取り巻くと周囲を回転した」。そしてすべての天使の光が「マリアの名を響かせた」（九四－一〇九行）のを見たと明言している。

戴冠する聖母

ビザンチン美術が聖母の最後の眠り《ドルミシオン》をとくに好み、戴冠の表現を知らなかったのに対し、西欧のキリスト教図像学は、宗教詩と説教に教導されて、天国を熱望する素晴らしい口実として、ますますこのマリアの戴冠というテーマを増幅させ、さらにマリアの被昇天と戴冠をしばしば同一の表現の中に結合した。ヤコブス・デ・ウォラギネの『黄金伝説』には戴冠のテーマが明白には記述されていないのに、その写本、とくにフランスの彩色挿絵写本が扉口に聖母の戴冠を描いたことは偶然ではない。[29] とは言いながら、このベストセラー『黄金伝説』はまちがいなく大いに、だが間接的に、中世後期におけるこのテーマの成功に貢献した。

マリアの戴冠のもっとも古い表現は、しかしながら、『黄金伝説』以前のものであり、十二世紀にさかのぼる。一一四〇年頃の、グロスターシャー県〔イングランド南西部の県〕のケニントン教会のタンパン〔アーチと楣（まぐさ）に挟まれた三角または半円の部分〕、パリのノートル・ダム大聖堂にシュジェルが贈った一枚のステンドグラス（これはフランス革命以前に消えてしまったが）、そしてとくに、〔パリのノートル・ダム大聖堂の〕モデルとなったサンリス大聖堂（一一六〇－七〇年）のタンパンである。[30] 息子によって戴冠するマリアは次いで大聖堂の扉口に頻繁に現れる。パリ、シャルトル、ランス、ラン、パンプローナ〔スペイン北部、十一世紀から十九世紀までナバラ王国の首都〕、レオン〔スペイン北西部、中世後期のレオン王国の首都〕などに。

イタリアは長いあいだ、「シントゥロノス」――二人用の玉座――にキリストとともに座るマリア賛美を固く守った。そして、イタリアもまた十三世紀末に聖母の戴冠のテーマを採り入れた。シエナ大聖堂にあるチマブエ〔ジョヴァンニ。一二四〇頃－一三〇二頃、フィレンツェ派の始祖、ルネッサンスへの転換期を代表する画家〕の作とされる一二八七年の「マリアの戴冠」、バラ窓のステンドグラスが最初だった。また、イタリア半島のもっとも素晴らしい作品のひとつが、われわれの天国探求の旅程でおなじみの標識であるサンタ・マリア・マッジョレ大聖堂の後陣に見出される。ヤコブス・デ・ウォラギネの死と同じ頃の一二九〇年代、フランシスコ会士ヤコポ・トッリティが教皇ニコラウス四世〔一三九七－一四五五、在位一四四七－五五〕の求めに応じて制作した「マリアの戴冠」を表すモザイクがそれである。マリアは、母と同じ栄光の玉座《シントゥロノス》に座るキリストの手から冠を授かる。玉座の足元では星々の中央で太陽と月が輝いている。聖人たちと天使たちがイエスとマリアを囲む。花咲く岸のある生命の川がこの幸福の空間を区切る。[31]下には、すなわち地上になるはずの高さのところには、使徒たちに囲まれたマリアが眠りに入り、死へと至る。しかしこの最後の眠りは戴冠よりもずっと小さく描かれている。

イタリアの画家たちはその後、マリアの戴冠の描写を増やしていく。ジョット（ボローニャ美術館およびパドヴァのスクロヴェーニ礼拝堂）、ジウスト・デ・メナブオーニ〔一三三〇頃－九〇頃、フィレンツェとパドヴァで活動〕（ロンドン、ナショナル・ギャラリー）、ジェンティーレ・ダ・ファブリアーノ〔一三七〇頃－一四二七、イタリア中部で活動、国際ゴシック様式の画家〕（ミラノ、ブレラ美術館）、フラ・アンジェリコ（ウフィツィ、サン・マルコ、ルーヴルなど各所美術館）、クワルタラーロ〔リッカルド。一四四三－一五〇六、シチリア出身の画家、ナポリで活動〕（パレルモ国立美術館）、フィリッポ・リッピ〔一四〇六－六九、フラ・アンジェリコとともにフィレンツェを代表する画家。ボッティチェリの師〕（フィレンツェ、芸術アカデミア）、ボッティチェリ（ウフィツィ美術館）、ジョヴァンニ・ベリーニ〔一四三〇頃－一五一六、ヴェネツィア派の第一世代を代表する画家。兄はジェンティーレ・ベリーニ〕（ヴェネツィア、ペザロ市立博物館）、フランチェスコ・ディ・ジョルジョ〔マルティニ。一四三九－一五〇二、シエナの画家、彫刻家、建築家〕（シエナ美術館）、クリヴェッリ〔カルロ。一四三〇頃－九五、ルネッサンス初期の画家。伝統的形式の多翼祭壇画を残す〕（ミラノ、ブレラ美術館）、ラファエッロ（バチカン宮美術館）、ヴェロネーゼ〔パオロ。一五二八－八八、ルネッサンス期のヴェネツィアで活動〕（ヴェネツィア、サン・セバスティアーノ聖具納室）などの「聖母戴冠」である。

イタリアの外でマリアの戴冠に捧げられた最大の作品といえば、一四五四年にアンゲラン・カルトンがヴィルヌーヴ・レ・ザヴィニョンで制作した「聖母戴冠」である。たとえ聖バヴォン大聖堂、すなわちゲントの多翼祭壇画にお

アンゲラン・カルトンの「聖母戴冠」1454年、ヴィルヌーヴ・レ・ザヴィニョン（フランス）、ピエール・ド・リュクサンブール美術館。聖母の戴冠に捧げられたこの大作の画家が「ゲントの祭壇画」を知らなかったはずはない。訳者追加図版

いてわれわれが本当の意味での戴冠を目にしていないとはいえ、アンゲラン・カルトンのこの戴冠したマリアを、時代的に少し前のゲントのマリアと関連づけないのは不可能である。どちらの作品でも、金髪のマリアは豪華な王冠《ディアデム》と豪奢な衣服をまとい、天の頂上にいる。ただし、アンゲラン・カルトンは三位一体にマリアの戴冠をさせている。これは十四世紀末から広がった象徴体系で、後にエル・グレコ〔一五四一－一六一四、ギリシア生まれのスペインの画家〕が採用することになる（「聖母戴冠」マドリード、プラド美術館／トレド、聖ホセ礼拝堂）。

ゲントの祭壇画の戴冠した聖母は、『神の国』の十五世紀におけるあるフランス語写本を彩る天の宮廷の描写と比較対照してみると、その時代の中にさらに正しく置きもどされる。天の宮廷の頂点部分に、ゴシック式建築群を背景にして三位一体が浮かび上がっており、その右側（写本読者にとって左側）には、ゲン

トのように、冠を戴き美しい青のマントを身にまとった姿でマリアが座っている。ふたりの奏楽の天使がこの場面を囲む。選ばれた者たちは、これまたゲントのように、下方に集められて三位一体、マリア、天使たちが座する聖なる空間と上下に分けられる。天国のこれらふたつの表現が作られた時期には、マリアに冠を与えることなしに、マリアを天国の頂上に位置させることはおよそ考えられないことだったと思われる。なぜなら、誰にとってもマリアは天の女王だったのだから。

　時禱書の彩色挿絵もまた戴冠した聖母を好んで描いた。十五世紀の第三四半期の『主のブドウの書』は一頁を青い衣服のマリアにあてている。マリアは玉座にいて、両手は謙譲の仕草として胸にあてられ、そして歌う天使たちおよび楽器を奏でる天使たちに囲まれている。説明文は「天の女王《レギーナ・コエリ》、喜ばれよ《ラエターレ》、ハレルヤ《アレルヤ》…」〔レギーナ・コエリは復活節の祈り〕という詩句を思わせる。[32] 一四七四年頃の『聖母の時禱書』も戴冠したマリアを示しているが、今度は幼子イエスを腕に抱き、天使たちに囲まれている。天使たちの何人もが歌を添えている。[33]

　マリアの戴冠のテーマは十六世紀初めに大いに好まれた。そのことは多くをこのテーマにあてたデューラーの作品が示している（ひとつは失われたが、いくつもの下書きデッサンが残っている）。プラハ国立美術館にある「ロザリオの祝祭」（一五〇六年）は、画家がヴェネツィアに二度目の滞在をしていたときに、ヴェネツィアのドイツ人教区によって注文された。ジョヴァンニ・ベリーニの影響が見えるこの作品はヴェネツィアの画家たちに賛嘆と嫉妬を呼び起こし、そしてまた多くの模倣作を生み出した。マリアは金髪、光る青のビロードの豪奢な衣服をまとい、ふたりの天使から冠を受けているが、ひざまずいている人物の頭にロザリオ〔聖母マリアへの祈りを唱える際に用いる数珠状の道具およびその祈り〕を象徴する花の輪を置こうとしている。母親の膝に幼子イエスがいて、同じような花の輪を自分の頭にかぶろうとしている。当時盛期にあったロザリオ信仰[34]はマリアの戴冠にさらなる意味を与えたのである。

　ところで、新しい事実を示す絵の構成が現れた。マリア被昇天を描く十五、十六世紀の多くの作品は——彩色挿絵であれ絵画であれ——、聖母を迎えるキリストあるいは三位一体を構図の最上部に置くことを拒んでおり、その結果キリストと三位一体がどこにいるかを見つけるのには苦心が必要になる。絵画スペースの最大部分は金髪の聖母で占められ、聖母は色とりどりに豪華に着飾った天使によって持ち上げられる。このやり方は『アンヌ・ド・ブルターニュの小時禱書』（一五〇三年頃）〔アンヌは一四七七−一五一四、ブルターニュ公フランソワ二世の娘、フランス国王シャルル八世に嫁ぎ、シャルルの死後ルイ十二世の妻となる〕によって、[35]またもっと大きなサイズのものとしては、一四八五年頃のフランドルの作品「聖ウルスラの伝説」（ワシントン、ナショナル・ギャラリー）〔聖ウルスラ（？−三八三頃）は、一万一千人の処女（おとめ）を率いて殉教したという九世紀に生まれた伝説の聖女。ケルンの守護聖人〕の画家によって採用された。[36]マリアは手を組み、天へと昇るときにはすでに戴冠されていて、奏楽の天使たちおよび壮麗な衣服の天使たちに囲まれていて、ゲントの天使たちの伝統に従っている。

このように、ファン・エイク兄弟や彼らの世紀の画家たちにとって、天国の美しさと幸福を表現するためのもっとも確実で魅惑的なやり方のひとつは、天の女王であるマリアを同世代の人たちの眩んだ目の前に登場させることにあった。ひとつの有益な事実がある。十六世紀には、人々はゲントの祭壇画の最上部を聖母の戴冠として理解しており、当時の案内書は多翼祭壇画全体を「マリアの昇天」として紹介さえしていた。[37]十七世紀に、理論家カレル・ファン・マンデルは、不正確だが興味深い言い方で語っていた。「［中央パネルの］上方に、父と息子によって戴冠された聖母が見える」と。[38]

しかしながら、マリアの戴冠はまた婚姻のテーマでもある。ゲントの祭壇画では、マリアは結婚式の冠に特徴的な花飾りを持つ王冠《ディアデム》をつけている。ここでわれわれは、神学的なテーマであるマリアと息子の神秘的結婚すなわち教会とその夫たるキリストの結婚というテーマの、図像における転写の前にいることになる。それゆえ、ゲントの祭壇画の最上部で、マリアの冠と、主の足元に置かれた典型的な国王の冠とのあいだの照応に、時として気づくのである。

「幸福の大祭司が来る」

ゲントの祭壇画においては、公正な審判者であるイエスがマリアと先駆者〔＝洗礼者ヨハネ〕（ここではメシアを指している）に挟まれたどんな「デイシス」とも同じく、主は明らかにキリストである。救世主の後ろの織物にはブドウの枝葉模様とIHESUS XPS〔イエス・キリストを表すモノグラム〕という文字に囲まれたペリカン〔父性愛の象徴〕なるキリスト論的な象徴が描かれている。そして最後に、三つの教皇三重冠――教皇たちの三重冠――は、ローマ教皇たちがその代理人であろうとする人〔＝聖ペテロ〕を示している。さらなる意味、それは、教皇三重冠と赤い衣服は「ヘブライ人たちへの手紙」（九章、一一－一五節）で称揚される大祭司をも意味するということだ。

> キリストはこれから来る幸福の大祭司です。その体の神殿は古い契約の神殿よりもっと大きくもっと完全です。この神殿は人間によって作られたのではなく、したがってこの世のものではありません。キリストは最終的に天の聖所にこの神殿を通って入り、動物の血ではなく、ご自分の血を流されたのです。こうしてキリストは最終的な解放を得たのです［…］。その血は、われわれが生きている神の礼拝を執り行うことができるように、死に結びつく行為からわれわれの意識を浄めくれるでしょう。こういうわけで、キリストは新しい契約の仲介者なのです。キリストは古い契約のもとで犯された過ちを贖うために死なれたのですから、召された人々はすでに約束された永遠の継承物を受け取ることができるのです。

ゲントの多翼祭壇画はその総体として「幸福の大祭司」の血によって獲得されたあの「永遠の継承物」をはっきりと表現しており、キリストを囲む三重のアーチ〔キリストの後部の三つの半円〕は「ヨハネの黙示録」の表現、「これが人とともにいる神の幕屋です。神が彼らとともに住むであろう」（二一章、三節）という表現の言い換えであると、人々は考えることができた。[39]「ヨハネの黙示録」はさらに明確にする（一九章、一一－一三節）。勝利するメシアは「頭に多くの王冠《ディアデム》をかぶっており」そして「血に染まったマントを身にまとっている」。聖ゲルトルートについて言うと、その幻視のひとつの中で「神の子、徳の主［…］教皇の徴を身にまとった」姿を見た。[40] しかし――さらなる意味が加わる――祭壇画の、教皇に見える人物は単にキリストではない。この人物のストラに真珠の刺繍があり、そこに「万軍の主《サバオト》」という旧約聖書に関わる表現がある。また縁どりに、「ヨハネの黙示録」（一九章、一五節）と聖パウロの「テモテへの手紙一」（六章、一五節）〔テモテはパウロが指導のために書いた二つの手紙の相手〕から引かれた「王の王《レクス・レグム》、主の主《ドミナンス・ドミナンティウム》」が読みとれる。この表現について聖アウグスティヌスは、それは父、子、聖霊ではなく、三位一体全体と唯一の祝福された全知全能の神を指す、と言った。[41] 全知全能の神の頭を光輪で囲む三重冠上にはこう書かれている。「それは神である、その神聖な威厳により全能であり、すべての者のうちの第一人者であり、その優しさの善により最上の者、その無限の寛容さゆえにもっとも自由な報償者である」[42]。

最後に、この祭壇画の主要な人物に言及した最古の文献およびデューラーの一五二一年の『旅日記』は、「教皇の徴を身にまとった」この人物を父なる神と見なした。[43] もし、シャンティイのコンデ美術館にある父なる神を表している『花の書《リベール・フロリドゥス》』の細密画（十五世紀、フランドル）を見れば、この判断は理解しうる。神はそこでは髭をたくわえ、三重の教皇冠《ティアラ》をかぶって表されている。そして赤い衣服を身に着け、右手で祝福を与えている。ゲントで採用された垂直的構成、すなわち頂点の至高の存在から下方の犠牲の子羊に至る、中間に聖霊を想起させる鳩を置いた構成が、三位一体を示唆しているのである。

父へと、そして子へと至るふたつの読解のあいだに矛盾を見てはならない。ふたつは逆に補完し合う。ここで、一四五〇年から五五年の『ナントのための典礼書』[44] の一頁との比較を試みることもできる。そこでは、神は高位聖職者として、教皇冠《ティアラ》、ストラ、そして赤い服を身に着け、玉座に座る姿で表現されている。銘文はこの人物が「全能の創造主《クレアトール・オムニポテンス》」であることを明らかにする。だが、この創造主は四人の福音書記者の象徴〔マタイは天使、マルコはライオン、ルカは雄牛、ヨハネは鷲〕に囲まれており、他方、黄色い衣服のふたりの天使は、ひとりが律法の石版を、もうひとりがホスチア〔聖体〕の載った杯を持っている。こうして、冠をつけた神は合体した、ふたつの契約を象徴する。父と子はいわば唯一の人物において融合するのである。

ゲントにおいても事情は同じである。笏を持ち教皇冠《トリレグヌム》をかぶる教皇は、全体的構成に付与しうる意味のひとつに従えば、同時に三位一体のふたつの位格《ペルソナ》〔父なる神と子なるキリスト〕である。教皇の姿をした人物は永遠の父であり、息子の受肉をずっと望んでいた。しかしこの人物は、またふたつのレベルで存在する。天上にあっては王、地上にあっては人類を救った犠牲者である。「光の帯に囲まれて、天国の朝の栄光の青空を飛ぶ」[45]鳩は、この天の地理のふたつの層をつなぐ。天国では神の祝福する手のもとで、至福の人々が永遠のミサを行うために集まる。ミサは贖われた人類の喜びの表明である。

ゲントの祭壇画は、そうすると、教義上でも、またテーマの上においても、大いなる一致を確かなものと語る。外扉では、受胎告知が、アダムとイヴの罪の後にもたらされた人間への希望を意味している。そして内扉では、天国の素晴らしさが、この幸福への約束を実現している。

第十三章　天国の人間

一対一で神を見る

「天国の幸福」とはどういう意味だろうか。衰えることのない光、魅惑的な色彩、花に覆われた草原、水晶の川、金と貴石の城壁のある都市、これらは何を意味していたのだろうか。そう問うのも、少なくとも神学者たちの精神においては、見えないものを見えるもので、表現しがたいものをイメージで推測させようとする、聖書の象徴的解釈の言説が問題となっていたからだ。あの世についてのいかなる疑いもキリスト教専門家たちの心によぎったことはなかった。天国の人間にとって一番の幸福は、神を一対一で目にすることにあるのだろう。

この確信は聖パウロと聖ヨハネの権威に基づく。聖パウロはコリントの信徒に次のように書いた。「［現在］われわれの知識は限られている［…］。今、われわれは鏡の中を、それもおぼろげに見ているが、そのときには、一対一で目にすることとなろう」（「コリントの信徒への手紙一」一三章、九－一二節）。聖ヨハネは断言する。「愛する者たちよ、われわれは、今からすでに神の子ですが、そのわれわれがどのようになるかは、まだ示されてはいません。しかし、その方が現れるとき、われわれはその方に似た者になるであろうということは知っています。というのも、そのときその方をありのままに見るからです」（「ヨハネの手紙一」三章、二－三節）。そのときわれわれは、「至福の」光景、われわれを無限に幸福にし、われわれを変貌させる光景を得るだろう。

神学的言説は何世紀にもわたって聖パウロと聖ヨハネのふたつの言明を繰り返し語り、注解してきた。聖アウグスティヌスは『神の国』の最終章で全能の神について語り、次のように明言する。「全能の神自身がわれわれの望みの目的であり、神を、われわれは終わることなく見つめ、飽くことなく愛し、倦むことなく称えるだろう」[1]。トレドの大司教フリアン（六九〇年没）は聖アウグスティヌスが『神の国』の結論で扱ったテーマを新たに取り上げ、こう述べる。

> われわれの信仰の報いは聖ヨハネが語った光景であろう［「その方が現れるとき、われわれはその方に似た者になるであろう」］。しかし神の顔は、われわれの体の部分のような、またわれわれがそう呼ぶような体の一部の出現と理解してはならない。われわれは天使に似るであろう。なぜなら、今天使たちが神を見ているのと同じやり方で、われわれは復活の後に、神を見るであろうからだ[2]。

セビリャのイシドルスはというと、「至高の創造主を見ることは」われわれに「完全な善き意志を」与えるだろうと説明する[3]。アイルランドの使徒である聖パトリク（四六一年没）に関する文献は、神の姿が与えるであろう「言い表せない甘美さ」についてこう語る。「［天において］人は食べものへの欲求も渇きの燃えさかりも覚えないであろう。キリストの姿、三位一体がすべての者の食べものと飲みものとなるであろう」[4]。聖ベルナルドゥスは「超天の空」について語る中で、「至福の」という言葉を強調してから「至高の軍団」に叫ばせる。「ああ、最上なる徳の至福の場所よ、そこでは至福なる三位一体が至福の人々によって一対一で見られ、［天使の］至高の軍団は、その翼でもって喝采しながら「聖なるかな《サンクトゥス》、万軍の主たる聖なる神《サンクトゥス・ドミヌス・デウス・サバオト》」と、絶えず叫ぶ」[5]。

フェカンのヨハネスの弟子である無名の修道士の『エルサレムの栄光の聖歌』はこう断言する。

〔主は〕見つめるにこの上なく美しいもの、見たいとこの上なく望まれるもの、「天使たちがその視線を向けたいと願うお方である」〔「ペテロの手紙一」一章、一一節〔正しくは一二節〕〕。「主は世界全体がその顔を見たいと望む平和な王である」〔待降節の典礼〕。主は悔悛者たちの寛大さ、不幸な人々の友、悲しむ人々の慰め、子どもたちの保護者、素朴な人々の先生、巡礼者の案内役、死者たちの贖い人、〔信仰のために〕戦う人々の力強い助け、勝者たち〔＝殉教者たち〕の愛情ある報償者である[6]。

『キリストにならいて』の最終的執筆者トマス・ア・ケンピス〔一三七九／八〇－一四七一、「新しい信心」を代表するドイツの修道的神秘思想家〕の作とされる、天のエルサレムを称えるすでに引用した聖歌〔ここが初出と思われる〕は、次のよう断言する。「光の中にわれわれは三位一体の〔三つの〕位格《ペルソナ》を見るであろう。われわれはその一体性の本質を直接見るであろう。われわれは一体性と三位一体を一緒に称えるであろう[7]」。

聖トマス・アクィナスは至福直観について長々と、またいくつもの箇所で論じている。聖トマス・アクィナスにとっても、疑いの入る余地はない。人間のもっとも深い希求は神を見ることである、なぜなら、「〔われわれの〕知りたいという自然な望みは、第一原因を何でもいいやり方ではなく、その本質によってわれわれが知らなければ、われわれの心のうちで静まりえないのだから。ところで、第一原因とは神である〔…〕。知性ある被造物の最終的目的は、したがって、神をその本質によって見ることである[8]」。聖トマス・アクィナスは「至福の本質的要素は歓喜よりむしろヴィジョン〔神がはっきり見えること〕である」という命題を立てて、単刀直入に答える。「ヴィジョンが歓喜に優る〔…〕。歓喜は神の姿と混じり合ったある種の完全さであって、神の姿を完璧にするような完全性ではない[9]」。『神学大全』の別な文章で、トマス・アクィナスは言う。「信仰に従うと、人間生活の究極の目的は神を見ることであると、われわれは思っている〔…〕。神の〔姿の〕輝きは、それが今は目に見えないとしても、神を〔一対一で〕見たときから目に見えるだろう[10]」。

このテーマについて、正統神学か否かを問わず、キリスト教の言説は尽きなかった。ダンテは「天国篇」第三〇歌で叫ぶ（九七－一〇二節）。「天上には光源がある。それは、創造主を見ることだけに平和を感じる被造物たちに、創造主を見えるようにする」[11]。ベギン修道会修道女マルグリット・ポレート〔一二五〇頃–一三一〇〕はフランス語による最初の神秘的生活の書を一三〇六年に書いたが、異端としてパリのグレーヴ広場で火刑に処された。マルグリット・ポレートはその『消滅した単純な魂の鏡』において次のように断言した。「天国は神だけを見ることにほかならない」[12]。このことを至福の人ハインリヒ・ゾイゼが確認している。ゾイゼは「永遠の知恵」に導かれて、こう誘われる。「耳に心地よい生命の泉から湧き出る水を、心ゆくまで飲んでいる無数の〔選ばれた者たちの〕人の群れをよく見なさい」と。「ご覧なさい、彼らが露わな神性の、純粋で明澄な鏡にいかにじっと見入っているかを、そしてその鏡の中で、あらゆることが彼らに明らかにされ知らされるかを」[13]。

ここで一五八九年にルーヴァンで発行された『往生術』の遅い時期の版を引用する必要がある。この版は、引用しうる多数の資料の中でも、至福直観〔選ばれた者たちの魂が天国で神を直接見ること〕についての言説の永遠性を示している。そこではこう明言されている。選ばれた者たちは「神の悦びを得てから、抗いがたい喜び」を持つだろう。彼らは「明白で、明るく、仲介物のない神の姿」に恵まれるだろう。「神を神において、また神を自らのうちにおいて見るだろう」。神の光は選ばれた者たちにとって「潑剌とさせ、輝かせ、素朴にさせるものであり、自分たちの魂を神の形にし、神にいささか似るものにするだろう」[14]。至福直観は、距離が廃止される絶対的な特権的状況として現れる。天国では、視線が空間という障害物にぶつかることはない。

完全な至福直観はいつ選ばれた者たちに与えられるか？

一度永遠の幸福の場所に受け入れられたなら、選ばれた者たちは最後の審判の身体の復活前に、この永遠の幸福の全貌を知ることになるのかどうか。このことを決めるために神学者のあいだでは何世紀にもわたって論争が行われた。もう一度繰り返しておこう。教会の最初の数世紀のあいだ、「天国」はまだ「天の王国」ではないと人々は確信していた[15]。『キリスト教考古学事典』（一五八一年）には、「天国は正しい人たちの魂が復活のときを待つための仮の滞在場所にほかならず、復活は全体的審判の瞬間を画す。この最後の審判に続いて、王国への導きが起こる。その王国で、天の父が、至福直観を許された人々の前に現れるだろう」[16]と書かれている。

これはまさに聖アウグスティヌスの思いであったように見える。「天使たちとともにある、永遠の生」は、復活後に初めて、選ばれた者たちに与えられるだろうとアウグスティヌスはふたつの説教において明言している。あの世における報いは、たとえそれがどれほど大きなものであれ、その後に来る幸福の増大と比べれば「影」や「夢」のようなものである[17]。こうした信仰は、あの世についての中世のさまざまな考え方に顕在しているが[18]、聖ベルナルドゥスによってもいくつもの説教の中で述べられていて、それらは四つの論点によって展開された。①聖なる魂は死後天に受け入れられて天使の仲間になる。②魂は「永遠の光と、永遠に光輝く広大な海に入れられる」。③魂はそのとき、キリストの人性を見る。だがキリストの神性はまだ見えない。「[復活を]待っているあいだ、聖人たちは祭壇の下で、すなわち、天使たちも身近で見つめたいと望むキリストの人性の下で、幸いにも休む。復活の後、聖人たちは「祭壇の上に」行き、神性を十全に見つめるであろう。④そのときから「聖霊の内で楽しむ心の底の大きな喜びを、だが不完全なその喜びを、得るであろう」。なぜなら、自分の体を取りもどしたいという欲望が、神の方へと自由に、かつ愛の力全体をもって駆けつけることを妨げるからである[19]。

やはり十二世紀のこと、聖アンセルムスの弟子カンタベリーのエアドメルス〔一〇六〇－一一二四、イギリスの教会史家、神学者〕は次のように述べていた。「聖人たちの魂は、すでに天の財《たから》の恩恵を受けているとはいえ、朽ちることのない身体を手に入れないうちは、まだ十全な喜びを享受することがないのは明らかである」[20]。延期される完全な幸福という教義はアヴィニョンの教皇ヨハネス二十二世〔一二四四頃－一三三四、在位一三一六－一三三四〕によって最後にもう一度取り上げられた。教皇は一三三一年から三三年に、全体的復活の前には体から離れた魂が至福直観に近づくことはなく、悪魔は最後の審判の後に初めて地獄に閉じ込められると断言した。教皇はこう考えた。実際もし正しい人たちが――いや地獄に堕ちた人たちも――、死の直後のある個別の審判によってすぐに報酬を受け取るのだとしたら、最終の審判は一体何の役に立つのか、同じひとつのことが二度審判されうるのかと。この教義はすでに一二四一年にパリ大学によって否認されていたが、最終的には、ヨハネス二十二世の後継者であるシトー会士で、一三三六年にこの問題を論じた『神の祝福《ベネディクトゥス・デイ》』の著者ベネディクトゥス十二世〔一二八五－一三四二、教皇在位一三三四－四二〕によって拒絶された。そこにはこうある。

　すべての魂は死のすぐ後に、そして償いが必要であった魂は償い〔…〕のすぐ後に、たとえ体の復活と全体的審判の前であっても、ただしそれはわれらが救世主イエス・キリストの昇天以降のことだが、キリストとともあり、そして天使の階層の仲間入りを許されて天に、天の王国に、天の楽園にいることになるであろう。[21]

しかし、こうした条件下にあって、選ばれた者たちは栄光の体を受け取った後、至福直観においてどのような変化を享受するのだろうか。聖トマス・アクィナスは答える。

　聖人たちの至福はその広がりにおいて復活の後に増す。なぜなら、その至福はもはや単に魂だけでなく身体のものでもあるからだ。そして魂そのものの至福は広がりにおいて増えているだろう。なぜなら、魂はそれ自身の善のみならず、身体の善をも享受するからだ〔…〕。身体の栄光は、魂が神と一体となる作用を完成させる限りにおいて、神に関する喜び（joie）の強化に協力するだろう。事実、作用がひとつより完璧なものであれば、楽しみ（jouissance）はさらに大きくなるのだ。[22]

完遂された至福直観に関して、神学者たちは「いつ《クアンド》」という問いに、これと密接に関係するいくつかの問いを付け加えた。とりわけ、この直観は「何に存在するのか」、この直観は「どのようにして実現するのか」、という問いである。ふたつの主要な答が聖ボナヴェントゥラと聖トマスによって与えられた。聖ボナヴェントゥラは、神と人との究極の結合は愛においてなされると教えた。聖トマスは、被造物が神の無限の、創造されないまま始めから存在するものの本質を見ることが可能になるのは、知性的結合においてであるとした。[23]

天国にはさまざまな住まいが存在する

さらに別の問いがあった。天国のすべての住人は同じ幸福を享受するのか、という問いである。カトリック教会の公式回答は、個々人の功績に応じた栄光の、したがって至福の段階が存在するというものだった。この主張を支えるものとしてふたつの文献がつねに引用されてきた。「私の父の家にはたくさんの住まいがある」(「ヨハネによる福音書」一四章、二節)および「どの肉も他の肉と同じではない〔…〕。天の体と地上の体があります。しかも同じ輝きを持つわけではありません〔…〕。ひとつの星でさえ他の星と違います。死者の復活もこれと同じことです」(「コリントの信徒への手紙一」一五章、三九－四二節)。聖アウグスティヌスは次のように注解する。

段階はあるであろう、〔…〕そのことに疑いはない。かの至福の〔天の〕都も、自らのうちに、次のことを大きな善として確証するであろう。すなわち、天使たちが大天使たちを羨まないのと同じように、下の階級の者たちが他の者たちを羨むことはないであろう。受け取らなかったものを望む者は誰もいないであろう。すでに受け取った人とは静穏な一致で結ばれているからである。ちょうど、身体においても指が目になろうとは望まず、両者が体全体の平和な一部となっているように。かくして、銘々は、ある人はより多く、他の人はより少なく自身の賜物を持つであろうが、同時にそれ以上は望まないという賜物もまた、銘々は受けているのである[24]。

永遠の至福には段階があるという確信は、代々にわたり語られてきた。『永遠の安息日の過ごし方』の中に次のようにある。

すべての者にとってのわれわれの母である、

永遠にして高貴なエルサレムの都は天の王国で光り輝く。
永遠の王は善き人々のためにふさわしい祖国として
この都を作られた。そこでは、善き人々は幸福で病もなく
無限に楽しく過ごす。
都のたくさんの家は広大な城壁の内に包まれてある。
というのも、ひとりひとりが自分の住まいを受け取り、その住まいは
ひとりひとりの功績に相応する。
だが、ひとりひとりは共通の報いをもって遇せられる。
唯一の愛が人々を聖なる壁の内に抱え入れるのだ。[25]

修道士モルレのベルナールは同じ確信を別なやり方で表現する。


［選ばれた者たちにとって］全能の神の現実の直観は完璧な報いである。

全能の神を求める願いがどんなに激しいものであっても、彼らには神から十分に与えられる。

熱も、労働も、嘆きももはやない。

ある者には多く、他の者には少なく、神の懐は力強い。

住むところは多数、そして父の応報も多数である。[26]

オータンのホノリウスの『エルキダリウム』は「父の家とは何か、そして多数の住むところとは何か」と問い、こう答える。「父の家は全能の神の姿であり、その姿において正しい人たちは主のうちに栄光を与えられる。さまざまな住まいは功績の報いである[27]」。

フェカンのヨハネスの『神学的告白』は天の幸福のレベルの問題についてきわめて教育的だが、こう述べる。

すべての者の歓喜は共通であるが、ひとりひとりの至福《グロワール》は別々である。というのは、各人は自らに課した労苦に比例して報いを得るからである。あなた〔＝天のエルサレム〕のうちには実にさまざまな住まいがある。しかし、そこを全的かつ完全に、唯一永遠に支配する愛徳に応じて、どんなねたみも絶対的に追放される。それゆえ、ただひとりの聖人の栄光は愛徳によってすべての人の栄光となる。実際、各人が与えられるものを所有するだけで十分であり、その人はそれ以上を求めることはないので、自分よりも優れた人々の栄光をねたむこともできないし、そうしたいとも思わない。[28]

聖トマス・アクィナスは、聖ヨハネによって使われた「住まい」という語の意味について自問して、「至福の段階が住まいと呼ばれているにちがいない」のではないかと考える。聖トマスの答は「住まいは目的の概念を含んでおり、よって、功績の目的である報いの概念を含む。ただひとつの霊的場しか存在しないが、それに近づくさまざまな段階がある。すなわち、そのことがさまざまな住まいを構成する」[29]というものである。

「驚嘆すべき人」ロイスブルークが、「至福の人々〔…〕は、それぞれが恩寵の中で獲得した功績に従い、至福《グロワール》の光の中で神に似るのである〔…〕。それぞれが神によって与えられた割合において、自身固有の功績に従い、またその神への愛の程度に従い、知りそして味わうのである」[30]と主張するとき、ロイスブルークは古典的教育を再び取り上げていることになる。この教義はさらに、「天の位階」というディオニュシオス的概念と、区別された集団としての選ばれた者たち――族長、預言者、使徒、殉教者、処女《おとめ》など――の分類とが調和していた。そしてこの分類は、すでに見てきたことだが、ビンゲンのヒルデガルトの「幻視」ならびにゲントの多翼祭壇画のどちらにも現れている。また、選ばれた者たちのさまざまな集団の分類は、ダンテの「天国篇」の構造を説明する。天国で詩人は、ベアトリーチェに導かれて天から天へと上昇して行き、さまざまなカテゴリーの至福の人々を順次発見する。これと反対に、ルターは、われわれの功績は天に値することはできないと信じ込んでいたために、報いの段階の教義を拒否するであろう。

学問と安全

カンタベリーのエアドメルスは「天の祖国における至福」について論じて、復活した人々は「人が熱望するものすべてを」持つであろう、「すなわち、美しさ、速さ、力、自由、健康、快楽、そして永遠の生を」[31]と十二世紀に主張する。

同じ十二世紀、『エルキダリウム』はまず、もっと慎ましく、「永遠の生、永続する至福、欠けることのないすべての善の充足」を区別する。次いで教理教師《カテキスト》の仮想の対話者がさらなる詳細を求め、エアドメルスにおけると同様に、基礎数七の二倍の数からなる古典的な型の、詳しい答を得る。

選ばれた者たちは身体の特別な至福《グロワール》を、そして魂の七つの栄光《グロワール》を得るだろう。身体では、美しさ、速さ、力、自由、楽しみ、健康、そして不死。魂では、知恵、友愛、一致、力、名誉、安全、そして喜び。[32]

このようないささか人工的な区別よりも、天国の人間の人物像を十分に把握させるためには、主要な強い要求の数々を強調する必要がある。第一に、選ばれた者たちは「神を一対一で」目にすることになるのであるから、もはや「謎によって」知るのではない、だから知識と知恵を持つことになろう。二、三世紀のギリシア教父オリゲネスはこう記した。

聖人たちが食べるであろうもの、それは生命のパンで、魂を真実と知恵の糧によって養い、知力を照らし、知力を神の知恵の杯で潤す［…］。［神のもとにもどった魂は知るだろう］地上で起こったすべてのことの理由を［…］。すべての神秘についての知識と完全な学問の恩寵は［魂に］語りえない喜びを享受させるであろう［…］。地上で知識の味と愛とを理解した後、われわれは死後、その知識について学問と理解を受け取るであろう。[33]

五世紀前半に『神の国』を著した聖アウグスティヌスもまったく同意見で次のように述べる。

死者の復活で身体が一度取りもどされ、朽ちるべきこの身体が不朽性をまとい、死すべき身体が不滅性をまとうとき［「コリントの信徒への手紙一」一五章、五三節］、［知識は］もはや欠けることはないであろう。なぜならば、すべての事物が明らかになるからだ。そして、偽りなく、不知もなく、すべての事物はその序列にしたがって――身体的かつ霊的かつ知的なすべてが――配分されるであろう。完全さを取りもどし完全な至福の中にあるであろう自然の中で。[34]

『エルサレムの栄光の聖歌』から引かれた主張は、天の幸福をまるで花束のようにして集めて、天国での生活のもうひとつの大きな特徴、すなわち、時間の外に逃れることによる決定的安全という特徴を伴って展開する。作者は事実こう語る。

そこには本当の富、知恵の宝庫、幸福で継続する生活がある。そこには、いかなる弱さもなく、何ものも力に背いていないのであるから、十全な強さがある。そこには、いかなる無知もなく、真の知識に欠けるものは何もないのであるから、十全な知恵がある。そこには、いかなる逆境もなく、善意に欠けるものは何もないのであるから、至高の幸福がある。そこには、十全な愛徳があるのであるから十全な健康がある。そこには、十全な神の直観があるのであるから、十全な至福がある。というのも、直観は知識の中に、知識は愛の中に、愛は賛辞とともに、賛辞は安全とともにあり、それが永遠に続くからである。[35]

あの世の幸福は時間の廃止とつながる。時間は有限性の象徴であり、変化の源、したがって、あらゆる「変遷」の源である。ゲントの多翼祭壇画「神秘の子羊」には、神の玉座の段上に、銘文がある。「頭の上に死のない生《ウィタ・シーネ・モルテ・イン・カピーテ》。額に不老の若さ《ユウェントゥス・シーネ・セネクトゥーテ・イン・フロンテ》。右に悲しみのない喜び《ガウディウム・シーネ・メローレ・ア・デクストリス》。左に恐れのない安全《セクリタス・シーネ・ティモーレ・ア・シニストリス》」。「神秘の子羊」〔完成の〕のほんのわずか前に、ジェルソンは同じように告げた――これは本書第一章〔本書二九頁〕で引用された言い回しである。すなわち、「〔天国には〕夜なき日、過つことなき知、老いることなき若さ、病なき健康、死することなき命、悲しみなき喜び」[36]があるだろう。さらにその前にオータンのホノリウスは同じ意見を表明していた。天国で選ばれた者たちが享受する身分の永続性に比べれば、「モーセの健康は身体の異常であり〔…〕メトシェラ〔「創世記」五章に登場する聖書中で最も長寿である人物。ノアの祖父〕の長寿は死への長い難行であろう」[37]。

ジェルソンとゲントの多翼祭壇画の表現の起源について私は考えたことがあった。実際には、これらの表現はキリスト教古代にその根を張っている。偽キプリアヌスの主張を思い起こしてみよう。これは西欧キリスト教文学が生んだ、地上の楽園についてのもっとも古い詳細な記述である。「ここにおいて住民は幸福な休息を味わい、穏やかな安定を楽しむ」[38]。ニシビスのエフライムが四世紀に、「絶えることのない収穫」と「木々の終わることのない豊かな実り」について象徴的に語ったときに表現していたのは、同じ永遠の安定性の概念である[39]。不安定と腐敗の領域である時間から離れて、われわれはついに「休息」を知る。これは『神の国』における聖アウグスティヌスの確信でもある。

> 〔天には〕真の平和が支配するであろう。そこでは誰ひとりとして自分自身からも他人からも反対されることはない〔…〕。そこでは、「休みなさい、そして私が神であることを知りなさい」〔「詩篇」八八、一一〔正しくは四六、一一〕〕という言葉が成就するであろう〔…〕。これは、夕べをもたない至高の休息であろう。

そこでは、休息の中で、われわれはその人自身が神であることがわかるであろう。その神になることをわれわれは欲したのです。「あなた方は神のようになるであろう」〔『創世記』三章、五節〕という誘惑者の声に耳を傾け、真の神から離れ去ったときに。真の神は、われわれが離脱という道ではなく、神性に与るという道によって、神の行為のおかげのもとで、神になることをお許しになったであろうに〔…〕。しかしわれわれは、神によって作り変えられ、神のより大きな恩恵によって完全なものとされて、その人自身が神であることを知り、永遠の休息を享受するだろう。そして神のすべてがすべての者たちの中にあるであろうとき、われわれは神に満たされるであろう〔…〕。そこにおいては、われわれは休み、そして見るであろう。われわれは見て、そして愛するであろう。われわれは愛して、そして称えるであろう[40]。

聖アウグスティヌスは『エンキリディオン』において、再び「死なき生、過ちなき真理、攪乱なき喜び」について語った[41]。以上がこのテーマについて何世紀にもわたって次々と示された、それなりに長い多くの主張の起源である。また聖大グレゴリウスはこう宣言した。「そこ〔天〕は、欠けることのない光、うめき声のない喜び、苦痛のない望み、飽くことのない充足、罪のない救済、病のない健康[42]」。セビリャのイシドルスにとっては、選ばれた者たちの集まりである「教会」が「神の威厳によって照らされるとき」、教会は天使たちの仲間に恵まれる。「〔それは〕永続する至福の混乱のない静けさのうちに。また、この静けさにおいて、教会は労せずしてすべての善を所有するであろう。すると、光に夜が続くことはないであろう。生に死が、健康に苦悶が、喜びに悲しみが、若さに老いが、愛に大切な人々の不在あるいは消滅が、美しさに醜さが、活発さに衰弱が続くことはないであろう。そして、恩寵の状態が罪によって終わることはないであろう[43]」。

ベネディクト会士エアドメルスもまた、選ばれた者たちが享受する最終的安定という特権を、時間の外への逃避のおかげだと表現した。選ばれた者たちは「きわめて長く続く、変わらない、そして頑丈な健康に恵まれるので、この健康がその甘美さを感じられても表現しえないような心地よさでもって、存在全体を満たすであろう。変遷、変化、病変に対するどんな恐れも避けられ、遠ざけられるであろう[44]」。「健康」のこのような永続性は、もちろん、（復活した）

身体と魂の両方に当てはまると解される。さらに力強く、サン・ヴィクトルのフーゴー（一一四一年没）は永遠の幸福の安定性のテーマを取り上げて次のように書く。

この天の祖国では、生には死がない。同様に、若さには老いが、健康には病が、休息には疲れが、喜びには悲しみが、平和には諍《いさか》いが、楽しみには嫌悪が、光には闇が、美には恥が、敏捷さには肥満が、力には弱さが、快楽には不安が、長寿には命の終わりが、学問には無知が、友情には憎悪が、合致には不一致が、名誉には恥辱が、安全には恐怖がない[45]」。

天国の、代々繰り返されたこの「トポス」から、安全、安定性と静けさがそろって至福の人々に保証されるだろうという結論が出てくる。上に引用したジェルソンとゲントの祭壇画の表現はこの確信を受けている。ベネディクト会士フェカンのヨハネスの『神学的告白』は天のエルサレムの住人たちが享受する「休息」について見事な展開を含んでいる。住民たちはそこで、「この上ない平和、十全な愛徳、神への永遠の歓喜と称賛、静かな終わることのない休息、そして聖霊における永久に続く喜び〔…〕を知る。天気は一片の雲の影もなくつねに穏やかである。目は闇を免れたとても純粋な光を楽しむ〔…〕。安全と休息の中で、生き生きとした天のパンによって永遠に満腹となり、それぞれが神のうちに、神がそれぞれのうちに宿る[46]」。聖ベルナルドゥスもまた衰えることなき幸福の永続性のテーマを発展させる。「超天空の天国」には「永遠の喜び」「満喫」、そして「無知のない知恵、忘却のない記憶、過ちのない理解、曇りのない理性[47]」があるだろうとベルナルドゥスは言い、しかもそれには大きな理由がある。すなわち、神へのわれわれの直観は「いかなる急激な変化によっても損なわれることはないであろう」からである[48]。

かくして、天国の幸福は、地上のわれわれの生活を煩わす有限性、誤謬、脅威、変遷、そして変化を免れるだろう。ビンゲンのヒルデガルトは、その「幻視」のひとつに基づいて、現在時制で、次のように主張する。

最後の審判がひとたび終わると、〔…〕自然の猛威、雷鳴、そして吹き荒れる風がやむ。衰弱したもの、はかないもののすべては散り去り、再び現れることはもはやない。雪が太陽の熱で溶けて消えるように、神の賜物はもっとも大きな休息と静けさを生ませるであろう〔…〕。そうなれば、日々の変化はなくなるであろう。なぜなら、万物の主は、いかなる変化にも乱されることのない神性の光のもとで、時間の闇を逃れた人々を主の恩寵によって照らし出すであろうから。[49]

フランシスコ会士ヴェローナのジャコミーノは、用語は異なるが同じ精神をもって、天のエルサレムを歌った詩の中で宣言する。「アブもハエもヘビも毒ヘビも」この都に害をなすことはできない。そして、

キリストがこの都の長にして主、
かつすべての人々の守り手であるのだから、
この都の住民となるべき者は
いかなる恐れも抱く必要はない〔…〕。
夜はけっして訪れず、つねに明るい。
雲も霧も、この世においてのように、
天の光を曇らせることはない。[50]

『キリストにならいて』も、天の幸福の心強い安定性を称えるのを怠らなかった。「〔平和はわれらのものとなろう、〕主の知る昼間でも夜でもないであろうこの輝く日に〔〔ザカリア書〕一四章、七節〕、今このときの日々のようにではなく、無限の輝き、確固たる平和、まったく安全な憩いのある日に〔…〕。ああ、永遠の輝く日よ、夜がけっして暗くすることのない、至高の真実の光が不断に照らす日。永遠の喜びの日、終わりのない安全の日、永遠に変化を免れている

日」[51]。「安全」とは、当然のことながら、選ばれた者たちにとって罪を犯すことの不可能性を意味する。その不可能性は原罪が罪を犯すように仕向けたもともとの自由〔人類が原罪の前に持っていたもの〕の完全な回復／取りもどしによって得られる。この点についての聖アウグスティヌスの教えは、とくに西欧においてキリスト教圏の歴史を貫いた。『神の国』の最終章はこう語る。

選ばれた者たちがもはや罪の誘惑を経験することができないであろうからといって、選ばれた者たちが自由意志を奪われることはないであろう。反対に、罪の誘惑から解放されたがゆえに、この自由意志は罪を犯さないことの揺るぎない喜びを見出すほどに、さらにより自由となるであろう。事実、人間が最初に正しく創られたときに与えられた最初の自由意志は、罪を犯さないことのできる能力だったのにそれを犯すこともできた。しかし、この最終の自由意志は、罪を犯すことが不可能であるだけにより強力となるであろう[52]。

聖アウグスティヌスと同じ流れに従い、セビリャのイシドルスは教えた。

はじめは変化を受けるものとして創造された天使たちは——堕ちた者たちがその証拠である——神を見ることによって今や安定するものとなった。その結果、天使たちはもはや罪を犯す恐れを持つことも、また罪を犯すこともありえない。同様に人間も、やはり本来不安定なものとして創られたが——そのことはアダムとその子孫において明らかになった——、創造主を見ることによって不変となり、もはや罪を犯そうとは望まないし、そうすることもありえない。なぜなら、神を見ることによって造り直された、いかなる理性ある被造物も、もはや罪を犯すことはありえないからである[53]。

至福の人々の不変性は別の結末も得るだろう。すなわち、これらの人々は「心を動かされることがなく」なり、いかなる悲しさによっても影響されることはなくなるだろう。地獄に堕ちた人々を天の高みから目にしてさえも、幸福を乱すことはなくなるだろう。オータンのホノリウスによれば、選ばれた者たちを楽しませる「言葉に言い表しがたい」光景の中には、天使の軍団、聖人たちの集まり、「新しい天と新しい地」の光景と並んで、「選ばれた者たちをかつて苦しめた敵が永遠の地獄にいる光景」もあるだろう。[54] 聖トマス・アクィナスは、とりわけこの点について厳格だった。神に見放された人々に対してなされる天国の聖人たちの振る舞いの問題を設定し、こう断言する。

罪人たちは、この世にいる限りその悲惨と罪から解放されうる状態の中にある［…］。同情がしたがってこれらの人々に対して可能である［…］。しかし、あの世においては、罪人たちはその悲惨から抜け出ることはもはやできない。したがって、その人々の苦悶に対して、正しく意図された同情の可能性はもはやないであろう。栄光の中にあるであろう至福の人々は、地獄に堕ちた人々に対していかなる同情も持たないであろう。[55]

永遠の若さ

天国にはもはや時間の流れはないのだから、選ばれた者たちは、身体の復活の後、永遠の若さを享受するだろう。聖アウグスティヌスは天のエルサレムについて述べることを自らに禁じたものの、「肉の復活を信じるキリスト教徒を嘲《あざけ》る不信心者たちの中傷に答えるために」、『神の国』の最終章〔最終巻＝二二巻のことか〕で、復活した選ばれた者たちの身体状況について詳細に論じた。アウグスティヌスが立てた問いの中で、とりわけ目を引くのは次のようなものである。すなわち、「早産児」は復活から除外されるのか、子どもは年齢の増加によって獲得するであろう身体状態を伴って復活するのか、女性はそのまま女性として復活するのか、われわれの身体的不具は天国の世にあっても維持されるのか、海で消えた体やいくつにも分断された死体には何が起こるのか、などである。

聖アウグスティヌスの答は、後にトレドのフリアンによって取り上げられるが、人を安心させるものだ。子どもは、受胎されたならば、たとえ流産が起こっても復活するであろう。すべての至福の人々は、イエスが公的生活を開始したときの大人としての背丈と同じ背丈を持つであろう。女性はその性を持ち続けるであろう。もちろんのこと、「この世において、人間の美に対立する身体的欠陥は、復活のときにはもはや存在しないであろう。というのも、復活においては、身体の実体が存続するのであるから、人間の美徳も偉大さも同じひとつの美を実現するために競うであろうから」。人は痩せすぎもせず太りすぎもせず、ふたつの頭部や三本の腕をもって生まれ変わることはないだろう。「死体が散りぢりにされるそのありようがどのようなものであれ」、野獣にその身体を食われた人々、あるいは断片に切り刻まれた人々は、その身体的存在のすべてを取りもどすだろう。選ばれた者たちは食べることも、飲むことも、服を着ることも必要ないだろう。[56]

ミラノ人ボンヴェシン・ダ・ラ・リーヴァ（一二四〇頃－一三一三頃）は聖アウグスティヌスとトレドのフリアンと同じ流れで、「天国の至福の人々」について味わいのある詩を作った。この詩はわれわれにとって、復活した選ばれた人々の身体に関する、当時一般に受け入れられていたイメージと信仰の、総括のようなものである。

その人はかくも美しく、その外観はかくも輝き、
形はかくも豊かに装われ、かくも見事に整い、
その結果、自らを見て、その人はかくも大きな甘美を持ち、
その結果、幸福と新鮮さにより、全身が変貌するほどだ。
その結果、その光り輝く顔はかくも素晴らしい色で輝き、
その色に比べれば太陽はすべての価値を失うほどだ。
話すとき、甘美さがあり、
喜び一杯の両目は素晴らしい。
その金の髪は輝き見事に整えられていて、

その歯はとても白く、その頬は色づき、
その両手はとても美しく、その両足はとても細い、
四肢すべてがとても優美で形がとても美しい。
人々のうち誰ひとりとして病気でなく、悲しくも苦しくもない。
小さくもなく、大きすぎもせず、手足に障害もなく、ヘルニアでもなく、
老いておらず、不具でもなく、唖でもなく、ライ病みでもなく、
足が不自由でもなく、奇形でもなく、盲目でもなく、雀斑《そばかす》もない。
そうではなくて、そこでは、皆が健康で気分がよく、
整った体格で、完全に美しく、
はつらつと、形が美しく、優美で、
真っ直ぐで、清潔で、若く、成人で、魅力的だ。[57]

至福の人は自身が取り巻く天国のイメージそのものとなるであろう。そこで聖ベルナルドゥスの説教の中で次のような叫びが出てくる。

正しい人たちが快楽の流れを飲む快楽の場、正しい人たちが天空の素晴らしさそのままに輝く素晴らしさの場、正しい人たちの頭上に永遠の喜びがある喜びの場、神を見る人々には何ものも不足しない豊穣の場、汝の甘美な主がすべての人々に現れる甘美の場、平和の場、なんとなれば、神の住まいが平和のうちにできているから、神の賛嘆すべき御業《みわざ》の集まる賛嘆の場、大いなる姿が見られる直観の場、ああ、豊かさに溢れる崇高な領邦よ、われわれは涙の谷〔「詩篇」八四章、七節。不毛の土地、この世での生活〕より汝を熱望する。[58]

第三部

Transformations

変化

これまでわれわれはゲントの多翼祭壇画「神秘の子羊」（聖バヴォン大聖堂、ベルギー）をしばしば参照しながら天国を静的な仕方で考察してきた。われわれはしかしながら、ファン・エイク兄弟のこの作品が、あの世の舞台装置により多くの地上的要素を導入すべく、ある変化の証言として存在していることを指摘した。天はこうして地に近づき始めた。そこでわれわれはまずこの傾向の続きを奏楽の天使に関してたどってみることにする。

次に、十六世紀の変化に注目する。カトリック的ルネッサンスは十六世紀以降、俗なるものが天の聖なるものの中に侵入することを制限しようと努めた。しかしそれは、西欧文明の前進を別のやり方で取り込み、また丸天井、遠近法、だまし絵を使うことによって、天国を喚起するためであった。これ以降、天国の豊かさを記述することよりも、天使と聖人を天の高みへと吸い上げる運動を示唆することの方に力が注がれた。ここに芸術は神秘体験と呼応したのである。天国はそのとき地上から遠ざかっていった。その代償として現れたのは、バロックの華麗な装飾が教会を天国の場に変質させようとする流れである。

第十四章　天の音楽

天国の喜びと音楽

天国は歌と音楽である。なぜなら選ばれた者たちはその姿を凝視する神を賛美してやまないからだ。ところで賛美と音楽は同じことを指す。この確信は時を遠くにさかのぼる。「詩篇」（一五〇）はすでにこう歌っていた。

聖所で神を賛美せよ。
蒼穹の砦で神を賛美せよ［…］。
角笛を吹いて神を賛美せよ。
ハープとキタラ〔古代ギリシアの撥弦楽器〕を奏でて神を賛美せよ。
太鼓に合わせて踊りながら神を賛美せよ。
弦をかき鳴らしてフルートを吹いて神を賛美せよ。
シンバルを鳴らして神を賛美せよ。
シンバルを響かせて神を賛美せよ。

「エノクの第二の書」で、あの世への旅行者は天から天へと這い上り「［第四天の］中央に太鼓と楽器で主に仕える軍勢」を目にする。次いで、第七天で智天使《ケルビム》〔九階級のうち上から二番目の天使で知に秀でる〕と熾天使《セラフィム》〔九階級のうち最上級の天使。三対の翼を持つ〕が「主の前で歌う」のを見る。[1]「ヨハネの黙示録」の天国の場面もまた同様に音楽に場所をあける。天の玉座を囲む二十四人の長老は、おのおのハープと香のいっぱい入った金の鉢を手に持っている（五章、八節）。シオンの山にいる子羊のまわりに集められた十四万四千人の「贖われた者たち」は「ハープの演奏者たちの歌のような」音を響かせる。そして、「玉座の前で、彼らは新しい歌の類を歌った」（一四章、二―三節）。最後に、選ばれた者たちの「大群衆」が大声で歌う「ハレルヤ」は子羊の婚礼の日の勝利の歌である（一九章、一―七節）。

「パウロの黙示録」――この黙示録が広く流布したことはすでに触れた――は、天のエルサレムでの天国の喜びをダビデを介して音楽と結びつける。事実パウロはこう言う。

私は、都の中央にひとつの大きな、非常に高い祭壇を見た。また、誰かが祭壇の横に立っていて、その顔は太陽のように輝き、その手にひとつのプサルテリウム〔古代ギリシア・ローマの角形ハープ〕とひとつのキタラを持っていた。その人は歌っていて、「ハレルヤ」と言っていたが、その声は都全体に響きわたっていた。塔の上や門にいてその声を聞いた者たちすべてが、直ちに「ハレルヤ」と応えたので、都の基が揺れ動いた。私は天使に、「これほど力を持っているあの人は誰ですか」と尋ねた。天使はそれに答えて言った。「あの人はダビデであり、この都はエルサレムだ。永遠の王であるキリストがその王国の輝きを持っておいでになるときは、ダビデは「神を」称えるためにキリストの前を進むだろう。そして正しい人たちがそれに応えて一斉に「ハレルヤ」と歌うだろう」[2]。

これに続いて、すべての文学的作品は天の音楽を称えた。ニシビスのエフライム[3]は永遠の光の住まいを「ハープの合唱」「キタラの住まい」「ホサナ〔神を賛美する叫び〕のどよめき」という表現で形容する。聖コロンバ（六世紀）は『主の賛歌』で「心から響きわたる「頌歌」の歌に包まれて、天使たちの華やかな何千もの聖なる舞いの中で、［…］三位一体が三度にわたり永遠に称えられよ」[4]と叫ぶ。ペトルス・ダミアニは、飽食も、逆に飢えの責め苦もない祝福された場所には「響きのよい声が新しい調和を絶えることなく響きわたらせ、楽器が耳を優しく楽しませる音を広げる」[5]と断言する。クリュニー会士モルレのベルナールは天のエルサレムの「魂の平穏」を称えて、「魂の賛歌の何と敬虔で、何と心地よい、何と穏やかな音楽よ！」[6]と歌う。天のエルサレムを称えるすでに引用したまた別の詩（十三世紀）は、エルサレムの城壁から「賛美の喜びの歌が」立ち上るという[7]。ビンゲンのヒルデガルトによるとこうである。

［天使の］全軍団はあらゆる種類の音楽によって、また素晴らしい歌声を用いて神が幸福な魂においてなす奇蹟を轟かしめ、こうして厳かに神を称える。すなわち、幸福な霊が神のお力によって言い表しようのない調和によって天の高みで霊の大いなる喜びを響かせる。神が聖人たちにおいてなし遂げられる奇蹟を称えて[8]。

『エルキダリウム』は選ばれた者たちの幸福について述べてこう叫ぶ。「ああ！　天の調和、天使の合奏、聖人の甘美な楽器が絶えることなく響くとき、選ばれた者たちの耳に何という悦楽であろうか！」[9]。『［未来の］エルサレムの栄光の聖歌』の作者は言う。「［汝の壁の内で］栄光の姿を見るだろう、喜びの歌を歌うだろう。すべての者が天の甘美な合奏と合唱の交響曲を聴くであろう。すべての者たちが声をそろえて「ハレルヤ」と言うだろう」[10]。聖ゲルトルートの『天啓』が垣間見せるのも同じ音楽的な天国である。ゲルトルートは書いている。「天国はとても神聖な都、とても神に愛されている都であるので、聞こえるのは神そのもののメロディーと神への賛歌だけで、この都ではすべての聖人がそれぞれの徳に応じて別々のやり方で神への賛歌を歌う」[11]。

聖職界の言説におけるこうした持続性を考慮するなら、もっとも広範な読者を持つ作品が天国における音楽の普遍的存在を断言したからといって、何ら驚くことはない。マリア被昇天について聖ヒエロニムスを引用する『黄金伝説』は、「天の軍勢は、勝ち誇って神の母を迎えに行き、強大な光で聖母を取り囲み、賛歌や聖歌を歌いながら、神の玉座まで導いた」[12]ことを確かなことと見なす。トンダルはといえば、永遠の喜びの国への行程のいくつもの段階で、歌と音の幸福に出会う。殉教者たちと節度ある者たちは、とトンダルは書いている――「〔ハレルヤ唱を、〕新しい歌を添えて、甘美な旋律に乗せて歌ったので、彼らの歌声を一度でも聞いたら、魂は、あまりの新しさに、またあまりの甘美さに過去の出来事すべてを忘れてしまうであろう」。次いで絹、金、銀でできた修道士と修道女のための天幕にやって来ると、あの世の訪問者は「弦楽器やオルガン、タンブラン〔小型の長太鼓〕やキタラがヴィエル〔擦弦あるいは弓奏弦楽器の総称。名称としてはヴィオル、リラ（ヴァイオリンの前身）に取って代わられる〕やシンバルと響き合い、他のすべての種類の楽器が一緒になってこの上なく甘美な音を生み出しているのが」聞こえた、いや聞こえたような気がした。[13] さらに進んで行くと、トンダルとその案内者はある声を聞く――「さながら天使のような、男女両性の修道士たちの姿が見えた。その声はあまりにも甘美かつ優美だったのでどの楽器にも優るように思われた」[14]。

ダンテの「天国篇」において音楽は光ほど頻繁に触れられてはいないが、もちろん音楽はある。第三天、愛した魂たちの天では、「私が再び聞きたいと願わなかったことはないほど美しい」ホサナ〔神を賛美する叫び〕の声が響いた（第八歌、二八―二九行）、と詩人は断言する。第四天では、太陽のまわりに「歌には歌を、踊りには踊りを合わせて」魂は並び、「その心地よいフルートの音の奏でる歌は我が詩の女神やセイレン〔美声で船人を惑わせたギリシア神話の半人半鳥の海の魔物〕に優る。光がその反射に優るのと同じように」（第一二歌、六―九行）。聖母賛歌の場所である恒星天〔第八天〕では、「輪のようにめぐる調べが」、そして、無数の光が、「マリアの名を響かせ」る（第二三歌、一一一―一一三行）。ダンテは自分のやり方で「天球の音楽」の新プラトン主義的主題を取り上げたが、この主題はラテン西欧においては「スキピオの夢」〔キケロ『国家論』中第六巻〕がすでに保証を与えていたのである。

音楽と天国の喜びをこのように結びつけた文献リストは長いものになろう。ここではふたつを取り上げてリストを閉じよう。第一のものは「永遠の知恵」がハインリヒ・ゾイゼに与える勧めからもたらされる。勧めは同時に星々の歌と「天の軍勢」の合唱について述べる。

見なさい、［…］不動で不朽の至高天を［…］。これこそ、天の軍勢が住み、夜明けの星々がこぞって私を称え、神の子らがみな、歓喜して歌う、壮麗な宮廷なのです［…］。見なさい、慈しみ合う者たちのあいだで行き交う眼差しを。ここにはハープ、ヴィオル、ここには歌、弾む跳躍、舞踏、輪舞があり、完全で尽きることのない喜びがある。[15]

第二の文献は聖ビルイッタの『天啓』からの抜粋である。ビルイッタは天でのミサに臨席し、聖別の瞬間の時をこう述べる。

私は見ていました。太陽と月が他の惑星と星々とともにあり、すべての天が動きを伴って、甘美なハーモニーとなって響きわたり、声は互いに呼応し合っていた。賛嘆すべき歌と旋律が聞こえていた。また、あらゆる種類の無数の楽士たちが見え、その和音はとても甘美で、五感では理解することも表現することもできないほどでした。[16]

この場合もまた、天国の音楽は天体の調和のとれた動きを、喜びの都に住む人々の声と楽器による旋律に統合する交響曲である。

自由学科のひとつ、音楽

教会史において、音楽についてのふたつの言説はいずれも対立か混在かを表している。ひとつは称揚、もうひとつは不信を表す言説である。中世では音楽は自由学科の、より正確には算術、幾何学、天文学と並ぶ「後期四学科《クワドリウィウム》」のひとつであった。このような資格で、たとえばシャルトル大聖堂の王家の扉口では、音楽はピタゴラスのかたわらにあるし、ラン大聖堂〔ランはパリの北東百二十キロ、パリ盆地の北東部に位置〕の正門バラ窓の階のヴォールト〔石材をアーチ状に組んで空間を覆った天井様式。曲面天井〕では他の六学科

〔文法、修辞学、論理学、算術、幾何学、天文学〕とともにある。音楽のこの高貴な地位は、五二四年に拷問の末に死んだ有名な『哲学の慰め』の著者であり、同時にプラトンとアリストテレスの注解者であったラテンの哲学者・詩人・政治家であるボエティウス〔四八〇頃－五二四、古代ローマ末期の哲学者、政治家〕による、とりわけその『音楽論』に多くを負っている。

哲学の長い歴史は、事実、天体によって生み出されるハーモニーを強調してきた。ピタゴラスは、宇宙は歌うと言った。プラトンは『国家』の中で「〔天の〕ひとつひとつの環の上にはセイレンが乗っていて、ただひとつの音、ただひとつの高さの音を発しながら、環とともに回転している。全部で八つのこれらの音は互いに協和し合って、単一のハーモニーを構成している[17]」と教えた。キケロは「スキピオの夢」の有名な対話の中でこの主題を取り上げた。

——何が起こっているのですか。私の耳を一杯に満たす、かくも強く、かくも甘美な音は一体何ですか。

——この音はおまえが見ている環から来る。これらの環の推進力と運動は、非常に正確な比率に従い、不規則な間隔により調節されている。もっとも高い音はもっとも低い音によって緩和され、そしてその均衡がさまざまなハーモニーを与える。〔固定された〕星々を運ぶもっとも高い軌道は、非常に速いので、非常に高く鋭い音を生み出す。逆に、もっとも下の、月の軌道はきわめて低い音を生み出す。これら八つの軌道は、そのうちふたつが同じ力を持っているのだが、間隔に従い七つの異なった音を生み出す。というのも、その数が万物ほとんどの鍵である数字であるからだ。さて、おまえたち人間の耳は、この音に満たされたために、聞こえなくなっている。この音はかくも強いので、人間の耳はそれを捉えることができない。それはおまえたちが太陽をまともに見ることができないのと同じだ[18]。

ボエティウスの影響は絶大だったが、自身、数は万物の原理であり、音楽は世界を支配する数の学問であると明言している。音楽は、したがって、宇宙の調和、星の運行、元素の運動、魂と身体、人間と宇宙の一致の源である。音楽は算術と比例を基礎としているので、そこから音楽と建築の関係が生じる。というのも、もっとも単純な比率は同時にもっとも美しいものであり、この真理は建築においても音楽においても証明されるからだ。こうした音楽の哲学的観念はルネッサンス期に、時代の新プラトン主義の風土の中で、再度支持を得たにちがいない。

フランソワーズ・フェラン〔現代フランスの音楽学者〕は、作曲家ギョーム・デュファイ〔一四〇〇頃-七四、ブルゴーニュ楽派の作曲家。十五、十六世紀の古典的声楽ポリフォニーの基礎を確立し、ルネッサンス音楽の開拓者となった〕が一四三六年八月一五日〔二五日か〕に行われたフィレンツェ大聖堂〔サンタ・マリア・デル・フィオーレ教会〕でのブルネレスキ〔フィリッポ。一三七七-一四四六、イタリアの建築家、彫刻家。イタリア・ルネッサンス建築様式の創始者のひとり〕の丸天上の除幕式のために「先頃バラの花が《ヌペール・ロサルム・フローレス》」というモテットを書いたことを指摘し、重要な出来事だという。この曲は聴衆を魅了し、人々は天使のコーラスを聴くようだと思ったほどだ。ところで、このモテットの釣り合い、すなわち音価〔音の長さ〕の数と配分は、丸天井部分を含めて建築物のさまざまな部分の比率に正確に一致している。テノール〔初期多声音楽で、定旋律が置かれた楽曲の中心声部〕はヴォールトのリブ〔ヴォールトにつける肋材〕とリブを強化する内側との関係と同じ、五度の二倍になっている。[19]

ボエティウスの観念からはいくつもの結果が流れ出していた。そのひとつは、耳は目よりも上位であるということである。もうひとつは、音楽についての「理論的」考察はわれわれに世界の調和を意識させるのだが、逆に「実践的」で音を出す音楽、歌や楽器の音楽は、われわれを感覚の奴隷にし、魂を無気力にする危険を持つ、ということである。われわれはこの不信についてすぐ後で触れよう。[20] しかしながら、「詩篇」（一五〇）の内容に従えば、聖職界の言説、とりわけ教父たちの言説は、時にはこの不信をいくつかの楽器の神聖化と結びつけた。十四世紀から十六世紀の西欧芸術の中で、奏楽の天使に与えられた場所を理解するにはこのような称賛を思い起こさなければならない。

聖アタナシウスは、「詩篇」（一五〇）に言及して、「シンバルとキタラを持って神を賛美する」という言い方は比喩であって、思考がシンバルのように動くこと、身体の四肢が互いによく一致していることを意味していると書いた。[21] 同じ趣旨で、この「詩篇」に関してアレクサンドレイアのクレメンスは、舌は主のプサルテリウム〔ハープ〕、キタラは聖霊によって起動されるときには口、「弦」は神聖な息吹により振動すべく張られるときには神経であると宣言する。[22]

聖バシレイオスと聖アウグスティヌスはそろって、台形あるいは三角形の撥弦《はつげん》のあるプサルテリウムはキタラと一緒になると、プサルテリウムが高音の中心、キタラが低音の中心となって、神に心地よい音として響くと断言する。こうして、「プサルテリウムは高音域で、キタラは低音域で神を称え、ふたつの楽器は天と地を創造された神の天と地上の事物による栄光を象徴する」[23]。テオドール・ジェロルド〔一八六六－一九五六、フランスの音楽学者、神学者〕は正しくも確証する。「『詩篇』で言及されるすべての楽器は深められた比喩的説明の対象になった」[24]。オリゲネスはかくして「よく響くシンバル」の内に「キリストへの願いに結びついた活発な魂」を見ていたのである。[25]

「詩篇」（一五〇）と「ヨハネの黙示録」の影響も付け加わって、キリスト教図像学はかなり早い時期から、とくに彫刻と細密画において、ダビデと楽器を奏でる仲間たち、そして「天の老いた音楽家たち」にスペースを与えた。ダビデとその仲間たちはロマネスク時代のいくつもの建物に現れる――モワサック〔フランス南西部、ガロンヌ川とタルン川の合流する町〕の修道院〔サン・ピエール修道院〕、ドラードの修道院（トゥールーズ、アウグスト修道会博物館）など。「ヨハネの黙示録」の年老いた音楽家〔二十四人の長老〕たちはサンティアゴ・デ・コンポステラ大聖堂〔スペイン北西部ガリシア地方の町の名を冠した大聖堂。使徒ヤコブ殉教の地といわれ、キリスト教三大巡礼地のひとつ〕の栄光の柱廊に、そしてシャルトル大聖堂の西の扉口のヴォールトに見られる。長老たちはハープ、ロタ、プサルテリウムなどの演奏者として表現されている。[26]

不信の言説

天の音楽のこうした称賛は、しかしながら、地上の音楽に対する強い罪悪視とぶつかった。地上の音楽は控えめに見ても怪しげであり、魂を天への道の外へ連れて行くかもしれないと見なされたのである。「ダニエル書」（三章、五節〔正しくは三章、四節〕）で、伝令は大声で叫ぶ。「すべての民、国、言語の人々よ、あなたたちに命令を伝える。角笛、フルート、キタラ、ハープ、リュート〔中世から十八世紀にかけて用いられた撥弦楽器〕、コルヌミューズ〔バグパイプの一種〕の音が聞こえたなら、ネブカドネザル王〔前六三〇頃－前五六二、新バビロニア帝国の王。バビロン捕囚を行った〕の建てた金の像の前にひれ伏して拝め」。音楽と異教がここでつながっていた。アレクサンドレイアのクレメンスはオルフェウス〔ギリシア神話で、アポロンからハープを授かった歌と音楽の名手〕を「ペテン師たち」のひとりに数える。

ペテン師たちは「音楽を口実として、［…］悪魔に仕え、芸術による魔法をかけて［…］人々を偶像へと導く」[27]とする。キプロスのコンスタンティアの主教エピファニオス（四〇九年没〔正しくは四〇三年没〕）は、フルートは悪魔が最初の女性を騙したときに用いた蛇の象徴であると断言する。[28] 聖キプリアヌスにとって、悪魔は「美しい音楽を耳に吹き込んで、誘惑行為を実行し、その結果、甘美な音を聞くことによって、キリスト教徒の魂を屈服させ無気力にする」[29]。こうした警告の裏に、踊りや楽器が道化師や売春婦についてまわる、数多くの異教的祝祭のみだらな性格をわれわれは読みとる。

『告白』における聖アウグスティヌスの告白は、キリスト教世界で音楽が引き起こした論争について明らかにする。ヒッポの司教は、その中で、音楽の力と危険を強く主張する。神の言葉を称えるために歌われる美しい旋律を聴くことに悦びを覚えることを隠しはしない。だが、聖アウグスティヌスは神に向けて次のように付け加える。

> 聴覚の快楽は〔私の改宗前のこと〕私を魅了し、さらに強く私を支配したのですが、あなたは縛《いまし》めを解き、あの快楽から私を解放されました。今もなお、あなたの御言葉が生気を与える旋律を、私は告白します、それらの旋律を歌うのが快くてよく指導された声であるときには、いくらかうっとりして聞きます。しかしながら、私は立ち上がりたいと思うときに、もはや立ち上がれなくなるほどまでに縛りつけられることなどありません。それらの旋律は、あなたのお考えとともに私の中にあることを許されており、あなたのお考えそのもののおかげで〔それらの旋律は〕生きるのですが、私の心の中でそれらの旋律は自らにふさわしい場所を求めるのです。ですがふさわしい場所しか与えないことは困難です。時には私がそれらの旋律に必要以上の栄誉を与えるように思えるのです。私はこうした聖句が、このように歌われるとき、歌われていない場合よりも、さらに宗教的な、さらに熱い信仰の炎をもって私の中に入って来るのを強く感じます［…］。しかし肉の喜びは、それがために魂を薄弱にすることを許してはならないのですが、しばしば私を欺くことがあるのです。というのも、感覚が理性に従って理性の後ろに慎ましく移ることをもはや望まなくなり、また、感覚が理性のもとにのみ迎えられるべきであるのに理性

に先んじて理性を導こうと願うからです。私はそれと気づかないで、そのことで罪を犯すのです。後になって初めてそのことがわかるのです。[30]

「罪を犯す」と確かにわれわれは読んだ。なるほど、聖アウグスティヌスは、『告白』のこの部分よりもう少し先で記しているように、「快楽の危険」と（『詩篇』の歌の）「健全な効果の明らかさ」とのあいだを「揺れ動いた」。そして結論として、「決定的な意見を述べるわけではないが、教会における詠唱の慣習を是認したいと思う。耳を楽しませることによって、薄弱な魂をも取り込み、敬虔な気持ちを高めさせるためである」[31]と書いていた。だが、『音楽について』と題する論考を書き始めたヒッポの司教は、音楽の中に純粋科学を見る傾向がつねにあった。その代償として、聖アウグスティヌスはこの芸術を演奏者の巧みさに還元し、新プラトン主義にならって、合理的でないものすべてを貶め、感覚的なものと官能的なものをごっちゃにしたのである。[32]

アンリ・イレネ・マルー〔一九〇四－七七、キリスト教の歴史の専門家。アンリ・ダヴァンソン名で音楽に関する著書がある〕は『聖アウグスティヌスの真の考えによる音楽論』を著した。その中でマルーはヒッポの司教のこの問題についての立場を見事に明らかにしている。その立場は後にラテン教会の音楽についての言説に深い影響を与えた。要約するとこうなろう。原罪のゆえに地上の音楽は誘惑の源である。音楽は救済への困難な道からわれわれをつねに遠ざける恐れがある。逆に、天の喜びにおいて、音楽はその扇情的かつ危険な側面を失うために、われわれは心配なく音楽に身を委ねることができよう。「終末の日々が尽きた後に、邪欲の消えた身体は完全な状態に達し、約束された充実に達する日が来るだろう。そうなると、この天の音楽は廃棄されるどころか、身体の栄光に加わるだろう。復活の後、われわれが神聖な真理を一対一で凝視するとき、われわれの耳を感動させるあの音を、われわれは今まさに物質的身体に刷り込むことができ、あのハーモニーとリズムを、われわれは心配も不安も感じることなしに聴き、楽しむことができるだろう」[33]。

十四世紀から十六世紀に描かれた、あるいは彫られた、天使のコンサートを見るとき、われわれは心の中にこの鋭い分析を思い浮かべなければならない。聖アウグスティヌスによれば、音楽の喜びは天国で全面的に許されることになる。
しかしそれ以前はそうではなかった。そのために、聖歌ましてや教会における音楽を厳しく管理するという聖職者側の意思が生じていた。何よりも重要であるのは、信徒たちが朗唱する神の言葉である。旋律はあくまで伴奏であり、二次的地位にとどまらなければならない。この規則が一度できあがると、素晴らしいテキストはプサルモディすなわち「「詩篇」の歌の朗唱」を賛美した。聖バシレイオスは明白に言う。

詩篇の朗唱《プサルモディ》［…］は初心者にとって第一歩であり、もっと進んだ者にとっては進歩する手段、すでに確かな者には支えである。それは教会の声である。「詩篇」は祝祭を楽しくする。「詩篇」は喪の悲しみに神によるふさわしい性格を与える。「詩篇」は石の心に涙を流させることさえできる。「詩篇」は天使たちの業、天の会話、霊的香である。[34]

聖アンブロシウスはこう確証する。「「詩篇」は怒りを鎮め、懸念から解放し、悲しみを軽くする［…］。「詩篇」は恐怖に襲われたときの盾であり、聖性による支えであり、静けさの姿であり、平和と和合の証である」[35]。この立場からふたつの主要な結論が出てくる。一、信徒たちは斉唱によって歌わなければならない。二、もし何らかの楽器が教会に入って来るにしても、楽器は言葉に従わなければならない。聖アウグスティヌスの弟子のアクィタニアのプロスペルス〔三九〇頃－四六〇頃、ヒエロニムスの『年代記』の続編を著す〕は書いた。「シンバルとプサルテリウムの演奏の際は、手は声と調和しなければならない」[36]。
音楽に対する不信感は長いあいだカトリック教会の広い範囲で続いた。リヨンの司教アゴバール（八四〇年頃没）は聖ヒエロニムスを根拠に次のように書いた。

ダビデにならって畏れを持ち、霊的な厳粛さの心のうちに歌う者は聴く者たちから悪魔を遠ざけることができる。逆に、芝居の音響や舞台に聞こえる旋律を喜ぶ者、または神聖な言葉に度を越した甘美さを持つ歌を混ぜる者、これらの者たちは人々から悪魔を遠ざけないどころか、恐ろしいことに、悪魔を人々の魂そのものに引き入れる。[37]

音楽の技巧が向上し、言葉の単なる支えにとどまることに甘んじることが段々と難しくなった時代（十三世紀から十四世紀）に、教皇ヨハネス二十二世は信仰にとって危険と思える逸脱に対抗しようと試みた。そこで一三二四年、この問題についての有名な教令を公布した。典拠はそのタイトル「聖なる父の教え《ドクトゥリナ・サンクトルム・パトゥルム》」がはっきりと明らかにしている。そこにはとりわけ次のような主張が読める。

新しい学派の信奉者のある者たちはテンポを定量化することのみに注目し、注意を新しい音符形式に向け、旧式にならって歌うより、自分のものを工夫することを好んで、教会的な作品をセミブレヴィス〔計量記譜法で用いられる音符の一種。ブレヴィスの二分の一または三分の一〕やミニマ〔セミブレヴィスの下の単位〕に分割する。これらの者たちは歌を短い長さの譜で分断し、旋律をホケトゥス〔語義は「しゃっくり」。休符により細かく分断した旋律を声部ごとに休符でずらして重ねる技法〕で切断し、ディスカントゥス〔テノールに聖歌の定旋律を持つ多声楽曲の様式〕で穢し、挙げ句の果ては俗なる言語の高い声を詰め込む［…］。彼らは休むことなく走り、耳を休ませずに酔わせ、彼らの聞かせるものを〔自らの〕身振りでまねる。かくして求めるべき信仰は笑いものにされ、避けるべき色情が白日の下に晒されるのである〔計量記譜法とは、音符（休符）の形の違いによって音の長さの違いを示すようになった初期（十三世紀半ば）の記譜法〕。[38]

われわれが抱くユマニスト〔人文主義者〕についての単純化された考え方からすると、ユマニストであるエラスムスがヨハネス二十二世に追随するのを見て驚く向きがあるかもしれない。エラスムスが教父たちに親しんでいたこと、また聖ヒエロニムスと聖ヨハンネス・クリュソストモスに対して強い賛嘆の念を抱いていたことを忘れるとそう考えてしまう。ジャン・クロード・マルゴラン〔一九二三－二〇一三、フランスの哲学者、エラスムス研究家〕は音楽についてのエラスムスの判断が教父たちの立場にぴたりと沿っていたことをかつて示した。第一にエラスムスは世俗音楽に強い反感を持っていた。エラスムスはキャサリン・オヴ・アラゴン〔イギリス王ヘンリー八世の最初の妻〕に献じられた『キリスト教結婚教育論』（一五二五年）の中でそのことをはっきりと断言している。

〔昔の人たちは〕市民の気持ちを乱すような音楽を市中に入れないように〔見張っていた〕。ところが、今われわれのところで行われている音楽の中には、言葉やテーマのみだらさを無視すると仮定しても、何と多くの軽薄さ、さらに何と多くの非常識ささえあることか。かつて、まったく言葉なしで、ただ体の動作だけで、作者たちの言いたいことをすべて表現することができる、一種の劇作品が存在した。同じように現在のわれわれの歌には、言葉が語らなくても、それでもなお、ただ音楽を考慮するだけで、内容のみだらな性格を見出すことができる。それに、コリュバス僧〔小アジア・フリュギア地方の大地母神キュベレの神官のこと。キュベレの祭祀は鳴り物を伴う熱狂乱舞の行列だったとされる〕の笛《フルート》を加え、さらに大騒ぎを起こすタンブランの喧噪を加えてみる。乙女たちが踊るのはこの音楽の音に合わせてであり、乙女たちはそれに慣れている。われわれはこれが習俗にとっていささかも危険はないと考えるわけにはいかない。[39]

ジャン・クロード・マルゴランは、エラスムスの厳格さは当時の説教師たちの罵倒と同じだとする。説教師たちは民衆の祝祭日の踊りと音楽に敵意を抱いていた。マルゴランはジル・ペパンの説教をあげる。すなわち、「踊り手たちは自分たちの体の動きでもって、楽士たちの曲や歌詞をまねて表現し天高くまで跳ねる。〔片や〕道化師と軽業師は楽器を用いて恥ずべき歌の伴奏をする」[40]。

エラスムスは世俗の音楽を断罪し、このような音楽が宗教的典礼に入ってくることを一切拒否するのに余念なかった。『キリスト教結婚教育論』は上述の部分に続けて次のように言う。

さらに悪いことがある。われわれはこの種の音楽を、踊り手たちの一団や大騒ぎの祭りをきっかけに教会の中に入れなかっただろうか。しかも、もっと馬鹿げたことに、われわれは信仰の典礼の荘厳さを愚かなおしゃべりで穢すために、大きな経費を使って人を雇っているのだ。私は宗教的典礼の音楽を拒みはしない。そうではなくて、私はそれにふさわしい和音を求めるのだ。ところが、今日、聖句はこの上なく恥ずべき音楽に合わせられ、その結果はといえば、タイス〔四世紀のエジプトの娼婦、舞姫。悔悛しキリスト教徒となる〕の衣装をカトー〔前二三四－前一四九、共和政ローマ期の政治家〕に着せるのと同じように美しくもない。それでも歌い手たちに与えられた自由はおぞましい言葉を黙らせることはない。とはいえ取り締まる法が欠如しているからには、司祭や司教が警戒しなければならないのだろう」[41]。

このようにエラスムスは、教父たちと同様に、「人間の音楽」を信用せず、典礼においては「詩篇」の朗唱にとどまることを望んでいた。

私の考えでは、「詩篇」という形態ほど有効な音楽形態はほかにはない。聖なる霊はその神秘のこの上ない秘密の喜びが「詩篇」に潜むことを望んだのであり、そこに、われわれの感情をキリストにふさわしいやり方で変化させるための、もっとも有効ないくつかの様態を配したのだ。このプサルテリウムの弦を見事に感動させうる人間を、ひとり見つけさえすれば[42]。

カルヴァン〔ジャン。一五〇九－六四、フランスの宗教改革者〕は宗教音楽についてエラスムスと同じことを語った。逆にルターはずっと含みのある立場をとった。「学識ある音楽家《ムジクス・エルディトゥス》」と形容されたルターは「音楽の女神《フラウ・ムジカ》」を称賛し、ドイツ語で讃美歌を作り、バッハ〔セバスティアン。一六八五－一七五〇、ドイツの作曲家〕のコラール〔ドイツ・プロテスタント教会で会衆が歌う教会歌〕への道を開いた。しかし、ルターの考えについて誤解してはならない。ルターはこう考えたと思われる。すなわち、音楽の喚起力に富む力を考慮するならば、音楽は宗教的目的にのみ役立たなければならない。信仰心を強めるためのみに使われなければならない。信者の注意を逸らせるもの――いわゆる典礼用衣服、香、図像、音楽性の探究など――すべてを信仰から追放しなければならない。音楽はすべての音程とすべての歌を、今や理解可能となった祈りのテキストを際立たせる方向に向かわせなければならない。讃美歌は「言葉」を教え、表現しなければならない。そのとき讃美歌は悪魔に対する有効な武器となるであろう。[43]

　音楽、とりわけ器楽に敵意を抱く宗教的潮流は広汎に——そして長期にわたり——図像に表現された。細密画、彫刻、絵画の中に描かれたこの敵意を、形態と主題から「音楽の中の悪魔《ディアボルス・イン・ムジカ》」というタイトルで括ることができた。[44] すなわち、悪魔の楽器であるフルートとタンブラン、セイレンの官能的な歌、猿のような邪悪なあるいはロバのような滑稽な動物が音楽の練習をする姿、楽士たちの伴奏に乗る女性の踊り手、とりわけサロメ〔義父であるヘロデ王の前で踊り、その報奨として洗礼者ヨハネの首を要求した〕やプルデンティウス作『プシコマキア』に出てくる「快楽」などである。

　死の勝利〔のテーマ〕または最後の審判の描写において、踊り手と音楽家はしばしば、そして遅い時期まで、悪い側すなわち地獄の業火あるいはそこに至る道筋上に置かれた。ピサの「死の勝利」〔カンポ・サント霊廟にあるフレスコ画〕は涼しげな木陰の下で音楽を奏で歌う若者たちを下部に、見る者の右側に描いている。自らの救済を忘れている若者たちは死の大鎌が自分たちの喜びと笑いを中断しに来るのが目に入らない。同じように、フィレンツェのサンタ・マリア・ノヴェッラ教会のスペイン人礼拝堂で、アンドレア・ディ・ボナイウートは「戦う教会と勝利の教会」を二層で描いているが、離れた一角を音楽家と踊り手にあてた。「おまえたちの遊びは危険だ」とでも言うように。もっと右の方にいる人のように、ドミニコ会士に告解して、天への門を指し示してもらえばいいのに。

　ルブリン城の礼拝堂〔ルブリンはポーランド東部の都市〕にある十四世紀のフレスコ画はキリストを嘲弄する場面を含んでいる。キリストを嘲笑うのは楽器演奏者たちである。エラスムスの同時代人ヒエロニムス・ボスもまた、きわめて意想外の、この上なく滑稽なイメージを用いて音楽を強く断罪した。ボスの地獄は楽器に満ち満ちている。プラド美術館の三連祭壇画〔「快楽の園」〕の地獄の部分にはひとりの地獄に堕ちた者がとてつもなく大きなヴィエルの手回しハンドルを永遠に回し、別のひとりは巨大なハープに磔になっており、さらにもうひとりはリュートに両手を縛られていて、コルヌミューズは悪名高い居酒屋を収容する、など。

　サラゴーサ大聖堂美術館〔スペイン〕は一五二〇年代のブリュッセルの大きなタピスリーを所蔵している。それは音楽についてのエラスムスとボスの立場に完全に合致する。かつてこの作品は「音楽」とも呼ばれたが、今ではそれにふさわしい「最後の審判」という名が与えられている。[45] はじめの名前が与えられたのは、このタピスリーが大きなサイズで、しかも教育的正確さをもって、ポジティフ〔一段鍵盤の据置用の小型オルガン〕、ハープ、リュート、フルート、太鼓といったいくつかの楽器を表現しているからである。ところで、これらの楽器と演奏者たちはタピスリーの下部に位置している。その部分は、人生の真剣さと死の近さを忘れやすい人類が大罪へと引きずられていく場所である。「徳」は、大いなる精算の折に傲慢、貪欲、快楽などの悪徳の魅力に負けた人々を攻撃する。楽器は地上の責任から逃れ、救済への道程を外れる男女がたどるさまざまな道を象徴している。最後の審判のこのような扱いは、同時代の他のタピスリーにも見られる。今日ではハンプトン・コート〔ロンドン南西部の旧王宮〕、ニューヨークのメトロポリタン美術館、ポルトガルのラメゴ美術館などいくつかの美術館に分散して所蔵されている。

ラファエッロが一五一四年に描いた聖チェチリア〔カエキリアとも。二世紀頃、ローマ貴族の女性、殉教者。音楽家、詩人の守護聖人〕を称える作品「聖チェチリア」（ボローニャ国立美術館）もおそらく世俗音楽に対する宗教的不信の側に並べるべきであろう。聖女は、しばしば書かれたこととは異なり、オルガンを弾いているわけでもないし歌ってもいない。それどころか、聖チェチリアは天使の歌を聴くために世俗の楽器を放棄している。チェチリアがさまざまな楽器の弾き手として表現されるのはバロック時代で、もっと後のことにすぎない。[46]

音楽に好意的な潮流

教会の中には、音楽についての別種の言説もまた聞こえた。教会は「ヨハネの黙示録」のダビデと長老たちだけを称賛したのではなかった。サン・ジョルジュ・ド・ボシェルヴィル修道院付属教会（ノルマンディー）〔セーヌ・マリティム県、ロマネスク様式〕、サン・ブノワ・シュール・ロワール修道院付属教会〔フルーリ修道院とも。最初期のベネディクト会修道院。オルレアンから約三十キロ〕[47] あるいはクリュニー修道院に由来する十二世紀の柱頭は、ヴィエル演奏者を描き出している。レオンの聖母大聖堂（〔レオン大聖堂〕スペイン）の西側正面では、ポジティフのまわりに選ばれた者たちが集められている（十三世紀末）[48]。このようないくつかの例は、ダヴァンソン・マルー〔＝アンリ・イレネ・マルー〕がしたように、シナイ半島の修道士聖ヨハンネス・クリマコス（六四九年没）〔五七九－六四九、ギリシア教父、シナイ山の聖カタリナ修道院長〕が魂の上昇に捧げた主要著作『天国の梯子』の一節に立ちもどるよう示唆する。

真に神を愛する純粋な魂については、世俗音楽であれ聖なる音楽であれ、どんな音楽も内的喜び、神聖な愛、涙へと自然に運んで行くであろう。肉の快楽を好む者たちについては、まったく逆であろう。純粋な心にとってすべては純粋である。同じ規則が、音楽とあらゆる種類の美に当てはまる。完全なものとなった魂の固有の性質は、堕落の機会を見出すのではなく、創造主の方へと直ちに昇って行き、神の栄光を歌い、神の「アガペー」〔神の救済的恩恵、愛〕と涙の方向に駆り立てられる機会を引き出すことである[49]。

ダヴァンソン・マルーによれば、「音楽についてのわれわれの観念は聖ヨハンネス・クリマコスの著作に現れた」。そしてヨハンネス・クリマコスはオルレアンの司教、修道士アペルトゥス（六九五年頃没）と響き合うとする。アペルトゥスはこう断言したと言われる。「もしすでに地上の音楽がそのようにわれわれを感動させるのに十分であり、すべてのものの創造主、神を称えるようにわれわれを促すものならば、天使たちの合唱など何であろう！」[50]。ダヴァンソン・マルーはさらに続けて、アッシジの聖フランチェスコ〔一一八二頃－一二二六、フランシスコ修道会の創始者〕がその死の一年前、一二二五年にリエティ〔イタリア中部ラティウム地方の都市〕で耳にした「天使のキタラ」のエピソードを想起する（このエピソードは、トンマーゾ・ダ・チェラーノ〔一一九〇頃－一二六五頃。教皇の依頼で列聖記念の『聖フランチェスコの生涯（第一伝記）』を著す〕と聖ボナヴェントゥラ〔『聖フランチェスコの大伝記』〕、そして『小さき花《フィオレッティ》』〔『聖フランチェスコの小さき花』。フランチェスコの死後一世紀頃イタリア語で書かれた説教集〕により確かなものとされた）。ここでダヴァンソン・マルーの著書『聖アウグスティヌスの真の考えによる音楽論』にあるテキストを再び取り上げなければならない。それほどこの話は奏楽の天使のテーマにとって明示的である。

〔聖フランチェスコは修道士のひとりに言った〕「兄弟よ、今の世の人々は神の神秘をまったく理解していない。楽器は神の賛美にのみ使われるべきであるのに、人間の下劣な情熱は楽器をもはや耳の肉欲の快楽をしか、くすぐらない誤った方向に変えてしまった。私が望むことは、兄弟よ、次のことだ。まじめな人のところに行き、密かにリュートを借りなさい。それをここに持って来て、我が兄弟に何か慰めとなるような立派な、然るべき音楽を私に聞かせておくれ」。

この修道士はこう答えた。「それはあまりにも恥ずかしいことです。私はこうしたつまらないことにまた誘惑されたなどという非難を受けることが怖いのです」。聖人はすると「そうか、それは残念だな」と言った。

そして、次の夜のこと、〔フランチェスコが〕神の御業《みわざ》について夜を徹して瞑想していると、突然素晴らしいハーモニーととても甘美な旋律の、リュートの音が耳に届いた。どこからこの音楽は来るのだろう。ある者たちは、聖人はそこに誰も見なかったが、音は大きくなったり小さくなったりし、まるで不思議な音楽家が聖人のかたわらを行ったり来たりしているかのようだった、と言う。また別の者たちは、聖フランチェスコは実際にヴィオルと弓を持って天使が現れるのを見た、と言う。

全霊が神へと向いているわれわれの聖なる神父は、まるでこの世を離れてあの世に行ったかと思わせるほど美しい音を持つこうした歌を聴きながら、大きな甘美を味わったのである。翌朝聖フランチェスコはかの修道士を呼び、自分に起こったことをすべて語り、こう付け加えた。「苦しむ人々を慰める主は、この私を慰めなしのままにしておかれることはけっしてないのだ。よいか、おまえが人間たちのキタラを聞くことがもはやできなかったのに対し、この私はもっと美しいキタラを聴いたのだ」[51]。

意味深長な逸話である。聖フランチェスコの「兄弟」は、多くの教父たちの教えに発する徹底的な不信感を音楽に対して明らかにしているが、聖フランチェスコの方は、キタラもリュートも、神の賛美という天使のような使命から外されなくともよいと答えるのである。キタラとリュートは至高の至福をもたらすからだ。他方、ビンゲンのヒルデガルトは、同じことを、『聖なる調和《デイウィネス・ハルモニエス》』の中でこのように教えていた。「原罪以前、われわれの最初の始祖の純粋な声は天使の声と一緒になり神を称えた。堕罪の後、原初の喜びと美しさを再び表現するために、音楽と楽器を発明することが必要だったのである」[52]と。

第十五章　奏楽の天使

ポリフォニー

十四世紀から十六世紀の天国を満たす天使の合唱と演奏は、この時期に西欧文明の中で生じた音楽の地位向上と切り離すことはできない。音楽のこの急激な発展には長い前史があるが、その主な道標を想起する必要がある。

キリスト教の最初の歌はユダヤ教の典礼から発した。それは単純な旋律で、それに乗って聖書のテキストが朗唱された。「グレゴリオ」あるいは「単純聖歌」といわれる歌は八世紀に頂点に達したが、これらもこうした単旋律の伝統の中に位置していた。九世紀にスイスのザンクト・ガレン修道院、リモージュのサン・マルシャル修道院に「トロープス」〔中世典礼音楽で装飾的に付加されたり繰り返されたりする音楽〕という、「詩篇」の各詩節の後に歌われた短い聖歌が現れる。「ハレルヤ」のトロープスはやがて「セクエンツィア」と呼ばれる独立した楽曲となった。セクエンツィアは段々と自由になっていった。「トリエント公会議〔一五四五－六三〕の禁止までに、四千五百の曲が作られた」[1]。トロープスとセクエンツィアは「発明の自由の名のもとに、グレゴリオ聖歌の秩序を大いに揺るがした」[2]。そして典礼劇の誕生を促し――「復活祭劇」「クリスマス劇」「ダニエル劇」――、これらの劇は十世紀から十二世紀に教会の中で上演された。

九世紀にポリフォニー、すなわちいくつもの異なった声を同時に聞かせる技法が出現する。そのデビューは目立たないものだった。九世紀と十世紀の手探り状態の中、この技法は、高音部があてられていた典礼歌の、「オルガヌム」といわれる低音部の声による付加にすぎなかった。しかし、そのときが音楽の革命の緒であり、発明と高度化が続いて、革命を促進した。「グレゴリオ」典礼はこのときから過去のものとなっていく。

次に修道士グイード・ダレッツォ（九九五－一〇五〇年）〔イタリアのベネディクト会士〕が音程に名称を与え（ド、レ、ミなど）、色つきの譜線に記譜法を確立する。十二世紀に長音と短音が生まれ、次の世紀にパリの作曲家ペロティヌス〔フランス語名ペロタン。一一六〇－一二三〇、オルガヌムの作曲家〕が三声と四声のポリフォニーを作り上げた。この時期に「モテット」（小さな語〔モテトゥスにフランス語の歌詞が加わり世俗的内容も含んだポリフォニー〕）が現れ、それぞれの声部に異なるテキストを与え、時にはラテン語と俗語を同時に使用した。モテットはそこで伝統的典礼に対して距離を置くことになった。一三二〇年から二五年頃、この時代の音楽実践を「新しい技法《アルス・ノヴァ》」と誇らしげに名づけた、未来のモー司教、フィリップ・ド・ヴィトリー〔一二九一－一三六一、作曲家。フィリップ六世、ジャン二世（善良公）のもと、外交官、政治家としても活動〕は拍子記号を考案していた。

この音楽実践はひとつの芸術となりつつあり、教会はそれに不安を覚えた。ヨハネス二十二世の、旋律を分断する「ホケトゥス」に対する怒りを思い出そう〔本書二六四頁参照〕。「ホケトゥス」とは声部同士が応え合う無数の短い音程であった。十四世紀になると、詩人で音楽家のギョーム・ド・マショー（一三〇〇－七七年）〔シャンパーニュ地方ランス生まれ、作曲家、詩人〕が、数多くの世俗作品とは別に、まさに名高い「ノートル・ダム・ミサ曲」を作曲する。このミサ曲は、完全に統一性があるというのではないが、それでもなお聴覚的一貫性を保証するモチーフを展開している。次の世紀――ギョーム・デュファイ（一四〇〇頃－七四年）の世紀――は、統一的ミサ曲の出現を見る。そこでは各曲の構造として機能する共通要素によってさまざまなセクションがつなぎ合わされており、その要素がミサ曲の名になる。中世末期には、古代の人々に知られ、ヴェネツィアを介して七、八世紀の西欧に至ったオルガンは大聖堂や修道院付属教会の調度のひとつとなる。

こうして宗教音楽は徐々に公式の規範に対して自由度を獲得する傾向にあった。その証拠としていくつかあげると、イタリアにおける「ラウディ」〔中世イタリアの民衆的伝統に属する歌曲〕の成功がある。『太陽の賛歌』の作者、アッシジの聖フランチェスコは、神への賛辞が俗語で表現され、かつ聖職者の音楽の外側にあることが望ましいとした。フランチェスコは、だから独唱と合唱、グレゴリオ聖歌と世俗のメロディーの交代がある「霊的賛歌《ラウディ・スピリトゥアリ》」というジャンルを打ち出し、行列で歌う「神の音楽家たち」の結社の創設を勧めた。これら賛歌の成功は目覚ましく、持続的であった。このことが、ダンテの「天国篇」で音楽に与えられた地位をおそらく説明するだろう[3]。

十四世紀から十六世紀の準典礼〔大衆、子ども、外国人などを対象とする、正規の典礼を模した宗教儀式〕における音楽の存在は、多くの資料によって、とりわけイタリアで証明される。ジェンティーレ・ベリーニ（一四二九－一五〇七年）〔ヴェネツィアの画家、コンスタンティノープルに招かれてスルタン（オスマントルコの皇帝）の肖像画を描いたことでも知られる。ジョヴァンニ・ベリーニの兄〕の語り手としての才能は、ヴェネツィアのサン・マルコ広場で繰り広げられた贅を尽くした行列をわれわれに再現してみせる。聖歌隊員たちの隣の、絶好の場所に、ハープ、ジグ（ヴィエルの仲間）、リュートの奏者たちがいた〔「サン・マルコ広場での聖十字架の行列」〕。ローマでは一四六二年、聖アンデレ〔イエスの十二使徒のひとり〕の聖遺物の移転の折に「天使の姿をした子どもたちを見ることができた。ある者は優しく歌い、ある者は楽器を演奏している。音楽芸術のどんな楽器も欠けていなかった」[4]。同様に、同じ年のヴィテルボ〔ローマから北北西約七十キロの都市〕の「聖体の祝日」〔聖霊降臨後第一主日後の木曜日〕の機会には天国が表現された。そこでは「天使のような歌手たちが甘美な歌を高らかに響かせた［…］。人の声の妙なる旋律が聞こえたり、楽器の美しい和音が聞こえたりした」。行列が進んで行くと、「トランペットと数知れない楽器が鳴り響いた」。最後に、人々はマリアの被昇天を表現した。それは「天の霊の集団の歌、魔法のような楽器のタッチ、喜び、身振り、天全体の幸福であった」[5]。

上にあげた例に加え、この時代の芸術がわれわれに残した奏楽の天使のあまたの表現にあまりにも明白なことから、天国と天使、そして音楽の関係に気づかないことなどありえない。もっと後の一五六五年、フランチェスコ一世・デ・メディチ〔一五四一－八七、トスカーナ大公、コジモ一世とエレオノーラ・ディ・トレドとの子〕とオーストリアのヨハンナ〔一五四七－七八、神聖ローマ皇帝フェルディナンド一世の娘〕とのパラッツォ・ヴェッキオ〔一三一四年に完成したフィレンツェ市庁舎。メディチ家も一時的に居住した〕での結婚式においては、驚くべき演し物が招待客に供された。まるで、「天国が、この瞬間に天使のすべての合唱とともに開かれた」かのようであったと言われている。「この印象はとても妙なる、堂々とした、そして壮大な楽器と声の合奏によって、見事に増幅された」[6]。

宗教的ダンス

天国に音楽。そしてまたダンスも。「天国の宮廷」と題された十三世紀後半の作者不詳の詩では、神が天で聖人たちに祝祭を与える。したがってそれは諸聖人の祝日であり、主は天でいわば大諸侯会議を催すのである。マリアは神に「夢中になっている者すべてに」優雅な「カロル」を踊るよう促す。オーケストラは四人の福音書記者からなり、角笛を鳴らす。そのあいだ、さまざまなカテゴリーの選ばれた者たちが踊る。[7]

長いあいだ教会の中では、玉座のまわりの熾天使の輪舞をまねようとする、原則として聖職者に限られたダンスが踊られてきた。フランス語で「カロル」（ラテン語コレアに由来する）と呼ばれるこのダンスは集団的準典礼を構成し、踊り手たちは手をつなぎ輪になって閉じる鎖を形作っていた。十二世紀末、クリスマスの晩課の後、アミアン大聖堂〔アミアンはフランス北部ピカルディー地方の都市〕の助祭たちは「マニフィカート」〔晩課で歌われる聖母マリアの賛歌〕の前に踊った。この祝賀のダンスは、アミアンだけでなく他所でも、「トゥリプディア」（ダンスによる儀式を示すラテン語）というもっと大規模な典礼サイクルの中に入っていたようだ。十二世紀半ば、典礼学者ジャン・ベレト〔?－一一八五頃、神学者、典礼学者、説教家〕はその『教会ミサ大全』で、クリスマスの後の四つの「トゥリプディア」について触れる。すなわち、助祭たちは「聖ステファヌスの日」（十二月二十六日）に、司祭たちは冬の「聖ヨハネ祭」（十二月二十七日）に、合唱隊の子どもたちはその翌日の「聖幼子殉教祭」に、そして副助祭たちはキリストの「割礼の祝日」あるいは「公現祭」（一月一日か六日）に踊ったと。[8] 一二一五年、第五回十字軍出発前、参加する騎士たちはリモージュの有名なサン・マルシャル修道院の中で「コレア」を踊った。

別の例。一五八二年という遅めの年だが、ブザンソンのサント・マリー・マドレーヌ参事会教会の典礼定式書の写本に次のように書かれている。「昼食と説教の後、九時課〔十五時頃に始まる〕のミサが終わると、修道院の中で、雨が降った場合は教会の内陣で、行列聖歌の中にある歌のいくつかを歌いながら踊る」。同じ写本の別の文はこう加えている。「参事会員たちと礼拝堂付き司祭たちは、手を取り合い、ダンス〔コレアム〕をする」。[9]

教会内のダンスに関しては、『罪と恐れ』において私が書いた、モンセラート〔スペイン、カタロニアのバルセロナ近郊の山。同名の修道院がある〕の『死のダンス』についての部分を参照しておこう〔邦訳一五一頁以降〕。この作品は「朱い本」という十四世紀の写本に保存されている。このダンスは歌い手と踊り手によって夜を徹して行われ、典礼ミサとは別に教会内部の祭壇前で行われる。興味深いこととして、「朱い本」は、現在ヨーロッパで知られているもっとも古い振付記号を含んでいるという点であり、それは「ロンド」〔輪舞〕を指している。楽器構成はコルヌミューズ（バグパイプの一種）、ロタ（リラの一種）、サムフォイナ（パン〔ギリシア神話の牧羊神〕の笛）である。[10]

当然ながら、原則として世俗のダンスに敵意を持つ教会指導部は準典礼的ダンスに対して、ますます不機嫌の度を募らせた。とくに準典礼的ダンスがいよいよ怪しげになっていく「道化祭」によってさらに広がっていくとなればなおさらであった。教会指導部は音楽に対してと同様の措置をとった。順次開催された公会議――ヴァンヌ（四六五年）、トレド（五八九年）、ローマ（八五三年）、アヴィニョン（一二〇九年）――は、ダンス一般を、とりわけ宗教的祝日のダンスを、そして教会内でのダンスを断罪した。[11] 一五六二年〔第三会期〕のトリエント公会議は、音楽についての教令においてダンスを間接的に狙いうちにした。「オルガンにしろ、歌にしろ、信仰の中に放縦で不純な要素を引き入れる音楽を教会から遠ざけるよう」求め、「また空疎で下品な対話、練り歩き、大騒ぎ、叫び声などのあらゆる世俗的身振りも」同様とした。「それは神の家が祈りの家と呼ばれ、そしてそのようなものとして認められるためである」。[12]

それとは反対に、選ばれた者たちがどんな穢れからも浄化され、どんな誘惑からも免れて、主の前で手を取り合ってダンスするような天国に、聖なる魂が憧れることには何の障害もなかった。それを、フラ・アンジェリコは幸福な人々がロンドを踊る「最後の審判」（フィレンツェ、サン・マルコ美術館〔本書一五四頁図版〕）において、またボッティチェリは十二人の天使がベツレヘムの秣桶《まぐさおけ》の上方の天で長円を描く「神秘の降誕」（ロンドン、ナショナル・ギャラリー）において表現したのである。

世俗音楽の飛躍と楽器の増加

いずれにしても、中世末とルネッサンス期のヨーロッパにおける世俗音楽の飛躍を教会の疑心が妨げることはできなかった。

中世の世俗歌謡は、非宗教的テーマ――とくに愛と女性のテーマ――を持つ教会の歌曲の拡大から生まれたと思われる。このテーマをオック語圏ではトゥルバドゥール〔中世南フランスの宮廷付き詩人、作曲家、歌手の呼称〕が、またオイル語圏ではトゥルヴェール〔中世北フランスの詩人の呼称〕が賛美した。トゥルバドゥールは一一〇〇年から、トゥルヴェールは一一八〇年頃から現れた。この宮廷風文学――「レー」「パストゥレル」「ルヴェルディ」など――の成功はたいへんなものだった。トゥルバドゥールの詩三千五百、旋律三百五十、トゥルヴェールの詩二千五百、旋律四千がわれわれに伝えられている。歌、音楽、ダンスがこれ以降、領主生活の一部になった。同じ時期、ドイツ諸国では、恋人、自然、神、祖国を称える「ミンネザンク」の芸術が花開いていった。ハイデルベルクのある写本は、百四十名の詩人・作曲家による七千を下らない歌謡を収録している。

十四世紀はギョーム・ド・マショーの作品によって特徴づけられる。さて、ランス大聖堂〔ランスはパリ東北東百三十キロ、シャンパーニュ地方の中心都市〕の聖堂参事会員マショーはヨーロッパを駆けめぐり、人生の四分の三を君侯に仕えて過ごし、世俗、宗教ともに同数の曲を作ったが、世俗の音楽（それにダンス）を称賛するのにためらうことはなかった。「音楽は学問だ／生き、歌い、踊ることを望む者は／メランコリーなど気にしない〔…〕／音楽はあらゆるカロルを作る／城外で、町の中で、学校で」と断言する。マショーは百二十以上のバラード、ロンド、レー、ヴィルレー〔中世の定型詩の一種〕、モテット（世俗風の）を残した。ギョーム・ド・マショーの時代、アッシジの「貧者《ポヴェレッロ》」〔＝聖フランチェスコ〕による「霊的賛歌《ラウディ・スピリトゥアリ》」が歌われていたが、フィレンツェやイタリア半島の北の宮廷――ミラノ、パドヴァ、ヴェローナ――では世俗音楽にも夢中になっていた。そのことをボッカッチョ〔ジョヴァンニ。一三一三―七五、フィレンツェの詩人、散文作家〕の『デカメロン』が証言する。

十五世紀は世俗音楽がさらに確立していく様子を目にする。デュファイはおよそ六十のロンド、十ほどのバラード、そして四つのヴィルレーを作曲する。オケヘム〔一四一〇頃－九七頃、フランドルの作曲家〕は宗教的使命のためにモテットを再度採り入れるが、それにもかかわらず二十一のシャンソンを作る。この傾向はフランス・フランドルのポリフォニー歌曲を頂点まで進めたジョスカン・デ・プレ（一四四〇－一五二四年）〔ルネッサンスの作曲家、声楽家〕とともに、あるいは「国王付き作曲家」クレマン・ジャヌカン（一四八五－一五五八年）〔聖職者、世俗歌謡の作曲家として知られる〕とともに、強まる。ジャヌカンは、描写力の強さで有名になった二百四十五の歌――「鳥の歌」「戦い（マリニャンの）」「パリの叫び」――の作者である。次にイタリアがヨーロッパでマドリガル〔十六世紀イタリアで発達した無伴奏多声歌曲〕の名を高めた。その出生証明は一五三〇年ローマで出版された「マドリガル」作品集であった。これは自由詩で、声音《せいおん》（あるいは声部）はすべて同等の価値を獲得し、とりわけ半音《ドミトン》の使用（半音階法）により大胆さを増していく。オルランド・ディ・ラッソ〔一五三二－九四、フランドル楽派の作曲家〕、マレンツィオ〔ルカ。一五五三頃－九九、イタリア後期ルネッサンスの作曲家〕、ジェズアルド〔カルロ。一五六六頃－一六一三、イタリア貴族、作曲家〕、モンテヴェルディ〔クラウディオ。一五六七－一六四三、作曲家、バロックへの道を開いた〕がとくに優れることになろう。

マドリガルが隆盛である一方、音楽はイタリア宮廷が好む「パストラーレ」〔田園曲〕でその存在感を示す。タッソー〔トルクアート。一五四四－九五、イタリアの詩人。『解放されたエルサレム』〕の『アミンタ』（一五七三年）とグアリーニ〔ジョヴァンニ・バティスタ。一五三八－一六一二、イタリアの詩人、劇作家〕の『忠実な羊飼い』（一五九〇年）は全ヨーロッパ的成功を収め、定期的に舞台用に脚色され、曲がつけられるだろう。世俗音楽の飛躍の勢いは何ものも止めようがなかった。

世俗音楽のこうした飛躍は、古代から中世末までの千年以上の時を要した進化による、楽器の向上と連動した。[13] 擦弦楽器は少しずつ鍵盤楽器へと変化した。[14] 十世紀、十一世紀には、古代のリラとキタラ〔古代ギリシアではいずれも撥弦楽器〕は別物と見られるほどすでに変化していたのに対し、他の古代由来の楽器はそれぞれの過去により忠実であった。オルガン、ハープ、フルート、トランペット、角笛、シンバル、鐘、鈴などである。

逆に、持続的な運命を持つふたつの楽器が現れた。ヴィエル〔擦弦あるいは弓奏弦楽器〕とリュート〔撥弦楽器の総称〕である。十一世紀にはすでに存在していたヴィエルは二分化していく。ヴィオル（あるいはなおヴィエル）という名で呼ばれたこの楽器は、シャルトル大聖堂の彫刻やステンドグラス、あるいはサン・ドニ大聖堂の彫刻にあるように、弦を擦る弓を持っており、弦の数は三から六まで変わりえた。上に述べた歌曲《シャンソン》――ロンド、レー、ヴィルレーなど――の伴奏をするのはヴィオルである。もうひとつの変化型ヴィエルはもっと大きく（時にはふたりで演奏することもあった）、円盤によって擦られる弦のある鍵盤を持っている。弦の振動の長さ〔振動弦長〕は鍵盤の鍵によって変えられる。「オルガニストゥルム」（学名）および「シフォニ」（俗語）とも呼ばれるヴィエルは、十三世紀に栄光の時を迎え、その後も長く使われたが、それはむしろ農民層においてであった。ヴィオルの仲間から、一五二〇年頃、イタリアとフランスでヴァイオリンが出現した。「堅固ですらりとし、四本のしっかり張られた弦をまとい、ほっそりとして、優雅で、軽快で［…］。ほとんど最終的な形を持つ。オーケストラの未来の王が見える」[15]。リュート（アラビア語のアル・ユドに由来する）は、モール人〔ムーア人とも。ヨーロッパ人が、北西アフリカに住むイスラム教徒を指した呼称〕によってスペインに入ったのだが、十四世紀にキリスト教圏で目覚ましく輝かしいスタートを切った。「演奏は難しく運ぶにたやすい」と言われたリュートはすぐに教養あるエリートと洗練された愛好家に好まれる楽器となった。膨らんだ胴、透かし彫りのある響口が空いた共鳴板、長めで先の曲がった棹というエレガントな形は画家たちに好んで描かれた。これまたスペインから来た、したがってオリエント起源であるギターは、すぐに成功した。リュートとギターははじめ四弦であった。ギターは六弦を越えなかったが、リュートは、十六世紀にさらに弦を増やした〔最大十四弦〕。「奏楽の天使」たちの図像はプサルテリウム〔中世ヨーロッパに用いられた撥弦楽器。台形、長方形などの共鳴箱に二十本前後の弦を張るのが典型的タイプ。膝上あるいは胸前で弾いた〕をもっとも優遇した。ギリシア人はこの名で撥弦楽器すべてを指していた。だが、十三世紀から、このことはすでに述べたが〔本書二五九－二六〇頁参照〕、指またはプレクトラム（爪）で弾き、その胴体が多くの場合台形であるキタラをプサルテリウム――カノンとも――と呼ぶようになった。ところで、重要な新しい事実は、十四世紀にすでにこのプサルテリウムに鍵盤をつけたことである。こうして、「クラヴィコルディウム」〔初期の打弦楽器〕あるいは「クラヴケンバルム」〔初期の撥弦楽器〕が生まれ、そこからさらにエピネット〔小型のクラヴサン〕、ヴィルジナル〔イギリスで用いられた小型のエピネット〕、クラヴサン〔複数の鍵盤を持つ撥弦楽器〕が派生した。クラヴサンの技術的説明の最初のものは十五世紀半ば、アンリ・アルノー・ド・ツヴォル（一四四六年没）〔一四〇〇頃－六六、医師、天文学者、オルガン奏者。ブルゴーニュ公フィリップ善良王に仕えた〕の概論〔一四四〇年刊行〕の中に現れる。この仲間の成功は早かった。女性たちが奪い合い、マロ〔クレマン。一四九六－一五四四、フランスの宮廷詩人〕は女性たちが「エピネットに指を置き、聖歌を歌う」のを好んで見ていたという。「奏楽の天使」たちはしばしばポルタティフ〔携帯型の小型オルガン。左手で送風し右手で弾く〕とポジティフ〔一段鍵盤の据置用の小型オルガン〕の二種類のオルガンとともに表現される。オルガンは、すでに触れたが、その起源を古代ギリシアにまでさかのぼり、フランスで最初に知られたのは、コンスタンティノープルの皇帝から小ピピンに送られたものだとされる。九五一年に、ウィンチェスターの司教〔＝エルフェージュ。？－九五一〕の注文によって作られた巨大なオルガンの記録がある。四百のパイプ、四十の鍵を持ち、七十人によって動かされる二十六の送風器から風が送られ、ふたりの奏者によって演奏された。中世は三種類のオルガンを作り出した。すなわち、ポルタティフ、これは腰に載せて片手で演奏する。ポジティフは、前者より重く、両手で演奏する。教会用大オルガン、これは十四世紀からすでにふたつの鍵盤を備え、十五世紀末には、ペダル鍵盤を加えて、楽器の能力を倍増させた。

　楽器の革新についての項であるので、さらに若干の正確な事情を加えておこう。ボンバルド〔木管楽器の一種〕はリードを持つ低音楽器で、十三世紀に存在したことが確かめられており、ファゴット〔英語でバスーン〕の前身である。ファゴットは一五三九年に発明されたと思われ、ふたつの打簧《だこう》を持っている。スライドを持つトロンボーンはおそらく十四世紀にさかのぼり、カリヨン〔教会などの塔や屋外に吊された数個一組とする組鐘〕は十五世紀にフランドル地方から広がった。鐘と釣り鐘状の小さな鈴は、一緒にまとめられ槌で打たれるが、この時期以降、単に時刻を告げるだけでなく、鍵盤さらに後にはペダル鍵盤を加えて、鐘楼から本物の旋律を流した。このような革新は、十五、十六世紀の西欧における音楽飛躍の象徴である。

　数多くの文書が確証しているこの飛躍はまもなく印刷術の発明によってさらに進められることになる。チョーサー〔一三四〇頃－一四〇〇、イギリスの詩人〕は、『カンタベリー物語』の「騎士の従士の話」の中で、国王の祝祭を語ってこう言う。「王の前を高らかに歌いながら楽士が進み、〔歌は〕タピスリーで覆われた王の寝室に王が入るまで続いた。寝室ではさまざまな楽器が奏でられ、それを聴いた者は誰であれ、天国にいるかと思ったほどだ」[16]——ここでも音楽と天国のつながりがある。一四五四年、何回目かにあたる十字軍を組織するために、ブルゴーニュ公フィリップ善良公はリールにキリスト教圏の主な君主を集めた。祝宴のあいだに、「とても新しいやり方でミュゼット〔バグパイプの一種〕が」、「とても異国風に」ドイツコルネット〔角笛の形をした金管楽器〕が、「とても高音な響きで」四つの「クラリーノ」〔トランペットの一種〕が、それだけでなく、リュート、「ドゥセーヌ」（リードつきの楽器）、ハープ、二台のヴィオル、さらにひとつのリュートと四つのフルートが演奏された。[17] シャルル豪胆公〔一四三三―七七、最後のブルゴーニュ公。在位一四六七―七七〕とヨークのマーガレット〔一四四六―一五〇三、イギリス王エドワード四世の妹〕の結婚の折には、牝山羊と牡山羊に変装した「有名なメネストレル〔吟遊詩人〕」が窓から「飛び出して」モテット（世俗風の）を演奏し、三頭の牝山羊がシャルミ（オーボエの祖先）を、一頭の牡山羊が「サックバット・トランペット」（トロンボーンの一種）を担当した。そして最後に、「前足にフルートを持った四頭のオオカミ」によってシャンソンが歌われた。『貴婦人たちの擁護者』（マルタン・ル・フラン〔一四一〇頃―六一、フランスの詩人〕作による一四四〇年から四二年頃の書）のフランス語写本の細密画に、女性だけからなるオーケストラがそれぞれ異なる約十種の楽器を奏でる様子が描かれている。[18] 一五一五年、皇帝マクシミリアン〔一世。一四五九―一五一九、神聖ローマ皇帝在位一四九三―一五一九〕は、古代風の本物の凱旋式の栄誉を手に入れることができなかったので、ブルクマイアー〔ハンス。一四七三―一五三一、ドイツの画家、木版画家〕、デューラー、アルトドルファー〔アルブレヒト。一四八〇頃―一五三八、ドイツの画家、版画家〕の三人の画家に版画を注文した〔それぞれの作品は、「マクシミリアン一世の凱旋」「マクシミリアン一世の凱旋門」「マクシミリアン皇帝の凱旋行進」〕。それはわれわれに息を呑ませる壮大な架空の供回りを描いている。ラクダに引かれた一台の戦車は移動するオーケストラを乗せていて、音楽家たちはヴィオラ・ダ・ガンバ〔十六世紀から十八世紀中頃まで広く使われた擦弦楽器。両足のあいだに置いて弾く〕、ハープ、弓で弾くヴィオル、リュート、ボンバルド、ファイフ〔小型円筒管横笛〕、太鼓を演奏している。[19]

それから数年後、フランソワ一世〔一四九四―一五四七、フランス王在位一五一五―四七、ルネッサンスの擁護者〕は「宮殿の音楽」を「大厩《おおうまや》」（金管楽器と木管楽器のための）と「室内楽」（フルート、ヴィオルなどの身近な楽器のための）に分割した。フランソワ一世の同時代人でライバルのヘンリー八世は演奏者であり作曲家であったが、一五四七年に死去したときには、三百八十一の見事な楽器のコレクションを所有していた。管楽器二百七十二、弦楽器百九であった。それから間もなくのこと、アウクスブルクの豪商フッガー家は「室内楽の間」を建設させたが、そこには百四十以上のリュート、象牙や外国産木材の楽器、ブレーシアとパドヴァで制作された多数のヴァイオリンが集められていた。

この頃から、音楽を愛好する人々が貴族という特権階級から溢れ出す。フランソワ一世治下、自宅に複数のエピネット、クラヴィコルド〔ピアノの前身となった有鍵打弦楽器〕、ヴィオル、ルベック〔レベック。中世・ルネッサンス期の擦弦楽器。小型で三本の弦を持つ〕、一台のハープ、それに音楽図書室を所有する、ただ裕福というだけのブルジョワがパリにいたことが報告されている。[20] やはりフランスでのことだが、楽器購入者は比較的多数いた。リュート、シターン〔十六、十七世紀に流行したリュートとギターの中間の撥弦楽器〕、ギターの文字譜〔音符の代わりに文字、数字、その他の記号を用いた器楽のための特殊な記譜法〕は実際、およそ千二百部に達した。十六世紀としては大きな数字で、専門家と進んだ愛好家からなるかなり確実な顧客の存在をうかがわせる。驚くことには、十六世紀末のドイツで自動演奏器が製造されていたという事実もある。

西欧文明における音楽の開花——爆発と書くべきだろうか——は、エラスムスの主張にもかかわらず、音楽への激情的な称賛によって表現された。なかでもロンサールが一五六〇年出版の『シャンソン選集』「序文」に書いた称賛がある。「序文」ははじめフランソワ二世〔一五四四‐六〇、フランス王在位一五五九‐六〇〕に、だがその夭逝のために、その後シャルル九世〔一五五〇‐七四、フランス王在位一五六〇‐七四〕に捧げられた。ロンサールは、ボエティウスとフィチーノにならって、宇宙の音楽的秩序を想起することを怠らない。というのも、「万物は和音、拍子、比率により構成され、それは天にあっても地にあっても同様であるからだ」。ロンサールはまた、「過ぎ去った諸時代のもっとも名誉ある人物たちは自分が音楽に熱中しているのを感じた」と断言する。しかしロンサールは、ルネッサンスの音楽家たちを絶賛して、「聖なるオルランド・ディ・ラッソこそただひとり、天の和音を奪い、地上でわれわれにそれを享受させたのであり、古代人を越えて、われわれの時代の唯一の驚異をなし遂げた人物である」と語る。とりわけロンサールが明確に断言するのは次のことである。

音楽を称えない者は、太陽の優しい光を見る資格がない。というのも、〔プラトンが言うように〕音楽の小さな部分が大宇宙をかくも調和ある形で動かしているからである。逆に、音楽を称え敬う者はおしなべて立派な人である。そういう人は健全でしっかりした魂を持ち、本性からして、気高いものごと、哲学、政治関係の処理、戦争に関する仕事を好むのであり、つまりは、音楽は、有徳、高潔でいささかも卑しさを感じさせない生まれを持つ人々の記号であり印であったので、このような人は、あらゆる名誉ある務めにおいてその徳の輝きを発揮する[21]［…］」。

音楽への輝かしい称賛。だが、その称賛を乗り越えなければならない。なるほど、ルネッサンスの人々にとって音楽はつねに自由学科のひとつであり、またポライウオロ〔アントニオ。一四二九／三九‐九八、フィレンツェ派の金工家、彫刻家、画家〕によってシクストゥス四世〔一四一四‐八四、教皇在位一四七一‐八四〕の墓石に刻まれた「音楽（若い女性の寓意）」（サン・ピエトロ大聖堂）であり、あるいはフィリッピーノ・リッピ〔一四五七‐一五〇四、フィレンツェの画家フィリッポ・リッピの子。フィリッポの弟子ボッティチェリに育てられる〕によって描かれた魅力的な「女性の肖像（音楽の寓意）」（ベルリン国立美術館）である。音楽は天球の調和を司る。音楽は、ボッカッチョの『デカメロン』ではフィレンツェの若者たちが用い、またアンブロワーズ・パレ〔一五〇九頃‐九〇、外科医、近代外科学の父〕が勧めたメランコリーの処方薬であり続ける。アルザスのある印刷業者が一五〇〇年頃にフィチーノの作品を版画で飾ったが、そこでは、頭の疲れは食事療法と音楽によって解消されると説明されている。[22]しかし音楽はすでにこうしたものをはるかに越えるものになっていた。音楽は――天においても地上においても――幸福の同義語であり、愛の欠くことのできない伴侶になった。ならば、天には愛のみしかないことになる。

天使のオーケストラ

十四世紀後半から十六世紀半ばまでの天国の図像表現にはしたがって音楽が至るところに存在している。「奏楽の天使」たちのテーマの西欧美術におけるこのような侵入に対して、これまで十分に注意が払われてきただろうか。そしてその意味に対しても。ポリフォニーが重要な位置を占め、楽器が多様化し完成度を高める時期に、このテーマが教会に侵入することは偶然だろうか。ブルゴーニュ宮廷の娯楽、君主たちの楽器のコレクション、君主や教皇の「礼拝堂」を参照することなく、「抽象的に《イン・アブストラクト》」天の音楽家たちについて語ってよいものだろうか。まさに西欧文明が多様な道を経て近代の空間に入ろうとしていたこの時期に、当時のさまざまな天国が、西欧文明における音楽の勝利を表現したのではなかったか。

キリスト教図像学では、天使たちは天と地のあいだを往来することになり、人間に対して微笑みかける習慣さえできあがった。そのことは、たとえば十三世紀から十四世紀の素晴らしい彫刻が証明している[23]。しかし長いあいだ、描かれた奏楽の天使たちは「ヨハネの黙示録」の中の、トランペットを吹いて最後の審判を告げる天使たちだけだった。これは何かを物語る不在である。たとえば、『悦楽の園《ホルトゥス・デリキアルム》』には奏楽の天使はいない。そうではなくて天使たちは大型燭大聖堂正面にある、マリアの戴冠に臨む天使たちはどんな楽器も演奏していない。そうではなくて天使たちは大型燭台を持っている。これに対してヴィヨン〔フランソワ。一四三一頃－六三以後、詩人。『遺言』『形見分け』のほかに定型詩を残す〕は母親にこう言わせている〔『遺言』中の「ノートル・ダムに祈るため」のバラード〕。「〔私は〕自分の教区の教会で、ハープやリュートのある天国を見ます」[24]。これは当時の天国に奏楽の天使たちが増殖していたことの重要な証言である。それも最近始まった増殖である。最初の奏楽の天使は十二世紀のイギリスの諸写本に出てきたと思われる[25]。次の世紀の初め、ウィンチェスター大聖堂の三角小間と小アーケード列にその姿が見られる[26]。やはり十三世紀のこと、レオン大聖堂の西正面の楣《まぐさ》では、選ばれた者たちが平穏と友情のうちに語り合っている。その真ん中で、ひとりの人物が送風機でポジティフに風を送り、天使がのその鍵盤を叩いている。その後ろではもうひとりの天使が拍子を取っている[27]。

その後の時代の天国の図像類では、もはや単なるソリストではなく、天使のオーケストラの存在がますます頻度を増す（もちろんマリアの戴冠を含んでいる）。こうした合唱隊では、演奏者の数はさまざまな要請――テーマ、空間など――に応じて変化するが、ますます増える傾向にある。ザダル〔クロアチアの都市〕のフランシスコ会修道院に所蔵されている『コーラス用詩篇《プサルテリウム・コリ》』と題された細密画で飾られた十五世紀の写本では、装飾頭文字――赤い色のC――に三人の天使が青地を背景に描かれており、それぞれプサルテリウム、シターン、そしてタンバリンを演奏している。ゲントの多翼祭壇画では、譜面台のまわりで歌う天使のグループ――八人いる――と、オルガン、ヴィオラ・ダ・ガンバ、ハープ（オルガンがかなりの場所を占めているのだが）を演奏する天の音楽家のグループ――三人いる――とのあいだに非対称がある。余談であるが、ここで次のことを確認しておこう。エルヴィン・パノフスキーによれば、フーベルト・ファン・エイクによって構想され開始された多翼祭壇画は、寄進者の要請に応えて、弟ヤンによって手直しされてから完成した。奏楽の天使たちはもともと祭壇画とは別個の要素であり、おそらくはオルガン・ケースの装飾であったものが後に祭壇画に統合されたと思われる。[28]

音楽の飛躍によって推進された根本的な動きが、ますます充実したオーケストラを天国に住まわせるよう後押しした。それが示唆すること、それは、あの世の演奏会は知られているすべての音（古いものであれ最近の発見であれ）を用いていることである。十四世紀にステファーノ・ディ・サンタグネーゼ〔十四世紀のヴェネツィアの画家〕によって描かれ、ヴェネツィアのアカデミア美術館に所蔵されている「聖母戴冠」は、天の音楽家たちがそれぞれプサルテリウム、ハープ、トランペット、シターン、リュート、そしてヴィオルを演奏する天使のオーケストラを結集させている。

一三七〇年から九五年までのあいだに、ル・マン大聖堂〔ル・マンはフランス中部、サルト県の町〕の礼拝堂〔聖母礼拝堂〕で制作されたフレスコ画〔「奏楽の天使たちに囲まれる聖母」〕について、ここで特別に触れておかなければならない。この作品はその後塗り込められてしまい、一九九五年に修復された。描かれているのはマリアの恩寵の行為であり、そこではマリアを賛美する天使たちが賛歌「栄誉ある天の花よ《グロリオソ・フロス・ケレルム》」を演奏している。この曲名は、グレゴリオ聖歌式記譜も載せてある巻物にはっきり読みとれる。赤い背景の中で黄金の光輪を持つ四十七人の天使が歌ったり、非常に多彩な楽器で演奏したりしている。多彩な楽器とは弦楽器（ハープ、マンドラ、プサルテリウム、手動のヴィエル、鍵盤つきヴィエル、モノコルド〔両端を固定して一本の弦を張った単弦器〕、キタラ）と、管楽器（トランペット、角笛、バグパイプ、ダブル・フルート、シャルミ〔オーボエの前身〕、ポルタティフ）、打楽器（シンバル、太鼓、トライアングル、「イギリス風エシャキエ」〔プサルテリウムから派生した楽器〕、ラットル〔マラカス〕、ティンパニー）などである。[29]

十五世紀と十六世紀初頭の画家たちは、天国の空間を奏楽の天使を入れずに想像することができなかった。時にはメムリンクの作とされるアントワープ王立美術館の三連祭壇画「奏楽の天使たちに囲まれる聖母」には、祝福を与えるキリストを囲み、対称形をなしている五人ずつのふたつのグループの天使が、それぞれ他とは異なる楽器を演奏している。プサルテリウム、弓つき二弦琴、リュート、ボンバルド、オーボエがある一方、他方に二種のトランペット、ポルタティフ、ハープ、ヴィオルがある。[30] ロホナーの「最後の審判」（ケルン、ヴァルラフ・リヒャルツ美術館）には、すべての点で非常に近いメムリンクの「最後の審判」（グダニスク、ポーランド国立美術館〔本書一三〇頁図版〕）と同じように、選ばれた者たちが入る天国のゴシック式門の上方に、ハープ、リュート、オルガンなどを演奏中の天使たちがひしめく階廊席が見える。

この時代に描かれた音楽的天国は、とりわけフランス、イタリア、オランダ、ドイツ諸国にきわめて多数存在するため、その完全なリストを作成することはおそらく不可能だろう。[31] その中から他の作品にも有利に証言するいくつかの例をあげておくことにしよう。ミラノのスフォルツェスコ城の公爵家礼拝堂のヴォールトには、おそらくボニファチオ・ベンボ〔一四二〇－八〇、ブレーシアの画家〕の作と思われる、十五世紀第三四半期に描かれた広大なフレスコ画「奏楽の天使たちに囲まれる父なる神」がある。青空を背景に父なる神を囲む十三人の奏楽の天使たちが表されており、その下方ではキリストが復活し天国へと昇る。天使たちの楽器はここでもたいへん多様である。トランペット、リュート、タンバリン、手動のヴィエル、フルート、コルネット、シャルミ、そしてハープ。また、オルヴィエート大聖堂のサン・ブリツィオ礼拝堂はルカ・シニョレリの有名な「最後の審判」（一五〇三年から〇四年頃に完成）によって飾られているが、選ばれた者たちの戴冠がわれわれの目を引くはずだ。大きなアーチの内部には九人の奏楽の天使が天使の九つの隊を象徴し、他方、下にいる他の天使たちは花を撒き、選ばれた者たちの頭に冠を置いている。

聖母被昇天のテーマはルネッサンスのもっとも美しい天使のオーケストラのひとつを生み出した。それはメロッツォ・ダ・フォルリによって一四八〇年頃、ローマのサンティ・アポストリ教会のために描かれた、後陣の大フレスコ画「奏楽の天使」である。十八世紀の教会修復によってこの作品は解体されてしまった。その結果、現在、キリストはクイリナーレ宮殿〔ローマのクイリナーレの丘にある宮殿〕に、また天使たちはバチカン宮美術館にある。金髪で、若者の姿をしていて、翼を持ち、大青の衣服をまとっている天使たちは、われわれをイエスとともに天国の空間の高みへと連れ去っていく。デッサンは明確だが柔らかい。これはすでに、バロックの短縮法と天井画の効果の予告である。

十六世紀の初めアンボワーズ公ルイ二世〔一四七七－一五一一、オータン、アルビ司教を経てアンボワーズ公となる〕はボローニャの画家たちに助けを求め、彼らの手になる「奏楽の天使」がアルビ大聖堂のヴォールトと後陣を飾った。後陣では、福音書記者たちと主な教会博士たちに囲まれたイエスが、聖域の上方を漂い、「私は世界の光、真理の道《エゴ・スム・ルメン・ムンディ・エト・ウィア・アエリタティス》」と読める本を持っている。イエスのまわりに天使たちが集まる。ある者は熾天使で、したがって身体はなく翼のある頭部だけになっている。熾天使たちは「ハレルヤ」と歌う。他の天使、すなわち智天使たちは裸で、「プッティ」〔翼の生えた裸の幼児（男児）の図像〕よりも大きい。智天使はさまざまな楽器で演奏している。オルガン、フルート、ヴィオル、ハープ、リール、キタラ、ホルン、ビュズィーヌ〔一種のホルン〕、ギター、太鼓、タンバリン、アレーヌ（クレロン〔軍隊のラッパ〕の祖、渦巻き状で広い朝顔型のラッパ）である。[32] 奏楽の天使たちの黄金時代である。

天使のオーケストラに与えられた地位を非常によく示すのは、一五一七年から一九年にサンス〔フランス中北部、パリ盆地南東部の都市〕のサン・テティエンヌ大聖堂に施されたバラ型のステンドグラス「奏楽の天使」である。これはそれまでに作られた天のコンサートの中でもっとも驚くべきもののひとつである。六十六名の奏者が三十一の楽器を演奏していて、それら楽器については、往々にして不統一な「本物の見本コレクション」の類と言えるようなものだった。いくつかの楽器は明らかに時代からして古く、たとえばビュズィーヌで、中世のこの大型トランペットは十六世紀初めにはもはや使用されていなかった。吹き口のついた縦型フルート〔リコーダー〕と鈎型トランペットは不正確に描かれている。どうやら画家たちは素描を用いたが、よく理解しなかったと思われる。逆に、他の楽器は正しく表現されている。舌なしの釣り鐘状鈴からなるカリヨン、リングつきトライアングルである。われわれにとって重要なことは、バラ窓の注文主たちが、天国にできる限り多種多様な楽器を備えさせたいと望んだことである。楽器が多ければ多いほど、天国の幸福はそれだけ大きくなったのだ。[33]

レオナルド・ダ・ヴィンチの弟子であったガウデンツィオ・フェッラリ〔一四七〇－一五四六、ミラノ派の中心画家、彫刻家〕によってサロンノ（ロンバルディア）〔ミラノ近郊の奇蹟の聖母マリア教会〕の内陣の丸天井内部に一五三五年から三六年に描かれた「天使のコンサート」が放つ印象も、同じである。天使のある者たちは、手を合わせて祈り、別の者たちはふたり、三人と固まってテキストを読み、旋律を歌う。さらに他の者たちはフルート、リュート、ヴァイオリン、あるいはヴィオラ・ダ・ガンバを演奏する。何人もが、さらに、ダンスを始めるかのような動きをする。衣服の穏やかな色彩、顔に浮かぶ微笑、巻き毛のある髪の毛、動きの軽やかさが、超自然的幸福の雰囲気を作り出している。サロンノの天使の合唱とオーケストラには百四十人の参加者がいる。おそらくこの種の図像としては記録的であろう。

天使のオーケストラの特徴は「高音の楽器」、多くの場合、騒々しく、都市部の祭で好まれる楽器——シンバル、タンバリン、リングつきトライアングル、カリヨン——と「低音の楽器」で身近な楽器——プサルテリウム、フルート、ヴィオル、リュートなど——を結びつけていることである。「分割されたコンサート」と形容されたこうした結合は徐々に分解し、十六世紀のあいだに、野外の合奏と室内の合奏へと分かれた。フランソワ一世が自分の「宮殿の音楽」を「室内楽」と「大厩《おおうまや》」に分けたことを思い出そう。また同時に、声と楽器というふたつの分野がますますはっきりと区別される補完的な変化が進んでいった。楽器だけの最初の合奏用選集が一五四〇年、ヴェネツィアで刊行された。[34]

奏楽の天使たちの消滅

ところで、このような根本的な動きが増幅していく中で、奏楽の天使たちはかなり突然に数少なくなっていく。この相対的消滅は、トリエント公会議（一五四五－六三年）によって表明された音楽に対する厳格主義と関係があったのだろうか。

伝えられるところによると、一四三六年のフィレンツェの新しい大聖堂〔サンタ・マリア・デル・フィオーレ教会〕の献堂式は「さまざまな楽器の音」を伴う「調和ある」歌曲演奏の機会を与えた。教会に刻まれたふたつの「カントリア」〔イタリアの教会の合唱隊の手前の高い壇〕——ドナテッロ〔一三八六頃－一四六六、ルネッサンス初期のイタリアの金細工師、彫刻家〕の異教的でバッカス的なカントリアとルカ・デラ・ロッビア〔一四〇〇－八一、フィレンツェ出身の彫刻家〕の非常に内省的なカントリア——が歌い手たちにあてられていた。しかし、ルカ・デラ・ロッビアのカントリアの下には「詩篇」（一五〇）のラテン語文が彫られていた。「角笛を吹いて神を賛美せよ《ラウダーテ・エウム・イン・ソノ・トゥアベ》、プサルテリウムとキタラで神を賛美せよ…《ラウダーテ・エウム・イン・プサルテリオ・エト・キタラ…》」と。それは楽器を内陣に導き入れよという勧めのようであった。事実、楽器は教会の外での行列や準典礼式で伴奏することに、もはや満足していなかった。十五世紀と十六世紀の写本は、オルガン以外に、トランペットや他の「音の大きい」楽器に言及したミサの断章を数多く含んでいる。

トリエント公会議は信仰に世俗の要素を導入する恐れがあったすべての音楽に不信感を表明したが、その表明の仕方は十分に曖昧かつ漠然とした用語によってであり、楽器に門戸を閉ざすものではなかった。オルランド・ディ・ラッソは、バヴァリア公礼拝堂〔ミュンヘン〕において、楽器に訴えるのを差し控えることはなかった。そしてとりわけヴェネツィアでは、叔父と甥の関係にあるガブリエリ家〔ヴェネツィア学派の作曲家の家系〕の人物が、十六世紀末と十七世紀初めに、サン・マルコ大聖堂〔イタリア・バロック音楽の中心地のひとつ〕とサン・ロッコ信徒会集会所双方において正統的なオーケストラの合唱を実現した。ジョヴァンニ・ガブリエリ〔一五五五頃－一六一二、ヴェネツィア学派最大の作曲家。サン・マルコ大聖堂の終身オルガニスト〕の「サクラ・シンフォニア集《サクラ・シンフォニアエ》」は一五九七年の合唱である。[35] 一六〇六年、サン・ロッコでひとりのイギリス人旅行者がその演奏を感動とともに聴いた。

時には十六人あるいは二十人の男性が合唱した。彼らのもとにはきちんと、秩序を保つための指導者か調整役がいた。彼らが歌うとき演奏者も楽器を鳴らした。時には十六人がそろって楽器に合わせて演奏した。その楽器は十本のサックブート〔トロンボーン〕、四本のコルネット、とても大きな二台のヴィオラ・ダ・ガンバであった。時には六本のサックブート、四本のコルネット、時にはコルネットとソプラノ・ヴィオルのふたつの楽器だけだった。[36]

天に天使たちのオーケストラを備えさせた図像学は、したがって、ヨーロッパの感受性が音楽世界の豊かさと広がりとを探求して、文化の構成要素の中で音楽に新しい場所を与えたその瞬間を表現したのである。宗教的空間の面からすると、幸福と音楽のあいだのつながりに関する強い主張には、聖ヨハンネス・クリマコスとアッシジの聖フランチェスコの熱烈な宣言が先行してあった。さらに、奏楽の天使たちの天国での存在は、音楽に関する教父たちの厳格な発言と両立しうるものであった。なぜなら教父たちは、天では音楽は扇情的で「俗っぽい」性格のすべてから浄化されると断言していたからである。地上では音楽に対する不信感が存続しなければならないのに対して、罪が消えた空間ではその不信感を維持する理由はまったくない。

何回も版を重ねた十七世紀初頭の『天国とその驚異についての概論』は、宗教音楽に関する当時のカトリック教会の立場と、奏楽の天使たちを賛美してきたそれまでの図像学すべてを同時に明らかにすることができる。この概論の著者、リエ〔マルセイユの北東の町〕の司教座聖堂参事会員フランソワ・アルヌーはこう書いている。

〔天国では幸福は〕とても美しい音の音楽、とても心地よい響き、とても優美な楽音、そしてとても心地よい、甘美で美しい声〔にも存在するであろう〕。というのも、天国で聞こえてくるのは天の「雅歌」と聖なる歌曲だけであろうから〔…〕。そこには、礼拝堂の主がいる。また多数の歌い手と音楽家がいる。とても美しい声が無数にあり、それらのとても美しい声は、いくつかの音階で、音楽のすべての規則を完璧に守りながら調和し合うだろう。それらの声のもっとも小さなものさえ、もっとも美しい音色の楽器に乗ったこの世でもっとも卓越した声よりも何千倍も美しく心地よい。礼拝堂の主はイエス・キリストであり、歌い手はすべて至福の人々を伴った天使たちである。そこには三つの天使の群れがあり、それらがそれぞれ三つの合唱団となっている〔…〕。主天使たちと権天使たちは高音を、力天使たちと能天使たちはテノールを、大天使たちと天使たちは合唱隊の一番下にいて低音を出している。聖人たちさえもが歌い手とともに入り、一緒に歌う。イエス・キリストは万物に声を与えるのだ〔…〕。

ところで、この天の音楽と音色美しい声の中には、天与のものとして、この音楽の総体なる完璧さのために、ハープ、フルート、ヴィオル、エピネット、リュートなど、あらゆる種類の楽器が加わり、われわれの耳を美しい音と快い響きでもって、驚くほどの快楽で楽しませてくれる。

歴史家は、このように西欧文明における音楽の上昇と奏楽の天使たちのテーマの突然の成功とのあいだの随伴関係を強調したところで、次に奏楽の天使のテーマのその後のあっという間の消滅について考えるべきである。そのことについては上にあげたテキストがその消滅の過小評価へ導くかもしれないが。ここでは世俗音楽がますます重要性を獲得していくことと、世俗音楽と地上の快楽（とりわけ恋愛の快楽）との関係が強められていくことが、まちがいなく問題となる。それを物語る図像が突然増え始めたのだ。実際、十六世紀には、「音楽の祝宴」、「女性のコンサート」、「田園風の」音楽の集い、リュートとエピネットの演奏者を伴う「婚礼」、そして音楽つきの神話的な場面といった表現が増えた。マールテン・デ・フォス〔一五三二－一六〇三、オランダ、アントワープで活躍した画家〕の絵画「アポロンと美の女神たち」（ブリュッセル、ベルギー国立美術館）は興味深い。九つの楽器が現れている。エピネット、ヴァイオリン、シターン、タンバリン、リール、コルネット、トランペット、ハープそしてリュートである。もっと教示的なのがティツィアーノ〔一四九〇頃－一五七六、一六世紀ヴェネツィア派の巨匠、ヴェネツィア共和国公認画家〕の作品で、その題は「ウェヌス、愛と音楽」（プラド美術館）である。すべてが豪奢、洗練、そして美であるこの寓意画の中で、風景、泉の水、オルガンの音楽、そしてクピドの唆かしが、裸身の若い女性に、彼女を見つめる男性との愛の快楽に身を投じるよう勧める。教会指導部はこの官能的イメージの突然のおびただしさを前に、厳格な態度に逃げ込み、地上の幸福を称揚する楽器の放棄へと向かった。

百年ほどの時代をさかのぼってみれば、ここで事態が明快になる。ローマ教会はトリエント公会議後に進行した革新の時代のさなかにおいて、リミニ〔イタリア中北部の都市〕の「マラテスタ寺院」に小さな音楽家たちが内陣に存在することを、事実、疑問視したかもしれない。十五世紀半ば、それは教会なのだが、シジスモンド・マラテスタ〔一四一七－六八、イタリア中北部リミニの支配者、傭兵隊長〕はそこの教会を自分のパンテオンに作り変えようとし、イソッタ〔マラテスタの三番目の妻〕に捧げる愛の哀歌を大理石で表現するようアゴスティノ・ディ・ドゥッチオ〔一四一八－八一〕に依頼した。そこから音楽を奏でるあの「プッティ」〔裸体の小児像〕——天使なのかそれともクピドなのか——の存在が生じた。これら小さな音楽家たちは内陣の両側にいて、自分たちの楽器で専制君主〔＝マラテスタ〕の愛の詩の伴奏をしている。

音楽に対してふたつの宗教改革はかなり似た反応を見せた。まずプロテスタントが反応し、カトリックがそれに続いた。[37] どちらも音楽の伴奏よりもテキストに注意を向けた。聴く者に、より理解しやすいテキストを求め、世俗の旋律の排除に努めたのだ。ここでカトリックのパレストリーナ〔ジョヴァンニ・ピエルジ・ダ。一五二五頃－九四、音楽家、教会音楽の父〕の作曲とプロテスタントのグディメル〔クロード。一五一四頃－七二、フランスの作曲家、編曲家。カルヴァン派〕による詩篇曲の編曲とを比べてみないわけにはいかない。

　確かに、楽器音楽はそれでもカトリックの式典にも、プロテスタントのルター派教会や英国国教会の式典にも、浸透し続ける。自身音楽家であったルターはこの分野に対して偏見を持つことはなかったし、音楽に悪魔と戦う手段を見出していた。[38] カトリックのローマ側も、バイエルンやヴェネツィアの例が音楽の浸透をじわじわと促した。そして反対に、プロテスタントは宗教的図像類に好意的ではなく、図像を維持したカトリックも批判に身を晒すことを望まなかった。カトリックの目には、地上でますますエロティシズムへと誘い込む楽器を天の栄光において称揚することは危険だとおそらく思えたのだろう。

　ここでわれわれはゲントの多翼祭壇画について以前述べた結論に再会している〔本書一八八－一八九頁参照〕。すなわち、天国の空間に地上の具体的な現実――植物相、建築物、衣服など――を包含させること、これが限界に達しつつあったということである。われわれがあちこちで出現するのを目にしてきた天使のオーケストラがそのことを確証する。表現されていたのはまちがいなくあの世だったのだろうか、それとも美の最上級の段階まで達した地上だったのだろうか。

　なるほど天使たちはカトリックの天から消えることはない。逆にわれわれは、ルネッサンス後のバロック時代にかつてないほど多数の天使を目にすることになろう。しかし、天使たちが楽器を演奏する頻度は減っていくだろう。さらに軽やかとなり、さらに霊的となった天使たちが目も眩むほどの螺旋に捕らえられ、地上の現実が及ばない彼方へと連れて行かれるだろう。あるいは、逆方向に、天使たちは蒼穹から降りて来て、いかなる明るさをも凌駕する光線を人間たちにもたらすだろう。天は人間的ではなくなり、より聖なるものとなるだろう。

第十六章　天が地上を訪れた

クリスマスの天国の喜び

奏楽の天使たちはクリスマスに天から地上に来た。この例外的状況のために、天国は一日だけこの地に降りた。家畜小屋とともにあるクリスマスの光景は四世紀からローマの石棺に現れる。しかし「ルカによる福音書」（二章、一〇－一三節）は、天使がクリスマスの夜に「大きな喜び」を羊飼いたちに告げ、そして「突然、この天使に天の大軍が加わり、神を賛美して「いと高きところ、神に栄光あれ」と言った」と語っている。

図像学はこの美しいテーマを自らのものとした。いくつかの例を見ていこう。十世紀の象牙板に、降誕のいくつものエピソードが集められている（バチカン宮図書館）。とくに、上部に羊飼いへのお告げと三人の天使によって象徴される「天の大軍」が現れる場面がある。ダフニ〔ギリシア、アテネ近郊〕にある、一一〇〇年頃の身廊のモザイク画はベツレヘムの空に四人の天使を描いている。三人が幼子イエスの揺籠を手で指していて、その近くに大きく描かれたマリアと、とても小さな雄牛とロバがいる。四人目の天使はこの大きな知らせを羊飼いたちに教える。別の重要なモザイク画は、パレルモのパラティナ礼拝堂（十二世紀）のもので、今度は五人の天使がいる。ふたりが手で母と子を示し、別のふたりが賛美する仕草をしており、五人目が羊飼いたちに降誕を告げる。羊飼いたちが生まれたばかりのイエスに贈り物をしているのが下の方に見える。上部、右の方に、東方の三博士がベツレヘムへの道を進んでいる。

ベツレヘムの納屋（あるいは秣桶《まぐさおけ》）の上方に見える天使の存在は、天国の空間が開くことを示唆するが、こうした天使の存在は降誕の図像学にほとんど構造的に属しており、そのことはこのテーマの広がりを説明する。十三世紀のある写本（イスファハン、アルメニア博物館）はクリスマスの場面を上下ふたつに分割している。下にマリア、幼子イエス、その脇でロバと雄牛が嬉しそうに笑っているように見える。それにふたりの羊飼い。上に六人の天使がいて、ベツレヘムに起こった奇蹟を手で示している。同じ構図で、同じく赤い色の支配的な作品が、バチカン宮美術館のシエナの人ジョヴァンニ・フェイ〔パオロ・ディ。一三七二―一四一〇〕による「羊飼いの礼拝」である。八人の天使――黄金の光輪、白・金・赤の混じった翼と赤いチュニック――が天にいる。ひとりが羊飼いたちに降誕を告げている。そして七人は祈っている。

天使たちはクリスマスの輝く夜、すぐに地面に直接降りたわけではない。ジョットはパドヴァのスクロヴェーニ礼拝堂に、一三〇三年から〇五年頃、五人の天使を描いた〔「降誕」〕。三人は天の方を向き、ふたりは降誕の場所の方を向いていて、そのうちのひとりが、起こったばかりのことを羊飼いたちに教えている。だが、五人とも明らかに納屋の上空を飛んでいる。納屋では、古代のシリアの図像と同じように、マリアが横になって聖なる赤子を愛情豊かに見つめている。一四五一年から五三年頃の、フラ・アンジェリコによって描かれた「降誕」（フィレンツェ、サン・マルコ美術館）では、六人の天使が光り輝く神秘的な雲に囲まれ、納屋の屋根の上方で膝をついて祈っている。天使たちは天の空間の外にいるのではない。われわれはさらに、納屋の屋根から見つめるこのような天使たちに、あるいは空中で輪舞を踊る天使たちに、たとえばシャルトル大聖堂の囲いの中（十六世紀）で出会うことになろう。

しかし、一四五九年には、フラ・アンジェリコの教え子ベノッツォ・ゴッツォリが、フィレンツェのメディチ・リカルディ宮の礼拝堂〔通称、「東方三博士」の礼拝堂〕において別の方針を採用した。この礼拝堂は、もう一度思い出しておこう[1]、東方三博士のきらびやかな行列〔「東方三博士の行列」〕、そして、「降誕」図〔本書一六六頁図版〕の両側に玉虫色の衣服と孔雀の翼の天使の一群がいて、同じくこの降誕という出来事に結びつけられている。何人かの天使が空にいて、日陰を作る松とイトスギの上方を飛び、飼葉桶の方を見ている。だが、天使の大半はベツレヘムと天国の園に降りていて、神の子誕生の場を囲んでいる。天の大軍は例外的に地上にやって来て、いくつもの集団に分かれている。ある集団の天使たちは庭いじりをし、バラを摘む。別の天使たちは、こちらの数の方が多いが、幼子と母の両側にひざまずき祈る。さらに別の天使たちは立っていて、何列にも並んでいる。前方の天使たちはふたりの合唱団長の指揮のもとで歌っているが、楽器はひとつもない。注釈者たちは[2]、それがグレゴリオ聖歌だろうと推測している。というのも、もしポリフォニーであったならば、さまざまな声部のために巻物か本を必要とするだろうからだ。歌詞は、天使の光輪に一体化されてある。「汝を称えん《アドラムス・テ》、いと高きところに栄光あれ《グロリア・イン・エクスセルシス》」と。

ベノッツォ・ゴッツォリは、降誕時に天使を地上に降ろすことによって、おそらくその意識を持たずに、当時確立しつつあった、そしてすでにそれより以前から模索されていた宗教的図像学の一潮流の内部に身を置いていた。十四世紀の早い時期、オルヴィエート大聖堂のファサード〔正面〕に彫られた彫刻「東方三博士の礼拝」は、幼子イエスを膝に乗せて座るマリアと同じ高さにふたりの天使を置いている。別の「東方三博士の礼拝」（一三六〇－一五年、マドリード、テッセン・ボルネミサ・コレクション）も、これは絵画でルカ・ディ・トメ〔一三三〇頃－八九以降、シエナ派の画家〕の作とされているが、同じ構図を採り入れている。その後、一四五七年頃の『エティエンヌ・シュヴァリエの時禱書』〔エティエンヌ・シュヴァリエはシャルル七世（フランス国王在位一四二二－六一）の王室財務官〕のジャン・フーケ〔一四一五頃－七八／八一以前、細密画家、宮廷画家〕による細密画は、六人の天使を小さな柵の後ろに一列に置いている。そしてこの柵が家畜小屋の中で、天使たちと聖家族を分けている。[3]

ここで寄り道をしてみることにする——だがはたして本当に寄り道だろうか——。メムリンクの作品「聖母の七つの喜び」についてである（ミュンヘン、アルテ・ピナコテーク）。この絵は、城館の開放された部屋における「受胎告知」と、木々に囲まれた草原で羊飼いにもたらされた「お告げ」とを上から下に向かって結びつけている。場面は白昼である。三人の羊飼いは、ひとりの天使が白い服を着て青い草の上を歩いているのを目にし、耳を澄ませる。とても優しい顔立ちの天からの訪問者は人間と同じ背丈である。天使は人間と同一平面上にいるが、それは歴史の中で二度とない瞬間である。

家畜小屋、ロバと雄牛が地上の生活を描くが、マリア、聖ヨセフそして天使は別の世界の住民である。フーゴ・ファン・デル・グース「幼子の礼拝」(「ポルティナリの多翼祭壇画」中央パネル)、1475-78年頃、フィレンツェ、ウフィツィ美術館。訳者追加図版

飼葉桶〔降誕の場面〕にもどろう。一四五一年から五三年に、ミッデルブルク〔オランダ南西部〕の主教会のために一枚の「降誕」（ベルリン、ダーレム美術館）を描いた折、ファン・デル・ウェイデンは六人の小さな天使をクリスマスの奇蹟と結びつけた。三人が家畜小屋の上方で祈り、他の三人は、こちらも手を合わせて、マリアと夫聖ヨセフと寄進者の横で、幼子イエスの前にひざまずいている。[4] ペトルス・クリストゥス（一四七三年、ブリュージュで没）による「降誕」では、四人の小さな天使が家畜小屋の床の上でマリアとヨセフの脇にいて、同じようにひざまずき、祈っている（ワシントン、ナショナル・ギャラリー）。

さらに印象的なのは、一四七五年から七八年頃にフーゴ・ファン・デル・グース〔一四四〇－八二、初期ネーデルラント第二世代の画家〕によって描かれた、「ポルティナリの多翼祭壇画」〔メディチ家のブリュージュ代理人ポルティナリのフィレンツェ私用礼拝堂のための祭壇画〕フィレンツェ、ウフィツィ美術館）の中央パネル「幼子の礼拝」だ。力強くコントラストの際立ったこの構図の中で、羊飼いたちの粗野な表情が膝をつき幼子の方に向くマリアの優しい顔と対比をなす。天使たちは空を飛び、羊飼いたちに知らせを告げていて、とりわけ家畜小屋の上方で歌い祈っている。他の天使たち（全部で九人いる）は羊飼いたちの横で円を作ってひざまずいている。うちふたりの天使は白いチュニックを、別のふたりは青いチュニックを、そして五人は豪華なダルマティカを着ている。画家はクリスマスが意味する天と地の相互浸透を目立たせようとしたのだ。羊飼い、田園風景、住まい、ロマネスクの扉口のある教会、家畜小屋、ロバと雄牛、これらは日常生活に属している。しかし、美しい暗いブ

すぐ前の作品の性格をさらに強調する。フーゴ・ファン・デル・グース「羊飼いの礼拝」1480年頃、ベルリン、ダーレム美術館。訳者追加図版

ルーの衣服に身を包んだ、とても背の高いマリアと、同じく背が高く、ガーネット色のゆったりとした衣服を着けた聖ヨセフと、そしてもちろん、天使たちが、われわれを別の宇宙へと運んで行く。ベツレヘムの家畜小屋では罪が消え、人類に天国の生活の一瞬が与えられ、それは死後の、最後の変貌の予告である。波乱な人生の最後にフーゴ・ファン・デル・グースは「羊飼いの礼拝」（ベルリン、ダーレム美術館）を描いたが、それはさらにこうした性格を強調している。すなわち、羊飼いたちは伝えられた驚くべき知らせに狂乱し、走って来る。マリアとヨセフは瞑想的な表情をして手を合わせている。マリアが青の、ヨセフが赤の豪華な衣服を着ている。九人の天使たちは幼子イエスが眠る籠のまわりにひしめき合う。

クリスマスの天国の喜びを示すもうひとつの作品は一五〇〇年頃ボッティチェリによって描かれた「降誕」である（ロンドン、ナショナル・ギャラリー）。そこにいる天使たちの位置は、確かに構図の中心にいるとはいえ、マリア、幼子イエス、ヨセフが彼らをほとんど半暗がりの中に追いやっている。天使が至るところにいるのだ。十二人が天の上方に位置する非現実の園の中で手を取り合って踊る。三人は家畜小屋の屋根で輪舞のような動きをする。五人は地上に降りていて、聖家族を囲む。うちふたりは最初にやって来た羊飼いたちに聖なる子を指し示し、残りの三人は抱擁によって次の羊飼いたちを迎え入れる。

イエス生誕のときの地上における天使の描写は、別の重要な変化を伴っている。すなわち、十五世紀初頭から、クリスマスの図像表現は崇拝になるの

である。このような表現法の源はおそらく聖ビルイッタの『天啓』の中に求められる。そこにはこうある。「その後、マリアが立ち上がった、大切なわが子を腕に抱いて。聖ヨセフとマリアは幼子を秣桶《まぐさおけ》に入れ、言葉にできない喜びとともにひざまずき幼子を崇めた」[5]。これ以降マリアは膝をつき、両手は胸の上で合わすか、交叉するか、開かれて、崇拝の身振りの形をとって表された[6]。天使たちはごく自然に、地上というよりも天のものであるこの祈りを、マリアと一緒に捧げるために来た。この型の図像学的モデルが最初に現れたと思われるのはフィレンツェのサンタ・マリア・ノヴェッラ教会においてである。

クリスマスと天使たちの音楽

クリスマスにおいて、天使たちが最後に楽器とともに現れるのは当たり前のことだった。確かに、図像学はこの点について大いに多産であるとは言えない。それでも、その中から資料を作成することは可能であり、時代順にいくつかの作品を以下にあげることにする。フランス製の象牙でできた十四世紀前半の「降誕」（ルーヴル美術館）は、羊飼いたちにイエスの生誕を告げる天使たちと、その上方、天の高みにいる別のふたりの天使を描いている。ふたりのうちひとりはヴィオルを、もうひとりはポルタティフを演奏している[7]。

十五世紀初めの『ベリー公のいとも豪華な時禱書』〔ランブール兄弟作〕もまた「羊飼いへのお告げ」を描いていて、そこには夜間に羊飼いのもとに姿を現す九人の天使が見える。空の中央上方に五人いて、広げられた巻物の楽譜を見ながら歌っている。他の四人は、少し下方で両脇に寄っているが、それぞれ、左側〔向かって右側〕でトランペットとヴィオル、右側〔向かって左側〕でハープとリュートを奏でている。

驚くべき作品、そしてこの種のものとしてはユニークと私に思える作品が、十五世紀の作者不詳のイタリア人によって制作された。断固として水平に広がる、おそらくは「パラ」（祭壇前面〔祭壇上の聖画〕）か「カッソーネ」（箱〔浮き彫りや絵の装飾がされている整理ダンス〕）用に作られたこの作品は、同じひとつの全体の中で丘と城塞化された都市を背景に作り、降誕と東方三博士の訪問を併せて配置している。聖家族のいる家畜小屋は左の四分の一を占めるにすぎない。視線はまず王たちの行列――これはベノッツォ・ゴッツォリの行列に影響を与えたものと思われる――と、行列が進む都市の城壁の方に向けられる。しかし、秣桶の置かれている空間を注意深く見ると、本当の天国が出現する。二十六人を下らない天使がいるのだ。ひとりは生誕を羊飼いに告げる。家畜小屋の屋根近くにいる五人は、広げられた巻物を読みながら歌う。屋根の同じ側に十人が手を合わせ、幼子イエスの方を見ている。別の三人がマリアに並ぶ高さまで降り、マリアのかたわらで祈る。最後に――これが驚きなのだが――屋根の反対側で七人の小さな裸の天使が――これらは「プッティ」ではない――がそれぞれ異なる楽器を演奏している。[8]

マリアと青い布に横たわる聖なる子の左に三人の人物が歌い、ふたりがリュートを弾いて伴奏する。これらの人物は翼も光輪も持たないが、それが天使であることは疑いない。ピエロ・デラ・フランチェスカ「降誕」1470-75年、ロンドン、ナショナル・ギャラリー。訳者追加図版

奏楽の天使たちもまたついに地上に降りた。ピエロ・デラ・フランチェスカが天使たちを地上に位置させたのは一四七〇年から七五年に描かれた「降誕」（ロンドン、ナショナル・ギャラリー）においてだった。[9] マリアと青い布に横たわる聖なる子の左に三人の人物が歌い、別のふたりがリュートを弾いて伴奏する。これらの人物は翼も光輪も持たないが、それが天使であることは疑いない。コズメ・トゥーラ〔一四三〇頃―一四九八年〕の「奏楽の天使たちに囲まれる聖母」（ロンドン、ナショナル・ギャラリー）では天使は翼を持たないし、[10] 聖トマス・アクィナスが天使の光輪を拒んだことも思い出しておこう。[11] ピエロ・デラ・フランチェスカの「降誕」でも、人物たちの若さ、体に合ったふっ

このパネルは、マリアの部屋の複雑な建築、超自然的光線、衝撃的な色彩、聖母の顔と体の上部を囲む赤と黄金の光輪によって、完全に想像上の世界へとわれわれを運んで行く。天の音楽は地上の一角を変容させる。マティアス・グリューネヴァルト「クリスマスの図」（「イーゼンハイムの祭壇画２」中央パネル）1511-16年、コルマール（フランス）、ウンターリンデン美術館。訳者追加図版

くらとした淡青色のチュニック、性別を見分けるのが難しいその顔立ちにおいて、それらが天の者であることは明白である。

救世主の生誕のために地上に降りた天使たちについての、もっとも説得力のある、そしてもっとも驚くべき作品は、一五一一年から一六年にかけて、聖アントニウス修道院付属施療院礼拝堂（イーゼンハイム）のためにグリューネヴァルト〔マティアス。一四七〇／七五－一五二八、ドイツ・ルネッサンスを代表する画家〕が描いた祭壇画である（コルマール、ウンターリンデン美術館）。その「クリスマスの図」にあてられたパネルは、マリアの部屋の複雑な建築、超自然的光線、衝撃的な色彩、聖母の顔と体の上部を囲む赤と黄金の光輪によって、完全に想像上の世界へとわれわれを運んで行く。聖母はひざまずいて天使の合奏を聴く。一番前でバラ色の衣服のひとりの天使がとても大きなヴィオラ・ダ・ガンバを弾いている。その後ろに、天使のオーケストラが場所をとり、その中のヴィオル奏者がとりわけ目立つ。天の音楽は地上の一角を変容させるのである。

エボラ美術館〔エボラはポルトガル南東部の都市〕では、ポルトガルでフランドル絵画の注文が最高潮に達していた一五〇五年頃作成の、ヤン・ホッサールト、通称マビューズ〔一四七八頃－一五三二、フランドル、マニエリスムの画家〕による、すでにマニエリスム〔十六世紀後半にヨーロッパ全域に展開した美術様式。神秘的、幻想的な作風を特徴とする〕的性格の作品となっている三連祭壇画に同じ印象を受ける。この三連祭壇画は「聖家族」と名づけられて

いる。[12]丘、山、複雑な建築物——城館とゴシック風の泉——を背景に、マリアは我が子にリンゴ（原罪の）を与えている。マリアは幼子を膝に乗せて暗いブルーのマントで体の一部を包んでいる。横にはヨセフが、聖書を読む赤い衣服の老人として描かれている。この三人を六人の奏楽の天使たちが囲む。構図の頂点部分には、父なる神と聖霊の白い鳩が、聖母の冠を持つふたりの天使の上方にいる。凝った、かつ人工的なこの絵は、ここでもなお、受肉によって許された天と地の相互浸透を紛れもなく明らかにしようとしたのである。

クリスマスキャロル〔歌曲〕の成功

十五、十六世紀における降誕に捧げられた豊かな図像群と、この時代のクリスマスキャロルの成功とのあいだには、関連性を打ち立てないわけにはいかない。[13]クリスマスキャロルの成功の源には典礼原文のヴァリエーションだった九世紀と十世紀に歌われる対話形式のトロープス〔本書二七二頁参照〕がある。次に、十三世紀になると、クリスマスのミサに先行する牧者の準典礼が生まれた。このミサの日、祭壇の後ろに秣桶が作られた。羊飼いの役を演じる聖職者たちは教会に入ると秣桶の方に向かう。上からひとりの天使が歌う、「恐れるな…」と。子どもたちは「いと高きところには《グロリア・イン》栄光、神にあれ《エクスセルシス・デオ》」と歌い始める。羊飼いたち〔＝聖職者たち〕は「ルカによる福音書」を注解しながら歩みを続ける。秣桶の前では、ダルマティカを着用し、正典外の文書によればヨセフに呼ばれた産婆役に扮したふたりの司祭が待っている。それに続いてこのふたりの司祭が羊飼いたちに「誰を探しているのか」と問う。その後、羊飼いたちは教会の合唱隊席に向けて歩き始め、ミサが始まる。

時代は、これらラテン語の対話場面から徐々に俗語の聖史劇に移っていった。聖史劇は十四、十五世紀に教会前の広場で演じられ、その多くはイエスの生誕か復活を、あるいはアルヌール・グレバンの『受難の聖史劇』（一四五二年以前）のようにその両方をテーマとしていた。聖史劇から生じたクリスマスキャロルは、そこに含まれる降誕の場面を要約した形で移し換えた。その際、世俗の歌謡のモデルを借用し、しばしばその旋律を採り入れた。

さらに、大都市の準典礼式の催しに参列することができなかった地方や小都市の人々にとって、クリスマスキャロルは聖史劇の代替物となった。しかし大都市では、クリスマスキャロルが大成功を重ねていった一方で、聖史劇の方は当局から見て怪しげなものとなり、禁止されてしまった。パリでは一五四八年に禁止となった。いずれにせよ、十五世紀以降のクリスマスキャロルの増加とイエス生誕に関わる図像学の豊穣さには同時性があることを確認しておこう。

十四世紀から十六世紀のバス・ノルマンディー〔二〇一六年まで存在したフランス北西部の地域圏。現在はノルマンディー地域圏。フランス本国にある十三の地域圏のひとつ〕の時禱書についての研究では、当時のクリスマスのテーマ（広い意味における）の重要性について、限定的ではあるが興味深い解明をもたらした。取り上げられた宗教的作品に表れていている百三十九の主題のうち、三十三（二十三・八％）が降誕や羊飼いへのお告げ、東方三博士の礼拝に関わっている。磔刑は二番目に来るが、わずか十二例（八・六％）で、明らかに後れをとっている。[14]

フランスはどの国にもましてクリスマスキャロルの国である。十五世紀と、さらに多くは十六世紀に、イエスの生誕をテーマとした歌曲が盛んとなった。こうした曲の偉大な作り手は一四九四年没のフランシスコ会士ジャン・ティスラン〔?－一四九四、説教師〕で、アンヌ・ド・ブルターニュの聴罪司祭だった。その後、急速に数を増していくコーパス〔資料体〕の中でとくに注目すべきいくつかは以下のものである。[15] 一五一二年にル・マンの町で、聖ベネディクトゥス学校長、フランソワ・ブリアン師によって作曲された〔…〕『新クリスマスキャロル集』。一五二〇年にポワトゥー教区、ピュイ・ラ・ガルドのサン・ジョルジュ教会の司祭だった故ルカ・ル・モワーニュ師によって作曲された『クリスマスキャロル集』。一五二四年にコンシエルジュリの囚人たちに〔よって書かれた〕『クリスマスキャロル集』。一五二四年から二五年にかけてアンジェのオルガン奏者ジャン・ダニエル師〔によって作曲された〕『新クリスマスキャロル集』。一五四五年以前にル・マンのクテュール〔サン・ピエール・ド・ラ・クテュール修道院〕のベネディクト会士〔サムソン・ベドゥアンによって書かれた〕『クリスマスキャロル集』。一五四五年にル・マンのニコラ・ドゥニゾ〔一五一五－五九、プレイアド派の詩人。ロンサールの友人〕によって書かれた『クリスマスキャロル集』。メーヌ、アンジュー、ポワトゥー〔いずれもフランス西部〕が、フランスにあって、クリスマスキャロルの広がりの震源となっていたことがわかるが、これを十七世紀と十八世紀につなげたのはプロヴァンス〔フランス南東部〕とフランシュ・コンテ〔フランス東部〕だった。[16]

クリスマスキャロルは、もちろん音楽が全体を包み込むが、歌にはふたつの種類ある。ひとつは天から来る歌で、天使によって歌い始められる。これは天使の声の美しさゆえに、時には「小鳥」に譬えられる。

娘を見に行きなさい。
小鳥は言っていた〔…〕
今まで、こんなに上手に
歌えたことはない。[17]

「天使のシャンソン」は大半のクリスマスキャロル集に出てくる。ジャン・ダニエルによって書かれた、羊飼いの台詞になる次の詩句は注目に値する。

私は高貴な
天使が歌うのを聞いた。
天使は夜のあいだ中
真っ白な姿をして現れた。
ノエル〔＝クリスマス〕！　ノエル！
お祭りはけっして終わらないさ、
いつもノエルと歌うんだ。[18]

クリスマスキャロルのもうひとつの歌は地から来て、賑やかに人々の喜びを表現する。さらにこちらの方はダンスと祝宴によっても表現される。天国の喜びは、そうなると、仮の桃源郷の、非常に官能的な喜びとなる。そこから、十六世紀のポワトゥーのクリスマスキャロルの冒頭に置かれる次のような誘いが生まれる。

大市〔大規模な市、縁日〕でよりも、もっと大きな声で歌おう、
本当に、
ノーレ、ノーレ、ノーと。〔ノーレはクリスマスに売られた幼子イエスを表現する小さなガレット〕[19]

十六世紀の百四十のクリスマスキャロルのコーパス（フランソワ・ブリアン、ルカ・ル・モワーニュ、ジャン・ダニエル、それにサムソン・ベドゥアン）の中に、楽器についての言及が六十五あることがわかったが、そのうちの三十三は民衆の祭りで流行していたものだった。シャリュモー、シャルミ、オーボエ、フリュクト〔フルート〕、フラジョー〔縦笛〕など。これらの楽器は当然ながら生まれたばかりのイエスと聖母を喜ばせる役に立つはずのものと思われた。聖母子の前で、ひとりの羊飼いが「シャリュモーを吹き」、もうひとりが「シュヴリオット〔ヤギ革で作った風笛、バグパイプ〕を鳴らす」[20]（十五世紀の作者不詳のクリスマスキャロル）。しかし、この夜地上に喜びがあるのは、天が歴史の例外的な瞬間のあいだ地上を訪れたからだ。こうした時間の断裂の中で、天使の遍在に立ちもどる。十六世紀の作者不詳のクリスマスキャロルは断言する。

雲に乗って千人の天使が
飛ぶのが見える。
神様が空に遣わされたのだ。
この愛しき日に

神の賛歌を語れ、ああ、幸いなる日よ[21]

十六世紀の有名な「灰色の雄牛とロバのあいだに」（やはり作者不詳）のクリスマスキャロルもおびただしい人数の天使のことから歌い始める。

灰色の雄牛とロバのあいだで
小さな子よ、眠れ、眠れ、眠れ。
千もの神聖な天使たちが、千もの熾天使たちが、
この愛の神のまわりを飛んでいる[22]

ここでは、いくつもの絵画でわれわれが分析したように、天使は地上にまで降りるように見える。降誕を称えるいくつかの古い歌においても事実その通りだ。それらのひとつ（十四世紀）はこう述べる。「天使がひとり、天から羊飼いのところに降りて来て、すべての者に大きな喜びが来たと告げた。穢れなき聖母様が神をお産みになる、世をお救いになるお方をお産みになる。すると、天使の大きな群れが天から降りて、この忠実な第一の天使とすぐに一緒になった…」[23]。
ルカ・ル・モワーニュの『クリスマスキャロル集』こう確言する。

ベツレヘムで、これは本当に確かなこと、
聖母様が神の祝福されたお子をお産みになった、
壊れ、崩れた家畜小屋で
栄光の天使たちに囲まれて。[24]

ニコラ・ドゥニゾによる『クリスマスキャロル集』は「天使たちが」聖なる幼子を「撫でるのを見」[25]、また十六世紀末の作者不詳によるクリスマスキャロルはマリア様がお産のときに「天の天使たちに慰められた」[26]とはっきり言う。
このようにしてクリスマスの夜は地上を天の雰囲気で包むのだ。天使たちはわれわれのレベルに、そして神の御子のレベルに降りて来る。地上の楽園が一時的にもどって来る。どんな危険も消え去ったように見える。光、音楽、愛、そしと平和しかない、とドゥニゾは高らかに言う。

この草原で踊りなさい
たくさんの花と
数えきれない色の
たくさんの敷物の草原で［…］

この夜は何と幸せなことか
昼間よりももっと明るいこの夜は
どんなにまわり道しても
危なくはない。

羊飼いたちよ、何というハーモニー！
何という天の音楽よ！［…］
われわれを神聖な神のもとに
集められるのは神なのだ［…］

神こそがわれわれに
この世の平和を送って来られる。[27]

聖母子のまわりでなされる天のコンサート

古いクリスマスキャロルでは、天使たちは歌うが、楽器の伴奏はない。しかしながらわれわれは、クリスマスのテーマに近い、別種の天国のテーマのために動員された絵画や細密画の中に、奏楽の天使を再び見出す。そのテーマとは、非現実的な景観と天使のコンサートの中で、幼子を胸に抱いている、あるいは幼子を膝に乗せている、聖母像である。このテーマに関する図像は十四世紀末から十六世紀初めまでのあいだに大きな成功を収めた。しかしこの表現は、同じ十四世紀から十六世紀に彫刻のテーマ（とりわけフランスで好まれたテーマ）となった表現——幼子に微笑む聖母の表現——とは異なるものである。

この新資料を開いてみよう。まずはアンドレア・オルカーニャの絵画「奏楽の天使たちに囲まれる聖母」で、これはフィレンツェのサンタ・アヌンツィアータ教会のために一三五〇年頃作られ、現在この都市のアカデミア美術館にある作品である。マリアは非常に厳粛な、そして金色の背景から浮かんで玉座に座っている。これもまた金色の衣服と、暗いブルーのゆったりとしたマントを着ている。神の御子は、マリアの髪を覆い胸まである透明なヴェールで遊んでいる。しかし母親は幼子に笑いかけず、見てもいない。その両目は別の方角、天の無限の方角をじっと見ている。マリアの両側に、ポルタティフとフルートを奏でるふたりの天使と聖アンデレ、聖ニコラウス〔?－三五〇頃、小アジアのギリシア人司教〕、洗礼者聖ヨハネ、聖ヤコブが位置を占める。われわれはまだ地上にいるのだろうか。いやむしろ、すでに天国のどこかにいるのだ。そのことは構図全体にはっきりと現れる圧倒的な金色が強調している。

ここでわれわれは、別のアプローチによってではあるが、信仰心と図像学がマリアと天国のあいだに打ち立てたつながりを再び見出す。まずはマリアの戴冠に関して、次にマリアの「閉じられた庭《ホルトゥス・コンクルスス》」に関して、われわれはこの関係をすでに発見していた。[28] 奏楽の天使たちに囲まれた聖母子のテーマはもちろん上述のふたつのテーマと関係がある。だがこのテーマは、神の子はもはやまったくの新生児というわけではないが、そもそもクリスマスのテーマから発しているのである。

　このテーマ作品は豊富にあり、そのことは重要な数例によって示せば十分である。一四七四年頃の彩色挿絵入りフランス語写本、『聖母の時禱書』（ピアポント・モーガン・ライブラリー）は立っているマリアを描いている。マリアはなかば横向きの幼子を腕に抱き、両側にいる青と白の天使に見せているようだ。マリアは冠をかぶっている――なぜなら天国の女王なのだから――。しかしその両足は地面にあり、そこには草むらが見えている。マリアはしたがって同時に天にも地上にもいるのであり、それは私が他の著作で研究した「大きなマント」の聖母と同じである。[29] しかしここでは不安げな人類の保護というテーマは消えている。構図の下方に大きな姿のふたりの天使がそれぞれハープとリュートを演奏している。光景はしたがってほとんど完全に天国である。

　エル・エスコリアル図書館〔スペイン〕所蔵の、もうひとつの彩色挿絵がある。王冠を戴き、青い荘重な衣服のマリアが、オジーヴ様式〔ゴシック様式〕後陣のゴシック風玉座に座っている。マリアはリンゴで遊ぶ幼子を優しく見つめている。四人の天使がマリアを囲んでいる。うちふたりは緑色の表紙の本で譜面を追いながら歌い、他のふたりはポルタティフとハープをそれぞれ弾いている。花を描いたデッサンがこの場面を囲んでいる。

　同じ要素がさらに豊富な内容を伴って「ベッドフォード公の時禱書」のひとつ（十五世紀、ウィーン、オーストリア国立図書館〔ベッドフォード公家は五期にわたるイギリスの公爵家。ここでは一四一四年に第一期ベッドフォード公家を創設したジョン・オヴ・ランカスターを指す〕）に収められた装飾挿絵に見られる。マリアはここでもまた冠を戴いている。美しい暗いブルーの衣服のマリアは赤い天蓋の下に座り、リンゴをひとつ――明らかに原罪のリンゴ――神の御子に差し出す。ふたりの小さな天使がその部屋に侵入しており、そこに赤いバラで一杯の花瓶がひとつ見える。この寝室そのものが、マヨリカ陶器〔ルネッサンス期のイタリアで作られた軟質の陶器〕でできた、屋根の縁がはっきり見える洒落た家の中にある。この小型装飾挿絵は、花と星のモチーフがちりばめられた大きな枠によって仕上げられているが、その枠の中央で、八人の奏楽の天使たちが楽器を奏でている。ふたつのリュート、ヴィオル、プサルテリウム、ハープ、ポジティフ、ふたつのトランペットである。地と天は再び重なり合い、まるでゲントの多翼祭壇画の中にあるかのようである。

地と天はメムリンクの「荘厳の聖母子」（ワシントン、ナショナル・ギャラリー）においても重なり合っている。玉座に座り天蓋の下にいるマリアは幼子イエスを膝に抱いている。マリアは彫刻のあるアーチと二本の円柱に囲まれている。アーチと天蓋の布のあいだに城、樹木、草原、そして川からなる風景が現れている。ふたりの天使が聖母と赤ん坊の両側に場所を占める。ひとりはハープを弾いている。もうひとりは左手にヴィオルを持ち、右手でアダムとイヴのリンゴを神の子に差し出す。赤ん坊はリンゴを取ろうと片手を伸ばすが、もうひとつの手はマリアがめくる聖書の一頁を指し示す。ここでまた疑問が生じる。われわれはどこにいるのか。地と天はもはやひとつになっているとしか見えない。

フランドル絵画がこの時代に他のいかなる国の絵画よりも奏楽の天使たちに音楽の場を与えたことは、驚くべきことではない。ポリフォニーの技法が広がったのは、とりわけここを中心としてのことだったからだ。この特権的関係の多数の証拠のうちで、フーゴ・ファン・デル・グースの弟子のひとりによる、今はエボラ美術館にある「栄光の聖母マリア」（十五世紀末）に触れておこう。マリアは背もたれのとても高い玉座にいる。そして神の子は母親の濃紺のマントの金色の縁で遊んでいる。十人の天使が聖母子を囲んでいる。ある者は歌い、他の者は楽器を演奏している。別の四人が聖母の上方で王冠を持っている。[30]

幼子イエスと結びついた「栄光の聖母」を主題とするイメージのコーパスの中で、もっとも驚くべき作品はビルバオ〔スペイン、バスク州ビスカヤ県の県都〕の美術館にあるそれである。[31] 十六世紀初めの制作で、これもまたフランドル起源である。赤い大きなマントに包まれて中央に位置するマリアと、マリアのまわりで大青の青のチュニックを着た天使たちのオーケストラの対比が際立っている。マリアは天蓋の下に座っていて、幼子はその膝にいる。マリアは幼子を右手で抱え、左手に一冊の本――前作同様に聖書である――を持っている。それに幼子イエスが手を伸ばす。「贖罪」の全史がここに要約されている。旅程の果てに行き着いた、天使たちが象徴する天国の喜びまでもが示されているのだから。天使たちは、絵の中でそれと区別できるだけでも二十種ほどの楽器を演奏しており、他方、残りの天のオーケストラは、後景で淡い青から薄紫色へと変化していく雲の中へ溶け込んでいく。マリアの足下にユリとバラが咲いている。「受肉」は天と地のこのような邂逅を可能にした。いやむしろ永遠の幸福の国への色鮮やかな逃避を可能にしたのである。

このような解釈にはさらにいくつもの歴史的指摘が付け加わりうるだろう。最初の指摘は、天国の喜びの象徴あるいは約束としてのマリアに関わるイメージが、ラテン・キリスト教圏においては十四世紀から十六世紀において多産であった点である。すでに引用したバス・ノルマンディーの時禱書についての研究では、磔刑十二、死者のミサ十九に対して、受胎告知、訪問、降誕、羊飼いへのお告げ、東方三博士の礼拝、聖母の戴冠を描いた細密画は、全体で六十六現れている。[32]いくつものサイト、たとえばパリのジャクマール・アンドレ美術館のイタリア部門、あるいはミラノのアンブロジアーナ図書館・絵画館を訪れてみれば、同じ印象が得られる。受胎告知、降誕、東方三博士の礼拝を扱う当時の作品は不安を引き起こす作品よりずっと多いのである。

ここで、私が『恐怖心の歴史』と『罪と恐れ』で十四世紀から十六世紀における死のダンスや地獄図絵の数の多さについて書いたことを撤回しようというのではない。ただここでは、同時代の芸術と信仰心が、心理的に不安定化させる言説に対して生み出した必然的な代償を強調したいだけである。[33]受胎告知が受け入れられたおかげで、またクリスマスの奇蹟のおかげで、苦悶する人間たちの保護者たるマリア、天国の門たるマリア、天の女王たるマリアに焦点をあてることは、ひとつの「恐怖の田園詩」に対する主たる解毒剤となった。ただし、「恐怖の田園詩」の持つ歴史的な重みを過小評価してはならない。

十四世紀から十六世紀にかけて生じた、クリスマスの天国という雰囲気と、マリアと神の子のまわりにいる天使という表現に注目すること、それはまた、「子どもに対する感情」の西欧における上昇という、かつてフィリップ・アリエス〔一九一四－八四、フランスの歴史家。心性史、社会史の視点で研究を進めた。『「子供」の誕生』〕によって提起された問題に向き合うことでもある。一九六〇年の初版以来、アリエスのきわめて革新的な『アンシャン・レジーム期における子どもと家庭生活』に対しては、著者アリエスを含め、歴史家たちは初めの主張に含みを持たせたり修正したりしてきたし、また子どもに対する「愛情」と「子どもの「感情」をさらに区別したりもしてきた。「子どもの感情」は「中世の秋」[34]以前すでに表現されていたということ、またそれが厳密な直線的行程を必ずしも踏まなかったこと、[35]そして最後に、その内容は定義しがたいものであることも明らかになった。

しかし、図像と歌によるクリスマスの称揚、マリアに新しく与えられた場所（ある時は、しばしば裸だが神の子の前で崇拝する姿で表され、またある時は、幼子イエスを膝の上に抱き栄光の玉座に座る姿で表される、いずれも天国のコンテキストの中に位置づけられたマリアの場所）は、少なくとも文化のある種のレベルにおいて、子どもに対するより大きな注目を同時に表現し強化したのだと、どうして考えずにいられようか。この問いには肯定的な回答があると思われるが、こうした視点はまた、父親の歴史に関して示された最近の指摘にもつながるものであろう。中世史家ディディエ・レットによれば、事実、「父性愛についての［中世の］もっとも美しい証言は、中世末の二世紀のイタリアから発せられる」[36]という。

ところで、子どもに対するこうした視線は徐々に脱宗教化した。ルネッサンスは現実へと引きつけられることによって（赤ん坊と遊ぶマリアというゴシック的テーマを引き継いだとはいえ）、またトリエント公会議の改革は天と地をより明確に区別するという意志によって、ふたつの空間をあまりに重ねすぎていた図像学を段階的に放棄する方向へと導いた。クリスマスの天使たちはリュートとヴィオルを持って徐々に天にもどった。マリアとその生まれたばかりの神の子は、天国の栄光の玉座か人間と同レベルでの生活かのどちらかを選ばなくてはならなかった。イエスは普通の赤ん坊となり、母に身を寄せたり（「大公の聖母子」〔ラファエッロ作〕）、花や小鳥と遊んだり（「ゴンキヒワの聖母子」〔ラファエッロ作〕）、聖カタリナの指に指輪をはめたり〔「聖カタリナの神秘の結婚」コレッジョ作など〕するのを好んだ。イエスの降誕とイエスの第一幼児期は日常生活の場面となった。バッサーノ〔ヤコポ・ダ・ポンテ。一五一五頃-九二、ヴェネツィアの画家〕（ヴェネツィア、アカデミア美術館）の「羊飼いの礼拝」、あるいはバロッチ〔フェデリコ。一五二六頃-一六一二、ウルビーノ出身の画家〕（ミラノ、アンブロジアーナ絵画館）や、リバルタ〔フランシスコ。一五六五-一六二八、スペインの画家〕（ビルバオ美術館）、そしてもちろんのことラ・トゥール〔ジョルジュ・ド。一五九三-一六五二、ルイ十三世の国王付き画家。二十世紀初頭に「再発見」された〕（ルーヴル美術館とレンヌ美術館〔「降誕」〕）の同名作品において、神の子の礼拝は天使の不在のうちに行われる。同じ時期、十七世紀のオランダ絵画は同時代の社会の表現において子どもに大きな場を与えていた。こうした脱宗教化が、天を地から引き離していったのである。このことについては再度触れることにする。

第十七章　水平性と垂直性

水平性と不動性

とりわけクリスマスのときに天使たちが地上に降りて来ることから、中世末期に好んで強調されたあの世とこの世の垂直の行き来というものができあがっていた。それは垂直性の強調の意味と変遷の理解を、まずもって時をさかのぼることによって深めるようにという、われわれに対するひとつの誘いである。それはまた、西欧の歴史を通じて天国の表象が蒙ったさまざまな変化に分け入るための新たな道でもある。

水平性と垂直性のあいだの強い緊張関係が、時代を通じて天国の図像類を貫いてきた。ゲントの多翼祭壇画が開かれるのを前にして、われわれは確かにそこにふたつの段階を目にする。ひとつは神秘の子羊の段階で、選ばれた者たちが子羊に向かって収斂している。もうひとつは、栄光の座に座る主が支配する段階である。しかしながら水平の主調音が視線を威圧する。見る者には折り重なったふたつの縦帯が問題となっており、それらが同一の尺度にないため、ふたつが完璧に接続しているわけではないと思ったかもしれない。下の段階のエデンの園の草原がほとんど手の届かんばかりのところでわれわれの前に広がっている。われわれ自身、天国のレベルにあるのだ。

ジョヴァンニ・ダル・ポンテ（一三六七－一四三七年〔生没年には諸説あり〕）の描いたシャンティイ（コンデ美術館）にある

「聖母戴冠」を前にしても同じ印象を受ける。まるでその場面に間近に臨んでいるがごとくすべては展開する。母親の頭上に冠を置くイエス、聖ペテロ、洗礼者聖ヨハネ、その他の人々、誰もが、接近不可能な遠いところに位置しているのではない。想起されたテーマに関連する恭しい恐れさえなければ、マリアの外套や聖ペテロの鍵に触ることさえできそうだ。

このような例はいくらでも増やすことができるだろう。ジャン・フーケが作成した『エティエンヌ・シュヴァリエの時禱書』の名高い、しかも名高いのには正当な理由があるところのこの彩色挿絵「聖母戴冠」の前でもう一度立ち止まることにしよう。イタリア式の建築物に三人の人物における神の三つの玉座が収容されている。三人のうちふたりは座っているが、三人目のイエスはマリアがひざまずいている大理石の舗石と神の座を隔てる数段の階段を降りたところだ。マリアはおだやかで物思いに沈んだ顔で、ブロンドの長い髪をして、金糸の縫いとりのある青い袖なしのマントを着ている。マリアは手を組んで、息子が優しく頭に載せる冠を受けている。赤と橙《だいだい》と青の天使たちの列が、折り重なった水平の帯となっておとなしく並び、胸に腕を組んだ様子でこの光景に立ち会っている。マリアの頭は視線の高さにある。見る者はまるで天国の宮殿の内部にいるかのごとくだ。人間の眼が見ることのできるもっとも美しい祝祭に立ち会うために頭を持ち上げる必要はない。

アンジェの「ヨハネの黙示録」〔本書一三四頁図版〕はおそらく、むしろ垂直性に特権を付与すべきであった「幻視」に適用した水平性の選択の、もっとも眼を打つ例である。確かにここで問題となっているのは、いわば互いに積み重ねなければならないような多くの場面を想起させることであった。その上、画像の媒体も水平性へのこの好みを余儀なくさせるために考慮されることになった。というのも、かつて制作されたもっとも長大なこのタピスリーは百三十メートルにも及び、「黙示録」の八十四の挿話を物語る六つの作品によってつながっている。こうした制約はともかく、聖ヨハネが、例外的な特権をもって眼にしている終末論的場面の中でどう位置づけられているのか、それを観察してみよう。聖ヨハネは下に位置してはおらず、眼を上に向けている。それどころか、たいていの場合右側か左側の、一種のゴシック様式の「避難場所」に居て、しかも喚起された幻視と同じ水準にいるのだ。幻視が神の玉座であろうと、四匹の動物と二十四人の老人に囲まれた子羊であろうと、あるいは天のエルサレムであろうと、それは変わらない。

この極端な例は、キリスト教芸術が地上以外の場面を表象するためにかなりしばしば水平性を好んできたことを露わに示すという点において教えるところが多い。これを納得するために、ゲッティンゲン大学図書館に保存されているフルダ〔ドイツの都市、フランクフルトの北東百五キロ〕[1]の『秘蹟に関する典礼書《リベール・サクラメントルム》』が提案している「エクレシア」、つまり天のエルサレムの図像をあらためて見てみよう。神の子羊は確かに構図の上部に位置する円の真ん中に描かれているが、この十世紀の図版は明らかに縦よりも横が長い。天使たち、新・旧約聖書の聖人たち、そして聖ベネディクトゥス修道院の修道士たちは重なり合った四つの帯に並んでいるが、天の都の生ける石たる彼らは、エレーヌ・トゥベール〔一九三二―、フランスの中世美術の専門家〕の書くところによれば「その全体性において、そして非時間性において捉えられた教会[2]」、そしてまた空間外において捉えられた教会を意味している。もちろん、これら最終のエルサレムの住人たちのあいだには序列が存在する。そこから四列の階段状になっているのだ。けれども、天使と選ばれた者たちが子羊のまわりに創り出している調和のとれた全体性がむしろ強調されているのであって、子羊を凝視することによって誰もが完璧な一体性の中でこの上なく大きな悦びを感じているのである。

「最後の審判」はしばしば終末論的想起の機会を提供してきたが、ここでも支配的なのは水平性である。水平性は聖マタイのテキストからも結果する。マタイは選ばれた者たちを最高審判者の右手に、見捨てられた者たちを左手に置いている。もしも一種のバーチャル美術館をこしらえたとして、そこにコンク〔フランスの中央山地南西部の村、ロマネスク様式のサント・フォア教会がある〕のタンパンと、シエナ大聖堂のニコラ・ピサーノ〔一二二〇頃―七八から八四、イタリアの彫刻家〕の説教壇と、ピサのカンポ・サント教会にあるオルカーニャのフレスコ画と、ボーヌ施療院でミサのために開かれるファン・デル・ウェイデンの祭壇画〔次頁図版〕とを並べて置いてみたら、縦よりも横に長い天国空間という同じ印象を受けることだろう。その上、死者の復活の表象は選ばれた者たちと呪われた者たちを必然的に同じ水準に——墓の出口の水準に——置くのである。

ここでさらに（十三世紀の）ふたつのフレスコ画をあげるが、ともに最後の審判に捧げられており、しかもよく似ているのである。ひとつはローマのサンタ・チェチリア教会のピエトロ・カヴァリーニ〔一二五〇頃―一三三〇頃、イタリアの画家、モザイク師〕のフ

「最後の審判」において支配的なのは水平性である。縦よりも横に長い天国空間が選ばれ、死者の復活の表象は選ばれた者たちと呪われた者たちを必然的に同じ水準に置く。ファン・デル・ウェイデン「最後の審判」1443-52年、フランス、ボーヌ施療院。訳者追加図版

レスコ画、もうひとつはヴェローナ最大の教会であるサンタ・アナスタシア教会の匿名のフレスコ画だ。ふたりの画家は水平を基調とした同一の方針を採用している。審判は重ね合わされたふたつの長い帯の上で展開する。上部にはマンドルラ〔玉座のキリスト像などを取り巻くアーモンド形の光輪〕の中に救世主キリストがおり、マリアと洗礼者ヨハネと審判者の陪席者たる十二使徒に囲まれているが、いずれも座っていて不動である。下壇では天使たちが蘇った者たちを対になるふたつのグループ、すなわち選ばれた者たちと呪われた者たちに分類している。

上述の確認は図式的であろうとするものではない。水平性が支配的なところであっても、もちろん垂直性が不在というわけではない。コンクでもピサでもボーヌでもローマのサンタ・チェチリア教会でも、あるいはまたヴェローナのサンタ・アナスタシア教会でも、垂直性は審判者キリストの卓越した位置をつねに強調している。重ね合わされた圏域を提示する多くの構図が、視線が下から上へと移動するようはっきりと誘っている。しかしながら最後の審判のテーマに関する指摘を続けるにあたって次の点を明らかにすることは無駄ではない。すなわち中世の多数の芸術家は、水平の帯の中に敬虔に並んでいる不動で受動的な天使や選ばれた者たちによって天国の垂直性を充たす傾向がある、ということである。「最後の審判《ジュディツィオ・ウニヴェルサレ》」を描くトルチェッロ〔ヴェネツィアの北東八キロの島〕のモザイク（十二－十三世紀）と、同じ主題に捧げられたパドヴァのスクロヴェーニ礼拝堂にあるジョットのフレスコ画

（十四世紀初頭）〔本書四〇頁図版〕はこの点で意味深い。両者ともキリストに対して左右対称に配置された人物群を上層階に含んでいる水平の帯を、下から上へと並べている。このふたつの作品において使徒たちはイエスの左右にじっと座っている。トルチェッロでは構図の頂点にふたりの不動の大きな天使がいて、救世主の復活を縁どっている。パドヴァでは幾人かの天使が旗を広げているが、それ以外のすべての天使は七列に整列し、はっきりとわかる互いに隔てられた集団となってグループ分けされている。静止状態が活動状態に優っているのである。[3]

　重ね合わされた水平の帯への天国の分割がそのもっとも眼を打つ表現に到達したのは、おそらく東方正教会の空間においてである。ルーマニアのスチェヴィータ〔スチャヴァの北西五十キロ〕の修道院付属教会の後陣を外部から覆っている（一五八二年に描かれた）フレスコ画「勝利の教会」をここでは証拠として取り上げよう。互いに重ねて置かれた長い六つの列の上に勝利の教会〔天国の至福を得た魂〕が描かれており、この勝利の教会は「熾天使〔最上位の天使〕と聖人たちの祈り」――聖人たちとは、預言者や殉教者や使徒などのこと――において表象されている。しばしば青地に赤の服をまとった天使と聖人たちは神殿後陣の周囲に自由な空間をまったく残さずに永遠を充たしている。上部のふたつの帯の天使と預言者たちが若干の自由な動きを有しているとすれば、下の方では教会のよき弟子たちが、並置された矩形《くけい》の内部で不動の姿勢でいる。同様の重ね合わさった帯状の配置は、アトス山〔ギリシア北東部にある山。ギリシア正教の聖地〕に保存される「すべての聖人」の想起に捧げられた十七世紀のイコンにも見出される。彼ら――天使と人間たち――はパントクラトール〔「宇宙の支配者、全能の主」の意。図像的にはとくにビザンチン美術におけるキリスト半身像の呼称〕に対して左右対称に配置されている。天はここでは星をちりばめた蒼穹の重ね合わされた七段から構成されているが、諸聖人の祝日〔＝万聖節〕の受益者たちが位置を占めているきちんとした水平の列の方に、信者の注意はまずもって向けられるのである。[4]

　今あげた作品と、そして同じ精神で着想された他の多くの作品が、どれもこれも、天使と聖人たちを受動性と不動性の状態で提示している。なぜ彼らが動いたりするだろうか。幸福に刺し貫かれているのだ。他の何を望んだりできるだろう。神を見ているのだ。ところで天の悦び、それは神を見ることである。[5]こうした不動性は神学的でもあり物理学的でもある[6]ひとつの理論、すなわち完全さは固定性と安定性の中にあり、不完全さは運動と移ろいの中にあると断言する理論へと、送り返す。天は永遠の安定性の場所であった。このように着想された天国では、人は動かない。観想するのである。水平性の強調は観想における不動性から結果していた。東方正教会の霊的生活は禁欲の完全さが受苦不動性〔栄光の肉体が苦しみを感じることはありえないという特性〕にあると教えていた。情念から解放された人はこの「至福の受苦不動性」を獲得した。外的な変化も世界の変動もこの人を襲うことはない。運動から免れたのだ。いかなる騒音ももはや魂の奥深い部分を混乱させることはできない。これがまさしく天使と選ばれた者たちが置かれた状況であって、天国で至福直観〔選ばれた者たちの魂が天国で神を直接に見ること〕[7]から気をそらせにやって来るものは何もないのである。西欧でもまた「救済は安らぎのうちにある」ということを神学者たちは確信していたのであった。

天への眼差し

絵画史上のもっとも大きな天国図のひとつはヴェネツィアの統領の宮殿〔ドージェ宮殿〕にある〔「天国」〕。それは二十二メートル×七メートルの巨大な画布であって、当時七十歳のティントレット〔本名ヤコポ・ロブスティ。一五一八－九四、イタリアのヴェネツィア派の画家〕の指揮のもとに大評議会広間のために制作されたもので、部屋の奥一面を覆っている。家屋の建築は水平の枠組みを押しつけていた。けれどもティントレットの芸術はそれを粉砕することにあった。ティントレットは天に上昇する動きを導入し、天の最上部でマリアを迎えるイエスを天使たちと選ばれた者たちの同心円の光輪〔後光とも。キリスト像や聖人像の頭や背後につけられる〕で囲んだ。同時に天国を無数の住人で充たした。その結果、訪問者が大評議会広間に入ると救世主とその母のまわりで一種のロンドを踊っている大群衆の光景にまずもって眼を打たれるのである。

天国の表象の変遷における意味深い証人としてこの卓越した作品に敬意を表することとしよう。ティントレットの時代には西欧はあの世の静的な——そして幾分か古臭い——画像を捨て去り、躍動と上昇する動きの方をむしろ好んでいた。それらの起源を見つけるよう努めることとしよう。

旧約聖書以来、信者の視線は神の住まいである天へと向けられていた。「詩篇」一一五篇（一六節）は述べる。「天はヤーヴェの天である。しかし彼は地上をアダムの息子たちに与えた」。イザヤの希望は次の決まり文句によって表現される。「ああ、どうかあなたが天を切り裂き、降りて来てくださいますように！」（「イザヤ書」六三章、一九節）〔正しくは六四章、一－二節〕。この呼びかけに「詩篇」一八篇（七－一一節）〔正しくは六－一〇節〕が答えている。

私は悩みのうちに主に呼ばわり、
我が神に向かって叫びました。
神はその宮から私の声を聞き、
神に向かって投げられた叫びが神の耳に達しました［…］。
神は天を広げて下られ、
厚い雲がその足の下にありました。
智天使の車に乗って飛び、
風の翼をもって滑翔しました。

新約聖書は天が神の住みかであることを確認している。イエスは弟子たちに次のように祈るよう教えている。「天にましますわれらが父よ、あなたが誰なのかみなに知らしめてください」（「マタイによる福音書」六章、九節）。イエスはニコデモ〔前一世紀から後一世紀のユダヤ人指導者〕にこう断言する。「天から下って来た者、すなわち人の子以外には、天に上った者は誰もいない」（「ヨハネによる福音書」三章、一三節）。その前にイエスはナタナエル〔イエスの十二人の使徒のひとり〕にこう予言していた。「まことに、汝らに告ぐ。天が開け、神の天使たちが人の子の上に上り下りするのを、おまえたちは見ることになる」（「ヨハネによる福音書」一章、五一節）。救世主メシアかどうか尋ねる大祭司にキリストはこう答える。「それはあなたが言ったことです。ただ、あなたたちに言っておくが、今後あなたたちは人の子が全能の神の右に座り、天の雲に乗って来るのを見るであろう」（「マタイによる福音書」二六章、六四節）。

聖ルカは次のように書きながら「福音書」を終えている（「ルカによる福音書」二四章、五一節）。「彼［イエス］は彼らを祝福しながら、彼らを離れて天へと運び去られた」。「使徒行伝」（七章、五六節）では、ルカは聖ステパノの口に次のような断言を置き、ステパノは人々から石を投げつけられることになる。「おお、天が開いて、人の子が神の右に立っておられるのが見える」。聖パウロはフィリピの信徒へこう断言する（「フィリピの信徒への手紙」三章、二〇－二一節）。「私たちの国は天にあります。そこから私たちは救世主として主イエス・キリストが来られるのを待っています。彼は私たちの卑しい体をご自分の栄光の体と同じになるように、変えてくださるのです」。最後に、「黙示録」の著者ヨハネは「聖なる国、新しいエルサレムが神のもとを離れて天から下って来るのを」見る（二一章、二節）。この書物の少し先では（二二章、一六節）、イエスは自らを「輝く明けの明星」だと形容している。聖書はしたがって天の方を見つめるようにと強く促したのである。キリスト教文学と芸術はこの促しにまちがいなく応えたのであった。

「黙示録」にならって、それ以外の幻視の物語も天がまさしく神の住まいであることを確認した。われわれが本書の第四章、五章、六章で引用したテキストから選ぶには多すぎて困るくらいだ。エノクは「天の境界に置かれて」いる。「ペテロの黙示録」はキリストの変容〔変容したキリストの外見に現れる奇蹟的な変化〕の場面を描いているが、使徒〔＝ペテロ〕の前で「天が開いていた」と断言している。「パウロの黙示録」は上昇する運動によってわれわれを連続する天に向かって連れて行く。カルタゴの殉教者サトゥルスとその仲間たちは幻視のさなかに「われわれの惑星の大気圏外へ」出ている。スキピオは有名な夢のときに高いところに運び去られたのだが、そこからスキピオは「諸々の球体を観想する」ことができたし、同様に聖アウグスティヌスも、眼の眩むほどの上昇によって「汲み尽くすことのできない豊饒さの領域」まで昇っている。

中世もこうした勢いで続いた。修道士サルヴィは「天の山々へと運ばれる」。隠者バルダリウスは天体の上にまで飛翔し、いと高き山の頂に到達する。バロントゥスとウェンロックの修道士は上昇軌道のおかげで遠くに天のエルサレムをちらりと見ることができる。オームは大天使聖ミカエルに太陽と月と星々の上にある恒星の空間に運び出され、天の門に達する。トンダルは――金と銀と宝石でできた――うち続く壁を越えて、ついに最後の壁の上から天軍九隊の天使たちをちらりと眼にする。シェーナウのエリザベトは我を忘れて恍惚となり、「天の門が開かれる」のを見る。そしてそのとき、列聖された処女たちと神の座と穢れなき小羊をちらと眼にする。マクデブルクのメヒティルトも同じ体験をする。「天が彼女の前で開かれた。彼女は思わず立ち止った。そして神の座を見た」。スウェーデンのビルイッタはどうかといえば、彼女は「太陽と月が他の惑星や星々とともに、天全体がその動きとともに、心和む諧調で鳴り響いている」という啓示を得た。『黄金伝説』によればローマのサン・ピエトロ大聖堂の「納室係」がその恩恵に浴した幻視はこれまでの種々の幻視と共鳴している。「高い玉座に座した」神の息子によるマリアのお迎えは明らかに天のもっとも高いところで行われる。

地上から神の領域へと上昇する動きはいくつもの聖書のテキストによって図像として表現されてきた。ダビデの父エッサイから出た子孫たちのことがまず考えられる。イザヤはこう予言していた（「イザヤ書」一一章、一節）。「エッサイの株からひとつ若枝が出、その根からひとつの芽が生えるだろう」。聖パウロはそれをピシディア州〔昔の小アジアの一地方〕のアンティオキアのユダヤ人たちに確認した。「神が約束に従ってイスラエルの救い主であるイエスを出させたのは、彼〔エッサイ〕の子孫からなのです」（「使徒行伝」一三章、二三節）。ダビデの系統樹は「ルツ記」〔旧約聖書中の、モアブ人女性ルツの物語〕で明らかにされているが（四章、二二節）、イエスの系統樹とともに福音書記者マタイ（「マタイによる福音書」一章、一－一六節）とルカ（「ルカによる福音書」三章、二三－三八節）によって補足されており、マタイはアブラハムまで、ルカはアダムまでさかのぼっている。この系図は福音書記者たちの頭の中で、そしてそれを図像に再現した人たちの思考の中で、歴史における神の受肉を象徴しており、また同時に、エッサイとダビデから出た贖い主のおかげによる、永遠の幸福の天への、最終的な人類の昇天をも象徴していた。

この二重の象徴性はキリストの系統樹が経験した図像学的成功をおそらくは説明するものである。それは『悦楽の園《ホルトゥス・デリキアルム》』[8]のもっとも美しい挿絵のひとつのテーマだ。この挿絵のタイトルは「主である神によって植えられる《ドミヌス・デウス・プランタトール》」となっているが、それは神自身がアブラハムからヨセフ〔聖ヤコブの第十一子〕に至る眼も眩む系統樹を「植えて」いるからだ。

ふたりのあいだで、図案化された枝が六列の顔を縁どっているが、これらの顔はマタイがあげる三十八人の名前に相当する。十四人の顔は頭に冠を戴いている。ダビデからヨシヤ〔ユダヤ王国の国王、在位前六四〇－前六〇九〕に至る王たちだ。第六列の上にはヨセフ〔聖母マリアの夫〕がぽつんとひとりでいる。さらに上には、美しい枝に縁どられてマリアが祈りを捧げる教会の表現として現れる。マリアは一片の花のがくを戴いており、そこからキリストが姿を現す。最後にイエスの光輪が一番上のところで聖霊の白鳩の光輪を支えている。

右へ左へと広がっている系統樹の巻きひげ状の長い枝には、さまざまな教会構成員たちの姿が描かれている。族長たち、預言者たち、王や王族たち、司教たちに聖職者たち、それに――驚くなかれ！――ユダヤ人たちもいる。彼らは教会の人たちと同じレベルに置かれているが、先の尖った帽子でそれとわかる。構図全体が上昇することを願っている。見る者は天国の方向へと視線を向けるよう誘われるのだが、ひとりの天使がアブラハムに向かって指で天国を指し示しながらこう言っている。「おまえにできるなら、星の数を数えなさい」。

アダムあるいはアブラハムに始まるキリストの系図よりもっとよく見られるのは、エッサイに始まるキリストの祖先の系図であった。エッサイは横になり眠っている姿で描かれる。彼の腹から、胸から、あるいは頭から、ひとつの幹がそびえ立ち、その分枝のひとつひとつにイエスの先祖が乗っている。そして救世主を指し示す預言者たちは、必要なら横の小枝に位置を占める。てっぺんにはマリア、次いでイエスが姿を現すが、イエスの頭上には聖霊の白鳩がいる。十六世紀には木の上部に子どもを抱く聖母を置くのを好むだろう。それがたとえばトロア〔フランス中北部の都市〕のサント・マドレーヌ教会の場合である（一五一〇年の大ステンドグラス）[9]。

エッサイの系統樹は中世を通じてしばしば描かれた。それはすでに九世紀の彩色挿絵に（ロルバッハ〔ドイツの地名〕、『黄金の書《コデックス・アウレウス》』）、次いで十一、十二世紀の彩色挿絵に姿を現している。かくして、フィリップ尊厳王の二番目の妻であるデンマークのインゲボルグ〔一一七五－一二三六〕のために十三世紀初頭にイギリスで作られたシャンティイの「詩篇」入り典礼書に現れている[10]。とりわけそれは、シュジェルがサン・ドニ大聖堂の大ステンドグラスのために「エッサイの樹」を一一四四年に注文するとき、ステンドグラスにその理想的な空間と最良の支えを見出す。このモデルは一一五〇年になると早速シャルトル大聖堂の王のポータル〔正面入口、扉口〕の上に位置するステンドグラスのひとつで模倣されており、そこでは、ブルー地の八つの升目が横になったエッサイから荘厳の〔光背をつけた〕キリストまで下から上へと導き、白鳩がキリストを見下ろしている。ケルンの聖クニベルト教会〔聖クニベルトは七世紀初めのケルン第九代司教〕の一二一五年から三〇年に作られた大ステンドグラス「エッサイの樹」では、イエスの祖先は贖罪と関係のある光景によって置き換えられており、それは聖霊の七つの賜物に囲まれた救世主の昇天に至っている。[11]

　エッサイの系統樹のステンドグラスにおける成功は十六世紀に入るまで、とくにノルマンディーとピカルディーで続いた（ロワ、コンシュ、ヴェルヌイユ、エヴルー、ルーアン、エルブーフ、ボーヴェ）。十六世紀のフランスの中心的なステンドグラス職人の親方であるアングラン・ル・プランス〔?－一五三一、ボーヴェのステンドグラス職人工房ル・プランス一家の一員〕が一五二二年から二三年にかけて傑作を作ったのはボーヴェのサン・テティエンヌ教会においてである。ところで、ここで問題となっているのはまさしくエッサイの系統樹の巨大な構図であって、アンドレ・シャステル〔一九一二－九〇、フランスの美術史家〕の書くところによれば、芸術家は「その流れるような確かな様式の自在さ」と「色彩の大胆さとその深淵なハーモニー」を十全に展開してみせたのだった。[12]

　エッサイの系統樹のテーマは、ダビデの父が眠り込んでいる地上から贖い主が玉座に座っている天国の頂まで視線を誘うのであるが、西洋の宗教芸術においてさまざまな形象表現を生み出してきた。アミアン〔フランス〕、シャルトル〔フランス〕、コンポステラ〔スペイン〕、ジェノヴァあるいはオルヴィエート〔イタリア〕における彫刻されたポルターユに、ジゾール〔フランス〕、イスーダン〔フランス〕あるいはショーモン〔フランス〕の大浅浮き彫りに、ソレーム〔フランス〕の共唱祈禱席に、クラクフ〔ポーランド〕あるいはブラーガ〔ポルトガル〕の祭壇画に、[13]サンス〔フランス〕におけるような木組みが外壁に露出している家々に、そして多数の時禱書の挿絵入り頁に、[14]そのことが見て取れる。この垂直の軌道はその全体において人間共同体の使命を、またとくにそのメンバー個々人の使命を、想起させていた。歴史の方向は天の運命の方へと導いていたのである。

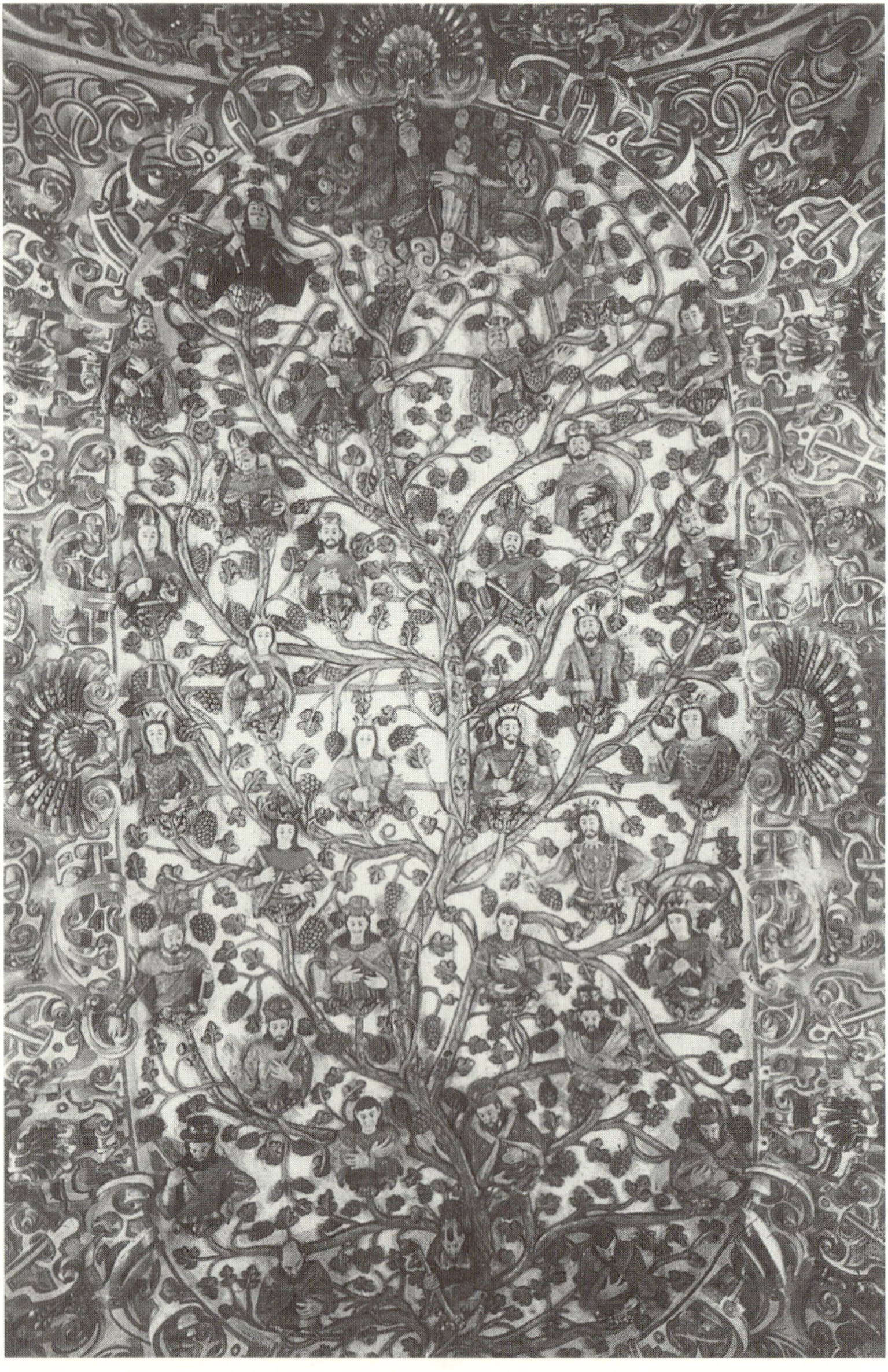

「エッサイの系統樹にならったドミニコ会士たちの系図」オアハカ（メキシコ）、サント・ドミンゴ教会。Ph. Henri Stierlin.

上昇の諸テーマは多くの宗教の共通の定めであるが、[15]キリスト教はそれに特別の重要性を付与してきた。そのことを納得しようにも、そうしたテーマがもたらした多数の霊性に関する論文〔宗教論文〕の中から何を選んでよいか困惑するばかりである。クリスティアン・エック〔現代フランスの中世美術史家〕の著作の後に続いて、教父の時代と中世に限定して意味深いテキストだけをいくつか引用することにしよう。ニュッサのグレゴリオスは叫ぶ。「霊として空の高みを飛翔できるように誰かが私に翼をくれるなら、私は地上一切を去って、空間に広がる空全体を横切り、蒼穹の壮麗なものどもに到達するだろう。［…］そして運動と変化に従う一切のものから抜け出した私は、存在するすべてのものを動かし配置する不動の現実に到達するだろう[16]」。

十二世紀に、サン・ヴィクトルのフーゴーは次のような問いを出す。「魂が崇高な高みに上って自分自身の大きさを理解し、自らが物質的世界の上にいることを認め、自分の思考によって造物主の思考へ至るとき、魂は、浄化された後で、［…］天の晴朗さと天の静けさの方へ向かう以外の何をするだろうか[17]」。やはり十二世紀に、リエージュの修道院の神学者ルーペルト・フォン・ドイツ〔一〇七五頃–一一二九〕は「ヨハネによる福音書」一章五一節を解釈して説明する。「あなた方は見るであろう。すべての聖人が人の子に支えられ起き上がらされて神の方に上って行き、天の囲いが人の子の贖罪によって聖人たちに開かれるのを[18]」。

『神曲』はその全体がまるまる上昇の象徴主義と「あの高いところ〔天国〕にいたいという希望」に基づいている。というのも、「人類は天に上るために生まれた」のだし〔「煉獄篇」第一二歌、九五行〕、「われわれは遮るものなく正義に向かって飛翔する天使のような蝶となるために生まれた毛虫なのだ」から〔「煉獄篇」第一〇歌、一二四–一二六行〕[19]。煉獄の奥から地上の楽園へ、そしてそこから至高天まで、ダンテと彼の相次ぐ導き手――ウェルギリウス、ベアトリーチェ、聖ベルナルドゥス――の行程は、天のバラに向かっての上昇であり、そこで至福の人々は最後の審判のときにまとうことになる肉体とともに姿を現すのである。

なるほど、神に身を委ねる神秘思想家にとっては地上から天への距離は今から直ちに消失する。それはヤコポーネ・ダ・トーディの『賛歌《ラウディ》』が明言することだ。「神が私の意志をお持ちになるや、私はあらゆるものの所有者である。私の翼には実に多くの羽がある。地上から天まで距離はない」[20]。けれども大部分の人間にとっては、天国への上昇は天という目に見えない現実に神秘的に架けられたひとつの梯子《はしご》を長い時間をかけて上ることに比べられるのだ。「創世記」によって語られるヤコブの夢が表現するのはそれである（二八章、一〇－一九節）。

「彼は夢を見た。ひとつの梯子が地の上に立っていて、その頂きは天に達し、神の使《つかい》たちがそれを上り下りしていた。主が彼のそばにいて、彼に言われた。「私はあなたの父アブラハムの神、イサクの神、主である。あなたが伏している地を、あなたとあなたの子孫に与えよう［…］」。ヤコブは眠りから覚めて叫んだ。「まことに、ここにおられるのは主なのに、私は知らなかった」。彼は怖くなり叫んだ。「この場所は何と恐るべきところだろう。これは神の家にほかならない。これは天の門だ」。［…］彼はこの場所をベテルと名づけた。すなわち、神の家である」。

ヤコブの夢は天への希望を生きるようにと誘っていた。そして彼の夢は垂直性の影響のもとに置かれた霊的生活と図像類への支えとして役立った。次いで人々は梯子の寓意を『聖ペルペトゥアとその侍女聖フェリキタスの受難』をはじめとする有名なテキストの中に再び見出した。ペルペトゥアはある「幻視」の中で「非常な高さを持った青銅製の梯子」のもとにいるが、梯子はとても狭く、おまけに拷問道具を備えている。梯子のもとには一匹の巨大な竜が横になっている。ペルペトゥアはその頭を砕き、それを使って最初の一段をよじ登り、上の方へとかけ昇る[21]。クリスティアン・エックは正しくも次のように強調している。これは「キリスト教の歴史にとって重大なテキストであり、［…］天の梯子の歴史にとって非常に重要な淵源である」[22]。天の梯子の話はとりわけ聖アウグスティヌスの説教[23]と『黄金伝説』[24]によって流布された。

天の梯子のふたつの意味

天の梯子の象徴性は多次元的であった。そこには今すぐにでもふたつの大きな意味を図式的に見出すことができる。ひとつは道徳的な意味、もうひとつは終末論的な意味だが、それらは時には重ね合わさっている。道徳的あるいは霊的な意味はしばしば「シナイの新しいモーセ」である聖ヨハンネス・クリマコスの名前と結びつけられるのだが、この人は七世紀中頃にビザンチン世界にもっとも流布した霊的作品である『聖なる梯子』あるいは『天国の梯子』を書いた[25]。この論文は作者に「クリマコス」（梯子）という異名をもたらしたのであるが、超然たる姿勢と祈りによっていかにして段階的に天に昇るかを修道僧に教える教育書である。霊的梯子は三十段を数えるが、この数字は洗礼前のキリストの生涯の年数に相当している。第一段は世俗の放棄を意味し、第三十段は神の愛における至上の開花を意味する。そして読者は「聖なる美徳がヤコブの梯子に似ている」[26]ことを知らされるのである。

『聖なる梯子』は十一世紀になると早くも西欧に知られたが（モンテ・カッシーノ〔イタリアのラツィオ州、聖ベネディクトゥスによって五三〇年に創設された修道院の所在地〕において）、本当に流布したのは十四世紀に入ってからにすぎない。それとは反対に、天の梯子のテーマがそれ自体の歴史を知ったのはラテンのキリスト教圏においてであったということは、クリスティアン・エックの素晴らしい本以前には十分に強調されていなかった。それは一方では東の伝統から大きく独立したやり方で、他方ではギリシアのキリスト教圏よりはるかに多様な形態をまとうことによって、であった。梯子の道徳的あるいは霊的な意味が問題となる場合、聖ベネディクトゥスの戒律が非常に重要な役割を演じた。聖ベネディクトゥスは生涯の終わりに（五四七年没）戒律を定めたが、「謙遜の梯子」の十二の横木をよじ登るようにと修道士たちに勧めている。この梯子を、「睡眠中にヤコブに現れ天使たちがそこを上り下りするのをヤコブが見た」あの梯子になぞらえている。聖ベネディクトゥスは続ける。

この上り下りは、人は高慢によって下り、謙遜によって上がるということを疑いもなくわれわれのために意味している。

このように建てられた梯子は、この現世におけるわれわれの生であり、もしわれわれの心が謙遜するのなら、主はわれわれの生を天国まで引き上げてくださるのである。

この梯子のふたつの側面は、われわれによれば、われわれの身体と魂である。そしてわれわれを呼び求めた神の恩寵が、そこに謙遜と規律正しい生活の横木を並べたのであって、われわれはそれを上らねばならない。[27]

段階を追っての道徳的上昇のテーマは、聖ベネディクトゥスの戒律の注釈である聖ベルナルドゥスの『謙遜《デ・グラディブス・》の梯子《ユミリタティス》』の中にとりわけ再見される。それはまた、『神の道を知れ』と『処女（おとめ）の鏡《スペクルム・ヴィルギヌム》』と『悦楽の園《ホルトゥス・デリキアルム》』でとくに表明されているような、十二世紀のラインラントの霊的生活にヒントを与えた。おそらく聖ヨハンネス・クリマコスの著作に影響を受けたこの最後の作品〔『悦楽の園』〕で、ヤコブの梯子は二度言及されている。最初は旧約聖書の偉業を述べる第一部で、次いで第三部においてより詳細にである。後者では次のように述べられている。

この梯子は［ここでは、下にいる竜と上で戴冠させる神の手のあいだの十五の横木からなっているが］永遠の生命の冠を手に入れることを可能にするところの、美徳の上昇と聖性の宗教的実践とを意味している。多くの人がそれをよじ登ろうと専心するが、悪魔が放つ矢に傷つけられて絶望する。現世の心配事と邪慾に誘惑され下の方へと引きずられ、憐れにも落ちてしまう。贖罪のための苦行という救済手段は［それでも彼らのために残されているのだが］。[28]

天の梯子は十二世紀の西欧の宗教文学にはよく見られるのだが――オータンのホノリウス、ソールズベリーのジョン〔一一二〇頃－八〇、イギリスの聖職者、教会政治家〕、アラン・ド・リールなど――十三世紀になって托鉢修道会が舞台に登場し、また一般信徒に向けた説教が盛んになるにつれて、その道徳的意味はさらに活力を増してくる。天の梯子はこれ以後、そして中世の最後の時期全体を通じて、比較的広く流布した次のような作品中で表現されている。『ヴェルシュ・ガスト』（『外国人の客』）、『国王大全《ソンム・デュ・ロワ》』、『神学の鏡』、『聖書訓話』、ギョーム・ド・ディギュルヴィルの『命の巡礼』、ドミニコ会士ジャン・ゴビ〔?-一三五〇〕の『スカラ・コエリ』、ゾイゼの『サピエンスの大時計』〔『永遠の知恵の書』のラテン語版〕などである。クリスティアン・エックはこれに関してスウェーデンのビルイッタとゾイゼを示唆的なやり方で対比している。ビルイッタは地上から天へ架けられた梯子を思い描いており、天にはキリストと聖母と聖人たちがいるのだが、ビルイッタの断言するところでは、神秘の道の方が神学者たちの梯子よりずっと近道なのだ。反対にゾイゼは荒れ野の師父たちとともに、美徳の段々を順次昇ることだけが神における休息へと導くことができるのだと教えている。[29]

キリスト教の言説においては、梯子はしたがってしばしば美徳へと向かう困難な段階的上昇を表現した。けれどもそれはまた、少なくとも西欧においては、この機能と矛盾することなく終末論的ヴィジョンを強調するのにも役立った。「ヨハネの黙示録」はその最初の章から〔下の引用は四章となっている〕このヴィジョンへと誘っている。「その後、私は天国で開かれた門を見た。そして私に語りかけたのを聞いたトランペットのような最初の声が「ここに上って来なさい。そうしたらこれから何が起こるかを見せてあげよう」と私に言った」（四章一節）。ヨハネが天の梯子をよじ登るのが見られるこの節の最初の挿絵は一二七〇年から九〇年のものである。もっと後になると、フランス国立図書館所蔵（オランダ、三）の十五世紀初頭におけるフランドルの大「黙示録」では、この場面は梯子に代えて階段で描かれており、聖ヨハネがひとりの天使によって両腕で引っ張り上げられながらよじ登っている。その代わりこの同じ草稿の第七章については、梯子が再び姿を現すが、道徳的な意味を伴ってである。ここではイスラエル十二支族の美徳を意味しているのである。[30]

ペルペトゥアの幻視は拷問道具の備わった「非常な高さの」梯子を出現させており、一匹の竜がそれに近づくことを禁じているように見える。しかしその若い殉教者の女性〔=ペルペトゥア〕は怪物の頭を砕き、それによって高みに向かって身を翻すことができる。上に着くと、「巨大な園」の前に出る。そしてそこでひとりの親切な羊飼いがペルペトゥアを迎えてくれる。[31]

救済の勝利が得られると、梯子（あるいはその代替物）のイメージの、教化的というよりどちらかというと終末論的な利用において強調されるのは、天国の幸福へと開かれていることである。クリスティアン・エックは『黄金伝説』の次のような一節を思い出させている。ふたりの修道士が聖ベネディクトゥスの死を知らされたとき、ふたりは「一条の光の帯が、敷物に飾られ、おびただしい数の灯りに光り輝きながら、東の方角の天に向かって進んで行く〔…〕」のを見た。「彼らはこう告げられた。「あれは神に深く愛された人ベネディクトゥスが天に昇る道である」と」[32]

『黄金伝説』はボローニャで没した聖ドミニクス〔ドミンゴ・デ・グズマン。一一七〇頃－一二二一、スペインの聖職者、ドミニコ教団の創始者〕に関してかなり似たようなもうひとつの物語を報告している。天が開いてふたつの白い梯子が地上に降りて来るのをブレーシア〔イタリア北部の都市〕のふたりのドミニコ会士が見た。てっぺんにはイエスとマリアがおり、天使たちが楽しげに上り下りしていた。下にあって聖人〔＝聖ドミニクス〕の腰かけていた椅子がイエスとマリアによって天国の方に引き上げられたが、イエスとマリアは「会士〔聖ドミニクス〕が天まで持ち上げられ天の開口部が再び閉ざされるまで」梯子を引き上げていた。[33] その後、一四四一年にはシエナのラ・スカラの施療院〔サンタ・マリア・デ・ラ・スカラ施療院〕の壁に、この施療院で亡くなった幼い子どもたちの魂を一本の梯子によってマリアが天へ昇らせているところをヴェッキエッタ〔フランチェスコ・ディ・ジョルジョ・エ・ディ・ロレンツォ。一四一〇－八〇、イタリアのシエナ派の画家、彫刻家、金細工師、建築家〕が描いた〔「天国の梯子」〕。[34]

これらいずれの場合も――まだまだリストを増やせるだろうが――梯子は、中世のいくつもの幻視によれば天国の安心に到達する前に人間が通過しなければならない狭くて危険な架け橋がそうであったような、苦難に満ちた道程ではない。それは永遠の幸福の場所へと向かう途次にある――そしてすでにすっかり安心しきった――至福の人々の光の道なのだ。『神曲』の中で梯子が持つ意味もまさにそのようなものである。土星天（偉大な観想家の天）〔第七天〕にたどり着いた詩人ダンテは、「光が沁み通った黄金色をした、視線が追って行くことができないほど上の方に長く伸びている梯子」を眼にする（「天国篇」第二一歌、二八－三〇行）。やがてダンテは聖ベネディクトゥスの魂と遭遇するが、ベネディクトゥスは天のもっとも高い領域に関して次のように説明する。「われわれの梯子はそこまで届いています。それがあなたの視界の外にまで伸びているのはそのためです。梯子がその最上部まで架けられているのを族長ヤコブが見たのです。天使たちの群がっている梯子が現れたときのことです」（第二一歌、六八‐七二行）。ダンテがここで修道院を引証基準としているのは明らかだ。聖ベネディクトゥスは梯子の下に配置され、頂では聖ベルナルドゥスがベアトリーチェに代わって至高天の案内役となるだろう。しかしながらこの梯子は第七天から出ているのであって、地上からではない。われわれはすでに天国の宇宙の中心にいるのである。苦行によって新たな功績を獲得することはもはや問題ではない。通過儀礼的な行程はそれ以前に完了していた。黄金の梯子は天の諸段階のあいだを結ぶのである。[35]

　ヤコブの梯子はある時は道徳的な意味で、またある時は終末論的な意味で、そして時にはその両者が一緒になって、テキストにおいても図像においても、隣接する諸テーマ――キリストの家系図、古代ユダヤ教では巡礼者のエルサレム訪問につきものの「詩篇」（一一九から一三三）、神殿の階段、観想の丘――とつながっていた。教会がそれに譬えられた。というのも、教会は地上に置かれているが、その頭は天にあるからである。マリアは梯子として描かれた。なぜなら人間に属しながらマリアはまた「天国の門」だからである。救世主がその上に高く上げられた十字架は、しばしばヤコブの梯子とひとつにされた。最後に、ボエティウスの後に続いて、人々は自由学科を梯子として表現することを忘れなかった。その横木は「福音の完徳の頂まで上る」ことを可能にすると、アルクィンは述べていた。[36]

　梯子の垂直のテーマは中世西欧のキリスト教の霊的生活においてまさしく遍在していた。それは中世末期と十六世紀初頭にかつてないほどもてはやされ、その後かすんでしまった。そのテーマはなかでもアヴィニョン派によって制作された一四九〇年前後の絵画「ヤコブの夢」〔ニコラ・ディプル作〕（今ではこの町のプチ・パレ美術館にある）に再び見出される。梯子はほとんどまっすぐで、五人の天使を伴っている。ヤコブは巨大な絶壁の足元で、石に頭を載せて眠っている。背景には様式化された山々と丘々の綺麗な風景が花開いている。

　もっと印象的なのは十五世紀末、もしくは十六世紀のほんの初めに再建されたバース〔イングランド南西部の町〕の大修道院付属教会〔聖ピーター・聖ポール教会〕の建物正面を飾る「ヤコブの梯子」である。それはヤコブの夢に似たある夢を思い出させる。その修道院の創立者で一四九五年から一五〇三年までバースとウェールズの司教であったオリヴァー・キング〔一四三二頃－一五〇三〕が恩恵に浴した夢だ。キングは友人のヘンリー五世〔正しくはヘンリー七世（一四五七－一五〇九）か、イギリス王在位一四八五－一五〇九〕がイギリスに平和と統一を蘇らせるのを夢に見たのだった。西側正面のふたつの塔は三十の横木のついた梯子で飾られており（聖ヨハンネス・クリマコスへの物言わぬ引証）、それぞれの側で六人の天使がそこを元気によじ登っている。バースの大修道院付属教会はイギリスにおける垂直様式の巨大な宗教的建造物の中でも最後のものであった。ところで、梯子で縁どりされた背の高い大ステンドグラスを睥睨《へいげい》する幅広のペディメント〔切妻壁〕には、またしても――三十人もの――天使たちがいる。天使たちは天の空間を動き回り、彫刻を施された構図のてっぺんに位置するマリアを称える歌を歌っている。建物の正面全体がかくして天へと視線を誘っているのである。人々はまたデューラーの「メランコリアⅠ」（一五一七年）の背景に姿を現す梯子を天への上昇の寓意として解釈した。

垂直性と終末論

宗教的な歩みと天に向かう視線を切り離すことはできない。しかし、もう一度言おう、それはとくにキリスト教について真実なのであり、より正確に言えば、「黙示録」があれほど大きな位置を占めたラテン世界のキリスト教について真実なのである。証拠となりうる数ある実例の中から、一一〇〇年頃建築が始まった建物であるアングーレム〔フランス西部の都市〕の大聖堂の西側正面を取り上げよう。ジョルジュ・デュビーはそこに「町の入り口であり、皇帝の勝利であり、「黙示録」の幻視であるような巨大な構造物」を見ていた。[37] 信徒は地面から大きな卵形の方へと視線を誘われる。するとそこに腕を広げたキリストが姿を現す。勝ち誇ったイエスの上でふたりの天使が様式化された雲から降りて来る。マンドルラは四人の福音書記者のシンボルに取り巻かれている。楣《まぐさ》〔窓・戸の上の横木・石材〕とポータルの両側では天使と預言者たちが救世主キリストの方を指さし、そちらへ頭をめぐらしている。垂直性はここでは強い終末論的意味を持っている。

ドーフィネ地方サン・シェフの最近修復されたロマネスク様式の大修道院付属教会にある「大天使の礼拝堂」によっても同じ読解に誘われる——他にたくさんあるはずの実例中のひとつであるが、ここでこれを取り上げるのは、素晴らしいにもかかわらず十分に知られていないからだ[38]。この礼拝堂は「黙示録」に基づく天の宮廷を表す十二世紀の絵画ですっかり覆われている。ヴォールト〔曲面天井〕のかなめ石のところで、ということは天のもっとも高いところで、キリストが玉座についており、膝に書物〔生命の書＝神に選ばれた者の名前が記された書物か〕を載せ、腕を上げ、手を開いて選ばれた者たちを迎えている。ヴォールトの四つの面には天の宮廷が展開している。イエスの左右には大天使たちがおり、その翼は主の後光を支え持っているように見える。主イエスの足元に、聖母が天使たちに囲まれて礼拝の姿勢で姿を現す。ヴォールトのキリストの頭から始まっている壁面では、鋸歯《きょし》状の城壁のある町が天のエルサレムを象徴している。下に位置する壁は永遠の幸福の都に迎え入れられるのを待っている選ばれた者たちを描くのに捧げられている。この図像学的プログラムを構想した者は明らかに、天の高みへと見る者の想像を導きたいと思っていたのである。人間の運命は天の高みでこそ十全に実現されるはずだからだ。

　ゴシック様式はこうした傾向を際立たせた。それは「加入儀礼的な垂直性の探究であった」とジョルジュ・デュビーは書いている[39]。尖頭アーチと交叉リブとの絶妙の組み合わせが、前の時代のものよりも、もっと細くて高い教会を建てるのに幸いした。十二世紀の神学者たちの考え方からすると、新建築は天のエルサレムのよりよい象徴化を可能とするものであって、ステンドグラスに与えられるこの上なく大きな位置のおかげで、人間によって作られた内陣内部へ神の光がより鮮やかに浸透することを可能としていた[40]。サン・ドニ大聖堂とそれより後のゴシック様式の教会の大ステンドグラスはシュジェルの言い回しによれば、「精神を物質的なるものから非物質的なるものへと高め」ようとしていた。それらは、「黙示録」が描くところの天のエルサレムの色とりどりの宝石に匹敵する役割を演じていた。ゴシック様式建築の最初の偉大な創造物であるサン・ドニ大聖堂では、垂直性の意思と光の探究とがふたつの切り離せない目標であった。細くて高い円柱とほっそりした外形の尖頭形ヴォールト、それに「新しいステンドグラスのまばゆいばかりの多様性」のおかげで——こう述べるのはあいかわらずシュジェルだ——、「きらめく窓からの素晴らしい途切れることのない光で教会全体が輝き、窓はその美しさを内部へと溢れ出させるようになっていた[41]。

ゲーテ〔ヨハン・ヴォルフガング・フォン。一七四九－一八三二、ドイツの詩人、作家〕がゴシック様式の垂直性という断固とした選択に「幻想的な、あるいは崇高な性格」を認めるのはまちがっていたのだろうか。十八世紀の他の注釈家たちは、ゴシック様式が目指していた「無限なるもの」と「無制限なるもの」を、たとえそれを残念に思うためであっても、巧みなそして調和のとれた限界の中に自分を押しとどめるすべを心得ていたギリシア芸術の穏健さと対比させた。ゴシック様式はあまりにも高いところを目指していたため、また来世の幻覚にあまりにも満ち満ちていたがゆえに、彼らには未完のものに見えていたのだった。中世後半の教会のますます細くて高い透かし入り壁面、フランスでもっとも高いが（四十八メートル）一二八四年に崩れ落ちて再建しなければならなかったボーヴェの大聖堂のヴォールト、十四世紀中葉以降のイギリスの垂直様式、一四三九年に完成し十九世紀に至るまでヨーロッパでもっとも中空にあった（百四十二メートル）ストラスブールの大聖堂の尖塔の眼も眩む建立、これらはいずれもゴシック様式それ自体が、天に向かって差し出された祈りたらんと自ら願っていた証拠である。大聖堂のスポンサー間の競争によって若干要求がエスカレートせざるをえなかったにしても、である。みんなが先を争って一番高い建物を建設しようとしていたのだった。

建築がよじ登りを追求していたのに対して、宗教的な絵画と彩色術と版画術は垂直性にますます特権を与えており、上昇する場面への偏愛を際立たせていた。キリストの昇天、あるいはその変容、聖母被昇天、荘厳の聖母マリア像などだ。多くの作品の中でもここに取り上げるいくつかはその点で意味深い。一四八五年頃、ブリュージュで仕事をしていた「聖女ルキアの伝説」の画家は「天の女王マリア」を描いている（ワシントン、ナショナル・ギャラリー）。一番下に木々と草原と城館と川があるが、それらは垂直の序列において構図の十分の一も満たしていない。天が残り全部を占めており、ゲントの「神秘の子羊」の天使たちのような豪華な衣装を身に着けた天使たちで充たされている。天使たちのうちある者はマリアを三位一体の方へ持ち上げようとしており、三位一体はてっぺんでマリアに戴冠させるべく待ち受けている。またある者は歌いあるいは音楽を奏でている。この作品をその三十年前のアンゲラン・カルトンの「聖母戴冠」と対比するなら、ヴィルヌーヴ・レ・ザヴィニョンの人物群〔アンゲラン・カルトンの「聖母戴冠」に描かれた人物群。本書二二五頁図版〕の不動性と好対照をなす、この作品の天の人物群に与えられている動きに、心を打たれる思いがする。ブリュージュの芸術家は戴冠よりも被昇天に一層のアクセントを置いたのだった。天使たちはマリアが栄光の高い住まいへと昇るのに、物理的に、しかし優雅さと軽やかさをもって、参加しているのである。

「キリストの昇天」はすでにかなり以前から芸術家たちによって描かれていたのであるが、[42]十五世紀、そして十六世紀初頭の芸術家たちはますます上手に扱えるようになった垂直のパースペクティヴを活用するよう誘われるからだ。マンテーニャ〔アンドレア。一四三一－一五〇六、イタリアの画家〕の絵（フィレンツェ、ウフィツィ美術館）ではマリアと使徒たちは下の方から蘇った人〔＝キリスト〕を見つめているが、キリストの方は赤い色をした小天使たちによって輪郭をつけられたマンドルラの真ん中で雲から雲へと遠ざかっていく。ペルジーノ〔本名ピエトロ・ヴァヌッチ。一四四六－一五二三、イタリアの画家〕（リヨン市立美術館）も同じ要素――とりわけマンドルラと小天使たち――を用いているが、しかしすでに天国に達したキリストと同じ高さに四人の奏楽の天使たちを付け加えており、他方で、その栄光の住まいにもどった救世主キリストを指でさし示すふたりの天使たちも付け加えている。強調すべき変化がひとつある。ジョットの「キリストの昇天」とギベルティ〔ロレンツォ。一三七八－一四五五、イタリア・ルネッサンス期のフィレンツェの金工、彫刻家、画家〕の「キリストの昇天」以来、イエスの変容はますます昇天として扱われるようになる。キリストがモーセとエリアと一緒に空中に舞っているのだ。ラファエッロが未来のクレメンス七世〔前名ジュリオ・デ・メディチ。一四七八－一五三四、教皇在位一五二三－三四〕のために一五一八年から二〇年にかけて制作した有名な絵〔ラファエッロ最後の未完の作品「キリスト変容」〕の中で採用した方針がこれである。

一五一一年のデューラーの大作「三位一体の礼拝」（〔別名「諸聖人の祝日」〕ウィーン美術史美術館）もまた、すでに述べたように[43]「すべての聖人」を描いたものであるが、上昇の動きを天の表象の中に統合しようとするルネッサンス時代の芸術家たちの意思をはっきりと示している。ここでは、前景・後景などの割り振りと下段に位置するグループ――教皇や皇帝も含めた一般信徒のグループ――に始まるパースペクティヴが地上の視線を徐々に天のもっとも高いところまで導いていく。構図全体が雲で囲まれた三位一体の出現として考案されており、眼と手がその三位一体に向けられている。てっぺんでは、天使たちの衣服と翼が、バロック的な天国を充たすことになる激しい生命力と天の風をすでにその動きによって告げている。

　こうした垂直性の探究には、ルネッサンスの建築が古代と仲直りをして水平のラインに対する好みを顕著にしていた時期にあって、どこか逆説的なところがある。しかしそれは単に見た目だけの逆説である。というのも、ルネッサンスはその完璧さの探究において丸天井をも特権化しているからだ。ところで丸天井とともに垂直性はあらためてはっきりと現れることとなるのであるが、それはまた別の仕方によってである。今や獲得された遠近法の科学とだまし絵の制作における妙技とが、教会の丸天井とヴォールトにおける天国のイメージの革新を可能とすることだろう。

第十八章　円と丸天井

「単一性の完璧な形象…」

ウルム大聖堂〔ドイツ〕の内陣の聖職者席〔聖歌隊席の両側〕に見られるある人物像は一四六九年にジュルリーン父〔イエルク。活動一四四九―九一〕によって彫られたものであるが、渾《こん》天儀〔昔の天球儀の一種〕を持つプトレマイオスを表している。力強い出来栄えのこの彫刻「プトレマイオス像」は、当時のヨーロッパ文化がプトレマイオスに対して向けていた大いなる関心を立証している。そもそもギリシア語のテキストが西欧に連れもどされたのは一四六九年頃であったが、プトレマイオスの諸作品は、やがて生まれたばかりの印刷術によって流布し、地図や地図帳の形で派生した多くの産物を生んだのだった。ユマニスム〔人文主義〕はこの点では中世を範としていたが、宇宙をひとつの球体として思い描く宇宙形状誌と切り離せない。ユマニスムは円と球に関する省察を深めながら、そこから哲学的、宗教的結果を引き出した。この省察から建築上の革新が出来し、この革新がやがては天国の表象を変えたのである。

神学者で枢機卿の、きわめてプラトン的なニコラウス・クサヌス（一四六四年没）〔一四〇一―六四、ドイツの哲学者、神学者〕は書いた。「円は単一性と単純さの完璧な形象である。すでに［…］三角形は円である。かくして三位一体は単一性である。けれども、この単一性は円が無限であるのと同様、無限である」[1]。こうした言い回しは円礼賛の長い過去を照らし出し要約するものだ。古代人たちは円形の墓と神殿を建設したが、そのいくつかはルネッサンスの時代にもあいかわらず眼にすることができた。キリスト教芸術の方も、円を誉め称えた。なかでもラヴェンナのサン・タポリナーレ・イン・クラッセ教会の円がそれを証言しているのだが、それは光と星々に充たされており、「世の救い《サルス・ムンディ》」と称される、贖い主の勝利の十字架がそこからくっきりと浮かび上がっているのである。

円形に対する絶えざる感嘆の念をよく示しているのはまた、『悦楽の園《ホルトゥス・デリキアルム》』の哲学に捧げられた図版である。彩色挿絵が大聖堂のバラ窓のように姿を現し、中心の円には哲学が女王然として座っていて、一連の光輝く半円がまわりを囲んでいる。哲学の胸からは七つの泉がほとばしり出ているが、これらは「七つの自由学科で、それを作ったのは聖霊である」。内側の円を囲んでいる帯には次のように読める。「我、神々しい哲学は、何事も英知をもって統べる。我に従う学科を七つしつらえる」[2]。

女子大修道院長ヘラート〔『悦楽の園（ホルトゥス・デリキアルム）』の作者〕にとって円は学問と英知の全体性を表すための理想的なイメージだった。円周によって表現されるこの全体性という概念は、キリスト教の多くの図像の読解にとってひとつの鍵をなしている。あらためて『悦楽の園《ホルトゥス・デリキアルム》』を開いてみよう。横に並んで互いに反響し合っているふたつの大きな円形の図像は、それぞれ旧約と新約の聖書の犠牲を描いている。最初の図像の中心には双頭の男がひとり形象化されているが、伝説が明言するところによれば、これは「モーセとキリストがひとりの人物に合わさったもの」である。双頭の男は虹の上に腰を下ろしている。十の大型メダルが男を取り巻いているが、その内部では十人の男が古い掟によって予見された犠牲の動物と品物を捧げている。最初の円とシンメトリーをなすもうひとつの円は、その中心に聖体の杯を持った王にして司教のキリストを示しており、キリストは女性の形象を伴った大型メダルに囲まれている。女性たちは美徳を表している。神の意思が実現されるのは彼女たちによってであって、生贄によるのではない[3]。人間の歴史が象徴に満ち満ちたこのふたつの円によってこうして要約されているのであって、モーセの立法の円が福音の実現の円を予示しているのである。ふたつの彩色挿絵は終わりつつあるロマネスク芸術が聖堂にバラ窓の数を増やしていた時代に制作されたのであった。それらはすぐ後で、若干の軽微な変化を伴って、ストラスブール大聖堂の南側翼廊のふたつのバラ窓に再現された。
パリのノートル・ダム大聖堂翼廊の南側袖廊〔翼廊の横に伸びた部分〕のバラ窓に関して、ジョルジュ・デュビーは「石とガラスの融合による地上の歴史と天の丸みの総合」[4]と語っている。全体性はここでは終末論的な射程を与えられている。それを象徴する複数の円は運命の女神の回す車輪や、あるいは繰り返される環へと送り返すわけではない。反対にそれらの円が意味するところは、神から出発して歴史の終わりに神へと到達する唯一の行程なのである。歴史が終わったところで、選ばれた者たちには凋落なき幸福の戸口が開かれるのである。

人類の行程のこのようなグローバルで調和のとれた概念は旧・新約の聖書のあいだの照応とともに、フィレンツェのサン・マルコ美術館に保存されている「聖なる器〔聖体祭儀および聖体保存用の器〕の戸棚」の画板〔パネル〕に一四五一年から五三年頃、フラ・アンジェリコによってあらためて表現された。修道士の芸術家はエゼキエルの幻視に準拠して、太陽のまわりを回転するふたつの同心円でパネルをほぼ完全に充たした。内側の同心円は福音書記者と使徒書簡の作者たちにあてられている。外側の同心円は十二人の預言者にあてられている。小さい方の円のまわりには「ヨハネによる福音書」の冒頭が読みとれる（「はじめに言葉ありき…」）。大きい方の円のまわりには世界の創造に関係する「創世記」の抜粋が読みとれる。歴史の全体がこのようにして神なる太陽のまわりを回るふたつの同心円の内部に刻み込まれている。創造主にして贖い主である神の思し召しの完璧さは円による以上によく象徴化することはできなかった。そこからヴエネツィアのサン・マルコ大聖堂のナルテックス〔バシリカ教会の玄関廊〕が生まれるのだが、そのモザイク（十三世紀のもの）は「創世記」の最初の三章を青と金の中心のまわりを回る三つの同心円において明示している〔「円＝『創世記』」〕。

ニコラ・ル・プランス〔ボーヴェのステンドグラス職人工房ル・プランス一家の一員〕の工房によって十六世紀の中頃に制作されたボーヴェ大聖堂の豪華絢爛たる大ステンドグラス「天地創造のバラ窓」を今度は見てみることにしよう。[5]バラ窓の中心には創造主がおり、緑と赤の服を着ていて、皇帝冠を戴いている。創造主のまわりには花弁でできた装飾絵入りのふたつの同心円が広がっており、そこには、まず世界の誕生が、次いで原罪が、最後にアブラハムに始まり荒野のマナのエピソード〔「出エジプト記」〕に至る流れが語られる。内側の円は物質と動物の被造物の円である。外側の円は天使たちと人間の冒険の円である。

古代人たちがそれで満足していた永劫回帰の変化に乏しい環は、もう断ち切られた。キリストの絶えざる現前を暗に察知しなければならないのだが、そのキリストが死の車輪を生のバラへと変えたのである。生のバラはダンテの「天国篇」でも至高天の象徴であった。

完成と完璧さを円もしくは円弧によって象徴することはしたがって天地創造とあの世におけるその最終的な開花を喚起するひとつのやり方であった。それゆえキリスト教の多数の芸術作品で円形の形態に訴えている作品中に終末論的ほのめかしを、そしてしばしば天国のほのめかしを、推察することは誤ったことではない。世界の球体の上の創造主、虹の上に座る裁き手、マンドルラの中の後光に包まれたキリスト——ほぼ円に近い形象——、マリアの戴冠を見ようとあるいは偉大な審判に立ち会おうとして身を乗り出すアーチ刳形《くりがた》の天使たち、金色の星々をちりばめた青色のヴォールト、天地創造やマリアの賞賛に捧げられたバラ窓、あるいは奏楽の天使たちが住みつき、教会の身廊——天のエルサレムを予示するもの——に永遠の光の驚くべき光線をすでにして浸透するがままにさせているバラ窓、といった作品である。

大宇宙と小宇宙

円の完璧さは人間と世界の、小宇宙と大宇宙のあいだの照応を喚起し説明するのに長いあいだ役立ってきた。この照応は宇宙の縮図としての人間という考え方であり、中世がルネッサンスに伝えたものである。プロクロス（四八五年没）〔四一〇-四八五、後期新プラトン派の代表的哲学者〕はプラトンの『ティマイオス』〔後期対話篇のひとつ、副題は「自然について」。ティマイオス（前三五六頃-前二六〇頃）はギリシアの歴史家〕を注釈しながらこう書いている。「人間は小宇宙である。コスモスにあるところの、神的で全体的な形をとった一切は、人間の中に部分的に存在する」[6]。したがって世界が球体であれば、それの縮図である人間は論理的に円の中に含まれる。『悦楽の園』《ホルトゥス・デリキアルム》に今一度立ちもどろう。その彩色挿絵は「小宇宙」《ミクロコスムス》と題されている。人間は自然状態において提示されるが、そこでは四つの元素によって囲まれている。土と水と空気と火である。キャプションが明言するところによれば、「その頭は天球のごとく丸く、両の目は天国のふたつの照明〔太陽と月〕のごとく輝いている。そこには七つの開口部があり〔眼と鼻孔と耳と口〕天球の七つの音楽と照応している」[7]。これと符合するようにビンゲンのヒルデガルトは『神の業の書《リーベル・ディヴィノルム・ペルム・シンプリキス・ホミニス》』において「宇宙の中心にある人間」を提示している。ルッカ市立図書館所蔵草稿の豪華絢爛たる彩色挿絵のひとつは両腕を広げた男を示している。この男は四元素の象徴である四つの同心円の内部に含まれているが、しかしまた地球を取り巻く球体の内部にも含まれている。これらの円から光線が発して人体に到達している――占星術を正当化するものだ。神は明らかに人間が世界の中心であることを望まれた。それゆえ地球はここでは人間の身体の背後に褐色の円で描かれているのである。

人間と宇宙の照応はオータンのホノリウスの『世界像《デ・イマギネ・ムンディ》』においても教育的な明瞭さをもって確認されている。相互に連関するふたつの章において、ひとつは「天の音楽」に、もうひとつは「小宇宙としての人間」に捧げられているのだが、ホノリウスはこう書いている。

> 地球から天空まで七トンを数える。地球から月までは一トン。月から水星までは半トン。水星から金星までは半トン。そこから太陽までは三半トン〔＝一・五トン〕。太陽から火星まで一トン。火星から木星まで半トン。木星から土星まで半トン。最後にそこから恒星天まで三半トン。すなわち全部で七トンである。各々のトンは一万五千六百二十五マイルに相当し、それぞれの半トンは七千八百十二・五マイルに相当する〔…〕。
>
> われわれの世界が七トンによって、そしてわれわれの音楽が七声によって特徴づけられるのと同じように、われわれの存在の組み立ては七つの結びつきに結果する――身体が四元素を伴い、魂が三つの力を伴う――、そして自然がこれらを音楽の技法のやり方でもって調和させている。したがって人間はひとつの「ミクロコスメ」、すなわち小さな宇宙である。なぜなら人間は数の一致によって天の音楽と調和していることが明らかになるからである。[8]

ルネッサンスは新規巻き直しでこの教義を再び取り上げた。地球と月、太陽、惑星、そして恒星天とのあいだの距離はトンと半トンで計算されていたが、フランキノ・ガフリオ〔ラテン名、フランキヌス・ガフリウス。一四五一－一五二二、イタリア・ルネッサンス期の作曲家、音楽理論家〕の『音楽の《プラクティカ・》実践《ムズィケ》』（一四九六年）の中にあらためて姿を現す。[9] レオナルド・ダ・ヴィンチは「人間はコスモスのモデルである」と断言し、ルフェーヴル・デタープル〔ジャック。一四五〇頃－一五三七頃、フランスの宗教改革者、ユマニスト〕の弟子のシャルル・ド・ボヴェル〔一四七九－一五六六より後、フランスの哲学者、数学家〕は一五〇九年にこう書いている。「人間がひとつの小宇宙《ミクロコスム》であるとするなら、大宇宙《マクロコスム》のまわりを一丸となって移動しているランプにわれわれが認めるのと同じだけの光でもって〔…〕人間は導かれ照らし出されなければならない〔…〕。ところで自然は大宇宙において七つのランプに点灯した〔太陽、月、当時知られていた五つの惑星〕〔…〕。自然はしたがって人間に同じ順番でひとつも欠けることなく七つの照明を与えたのである。[10]」これが『悦楽の園《ホルトゥス・デリキアルム》』が教えていたことである。

そこで、両腕を広げた円の内部に含まれる人間の表象は、ルネッサンス時代に芸術理論家たちが古代人の美的基準とよりをもどしたいと思い、数の象徴体系を称揚したときに、復活を遂げた。なかでもレオナルド・ダ・ヴィンチとデューラーのデッサンがそのことを証明している。ウィトルウィウス〔マルクス・ウィトルウィウス・ポッリオ。前八〇年／七〇頃－前一五以降、共和政ローマ期に活動した建築家、建築理論家〕は十五、十六世紀の必読書のひとつであるその『建築論《デ・アルキテクトゥラ》』の中で、標準的なプロポーションの人間がいかにして円の中に収まるかを明らかにしていた。レオナルドはこのテキストのイタリア語訳――ただしまちがいがある――を再録し、それをデッサンでもって例証したが（「ウィトルウィウス的人体図」ヴェネツィア、アカデミア美術館）、以来そのデッサンは幾度となく複写された。デューラーはといえば、死に際して『人体均整論』を未完のまま残したが、その中で芸術家が自然と同じように仕事をするにはいかに振る舞うべきかを自問していた。そして、クロッキーのひとつのために、人間の臍に中心を置く円を用いて手足の長さを決定しようとした。アンドレ・シャステルのコメントするところによれば、当時は「人の形象の測定を、すなわち、人体各部の均整のとれた理想美の基準を定めるために、そして〔…〕とりわけ単位として受け取られた頭と〔身体の〕各肢体の関係〔…〕によって決定される数値上の関係を定めるために、ほとんど馬鹿げた努力がなされた[11]」。ピエロ・デラ・フランチェスカとレオナルド・ダ・ヴィンチの友人であるフランスシスコ会修道士で数学者のルカ・パチオリ〔別名ルカ・ディ・ボルゴ。一四四五頃－一五一〇頃、イタリアの数学者〕がわれわれにとってルネッサンスの象徴的な人物に見えるのはもっともなことだ。ピタゴラスとプラトンの哲学がしみ込んだパチオリは、単体の幾何学に取り組み、数の調和と人体のプロポーションへのその適用を研究し、『神聖比例論《デ・ディヴィナ・プロポルティオーネ》』（一五〇九年）において黄金の均整の定義を与えた。

円形に与えられた重要性はルネッサンスの全期間を通じて維持された。アルベルティ〔レオン・バッティスタ。一四〇四－七二、イタリアのユマニスト、建築家、芸術理論家〕は『建築技法について《デ・レ・エディフィカトリア》』〔『建築論』とも〕の中で次のように断言していた。「自然の産物から自然は丸い形態を好むということが明らかになる。なぜなら、自然の産物――地球、星、などなど――はそのようであることをわれわれは見ているのだから[12]」。四分の三世紀の後にセルリョ〔セバスティアーノ。一四七五－一五五四、イタリアの建築家〕は『建築論《アルキテットゥラ》』の中で次のことを確認した。「丸い形態はあらゆる形態のうちもっとも完璧なものなのだから、私はそれから始めることにする」。そしてさらに先でこう付け加えた。「完璧な丸みの後では、楕円形が完璧さに一層近づく[13]」。以前セルリョはこう書いていた。

> ローマに見られる名の知れた建造物の中で、パンテオンがもっとも美しく、もっともよく溶け込み、もっともよく配置された全体を構成していると私は考える。それが他を凌駕しているとしたら、それは多数の要素を備えながら、そのすべてが全体とあまりにもよく調和しているので、こうした照応にふと気づく人は誰しも、それに満足してやまないからだ。しかもそれは、その創造主であった賢明な建築家がもっとも完璧な形態、すなわち、丸い建物という形態を選択したことに由来するのである[14]。

パラーディオ〔アンドレア。一五〇八－八〇、イタリアの建築家〕はなお一層断固としてこう請け合っていた。

> 偽の神々を崇拝したりはしないわれわれは、神殿の形態をその用途に合わせざるをえないなどということはない［長方形の建物に対するほのめかし］。だからこそわれわれは丸い建物がそうであるような、もっとも完璧でもっ

とも卓越した形態を選ぶことだろう。というのも、あらゆる形象のうちでそれだけが単純で、一様で、均等であるからだ。そしてできることなら、われわれは丸い神殿を造ることだろう。この形象は神殿に完璧に合っている。というのも、それは自らの上に自分を閉じ込めるからだ。そこには始まりも終わりも見出すことはできない。すべての部分がお互いのあいだで似通っている。それぞれの部分が全体に参加している。要するに、各部分が中心から等距離にあり、かくして神の単一性と無限の本質と一様性と正義を示している。[15]

こうした建築哲学を明かすデッサンがある。一五五八年にミラノのきわめてゴチック的な大聖堂に捧げられたヴァルター・リヴィウス〔十六世紀前半のドイツの医学者。?－一五四九／六二〕のグラフィックな研究は、この大聖堂をひとつの円の中に含まれるものとして提示している。なるほど、尖塔の三角形が上に載っているのではあるけれど。[16]

プロポーションの調和と中心式《プラン・サントラル》プランの教会〔プランは建物の平面構成のこと〕

イタリア・ルネッサンスの精神によれば、円形は、当時の芸術家たちにとって最高の要請となっていたところのプロポーションの調和を他のどんな形態よりも上手に実現できるものであった。基本文献であるアルベルティの『建築技法について《デ・レ・エディフィカトリア》』は「コンキニタス」――調和――の定義をもたらしたが、ここでそれを思い出す必要がある。「美とはあらゆる付加も削除も変更もこれを危うくしかねないような、物体のすべての構成要素のあの論理的思考に基づいた調和のことである」[17]。「コンキニタス」こそ建築に「名誉と褒賞と権威と価値」[18]を与えるものなのだ。このような考え方は彫刻された、あるいは描かれた装飾と比較してプロポーションの数学的計算を特権化するものであったし、線の純粋さのために余分な飾りを取り除くものだった。プラトンによって定義されマルシリオ・フィチーノによって復活された美学は、美が心地よい装飾に由来するものではなく厳密な規則とプロポーションの実現に由来するものであることを教えていた。プラトンは『ピレボス』の中でこう言い切っていた（五一c）。「形態の美によって［…］僕は直線と円を描く線のことを、そしてそこから由来する面と形態のことを言っているのです。〔…〕実際そのような形態は、他の形態のように相対的に美しいのではなく、つねに、それ自体において、そして本性によって美しいのだと、僕は断言します」。

イタリア・ルネッサンスはこの言説を自分のものとしたのであったが、それはすでに聖アウグスティヌスが確認していたことだった。彼は神の美がプロポーションと数と調和を通じて、したがって同時に球体の音楽と建築作品において表明されるのだと確信していた。[19] ところで十四世紀以来西欧の文化は聖アウグスティヌスへの回帰を遂行していたのであって、ルネッサンスはそれをかなりのところまで推し進めたのである。

教会はコスモスのイメージであると同時に神の完璧さのシンボルでもあるが、まったく当然の成り行きとして、十五世紀の理論家たちが定義していたような絶対的な美にもっとも近いところまで接近すべきものであった。そこからアルベルティが表明する次のような願いが生まれる。「聖堂には想像しうる限りの美の全体が、どこでもそれを越えることができないような美が、あってほしいものだ。そこに入る人たちが事物の威厳と卓越性を前にして驚愕とともに驚嘆の戦慄を覚え、大きな声で次のように叫ばずにはいられないし、そんな風であってほしい。「この場所はまことに神にふさわしい」と」。[20] こうした結果はプロポーション、すなわちサイズ〔寸法、大きさ〕のあいだの関係の賢明な計算によってしか得ることはできなかった。

この「神にふさわしい場所」は、地上に実現されるところの、あるいは少なくとも紙に描かれるところの、天国のようなものであるが、それは上に丸天井を載せた、中心式プラン《プラン・サントラル（中央・平面）》の教会であった。円はマルシリオ・フィチーノにとっては同時に神の「ヒエログリフ」〔判読不明な文字〕であり「最初にして最後の形象」であったのであり、[21] またすべての要素の中心に対するシンメトリーは最高の調和だったからである。一四二〇年代にフィレンツェのサン・ロレンツォ教会の旧聖具室に中心式プランの教会の新しいモデルを与えたのはブルネレスキである。このような建物は、円形であれ多角形であれ、あるいはギリシア十字形であれ、西欧ではすでに建設されたものであった。最初は異教時代（アグリッパのパンテオン〔万神殿〕、フォルム・ボアリウム〔古代ローマの牛の市場で、ローマ最古の公共広場〕やティーヴォリ〔ローマの東北東三十キロの町〕の円形神殿、など）において、次いで最初の数世紀のキリスト教徒たちの時代（ローマのサン・ステファノ・ロトンド教会とサンタ・コンスタンツァ教会、ミラノのサン・ロレンツォ大聖堂）においてである。この最後の教会は四世紀に建立され、十五世紀にもまだ元のままだったのだが――一五七三年に崩壊した後もほとんど変わらない姿で再建された――、四つ葉形プランの卓越したモデルを提供していた。[22]

中心式プランに対するルネッサンスの賛嘆の念をよく示すまちがいがある。十五世紀のフィレンツェでは、八角形の洗礼堂は実際にはロマネスク時代のものであるのに古代にさかのぼると信じられていたし、またそれを誇りに思ってもいた。ローマ時代の諸要素がそこで再使用されていたのは事実である。またローマのサン・ステファノ・ロトンド教会は、最初はキリスト教以前の名の残る建造物であったとも、考えられていた。そしてそれはおそらく、「ヨセフの物語」〔旧約聖書「創世記」のヤコブの第十一子ヨセフと兄弟たちの物語〕を思い出させるためにギベルティがフィレンツェの洗礼堂の「天国の門」に彫刻した巨大な円形の建築物にヒントを与えた。[23] その上、エルサレムではコンスタンティヌス〔一世〕時代の聖墳墓教会が丸天井を戴いた円形の建物を伴っていることは知られていた。それは聖務日課に使われる建築物とアトリウム〔初期教会建築の前庭〕によって結ばれていた。この円形の建物は六一四年にペルシア人たちに破壊され、次いで再建された。いずれにしても、西欧の図像学でエルサレムの「アナスタシス」〔ギリシア語で復活のこと、ここではとくにキリストの復活〕の教会を喚起しようとするとき、オマールのモスク〔エルサレム旧市街の「岩のドーム」〕と混同されるのを覚悟の上で人々が表現したのはいつも円形の建物なのである。

オルヴィエート大聖堂で「反キリストの悪事」を詳細に報じたルカ・シニョレリは反キリストの背後にギリシア十字の形をした巨大な建築物を配したが、その上には正方形の階が載っており、さらにこの階自体も、直径が順次小さくなるふたつのロトンド〔丸屋根のある円形の建物〕を戴いていた。中世の伝説は、事実、エルサレムの神殿が反キリストによって再建されるだろうと請け合っていた――神の敵が群衆を誘惑しようとする偽の「奇蹟」のひとつである。この時代のユマニストの画家たちにとっては、シンメトリーのあらゆる要求に応えるような建築物をもってする以外に、彼らの目から見てエルサレムの神殿であったところのこのような神秘的な建物を、どうやったら喚起できるであろうか。

中心式プランの教会へのイタリア・ルネッサンスの関心、そしてなかんずくギリシア十字のある教会への関心を理解するには、このようなキリスト教的オリエントに対する引証が重要である。ビザンチン帝国の影響は、ギリシア十字と丸天井とパドヴァの洗礼堂のような中継ぎの建築物を備えた建物であるヴェネツィアのサン・マルコ大聖堂のおかげでイタリア半島の建築家たちに刻印を残した。だがそれだけでなく、コンスタンティノープルの諸教会は、この都市に住んでいたイタリア人居留民やそこからもどって来る旅行者たちのおかげで、一層よく知られてもいた。こうしてブルネレスキの弟子のジュリアーノ・ダ・サンガロ（一四四三－一五一六年）〔イタリアの建築家〕はアンコーナのチリアコ〔一三九一頃－一四五五頃、イタリアの商人、ユマニスト、旅行家、碑銘学者〕の持ち帰ったノートによれば聖ソフィア大聖堂〔コンスタンティノープルのアギア・ソフィア大聖堂。アギア・ソフィアは「聖なる英知」の意〕の完全な全体像を手帳に残していた。[24] ところでサンガロは十五世紀の末にギリシア十字の形をした新しい教会の中でももっとも完璧な教会を造ることになるだろう。プラート〔イタリア中部の町〕のマドンナ・デッレ・カルチェリ教会〔サンタ・マリア・デッレ・カルチェリ。「監獄の聖母マリア」の意。バシリカ教会〕である（一四八四年）。彼の師のブルネレスキがコンスタンティノープルのパントクラトール（コーラ）の教会を知っていたとも想定されている。ラテン王国〔ラテン帝国〕（一二〇四－六一年）のあいだのヴェネツィア人たちの大聖堂である。[25]

　オリエントとイタリアのビザンチン帝国の教会、十二世紀パドヴァのペンデンティブ〔正方形の平面に外接する丸屋根の四隅に設ける球面三角形の部分〕上の丸屋根を伴った洗礼堂、フィレンツェの洗礼堂、そしてまたおそらくはローマのパンテオンのモデルが、前途洋洋たる創造へとブルネレスキを導いた。すなわち、メディチ家の人々によって葬儀用礼拝堂とするために注文を受けたフィレンツェのサン・ロレンツォ教会の旧聖具室のことである。アルナルド・ブルスキ〔一九二八－二〇〇九、イタリアの建築史家〕の説明するところによれば、その平面構成は「死者たちが地上から、すなわち立方体の土台から、光のクレシエンドの中を昇って行き、天に迎えられる、そういった死――復活――霊的称賛の歩みに関する省察によって」ヒントを与えられたようだ。「天はここでは十二の「オクリ」〔ラテン語でオクルス（＝目）の複数形。ヴォールトの頂に穿たれる開口部〕――使徒たちの眼か？――と、円柱の上に建てられ螺旋状に終わる頂塔〔採光・通風のために作られた、丸屋根などの上の部分〕とによって照らされている丸天井によって表現されている」[26]。建築全体はその簡素さと明るさで心を打つ。隅の付け柱〔壁面から突き出した方形断面の柱〕の上に置かれたエンタブレチュア〔円柱上部の台輪〕によって境界を定められアーチを戴いた正六面体が、球形のペンデンティブを持った丸天井を支えている。厳密な中心式プランに軽微な違反がある。また、入口と反対側で、正方形の礼拝堂はもうひとつのもっと小さな正方形に開かれているのだが、それは内陣で、これもまた小さな半球形の丸天井を戴いている。

新しい建築物は同時代人の熱狂を呼び覚ました。マネッティ〔ジャノッツォ。一三九六－一四五九、イタリアの政治家、外交官。ユマニスト〕のものとされる『ブルネレスキ伝』は次のように伝えている。「聖具室はその様式の新しさと美しさによってそれを幸運にも見ることのできた町のすべての住人と外国人に賛嘆の念をもたらした。絶えずその前に集まるおびただしい数の人たちが、職人たちの多大な困難の原因となっていた」[27]。新建築のマニフェストであるサグレスティア・ヴェッキア〔旧聖具室〕は一四二八年に完成し、以後ひとつの典型となり、「さまざまな解釈と大きさをもってしばしば踏襲されデザインされた」[28]。ブルネレスキがサン・ロレンツォ教会に与えたモデルから生まれた多かれ少なかれバリエーションを伴うそれら建築物――三十ばかり――の「系譜」はこうして話題となった[29]。旧聖具室は中心式プランの完全な実現ではなかったが、ブルネレスキは一四三四年頃フィレンツェのアルテ・デ・カリマラ（毛織物業者の同業組合）に懇請されて、中心式プランを完全に備えた最初のルネッサンスの教会であるサンタ・マリア・デイ・アンジェリ教会〔ローマのテルミニ駅に近いバシリカ教会〕をデザインした。その作業はやがて中断した。けれどもロトンドのデッサンは同時代人たちに強い印象を与え、後にミラノにおける宗教建築物に対する研究においてレオナルド・ダ・ヴィンチにインスピレーションを与えたのだった[30]。

新しい宗教建築のふたつの成功例がここで思い起こされねばならない。トーディ〔イタリアのウンブリア地方の都市〕のサンタ・マリア・デラ・コンソラツィオーネ教会と、モンテプルチアーノ〔イタリア中部の町〕のマドンナ・ディ・サン・ビアージョ教会である。前者の建築は一五〇八年に開始されたが、おそらくブラマンテによって着想され、制作はコラ・デ・カプラニカ〔カプラニカのコラ〕による。後者は一五一八年から四五年にかけて建築されたが、大アントニオ・ダ・サンガロ〔一四五五－一五四三、イタリアの建築家〕の作品である。どちらの聖堂もブルネレスキの着想にならっている。トーディの聖堂は完璧なギリシア十字の形をしており、中央の丸天井と、建築物の内陣のまわりに放射する四つ葉模様を覆う四つの半丸天井を擁している。モンテプルチアーノの聖堂は聖具室のための後陣とひとつのカンパニーレ〔教会横の鐘楼〕（もともとはふたつ予定されていた）によって中心式プランに違背しているが、しかし内部に入ると、ギリシア十字は不足がない。どちらの場合も、建築は新プラトン主義の哲学とキリスト教文明がピタゴラスから受け継いだ数に対する聖なる考え方によって「音楽的」たらんと欲していた。シンメトリーへの意思、球体または立方体の形態の利用、純粋さへの強い決心が、世界の調和と神の御業《みわざ》の完璧さを石の中で実現したいという欲求を表していた。これらの聖堂はその着想者の頭の中では天国の美を反映していたにちがいない。それはまたきっと、フィリベール・ド・ロルム〔一五一〇－七〇、フランスの建築家〕が一五四九年から五二年にかけてアネの城館〔パリの西七十六キロ〕の礼拝堂を制作した時のひらめきでもあった。それは中心式プランを持ったフランスで最初の宗教建築物であって、丸天井の格間《ごうま》が床に写っていたのである。

しかしながらラテン十字形のバシリカ式プランの方が、少なくとも西洋で行われるような典礼の聖務日課にはもっと向いていた。したがってルネッサンスの時期とそれ以降にカトリックの世界で建設された中心式プランの教会は、イタリアにおいてさえ、ラテン十字の教会ほど数は多くない。ローマのサン・ピエトロ大聖堂がきっかけとなった躊躇がこの点で啓示的だ。ブラマンテが着想しミケランジェロが受け継いだ中心式プランは結局放棄されたのである。

その代わりに、十五世紀と十六世紀初頭には、この新しい美学は例外的な、しかし規模の小さな制作で――ブラマンテによってジャニクロの丘〔ヤニクルム丘、ローマのテベレ川右岸の丘〕の上に建てられたサン・ピエトロ・イン・モントリオ教会の円形のテンピエット〔小神殿〕のような――、あるいはまたデッサンや絵画で、成功を収めた。理想の都市スフィルツィンダ〔ミラノ公爵フランチェスコ・スフォルツァにちなむ〕を想像するフィラレーテ〔本名アントニオ・ディ・ピエトロ・アヴェルリノ。一四〇〇－六九、フィレンツェの建築家。彫刻家。通称フィラレーテはギリシア語で「美徳を愛する者」の意〕や、教会の研究書におけるレオナルド、あるいはサン・ピエトロ大聖堂のための計画におけるバルダッサーレ・ペルッツィ〔一四八一－一五三七、イタリアのシエナ派の建築家、素描画家。ブラマンテの弟子〕たちが、中心式プランの巨大な聖堂のエスキース〔素描〕をわれわれに残している。

こうした聖堂は、夢の都市に捧げられた十五世紀の幾何学的建築の有名なふたつのパネルの前景にも姿を現す。どちらも（ひとつはボルティモア〔アメリカ南部メリーランド州の都市〕のウォールターズ・アート・ギャラリー、もうひとつはウルビーノのドゥカーレ宮殿）、ウルビーノというあの「ルネッサンスのアテネ」の工房から生まれたらしい。前者は八角形の教会を提案しているが、これはフィレンツェの洗礼堂のバリエーションの類だ。後者はロトンドの聖堂を提案している。もしも当時の建築家たちが都市空間を自分たちの好きなように組織できたなら、名誉ある場所に円形もしくは多角形の教会を持っているような、きわめてリズミカルな都市を出現させたことであろう。

これらふたつのパネルの中心式プランの教会は、ペルジーノが天国の鍵をペテロに渡すイエスの背後〔「聖ペテロへの天国の鍵の授与」〕（ローマ、システィナ礼拝堂）や、マリアとヨセフの結婚〔「聖母の結婚」〕の装飾的な背景（フランス、カーン美術館）に置いたところの、多角形で丸天井を戴いた教会と明らかに比較すべきものである。ラファエッロは彼自身の「マリアの結婚」（ミラノ、ブレラ美術館）のために、この中心式プランの聖堂モデルからインスピレーションを受けた。またフィリッピーノ・リッピは「ドルシアーナの蘇生」（フィレンツェ、サンタ・マリア・ノヴェッラ教会、一五〇二年）を古代ギリシア・ローマに想を得た装飾のうちに置いたが、丸天井を伴ったロトンド形の教会でもって装飾を豊かなものとした。典礼上の制約も、すでに整っていた都市環境も、この場合これらの画家たちが教会の表象において自分たちの美学上の好みを自由に発揮することを妨げなかった。画家たちはそれを天の調和の象徴としたかったのである。ところで、これら建築物の上部を必然的に飾るものとして姿を現したのが、まさにこの丸天井であった。

丸天井の成功

キリスト教芸術の象徴体系においては、後陣と丸天井は、宇宙論的と宗教的の二重の意味においてすでにかなり以前から天を指し示すものとなっていた。後陣は原則として教会の東側にあって、天の穹窿のうちで「「救いの太陽《ソル・サルティス》」が昇る、すなわちキリストが天へと昇ったところの、またそこから「正義の太陽《ソル・ユスティキエ》」としてキリストが生者と死者を裁きにやって来るであろう[31]」部分を表象していた。転じて、後陣によってなされる賛美は救世主の母あるいは使徒たちへの賛美ともなりうるものだった。いずれの場合も、問題となっていたのは救済の神秘と天国の住民たちのために特別に用意された建築上の容量であった。

この点でラヴェンナのサン・タポリナーレ・イン・クラッセ教会〔ラヴェンナの隣町クラッセにある教会。アポリナーレはラヴェンナの守護聖人アポリナリスのこと〕の後陣以上に説得力のある後陣はない。そこでは、星をちりばめた天を背景とした金色の大きな十字架が天国の草原の緑の牧場

キリスト教の図像において永遠不変の牧草地がこれほど豊かに描かれたことはおそらくかつてなかっただろう。「天国の草原」6世紀、ラヴェンナ（イタリア）、サン・タポリナーレ・イン・クラッセ教会。 ©G. Dagli Orti.

を見下ろしている〔「天国の草原」〕。サン・タニェーゼ教会〔ローマのバシリカ教会〕、サンタ・マリア・イン・ドムニカ教会〔同〕、旧サン・ピエトロ大聖堂、サンティ・コスマ・エ・ダミアーノ教会〔同〕、サンタ・チェチリア教会〔ローマのトラステヴェレ地区にある教会〕、あるいはサン・クレメンテ教会〔ローマのバシリカ教会。サン・クレメンテは第四代教皇〕の古代ローマの後陣は、信徒のために開かれる天からやって来たメッセージをそこに探し求めることによって、同じように解読されるべきである〔以上、「天国の表現」〕。

天国のもっとも高い階層が信徒たちに明かされているのは、チェファル大聖堂〔シチリアのチェファルにある〕の黄金の背景に浮かび上がる壮大なモザイク画（十二世紀）であるのは疑う余地がない〔「天国の表現」〕。きわめて大きなサイズの後陣のてっぺんには豪華な青色のマントをまとったパントクラトール〔＝キリスト〕が片手で祝福し、片手で生命の書〔神に選ばれた者の名前が記された書物〕を持っている。下の方では、三つの領域にわたって、四人の大天使に取り巻かれた聖母と、次いで六人ずつのグループになった使徒たちが、金色の光景を補完している。

丸天井は、蒼穹のかけらである後陣とヴォールト以上に、宇宙の球体と神の王国を同時に意味するために考えつかれたものだった。それが持つ天国的な使命は明らかだった。かくしてテッサロニーキ〔サロニカ〕のアギア・ソフィア

〔聖ソフィア〕教会がある。その九世紀と十世紀のモザイク画は虹に腰を下ろしたパントクラトールを真ん中に表現している。彼はふたりの天使に支えられた大型メダルの中にでんと構えている。これと同心円の二番目の大型メダルは拝礼の姿勢の聖母と十二使徒のためのものだ。これもまた意味深いのだが、ヴェネツィアのサン・マルコ大聖堂中央の丸天井は主の昇天に捧げられた十三世紀のモザイク画を持っている。中央のキリストは星をちりばめた青の蒼穹で虹の上に昇っている。三つの同心円が救世主の円を囲んでいる。一番近くの円はイエスのまわりを回っている。一番外側の円には複数の美徳が表現されている。構図全体は、イエスが地上の巡礼の後で再び見出した天国の栄光〔至福〕の称賛である。すなわち、人間が使徒たちのメッセージに耳を傾け、その美徳を実践するなら到達するであろう栄光〔至福〕である。

もちろんルネッサンスが丸天井を創出したわけではない。けれどもゴシック芸術はそれを放棄していたのである。反対に次の時代は、古代への、とくにローマのパンテオンへの賛嘆の念と、そして同時にこの上なく深いその哲学とによって、丸天井へと立ちもどるに至った。そのとき、その技術上の偉業が、先立つ時期の制作物を凌駕したのだった。シャトーブリアン〔フランソワ・ルネ。一七六八－一八四八、フランスの小説家、政治家〕は次のような名文句を生み出した。「丸屋根という手段によって〔…〕宗教はゴシック芸術が持っている大胆なところと、ギリシアの建築様式が持っている簡素で優雅なところを巧みに混ぜ合わせた」[32]。

ローマのパンテオンは感嘆すべきものに見えた。なぜなら、その丸天井の高さはその直径の四十三・四〇メートル（ローマの百五十ピエ）に等しかったからだ。コンスタンティノープルの聖ソフィア大聖堂はユスティニアヌス〔一世。四八三－五六五、東ローマ皇帝在位五二七－五六五〕治下の五四八年に完成したのだが、もっと高かった（地上から五十六・五〇メートル）。しかし丸天井の直径は三十一メートルしかなかった。皇帝の建築家たちは直径を始めはもっと長く作ったのだが、地震のために五五九年に建築物のてっぺんが崩壊し、それで直径が縮まったのだ。聖ソフィア大聖堂の丸天井は同時代人たちをあっと言わせ、彼らはそこに天のイメージを見たのだった。パウルス・シレンティアリウス〔六世紀前半－五七五／五八〇、東ローマ皇帝の侍従、接見役〕は六世紀に丸天井にこんな詩を捧げた。

十字架を携えたきらめく球体。
四十の小さな窓を持ち、そこから金色の暁の光が
導き入れられる。すべてが、まとっている、
美を！　すべてが眼を驚きで一杯にする！
言葉は描くことができない、
晩の照明を。まるで夜の太陽が、
厳かな聖堂を光で充たしたかのようだ。[33]

プロコピウス〔カエサレアの。？－五六五頃、東ローマ帝国の歴史家〕も同じように感嘆措く能《あた》わなかった。プロコピウスは巨大な教会を「完璧に美しい光景」「それを凝視することのできる眼にとっては驚異、噂でしか知らない人たちにとっては信じがたい。天までそびえている」と形容した。それは「町全体を凝視できる天文台である〔…〕。そこには光と太陽の燦然たる輝きが溢れている。太陽によって照らされているのでなく、それ自体が光源ででもあるかのように思えるほどだ」[34]。

クワットロチェント〔イタリア美術・文学史上の十五世紀初期のルネッサンス時代の様式のこと〕のもっとも目を見張る成功のひとつは、ブルネレスキによって建てられたフィレンツェ大聖堂の巨大な丸屋根であった。ブルネレスキはサン・ロレンツォ教会の旧聖具室の仕事をしていたとき、最初はギベルティとともに、次いでひとりで、サンタ・マリア・デル・フィオーレ大聖堂の丸天井の建設を任された。同業組合でなくひとりの芸術家がこれほど大きな建設工事現場の責任を委ねられるのは初めてのことであった。丸屋根の輪郭は尖頭アーチがリズムを刻んでいるその膨らみによってゴシック様式にとどまっていた。けれどもふたつの事実が人々を驚愕させた。ブルネレスキは丸天井を外部の足場なしに建設したのだった。しかも、控え壁〔バットレス、扶壁ともいう。壁を支える〕も飛び梁〔フライングバットレスとも。壁を外側からアーチ状に支える〕もつけなかったのだ。フィレンツェの人たちは、ギベルティも含めて、このかなめ石のないヴォールトはじきに崩壊するだろうと信じていた。しかし、円柱の飾環《アノー》が互いに嵌め込まれたので、せり高が梁《はり》間の半分を越えている楕円形が、隣接するコロナ〔軒蛇腹（エンタブレチュアの最上部に置かれる部材。建物を雨水から保護するために突出している）〕

で、前面が垂直平面になっている部分〕によって高くなることを可能とした。ふたつの丸屋根カバーは――覆い用と支え用だが――煉瓦製の子午面のリブ〔肋材〕によって結ばれ、内側のシェル〔曲面板〕は鉄の帯によって結ばれた木製の一連の梁によってたがを嵌められた。ベルナール・ジェスタズの説明するところによれば、フィレンツェ大聖堂の丸天井は「建築作品というより、技師の手柄であった。けれどもその成功は疑いもなく丸天井の普及に貢献したのであり、それはルネッサンスの建築のもっとも重要な要素のひとつとなった」[35]。

称賛は全員一致で長く続いた。ブルネレスキは伝説上の建築家ダイダロス〔クレタ島の迷宮を造ったアテネの名工〕になぞらえられ、またその丸天井は天と関連づけられた。アルベルティは尋ねた。「天の上までもそびえ、その影でトスカーナのすべての人々を覆うほど広大で、いかなる梁の助けもなければたくさんの木材の助けもなしに造られた、これほど大きな構造物を眼にして、建築家ピッポ〔ブルネレスキの名前はフィリッポ〕を称賛しないほど厳しい人、ねたみ深い人がはたしているものだろうか」[36]。マネッティによれば、「「このような丸天井を立ち上げることができるのは」この世にただひとりの人しかいない、まさしくそれを造ったその人だ、と誰もが思っていた。そこから、それが文字通り神の御業《みわざ》であることがはっきりと見て取れたのである」[37]。ブルネレスキの死後、大聖堂には次のような詩句が刻まれたが、それはブルネレスキの歩んだ道と理想を表現していると見なされている。「石また石、円から円へ、私は絶えず建設した。果てしもなく同じように天へと向かう渦巻線が私を魅了する」[38]。ひとりの修道士、ドメニコ・ダ・コレッラ（一四〇三－八四年）はラテン語で『マリア伝』を執筆し、そこにブルネレスキの丸天井を賛嘆する一節を挿入した。

この聖堂の頂は、どんな城砦よりも高く、天までも昇っている。というのもその建築家は、われらの時代にあってもうひとりのダイダロス、閃光の才能を持った建築家フィリッポだから。彼は架空の翼でもって空間上を滑翔したりはしなかった。けれども、厳格にして天才的な彼は、地上から星々まで届くあの頑丈な丸屋根カバーという巨大な塊を建設した。土台では三つ、てっぺんではひとつのそれは、いかなる支柱によっても支えられていない。[39]

次の世紀になると、ヴァザーリ〔ジョルジョ。一五一一‐七四、イタリアの建築家、画家、美術史家〕が一世紀前から共通のものとなっていた世論を要約した。

古代人はかつてこれほど高いものを建設したことはなかったし、天と競争するという危険を冒そうとしたこともけっしてなかった。ところがサンタ・マリア・デル・フィオーレ大聖堂の丸天井は、稲妻が絶えずそれを襲っているのであるから、近隣の山々にも匹敵するほど高くそびえているのであるが、それを眼にするとき、まさに天と競争しているように見えるのである。[40]

ブルネレスキは頂塔が大聖堂の丸天井を飾るのを見るほど長生きはしなかった。けれども、ヴァザーリの報告するところによれば、ブルネレスキは自分が作った「モデルに従ってそれが建設されるであろうと遺言に明記して」いた。ブルネレスキは一四四六年に亡くなったが、頂塔はようやく一四六一年になってあるべき場所に収まった。丸屋根の高さはそのとき全体で百七メートルとなったが、それはジョットのカンパニーレより二十三・三メートル高く、ローマのパンテオンの丸天井を六十三メートル、またコンスタンティノープルの聖ソフィア大聖堂より五十メートルばかり凌駕していた。ミケランジェロはサン・ピエトロ大聖堂の丸屋根の仕事に呼ばれたとき、この壮挙を思い出すことだろう。ブルネレスキはマルシリオ・フィチーノが提出した質問に前もってこう答えていた。

人間は天の動きの秩序、その進行とその規模あるいはその結果を見てきたのだから、人間が天を創った者とほとんど同じ才能を持っているということ、だから道具と天の素材を見出しさえすれば、人間もある程度までは天を創造できるのだということ、なぜなら、人間は今や、もちろん別のやり方ではあるけれども、しかし似たような設計図に基づいて、天を創造しているのだということ、こうしたことをどうして否定できるだろうか。[41]

ちなみに、ブルネレスキの丸屋根の成功を、後に――一五〇九年に――ルカ・パチオリによって発展させられた数学的考察と比較対照することが、どうしてできないと言えるだろうか。パチオリは『神聖比例論《デ・ディヴィナ・プロポルティオーネ》』において――その図形はレオナルド・ダ・ヴィンチがデッサンしたものだが――『ティマイオス』を典拠としながら、四面体、立方体〔正六面体〕、八面体、二十面体（三角形の二十の面を持つ立体）をそれぞれ、火、土、空気、水に対応させている。そして十二面体（五辺形の十二の面を持つ立体）の中に天の象徴を見ている。これら五つの正多面体の特徴、それはいずれも球面〔球体〕の中に収まるということである。[42]

ルネッサンス以前には、たいていの場合、丸天井はトロンプ〔入隅迫持（いりすみせりもち）〕、すなわち壁の隅に置かれた半円錐形もしくは半丸屋根形のヴォールトによって支えられていた。クワットロチェントは反対にペンデンティヴを用いたが、これは球面の中で切り抜かれたように見える凹《おう》面の三角形である。これによって正方形の平面から丸天井の、あるいはその鼓筒〔ドームを支える円筒状の部分〕の円形への容易な移行が可能となり、装飾のための面が提供されることとなる。[43]その上ブルネレスキはフィレンツェの幼児院〔捨て子養育院〕のポルチコ〔柱廊〕とその教会群のアイル〔側廊〕に、アーチの半円部〔アーチ型、迫枠（せりわく）〕と釣り合いのとれたペンデンティヴによるヴォールトを導入した。ルネッサンスはゴシック様式を飛び越えて、こうしたアーチの形態を復活させた。かくしてヴォールトと丸天井には、天国に対する新しい視線を生み出す可能性があった。それどころか、ヴォールトと丸天井は天国の新しいヴィジョンを提案したのである。

依然としてそこに十分な光を導き入れる必要があった。サンタ・マリア・デル・フィオーレ大聖堂の丸天井は鼓筒の上に置かれている。一方サン・ロレンツォ教会の旧聖具室の丸天井は、「日傘として組み立てられた」ので、鼓筒を欠いており、また、格間《ごうま》〔または根太間〕の土台部に開けられた「オクリ」にもかかわらず、光にも欠いていた。[44]フィレンツェ大聖堂の丸天井の例外を別にすれば、ルネッサンスの初期の丸天井はペンデンティヴの上に直接建てられており、それを外側から石工事〔石・煉瓦・漆喰などによる工事〕の囲いによって部分的に隠しさえしていた。そこから、他にもいろいろ不都合はあったが、光を失うこととなったのである。

これらの欠陥は、円筒形の鼓筒の上に丸天井を建設することによって徐々に改善された。鼓筒の窓からトランセプト〔翼廊〕の内部を明るくしたのである。その上、こうすることによって丸屋根を外側からも引き立たせていた。最後に、ブルネレスキがフィレンツェ大聖堂のために予見した通り、たいていの場合丸屋根には頂塔が付け足され、さらに多くの光が聖堂に入り込むようになった。サン・ピエトロ・イン・モントリオ教会〔ローマの教会〕のテンピエット〔小聖堂〕、トーディのコンソラシオン教会〔慰めの聖母マリア教会〕、あるいはモンテプルチャーノのサン・ビアージョ教会を眺めるとき、丸天井は十六世紀初頭以来その十全なる建築的定義を見出したのだと納得される。

一五〇六年以来ポーランド王であったズィグムント一世〔一四六七－一五四八、リトアニア大公・ポーランド王在位一五〇六－四八〕はクラクフの大聖堂に自分の名前のついた礼拝堂を造りたいと思った。そしてイタリア人の妻ボナ・スフォルツァ〔一四九四－一五五七〕の助言で、イタリア人の芸術家たちに助けを求めたが、フィレンツェの人バルトロメオ・ベレッチ〔?－一五三七〕もそこに含まれていた。ベレッチは礼拝堂の正方形の上に頂塔を持つ金色の丸天井を建てたが、それは屋根窓〔天窓〕を持つ八角形の鼓筒に支えられていた。イタリアの建築家たちとその外国人の弟子たちにとっては、その名にふさわしい聖堂がひとつの丸天井と複数の半円アーチ形のヴォールトを備えるべきであるということは今や明白だった。イタリアで教育を受けたディエゴ・デ・シロエ〔一四九五－一五六三、スペインの建築家、彫刻家〕はグラナダの大聖堂の建築現場を一五二八年に引き受けた。これはゴシック様式で始められていたのだが、シロエは王のパンテオンとなるはずのものに対して、エルサレムの聖墳墓教会のロトンドを想起させる丸天井つきロトンドを着想した。同様に、一五六三年に始められたエル・エスコリアル修道院〔王立サン・ロレンソ・デ・エル・エスコリアル修道院。マドリードの北西四十五キロにあるスペイン王室御用地にある〕のような権威ある建物の場合、教会はギリシア十字の形をしていて上に丸天井を戴いているのが当然のように思われた。一五六七年から八四年まで工事を監督したファン・デ・エレラ〔一五三〇－九七、スペインの建築家、数学者〕[45]はブラマンテとミケランジェロの崇拝者であり、「立方体図形の象徴体系ならびに形態と容積の端正さの熱愛者」だった。丸天井は以後、威光を意味することとなった。

しかしながら、教会の新様式の十全なる成功を作り上げ、その世界的な光輝を保証したのは、ミケランジェロのデッサンにより、ジャコーモ・デラ・ポルタ〔一五三七－一六〇二、イタリアの建築家、彫刻家〕がそれを修正してなったサン・ピエトロ大聖堂の丸天井の完成（一五九三年）であった。建築物は百四十五メートルに達する――ミラノの大聖堂の一番高い尖塔（百八メートル）も容易に収容されるだろう。ヴォールトの下の身廊の高さは四十四メートルに達する。高度から見れば、新建築は今やゴシック様式に匹敵することができた。丸屋根を持つ教会は十六世紀の末にはすでにイタリアでは多数存在していたが、次いでクスコ〔ペルー南部の観光都市、インカ帝国の古都〕からリボフ〔ウクライナ共和国の商業都市〕に至るまで、全カトリック世界に増えていった。ベルギーで最初のそれは――シェルペンウーヴェル〔フランドル地方のオランダ語圏の都市、フランス語ではモンテギュ・ズィッケム〕にあるが、それは一六〇九年から二一年のことである。フランスではソルボンヌの礼拝堂が一六三五年に造られ始めた。その後十七世紀と十八世紀にパリで建てられた大部分の教会は丸天井を持った。サン・ポール・サン・ルイ教会、ノートルダム・デュ・ヴァル・ド・グラース教会、サン・ルイ・ド・ラ・サルペトリエール〔ラ・サルペトリエール施療院の付属礼拝堂か〕、コレージュ・デ・カトル・ナシオン（今日の学士院）の礼拝堂、アンヴァリード〔廃兵院〕、サン・ロック〔ロクまたはロクス〕教会、さらに下ってサント・ジュヌヴィエーヴ教会（現在のパリのパンテオン）[46]である。モリエール〔一六二二-七三、フランスの俳優、喜劇作家〕はヴァル・ド・グラース教会に夢中になった。「その見事な丸屋根は天空にそびえ／大パリを壮麗な眺めで飾っている」[47]。

ある時は中心式プランと結びつき（たとえばヴェネツィアのサルーテ教会〔救済の聖マリア教会〕、ローマのナヴォーナ広場のサン・タニェーゼ教会〔サン・タニェーゼ・イン・アゴーネ教会〕とサン・ティーヴォ・アッラ・サピエンツァ教会、セヴィリアの聖ルイ教会、ウィーンの聖カルロ・ボロメオ教会〔カルロ・ボロメオは十六世紀のイタリアの枢機卿〕）、またある時は――この方がしばしば起こることだが――、細長い輪郭を持った教会のてっぺんを飾っているあの丸天井は、十六世紀末から十八世紀末にかけて、この時期に建設されあるいは再建されたカトリック教会のきわめて重要な建築要素となった。例はローマ・カトリック圏にとどまらなかった。一六六六年の火災の後ロンドンの聖ポール教会再建を担当したクリストファー・レン〔一六三二-一七二三、イギリスの建築家〕は丸屋根についてブルネレスキ、ミケランジェロ、ジュール・アルドゥーアン・マンサール（アンヴァリード〔ルイ十四世がパリに建てた傷病兵の施療院。現軍事博物館。ナポレオンの墓所〕の丸天井の作者）〔一六四六-一七〇八、フランスの建築家〕の三人から同時に霊感を得た。グリニジ〔イングランド南東部、ロンドン東部の地区〕の丸屋根群もまたクリストファー・レンによる。十八世紀になると、今度はロシアが西欧の丸天井をまねた丸天井を採用した。とくにイタリア人のバルトロメオ・ラストレッリ〔一七〇〇-七一〕が建築したサンクト・ペテルブルクのスモルニー大修道院の場合がそれである。

ヴァル・ド・グラースのベネディクト会大修道院のためにフランソワ・マンサール〔一五九八-一六六六、フランスの建築家〕によってデッサンされた丸天井の内部に、ピエール・ミニャール〔一六一〇-九五、フランスの画家〕によって一六六三年に描かれたフレスコ画「天国」が、本章に結論をもたらすことができる。というのも画家はその中心に、開かれた天への眺望を創り出そうと努力したからだ。もちろん、天国のことである。光背をつけた神が天使たち、聖人たち、そして教会の歴史の偉大な人物たちに囲まれている。渦巻き線状〔螺旋形〕の構図は天井に描かれた二百人もの人物を動きの中に置いている。丸天井はここにその十全なる天国的な意味合いを見出していた。かくして十六世紀以来、天国の表象は丸天井とヴォールトの曲線に適合し、好んでそこに展開され、選ばれた者たちの幸福が花開く天の新たな光景をもたらしたのである。

第十九章　潜在的なるものの勝利

天国のイメージのストック減少

バロック時代のキリスト教の天とそれ以前の時代の天を比較すると、ある種のフラストレーションが起こるかもしれない。というのも、図像学とテキストにおいて天国イメージのストックの貧困化を確認せざるをえないからだ。

ヤコブの夢とエッサイの系統樹のテーマは底をつく。かつては天国を表象する恰好の機会となった最後の審判は、なるほど消滅するわけではないけれども、以前ほど多くはないし、「デイシス」〔マリア、キリスト、洗礼者ヨハネの三人像〕は滅多に見られなくなる。天のエルサレムはその黄金の屋根を、その真珠を嵌め込んだ扉を、その宝石の城壁を放棄する。奏楽の天使たちは[1]、まだあちこちに見出されはするが、もはや十四世紀中葉と十六世紀初頭のあいだにわれわれを楽しませてくれたようなフル編成のオーケストラを作りはしない。植物のモチーフが新たに動員されてヨーロッパとアメリカのバロックの祭壇画を飾ることがたとえあっても、ラヴェンナの「天国の草原」、あるいはゲントの多翼祭壇画の花咲ける野原と木々は姿を消す。天の宮廷の住人たちの衣装は、かつてはフランドルの仕立ての名人たちによって製作されていたのだが、今やゆったりしたドレープ〔ひだ飾りのデザイン〕に席を譲る。偽ディオニュシオスやダンテに親しい九階級からなる天使の軍団はたいていの場合、目の回るような渦巻きの中に溶け込んでしまい、天使たちのあいだの違いもぼやけてしまう。同様に、プトレマイオスによって生み出された連続する天のあいだの区別も、徐々に消滅してしまう。

聖母子像のテーマは、豪華な衣装を身にまとって玉座に腰掛ける天の女王〔＝聖母マリア〕を、天使たちのオーケストラや夢のような庭園と結びつけるという素晴らしい演出を生み出していた。ルネッサンスはこうしたイメージを著しく世俗化した。非宗教的なるものの方へのこのような横滑りの眼を打つ例はラファエッロの複数の『聖母子（像）』である。クリスマスは天国の想像力が縦横無尽に駆けめぐるのを可能にしていた。天使たちがキリスト生誕の情景模型の上にやって来て歌い、音楽を奏でるのだった。マリアとヨセフのかたわらにいる神なる幼子を崇めに降りて来たのだった。そしてまたこの三人が東方の三博士の脇にいるのも時には見られたものだった。その後、天使たちはクリスマスを思い出させるものから完全に姿を消すわけではない。アンニバーレ・カラッチ〔一五六〇－一六〇九、イタリアの画家〕の「羊飼いの礼拝」（一五九七年頃、オルレアン美術館）や、スルバラン〔フランシスコ・デ。一五九八－一六六四、スペインの画家〕の同名の絵（一六三八年、グルノーブル美術館）にも、あるいはカルル・ヴァン・ロー〔一七〇五－六五、フランスの画家〕の「キリスト降誕図」（十八世紀中頃、アミアン美術館）にも、そしてこれもまた十八世紀のものだが、ナポリやポルトガルの大きなキリスト生誕の情景模型などにもまだ見られる。けれども、ジョルジュ・ド・ラ・トゥールのいかめしい筆のもとでの「キリスト降誕図」（レンヌ美術館）や「羊飼いの礼拝」（ルーヴル美術館）、エル・グレコの「聖家族」（マドリード、タヴェラ施療院）、ヴェラスケス〔ディエゴ。一五九九－一六六〇、スペインの画家〕の「聖母子像」（プラド美術館）、ムリーリョ〔一六一七－八二、スペインの画家〕の「羊飼いの礼拝」（プラド美術館）においては、天使たちは今やたいていの場合不在なのだ。神の子の誕生はかくして地上の次元に引きもどされるのである。

天国のイメージの貯蔵庫は十六世紀の黎明期には殊のほか豊かで精彩に富んでいたのだが、これに続く時代にはしたがって著しく小さくなってしまった。けれども、ひとたびこうした確認をした後では、その代償として、ルネッサンスとりわけバロック芸術とがキリスト教的天の表象にもたらした目覚ましい革新を強調しておかねばならない。

バロック時代の丸天井

ルネッサンス期〔十四世紀末－十六世紀〕は古代への回帰という足どりの中で、教会についてはゴシック様式時代〔十二世紀中頃－十六世紀初頭〕の身廊のように高くそびえる身廊を好まなかったが、[2]しかし自らの水平への好みを、丸天井を空に向かって打ち上げることによって矯正したのだった。バロック様式時代〔十七－十八世紀〕はこの道においてルネッサンスに従った。その上、ヴォールトと建物正面と祭壇画の上昇モチーフにおいて垂直性への憧れを強調した。

教会の丸天井と半円形のヴォールトは天とその住人を迎える資格を備えていた。十六世紀初頭からロココ様式時代の終末〔十八世紀後半〕までの広範な年代の内部で選ぶことのできる多くの例がそのことを示している。ロココは本書で取り上げた観点からすればバロックの花火の最後を飾る大花火なのだ。二世紀を隔ててふたつずつのグループに分けられる四つの作品をここでは取り上げることにしよう。

一五一二年から一三年にかけて、シエナの「商人」アゴスティーノ・キージ〔一四六六－一五二〇、イタリアの銀行家〕はローマのサンタ・マリア・デル・ポポロ教会〔ローマのポポロ広場にあるアウグスチノ修道会の教会〕に自分の葬儀用の礼拝堂をラファエッロにデッサンさせた。芸術家は集中式プラン《プラン・サントレ》を着想した。そしてそこに丸天井を載せた。ラファエッロはまた丸天井のモザイク画の下絵も提供した。これらのモザイク画は新プラトン主義からヒントを得ており、てっぺんには蒼穹の永遠の創造者たる神を、そして脇には七つの惑星と太陽の象徴を描き表している。『神曲』におけると同様、天使たちがこれらの惑星の運行を導いている。

それから数年後の一五二六年から三〇年にかけて、コレッジョ〔一四九四－一五三四、イタリアの画家〕はパルマ大聖堂の丸屋根を再建し装飾を行った。コレッジョが丸天井に描いたフレスコ画「聖母被昇天」〔本書三七九頁図版〕はわれわれの眼には芸術史と天国の歴史においてたいへんな重要性を帯びている。輪郭のはっきりしない光溢れる天を高く飛翔し飛び回る人々を、初めて思いきって表現しているからである。

今度は十八世紀の、ボヘミアの山々の裏側の、オーストリアのアルテンブルク〔ライプチヒ平野南縁部の都市〕のベネディクト会大修道院に赴くことにしよう。教会の中に入ると、身廊の広大な丸天井は一七三三年にオーストリア・バロックのもっとも才能のある画家パウル・トローガー〔一六九八－一七六二、オーストリアの画家〕によって装飾されたが、トローガーについて、ジェルマン・バザン〔一九〇一－九〇、フランスの美術史家〕はこう書いていた。「悦ばしげな色合いを帯びた、まことにこの世のものとも思えない彼の絵と、天国の住人に彼が与える至福の様子がいわば彼をしてバロックのフラ・アンジェリコとしている」[3]。芸術家は丸天井に「黙示録」における聖ヨハネの幻視のひとつを表現した〔「ヨハネの黙示録」あるいは「ヨハネの幻視」〕。日輪をまとってドラゴン〔竜。悪魔を表す〕に立ち向かう女性である。悪天使たちの軍団を地獄へと突き堕とす聖ミカエルの所作がこの劇的なエピソードに付け加わっている。見る者は、はっきりと見きわめるには努力を払う必要のあるこの懲罰に精神的ショックを受けることはない。というのも、本当に細部に立ち止まるということをせずに、とりわけて見る者が眼にするのは、パステル調の金色と青色が支配する広々とした楕円形の天だからだ。そこには、美徳と寓意的な形象たちと蒼穹を飛び回る天使たちに囲まれた父なる神がおり、てっぺんには、卵形の光の中に、聖霊の白い鳩がいる。

「天国（の表現）」についての四つ目の例は、今度はメキシコである。テポツォラン〔テポツォトランとも。メキシコシティ北東四十キロの町〕のイエズス会修練所の中にあるロレート〔イタリア中部の町〕のサンタ・カーサ〔ナザレの聖母マリアの生家が十三世紀末に天使たちによってロレートに移されたという伝説がある〕の「カマリン」（付属礼拝堂）だ。それは一七三〇年代にさかのぼり、八角形をしており、小頂塔に照らされた丸天井を持っている。惜しげもない装飾によって、チュリゲーラ様式〔十七世紀末から十八世紀初頭のバロックの建築様式〕の驚異的芸術である。小頂塔のてっぺんでは、聖霊の白鳩が聖母と天使たちの上に降りて来る。スタッコ〔大理石の粉の入った化粧漆喰で、外壁などを大理石風に仕上げる塗装材料〕で仕上げた四人の大天使が星々と大勢の熾天使たちに囲まれて天の上部を支えている。頭を上げたとき、信者は日常世界から別の世界へと運ばれ、天使たちと黄金と光の国に向かって飛び立つのだった。

十六世紀以降、宗教建築は丸天井を多様化しようと努力した（そのすべてが天の形象として着想されたものではあったが）。したがってそこには時空においてさまざまな形態が見出される。もっとも「古典的」でルネッサンスの完璧主義にもっとも忠実なものの中から、ヴェローナのサン・ジョルジョ・イン・ブライダ教会（一五三六－四〇年）

のためにサンミケリ〔ミケーレ。一四八四‐一五五九、ヴェローナ派のマニエリスムの建築家〕が建設した堂々たる丸屋根と、パラーディオが仕上げた複数の丸天井をあげよう。パラーディオによるヴェネツィアのサン・ジョルジョ・マッジョーレ教会とレダントーレ〔贖主〕教会の丸屋根はその明るく壮麗な立体によって強烈な印象を与えている。

サン・ピエトロ大聖堂の例も手伝って、丸天井はやがてローマで、イタリアで、そしてカトリック世界全体でその数を増していった。テアティノ修道会のローマの教会であるサン・タンドレア・デラ・ヴァッレ教会は一六二二年にマデルノ〔カルロ。一五五六‐一六二九、イタリアの建築家〕によって建立されたが、この丸天井はそのとき以来ローマの町を見下ろしている――サン・ピエトロ大聖堂の丸天井に次いで市内でもっとも高い。ところでこの教会の丸天井は、「天国の至福《グルワール》」を喚起するランフランコ〔ジョヴァンニ。一五八二‐一六四七、イタリアのパルマ派の画家〕によって描かれたフレスコ画で飾られている――このタイプの表面のために着想されたローマで最初のフレスコ画である。オーストリア、ドイツ、イベリア半島、ベルギー、フランス、ポーランド、メキシコ、そしてペルーの教会の丸天井を眺めるとき、バロックのローマとそれによって提起された天のイメージを考えないことは不可能である。

けれども、遊びと多様化と変化といったものが、湾曲する表面のデッサンを独占し、始めの単純さを複雑なものとし、そこに喚起される天国に次第に多くの洗練さを添えることとなった。少なからぬ建築家が、同じひとつの建築物の上で丸天井の数を増やすのを好んだ。かくして、一六三〇年のペスト終結を感謝してロンゲーナ〔バルダッサーレ。一五九八‐一六八二、イタリアの建築家〕の図面に基づいて一六三一年から八七年にかけて建てられたヴェネツィアのサルーテ教会では、ふたつの不揃いな丸天井が、ひとつは八角形の身廊の、もうひとつは内陣の、頭部を飾った。モラヴァ〔モラヴィア〕地方（チェコ）の都市オロモウツ〔オロモウクとも〕の聖ミカエル教会（十七世紀の第三四半期）には一列に並んだ三つの丸天井が、また一七二〇年に始められたカディス〔スペイン南部の港湾都市〕の広大な大聖堂にも三つの丸天井が、そしてグラナダ大聖堂の「サグラリョ」（聖体の秘跡の礼拝堂）には四つの丸天井（十八世紀前半）が見出される。最後のものは、「ギリシア十字の形に配された丸天井に覆われた完璧な正方形」[4]である。極端な例はおそらくサラゴサ〔スペイン北東部の都市〕のヌエストラ・セニョーラ・デル・ピラールバシリカ教会であろう。これは一六七七年以来再建されたが、工事は十八世紀のかなり先まで続いた。昔モスクのあった場所に建てられたが、四隅の塔と十一の丸天井——大きいのがひとつと小さいのが十——を備えて、まるで巨大な四辺形のようにわれわれの眼に姿を現す。偉大さの意味に精巧さが結びついている。[5] 丸天井の数だけ、天へと向かう視界が開けていたのである。

曲線の戯れ

私にはかなり例外的な組み合わせに思われるのだが、ザルツブルク（オーストリア）の東八十キロにあるシュタドル・パウラの巡礼教会によって、中心式プラン《プラン・サントラル（中央・平面）》と曲線の戯れとの組み合わせが作り出されている。[6] この教会はそれが属するランバッハ〔北オーストリアの商業都市〕のベネディクト会大修道院の心遣いで一七一四年以来再建されたもので、三位一体に捧げられた教会である。そこから、その驚くべき、心をそそる発想が生まれたのだ。

内部は、上に平らな丸天井を戴くひとつの円から構成されており、円周は他の三つの円によってカットされていて、それらの円のそれぞれが後陣に祭壇をひとつずつ持ち、祭壇はそれぞれ父と息子と聖霊に捧げられている。とくにウィーンのベルヴェデーレ宮〔ウィーンにあるバロック建築の宮殿。現在はオーストリア絵画館〕のために仕事をした芸術家であるカルロ・カルローニ〔一六八六－一七七五、イタリアの画家、版画家。おもにドイツで活動した〕によって描かれた鼓筒と丸天井のフレスコ画「天国」は、信者たちを天国へと運ぶ。鼓筒の内壁は地上と天の移り目にあたるが、そこでは信が天啓となり、望が成就となり、愛が永遠となって、人々をあの世の頂へと運んで行く。これはまた、「天の糧」であり「この世の命」である聖体が果たしている使命でもある。丸天井自体の上では、天の高みで聖人たちが三位一体を誉め称え、これに祈りを捧げている。最後に、てっぺんの、小頂塔の下には、父なる神と復活したイエスのあいだで天使たちによって運ばれる、十字架の勝利が描かれている。

外部は、丸天井の上に三角形の小頂塔が載っており、その高さは三十四メートルに達する。それはピラミッド〔角錐〕で完成しており、ピラミッドはひとつの眼、すなわち「神の眼」でもって終わっている。建物の全体の形はしたがって三角形をしており、これは三位一体の古典的な象徴である。しかしこの形態は、とりわけ三隅の輪郭を際立たせる凹《おう》と凸《とつ》の曲線によって和らげられている。三隅はそれぞれが小丸天井のせり出した塔でもって区別される。この教会は、信者たちを天の神秘の中に運び込むために曲線の調和を見事に楽しんだあのロココの美学に体現される神学の、サンプルのように私には思われる。

　シュタドル・パウラの教会再建の頃というのは、もっとも大胆な建築家たちが丸天井の扱いに思いきった革新を導入したときからすでに相当の歳月が経過していた。こうした人たちの先頭に来るのがボロミーニ（一五九九－一六六七年）〔フランチェスコ。イタリアのバロック期を代表する建築家〕である。ボロミーニは憂いに沈みがちな性格の神秘的な人物で——最後には自殺してしまう——「物静かな革命家」[7]であったが、建築に曲線と背向曲線〔S字形カーブ〕の戯れを持ち込んだのだった。「地上の薄暗がりから光へと向かう魂の跳躍を誉め称え」たかったのだと、ジェルマン・バザンはボロミーニについて書いている[8]。この言い回しは、ボロミーニがローマ大学のために一六四二年から建てたサン・ティーヴォ・アッラ・サピエンツァ教会の礼拝堂によく当てはまる。建造期間は三代の教皇在位期間にまたがる二十年に及び、何度も図面を修正する必要が生じた。したがってこの礼拝堂が「天才の一回きりのひらめきの産物」[9]ではないにしても、演劇的な創造物を制作しようとするボロミーニの意図は、工事の始めから最後まで維持されたのだった。八角形のプラン〔平面〕と丸天井とその頂塔はセンセーションを巻き起こした。そして今でもわれわれを魅了する。無論、建築家は意外な驚きの効果を追求した。鼓筒は内部には欠けており、外部に見出される。というのも、「ボロミーニは丸天井を偽の鼓筒の中に埋めて隠し、この偽の鼓筒が、凹面の「コルティーレ」〔中庭の意〕の奥に立ち上がっている建物正面に凸面の最初の段を提供している」[10]からだ。

　この驚くべき建築物に関しては、いくつもの読解が提案されてきたが、それらは互いに相容れないものではなかった。建築家はおそらく三位一体に敬意を表したかったのであろう。花開いたバラの形をした丸天井が、非対称のモデルである三回転した渦巻線を頭に載せて、三位一体に向かって伸び上がっているのだ。この渦巻線は天に向かって逃げて行くように見える。そこに施された装飾は人を驚かせるものではない。丸天井の内部を区切っている六つのリブの両側から浮き彫りになった九十六の星が浮き出ている。これらのリブは小頂塔の土台として役立っているひとつの円に達している。そしてこの円には十二の星がちりばめられている。まさしく天への上昇が問題なのだ。「ボロミーニの作品には天国の雰囲気がある」とヴィクトル・リュシアン・タピエ〔一九〇〇－七四、フランスの歴史家〕は正しくも書いた。[11] けれどもこうした解釈に、今や注釈家たちには評判がよいまた別の、次のような読解を重ねてみることもできる。[12] 星々は、小頂塔から丸天井の下部に降りて来て、聖霊降臨の大祝日に神の叡智――「サピエンツァ」――が使徒たちの上に撒きちらした火の言葉を象徴する。渦巻線は、外側で小頂塔の上まで伸び上がって一種の炎の塔を形作り、バベルの塔に対する贖いの答を構成する。この「冠」、この「灯台」は、「聖霊降臨の塔」である。それは教会の中での言葉の混乱、そして教会を通じての言葉の混乱から生じた無理解の消滅による、人間のあいだの和解を意味しているのだ、と。

　ボロミーニはゴシック様式の垂直面を新しい様式のうちに取り上げていた。グアリーノ・グアリーニ（一六二四－八三年）〔イタリア・バロック建築の代表的建築家〕も同じことを行った。モデナ〔イタリア北部の都市〕出身のこのテアト修道会会員は建築家で数学者かつ哲学者であったが、国際的なキャリアを積み、シチリアとパリで仕事をし、後に一七五五年の地震で破壊されることになるリスボンの教会をデザインし、トリノでその力量を余さず発揮した。この町〔トリノ〕でグアリーニが建てた教会群は次いで引き続く時代のドイツの宗教芸術に深く影響を及ぼした。グアリーニはゴシック様式から教訓を引き出した。そして多分シチリアのイスラム教の建築物も思い出していたであろうが、しかしもっとも明白に彼に啓示を与えた人物はボロミーニで、ボロミーニの「創意に富んだ精神は、建築を霊的生活〔信仰生活〕の象徴的な表現として扱っていた」[13]。グアリーニの鍵言葉は「自由」だった。[14] またジェルマン・バザンによる分析を引用すれば、「内部の空間がひとつの音楽的テーマとして扱われ、そこに震動や残響効果や共鳴が駆けめぐるような、そうした抒情的な建築において、ロココ様式がいずれ役立たせることになるところの曲線と交叉の戯れ」[15]をトリノで始めたのは、グアリーニなのだ。グアリーニのもっとも驚くべきふたつの作品は、トリノにおける、大聖堂の聖骸布礼拝堂（一六六七年から）と、サン・ロレンツォ教会（一六六八－八〇年）である。奇妙な「丸天井」と「中心式プラン」を持ったふたつの建築物だ。円形の土台を持つ前者は霊廟を想起させるが、その見せ場は、段々小さくなっていく五の目型に配置された

グアリーノ・グアリーニは視線と祈りが絶えず一層高く上昇するのを願っている。1667年からトリノで建築された聖骸布礼拝堂の「丸天井」。Ph. Claude Mignot.

六角形の山で、これが、円形の頂塔に向かって伸び上がっていくのである。サン・ロレンツォ教会の方は、「正方形の上に八辺形を、八辺形の上にギリシア十字を、ギリシア十字の上に円を」[16]といった具合にプランを重ね合わせる建築的なテーマを再び取り上げている。名人のグアリーニは教会を閉ざす決心がつかない。彼は視線と祈りがつねにより高く昇ってほしいと願っている。天国は眼も眩む上昇の果てにあるのである。

霊的な地動説

バロック様式の丸天井における天のてっぺんは、ほとんどつねに光の輪によって占められており、下から見るとそれは太陽を想わせる。そこから次のような疑問が生まれる。一五四三年にコペルニクスによって、一六一五年にはガリレイによって主張された地動説は、カトリックの敵意にもかかわらず——そしてそれはカルヴァンの敵意でもあったのだが——芸術家たちに新しい宇宙形状誌を吹き込んだのだろうか。この疑問は、とりわけ、最近アンリ・ブルモン〔一八六五−一九三三、フランスの批評家、歴史家〕によって浮き彫りにされたベリュール〔ピエール・ド。一五七五−一六二九、フランスの枢機卿〕の次のようなテキストがあるだけに、提出するに値する。

今世紀の卓越した精神は〔ベリュールは余白にニコラウス・コペルニクスと付け加えている〕、太陽こそ世界の中心であって、地球ではない、太陽は不動であり、地球はその丸い形状に見合って、太陽から見れば動いているのだと、言い張ろうとした。〔…〕この新見解は、天体の学においてはほとんど従う人がいないが、有益であり、救済の学においては従うべきである。なぜなら、イエスはその偉大さにおいて不動の太陽だからである。イエスは世界の真の中心であり、世界はイエスに向かう絶えざる運動の中にあるのでなければならない。イエスはわれわれの魂の太陽であって、そこからわれわれの魂はあらゆる恩寵と光と感化を受け取る。そしてわれわれの心の地球は、イエスに向かう絶えざる運動の中にあるのでなければならない。そのすべての力と部分において、この偉大な天体から好ましい様相と優しい感化を受け取るためである。[17]

ブルモンはそこでベリュールによってなされたところの、霊的生活における「コペルニクス革命」について語った。この主張には含みを持たせねばならない。というのも、イエスと太陽との比較は教会においてはかなり以前から行われていたからである。[18] 古代キリスト教会の教父、アレクサンドレイアのクレメンスは、正義の太陽であるキリストを称える詩の中でこう書いていた。「日輪に乗って、宇宙を横切るときにあらゆるものに触れる者、彼、正義の太陽は、人類全体を訪れる」[19]。本書で研究している時代に近づくなら、シエナの聖女カタリナの『対話』の中にも、同時に父でもあり子でもあり霊でもある神々しい太陽についての心を捉えるテキストが見出される。「永遠なる神」は聖女に言った。

［司祭たちは］太陽を治める任務を負っています。彼らは学問の光と神の愛徳の熱と、そして光と熱とに結び合わされた色を受け取ったからです。すなわち、私の息子の血と体です。この体は太陽です。なぜならそれは真の太陽である私とひとつになっているのですから。［…］この言葉、私の息子は、そのとても穏やかな血とともに、ひとつの太陽であり、全-神、全-人です。というのも、彼は私とともに、そして私は彼とともに、唯一のものだからです。私の力は彼の叡智と切り離されることはまったくなく、聖霊の火の熱が父である私と切り離されることも、息子である彼とも切り離されることはありません。というのも、聖霊は私たちとともに唯一のものだからです。なぜ唯一のものかといえば、聖霊は父である私と息子から発するからですし、私たちは唯一の同じ太陽なのです。[20]

ルターも彼は彼でキリストを太陽になぞらえて賛美した。待降節〔クリスマス前の四週間〕説教集の第一日曜日の書簡を注解しながら、ルターは言明した。

一番うっとりする太陽、それはイエス・キリストだ。だからこそマラシー〔一〇九四－一一四八、アイルランドの高位聖職者〕はイエス・キリストを「正義の太陽」と名づけている。〔…〕彼自身が太陽なのだ。その輝きと光〔すなわち福音書〕は世界全体に光り輝き、きらめいている。〔…〕自然の天が太陽と光をもたらす——そして太陽が天にある——のと同じように、使徒たちはその宣教によってキリストという真の太陽をもたらし、また使徒たち自身のうちに、キリストという真の太陽を持っているのである。[21]

サント・ドミンゴ〔現ドミニカの首都〕のドミニコ会士の教会は、一五二四年から三五年のあいだに、したがってコペルニクスの本の出版以前に建てられたのであるが、そこのロザリオの礼拝堂のヴォールトが注目すべき宇宙論的表象を持っている。アトラント〔男像柱〕に似た浮彫の人物像が惑星の木星、火星、水星、土星を象《かたど》っており、真ん中に大きな太陽が輝いている。星をちりばめた天を支えているのである。残りの装飾も黄道十二宮を示しているが、それは十二使徒、十二人の預言者、十二人の族長と関係づけられる。[22] 中央の太陽はまさしくここではキリストの象徴であり、そのまわりに新・旧訳聖書がめぐっている。

逆にバロックの丸天井とヴォールトでは、天のもっとも高くもっとも光に満ちた部分は、ただイエスひとりというより、もっとしばしば、三位一体や永遠の父や聖霊の白鳩のために取ってある。しかしながら、われわれが先ほど引用したばかりのベリュールのテキストを、十六世紀から十八世紀の教会にあれほどしばしば見られる天の称賛と関連づけるのは興味深い。というのもベリュールは、宗教裁判所によって天文学的説明としては退けられた地動説であっても、それを霊的領域に移し換えるなら実り豊かなものとなりうるということを、きちんと理解していたからである。地動説はいずれにしても、丸天井の上に展開された天国の喚起に完璧に適合させられた。それを納得するには、ちょっとだけ前にもどってみよう。そしてニコラス・オレーム〔一三二〇－八二、フランスの聖職者、数学者〕が一三七七年にフランスのシャルル五

世界は天球の嵌め込みとして表現される。けれども例外的に、天の円はここでは地球ではなく神が中心となっている。ニコラス・オレーム『天空と世界の書』1377年。BNF, ms fr 565, f° 69.

世に渡した作品、すなわち『天空と世界の書』（アリストテレスの『天体論《デ・カエロ》』の翻訳）を開けてみよう。テキストについている彩色挿絵は地球の上にではなく、創造者である神の上に集中している天の円を表している。芸術家は世界をあたかもそれが教会の丸天井の内側に描かれているように表現した。[23] そこで芸術家は当然の成り行きとして神を、ちょうどコペルニクスの未来の地動説におけるように宇宙の中心に置いたのである。中世にも他の似たようなケースを容易に見出せるであろう。

　時代は下ってバロック芸術は、ルネッサンスの例にならって丸天井と曲線を重要視したが、実際はベリュール同様、キリスト教的天の地動説を選んだ。コペルニクスも太陽のこうした宗教的昇進にうなずく他なかったであろう。事実コペルニクスは、一五四三年の『天体の回転について《レヴォルツィオニブス》』の中でこう書いた。「この素晴らしい神殿［宇宙］の中で、すると一体誰がこのランプを、それが同時にすべてを照らし出すことのできる場所以外の、それよりもっとよい場所に置いたりするであろうか？」[24]。バロックの天の高みから、神は「同時にすべてを」照らし出しているのである。

楕円

関連するひとつの問題がここに立ち現れてくる。それを解決はしないまでも、提出しておく必要がある。すなわち、楕円形の丸天井およびヴォールトと、当時の天文学的研究との関係という問題である。ボロミーニがその天才を初めて明らかにしたのはローマのサン・カルロ・アッレ・クワットロ・フォンターネ教会である（一六三八－四一年）。当時の美的な基準と比較して、ボロミーニはそこで「異端行為」を犯した。すなわち、十六のコリント式列柱が入口から内陣まで、楕円形の身廊を包んだのだ。数年後の一六五三年から五七年にかけて、ボロミーニはナヴォーナ広場のサン・タニェーゼ教会のために卵形の丸天井をデザインした[25]。やがてベルニーニ〔ジョヴァンニ・ロレンツォ。一五九八－一六八〇、イタリア・バロックの彫刻家、建築家〕が一六五八年にローマのイエズス会士の修練所のためにサン・タンドレア・アル・キリナーレ教会を建造しているときに、それに瓜ふたつのものを造った。この教会のプラン〔平面〕は、ベルニーニのもうひとつの作品であるサン・ピエトロ広場（一六五六－六五年）のプランと同じく、楕円形をしている。円のこのような膨張は、教会を「外部世界に閉ざされた信仰の砦」[26]と考えようとする対抗宗教改革の初期の厳格さから離れつつあったバロック様式の、深い渇望に対応していた。バロック様式はそうした厳格さとは反対に、バシリカ教会式プラン〔集中式プランに対置される平面構成〕を吹き飛ばそうと努めたのであり、複合的な空間を重要視し、曲線の戯れを偏愛したのである。

そんなわけで楕円形はその数を増した。グアリーニは一七五五年に破壊されることになる神の摂理教会（リスボン）のために、四つの卵形の丸天井の心をそそるデッサンを思い描いた。そしてその著作『建築論《アルキッテトゥラ・キヴィーレ》』で（これも宗教建築を扱っている）、聖地オロパ〔北イタリア・ピエモンテ地方〕[27]のために、七つの楕円形で囲まれ、八つ目の楕円形の場所は円によって占められている多角形〔多辺形〕を計画した。このほかに、さらに眼を引く実例の見本を以下に若干、列記しておこう。ザルツブルクの三位一体教会の卵形の身廊（一六九四年）とウィーンのカールスキルヘ教会（一七一六年）——ともにフィッシャー・フォン・エルラハ〔ヨハン・ベルンハルト。一六五六－一七二三、オーストリアの建築家〕の作——、フィルツェンハイリゲンの巡礼教会（バイエルン）のバルタザール・ノイマン〔一六八七－一七五三、ドイツの建築家〕による楕円形の複数の丸天井、同じくバイエルンの別の巡礼教会であるヴィース教会のためにドミニクス・ツィンメルマン〔一六八五－一七六六、ドイツの建築家〕がデザインした眼も眩むような細長いヴォールト（一七四六年）、など。

ところで楕円形は天文学者ケプラーとともに学者たちの天に登場したのであったが、ケプラーは『新天文学《アストロノミア・ノーヴァ》』（一六〇九年）の中で、彼を有名にした第一法則を表明した。すなわち、それぞれの惑星は、太陽から見て天体が地球と同方向に進む形で、太陽がその焦点のひとつとなるような楕円軌道を描く、というものである。軌道の楕円的な性格に由来する「調和美」は、それまで信じられていたようにもしも軌道が純粋に円形であった場合に存在するはずの「もっと単純な」美よりも、数段上のようにケプラーには思われた。[28]というよりむしろ、天の構造の中にかなり昔から認められていた音楽的な「調和」は、惑星間の距離によってではなく、惑星の（楕円形の）運動によって作られるのだと、ケプラーは断言したのだった。

その上ケプラーは初めて、優勢な物理的影響力を太陽に対して認め、惑星を牽引する動力を太陽に付与した。[29]彼はコペルニクスの体系を採用して、その『新天文学』の序文において、太陽は「すべての惑星を回転させる力の源であり」、かつ、太陽は「世界の広がりの中で、光の非物質的な外見に似たところの、その体の非物質的な外見を、自らの外に発している」と明言した。ケプラーはまた、「太陽の体は磁気を帯びており[30]」、「何か神的なものが太陽の体には隠されており、それはわれわれの魂に比較されるべきだ[31]」とも断言した。それと同じように、バロックの天においても、天使たちと選ばれた者たちは神的太陽によって高いところへと否応なく引きつけられ、吸い上げられてさえいるのである。

十七世紀後半と十八世紀には、楕円軌道は今やヨーロッパの天国の想像世界に属するものとなった。こうした楕円への膨張は、たとえばアルテンブルクの卵形の教会の天井に見られるように、「黙示録」の想起にまことに適していた。

その上それは、今や「人間知識の絶えず拡大しつつある宇宙」[32]を表現していた。

だまし絵、遠近短縮法、目眩《めまい》

バロック時代の天国がこれに先立つ時代の天国と深いところで異なっていたとすれば、それは前者が好んで曲面に展開されたからであるが、しかしまたそれは、天使たちと選ばれた者たちの眼の回るような運動によって充たされていたからでもある。以前なら彼らは、芸術家たちによって、不動であるか、あるいは小規模の移動の中で捉えられていたのである。

この対照は、至福の人々は神を面と向かって観想してその永遠の時を過ごすのだという中世の確信を、図像における神学がバロックにおいて放棄した、ということを意味するのではない。そうではなく、バロック時代は、伝統的な哲学と比べて、運動の復権に、少なくとも暗黙裡に着手していたということである。運動はよいもの、美しいものだ、なぜなら神がその造り手なのだから、と人々は考えたのだ。[33]そしてなかんずく、当時の芸術が際立たせたものは、十全に集結した天の宮廷というより、むしろイエスやマリアや天使たちや聖人たちの、天の頂へ向かっての上昇の方であった。近接する諸テーマが先立つ諸テーマに加わった。とくに、聖体の「勝利」、教会の「勝利」、十字架の「勝利」、神のために戦う人〔神の闘士〕たちの「勝利」、というテーマである。これらのテーマはおしなべて、絶えず一層目を見張らせるようになる、あの回転し上昇する運動の表象を正当化しており、信者たちは地上からそれを、眼も眩みながら見つめていたのだった。高いところで一瞬雲が途切れると、信者たちはそこに超自然の光と神の栄光を垣間見ることができた。

バロック時代の天国はしたがってふたつのきわめて大切な要素の結合から結果した。一方では、今や丸天井とヴォールトに与えられる特別の好意、他方では遠近法と遠近短縮法とだまし絵を自在に操ることによって可能となった壮挙である。十五世紀のイタリアとオランダでは、人々はこうした技法の習得に大いに尽力した。イタリア人は「形状の幾何学的縮小、均整の体系的探究、射影方形化の図式」[34]を意味させる「クワドロトゥラ」という言葉を創り出した。こうした試みの特権的な領域は、最初はマルケトリ〔寄木細工の一技法〕にあった――ウルビーノの宮殿〔ドゥカーレ宮殿〕の有名な「ストゥディオロ」〔小書斎。ウルビーノ公フェデリーコ・ダ・モンテフェルトロの小書斎〕におけるのと同じように。アンドレ・シャステルは記している。「都市の眺望は、絵画でその数を増す以前は、マルケトリの中に存在した」[35]。三次元の空間を平面上に、そしてやがては曲面状に移し換える問題は、次第に増大する仕方で芸術家たちの名人芸を触発した。彼らは、中心投象法あるいは斜投象法や、消点と距離点といったものをますます巧みに操った。そのとき、あっと驚くようなだまし絵やはっと息を詰まらせるような遠近短縮法が可能となったのである。バロック芸術はかくして潜在的なるものにおいて開花することができた。したがって、遠近法の技法がもたらした莫大な文化的結果についてはどんなに強調しても強調しすぎることはないであろう。「視線の古い秩序」[36]はこれによって変更されたのだった。眼と描かれる場面のあいだに距離が打ち立てられた。後者はその直接性を失った。遠近法は信者たちから天国を遠ざけた。

「ソッティンス」に、すなわち下から上に仰ぎ見られた人物を天井に描こうと思いついた最初の芸術家はマンテーニャである。マンテーニャは一四七一年から七四年にマントヴァのサン・ジョルジョ城〔ドゥカーレ宮殿内〕の夫婦の間〔結婚の間、とも〕の「円形天窓」において、小さなクピド〔ローマ神話、キューピッドとも。ギリシア神話のエロスに相当〕たちに囲まれた、上部が広々とした天に向かって開かれている円形開口部の欄干の後ろで、見る者を垂直に見下ろしておしゃべりしている女たちを想像したのだった。ジュリオ・ロマーノ〔一四九九頃－一五四六、イタリアの画家、建築家〕が一五三〇年から三二年頃に巨人の間のフレスコ画「巨人族の墜落」を描いた場所もやはりマントヴァである。ただし今回は町の周縁部にあるゴンザーガ家〔マントヴァを支配したイタリア貴族の家系〕の夏用の別荘だ。ここでは舞台装置は錯覚にほかならない。すなわち、巨人たちは自分たちの上に崩れ落ちてくる壁と列柱によって押し潰されているように見えるのだ。イタリア人のフランチェスコ・マルキーニ〔一六七二－一七四五〕が一七二八年にバイエルン〔バヴァリア〕のヴィーゼタイトの教会にある葬式用礼拝堂の丸天井を描いたとき、おそらく彼はマントヴァのジュリオ・ロマーノの作品を思い出していた。マルキーニはそこにヴォールトの崩壊を表現したが、それは死を想起させるシンボルとなっている。[37]

ここでは舞台装置は錯覚にほかならない。巨人たちは自分たちの上に崩れ落ちてくる壁と列柱によって押し潰されているように見える。ジュリオ・ロマーノ「巨人族の墜落」1530-32年頃、マントヴァ（イタリア）、テ宮殿。訳者追加図版

遠近短縮法とだまし絵は最初のうちは世俗的な情景のためのものであった。ジェルマン・バザンの確証するところによると、「[ミケランジェロはシスティナ礼拝堂の天井の制作にあたり] 巨像たちを偽りの建築物の上に立ち上げている。しかしそれでも身体の完全さを尊重していたので、それを四十五度の照準角度からしか短縮していない。また、ヴォールトに描かれた「創世記」の場面でさえ、たいていは、まるでそれらが垂直の壁面状に直交して見られるかのごとく、そして曲面の上にそのまま折れ返っているかのごとくにしか短縮されていない」[38]。この領域での革命は、パルマのコレッジョによって、サ

ン・ジョヴァンニ・エヴァンジェリスタ教会（一五二〇－二三年）と大聖堂（一五二六－三〇年）のふたつの丸天井――「キリストの昇天」と「聖母被昇天」――において遂行された。コレッジョは「天の真っただ中を飛翔する「ソッティンス」（下から上へ仰ぎ見られた）形象をあえて描いた最初の人」[39]である。

やはりパルマでのことだが、ちょっと後もどりしてみよう。この町は全イタリアでこの上なく抜きん出た中心式プランのロンバルディア風大建築物を有している。一一九六年から一二六〇年に建造された洗礼堂である。外部は八角形だが、内部は二分割されて十六の辺を持つ多角形を構成しており、これも十六の区画に分かれた丸天井で終わっている。この丸天井の頂点の装飾は聖なる歴史と天国とを結びつけている。中央の太陽――霊的地動説の新たな中世的予想――のまわりに同心円が展開されており、これらの同心円は高さを失うにつれて〔下に降りるにつれて〕次第に幅が広くなる。最初の星々がやって来て、次にその下の階層に、座した使徒たちと福音書記者たちが来る。もっと下には、今度は起立しているのだが、旧約聖書の預言者たちと王たちが来る。これら不動の人物のそれぞれは天の王国の中で自分自身の「居場所」を、すなわち十六の区画の中にはっきりと境界を定められたその住居を持っている。

隣の大聖堂の丸天井に描かれたコレッジョの「聖母被昇天」との対照は心に迫る。それはコレッジョに至る三世紀半のあいだの、天国の想像世界の変容を、一挙に推し量ることを可能としてくれる。その驚くべき成功は、バロックの宗教絵画の出生証明であった。ここでは、ヴィクトル・リュシアン・タピエが『バロックと古典主義』の中でそれについて与えた透徹した注釈を再録する以上にふさわしいことはない――「「聖なる舞踏」という表現は、バロックについて書く人々なら注意しなければならないものであろうが、それほどこの表現はこの芸術のもっともしばしば見られる特徴のひとつを表現しようとして容易にペンのもとに現れるものなのである。がしかし〔ここでは〕それが稀有の正確さをもって頭に浮かんでくる。丸天井の土台のところでは、石が雲に変容したように見え、舞踏の動きにも似たリズムのある動きが、天使たちを持ち上げているように見える。その翼と優雅な脚の、目を見張らせる脈動の中で、天使たちはなかば横になった聖母マリアを息子との出逢いの場面へと運び去っており、そうこうするあいだに丸天井の上部では、青い衣装に身を包んだ最後の天使が、あまりに急激な飛翔を行なって、ひとり輪舞から切り離され、

宗教絵画の領域では、バロック芸術はコレッジョの「聖母被昇天」とともに誕生した。1535年、イタリア、パルマ大聖堂。©Scala.

他の天使たちよりずっと遠くまで連れて行かれてしまう。場面がその中で展開している光は、聖歌が語っている光であろうとしており、この世の光に似るのはただその美点を増すからという理由からだけであろうとしている」[40]。

下では、われわれ見る者はあまりに魅了し尽くされるので、細部に拘泥しているわけにはいかない。ある天使たちはシンバルを演奏し、また別の天使たちはタンブラン〔一本のばちで叩く長太鼓〕を演奏しているのが見えるだろうか。恍惚としたマリアの顔に視線を長居させることができるだろうか。おそらくできないだろう。というのも、眼を打つのは、目まぐるしく動く天使たちの群れであり、また聖母と天使の軍団を光の割れ目へと吸い込んでいる、眼も眩むような渦巻線だからだ。この光の割れ目が、円形の大きな灰色の雲を後ずさりさせている。ここではすべてが運動であり、引力であり、超自然の「幸福の太陽」に向かう上昇なのだ。バロックの丸天井とヴォールトがこれほどまでにたくさん、天国の想起に捧げられそれに開かれたものであるとしたら、それはとりわけコレッジョのおかげである。コレッジョはトリエント公会議〔一五四五-六三〕の開かれる十年前にバロック宗教絵画を創造したのであった。

　コレッジョのパルマの「聖母被昇天」を、ガウデンツィオ・フェッラリ（彼はレオナルド・ダ・ヴィンチの工房で働きローマのファルネーゼ荘〔ファルネーゼ家（イタリアの名門家系で、パルマ＝ピアチェンツァ公家）のローマの館〕の装飾のためにラファエッロと協力した）が一五三五年から三六年にサロンノ（ロンバルディア）の奇蹟の聖母マリア教会の丸天井の上に表現した「天使のコンサート」と比較すると[41]、コレッジョの大胆さが推し量れる。フェッラリの方では天使たちのコンサートが問題となっており、確かにたいへん美しいが、しかしそれはわれわれが十四世紀の中頃から十六世紀の最初の数十年まで賛嘆してきた天使のコンサートの伝統に連なっている。天の音楽家と歌い手たちは互いに押し合いへし合いしており、はっきりとデッサンされた同心円状の輪の中に配置されている。彼らの上では裸の小天使たち――プッティ〔裸体の小児像〕――が永遠の御父のまわりで輪舞を踊っている。この天国のフレスコ画に運動が欠けているわけではないが、動きは幾何学的であり、穏当で、秩序立っている。フェッラリはコレッジョとは反対に、空間の問題を巧に避けたのであった。

　この問題は十七世紀と十八世紀の、丸天井とヴォールトの天国で次第に巧みに解決されることになるだろう。マデルノによって一六二二年に建立されたサン・タンドレア・デラ・ヴァッレ教会の丸天井が、ローマでもっとも高いサン・ピエトロ大聖堂の丸天井に次ぐ高さを持つものであったこと、そしてそれが天国に捧げられたフレスコ画を迎えるためにローマで最初に着想されたものであったことは、すでに述べた[42]。ジョヴァンニ・ランフランコによって一六二二年から二五年に描かれたあの「天国の至福」はコレッジョの天国の至福〔「聖母被昇天」で描かれている〕に由来し、コレッジョのイリュージョニスム〔立体感や奥行きなどの錯覚を与える技法〕の遠近法にヒントを得ている。フェッラリの同心円上の輪を再現している点で、ランフランコは一六四一年から四三年にナポリの大聖堂で同じ過ちを繰り返しているが、ここでは一層大きな動きを導入し、とりわけ遠近法の強度を強めることによって、結果として視線は、雲から雲へと昇って行き、全能の神が選ばれた者たちと天使たちに腕と手を広げている天の頂へと向かって行くことになるのである。

イリュージョニスムの戯れ

今や丸天井とヴォールトは天の宇宙の表象にとって特権的な空間を構成している。十七世紀前半にローマで仕事をしていた主要な芸術家のひとりであるピエトロ・ダ・コルトーナ〔本名ピエトロ・ベッレッティーニ。一五九六－一六六九、イタリアの画家、建築家〕は、最初ベルベリーニ宮〔現ローマ国立美術館〕、次いでオラトリオ会士の教会であるキエーザ・ヌオーヴァ〔新教会。サンタ・マリア・イン・ヴァッリチェッラ教会のこと〕において、天井画を描くために用いた遠近法の巨匠としてよく知られている。コルトーナが一六四七年から五一年に後者の丸天井に描いた「天国」は、ナポリのランフランコのそれと次の点によって区別される。すなわち、聖霊の白鳩に後光をめぐらしている光の輪のまわりを、厚い雲を背景にして動き回っている、天使たちと選ばれた者たちの一層速度を上げた回転運動によってである。

そのとき以来、芸術家たちのいや増すばかりの名人芸は、時間と空間において容易にたどれることになるだろう。事実、天国の壮挙の領域では、一六七二年から七九年にかけてジェノヴァの人バチッチョ〔本名ジョヴァンニ・バッティスタ・ガウッリ。一六三九－一七〇九、イタリアの画家〕がローマのジェズ教会のヴォールトのために描いた「イエスの御名の勝利」によって重要な段階が画された。ここでは潜在的なものが、描かれた形象とスタッコ〔大理石の粉の入った化粧漆喰〕との結合、あるいは絵画のイリュージョニスム的空間と建築物の現実的空間との結合によって、聖堂に大挙して登場していた。だまし絵の戯れのおかげで、枠が破裂し、線の無気力が打破され、天の宇宙が教会内に侵入している。広々とした構図の外れではスタッコの中の天使たちが、次の言葉が書かれた布を持っている。「イエスの名において、何びともひざまずかんことを」。反対の外れでは猛り狂う急流が、川床から溢れるように楕円形をはみ出しながら巨人のような呪われた者たちを救済の空間から外に放り出している。反対に天の卵形とその周辺では、天使たちと選ばれた者たちが頭と腕をキリストのモノグラム〔姓名のイニシャルを組み合わせて図案化したもの〕の方に差し伸べて、まるでキリストに向かう渦巻の中に吸い込まれているようだ。淡く霞んだ小天使たちの取り囲む環がイエスの聖なる御名に近づくにつれて、蒼穹はますます金色になっていく。楕円の中心のひとつに置かれたこの核から光が発しており、光のうちのひとつは呪われた者たちを深淵に突き落としている。この意味で、バチッチョの雄大なフレスコ画は最後の審判である。しかし、アクセントは主の前にひざまずくことを受け入れた人々に対して注がれる、天国の広大無辺の光に置かれている。

　バチッチョは偉大な後継者を持った。彩色された建築物の巨匠のひとり、イエズス会士のアンドレア・ポッツォ〔一六四二－一七〇九、イタリアの建築装飾画家〕であるが、トリエントで生まれて一六八一年にローマにやって来たポッツォは、そこで「絶対的な傑作」〔「聖イグナティウスの勝利」〕を制作した。サン・イニャッツィオ教会の天井壁画装飾である（一六八五－九四年）。この作品でポッツォが問題にしているのは、厳密な意味での天国ではなく、「勝利」――教団創設者〔＝イグナティウス・デ・ロヨラ〕の勝利――と、イエズス会士たちの伝道事業の称揚である。ここでそれについて語るのは見当外れではない。というのも、この作品によって芸術家は、聖堂に天を入り込ませ、信者たちに束の間であれ自分たちがあの世の光景の目撃証人であるという、単なる錯覚のみならず、確信までも与えたいと願ったからなのである。[43]

　以下がそのあの世の光景である。真ん中で十字架を振りかざすイエスがまるで光の中に失われていくようだ。イエスの胸から一条の光が出て、恍惚状態の聖イグナティウス〔イグナティウス・デ・ロヨラ。一四九一頃－一五五六、スペインのイエズス会創立者〕の胸を打っている。そして、その光は鏡によって反射したように、この世の四つの部分に「福音書」の輝きを投じに行く。遠近法の理論家であるポッツォはまた劇場の装飾家でもあって、ここで彼は「聖なる舞台《テアトラム・サクラム》〔劇場〕」の取り外し可能な建築物がもたらしてくれる法悦の境地にも比べられる境地を、信者に得させることに心を砕いているのだ。サン・イニヤッツィオ教会では、イリュージョニスムの戯れが、イエスと教団創設者の上に中心を置く広々とした天に開かれている記念碑的なアーチ状建造物によって、この建築物を上へと延長している。その天は、一番光に満ちた核がイエスを取り囲んでいるのだが、文字通り建物内部へと入り込んでいる。建物は、種々さまざまなプラン〔平面〕上に巧みに配分された形象によって、そして完璧に統御された遠近短縮法の技量で扱われた形象によって、満ち満ちている。

『画家と建築家の遠近法』なる論文（一六九三年）は早くも一七〇〇年にはフランス語に、一七一九年にはドイツ語に翻訳されたが、著者であるポッツォは皇帝〔神聖ローマ皇帝レオポルト一世。在位一六五八―一七〇五〕に呼ばれたウィーンでキャリアを終えた。バンベルクの選帝侯の館の装飾を懇請されたポッツォは、天井が低すぎて遠近法の満足いく結果を実現することはできないだろうという理由で、断ったと伝えられている。グアリーニとともにポッツォは十八世紀のドイツ芸術に深甚なる影響を及ぼした。この「錯覚の二巨匠」に結びつけることなしに、十八世紀のドイツ芸術は理解できないのである。

　十八世紀のカトリック教会には、天はたくさんあって、バロックからロココへと次第に移行するにつれて、ますます洗練されたものとなる。偽の建築的枠取り、外にはみ出したコーニス〔壁体の各層を区切る装飾的な水平帯、軒蛇腹〕、現実の線とバーチャルな線の錯綜、これらが本当らしさを追放する。遠近法による天の襲来がますます大胆なものとなって示される。凹面と凸面とが互いに嵌り合う。遠近短縮法が視線の上昇を加速する。斜めの所作が焦点深度〔視界の奥深さ〕を深める。

　この装飾芸術が天国の想起に適用されてその頂点に達するのは、中央ヨーロッパにおいてである。眼も眩むようなそうした制作をいくつか想起しよう。シュヴァーヴェン地方のヴァインガルテン大修道院は、十八世紀に再建されたが、そこにドイツでもっとも大きな教会が建立された（身廊の長さ百二メートル、丸天井の高さ六十六メートル）。コスマス・ダミアン・アザム〔一六八六―一七三九、ドイツの画家、建築家〕はローマで弟〔エギト・クイリン・アザム。一六九二―一七五〇、ドイツの彫刻とスタッコ細工の芸術家〕と一緒にピエトロ・ダ・コルトーナとアンドレア・ポッツォの学派に加わった人であったが、一七二〇年代のこと、その教会に絵画の膨大な計画を実現した〔「ペンテコステ」〕。その中には内陣の天井が含まれていた。それはペンテコステ〔聖霊降臨の主日、すなわち、聖霊が使徒に降臨したことを祝う復活祭後の第七日曜日〕に捧げられており、そのようなものとして、天国の図像学に関連づけられるべきものである。見せかけの力強い列柱が丸天井を支えているように見え、そのてっぺんから聖霊の白鳩が光の輪で後光に包まれて使徒たちの上に火の言葉を送っている。だまし絵による建築はポッツォにヒントを得たものだが、特別斬新なアイデアは、天使たちが天のてっぺんから丸天井の土台部にいる使徒たちのレベルまで差し向けている三つの光輝く雲の滝にある。

　聖ニコラウス〔聖ミクラーシュ〕・マラー・ストラナ教会も十八世紀の前半に属している。これはプラハの景観においてその頃からその記念碑的性格や、複数階を持つカンパニーレと背の高い鼓筒の上に載っているリブつき丸天井との組み合わせによって、強烈な印象を与えている。この教会は修道誓願を立てたイエズス会士たちの家として予定されていたもので、チロル地方出身の偉大な建築家キリアン・イグナーツ・ディエンツェンホーファー〔一六八九-一七五一、プラハの建築家〕の計画に従って一七〇四年から五二年にかけて建立された。建物は当時としては一般的となっていた配置を、そこに曲線の優雅さを付け加えながら再現している。外部は、「壁とペディメント〔切妻壁〕と手すりが全体のうねりの中で[…]えぐられ、あるいは膨らんでいる」。内部はジェズ教会のそれを思い出させる。けれども、「スタッコの付け柱は身廊に対して斜めに提示されており、手すりは階上席〔階廊席〕の端で湾曲している。聖なる舞踏から現れる動きが建物全体に生命を与えている」[44]。われわれはここでバロック様式の最先端に、すなわちそれが湾曲し多様化してロココになるその瞬間に、立ち会っているのである。

このような教会は天国の多数の図像を迎える資格があったのであり、その中には聖ニコラウス礼賛のL・クラッカー〔ヨハン（ヤンまたはヤノス）・ルーカス・クラッカー、一七一九-七九〕の大フレスコ画「聖ニコラウス」も含まれていた。そこにはスミルナ港〔イズミール港。トルコ西部エーゲ海イズミール湾奥〕が、その建物や商人たち、ガレー船の漕役囚、そして奇蹟を行う聖人の墓のまわりに押し合い集う信者たちとともに想起されている。けれども、次いで——聖イグナティウスの幻視の思い出であるが——、巨大な斜めの雲が、見る者の視線を墓から、その永遠の栄光のうちにニコラウスを描いた天の中心へと導いていく。天国の図像が倍加される。丸天井は聖霊の白鳩の上に中心を据えた光の輪のまわりで回る天使たちと選ばれた者たちを提示している。そして教会の入り口では、波打つ骨組みを持った白と黄金色のパイプオルガンが、偽りの列柱と、奏楽の天使たちが住む卵形の空に開かれたエンタブレチュア〔柱によって支えられている建物上部の水平材〕とによって、上方へと延長されている。

ポッツォとその先駆者たちは、固定された見物人のために着想された中心遠近法を採用していた。ローマのサン・イニャッツィオ教会では、芸術家が望んだ大理石の円が、視覚上の円錐の帰着する地点を示しているため、天井画となるフレスコ画全体を見物人がうまく眺望するには、そこにじっととどまらねばならない。けれども、次第に、とりわけロココ時代の宗教芸術においては、そうした天頂の遠近法は放棄されていった。それよりも、聖堂の内部を移動し、発見から発見へと前へ進んで動く見物人のために着想された、ダイナミックな空間の方が好まれるようになったのである。

傑作——ヴィース

バイエルンのもっとも心惹かれる記念碑的な宗教的建造物のひとつはヴィースの巡礼教会である。鞭打たれるキリストの驚異的な像に敬意を表して、プレモントレ会修道士たちによって造られたまことに名高い教会だ。一七四六年以来聖堂の建築を請け負った建築家ドミニクス・ツィンメルマンとその兄でフレスコ画の作者ヨハン・バプティスト・ツィンメルマン〔一六八〇－一七五八〕が、責め苛まれるイエスの図像〔「鞭打たれるイエス」〕を崇めるために光り輝く建築物によってそれを表したことに、人々はまずもって驚くかもしれない。素材の光輝と色彩の豊かさ、そして光の強さによって、それは悦びをあたりに広めるのだ。しかし表には現れない神学とこの眼も眩むほどの作品とのあいだに不一致はない。なぜなら、救世主はその苦しみによって天国を罪深い人類に開いたからである。

教会の身廊は卵形だ。側面では、白と黄金色の柱頭を持った二重の柱がコーニスとカルツーシュ〔巻軸装飾〕と小さなバルコニーを支えており、それらも白と黄金色をしていて、青い空に開かれている。身廊の低いところは地味な白色で処理されているが、上部は天国の強烈な光で開花する花の印象を与える。天井はほとんど平らだが、遠近法の技法と曲線の戯れ、とりわけ虹の存在、そして青い色の黄金色への微妙な変化が、実際のヴォールトが縦方向に引き伸ばされているという錯覚を与えている。

聖堂の内部入口の上には、偽のヴォールトの高いところに、だまし絵でもって「永遠の扉」が立っている。それはまだ閉ざされてはいるが、やがて開くだろう。というのも、天井に描かれた場面は最後の審判だからだ。楕円形のもうひとつの端には「永遠の扉」に呼応するように審判者キリストの玉座があるが、これもしばらくは空席だ。それも長くはないだろう。というのも、天使たちがすでに審判のラッパを手にしているからだ。やがてイエスが座ることになる玉座の上には栄光の冠が置かれ、その中にたとえ裁きの剣が描かれていようとも、審判はここでは「怒りの日《ディーエス・イーレ》」

として想起されてはいない。その剣はオリーブの木に結ばれている。安心できる象徴がある。美しい青の波形のひだを寄せた衣装が、神の座の背後に広げられているのだ。

さて、平和の象徴である虹の上に、変容したキリストが、楽しげな色彩の後光を背負って現れる。キリストは九階級の天使のコーラスに囲まれており、マリアもミカエルとガブリエルのあいだにいるのがわかる。マリアは「天使たちの女王」として、翼をつけている。スタッコの刳型《くりがた》〔玉縁〕の豪華な冠の上には、最後の審判の伝統的な証人である使徒たちが描かれている。最後に、コーニスの上に載るカルツーシュの中に、金色の地に白色で、八「福」〔真福八端。キリストが山上の垂訓で称えた八つの幸福〕を象徴する天使たちが姿を現す。

ヴィースの教会はひとつの首尾一貫した全体を形作っている。ヴォールトの天を、贖い主の犠牲を照らす赤い色調の内陣から切り離すことはできない。同じようにそれを、使徒たちへの聖霊の降臨に伴うペンテコステの嵐〔聖霊降臨の日に吹いたとされる、神の臨在を象徴する激しい風〕を想起させる、金色のスタッコによる眼も眩むような説教壇からも切り離すことはできない。ツィンメルマン兄弟のメッセージが逆説的なのは表面的なことにすぎないのであって、それは取るに足らない信者にもまちがいなく理解できるものであった。すなわち、鞭打たれ十字架に架けられたキリストは、「至福」の言葉を耳にする人たちに対し、幸福と光になるような永遠の扉を開いたのだ。形態と色彩の豊かなこの巡礼教会に入り込むこと、それは信者たちが束の間、この世の単調な味気なさと悲惨の向こう側へ一挙に運ばれて行くことなのである。

ヴィースの後で、めぐりめぐった果てに、ロココは錯覚の中で精根尽きてしまう。ヴィジョン〔幻覚〕は中心をずらされる。楕円の環は形が崩れる。厚い雲は波となって砕け散る。軸が増えて空間が爆発してしまう。構造と塊は解体する。人物はまるで綿の房のように天空に分散してしまう。遠近法の技法はその運命に委ねられて、ひとつの戯れとなる。[45] 信者は一種の混沌とした夢の中に連れ去られ、その夢の中で信者は、ヴォールトと丸天井が以前は信者にもたらしたいと願っていた天の至福を、もう見出すことができない。

けれども、天国の想像世界のこうした崩壊以前に、それは眼も眩むような作品となって花開くこともできたのであった。そのうちのひとつが、本章に結論をもたらすであろう。ヨハン・バプティスト・ツィンメルマンは一七三三年にシュタインハウゼンの聖ペテロ・聖パウロ教会——大修道院付属教会で同時に巡礼教会——のために卵形ヴォールトのフレスコ画「四大陸とエデンの園」を描いた。だまし絵の戯れによって芸術家は四大陸とエデンの園を寓意的に表現したが、後者は当時、滅多に想起されることはなかった。ヴォールトの上から、原罪以来禁じられていた楽園が、その写実的でなじみ深い諸要素——木々と泉と小鳥とリス——を提示する絵画とスタッコによって、信者たちに到達可能なものとなっている。しかし地上の楽園の空そのものが、最終的な天国の青い空間と白い雲、そしてその住民に向かって開けるのである。このように、祭壇背後の装飾衝立と柱に始まり、隣接する楽園と天国の両者に面した手すりに至るまで、信者たちは幸福の道を通って光り輝く永遠へと導かれていたのである。[46]

第二十章　高揚、過剰、祝祭

天蓋と聖ペテロの座

ルネッサンス、次いでバロック時代は、ギリシア・ローマの美的感覚に発する水平な線への好みを、丸天井の高さを上げることと、ヴォールトに実際より目立った窪みの印象を与えるだまし絵とによって、正したのだった。こうした高さの探究は、視線と魂を天国の高みへと導くためのものであったのは明らかであり、ベルニーニがバチカンのバシリカ教会〔=サン・ピエトロ大聖堂〕で制作した天蓋と聖ペテロの座〔高位聖職者用椅子〕においても燦然と表現された。

天蓋の建設を始めたとき、ベルニーニは二十五歳で、完成まで十年かかったが（一六二三－一六三三年）、その力強い独創性はこれまで幾度となく力説されてきた。主祭壇の上に巨大な「シボリョム」〔チボリウム。祭壇の天蓋のこと、普通は円柱で支えられドーム状〕を建造すれば重くなったであろう。芸術家はシボリョムを造る代わりに、「室内装飾業者」〔織師〕が用いる仕掛けを考案した。すなわち、宗教儀式の行列において聖体の上に広げられる布地を思い出させるような建造物である。「ベルニーニはそれまで木材と垂れ布でしかなかったものをブロンズの中に固定した。一時的で可動式であったものを、安定して、力強く、巨大なものとしたのである」[1]。この天蓋は世界中で再現された。そのねじれた、ソロモン風と呼ばれるねじれ柱は、ベルニーニが創出したものではなかったが——古代コンスタンティヌスのバシリカ教会にはすでに同じものがあった——、しかしサン・ピエトロ大聖堂の天蓋の成功以来、教会でその数が増えたのである。
この珍しい建造物において可動性と上昇の概念を表現しようというベルニーニの意図をここで強調しておかねばならない。天蓋は二十八メートルの高さに達する。ねじれた列柱はその動きによって天への跳躍を表している。列柱は縁がブロンズでできたぎざぎざのはためく掛幕を支えており、そこから、丸天井のてっぺんの軸方向に球体と十字架を支え持ったヴォリュート〔イオニア式の柱頭の渦巻形装飾〕が飛び出している。端では、天使たちが花飾りでもってこの織物を支えているように見える。他方、小天使たちが典礼用の飾りを身にまとい、ヴォリュートの上部からはみ出てその均整を破っている。

この力強い記念碑的建造物は、当時のカトリックの理想と感受性を表していた。聖体を、まるで恒久的な宗教行列で運んでいるかのように称揚しており、教皇たちの霊的な最高権威を確認していた。けれどもこの建造物はまた動きであり、跳躍であり、上昇への誘いであった。見る者の視線を、父なる神のまわりに集まった教皇たち、聖人たち、天使たちを想起させる丸天井の——なるほどかなり淡い感じの——モザイク画へと導いていた。まさしく天国への飛翔が問題だったのである。

ずっと後のこと、ベルニーニは六十四歳だったが〔正しくは六十九歳〕、一六六七年にバチカンのバシリカ教会内に、後陣の「栄光」を、すなわち、聖ペテロの司教座の聖遺物入れ〔聖ペテロが説教したという言い伝えのある木製の説教壇を納めたブロンズ製モニュメント〕を建立した。使徒の高座と見なされていたが、しかし実際は四世紀のものであるこの尊敬すべき司教座を、教会の奥でいかにして英雄扱いするかが問題であった。どのようにしてやってのけたのだろうか？　芸術家は司教座を、天と地上との交感の象徴とした。そして司教の教導権の上に光り輝く神の臨在を、はっきりと感じとれるようにしたいと思った。ベルニーニはこの古めかしい司教座を、身廊から天蓋の円柱のあいだに見ることのできる肘掛椅子状の大きな聖遺物入れの中に閉じ込めた。そして首尾一貫した、しかし上下にはっきりと区別したふたつの部分からなる全体を考案した。下では、聖遺物入れを支えている教父たち、深く彫りを入れたその装飾は「王国の鍵」と教皇三重冠を指さしている天使や小天使たちを見せてくれる。上では、日の光が貫く窓の上に中心を据えた、光に満ちたひとつの楕円が突然出現し視線を引きつける。楕円は聖霊の白鳩を迎えている。騒がしい天使たち、そして雲と栄光の光が、中心にある太陽を取り巻いている。ヴィクトル・リュシアン・タピエはこう注解していた。「コレッジョの「聖母被昇天」〔本書三七九頁図版〕の天使たちがパルマの丸屋根を去り、はっきりとした形をとって、絡み合って飛びながらやって来て、バシリカ教会の奥で跳ね回っているようだ」[2]。このような見方はまさにわれわれにはちょうどよく、ベルニーニの作品の教義上の意味を思い出させてくれる。めぐり来るペンテコステが眼の眩んだ信者たちの前に天を開いてみせる。信者たちはそのとき、聖霊の光と天使たちの天への飛翔を垣間見ることができるのである。

ふたつのことを想起すると、サン・ピエトロ大聖堂の天蓋と聖ペテロの司教座のその後〔の後継作品〕をたどることができる。コスマス・ダミアン・アザムは一七二八年に、ブルッフザール城〔ドイツ南西部、カールスルーエの少し北〕の礼拝堂内陣のフレスコ画で、ベルニーニによる天蓋のソロモン風列柱と光線に囲まれた聖霊の白鳩を取り上げてローマを思い出させた。また、マテウス・ギュンター〔一七〇五－八八、ドイツの画家〕も一七四一年に、オーベルアンメルガウ〔バイエルン地方〕の小教区の教会入り口で同じふたつの要素を取り上げたが、劇的な構図をしており、このふたつの要素を仲介として視線は天のレベルまで導かれるようになっている[3]。

祭壇衝立

信者たちを天の方へ導こうとする意思は、十六世紀から十八世紀を通じて、祭壇衝立〔祭壇背後の飾り壁（ついたて）、祭壇画〕の建築と装飾の中に強固に表明されてきた。なるほど後期ゴシックにおいてはすでにその道筋が示されていた。ポーランドからマディラ〔アフリカ大陸北西沖の群島、カナリア諸島の北〕まで、背の高い祭壇衝立が多数輩出されていた。証拠として、多数の中からふたつ、素晴らしい実例をあげよう。ひとつはファイト・シュトゥース〔一四四八頃－一五三三、後期ゴシックのもっとも重要な彫刻家のひとり〕が一四七七年から八六年にかけてクラクフのドイツ人教区の聖母マリア教会のために彫刻した大きな菩提樹の木製祭壇衝立で、多彩色で金箔を張ってある（高さ十三メートル、幅十一メートル）。閉じたときは、祭壇衝立は聖母マリアとキリストの生涯に捧げられた十二の彫刻されたパネルを提示する。開くと、高さ七・二五メートル、幅五・三四メートルの中央部分が現れ、そこには下から上へ順番に、「聖母マリアの永眠」、次いで「聖母被昇天」が描かれている。息を引き取る聖母のまわりのいくつかの使徒像は高さ二・八〇メートルに達する。途方もない垂直性と、上昇のテーマにアクセントが置かれている点とをここでは強調しなければならない。上昇のテーマは以後、バロックの神秘神学と図像学でしばしば取り上げられることになるだろう。ふたつ目の例は、トレド大聖堂のカピーヤ・マヨール〔大礼拝堂〕の、カラマツでできた雄大な祭壇衝立である〔「イエスの生涯」〕（十六世紀初め）。この祭壇衝立はほとんど身廊のてっぺんまで高く昇っており、三十メートルの高さにまで達している。五層に分割されているが、イエスの生涯の場面を描いており、中心部分には大きな聖体顕示台が含まれている。バロック芸術はといえば、こちらは劇的な構図の高さの中で聖体〔聖体顕示台〕を称揚するのを好むだろう。

ゲントの「神秘の子羊」についてわれわれが述べたすべてのことが、明らかに次の点を証明している。すなわち、バロック時代は祭壇《ルターブル》（すなわち「テーブルの・背後《アリエール・ターブル》」、もっと正確には「祭壇の・背後《アリエール・オテル》」を意味する言葉）を創出したのではなく、先立つ時期に比べて、それをもっと大きく活用したのである。そこでそうした構築物の真の「インフレーション」[4]が起こったのだが、それは垂直線を基調とし、描かれ彫刻された装飾を持っていた。それらは視覚的な次元でいえば、カトリック改革〔対抗宗教改革のこと〕のもっとも特徴的でもっとも魅力ある現れのひとつであった。

二十年この方、歴史的研究と芸術遺産の修復は互いに助け合って、慎ましい教会さえも、豊かに飾った祭壇衝立の数や装飾の双方においてわれわれの注意を引きつけてきた。ルーシヨン〔フランス南部、スペイン国境に近い地方〕ではその数三百以上を数える。ル・マン〔フランス中部の都市、パリの南西二百十六キロ〕の昔の司教区（一万九百三十五平方キロ）ではミッシェル・メナール〔一九二九−、フランスの歴史家、宗教的心性史の専門家〕が、四百十五の小教区教会に分布する千五の祭壇衝立の目録を作成した。[5] 徹底した調査によって、ブルターニュ（ナント司教区を除く）では十七、十八世紀の祭壇衝立千三百五十が保存されているのがつきとめられ、すでに失われている二百六十については目録が作成された。[6] したがってバロック時代の教会では、大きな教会も慎ましい教会も、家具調度類の中に祭壇衝立があまねく存在していたことになる。現在のフランスの国境内に関していえば、まだ王国の一部でなかった地域、あるいは中央のいかめしさから遠かった地域では、祭壇衝立の装飾はとくに豪華であった。ニース伯爵領、プロヴァンス、ルーシヨン、バスク地方、ブルターニュ、アルザス、サヴォワなどである。

祭壇衝立のおかげで、祭壇はそれぞれ一種の「特別な建築物」の中に組み込まれることになり、衝立と祭壇の両者が一緒になって「小さな神殿」――あるいは小さな劇場――を形作り、儀式の際にはその列柱や装飾が、大蝋燭の光やお香の煙と緊密な協力関係を築くのだった。祭壇衝立は祭壇のまわりと上に「凱旋門」を形成し、祭壇を取り囲み見下ろしていた。それは誇示と称揚と典礼と勝利の宗教にとり支えのひとつであった。けれどもそれはまた、信者たちに教義を教え、三位一体もしくは聖体の秘蹟を現前させ、聖人たちの見習うべき美徳を称揚するという使命も帯びていた。[7]

ここで祭壇衝立が信者たちに天を指し示す――まちがいなく教育的な――やり方について、記憶にとどめておかねばならない。祭壇衝立は覆いの一隅をあの世に向けて開いていたのだ。ミッシェル・メナールは祭壇衝立のこうした意味合いについて強調した。メナールは書いている。それは、「天の扉」であり、「主の登場のためと同時に、選ばれた者たちの天国への輝かしい到達のために建てられた栄光のアーチ」であった。それは「あの世への割れ目」を具現しており、「上の方への希求」を表現していた。[8] こうした解釈は当時のカトリック世界全体に当てはまる。ラテンアメリカの祭壇衝立を対象としたある研究は、確かに、そこに、劇的な構築物と「説得の装置」を見ているが、しかしまたそれが「階層化された秩序」の「上昇的読解」に誘うものであったとも、強調している。というのも、それはキリストの聖なる形象との近さを明らかにしており、聖人たちが神に対して持っている仲介と仲立ちの力を視覚化していたからである。[9] 装飾の骨子、ソロモン風列柱の渦巻線、渦巻形装飾、渦巻模様が、高いところへの飛翔の包括的な感情をさらに強めていた。

三位一体と聖母被昇天

祭壇衝立の図像学においては、ふたつのテーマが天へと眼を向けるように特別に誘った。三位一体とマリアの被昇天のテーマである。

三位一体の表象は厄介な問題を引き起こさないとも限らなかった――そのことは、ルーヴェン〔ベルギー中部の都市〕の神学者モラヌス〔ヤン・フェルムーランまたはヤン・ファン・デル・ムーラン。一五三三―八五〕によって一五七〇年に出版された『聖画像論』の中でもはっきりと説明されている。トリエント公会議の命令に忠実なモラヌスは、極端な立場を退けている。確かに、「厳密な意味では《ストリクト・センソ》」、人間の眼が父あるいは聖霊の色や形を見ることができると思わせてはならないし〔第二十五総会〕、「神が、人間の技術や思想によって造られる金や銀や貴石に似ている」などと思わせてもならない〔決議文十七、二十九〕。けれども、信者に十分な説明を与えるという条件なら、「きわめて聖なる三位一体のペルソナ〔位格〕のひとつを、新・旧約聖書に三位一体が姿を現すときの印を用いて示しさえすれば、宗教と神の掟を人が非難しているなどとは誰も思わないだろう」（『トリエント公会議の公教要理』[10]〔一五六六年作成の『ローマ・カトリックのカテキズム』のこと〕）。

バロックの祭壇衝立はこの公会議の見解が了解されたことを証明している。そこでは三位一体がしばしば異なる仕方で表現されたが、とりわけ正三角形によって（ル・マンの旧司教区には三角形の形をした百十の三位一体の想起がある）[11]、またはイエスの洗礼の想起によって、それは表現された。イエスの洗礼は三段階の演出、すなわち下段ではヨルダン川での洗礼、中段では聖霊の白鳩の出現、そして最上段では父の現前によって示される。三位一体のこうした想起に、聖霊と父なる神の形象化を付け加えねばならない。聖霊は厚い雲に囲まれ光源となっている。父なる神は祭壇衝立とヴォールトのてっぺんにあって、しばしば手を地球に置いている。これらの画像はほとんどつねに左右に裂けた雲と、神々しい人物たちを取り囲む小天使たち――智天使や熾天使――を伴っていた。あの世の栄光に満ちた神秘への入り口がまさしく問題であった。

聖母被昇天のテーマについていえば、それに関係する教義が正式に宣言されたのは一九五〇年になってからのことにすぎないのであるが〔教皇ピオ十二世が宣言〕、テーマそのものは当時のカトリックの教理と感性に一致していた。久しい以前から、西欧の芸術は使徒たちの目の前でマリアが天使たちによって天へと引き上げられるのを想起することを好んでいた。ルネッサンスはこの見方に全面的に賛同した。なかんずくフラ・アンジェリコ、ギルランダイオ〔ドメニコ・ビゴルディ。一四四九–九四、フィレンツェの画家〕、マンテーニャ、フィリッピーノ・リッピが聖母被昇天を描いた。芸術家たちがこのテーマに対して感じる魅力は引き続く時代にも一層大きくなった。そのことは、ティツィアーノ、グイド・レーニ〔一五七五–一六四二、イタリアの画家〕、プーサン〔ニコラ。一五九四–一六六五、フランスの画家〕、ルーベンス〔ピーテル・パウル。一五七七–一六四〇、フランドルの画家〕、あるいはムリーリョといった人たちの有名な作品が証明している。ルーベンスだけでも聖母被昇天を十二回描いた。プロテスタンティズムの誕生〔十六世紀の宗教改革時〕の後、カトリック教会がマリア崇拝を非常に重視したこと、そしてバロック芸術が上昇のモチーフを偏愛したこと、こうしたことが一緒になって、パルマ大聖堂のコレッジョのフレスコ画「聖母被昇天」をはじめ、十六世紀から十八世紀に聖母被昇天に捧げられた作品はおびただしい数に上った。意味深い説明をひとつ。イエズス会士たちは一五六六年にポルトガルで最初の教会をリスボンに建てたのだが――聖ロック教会――、主祭壇を見下ろす祭壇衝立に彼らが置いたのが、まさに「聖母被昇天」であったのだ。

　聖母被昇天に捧げられた祭壇衝立は無数にある。ル・マンの旧司教区でそれは、「平たい」絵と浮彫の場合、筆頭にあげられるテーマである。イエスの復活が二十一、イエスの昇天が十一、イエスの変容が九に対して、聖母被昇天は四十八もある。[12] したがってこのテーマはここでは――そして他でも――信者の視線を天国の高みへと案内するために好んで選ばれた画像だった。時代と空間を横切る多様な「バロックの道」は聖母被昇天に捧げられた祭壇衝立の発見へとしばしば導くのである。

　バスク地方エノアの村（ピレネー・アトランティック）では、十七世紀中頃の金箔塗り木製の美しい祭壇衝立が三層からなるピラミッド状の構築物として訪問者の前に現れる。第二層の真ん中で一体の像がマリアを表しているが、マリアの両腕は天に向かって昇り始めている。上層階では、神がマリアを迎える準備をしている。リール・シュール・ラ・ソルグ（フランス、ヴォークリューズ）のノートルダム・デ・ザンジュ教会内陣の「聖母被昇天」は一六七二年に装飾を施されたのだが、もっと豪華だ。主祭壇の背後に、後陣を形作る紛れもない記念碑的建造物が建っている。列柱のひとつは壁になかば埋め込まれ、また別の列柱はソロモン風造りであるが、それらの列柱と金箔塗の木製壁面とが、巨大な聖母被昇天の上に中心がくる凹面を描いている。マリアは両腕を大きく広げて、天使たちに連れ去られている。絵のてっぺんを区切るアーチの上では、今度はスタッコ製の別の天使たちが、この場面を見ようと身を乗り出している。彼ら自身も一個の壮大な三角形のペディメントを戴き、このペディメントが金箔を塗ったスタッコ製の構図を支えており、この構図にはあらためてマリアが描かれている。マリアはふたりの天使のあいだに立ち、両手を組んでいるが、おそらくは天のてっぺんに到達したのである。[13]

何百とある中からフランスの別の一例をあげよう。フージェール〔ブルターニュ地方の入り口、レンヌから北東に四十八キロ〕のサン・スュルピス教会内陣に置かれている祭壇衝立である。金箔を塗った、挿絵入りの、彫刻を施された巨大な聖櫃を載せた大理石の祭壇の上方では、付け柱を持った漆喰塗の壁面中央に置かれた大きな絵「聖母被昇天」が、天使たちに連れ去られるマリアを示している。虹を形作る金箔を塗られたアーチの上方で、三位一体が構図全体を見下ろしている。[14]

ロール（バイエルン）大修道院付属教会の主祭壇はわざと通常より低く作られているのだが、この主祭壇のためにエギト・クイリン・アザムが一七一七年から二三年にかけて制作した劇的な祭壇衝立――部分的に金箔を塗ったスタッコ製――によって、象徴的な「聖母被昇天」を見ることができる。建築と彫刻が空気のようにふんわりとしていて互いに切り離せず、複雑で規模の大きな構図をここでは創り出している。下の方では、使徒たちが、今や空っぽの墓のまわりで、驚いて、動き回っている。何人もが腕を上げている。使徒たちのひとりは墓から取り出したバラをかざしている。別のひとりは蝋燭を持っている。上の方では、重力を免れたマリアがふたりの天使によって天の方へ連れて行かれている〔次頁図版〕。風が斜めに吹いてきて、翼とドラペリー〔衣文（えもん）。衣服の波形やひだ〕と服を揺らしている。上昇しつつある三人の人物が祭壇衝立の最大の部分を占めており、芸術家はそこに強力な垂直の基調を与えている。一番上では雲と光線と小天使たちが三位一体を取り囲み、三位一体はやがて天の女王となる人を迎える準備をしている。父と息

聖母被昇天図はバロック芸術の主要なテーマのひとつとなった。エギト・クイリン・アザム「聖母被昇天」1723年、バイエルン（ドイツ）、ロール大修道院付属教会。Ph. Achim Bednorz. ©Édition Könemann

子は、やがてマリアの頭上に置くことになる冠を手にしている。[15]

バロック時代の、聖母被昇天――あるいは天の栄光に包まれたマリア――に捧げられたすべての祭壇衝立について、そのリストを作成するのは不可能だ。ならば、意味深いいくつかの例を抽出する方がよい。今われわれはメキシコにあって、銀鉱の近くの町サン・ルイ・ポトシにあるカルメル会修道院の教会の「付属礼拝堂《カマリン》」にいる。この礼拝堂は「泡の中で彫刻されたように見える」巨大な祭壇衝立によって開く。この衝立は、ある時は「マリアの扉」、またある時は「大天使たちの扉」と呼ばれるが、それは天国への道を開いているかに見えるからである。ここに描かれた「聖母被昇天」は、十八世紀の中頃、文字の読めないインディオの芸術家によって制作されたもので、棟飾り、渦形持送り、セットバック〔階段状の壁、建物〕、楣《まぐさ》石、そしてさまざまな装飾文様をまったく競い合うように寄せ集めたスタッコの壁面として姿を現す。有り余る装飾と白色（マリアの処女性を想起させる）が金箔の明るい色調とあいまってドイツのロココを思わせる。祭壇衝立の上部には、「装飾用雷雨」のただ中で、マリアが人形にも似た小天使たちによって戴冠のために天に連れ去られている。効果が反復される。祭壇衝立で扱われているこの「天国の門」は、全体に金箔を塗られたひとつの礼拝堂に通じているのだが、そこには帆立貝の形をして黄金の洞窟を象徴化するまた別の祭壇衝立があるのだ。マリアがその中心に置かれている。両脇のふたつの像はマリアの両親のアンナとヨアキムを表している。[16]この作品の立案者は、日常の経験とまったく対照をなしている天国の宇宙へ信者を接近させるために、こうしてふたつの祭壇衝立を互いに嵌め込んだのであった。

まったく異なるけれども、上記のものと比較対照することのできる制作を、ここで思い出したい気持ちに駆られる。ヨハン・ミヒャエル・フィッシャー〔一六九二－一七六六、ドイツの建築家〕によって一七三二年から三九年にかけて建てられたディーセン（バイエルン）〔ミュンヘン南西約四十キロ〕のアウグスチノ修道会士たちの教会のことである。この七十メートルの長い身廊は、入るとすぐに側面のすべての祭壇衝立が、遠近法によって嵌め込まれ、石柱に持たせかけられているのに気づかされる。それらは、主祭壇の上部に置かれて「聖母被昇天」に捧げられた大祭壇衝立の方へ視線を導く機能を持っている。この祭壇の両脇では、ラテン教会の教父たちが信者たちの祈りを迎え入れ、それをマリアへと伝えているようだ。マリアはというと、今度はマリアがそれを、構図の上部装飾として描かれた三位一体に伝えている。[17] この教会はまさに、遠近法に則った祭壇衝立と、当時の宗教芸術に親しいテーマ、すなわち聖母被昇天と三位一体との、見事な結び合わせである。

祭壇衝立からファサード〔建物正面〕へ

聖母被昇天、あるいはその他のテーマ——三位一体、キリスト昇天、聖体、聖霊降臨、聖人称揚——に捧げられたバロックの祭壇衝立は、とりわけ声望の高い実例の場合、天に向けて建てられた紛れもない記念碑的建造物として扱われた。たとえばホセ・ベニート・デ・チュリゲーラ〔一六六五－一七二五、スペインの建築家、彫刻家〕が一六九三年から九六年にかけてサラマンカの聖エステバン修道院の主祭壇の背後に建てた祭壇衝立である。そのねじれた力強い列柱が一枚の絵を支えているが、その絵は、殉教した聖ステパノを迎えるために天が開かれるのをステパノが眼にしているところを示している。この大建造物は高さ二十七メートルに達する。

同時代人を仰天させたもうひとつの記念碑的な祭壇衝立は、トレド大聖堂の、大理石とブロンズによる驚くべき「トランスパレンテ」〔トレド大聖堂の礼拝所のこと。チュリゲーラ様式の代表作の一大レリーフがある〕であるが、これにはチュリゲーラ家に比肩しうる彫刻家一族の一員たるナルシソ・トーメ〔一六九〇／九四－一七四二、スペインの彫刻家、建築家、画家〕が十二年間（一七二一－三二年）制作に携わった。光源の見えない天井採光が、建築と絵画と彫刻を分かちがたいひとつの綜合のうちに集めている幻覚的な建築物を照らし出している。祭壇の上には、比較的簡素な、イタリア・ルネッサンスを受け継ぐ彫刻された枠状装飾があって、聖母子を取り囲んでいる。けれどもこの下層は、聖体のための眼も眩むような垂直の構図の中に組み込まれている。聖木曜日の最後の晩餐図の下では、天使たちと雲と太陽光線が、遠目には宇宙の爆発のように見える。非現実の印象は、渦巻形装飾、渦形持送り、手すり、柱頭が積み重なることによって一層強められている。この大建造物の境界となっている列柱は、細かく切り裂かれた偽の布、もしくは引き裂かれたように装われた樹皮に包まれており、穴から古典的な溝彫りが垣間見られる。アントニオ・ガウディ〔一八五二―一九二六、スペインの建築家〕の「モダン・スタイル」に先んじたと話題になった。「さまざまな形が互いに流れ込み合っている。〔…〕大理石が流動する状態にもどっている」とジェルマン・バザンは書いている。バザンはまた、「トランスパレンテ」の中に「アナーキーなどよめき、〔…〕形而上学的建築への希求」を見ている。[18] いずれにしても芸術家は人を驚かせる効果を多用することによって完璧な異郷を創造したいと願ったのであり、信者たちをめくるめくような遠い場所――聖体がその扉を開く場所――へと運びたいと、願ったのである。

十八世紀の祭壇衝立のポルトガル風の一変形は、一般に主祭壇の上に載せられた「トロノ」によって構成された。豪華に装飾された段々作りの棚のことで、ピラミッド状に高みになった面へと昇っており、その面が像あるいは聖体を際立たせるのである。そのモデルは一七〇五年にポルトのベネディクト会聖ベント修道院の教会で与えられた。通常は、垂直面は七つの徐々に小さくなる直方体を持っていたが、この数字は明らかに宗教的なものだ。ポルトでは「トロノ」はソロモン風の列柱で枠に嵌められ、半円のアーチが載っているが、列柱もアーチも、緑色と黄金色で処理されている。エヴォラ〔ポルトガル南東部の都市〕（カルモ教会）とブラーガ〔ポルトガル北西部の都市〕（聖ヴィクトル）〔教会か〕で建造され、次いでブラジルに輸出された「トロノ」は、ブラジルで、とくにオウロ・プレート〔ブラジル南東部の金鉱都市〕の聖フランシスコ教会〔聖フランシスコ・ジ・アシス教会〕の主祭壇で、勝利を収めた。アレイジャディーニョ〔本名アントニオ・フランシスコ・リスボア。一七三八―一八一四、ブラジルのミケランジェロと称される建築家、彫刻家、装飾家。アレイジャディーニョは「小さな障害者」の意〕がこの主祭壇を一七七八年から七九年にかけてデザインし、豪華なロココ風の枠の中に嵌め込んだ。オリンダ〔ブラジル北東部の都市〕にある聖ベント修道院の教会の「トロノ」は「ロカイユ様式〔ロココ美術の基本要素のひとつで、曲線状の装飾文様〕の量感の素晴らしい模範である。「トロノ」の各段階は砕けて打ち返す大波、妨げられた屹立でできているように見える。すっかり歪んだ台石は、聖体顕示台を含んでいるはずのヴァイオリン形をしたニッチ〔壁龕《へきがん》〕まで、互いにはみ出ている」[19]とピエール・シャルパントラ〔一九二二―七七、フランスのエッセイスト、バロック芸術の専門家〕は書いた。リオ・デ・ジャネイロの聖ベント修道院の教会では、主祭壇の小礼拝堂の装飾は一七八九年から九三年にかけて制作された。今回もまた、教会の奥全体を占める七層からなる「トロノ」が問題である。聖ベネディクトゥスとその妹スコラスティカ〔四八〇頃―五四三／五四七、ベネディクト会最初の修道女、聖ベネディクトゥスの双子の妹〕の像によって枠どられており、てっぺんでは、戴冠した聖母マリアが幼子イエスを抱いている。[20] メッセージは明らかだ。ベネディクト会は天への道のひとつなのである。

祭壇衝立が拡張されて記念碑的建造物となったのとちょうど同じように、教会のファサードも高さの点で引き伸ばされ、過度の装飾を伴い複雑化されることによって、祭壇衝立として処理された。それはローマのジェズ教会やサン・ピエトロ大聖堂の外面のような、カトリック宗教改革の初期記念建造物が誇示してきた水平方向の厳密さや装飾のなさと対立するものであった。バロック様式のファサードで採用された最初の方針は、三種類の柱頭が、下の階のドリス式簡素さから上の階のコリント式の華美に至るまで、順次装飾的豪華さを増していくというものであった。この初期の図式はやがて複雑化し、次第に装飾過多となるに及んだ。

祭壇衝立として処理されたファサードの特徴的な実例は、まだ比較的簡素ではあるが、天に近づくにつれて次第に活気を呈してくる、ルーヴェンのイエズス会による聖ミカエル教会のファサードである（一六五〇年頃）。強烈な垂直性がピナクル〔教会の控え壁上部の小尖塔〕できわまっており、そこでは火炎と花飾りとラッパを持った天使たちとがキリストの紋章を囲んでいる。ムルシア〔スペイン南東部、マドリードの南東三百九十キロの都市〕の大聖堂において一七三七年にデザインされたファサードは、第一部分がコリント様式、第二部分がコンポジット〔混合〕様式でできていて、建物外部に移された大きな祭壇衝立となっている。そこには、ピラミッド状の構えと、列柱の枠組みと、演劇的な配置があり、それらがあいまって、素晴らしい聖母被昇天で飾られた曲線のペディメントへと視線が向かうのである。

高さが増すとともに増えていく装飾の、段状のさまと屹立の様子は、メキシコシティの北四十キロにあるテポツォトランで再び見出される。他の多くの記念碑的建造物のために証言してくれる建造物がそこにある。それはイエズス会士の学院兼修練所の教会で、イエズス会がヌーヴェル・エスパーニュ〔スペイン語でヌエヴァ・エスパーニャ。一五三五年から一八二一年までの、北アメリカ大陸、カリブ海、太平洋、アジアにおけるスペイン帝国の副王領地を指す名称〕から追放される少し前の一七六二年に完成したものである。チュリゲーラ様式のファサードは祭壇衝立を構成しており、まったく異なる三層の上に展開している。内部祭壇衝立によく見られるのとは反対に、そこにはねじれた列柱は含まれていない。代わりに「エスティピテス」の集積が見られる――これは逆ピラミッドの柱身でできた柱で、装飾された柱頭と突き出た頂板を伴っている〔本書四一〇－四一一頁参照〕。下部は扉の枠組みとなっている。真ん中はイエズス会の聖人と殉教者に囲まれたキリスト像の枠組みとなり、上部はペディメントを構成し、ペディメントは空に輪郭がくっきりと浮かび上がる複数の壺でてっぺんが飾られている。視線の上昇も、脇に置かれた唯一の塔によって追求されている。塔は全体の抒情味を強めている。[21]

宗教的景観

神学的な意味合いを帯びた垂直性に関するこの研究においては、視線を天へと誘うような仕方でいくつかの聖堂が風景の中に組み込まれていることを、どうして強調せずにいられるだろうか。ドナウ河を見下ろす断崖の上のメルク修道院〔オーストリアのベネディクト会派修道院〕の豪華な教会はこうした使命を持っていた。そしてまた、ユヴァラ〔フィリッポ。一六七八－一七三六、イタリアの建築家〕の図面に基づいて一七一五年から三一年にかけてトリノの上六百七十メートルに建てられたスペルガ・バシリカ教会〔スペルガは丘の名前〕も同様だった。

ここで、一六九三年の恐ろしい地震で荒廃した南シチリアに回り道するのを避けることはできない。ラグーサ、そしてとりわけノートとモディカの町を再建した建築家たちは、被害の甚大さを考慮に入れれば、「何もないところから」教会、宮殿、階段をまったく自由に創り出すことができた。建築家たちが当時のバロック趣味の中で、演劇的効果の強い決心を持って、坂がちな場所柄を見事にあてこんで作ったのは、それらのものであった。モディカでは、段をなしている壮大な立地が、街の下から上へと「教会の階段」を構築することを可能にした。実際大きなファサードのある三つの教会が、段々のある広々とした教会前広場によって引き立てられているのだが、それらの教会は階段で結ばれている。中間の高さにあるサン・ジョルジョ大聖堂に至る階段は、記念碑的性格を呈している。驚かされるのは大聖堂のファサードで、大聖堂中央の高い塔はこの街の、下に位置する部分を見下ろしているのだが、ファサード自体が大きいため、三番目の教会であるサン・ジョヴァンニ教会〔サン・ジョヴァンニ・デッリ・エレミテ教会〕を見えなくしていることだ。サン・ジョヴァンニ教会は都市景観の頂点を画している。景観全体の構図の「舞台空間的な」性格がどうであれ、階段と聖堂とのこうした連続の中に「天国への道」を見ないのは不可能である。

ローマのトリニタ・デイ・モンティ教会の階段は欄干や踊り場を備えた優雅で曲がりくねったデザインを持ち、一七二一年から三五年に建築されたのであるが、これは明らかに、三位一体の教義に捧げられた聖堂（一四九五年建立、一五八五年聖別）へ視線と祈りを向けることを意図していた。ポルトガルとブラジルのいくつかの巡礼教会についても同様で、ポルトガルのブラーガにあるボン・ジェズスの聖堂〔ボン・ジェズスは「善きイエス」の意〕がそのモデルとして役立つ。ブラーガでは、一四九四年以来信仰の場であった「聖なる丘」の上に、演劇的でもあり宗教的でもある賛嘆すべきワンセットが一七二三年以来制作された。十字架の道と、そこを通って行き着く教会のファサードである。「ウィア・クルキス」〔「十字架の道」の意〕の斜面中腹から「五感」の階段と呼ばれる素晴らしい階段が始まっており、踊り場は泉と像によって人間の五感を象徴している。階段の下ではひとつの泉が、われわれの欲望の罪を贖ったキリストの苦しみを表現している。贖罪の道行きは「福音書記者たちのパティオ」で終わるが、そこには、福音書記者ひとりひとりに捧げられた泉と、マグダラのマリアとエマオ〔キリストが復活後初めて弟子たちの前に現れたエルサレム近傍の町〕の巡礼者たちに対するキリストの出現および昇天に捧げられた礼拝堂がある。この世からあの世の希望に向かう道程がまさしく問題なのだ。水の浄めの効果とてっぺんの教会へと上がる道とがあいまって、ともに天への道を信者たちに指し示すという同じ使命を担っていたのである。

ブラジルでは、ボン・ジェズス〔善きイエス〕に捧げられた教会が、サルヴァドール・デ・バイア〔ブラジル北東部、大西洋岸の港湾都市〕ととりわけミナス・ジェライス州〔ブラジル中東部の州〕のコンゴーニャスであらためて見出される。身体障害の混血児で、おそらくはらい病者だったアントニオ・フランシスコ・リスボア（アレイジャディーニョ）が一八〇〇年と〇五年のあいだにクラウス・スリューテル〔一三四〇頃－一四〇五／〇六、ネーデルラント出身の彫刻家〕ばりの強靭な鑿《のみ》を用いて一本石《モノリス》でできた十二人の預言者たちを彫ったのは、ここコンゴーニャスにおいてである。彫像は教会のあいだのテラスに立っている。それはブラーガのボン・ジェズスの聖堂と同じく、上に上がる十字架の道の高所で終点たらんと意図したものだった。同時にこの「獰猛で驚異的な」[22]アレイジャディーニョの力強い彫刻をもって、ブラジルにおけるバロック時代はひとつの強烈なメッセージの上に幕を閉じる。ローマの兵士たちが罪のないキリストを責め苛む「ヴィア・クルシス」は険しい丘の頂にある石の劇場に到達し、そこでは霊感を受けた預言者たちが「天気はいつの日か変わるだろうと、曇った空の中で告げる」[23]のである。

黄金と貴金属

リオ・デ・ジャネイロの聖ベント修道院の教会にもどろう。外部で見学者が眼にするのは、いかめしいとは言わないまでも、簡素なファサードである。聖堂の内部に入り込むと、申し分のない驚きに襲われる。全体が金箔を塗った木材による装飾に覆われており、黄金の洞窟のごときものを形作っているからだ。このタイプの装飾は「タラ・ドウラダ」と言い、その起源は古いポルトガル芸術に見出される。それがポルトガルで新たな隆盛を見たのは一六六〇年代からで、とりわけポルトの聖ベント修道院の教会における（十八世紀初頭）バロック様式の祭壇衝立の発展と、「トロノ」の建立によってである。この種の装飾は王国の北から南へと降りて来て、次にブラジルを征服し、レシフェ〔ブラジル北東部の大西洋に臨む港湾都市〕の「黄金の礼拝堂」、バイアの大聖堂および聖フランシスコ教会、そしてリオ・デ・ジャネイロの聖ベント修道院の教会および聖アントニオ修道院の教会などで爆発的に発展した。聖ベント修道院の教会では、中央の身廊と側脇の小礼拝室、アーチ列、手すり、階上席、ヴォールト、石柱、柱頭、像と像の背後の壁面、すべてが金箔を塗った木製だ。一平方センチたりとも例外ではない。

たとえブラジルが十八世紀にオウロ・プレート（一六九四年）やマトー・グロッソ（一七一八年）、あるいはゴイアス〔ブラジル中部の州〕（一七二五年）における金鉱山の発見によって大繁栄を見たとしても、宗教芸術におけるこのような利用については、説明が求められる。最初の確認が必要だ。問題だったのは宗教的・世俗的なバロック芸術の漸進的な発展なのであって、この芸術は明らかに、あるひとつのイデオロギー、すなわち、そのイデオロギーを表現する権力と富を霊的ならびに世俗の次元において特権化するようなイデオロギーと、軌を一にしていたということである。ベルニーニの天蓋の金箔を塗ったブロンズ、ローマのジェズ教会上部における金箔塗り（一六八〇年から九〇年頃制作）、至るところで、慎ましい教会においてさえ増え続けた金箔塗りのスタッコの厚い雲と光は、当時のカトリック世界全体において、宗教の極地と神の現前の象徴である黄金に対する、次第に募りゆく魅力を表現した。キリスト教のモザイク画の創始者たちも、かつて他の芸術上の方法を用いて同じ選択をしたのであった。

いずれにしても、十七世紀後半から、とりわけドイツとイベリア半島の諸国で、黄金が聖堂に侵入した。あまたある中から証拠をあげると、まず一六九三年から九四年にサラマンカのドミニコ会の聖エステバン修道院でホセ・ベニート・デ・チュリゲーラによって建立され、一七三〇年から四〇年に金箔を施された大祭壇衝立がある（高さ三十メートル）。今日でもわれわれの眼に見えるところでは、下から上まで完全に金に覆われている。祭壇、アーチ、天蓋、ソロモン風列柱、聖体のブドウの木の小枝、花飾りなど、みなそうだ。メルク〔オーストリア、ニーダーエスターライヒ州の町〕の修道院はドナウ河に張り出した岩の上にそびえ立ち、天に向かって伸びているが、外部においてさえ黄色い色に特権を与えている。丸屋根の鼓筒にも、あるいは教会のファサードとそれに先立つ壁面凸部にも、この色が十分に花開いているからだ。太陽に照らされたときのこの巨大な建物は、天のエルサレムが地上に降りて来た印象を与える。内部では、鼓筒の高窓から配される光が内陣や説教壇、柱頭、手すりの黄金を震わせ、それ以上に主祭壇、アーチ、ヴォールトの黄金を震わせる。その結果、教会内に入り込んだ訪問者は、まずは細部に立ち止まることなく、絵画と建築物とスタッコの黄金による多様な形をとった現前に満たされるのである。

メキシコは黄金のこのような称賛を極限まで推し進めた。どれを選んでよいか当惑するほどだ。プエブラ〔メキシコ中南部〕の聖ドミンゴ教会のロザリオの礼拝堂（十八世紀末）では、八角形の丸天井の真ん中で、聖霊の白鳩を取り囲む巨大な太陽から黄金の沸騰が爆発的に起こっている。「それは黄金の大洪水だ。［…］炎を上げて燃える富の竜巻だ。［…］火山の流出物を想起させる白熱した流れだ。［…］あの溶解した宝石類の眼も眩むばかりの光の束によって、空間は溶けて奔流のような変容へと姿を変える」[24]。この光景は他のメキシコの教会でも繰り返される。とりわけ、プエブラ地区の、聖マリア・トナンツィントラ教会、あるいは聖フランシスコ・アカテペック教会（フランシスコ会の教会）で。ヴォールトと後陣は金箔を張ったスタッコの装飾で覆われ、「そこではすべてが溶融ときらめきにほかならない」。

ヴォリュートも、ブドウの枝葉模様も、聖人たちや「プッティ」も、黄金のほとばしりの中に溺れている。これらの聖堂を立案した者たちとそこに入る信者たちにとって、天国は、おびただしい数の黄金の星々が噴き出てくる花火を前にして眼を眩ますことと同義であった。

バロック教会における雪崩のような黄金と華美な色彩は、その他の貴重で稀な物質をふんだんに使用したことと切り離すことができない。この点で象徴的なのは、ローマのジェズ教会で一六九六年から一七〇〇年にかけて制作されたポッツォによる聖イグナティウスの祭壇である。この上昇する構図は明らかに、祭壇を見下ろすヴォールトに描かれた「天の栄光への聖イグナティウスの入来」へと向けられている。ポッツォはここで装飾家と色彩家としての才能を発揮した。ラピス・ラズリと銀、そして緑や白の大理石と金箔を塗ったブロンズを組み合わせながら、他方では趣味の確かさによってごてごてしすぎる誘惑を和らげることで、装飾の豪奢を追求したのである。

バロック芸術は必ずしもこうした均衡を維持しなかった。けれどもここでわれわれにとって重要なのは、貴重な物質に対するこの徹底した訴えかけの意味するところと、それを正当なものとする理由である。こうした訴えはしばしば慎ましい教会の中で、大理石かと錯覚させる絵画によって表現された。聖堂、とくに修道院のあまりに豪華な装飾に反対した聖ベルナルドゥスの厳しい言葉を思い出しながら、ルーヴェンの神学者モラヌスは十六世紀の終わりにこの問題を正面から取り上げる。そして「聖人たちの画像が黄金と銀に覆われ、冠と高価な衣服で飾られるのはまことにもって道理である」と題された一章を、まるまるこの問題に捧げている。モラヌスによるセールスポイントのリストは断固として「天国的」であり、最初は聖人たちを飾る豪華な装飾に狙いを定め、そこから意味を広げて教会におけるあらゆる豪華さをも正当化する。モラヌスは考える、天国は栄光の場所なのであるから、そこで天国を想起するために栄光の属性に訴えるのはもっともなことだ、と。

教会が聖人たちのいくつもの画像を金や銀で飾り、冠や高価な衣装で覆うようになったのは、この上なく深淵な動機があればこそであるということは明らかだ。事実、聖人たちの画像は一方でその昔聖人たちが生前になし遂げた立派な事柄を示しており、〔…〕また他方、現在聖人たちが天にあってなしつつある立派な事柄を示している。めいめい知っての通り、天で仕事をしている聖人たちは莫大な栄光を享受しているのだから、聖人たちを飾るあらゆる金と銀、宝石、大蝋燭、衣服、冠は神が永遠の命の中で聖人たちに惜しみなく与える栄光のほんの一部を描くにも十分なものとは言えないであろう。

したがって、キリスト教徒が教会へと歩み寄るとき、キリスト教徒は自分が地上の天に歩み寄っているのだということを、そしてそこでは神の栄光がすべての人に見えるようなやり方で（「レヴィ記」九章、二三節〔レヴィは旧約聖書のヤコブの第三子。レヴィ人の祖〕）神の家〔教会のこと〕全体を充たしており、そこには恩寵によって神の栄光に参加する者となった聖人たちがおられるのだということを、意識すべきである。[25]

さらにその先でモラヌスは、「〔イエスが〕その住みかと聖櫃を太陽の中に置いた」ことを示すために「人々は当然のこととしてイエスの名前を太陽光線の真ん中に描いた」のだと説明している（「詩篇」一八篇、六節〔「詩篇」のこの個所には文脈に沿った記述は見られない〕）。[26] ルーヴェンの神学者によってもたらされ、バロック時代のカトリックによって受け入れられたこの弁明は、当時イタリアとイベリア半島の国々でその数を増した、おびただしい装飾を身にまとう驚異的な像の存在を説明してくれる。私はここで、フィリピンで制作されメキシコに運ばれた十八世紀の「ロザリオの聖母マリア」を意味深い例として記憶にとどめることにしよう。百五センチの高さがあり、木製だが、両手と顔は大理石、下の方が広がったゆったりした外套には金・銀・宝石がちりばめられている。服の上部では一種の聖体顕示台が、聖体ではなく女神のようなマリアの顔を見せてくれる。この劇場型構図のてっぺんでは、太陽がそれを取り巻く黄金の環に向けて炎を放出している。[27]

過剰への好みから、ラテンアメリカの宗教的バロック趣味は祭壇衝立の内部において鏡の使用と異国情緒の植物への訴えをとくに好んだ。たとえばボゴタの複数の教会などがその例であるが、実際のボゴタは高地のためにそうした植物は生えない。またペルーでは、聖体を象徴するためにアメリカ産植物の曲がりくねった花づなや、熱帯産果実が山盛りになった大きな甕《かめ》を使った。自然はここでは神秘学によって再考されたのである。[28] かくしてこの地域では動物相と植物相が、創造主に敬意を捧げるために智天使たちとともに呼び出されたのだった。

埋め尽くす装飾

像や祭壇衝立の上に稀な材料を集積することは、装飾過多についての思索へと導かずにはおかない。なぜなら、バロック芸術はロココへと移行していく際に、そしてたとえばスペインのエル・エスコリアル修道院のそれのような「伝統完全保存主義的な対抗宗教改革の耳障りな言語」[29]から次第にはっきりと遠ざかろうとする際に、装飾過多にますます愛着を抱いていったからである。「楽園の歴史」においては、今日のわれわれを仰天させるような装飾の激化にどのような意味を与えるべきであろうか。

細部にわたり数多くの彫刻を施すという傾向は新しいものではなかった。後期ゴシック様式もプラテレスク様式〔十五世紀末から十六世紀初めのスペイン・ルネッサンスの建築、装飾様式〕もマヌエル様式〔十五、十六世紀ポルトガルのゴシック建築様式〕も、すでにそうした傾向を示していた。けれども十八世紀になると、この傾向は乗り越えることのできない限界に到達した。このことは、なるほど非宗教的な建築物においても見られたのであるが、しかしとりわけ「信仰の宮殿」において顕著だった――「信仰の宮殿」とは、大修道院に対するジェルマン・バザンの適切な表現であるが、当時の多くの教会にも拡張して当てはまった。

膨張する装飾に向かう道筋には、いくつか代表的な記念碑的建造物を選ぶことによって道しるべを立てることができる。プリヤ地方〔イタリア南端アドリア海沿岸地方〕のレッチェはヨーロッパ・バロックの首都のひとつで、ここではケレスティヌス会〔ベネディクト会の一分派〕、カルメル会、テアティノ会、フランシスコ会の修道士たちが一六五〇年から一七三〇年のあいだに、教会の建設や造り直しを競い合っていたのであるが、サンタ・クローチェバシリカ教会は力強い列柱、円花飾り、ふたつのヴォリュートに囲まれた上部ペディメントのおかげで今でもくっきりと輪郭が描かれたファサードを示している。けれどもこの教会は、外部も内部も、豪勢に装飾されているのだ。ファサードには建築家で彫刻家のジンバロ

〔ジュゼッペ、通称ジンガレッロ。一六二〇―一七一〇、イタリア南部レッチェ出身〕が真ん中の高さのところに不可思議な人物群――人間と動物――を置いたが、彼らは手すりつきのバルコニーを支えている。このファサードは、一六六七年にさかのぼるヘレス・デ・ラ・フロンテラ〔スペイン南西部、カディス州北西部の都市〕のカルトジオ会修道院〔カルトゥハ修道院〕聖マリアのファサードと比較できる。黄金色の美しい石で制作され、祭壇衝立として処理され、断固とした垂直の発想からなるこの修道院は、列柱と付け柱と円花飾りとアーチとペディメントを装飾物と結びつけている。装飾物はまだ抑制されてはいるがすでにたっぷりとあって、てっぺんできわまっている。巻葉装飾、ヴォリュート、彫像、火壺飾り、壺などである。

　もっとはるかに詰め込まれていながら、力強い垂直性によって装飾的要素の集積を埋め合わせているように思われるのが、七十五メートルに達するふたつの塔に囲まれたサンティアゴ・デ・コンポステラ大聖堂のファサードだ。一七三八年以来フェルナンド・デ・カサス・イ・ノヴォア〔?―一七四九、スペインの建築家〕によって制作されたものだが、彼はさまざまな制約を調和させるのに成功した。ロマネスク様式のポーチを組み入れること、すでに設置されていた（一六〇六年の）バロック様式のふたつのスロープつき外部階段を考慮に入れること、まだなかった北塔を建てることによってである。ふたつの塔に挟まれたファサードでは、塔の下部を飾っている偽の拱門《きょうもん》〔アーチ〕と中心部分のふたつの巨大な窓、そして突出部と引っ込み部の戯れとさまざまなレベルに配置されたペディメントとによって、視線が下から上へと引き上げられる。聖堂のこの見せ所においては、使徒〔=聖ヤコブ〕と国王たちと聖人たちの彫像、天使たちに囲まれた聖ヤコブの聖遺物箱の彫刻を施された形象、壁龕《へきがん》、ヴォリュート、曲線をなすペディメントの雛型、列柱、付け柱、小さな丸天井を戴いた中央の小塔といったものが、過剰の感情を創り出している。

　今強調すべきはこの過剰ということである。すでに述べたように、それはホセ・ベニート・デ・チュリゲーラによって制作された聖エステバン修道院の主祭壇の祭壇衝立において、サラマンカで花開いた（一六九二《ママ》―一六九四年）。その後トレドの「トランスパレンテ」〔透かし彫り〕で勝利を収める。そして一七三二年に開始されたグラナダのカルトジオ会修道院の聖具室で爆発的に展開する。ここはその種のもので唯一の場所であり、その聖具室は「スペイン・バロックのもっとも入念に作られた作品」である。白いスタッコによる装飾はすべての平面において柱と軒蛇腹を覆っているが、古典的発想の四十五を下らないモチーフを動員している——迫元《せりもと》〔拱基石とも。アーチの両端を載せる石〕、刳形装飾、ヴォールト、建物上部飾り〔枝つき燭台の形を模している〕、「耳」（柱の隅の小さなアーチ）などである。細部がひしめいていること、そして構造的な要素に対する造形的な積みすぎといったことが、宝石箱の中に入ったかの印象を与えるのである。[30]

ドイツの教会もまた、度外れの過剰ぶりが花開くのを見た。そのよい例がバイエルンで聖ヨハン・ネポムク教会〔アザム教会とも〕によって見られるが、これは一七二九年から四六年にかけてアザム兄弟によってミュンヘンで建てられた。狭くて両側の迫った身廊は、主祭壇のまわりの金箔を塗ったスタッコの力強い装飾と、二階のレベルで波打つ欄干がせり出していることによってさらに狭められている。欄干からは重苦しい偽の垂れ布が流れ出し、また欄干の下には豪華な花飾りが走っている。ここでは、欄干と非常に高いヴォールトのあいだの空間から驚きがやって来る。眼も眩むようなねじれた列柱が太陽と空中の十字架を枠状に囲んでおり、天使たちとスタッコの草木模様に囲まれながら軒蛇腹に達しており、軒蛇腹自体は卵形をした金色の天に面している。人々は天国の高いところで「告解の殉教者」〔ネポムクの聖ヨハネのこと。一三四〇頃－九三、ボヘミアの司祭〕の偉業を称えるのである。そのとき、現実世界と描かれた世界のあいだの境界はかき消される。「天の建築物」がわれわれを神の国のきらめきの中に投げ込んでしまう。

このミュンヘンの教会では、装飾的な膨張はとりわけ聖堂の後陣に集中しており、そこには主祭壇と、次いで主祭壇の上で太陽と十字架を浮き彫りにしている劇場的な装飾とが、立ち上がっている。指摘を一般化しなければならない。増殖と横溢は宗教的建造物のもっとも高貴な部分を強調しようとしていたのである。もちろん主祭壇もであるが、それ以外にも、側面の祭壇衝立、説教壇、オルガン、告解場などがそれにあたる。ベルギーの告解場を考えてみよう。建築と木彫の傑作である。言い換えれば、それらは宗教的言説の内部において教育的な使命を持っていたのである。単なる遊びではなかったのだ。

ところで、信仰の場をこのように無限に飾り立てる必要はなぜなのだろうか。しばしば常軌を逸した名人芸と集積は祝祭の同義語であった。それは日常的なものに対する興味を信者に失わせようとし、ありそうもないことに訴えることによって、地上の単調さと味気なさの現実とは別の現実を信者に対して現前させようとし、現世では見出すことのできない充溢を信者にもたらそうとしていたのである。虚無に対する恐怖心を精神錯乱の極限まで推し進めた宗教芸術の、そのもっとも厄介な見本は、こうした読解の格子を通してこそ見るべきである。事実、ヴィース〔ドイツバイエルン州南部〕、オットーボイレン〔同〕、あるいはビルナウ〔ドイツ南部ボーデン湖周辺〕の、いずれも十八世紀の三教会に入るとき、めくるめくような衝撃を感じないのは不可能だ。膨らんだ空間、だまし絵、ある時は黄金色で、またある時は磁器のように白いスタッコの組み合わせによって、身廊から内陣へ、壁からヴォールトへの隠された通路といったものが、外からはうかがい知れない内的生命を創り出している。建築上の諸要素は装飾物となりスペクタクルとなる。劇的効果の探究が構造を非物質化する。日常の経験とは対立する、完全に異郷感を与えるような、別の世界に入り込んだのである。

装飾におけるけた外れの極端さはスペインとメキシコで爆発的に広がった。グラナダのカルトジオ会修道院の聖具室は十八世紀の前半に装飾が施されたのであるが、大きな宝石箱に嵌め込まれた祭壇の模範的なケースを提供している。どの部分も絵画あるいは彫刻なしには済まされなかったのである。ここでは一切が人を驚かせようとしている。不均等な径間《わたりま》〔梁間とも〕は祭壇へと進むリズムを与えている。祭壇の前に位置する丸天井は採光をもたらす。高価な大理石と木材が絵画とスタッコに付け加わる。しかしながら、眼を眩ませることだけが問題ではなく、修道士たちのあいだに、神的なるものの宇宙に彼らを運び去るような感動を呼び起こすことが問題だったのである。

過重によって魅了しようという意図はメキシコの多種多様な聖堂において、外側も内側も、自由に働いたが、それはとりわけ「エスティピテ」〔下部が細くなった逆ピラミッド形の角柱〕の使用のおかげだった。「あのほっそりした脚をして中央部の膨れた手すり子〔手すり・欄干の小柱〕は突然の出っ張りを刻み込まれた概観を呈していて、上部が入れ子式の柱頭の積み重ねで終わっているのだが」、最初はスペインで、続いてメキシコで、「装飾的繁茂を一極集中させたのだった」[31]。それはタスコ、テポツォトラン、オコトラン、そしてグアナフアト地方の教会の祭壇衝立からファサードに広がった。「エスティピテス」によって飾られたメキシコのファサードのうちもっとも見事な成功例のひとつは、オコトラン（トラスカラ地方）に見られる。基底部が赤茶色の陶器で覆われたふたつの塔のあいだにめくるめくような白いファサードが広がっている。一階は並置された「エスティピテス」によって構成されていて、それらの高さは中心部に向かって増している。「エスティピテス」と付け柱とが、星に囲まれたマリア像に向かって上昇する動きを後押ししており、マリア像は山形に分かれたカーテンを備えた豪華な天蓋の下に建っている。その全体はスタッコで成型されているのだが、上にはホラ貝形の飾り〔貝殻状のヴォールト〕がひとつ載っていて、それもまた白のスタッコ製であるが、それがファサードの横全体に晴れ晴れと広がっている。これについて人々は「チュリゲーラ様式の」ポータル〔正面入り口、扉口〕と呼んだ。「エスティピテス」のあるなしにかかわらず、十八世紀のメキシコのもっとも美しい教会のファサードは英雄的な沸騰、溢れんばかりの装飾、ヴォリュートの集積、様式化された草木模様、髪を振り乱したようなモチーフを偏愛した。銀山地区の中心サカテカスでは——極端なバロック様式〔ウルトラバロック〕に対するわれわれの闖入の最後の段階となるが——、つけすぎるほどたくさんの装飾的な柱をつけたふたつの鐘楼が、頂塔を戴いた「アスレホ」〔タイル〕の丸天井できわまっていて、まずもってこの鐘楼によって強烈な印象を与える。それらは「イマフロンテ」すなわちファサードの枠組みとなっているのだが、このファサードについては「アメリカが生み出したもっとも尋常ならざる石の草木模様」であると言われたのだった。なるほど、三層にわたって配置された彫像は見事に浮き彫りにされている。しかし、残りのすべては、ブロンドの石に彫刻されているのだが、ひしめきそのものであって、彫刻を施された一枚板という印象を与える。視線が上に上がるにつれて、列柱は消え去る。てっぺんでは海藻と醜い小男になってしまう。エンタブレチュア〔本書三八四頁参照〕は解体する。装飾の網の眼が建築物を貪り食う。この装飾を施された壁かけを前にして頭に浮かぶのは、「贅を尽くした」「奔流のような」「幻想的な」という形容詞である。[32]

バロック芸術は、そのもっとも厄介な成功作においてさえ、今日では復権を遂げた。しかしながらそれを理解すること、とりわけその宗教的制作物について理解することは、われわれには必ずしも容易ではない。人に錯覚を起こさせるその意図からして、バロック芸術は演劇から逃れられない。偉大さに心を囚われ外見に心を砕いた王侯貴族たちの憧れに遭遇した。けれどもバロック芸術はまた、移ろいやすさに対する鋭い感覚に貫かれた人たち、「人生は夢である」と確信している人たちに、黄金の夢を差し出してもいたのだった。日常の移ろいやすさの中に浸りきっていた大多数の貧しい人々に、ミサやお祈りのときに、過剰さによって刻印された素晴らしい世界の中へと、幻惑されつつ足を踏み入れることを可能にしたのだった。バロック芸術はしたがって、社会の対立するふたつの極からやって来る密接に関係した要求に遭遇していたのである。

十八世紀の最後の絶頂期においては、バロック様式は諸芸術の融合のようにわれわれには見える。舞台装置が空間を動員する。表面は細分化される。構造は壁面と付け柱に沿って絶え間なく流れるスタッコの集積のうちに解体する。絵画、彫刻、建築は互いに滑っていく。本物らしさはすべて追放される。群がる「プッティ」、急回転する天使たち、天の高みで渦を巻く密集した人物たち、新たな色彩のレパートリーが聖堂を非物質化し、祝祭的な呪縛を創出し、宇宙的な歓喜を呼び起こす。天が日常的なるものの中に侵入し、いやむしろそれを無に帰する。教会はその全体において天国的な場所となるのである。

第二十一章　音楽、群衆、そして動き

ひとつの綜合芸術

ヴィクトル・リュシアン・タピエは十七世紀のボヘミアを研究して、バロック芸術は「ひとつの全体を形作っており」、「そこでは建築は絵画、彫刻、音楽と切り離せない」と考えていた[1]。このように見通しをつけることは全体的に見れば正しい。細部においては濃淡をつけねばならないとしてもである。事実シュッツ〔ハインリヒ。一五八五－一六七二、ドイツの作曲家〕やバッハの宗教音楽は、その当時はたいていの場合ローマやプラハやスペインの教会のような華美と洗練を持ち合わせない建物の中で演奏されたのだった。しかしながらこうしたプロテスタントの音楽を当時の芸術の他の構成要素と比較することは、場違いなことではない。というのも、バロックの美学がプロテスタントの世界に浸透したのは音楽によるからである。バッハのクリスマスコラール「天使の群れ、天より来たれり」〔BMV607〕は「翼のかすかな身振いのように軽やかな、上昇し下降する音階の、テンポの速い花飾り[2]」として特徴づけることができた――これは当時の絵画がとくに好んだテーマである。

ザクセンの主要な宗教建築物のひとつはドレスデンのフラウエンキルヘ〔聖母教会〕である。一七二二年から三八年にかけて建造され一九四五年二月に破壊されたが、今から二〇〇六年までに再建されるはずである〔事実二〇〇五年十月末に蘇った〕。プロテスタントの聖堂だがカトリックのモデルからヒントを得ており、正方形の水平プランと内部の八辺形を持っている。八辺形はアーチ列によって中心の円形空間につながっており、そこから頂塔のついた力強い丸天井がそそり立っている。優美ですっきりとした八本の柱がゆったりした眺望を創り出していた。まるで音楽が主要な役割を演ずる祝宴用広間のようであった。カトリック教会の内陣と祭壇にたいへんよく似た高い空間を荘厳なオルガンが見下ろしている。脇には歌い手と音楽家たちの階上席が並んでいる。聖堂は紛れもなくスペクタクルのホールであって、五つの回廊を備えており、五千人の信者を迎えることができた。[3]

このように想起してみると、「綜合的な」バロック芸術の異なる諸要素を一種の天国的な綜合のうちに結びつけていた、いくつかの類似点を探求してみたくなる。微妙なニュアンスの違いを摑む必要があらためて起こってくる。というのも、「バロック」なる用語は時にむやみと拡張されて使われるからだ。ルネッサンスと新古典主義〔十八世紀中頃～十九世紀前半にかけてバロックとロココ美術の反動として起こった美術運動。古代ギリシア・ローマへの回帰を基調とする〕のあいだでヨーロッパ芸術のかなりの数の注目すべき作品が、この形容語に当てはまらない。そのことは、ヴィクトル・リュシアン・タピエが『バロックと古典主義』[4]において、またフランソワ・サバティエ〔一九四五－、フランスの音楽学者、音楽史家〕が『音楽の鏡』において相次いで示したことである。芸術のあらゆる分野で――たとえばプーサンやロラン〔本名クロード・ジュレ。一六〇〇－八二、フランスの画家〕の絵画において――「古典主義の」手法が維持された。バッハの膨大な作品には、中世の対位法を用いる偉大な伝統の残滓が、そしてさらには、「ルネッサンスの巨匠たちのポリフォニーの否定しようもない影響」[5]が指摘されている。

その代わり、バッハの多くの楽譜、とりわけもっとも有名な楽譜は、バロックの美学に結びつけられる。それは不規則で奇妙という意味ではなく――バロックという形容詞の第一の軽蔑的な含意であるが――、それ固有の特徴を備えた美学という意味においてである。その場合問題となるのは、力動的で、抒情的で、悲壮で、総合的な様式であって、あらゆる芸術形態において表現され、とりわけ感覚と情動に訴えかけるような様式である。

数字で表すことのできる一種の芸術力といったものをまずもって見つけ出すことにしよう。モンテヴェルディ以来、西欧文明においては二十世紀の映画の運命に比較できるような音楽上の大変動が起こった。ヴォールトと丸天井の上に天から舞い降りる種々さまざまの天使たち、祭壇衝立とファサードの積み込めすぎ、雪崩のような多数の装飾物に音楽の領域で対応するのは、驚くべき創造性と量的に驚愕させられる作品数であった。ヴィヴァルディ〔アントニオ。一六七八－一七四一、イタリアの作曲家、ヴァイオリニスト〕に関しては、「おびただしいメロディーの創出」「熱狂的な作曲」「素晴らしい繁茂」といった言い回しがやって来る。[6] マルク・アントワーヌ・シャルパンティエ〔一六三四－一七〇四、フランスの作曲家〕の作品は膨大だ。フランス国立図書館はシャルパンティエが自分の手で清書した二十八巻もの原稿を所有している。バッハの創造的バイタリティーもわれわれを唖然とさせる。一七二三年だけで四十八のカンタータを作曲している。ほとんど毎週ひとつの割合だ！[7] テレマン〔ゲオルク・フィリップ。一六八一－一七六七、ドイツの作曲家〕はといえば、「彼は疑いもなくすべての時代のすべての音楽家の中でもっとも豊饒な人であった［…］。一年の五十二の日曜日のためのカンタータ十二セット、十二年のあいだ毎週ひとつ聴くのに十分な数である！　四十四の受難曲、百のオラトリオ、四十のオペラ、六百のフランス風序曲、何百もの協奏曲、何百ものソナタと三重奏と四重奏。底が見えない」[8]。たとえテレマンが十二歳で最初のオペラを作曲し、八十六歳で（一七六七年に）亡くなったのが本当だとしても、である。

　この想像力に対応したのが活用された手段の豊富さと声部群の絶大な効果であった。パオロ・アゴスティーニ（一五九三－一六二九年）〔イタリアの音楽家、オルガニスト〕は二十声の「マニフィカト」〔マリア賛歌から歌詞を取ったキリスト教聖歌〕を書く――「ポリコラール」様式の出発点にあたる。オラツィオ・ベネヴォリ（一六〇五－七二年）〔イタリアの作曲家〕は十六声の宗教作品を複数、それに五十二声のミサ曲ひとつさえ書いている。マルク・アントワーヌ・シャルパンティエはふたつのコーラスとオーケストラとソリストたちとオルガンとクラヴサン〔十六－十八世紀に栄えた鍵盤楽器〕のための偉大な複数のモテットを、そして四つのコーラスとオーケストラのためのミサ曲をひとつ書く。楽器奏者のグループの充実が続いており、バロックは音の響きの豊かさを偏愛する。ジョヴァンニ・レグレンツィ（一六二六－九〇年）〔イタリアの作曲家、オルガニスト〕は最晩年にヴェネツィアのサン・マルコ大聖堂の礼拝堂楽長となった人だが、そこに三十四の楽器からなるアンサンブルを集めている。コレリ（一六五三－一七一三年）〔アルカンジェロ。イタリアのヴァイオリニスト、作曲家〕は、たとえば、「聖夜のために」〔第八番ト短調「クリスマス協奏曲」〕という有名なコンチェルトのように、ふたつの対等でないオーケストラを対話させることによってコンチェルト・グロッソ〔合奏協奏曲〕に完壁な形態を与えている。ヴィヴァルディはピエタ慈善院で少女たちの音楽教育を担当していたが、そこで常時七十五人の演奏家――オーケストラ、コーラス、ソリスト――を自由に使い、自分の作曲のために当時手に入るあらゆる楽器を用いている。[9]

宗教音楽が必ずしも天国的高揚の同義語でないのはもちろんである。その領域には受難曲や「レクイエム」、「スターバト・マーテル」〔悲しみの聖母、聖母哀傷〕や「ディエス・イレ」〔「怒りの日」の意。最後の審判の日のこと〕や「ルソン・デ・テネブル」〔暗闇の朝課。旧約聖書「エレミヤの哀歌」につけられた声楽曲〕も入る。しかしながら、ミサのおびただしいパッセージ――「グロリア」「クレド」「サンクトゥス」――や、一般大衆が大好きな「テ・デウム」、それに「マニフィカト」、聖母マリアの晩課、クリスマス・オラトリオなどなど〔いずれも神や聖母マリアやイエス・キリストを称える曲〕は、参列者に対して天の空間を開くのがつねだった。諸聖人の祝日の典礼は歓喜への呼びかけで始まっている。「主において、一緒に喜びましょう。なぜならすべての聖人の祭日だからです。この祝祭は天使たちを喜ばせます。そして内陣のみなが神の御子を称えるのです」。バロック音楽は他のどんな音楽にも増して、この天国の幸福を表現する資格を備えていた。その力強さ、色彩、響きの豊かさによって、周囲の装飾と調和して地上の味気なさの外に位置する異郷感ある場所を創造していたのである。この装飾が、声と楽器の歌にとって宝石箱となっていた。

宗教音楽と世俗音楽はそこでスペクタクルを創造したいという願いを共有することとなる。そしてどちらもオペラの言葉と舞台装置の中に次第に紛れ込むのは、そのためである。豪華さと祝祭の都市ヴェネツィアはこうした発展において決定的な役割を演じた。一六三七年のカーニバルのとき、ヴェネツィアで最初の有料のオペラ劇場が開場した。モンテヴェルディが最後の劇的作品、とりわけ『ポッペアの戴冠』（一六四二年〔ポッペア（三〇-六五）は第五代ローマ皇帝ネロの二番目の妻〕）を書いたのはこの劇場のためである。ヴィヴァルディが華々しい経歴を開始する一七〇〇年頃は、ヴェネツィアでは四つのオペラ劇場が活動の真っ最中であるが、「〔ヴィヴァルディは〕コンチェルトで自己を表現する劇場人間」であって、描写よりは感情あるいは雰囲気の喚起を狙っている、と考えることができる。[10] バッハはといえば、その受難曲において「劇場なき劇場人間」として姿を現す。「彼なら豪華なオペラをいくつも書くことができたであろう。〔…〕〔「マタイによる受難曲」では〕彼は自由にできるあらゆる手段を使っている。ふたつの合唱団〔プラス子どもの合唱団〕、ふたつのオーケストラ、教会のこちらとあちらから呼応し合っているふたつのオルガン――ヴェネツィアの音楽家たちのバロック的遺産――、声楽と器楽のソリストたち、である」[11]。レミー・スティケール〔現代フランスの音楽学者か〕の考えでは、この受難曲の器楽による色調は「上演の視覚的手段〔…〕に取って代わる「音響による舞台装置」を思わせ、「バッハによる受難曲は結局のところ宗教オペラなのだ」。もっと一般的にいえばバッハのカンタータの多くは「その演出の趣味によって〔…〕宗教的バロックの純粋な現れ」[12]となっている。ヘンデル〔ゲオルク・フリードリヒ。一六八五－一七五九、ドイツ生まれのイギリスの作曲家〕の「メサイア」の「演劇的レトリック」はといえば、これまで何度も強調されてきた。それはこのオラトリオの「ハレルヤ」において爆発的に展開し、父の天国の栄光〔天上の至福〕の中に入って行くキリストの復活を称えている。

文体的な肥大、過剰、豪華さへの愛、大袈裟な言辞の文学、錯覚の遠近法、自然に対する人工の優位、飾り立てることへの過度の趣味、通常バロック芸術をその全体として特徴づけるこれら数々の言い回しはまた、その演劇的な構成要素を強調するものでもある。イエズス会士たちは視覚的なレトリックを天才的に利用しており、何年ものあいだマルク・アントワーヌ・シャルパンティエを礼拝堂楽長としていたのであるが、彼がバロック美学の偉大な普及者であって同時にまた宗教演劇の刷新者であったのは、偶然ではない。

より一般的にいえば、当時の音楽は演出効果の展開、舞台仕掛けの戯れ、トリックのテクニックと密接に結びついた。こうした演劇の巧みな手段は地上と天の通路を作り上げていた。この問題については、メネストリエ神父（一六三一－一七〇五年）〔クロード・フランソワ。フランスの歴史家、紋章学者〕のわかりやすいテキストを読む必要がある。メネストリエはイエズス会士で、演劇とスペクタクルと舞台装置の歴史についての研究を初めて行った人である。宗教芸術と世俗芸術を同じひとつの全体の中にまとめて、一六八一年に『新旧音楽における上演』に関する著作において次のように書いていた。

舞台仕掛けはとても助けになる〔…〕。なぜならそのおかげで地上から天へ、海から地獄へ、天から地上へと、一気に移動できるからだ[13]〔…〕。〔以前彼はこうした仕掛けが次のものを見せることを可能にすると確言していた、すなわち〕

開いた天、地獄、海、難船、天から地上へと飛翔し人々を天へと連れ去る神々、怪物、尋常ならざる動物、天から降りて来てまたそこへ上がって行く魔法の宮殿。[14]

メネストリエは著作のもう少し前の方で、次のような歴史上の想起を付け加えていた。

この上なく不思議な［…］上演のひとつは、一六二八年二月一〇日にトリノでサヴォワ夫人の誕生を祝って行われた上演であった。至福の船という大きな仕掛けが作られた。人間に好意的なあらゆる神々が天に姿を現し、めいめい音楽でもって物語った［…］。
［パリ、チュイルリー宮殿における「快楽の再来」の上演に関して］勝利の女神は大勢の勝利や英雄たちを従えてラッパの響きとともに降りて来た。そして平和の女神と彼女につき従う神々の鎖を解き、不和の女神を鎖につないだ。[15]

演劇と音楽とはこのようにして緊密に結びついた。とりわけ地上と天との往来を打ち立てるという目的においてである。メネストリエはまたこうも断言していた。「音楽で作られる演劇作品［…］」においては、「本当らしさより超自然的世界の方を一層追い求める」、そこから「舞台上の異様な仕掛けと装置の必要が起こってくる」[16]と。宗教劇のための台詞を作る人たちについては、「［彼らは］聖書の中でももっとも悲壮でしかも魂の偉大な動きを表現するのにもっともふさわしい箇所を選ば」なければならない、「そうした箇所では、音楽が卓越した巨匠、シャルパンティエ氏の手にかかると、勝利を収めるのである」[17]。事実バロック音楽は上昇を手助けするような舞台装置の中で天へと昇って行く「魂の偉大な動き」を誘発したいと願ったのである。

パレストリーナが「教皇マルチェルスのミサ」〔マルチェルス二世（一五〇一‐五五）は第二二二代教皇。在位一五五五〕を作曲することによってトリエント公会議の厳格主義から「宗教音楽を救った」という逸話は、今日ではもう受け入れられていない。それでも、トリエント公会議は第二十二総会において聖堂内の音楽について規則を定めて、次のように要求したのは事実である。「オルガンであれ、歌であれ、扇情的で不道徳な要素を導き入れる音楽は教会から追放されること。軽薄で世俗的な会話、そぞろ歩き、騒音と叫喚といったあらゆる行為についても同様である。神の家が祈りの家として現れるため、またそのように呼ばれることができるためである」[18]。

枢機卿ボロメオ〔カルロ。一五三八-八四、イタリアのカトリックの聖職者〕――聖カルロ――は教会における音楽について疑いの眼を持った人々の中にいた。トリエントの全体公会議の直後にボロメオはミラノの地方公会議によって、世俗的な歌ばかりか、宗教的な歌においてもあらゆる「淫蕩」とあらゆる「惰弱な屈折」が聖堂から排除されるように決めさせた。オルガンを除いて、すべての楽器が宗教的な儀式では禁じられていた。信者は歌詞を理解できるのでなければならなかった。歌手はできることなら聖職者がよかった。歌手はせめて聖職者の服をまとっているべきだった[19]。反対に一五六九年のウルビーノの地方公会議は、歌われるテキストが理解できる必要があることを強調しながらも、「心を動かすことによって納得させること」を指示として与えた。そして歌手たちには珍しく即興演奏の自由を与え、典礼の歌の本性と質がそれによって悪影響を受けない限り、歌に何かを付け加えてもかまわないとした[20]。未来はこちら側にあった。

イタリアでもフランスでもその他の国でも、オルガンだけが伴奏する宗教ポリフォニーはまだかなり長く続いた。けれども時代の感受性によりよく合致し、抒情性と情動を一層よく表現できる宗教音楽の必要が結局は不可欠となった。そこで世俗と宗教のバロック音楽が誕生し、新しいジャンル――オペラ、オラトリオ、カンタータ、ソナタ、コンチェルト――に訴えたのだった。音楽的書法は対話（通奏低音を伴う協奏スタイル）、装飾すること、美しい「エール」〔アリア〕、そして個人の「ベル・カント」に特権を与えた。

新しい宗教音楽の誕生は日付がはっきりしている。一六〇〇年である。それ以前に――一五七六年に――フィレンツェでアカデミーが創立されており（カメラータ・フィオレンティーナ〔フィレンツェのユマニストのサークル〕）、ガリレイの父もこれに属していた。そこでは古代人の単声の歌と、ポリフォニーの題材から解放されて歌われるレチタティーヴォ〔叙唱〕が推奨されていた。このアカデミーのメンバーのひとりであるエミリオ・デイ・カヴァリエーリ〔一五五〇年頃-一六〇二、イタリアの作曲家〕がローマにやって来て、そこで一六〇〇年に最初のオラトリオ「魂と肉体の劇」を作曲した。「オラトリオ」という名称はもっと後のものであるが、過去にさかのぼって適用されたとはいえ、この名称はオラトリオ会の創立者であるフィリッポ・ネリ〔一五一五‐九五、イタリアの聖職者〕が組織していたローマの敬虔な集いに作品があてられたものであったという事実によって説明される。笑みを湛えた神秘思想家である聖フィリッポ・ネリは、信仰の実践をもっといかめしくないものにしたいと思っていた。音楽を変えて、「歌詞は理解可能なままでありながら、ハーモニーのおかげで聴き手の心にもっと穏やかに沁み入ることができる」ようにしたいと思っていた。[21] この目標が宗教と世俗のバロック音楽全体を明らかにしてくれる。それは今や感情の表現として考えられていたのだ。意味深い事実がある。「魂と肉体の劇」は最初のフィレンツェのオペラであるペーリ〔ヤコポ。一五六一‐一六三三〕の「エウリディーチェ」と同じ年に誕生した。オラトリオはふたつの形をとることが可能なひとつの音楽劇としてやがて姿を現した。聖人の生涯あるいは聖書のエピソードを語るか、寓意的な人物たち――エミリオ・デイ・カヴァリエーリの作品における魂と肉体のような――を舞台に乗せることによって道徳上のテーマを発展させるのである。こうした例にならって、カンタータとコンチェルトは増大する楽器の参加とともに徐々に宗教音楽の領域に侵入していった。ヴェネツィアに二度滞在したことのあるシュッツ以来のルター派の空間も含めてのことである。

天使の群れ

バロックの絵画・彫刻において天使に与えられた位置によって、ひとつの綜合芸術の、異なる構成要素間の関係の分析を精緻にすることができる。奏楽の天使たちは十四世紀末から十六世紀中頃にかけてはあれほど数が多かったのに、その後ずっと少なくなったと言われたことがあった。[22] 確かにバロック時代にはまだ天使たちに出会うことができる。グイド・レーニの「聖母マリアの戴冠」（一六二六年、バイヨンヌのボナ美術館）、フランシスコ・デ・スルバランの「キリストの降誕」（一六三八年、グルノーブル美術館）、フォン・ロムー〔フランス、ラングドック・ルシヨン地方ピレネー・オリアンタル県〕の「聖母マリアのエルミタージュ」（スュニエ作の彫刻、十八世紀初頭）、プラハの聖ニコラウス〔聖ミクラーシュ〕・マラー・ストラナ教会のオルガンのまわり、ティエポロ〔ジョヴァンニ・バッティスタ。一六九六－一七七〇、イタリアの画家〕が中央のモチーフのまわりに多種多様な奏楽の天使たちとともに一七五四年に「無原罪のお宿りの戴冠」を描いたヴェネツィアのサンタ・マリア・デラ・ヴィジタツィオーネ教会[23]、などにである。けれどもバロック芸術の天使たちは楽器によってというより、むしろその数と彼らを押し流す動きによってわれわれを打つのである。

最初に数について。今度もまた、微妙なニュアンスを摑む必要がある。というのも、中世の芸術も同じように無数の天使を表現していたからだ。その証拠にパドヴァのアレーナ礼拝堂〔スクロヴェーニ礼拝堂〕にジョットが描いた天使がある〔「降誕」「哀悼」「キリストの昇天」「最後の審判」ほか〕。けれどもバロック芸術が天使を絵画と彫刻に呼び集めるとき、うようよいるというまったく新しい印象を与える。その結果天使たちは至るところに、小さなクピド（「プッティ」）からマリアを天の高みに連れ去る巨大なものまで、あらゆるサイズの天使たちがいることになる。

こうした多数の天使の喚起は、ずっと以前からできあがっていた神学的言説、しかしカトリック宗教改革があらためて確認したその神学的言説と合致していた。『聖画像論』の中でモラヌスは天使の表象に二章を割いており、「キリスト教圏全体に広まっているおびただしい数の聖天使たちの画像」[24]を正当化している。天使たちは「体全体」が表現されてもいいし、反対に「翼をもった頭部だけが描かれて」もいい。ある時は裸だ。というのも裸体は天使たちの場合、「美徳と［…］、聖性と、不死性と［…］、無垢」を意味するからだ。またある時は、軍服を、すなわち天の軍団の服を、あるいは無垢の象徴である白い服を、そしてその職能に関連する他のどんな衣装でも身に着けている。天使たちに貴金属や宝石の装いが与えられるとしたら、それは彼らのうちに集まったさまざまな美徳の輝きを証明するためである。もちろん若く、「蒼穹の壮麗さのように」眼も眩むばかりに表現されていなければならない。

彼らはたくさんの雲に囲まれている。それはあるいは彼らの住居が天にあるからであり、あるいは彼らが時に雲の中で神の体を支えたからであり、あるいはまた、太陽の壮麗さが人間の眼には雲を仲介者として伝えられるのと同じように、彼らが天から恭しく受け取る真理の神々しい光が、人間各人の能力に応じて、二次的な迂回路を通して人間の方に広まるからである〔…〕。〔最後に彼らの翼が意味するのは〕神の使命を実践する敏速さである。

モラヌスはこうも付け加えている。その上ディオニュシオスによれば（『天上位階論』第五章）、天使たちは「地上の肉体の重みから自由であって、混ざり物も重さもなく全体が天の事物のところに運ばれ、神的な観想にすっかり専心している」[25]と。いずれの断言を取っても、遡及的な価値を持つようなバロック期以前のキリスト教芸術の中に天使が強固に存在することを報告しているのであるが、それらは、天使の数や、雲と光との関係や、天使の動きの迅速さを強調することで、バロックの美学がいかにして天使たちを独占しようとしていたかを、はっきりと照らし出してくれるのである。

まず、天使の数がおびただしいことに関しては、多数のテキストが証拠となってその事実を浮き彫りにする。アルカンタラの聖ペテロ（一五六二年没）〔一四九九－一五六二、スペインの聖人〕はフランシスコ会の改革者で神秘思想家であるが、天について瞑想し次のように断言している。

> 聖ディオニュシオス〔偽ディオニュシオスのこと〕は、天使の数はあまりに多いので、この世が蔵しているあらゆる物質的事物の数を文句なく越えているほどだ、と述べている。聖トマス・アクィナスはディオニュシオスの見解に従って、次のように述べている。「天の大きさが地上の大きさに文句なく優っているのと同じように、これら神の栄光を受けた聖霊たちの数の多さは、この世に蔵されているすべての物質的事物の数に、同じ優越を持って優っている」[26]と。

聖フランソワ・ド・サール〔一五七六－一六二二、フランスのカトリックの聖職者、ジュネーヴの司教、女子サレジオ修道会創始者〕はといえば、「この幸せな国〔天国〕の公民にして住民、すなわちあの何億、何十億もの天使や智天使や熾天使たちの気高さと美しさと数の多さ」を考えてみるように誘っている。[27]アヴィラの聖テレサ〔一五一五－八二、スペインのカトリック修道女。カルメル会修道院を改革し、跣足カルメル会を創設〕はある日教会で「非常な恍惚状態に囚われ」

る。「天が開く」のを眼にし、そこに「無数の天使たち」に囲まれた「神の座」を認める。[28] 天使の数の多さは戦慄を覚えさせる議論を出発点にしてイエズス会の神学者スアレスによって正当化されている。スアレスは次のように確言している。天使たちは過去・現在・未来の人間の数全体よりももっと多いのだと。理由はこうだ。

呪われた者たちは救われた人より比べるべくもなく数が多い。したがって、救霊を予定された人たちの数が神に見放された人たちの数を凌駕するには、聖なる天使たちが［救霊を］予定された人間よりも比べるべくもなく数が多くなければならず、したがって、どれだけ凌駕しているかはたとえわからなくとも、天使の総数が人間全体の数を凌駕していなければならない。[29]

ドイツのイエズス会士イェレミアス・ドレクセル（一五八一－一六三八年）は元ルター派の作家で、かつ成功した説教家であったが、スアレス同様、呪われた者たちの膨大な数を確信している。しかし同時に天使たちのおびただしい数についても確信している。『天国の喜び一覧』（一六三九年フランス語翻案版）でこう書いている。

預言者ダニエルは天使の数について語って（「ダニエル書」七章、一〇節）、神に仕えるのに忙しくしている天使が何百万、神の前に伺候している以外に何のやることもない天使が一億以上もいた［…］と述べている。天に啓発された聖女ビルイッタはその『天啓』の中で、天使の数はあまりにも多いので、神は人間を守護するために人間ひとりについて十人の天使を与えたにもかかわらず、天使たちが全員このお勤めのために派遣されたことにはならないほどだ、と述べている。このことによってわれわれは聖人ヨブ〔前四〇〇年頃作の「ヨブ記」の主人公〕とともに次のようにはっきりと言うことができる（「ヨブ記」二五章、三節）。その戦士たちを数えることができるとでもお思いですか。もちろん否、です。というのも彼らは数が多すぎるのですから。[30]

天使たちがバロックの天に侵入したのはしたがって偶然ではない。リエ〔マルセイユの北東の町〕の司教座聖堂参事会員フランソワ・アルヌーは十七世紀に『天国とその驚異についての概論』において、天使に関して美しさと美質を結びつけている。

かつて美しく、今も美しく、これからも美しいであろうすべての男女のすべての美がひとりだけの人間のものになったとしても、天国にいる天使やその他の者たちのうちのもっとも取るに足らない者の美に比べれば、それは何ほどのものでもないであろう。なぜならこの世のすべての美しく心楽しい事物は、神の喜悦と神の美のあの海から流れ出るほんのわずかの数滴にすぎないからである。すると、愛しい人よ、あれほど美しく、あれほど見事に形作られたあれほど多くの天使たちの美は、どうなるのであろう？

たったひとりの天使を眼にする満足と喜びがこの世のすべての悦楽、喜び、満足を凌駕しているのだとしたら、［…］あれほど数多くの天使たちを眼にすることは、どれほどの喜び、どれほどの満足、どれほどの幸せ、どれほどの至福であろうか？［…］そこ［天］では、天使たちが駆け回り、大天使たちが仕え、権天使たちが勝ち誇り、能天使たちが喜び、主天使たちが命令し、力天使たちが輝き、座天使たちがぴかぴか光り、智天使たちが照らし出し、熾天使たちが燃え、そしてみなが神の栄光と称賛を歌い上げている。[31]

さらに先でアルヌーは叫んでいる。「この偉大な君主の宮廷を足しげく訪ねる何十億、何百億もの大天使たちを一瞬のうちに眼にするのは、何という悦楽であろう！」[32] 天使の数が多いこととその美しさを強調する言説は、一六六八年にもエヴルー〔フランス北西部の町〕の司教代理アンリ・マリー・ブードンのペンのもとで再び見出される。この人は十七世紀に天使に対する信仰を発展させるのにたいへん貢献した人である。彼は書いている。

もしもすべての天使が種において異なり、その結果異なる美を持っているとしたら、そして他方その数は無限で、人間には数えることができず神ひとりが数えられるのだとしたら、おお、我が神よ、聖なるシオン〔天のエルサレムのこと〕には何と多くの美があることであろう！〔…〕〔聖アンセルムスは〕言う、もしも神がひとりの天使を太陽の代わりに置き、星の数と同じだけの数の太陽でもってその天使を取り巻かせたとしても、〔…〕天使はそれらの太陽のすべての明るさを圧倒するだろう、と。[33]

神々しい太陽と天使の数の多さとのつながりは一六九一年にも、ロデズ〔ロデスとも。トゥールーズの北東の古都〕の司教ルイ・アベリーの作品において現れる。アベリーは『聖ヴァンサン・ド・ポール伝』を書いた人物だ〔聖ヴァンサン・ド・ポールはラテン名ヴィンケンティウス・ア・パウロ。一五八一－一六六〇、フランスの司祭。ラザリスト会その他各種の修道会を設立〕。彼は言う。

天使と大天使とその他の天の精霊たちは、神という太陽がご自身の外に発した最初の光線のごときものであった。そして（ナツィアンツァの聖グレゴリウス〔三二九－三九〇、カッパドキア生まれの神学者、ギリシア教父・教会博士〕が語っているように）、神の中にある光のあの無限の大洋から流れ出た最初の小川のごときものであった。神は彼らを創造された最初の瞬間から、自然と恩寵のいくつもの卓越した賜物で彼らを飾り立て、豊かにしたのである〔…〕。

したがって天使は被造物の中でももっとも気高くもっとも完璧なのだから、神はご自身の偉大さと力を示すために、ほとんど数えきれないほどの天使を創造した〔…〕。これら天の精霊たちの数の多さはたいへんなものなので、すべての物質的な事物の計算と数を凌駕しているほどである。聖書はこれら永福なる精霊たちを語って、それは数限りないほどいると述べている。

百万の天使と熾天使の創造は彼〔神〕にとっては蟻一匹作るより難しいことではなかった。[34]

天使の敏捷さ

バロックに先立つ時期の絵画、とりわけルネッサンスの絵画は、「現前の芸術」だった。ジョットやラファエッロやティツィアーノの聖母像、ボッティチェリのヴィーナス、カール五世〔一五〇〇－五八、神聖ローマ皇帝、スペイン王〕やパウルス三世〔一四六八－一五四九、教皇在位一五三四－四九〕の肖像画は視線に訴えていたし、こそこそ逃げたり隠れたりはしなかった。反対にバロックにおいては動きと距離と時間が腰を落ち着ける。「それは動くもの、過ぎ去るもの、逃げ去るものの芸術である」。人物はそっと立ち去る。建築自体が動き始め、ファサードは湾曲する。ところで音楽は、とりわけこの時代の音楽は、動きである。「それは時間の中を動いている。捕まえるとたちまち消える。精神と同じ高さにすれすれに達する。そして姿を消す［…］」。それの言うことは、形象のように自分を認めさせようというのではなく、自分をほのめかすのだ。ティントレットの、動き逃げ去る芸術の継承者は、ヴェロネーゼの大スペクタクルの継承者が演劇人以外ではありえなかったのと同じように、音楽家以外ではありえなかった[35]」。

バロック芸術における天使たちは動きの同義語である。そしてそれは早くも十六世紀以来のことなのだ。パルマ大聖堂丸天井に見たコレッジョの「聖母被昇天」を思い出そう〔本書三七九頁図版〕。「優雅な翼と脚の、酔い心地にさせるような痙攣のうちに[36]」、天使たちは群れをなして、天に連れ去られる聖母マリアのまわりで「聖なる舞踊」に興じている。下から見学者が眼にするのは、連れ去られるマリアであるよりは、あまりにも早く飛翔し、上部の天の黄金を背景にくっきりと浮かび上がる、孤立した、青の衣装ひだの天使である。同様にエル・グレコは、細長い形象〔人物〕と天と地の電撃的な接触の喚起に対する偏愛ゆえに、下から上へ、上から下へと飛び回る天使たちの動きの表現に満足を覚えるほかなかった。「受胎告知」（プラド美術館）、「オルガス伯の埋葬」（トレド、聖トーメ教会〔オルガス伯（？－一三二三）はトレド出身のオルガス首長ドン・ゴンサロ・ルイス〕）、「神聖同盟の寓意」（エスコリアル美術館〔本書四四五頁図版〕）、「キリストの洗礼」と「キリストの復活」（ともにプラド美術館）、「羊飼いの礼拝」（プラド美術館）、これらの作品のどれを取っても、翼と衣服を風にはためかせる天使たちが変わりゆく雲で一杯の天を背景にくっきりと浮かび上がっている。

ジョヴァンニ・ランフランコとピエトロ・ダ・コルトーナの丸天井から、ドイツ語圏諸国のロココの天井画を経て、ヴェネツィアのサンタ・マリア・デラ・ヴィジタツィオーネ教会にティエポロが描いたフレスコ画（「無原罪のお宿りの戴冠」）に至るまで、天は天使たち（と選ばれた者たち）で満ち満ちており、彼らは雲のあいだを円や楕円を描きながら猛烈な速度で回っていた。イエスの洗礼と昇天、マリアの被昇天と聖人たちの勝利、どのテーマを取ってみても、天の使者の円運動を強調する美学と著しく一致している。そこから、バロック時代の天使たちとそれに先立つ時期の天使たちとのあいだの、はっとするような対照が生まれる。バロック時代の天使たちは絶えず動いている。空中に浮かび、雲のあいだを回っている。顔や体の輪郭より翼や衣服のひだの方がよく見える。しばしば天の群衆の中にあって選ばれた者たちとはっきり見分けがつかない。選ばれた者たち自身もペンテコステの風によって運び去られるのだ。天使たちが楽器を持っていても、それを見つけるのに苦労する。雲の存在はオペラの演出効果の場合と同じように、転換する舞台装置の印象を際立たせる。中世、そしてまたルネッサンスが――少なくともアルベルティとラファエッロのルネッサンスが――アリストテレス哲学によって誉めそやされた安定の諸価値を重要視したのに対して、バロック芸術は動きと飛び立つ形を称揚する。内省よりも爆発を好み、逃れ去るものを強調する。天井画あるいは大理石やスタッコの彫刻は天から送られた者たちが活動し、彼らが使者としての役割を果たしているところを提示する。たとえばベルニーニの「聖テレサの法悦」〔アヴィラの聖テレサが熾天使の火槍で心臓を突き刺される図。ローマのサンタ・マリア・デラ・ヴィットーリア教会コルナロ礼拝堂の大理石彫刻〕の天使がある。

バロック時代の天使は空間を素早く移動し、天からの使者として地上に降りる。ジョヴァンニ・ロレンツォ・ベルニーニ「聖テレサの法悦」1651年、ローマ、サンタ・マリア・デラ・ヴィットーリア教会。訳者追加図版

したがって今回もまた、芸術が固執するところと神学上の言

説とのあいだの協和を指摘するのは無駄ではない。神学的言説は確かにずっと以前から天使たちの天と地上との往還を喚起してきた。そのことは中世におけるヤコブの梯子のテーマの成功が証明しており、[37]『人生の書』[38]〔『自叙伝』か〕におけるアヴィラの聖テレサもやはりこれに関わりがある。けれども十七世紀はカトリックの空間外にあってさえ、翼の役割と天の存在の素早さを強調することによってこの問題に特別の照明をあてている。アグリッパ・ドービニェ〔一五五二－一六三〇、フランスの武将、詩人、歴史家〕は「至高天の燃え上がる宮殿に」赴いて、神の命令にいつでも応えられる用意のできた天使たちを眼にする。「主の中の主がほんのわずかでもまばたきすれば／彼らは手で合図して出かけて行く。この聖なる軍団は飛ぶ／言葉の風に放たれた風のように」[39]。ミルトン〔ジョン。一六〇八－一六七四、イギリスの詩人〕は『復楽園』〔『楽園回復』とも〕において、荒野でイエスが受けた誘惑をあらためて語って、主を欺こうとする悪魔の試みの失敗に続く場面を次のように再構成している。

かくして悪魔は倒れた。そして突然、燃えるような球体にも似た天使たちの一団が、翼でもって全速力で飛びながら、その脇を通り過ぎた。天使たちは救世主を彼らのあいだに迎え入れた。そして羽根の柔らかな敷物の上に救世主を支えながら、静かに澄みわたった空を通って運んで行った。それから花咲ける小さな谷の芝草の床に、救世主を降ろしたのである。[40]

このテキストを絵画的に転写するとどうなるかは容易に想像がつくのであるが、テキスト自体は、当時天使の翼と移動の迅速さに捧げられた比較文学の資料の中に分類する必要がある。イェレミアス・ドレクセルは、選ばれた者たちの栄光の身体〔世の終わりに際して天国にある魂に与えられる〕が天使たちの不死身性と非腐敗性を持つであろうと確言した後で、「〔彼らは〕世界の端から端まで稲妻のごとく移動することができるような［…］効果のある敏捷さ」も持つことだろうと断言している。[41]ブードンはといえば、人々が天使を翼と一緒に描くことに賛同している。というのも、それは「天や風の速さを凌駕する彼らの速さを示すため」[42]だからだ。最後にアルヌーは将来の選ばれた者たちに対して、「一瞬のうちに［…］天から地へと飛び、一極から別の極へと駆けめぐり、何者も抵抗できずに世界各地を見るという、王者にふさわしい特権を、天使たち同様彼らも得ることであろう」と確言している。[43]

この素早さは、天使たちが神と人間たちのあいだを絶えず循環することを可能とする。新プラトン主義に由来するこの古いテーマはなかんずく聖ベネディクトゥスと聖ベルナルドゥスによってあらためて取り上げられたのであるが、十五世紀から十八世紀にかけてそれはかつてないほど現代性を備えていた。ルドルフ・ル・シャルトルー（一三七八年没）〔ラテン名ルドルフス・サクソニア。ドイツ生まれのドミニコ派の神学者らしい。『イエス伝』の作者〕によると、「何千人もの天使たちが天から地へ、地から天へと、絶え間なく行き来している。それはまるであの、花から巣へ、巣から花へと、絶えず往来するミツバチたちのようだ」[44]。ルターは未来の天のエルサレム――とはいえそれは救霊を予定された者たちにとっては既在のものなのだが――を描きながら、次のような断言を未来の選ばれた者たちに話しかけるキリストに語らせている。

あなた方は今や天の民です。そして［…］絶えず昇ってはまたあなた方のほうへと降りて来る最愛の天使たちの共同体にいるのです［…］。天は開かれました。［…］天使たちは昇ってはまた降りて来ます。そしてキリストの王国で信者たちに仕え、われわれを保護し、神とわれわれのあいだの使者、忠実な僕《しもべ》となっているのです［…］。天使たちはわれわれの祈りを天に上げ、反対にわれわれの祈りが聞き届けられたという知らせをわれわれに運んでくれるのです。[45]

一世紀を隔てて、イエズス会士のコトン〔ピエール。一五六四－一六二六、フランスのアンリ四世とルイ十三世の聴罪司祭〕は同じテーマを再び取り上げる。「神からわれわれへ、われわれから神への〔天使たちの〕往来について、私は何を言ったらよいだろうか。ある者の心をかき立て、またある者の心を静め、願いを運び、贈り物を持ち帰る」[46]。ボシュエ〔ジャック・ベニーニュ。一六二七－一七〇四、フランスの神学者、政治学者、説教家〕も『聖なる守護天使の祝日のための説教』で次のように確言している（一六五九年一〇月二日）。「神の天使たちは［…］神からの贈り物を持ってわれわれのところにやって来ます。われわれの願いを持ってもどって行きます。われわれを導くために降りて来て、われわれの願いと善行を神のもとに運ぶためにもどって行くのです」[47]。

中世はとりわけヤコブの梯子を使うことによって、こうした教義を図像類の中に転写した。バロック時代はヤコブの梯子を完全に顧みなかったというわけではなかったが、天と地のあいだをものすごい速度で飛び回る天使たちの眼も眩むような飛翔によってそれを表現する方を好んだのである。

第二十二章　雲の切れ目が現れる

神秘主義の高揚

バロック時代の宗教的感性と経験においては、天使たちの眼も眩むような飛翔は、多くの聖人たちがその恩恵に浴している恍惚感と軌を一にする。突如として起こること、これは以後短縮法の技術によって表現可能となったのであるが、そのことが天の精霊たちの素早さと、この世の重力から神秘思想家たちを引き離す「恍惚状態」との共通点である。そこで芸術と宗教文学は、この世とあの世を隔てる通常は広大無辺の距離が聖人たちによって一瞬にして飛び越えられていくその素早さを、称揚することになった。[1] 恍惚とした聖人あるいは聖女はそのとき、「天使と同じくらい軽い[2]」ように見えたのである。

中世にも神秘思想家が、とりわけ女性の神秘思想家が、いないわけではなかった。神秘思想家たちの使命と著作は西欧のもっとも都市化された地域で花開いた。フランドル、ラインラント、イタリアである。けれども、ミッシェル・ド・セルトー〔一九二五－八六、イエズス会の知識人、哲学者、歴史家〕[3]が指摘する通り、「ミスティック」〔形容詞として「神秘的な」、名詞として「神秘家・神秘主義」などの意がある〕が名詞となったのは十七世紀のことにすぎない。西欧においてはこうした意味の変化に先立って、神的なるものの直観的知覚に捧げられた文学が再び湧き出し豊かになる必要があったからである。

ジャン・ド・ジェルソンの著作は、一四〇二年から二四年のあいだに書かれた三つの神秘神学論によってこの分野で決定的なものであった。ジェルソンによる神秘神学の定義はそのまま後の歴史全体を照らし出してくれる。ジェルソンは書いている。「神秘神学は神との霊的な愛の結びつきによる、実験的な神の認識である。使徒の述べるところによれば、「神と結びつく者は、神とともにある精霊だけである」。そしてこの結びつきはまちがいなく、至福の人ディオニュシオスがそれを証明しているように、恍惚の愛の中で起こるのである」[4]。ジェルソンはディオニュシオスの著作になじんでいたのであるが、そのディオニュシオスは、十五世紀と十六世紀に再びもてはやされることとなった。マルシリオ・フィチーノは一四九二年に偽ディオニュシオスの『神秘神学《ミスティカ・テオロジカ》について』の新しいラテン語の翻訳を出版した。印刷術のおかげでこの作品に対する関心は高まった。十六世紀だけで、偽ディオニュシオスの著作は、古いものも新しいものも取り交ぜてラテン語の翻訳で七十一版を数えることができた。それにギリシア語テキストの諸版と、ジョス・クリシュトヴ〔一四七二―一五四三、フランドル生まれの神学者〕の注解[5]のような多数の注解が加わった。

　そのあいだにもアルカンタラの聖ペテロの『念禱論』（一五五六年）や、アヴィラの聖テレサ（一五八二年没）の諸作品すなわち一五八三年刊の『完徳の道』、一五八八年編纂の『人生の書』、同年刊の『住まいの書、あるいは霊魂の城』とともに、スペイン神秘学の黄金時代は始まっていた。かなり早く翻訳――とりわけイタリア語とフランス語による翻訳――が続いた。十字架の聖ヨハネ（一五九一年没）〔一五四二―九一、スペインのカトリック司祭〕の作品出版はもっと後だった。『カルメル山登攀』『暗夜』『愛の生ける炎』は一六一八年、『霊の賛歌』は一六三〇年のことである。いずれにせよスペインの神秘思想は当時、十七世紀前半のフランスの霊的生活に深甚な影響を及ぼしたのは事実である。

　中世末期、そして十六、十七世紀の聖人や聖女たちが恵みを受けた超自然的体験――見神、幻、恍惚、人体浮揚、聖痕――をわれわれに伝えるテキストは多数ある。『念禱論』の中で、カトリック宗教改革時代に神秘的聖性の模範と認められていた[6]シエナの聖女カタリナ（一三八〇年没、一四六一年列聖）は、「偉大な完徳に達した」人々に関して父なる神に次のような確言を語らせている。「彼らは自らを越えて天の高みにまで昇ったのです」。カタリナはまた、聖パウロに関して全能の神にこうも語らせている。「[聖パウロは]体の重みなしに私〔神〕を楽しむことはどういうことであるかを味わったのです。なぜなら私は、彼をその体から解放することはしなかったけれども、私を結びつきによって味わうことを、彼に認めたのですから」と。神はその「とても優しい子どもに対して、［…］魂はまだ死すべきものであっても、不滅の人々と交わって魂が味わう結びつきの状態［と］卓越の状態の完璧さを」定義しながら、「［魂は］時にはあまりに緊密な結びつきに到達するので、自分はまだ体の中にいるのか、それとも体から外に出てしまったのか、ほとんどわからないくらいになることがある」ということを、聖女に明かしている。[7] イタリアでは、シエナの聖女カタリナは一四七〇年から一六五〇年のあいだにあらゆる造形芸術においてもっとも多く表現された聖女のひとりであった。

聖イグナティウス・デ・ロヨラはしばしばこう断言した。私自身もマンレーサ〔スペイン北東部、バルセロナの北西四十五キロ〕への隠遁から生涯の最後に至るまでその恩恵に浴したことのある天の「幻視」と「訪問」は、「心のうちなる眼」に語りかけるものなのだ、と。けれどもこうした異常な体験には「神的なもぎ取りと宙づり」が伴うのが普通であった。そして何日も「恍惚状態に」[8] とどまるということがロヨラにも起こるのがつねであった。そんなときロヨラの悟性は「天よりもさらに先へと［…］昇って行き」、「神の存在それ自体、あるいはその本質を、おぼろげにではないやり方で」感じ、見るのだった。[9] アヴィラの聖女テレサもまた、何度となく、「法悦」と「恍惚」の状態へと入った。こう語っている。

ある日のこと、私は激しい熱狂に捉えられたように感じましたが、その原因はわかりませんでした。私の魂は私の体から逃れたがっているように思われました。魂はまるで自分の外にいるようで、かすかに見えている幸せ〔善〕をこれ以上待つことはできなかったのです。この熱狂はあまりにも過度のものでしたから、私はそれに抵抗することができませんでした［…］。私の魂はあまりにも動揺していたので、自分がどうなっているのか、何を欲しているのか、魂にはわかりませんでした。私は身を支えなければなりませんでした。というのも、自然の力は私をすっかり見放していたので、私は立っていることができなかったからです［…］。この法悦の栄光は広大無辺のものでした。[10]

聖女テレサの恍惚にはひとつの抗いがたい特徴があった。それは彼女の体を地面から持ち上げていたのだ。テレサははっきり述べている。「私が抵抗しようと思っていたとき、足の下に驚くほどの圧力を感じていて、それで私は運び去られていました」。「結びつき」と「法悦」を区別しながら、テレサは書いていた。「結びつきにおいては、私たちはまだ私たち自身の領域におりますし、そうであることができます。法悦にあっては、それはまったく不可能です。おわかりのように、あなた方はこの雲が上に上がるのを感じるのです。あるいは、こう言ってよければ、あの力強い鷲が翼に乗せてあなた方を運び去るのを感じるのです」[11]。テレサの仲間のひとり、イエズスのアナ〔アナ・デ・ロベラ・トレス。一五四五－一六二一〕は後にカルメル会修道院をフランスに移設した人であるが、アナもまた天に引き上げられた。こう証言している。

聖ドミニクスの日〔八月七日〕のこと、私たちはレヒナに説教を聞きに行きました。説教の最中、私には説教が聞こえませんでした。なぜなら私は有頂天になっており、天で行われている祝祭がすっかり心の中で見えたからです。けれども魂がそれを楽しむまでは、このような楽しみも喜びも少しも述べることはできません〔…〕。これほど高級な事柄は、比喩によって台なしにするぐらいなら黙っている方がよいのです。

〔また別の〕日のこと、神父様たちと私の聖なる教団のためにお祈りをしていたところ、私は持ち上げられました。その上昇の最中、いと聖なる三位一体の玉座が私に示されたのですが、玉座を熾天使たちが取り巻き、彼らはみな、あの神の愛の中で心をたぎらせ、はつらつとしていたのです[12]。

聖フィリッポ・ネリは十六世紀末のもっとも魅力的な人物のひとりであるが、ネリもローマで似たような体験をした。エミール・マールは書いている。「彼はすでに重力の掟を逃れた栄光の身体であった」[13]。彼の場合、地上に浮き上がる幻視は頻繁に見られた[14]。

イエズス会士ルイ・ラルマン（一五八八－一六三五年）はその霊的教義がフランスの十七世紀に刻印を残しているが、「観想の性質と効果」を分析して、小鳥の飛翔から取り出された比喩を用いながら、観想を「法悦」と「恍惚」

から精緻に区別している。

観想は精神をその通常の働き方より上へと高める。そして精神をさまざまな崇高な働きの方へと超自然的なやり方で引きつける〔…〕。こうして高められた精神は、人を魅惑する真理の認識のうちに、まるで宙づりにされたように、とどまる。このことは小鳥の飛翔の譬えによって説明される。小鳥たちはいつも上へ上へと昇るわけではなく、一旦上に上がってしまうと、時々、翼を動かすこともなく、いかなるはっきりとわかる動きもすることなく、空中に宙づりのままとなる〔…〕。法悦は厳密に言えば神の霊が一挙に持ち上げるところの、諸力が突然蒙る熱狂〔興奮〕である。恍惚はこうして自らの上へと高められた魂が置かれる状態とその安息である。[15]

「法悦」と「恍惚」と幻視は、「聖人の世紀」すなわち十六世紀から十七世紀にまたがる世紀においては、男性の、そしてとりわけ女性の、多数の神秘思想家たちによって体験された特権的出来事であった。スペインの百十三名の観想修道者に求めて霊的自伝集を作成することができたほどであるが、彼らはその大部分が一五三五年から一六七〇年に生きた人たちであった。[16] 彼らの生涯は「異常な」出現や顕現で満ち満ちている。フランスでこれに対応するのが、多数の修道女の神秘的な生涯であるが、選ぶのに困惑するしかない。カナダにおけるウルスラ会の最初の施設の創立者である受肉の聖マリア〔マリー・ギュイヤール。一五九九－一六七二、トゥールとカナダにおけるウルスラ会修道女〕は語っている。

〔ペンテコステの月曜日、ケベックのフイヤン派修道士の礼拝堂で〕眼を祭壇の方に上げて、そこの蝋燭の下の方につけられた熾天使たちの小さな像をこれという意図もなく見つめたところ、一瞬のうちに私の眼は閉じられ、私にはとても表現できないようなやり方で私の精神は持ち上げられ、いと聖なる厳かな三位一体の姿の中に吸い込まれてしまいました〔…〕。私の魂はこれら偉大なものの中にすっかり迷い込んでいました〔…〕。三つの神的な位格への専心から私が抜け出すには、たいへんな時間がかかりました。魂の奥底で私は天国を体験していたのです。

突然魂を奪う〔天に召す〕神の「愛はこのように働きかけるのです」[17]。

イエスの話の聴き役である聖女マルグリット・マリー〔一六四七－九〇、ブルゴーニュの聖母訪問修道女会の修道女〕はといえば、二十五回もの主の出現の恩恵に浴した。そのおもなものは一六七三年、七四年、七五年であるが、そうしたとき彼女は「心が燃え上がり」「酔った」ようになっていた[18]。

「激しい」あるいは「過度の」「熱狂」、「抵抗しがたい猛烈さ」、突然天のレベルまで「運び去られる」（体とともに、あるいは体は別にして？）魂の「法悦」、その天で「恍惚」のうちに「宙づりになる」魂、これらが、バロック芸術が好んで図像に描いた「異常な」、とはいえ頻繁に起こった体験であった。しかしながら通常の人間的条件からのこのような「引きはがし」が苦悩のうちに行われていたということも思い出させないわけではない。たとえば聖テレサがその神秘的恩寵の際に経験した引きはがしがあるが、それを描いたのはベルニーニだけではなかった[19]。聖女はそうした傷〔熾天使の火槍で心臓を刺し貫かれた傷〕の痕跡を残していたようだ。フィリッポ・ネリはその幻視のあいだにあまりにも強い動悸を感じたので、心臓の近くの肋骨のそばに腫れものができた[20]。フランスにおけるオラトリオ会の第三位修道院長で一六三〇年から四〇年までパリのすべての「聖人」の助言者であったシャルル・ド・コンドラン〔一五八八－一六四一〕にも同じ外傷性障害が現れた。ある日のこと、神への愛の高ぶりから「あまりにも激しい動悸」に襲われて、コンドランのいくつもの肋骨が場所を変えて「心臓に隙間を与えた」。そして胸には「ある隆起」が形成され、コンドランはそれを死ぬまで大事にしたのだった。

「新時代の偉大な聖人たちはほとんどつねに恍惚状態の例外的な瞬間において表現された」[21]とエミール・マールは書きとめている。イグナティウス・デ・ロヨラがローマに赴く途次、ローマに近づいたときその恩恵に浴した超自然的幻視を、芸術家たちはイエズス会の求めに応じてしばしば喚起した。打ち捨てられたある礼拝堂にいたときのこと、イグナティウスは十字架を運ぶキリストが聖人〔＝ロヨラ〕とその仲間たちをキリストの父〔神〕に推薦するのを見た。この幻視は、ローマのジェズ教会でイグナティウスの墓の上方に置かれた恍惚とした彫像〔「イグナティウス・デ・ロヨラ」〕の意味を与えてくれる。イグナティウスは両腕を天に向けて上げて、ペディメントのてっぺんにいる父と子を観想している。
また同様に、とエミール・マールはフィリッポ・ネリに関して指摘しているのだが、芸術家たちは「好きなようにネリを誉め称えるわけにはいかなかった。彼らに求められたのは、一、二の奇蹟を除けば、もっぱらネリの恍惚と幻視であった」[22]。ネリはミサを執り行っている最中に天使たちの腕の中で気を失い、洗礼者聖ヨハネが現れるのを眼にし、子どもを抱え天使たちに取り巻かれたマリアを前にして恍惚となる（ローマのキエーザ・ヌオーヴァ〔サンタ・マリア・イン・ヴァリチェッラ教会〕のグイド・レーニの絵〔「聖フィリッポ・ネリに現れる聖母子」〕など）。

アヴィラの聖女テレサの生涯はこれと似通った作品を生み出した。とはいえこの観想修道者はきわめて活動的な一生を送った。けれども、列聖の日にサン・ピエトロ大聖堂のヴォールトに吊るされた旗に姿を現した〔描かれた〕のは、神秘的恩寵だった[23]。その上、聖女の幻視のうちでも、一五六一年の聖母被昇天の大祝日の日に聖母マリアと聖ヨセフが、一層厳格な規則を備えたカルメル会修道女の新しい修道院を創設するテレサの計画を祝福したという幻視以上によく描かれた幻視もない。テレサは自分がマリアとヨセフに囲まれて彼らの手で白い外套で包まれるのを見た。美しく光り輝く聖母マリアは十字架のぶら下がった黄金の首飾りをテレサに差し出した。それから、その場に居合わせた天使たちが、マリアとその夫とともに天に昇って行った[24]。

私はここで注意深くエミール・マールの教えに従っているのだが、マールは正当にも次のように指摘している。すなわち、カトリック宗教改革当時にあっては、新しい時代の聖人たちだけが「恍惚状態の例外的な瞬間を体験した者」として表現されたわけではなかった。そうではなく、「不思議な現象によって、昔の聖人たちもまた、こうした様子のもとに姿を現した〔描かれた〕のだ。十分に光をあてられたのは、かつてはヴェールをかけられていた、彼らの人生のこうした側面であった」[25]。アッシジの聖フランチェスコの生涯は幻視のいくつかの場面に要約された。彼はある天使の素晴らしいキタラ〔撥弦楽器の一種〕に耳を傾ける。幼子イエスを、天使たちに囲まれた母親の手から受け取る。聖痕を与えられたことが、聖女テレサの神秘的恩寵に比肩しうる神秘的失神へと変化する。啓示的な数字がある。エル・グレコは聖フランチェスコの聖痕を二十回以上も描いたのである。

マリアが天から地上に降りて来てその子どもを聖人の腕に委ねる、という場面はパドヴァの聖アントニウス〔一一九五－一二三一、リスボンに生まれ、優れた説教師としてイタリアで活躍。貧者の保護聖人〕、聖女クララ〔アッシジのクララとも。一一九四－一二五三、イタリアの聖女、クララ修道女会の創始者〕、カンタリチェの聖フェリクス〔一五一五－八七、イタリアの聖人〕などに関しても同じように喚起された。「ほとんどすべての教団に幼子イエスを抱える聖人または聖女がひとりはいた」[26]。シエナの聖女カタリナの生涯については、芸術は以後彼女の幻視しか記憶にとどめなかった。なお一層驚くべきやり方であるが、十七世紀のマルムーティエ〔フランス、トゥール近郊の町〕の修道士たちは、彼らの創始者である聖マルティヌスをふたつの絵によって誉め称えるようル・スュウール〔ウスタッシュ。一六一六－五五、フランスの画家〕に依頼したのだが、そのとき彼らは、ふたつの奇蹟ではなく——とはいえ彼にはたくさん奇蹟があった——ふたつの幻視をテーマとして選んだのだった。また同様に、初期の時代の使徒や聖人たちも天と意思疎通をしたその瞬間の姿で好んで描かれたのである。[27]

神的なるものの侵入

もう一度繰り返そう。カトリックのどの時代の神秘思想家たちもではあるが、とりわけ十六世紀と十七世紀の神秘思想家たちは、「想像上の」幻視のはるか上に「知的な」幻視を置いていた。いかなる視線のためにも用意された幻視ではなく、ただ神の現前の明証性を神秘的に示すような幻視である。十七世紀の初めに聖フランソワ・ド・サールは書いている。「[すると]一体、その現前をわれわれが享受するお方を、外的な図像であれ、内的な図像であれ、図像において思い描く必要があるだろうか？」[28]。

リシュリュー〔アルマン・ジャン・デュ・プレシ。一五八五－一六四二、公爵、フランスの政治家〕の友人デマレ・ド・サン・ソルラン（一五九五－一六七六年）はモリエールに自分の喜劇『幻視者たち』を上演してもらった人であるが、この人もまた古代人の支持者たちに反対して「キリスト教の驚異」を擁護したひとりだった。サン・ソルランがキリスト教の霊感の豊かさを擁護するために書いた作品のひとつは『精神の悦楽』（一六五八年）と題されている。アンリ・ブルモンはこの作品から、主人公のふたりの巡礼者、ウーゼーブとフィレドンが神的絶対者を探究してたどる祈りの諸段階についての長いパッセージを抜粋して楽しんだ。広大なアパルトマン、というよりむしろ一連の「住居」を巡るこの道中案内は、絵画的なものから非装飾的なものにまで及んでいる。最初に「神の愛の大きな居間」がある。迫持《せりもち》造りの〔アーチ形の〕神殿で、真紅の斑岩の床、ダイヤモンドの列柱、そして彫琢された黄金のコーニス〔軒蛇腹〕と壁面と拱門などがある。さらに先には「信仰の伸展の愛の寝室」があり、そこではキリスト教の普及が描き出されている。この寝室は「海洋博物館」に似ていると、アンリ・ブルモンはユーモラスに注釈している。

その後このふたりの巡礼者は「聖なる念禱の住居」に侵入する。以後、具体的な細部は次第に稀になる。「声の念禱の寝室」ではまだ黄金の文字で書かれた「主の祈り」が見られるし、神を称える聖歌も聞こえる。けれども、その先になると、「愛情」「決心」「観想」「結合」の相次ぐ寝室では想像力は息切れしてしまう。かくして、「観想」の寝室では、そこは「一層暗いために一層心地よい」場所なのだが、「悟性はそのすべての光を失い、もう何も見えなくなった自分の眼ではなく信仰の眼によって対象を凝視することによって、まるで呆けたようになっている」。結合の「暗い」寝室では、魂は「もはやそれとわかる行為を行うこともなく、悟性を働かせることもなく、意志すらもなく、自らのうちにすっかり消え失せ、神のうちにすっかり吸収され、もはや何らかの動きも眼差しも持つことはない」。なるほど、聖霊はそのとき魂を目覚めさせ、「光り輝く神とのもっとも偉大な結合の賛嘆すべき小部屋へと」導いて行く。「そこでは、天の夫〔＝イエス・キリスト〕が背の高い紺碧の天幕に覆われた豪華な褥《しとね》の中で魂を待っている」。けれども、この最後の喚起によって欺かれないようにしよう。というのも、魂はそのとき、「想像力によって混乱させられることもなく、人がこの世であたう限りの、神の聖なる現前を認識する力を」[29]手にしているということが、そのすぐ後で明らかにされるからである。

デマレ・ド・サン・ソルランは当時の神秘主義文学をよく読んでいたが、この文学は、中世においてあの世への旅人たちがそうしたようには、あるいは天のエルサレムの建物や永遠の草原の植物を念入りに表現した画家たちがそうしたようには、天国の描写を悦に入って行なったりはしなかった。十六世紀と十七世紀の宗教的テキストにおける天国の喚起は地味で、貧弱でさえある。イェレミアス・ドレクセルは『天国の喜び一覧』に六百四十頁を捧げているが、この問題については息切れしている。こう問題を提出する。「われわれはなぜかくも冷たく天を欲するのであろうか?」、次の事実があるにもかかわらず。

天は世界でもっとも美しい場所だ。地上の国王たちのもっとも美しいあらゆるルーヴル宮も、ごみで一杯の屋根とおぞましいもので一杯の家畜小屋に比べられるにすぎない。お望みなら金と真珠だけで建てられた世界でもっともかわいらしい別荘を、あるいはもっとも美しい都市を、思い描いてみるがいい。そんなものはみんな、至福の人々にとっては泥と土でできた小さなねぐら、毎日ばらばらに消え去るねぐらにしか見えない。反対にあの美しい別荘では、そしてあの光り輝く都市では、天は永遠に存在するのだ〔…〕。〔天国では〕すべての感覚が十全にそして完全に満足させられるだろう。眼はそこでしっとりするほど美しい事物を見るだろうし、耳は優しく魅惑的な音楽を楽しむだろうし、嗅覚は神々しい匂いとこの世でもっとも甘美な芳香を、味覚はある種の驚嘆するほど心地よい飲み物を楽しむだろう。そして最後に体全体に広がった触覚は、体に生気をもたらし体を幸せにする魂の栄光の現前によって、体と四肢の至福を感じとることであろう。[30]

フランソワ・アルヌーもまた「天国の驚異」について論じているが、アルヌーのペンのもとにも「ヨハネの黙示録」の天のエルサレムに対する同じ手短かな言及が、そして選ばれた者たちにもたらされる種々さまざまな「悦楽」についての同じ簡潔な報告が、見出される。

もしあなたが黄金をお探しなら、〔天国には〕いくらでも有り余るほどある。なぜなら、神の都は〔…〕黄金にほかならないから。通りも広場も純金で敷き詰められており、エメラルドがちりばめられ豪華になっている。「黙示録」でそう言っているのは聖ヨハネである〔…〕。もしあなたが名誉をお探しなら〔…〕王と日常的に一緒にいて、王のテーブルで食事をし、ルーヴル宮で王と一緒に暮らすこと以上に大きな名誉を、はたして望むことができるだろうか。この美しい天国ではそれがみんな手に入るだろう。というのも、あなたは永遠の王と永遠に一緒にいられるのだから〔…〕。

そしてもしあなたが快楽をお探しなら――きちんとして貞節で、聖《きよ》らかな快楽のことだが――、天の王は快楽のほとばしりであなたを満腹にし、とても美味なブドウ酒であなたを酔わせるまで誘うだろう。至福の人々を酔わせるあらゆる種類の悦びに満ち満ちた、このほとばしりから溢れ出るブドウ酒で[31]。

バロック芸術は神秘的体験を、すなわち神的なるものへの接近を、図像に表現したいと願っていたが、現実の困難さの前に立たされることになった。そのもっとも高貴な現れにおいて、ただ「心のうちなる眼」――聖イグナティウス・デ・ロヨラに親しい表現――によってでしか知覚できないような現実を、いかにして視覚的に表現できるのだろうか。聖女テレサも書いていた。「時にはあまりにも崇高な現れがありましたので、その現れについて、いまだこの世に暮らしている死すべき人間がそれを表現できるほどの認識に達するなどというのは、疑いもなく望ましくないことなのです[32]」。

宗教芸術の解決策の第一は、すでに述べたように、天の高みへの猛烈な飛翔を、あるいは天国の住人の地上への思いがけない降下を、短縮法とだまし絵によって表現することであった。そして第二の新しい思いつきは、第一の思いつきを補完するものではあるが、天国を、永遠の宮殿や庭園、あるいは神の玉座のまわりに整然と並ぶ聖人や天使たちを伴って、というような、はっきりと定義された世界として喚起させることではなく、光の隙間として喚起させることであった。それはほとんど眼も眩むばかりのもので、天の裂け目のおかげで突然、あの世のもっとも高名な住人を見せてくれる隙間なのである。ペーター・ディンツェルバッハー〔一九四八－、ウィーンの中世史家〕の「中世における啓示の文学」に関する分析は、引き続く時期のための読解の格子も提供してくれる。彼は幻視の物語によって提供される地上外の空間の知覚における顕著な変容を十二世紀に置く。こう書いている。「第一グループの幻視者（六世紀から十二世紀）にとって、あの世の場所が重要な役割を果たしているのに対して、〔…〕第二グループの幻視者（十二、十三世紀以降）

はこうした場所について弱々しい、ほとんど印象に残らない描写しか与えてくれない。というのも、天の人物にアクセントが置かれているからだ。終末論的トポグラフィーによってなされる幻惑があまりにもなくなった結果、十二世紀以後は、幻視の物語はただキリストやマリアや聖人たちとの出会いを語るだけとなっている」[33]。著者はもちろん、自分の提案する年代的な断絶を厳格に考えすぎないように誘っている。というのも、幻視の領域における古いメンタリティー〔心性〕は、新しいメンタリティーが発展し強固になってもしぶとく生き残っていたからだ[34]。それは十二世紀の後も長いあいだ、天国の場所に関する豊かで正確な描写を提供し続けた。その証拠はたくさん実例が示しているはずだが、なかでも特筆すべきなのがゲントの「神秘の子羊」である。

それでもやはり、幻視の物語が恍惚状態の結合と神秘的な合体を強調するカリスマ的な〔カリスマとは、奇蹟・予言・見神などの神与の能力のこと〕性格をますます帯びてきたのに対して、あの世の場所に関する記述がおぼろになったのは事実である。ジャック・ル・ブラン〔一九三一―、フランスの宗教史家〕は聖女マルグリット・マリーについて指摘している。「十七世紀の修道女の言葉遣いにおいてわれわれの心を打つのは、イメージの豊かさでもなければ、自然の形態や宇宙の光景、あるいは聖書の言語の宝庫から引き出される比喩を通して見られるところの、恩寵の効果の有り余るほどの表現でもない〔…〕。心情のイメージでさえ、多くの点から見れば、中世の神秘思想家たちの著作におけるほど豊かではなく、一層慎ましい」[35]。こうした読解の格子は十七世紀スペインの神秘思想家に関する研究においてイザベル・プートラン〔現代フランスの歴史家、スペイン宗教史の専門家〕も採用しており[36]、きわめて当然のことながら、それは「異常な」霊的体験に捧げられたバロック時代の多くの芸術作品に対しても適用されている。事実こうした霊的体験は、天国の喚起において、とりわけ天が突然開かれたことを示唆しようとしたのである。

リヴァデネイラ〔ペドロ・デ。一五二六／一五二七―一六一一、スペインのイエズス会士〕によって書かれた聖イグナティウス・デ・ロヨラの生涯〔『聖イグナティウス伝』〕には、一五三八年という年に関わる話として、次のように書かれている。すなわち聖人は、「昼も夜も、魂のあらん限りの力を振り絞って、神的な事どもを観想するべく努めていた」が、神の栄光を受けたマリアに控えめに呼びかけて、「あなたは天の扉であり、人間と神とのあいだの特権的な仲介者であるのだから、どうかその扉を開けて、あなたの尊い息子に近づくことを私に得させてほしい」と頼んだのだった。[37]

アヴィラの聖女テレサは「天の栄光」について思いをこらして、次のように確言している。すなわち、「法悦」の結果「［私は］心の中で天に運ばれました［…］、そしてほんのわずかのあいだに、「アヴェ・マリアの祈り」〔天使祝詞〕のあいだに、言葉にならないような驚異を〔発見しました〕」と。[38] 自伝の同じ章（三八）のさらに先で、テレサはこう叫んでいる。「神に天を開いていただけた魂は幸いです［…］。すでにしてその交わりは天にあると、はっきり言うことができます。敬虔な思いにふけるには、そちらに視線を上げるだけで十分なのです」[39]。次の章では、テレサはこう語っている。「［ある日のこと］教会に着くと、私は大きな法悦に捕らえられました。天が開くのが見えるように私には思えたのでした。もう以前のようにただちょっと開くというようなものではなかったのです」[40]。

受肉の聖マリアの体験もこれに比肩しうる。一六五四年の『報告』でこう語っている。「一瞬のうちに私の眼は閉じられ、私にはとても表現できないようなやり方で私の精神は持ち上げられ、いと聖なる厳かな三位一体の姿の中に吸い込まれてしまいました［…］。私の魂はこれら偉大なものの中にすっかり迷い込んでいました。そして威厳に満ちた神様は、愚かな被造物には言語に絶するようなますます多くの事柄で、私の魂を照らし出して喜んでおられるように、私には思えたのです」[41]。

「言語に絶する事柄」を喚起する

「上に上がる」視線、「一瞬の天啓」、「言語に絶する事柄」を突然露わに見せる「天の開き」——どの言い回しを取ってても、それらはバロック以前の芸術による天国の表現が偏愛していた具体的なテーマ、すなわち花咲ける庭園、天のエルサレムのきらめく城壁、天使たちのダマスク風のチュニック〔婦人用の長めの上着〕などといったテーマからは離れて、バロック芸術が図像において表現したいと思っていたものである。

エル・グレコのふたつの作品が、天の突然の切り裂けをはっきり感じとれるものにしたいという、この激しい欲望を説明してくれる。「オルガス伯の埋葬」（トレド、聖トーメ教会）と「神聖同盟の寓意」（エスコリアル美術館）である。ある伝説によると、オルガス伯（一三二三年没）は聖トーメ教会の建設に財政援助をした人であるが、天から特別に降りて来た聖ステパノと聖アウグスティヌスによって彼は埋葬されたという。「オルガス伯の埋葬」において、エル・グレコは、この伝説をふたつの層を強力に対比させながら画布に描き移した。下の方では、ふたりの聖人が、厳かな様子の貴族たちや何人かの聖職者に囲まれて鉛色の遺骸を大地に下ろしている。ふたりの頭上では天使たちが壁布のように天を隠していた重い雲を押しのけている。視線が上に上がると、一条の稲妻閃光に突然照らされてイエスが見えざるピラミッドの頂点にいるのに気づく。その下には仲介者マリアが身を置いている。イエスとマリアは天使と聖人たちが住まう天国に新参者を迎えている。

「神聖同盟の寓意」は「フェリペ二世の夢」の名でも知られており――この君主〔＝フェリペ二世〕が作品を発注した――、また「イエスの御名の礼拝」の名でも知られている。後者の名が作品に一番ふさわしい。というのも、それはレパントの勝利〔一五七一年のギリシア中部コリント湾のレパント沖で行われたイスパニアとオスマン帝国艦隊との海戦におけるイスパニアの勝利〕について、聖パウロの言葉「イエスの御名によって、すべての者が、天上においても、地上においても、地獄においても、膝を屈するように」（「フィリピの信徒への手紙」二章、一〇節[42]）を説明しているからである。今度もまた構図は二層でできている。呪われた者たちで一杯になった怪物の大きく開いた口が、地上と同じ水準にあって、そこではフェリペ二世とローマ教皇とヴェネツィアの統領がトルコ人に勝利するための同盟を結んでいる。彼らとそれを取り巻く人々は、彼らのために開かれた天に眼を向けている。雲の上方に、天使たちやペンテコステの風〔聖霊降臨の日に吹いたとされる、神の臨在を象徴する激しい風〕に揺すられる翼と衣服を見ているのだ。天使たちはキリストの光輝くモノグラム〔姓名のイニシャルを組み合わせて図案化したもの〕――ＩＨＳ〔Iesus Hominum Salvator（人類の救世主イエス）〕――のまわりに円になっているのだが、バチッチョもまたローマのジェズ教会のヴォールトにこのモノグラムを輝かせることだろう〔「イエスの御名の勝利」〕。

　ほんの一瞬のあいだ、神の住みかを垣間見させてくれる天の突然の切り裂け――芸術家たちがはっきりと感じとれるものにしたいと思っていたのがこれである。コレッジョからロココの時代に至るまで、芸術家たちはヴォールトと丸天井の、実際のあるいは装われた建築物を破裂させる。そして高さと色彩、あるいは天使や選ばれた者たちの目眩《めまい》

空の切れ目をはっきり目に見えるものにしたいという激しい欲求。エル・グレコ「神聖同盟の寓意」1573-77年、スペイン、エスコリアル美術館。©Scala.

を起こさせるような動きによって、われわれの世界とはまったく異なる世界に向かって、ヴォールトや丸天井のてっぺんを開いて見せてくれるのである。

本来なら列柱、アーキトレーブ〔軒桁〕、コーニスの上に置かれるべきだった天井を取り払い、それを広大な天空に取って代えることによって、見る者のうちにこの世のものとも思えない驚きを創り出そうというその意図は、バロック時代の教会を着想した大部分の建築家、画家、彫刻家に共通していた。アンドレア・ポッツォによる「聖イグナティウスの勝利」、ヴィース教会〔バイエルン〕天井の「最後の審判」〔ヨハン・バプティスト・ツィンメルマン作〕、オットーボイレン教会〔バイエルン〕にある翼廊交差部の「ペンテコステ」〔ツァイラー作〕は、よく言われるような天と地の相互浸透〔重なり合い〕の、というより、むしろ、神的なるものの侵入の、三つの好例となっている。突然、神的なるものが聖堂に侵入し、その境界を破裂させ、眼を眩ませるのである。

「バロックの天井の主要目的は天だ」と断言した人がいるが、これは正しい。[43] ところでバロックの天は先立つ時期の天よりはるかに奥が深い。天使たちは構図の頂点に近づくにつれてサイズが小さくなり、次第に半透明になっていく。そこで雲がまとっている意味について注意する必要がある。シエナの聖女カタリナは「完璧な結合まで高まった魂は「その後」自分の体の雲の中をもどら「ねばならない」[44]と哀惜の念を込めて確認していた。この比喩は伝統的な宇宙形状誌へと送り返すものだった。宇宙形状誌によれば、雲というものは宇宙の中で月の軌道面の手前に位置する汚染し

天使の群れに囲まれてキリストが平和の象徴である虹の上に座している。ヨハン・バプティスト・ツィンメルマン「最後の審判」1750年頃、バイエルン（ドイツ）、ヴィース巡礼教会。訳者追加図版

やすい部分にまだ属しているのである。したがって、不変なるものと永続的な清らかさなるものの世界から降下するのであれ、あるいはそこへと上昇するのであれ、それを可能とするためには、雲は当然のことながら切り裂かれねばならない。バロックの天はこの点で前コペルニクス的なものにとどまったのであり、それはまたエゼキエルの見方と一致していた。というのも預言者エゼキエルはこう書いていたからだ。「私は見た。それは北から吹いて来る嵐の風と、厚い雲、吹き出る火だった。まわりには閃光があり、真ん中には金メッキした銀の輝きのようなものがあった」[45]（「エゼキエル書」一章、一節）〔正しくは一章、四節〕。

したがって、雲が当時の有り余るほどの図像類の中で頻繁に登場するのは偶然ではない。パルマ大聖堂のコレッジョ〔「聖母被昇天」〕、ナポリのテソーロ・ディ・サン・デナーロ礼拝堂のランフランコ〔「天国（の）表現」〕、ローマのサンタ・マリア・イン・ヴァッリチェッラ教会のピエトロ・ダ・コルトーナ〔「天国」〕、パリのヴァル・ド・グラース教会のミニャール〔「天国」〕、アルテンブルク（オーストリア）のベネディクト会大修道院のトローガー〔「ヨハネの黙示録」あるいは「聖ヨハネの幻視」〕など、こういった人たちの天国の丸天井では、視線が上に上がるにつれて次のことが確認される。すなわち、雲は高さとともに厚みを失い、徐々に開いてきて、てっぺんではついに神の光の侵入が見えるということが。光の中心にはしばしば永遠の神、精霊の白鳩、贖い主あるいは三位一体が見られる。至高天がほんの一瞬、自らのヴェールを取りのけたのである。

バロック時代にさまざまなサイズとさまざまな基底材――画布・スタッコ・本――で扱われたところのおびただしい宗教的場面も、同じように読まねばならない。当時あれほどしばしば描かれた聖母被昇天の絵は、当然のことながらマリアを雲の上方へと導いている。煉獄の人々に当時捧げられたおびただしい数の図像類は、雲を横切って煉獄にいる人々を救いにやって来る天使たちに彼らが助けられているところを示している。[46] たとえばパリのサン・ジャック・デュ・オー・パ教会〔パリ五区〕のル・ナン兄弟〔アントワーヌ（一五八八－一六四八）、ルイ（一五九三－四八）、マチュー（一六〇七－七七）の三兄弟。フランスの画家〕の筆になる「聖告図」〔「受胎告知図」とも〕もまた、天の切れ間を見させる機会となっている。灰色と黒色の厚い雲が開いて天使と聖霊の白鳩に道を開け、彼らは祈禱台にひざまずくマリアのもとに現れる。イエスの洗礼は、非常に多くの教会で三位一体に関して図像によって公教要理を教える理由となっているが、これも同じように雲を動員している。天の上の方に見える父と聖霊からやって来た光が、雲のあいだから侵入して来るのである。

この場合、宗教的図像学であまねく用いられていた規範が問題であった。ムリーリョは「聖家族」（ルーヴル美術館）において、神の子を聖エリザベツ〔ユダヤの祭司ザカリアの妻で洗礼者ヨハネの母〕と若い洗礼者ヨハネに示しているうっとりするほど美しいマリアを描き、その地上の場面の上の方に、小天使たちに取り巻かれた永遠なる父と白鳩が雲を見下ろしている姿を見せてくれる。下の方では、どれほど多くの殉教者たちが、責め苦のときに眼を天に上げて、彼らに永遠の勝利の冠やシュロの枝を差し出す天使たちの姿を、雲の向こうに認めることであろう！　同じように、巡礼教会では、聖母マリアあるいは守護聖人を描き込んだどれほど多くの奉納物が見られるであろうか。マリアや聖人たちは天から、そしてしばしば暗い雲の上から、地上あるいは海上で危難に瀕した人々を救うために介入してくるのである！　かくして、以前の図像類には存在しなかった、あるいはこれほどまでには存在しなかった、莫大な距離が示唆されることとなる。以前ならば雲があいだに入ることなどなく、信者たちの姿はしばしば天上の光景と同一平面に置かれていた。今や雲は開かれる。しかしそれはぽっかり空いた穴の、例外的で一時的な性格を示すためであり、この穴のおかげで神的なるものの電撃的な侵入が瞬間的に可能となるのである。

天の光

侵入には超自然的な光が伴う。神秘主義文学はこの点はっきりしている。リヴァデネイラは聖イグナティウス・デ・ロヨラの生涯を語る中で〔『聖イグナティウス伝』〕、幻視の際に聖人の魂は「天の光によって照らされていた」[47]のだと請け合っている。アヴィラの聖女テレサは恍惚状態の後こう書いていた。

私はこれらの幻視の中でもせめて一番格調の高くない幻視について、どんなものか説明したいと思うのですが、それは無理なように思います。というのも、すべてが光であるあの神の住まいの光とこの世の光とのあいだにはあまりにも大きな違いがありますので、太陽の光でさえ闇でしかないように思えるほどなのですから［…］。私の魂は天国のこれらの驚異を観想して以来というもの、生命に再びもどらずにこの光の領域にずっと住まいたいと思うほどです。それほどまでに、私の魂は地上のあらゆる事物に対して侮蔑の念を抱いてしまったのです。[48]

聖女の自伝にはまたこうも書かれている。

あのまったくもって神々しい美しさ〔至福を授けられたイエスの人性〕を感知する助けとなる光については、それはこの世の光とは完全に異なる光なのです。私たちが眼にする太陽の光は、私たちの心のうちなる眼差しに差し出されるあの輝き、あの光と比べるとあまりに曇ったものに見えるほどですので、もうその後では眼を開けたくないと思うほどです。
太陽光線を反射しながら水晶の上を流れる水と、雲多い空の下で土の表面を流れる濁った水とのあいだの違いと同じくらいの違いが、このふたつの光のあいだにはあるのです。[49]

ペンテコステのための賛歌の中でジャン・ジョゼフ・スュラン〔一六〇〇－一六五、フランスの神秘主義のイエズス会士、説教家、払魔師〕は「火のような喜び」を言葉にしている。

われわれを溺れさせる、
そして天国からやって来る、〔聖霊の〕この奔流は、
また、父と子からやって来る、
火のような喜びでもある。

イエス万歳！[50]

霊的探究の特権的な対象であり、またバロック図像学のきわめて重要なテーマのひとつでもあった三位一体の神秘について、当時の神秘家たちが何事かを推察しえたのはこの超自然的な光の中においてである。バロック図像学は以後、天を描き天の色彩に濃淡をつけ、そのぼかしを洗練する技術を自分のものにしていた。雲を膨らませたり引っ張ったりすることができたし、旋風を渦巻かせ、衣装のひだや翼の揺れによって風の激しさを装うこともできた。けれども画家とスタッコ塗装工たちは、ビザンチン芸術と中世が黄金に付与していた例外的な宗教的価値を、黄金に対して維持したのだった。もっとも高いてっぺんにある最終的な天は黄金色以外ではありえなかった。

したがってわれわれは最後にもう一度、すでに何度も遭遇したこのテーマに立ちもどらねばならない。[51] というのもたいていの場合、バロックのヴォールトや丸天井においては、あの世の最高の場所と目されるところに近づくにつれて、天の色は黄金色に転ずるからである。そのことは次を見れば――すでにあげた実例に頼ることにしよう――確かめることができる。エル・グレコの「神聖同盟の寓意」、バチッチョの「イエスの御名の勝利」、ヴァル・ド・グラース教会にあるミニャールの「天国」、オットーボイレン教会にあるツァイラー〔ヨハン・ヤーコプ。一七〇八－八三、チロル生まれのオーストリアの画家。あるいはその従兄弟のフランス・アントン・ツァイラー、一七一六－九四か〕の「ペンテコステ」、ヴィース教会の「最後の審判」である。規則は長い伝統に従って、また宗教文学にも合致して、キリストのモノグラム、その十字架、聖霊の白鳩、父なる神、あるいは三位一体を、天の一番高く一番光り輝いている部分に置くということであった。しかも、地上に神的なるものの崇高な啓示を突然もたらす電撃的な光線が当然の成り行きとしてやって来るべきは、天空のこのあたりからである。光線は聖女テレサの心臓を刺し貫くベルニーニの天使にも伴っている。バチカンのバシリカ教会では、光線は雲を横切り、聖ペテロの座の上方で聖霊の白鳩が滑翔する黄金の窓に降りて来る。トレドの「トランスパレンテ」では、光線はイエスが聖体の奇蹟を成就する最後の晩餐図の下で炸裂している、などである。

復活したキリストの現存〔聖体の中にキリストの体と血が実在すること〕を証明するホスチア〔聖体〕は、当然のことながら、光に囲まれていなければならなかった。聖木曜日〔復活祭前週の木曜日〕の聖体臨時安置台は、翌日使われる聖別されたホスチアが置かれる習わしになっていたが、この安置台がフランスでは時に「墓」と呼ばれるのに対して、イタリアではより正当に「天国」と呼ばれたのはそのためである。聖体臨時安置台は、カトリック宗教改革がプロテスタントの異議申し立てに直面してキリストの現存の教義を新しくした時代に、新たな輝きを得た。すなわち聖木曜日には、花々、集められた蝋燭、黄金の聖体顕示台といったものが一緒になって聖体の秘蹟を称えることとなった。この束の間の「天国」は神秘的な体験と調和すると同時に、芸術家たちが丸天井とヴォールトに置いた神々しい光の裂け目とも調和していたのである。

けれども黄金はまた栄光をも意味していた。「グロワール」〔神の顕現、臨在を示す「栄光」〕と「ディヴァン」〔神の、神的な〕は昔から結びついていた。バロック芸術はこのつながりを強固なものとしたが、こうしたつながりは、そもそも長い聖書の伝統によって証明される。旧約聖書は「ヤーヴェの栄光」について語っていたが、それはその力、その威光、そして民に顕現する際のその輝かしい表れを意味するためであった。イザヤは、神の王としての栄光、その高く掲げられた玉座、そしてその熾天使たちの取り巻きを観想していた〔「イザヤ書」六章、一節以下〕。新約聖書はこの栄光がまたイエスにもそっくり現存することを明らかにした。「ヘブライ人たちへの手紙」〔一章、三節〕は神の子が「〔父の〕栄光の反映であり、その存在の表れである」と断言した。「神の栄光は彼の顔に表れている」〔「コリントの信徒への手紙二」四章六節〕、そして彼は「栄光の主」である〔「コリントの信徒への手紙一」二章、八節〕という一節もある。「グロワール」は古典ラテン語では「評判」を意味していたが、キリスト教の言葉では神の「威光」「素晴らしさ」の意味となり、また「永遠の至福」の意味ともなった。アルカンタラの聖ペテロはこれらの意味を綜合して、こう書いていた。

この住まい〔天国〕の美しさはといえば、それを描くことのできる言葉はない。もしも神がこの涙の谷で、この流刑の地で〔どちらも苦悩に満ちた現世を指す〕、あれほど賛嘆すべき、そしてあれほど美しい事物を創造したとすれば、どうして神は、その栄光《グロワール》の聖所であるこの住まい〔天国〕において、その偉大さの玉座を、その威光の宮殿を、その選ばれた者たちの家を、すべての悦楽の天国を、創造しないということがあったでしょうか？[52]

アヴィラの聖女テレサは語っている。「聖パウロの祝日の日のこと、私がミサを聞いているあいだに、聖なる人性〔＝イエス〕の姿がそっくり私に現れたのです。その姿は復活後の、この世にないほどの美しさと威厳を持っていました」。そしてペンテコステのある日、聖女テレサは「この世のものとはとても異なる白鳩」を観る特典をも得た。テレサは続けて書いている。「この法悦の至福《グロワール》は大きなものでした。私はペンテコステの祝日の大半を、知力を禁じられたままに、まるで知力を奪われたかのようになったままに、過ごしました」[53]。

テキストと図像との往還が本章におけるわれわれの方法であったが、それは次の点を理解する助けとなる。すなわち、「グロワール」という言葉が十七世紀に、美術において、キリストの体を包む光輪の意味を持ち、次いで意味が広がって、天使たちや聖人たちを伴った天の絵画的表象をより総括的な形で意味するに至ったという点である。この言葉はとくに、智天使たちの翼の生えた体を交えた黄金の光線の束に用いられたが、芸術家たちはその光の束を、三位一体の三角形、聖霊の白鳩、あるいは聖人の画像のまわりにまとめたのであった。聖人は天国に迎えられて「グロワール」の中に入るわけである。リヴァデネイラの『聖イグナティウス伝』は、カトリック宗教改革によって聖人の「賛美《グロリフィカシオン》」に捧げられた芸術上の成果を照らし出す限りにおいて、このテーマに関してきわめて重要な一節を含んでいる。

「イグナティウスにはひとりの仲間、すなわちオゼス神父がいて、この人をたいへん愛したが、彼は亡くなった。さて、カッシーニ山に登ったとき、イグナティウスは」ひとつの魂が輝ける光に囲まれ、光を身にまとって天に入って行くのを眼にした。そしてそれが仲間のオゼスの魂であることを知った。後にミサで最初にある総告解を朗唱する際、「エト・オムニブス・サンクティス」、すなわち「そしてすべての聖人へ」の言葉にたどり着いたとき、イグナティウスは目の前に栄光《グロワール》の光輝を伴った多数の聖人たちがいるのを見た。その中にオゼスがいたが、他の聖人たちに優って光り輝き、栄光《グロワール》に照らし出されていた。オゼスがより一層聖人だったから自ら輝くことができたわけではなく［…］、神がオゼスを他の人と区別しオゼスだとわかるようにするために、オゼスを輝かせていたのであった。[54]

この栄光《グロワール》への参入が至上の光栄であり、「輝かしい勝利《トリオンフ》」であった。カトリック教会が聖人信仰の正当性を再確認し、修道会が自分たちの聖人の美徳を称揚していた時代に、バロック芸術は信仰の英雄たちが天へ堂々と入場するのを喚起して楽しんだ。ポッツォの「聖イグナティウスの勝利」はこうした豪奢なキリスト教護教論の著名な例であるが、しかし盛りだくさんの一連の作品のひとつである。ピアツェッタ〔ジョヴァンニ・バッティスタ。一六八二－一七五四、イタリアの画家〕の「聖ドミニクス〔ドメニコ〕の栄光」（サン・ジョヴァンニ・エ・パオロ教会、ヴェネツィア）、「天に迎えられる聖ノルベルト」〔ジョヴァンニ・バッティスタ・ピアツェッタ作か〕グリンベルゲン大修道院、ベルギー）〔ノルベルトはドイツの聖職者。一一八五頃－三四、マグデブルクの大司教、プレモントレ修道会の創設者〕、「聖ベネディクトゥスの栄光」（〔ヨハン・ミヒャエル・ロットマイヤー（一六五四－一七三〇、バロック末期のウィーンの代表的画家）作〕メルク修道院）、スルバランの「聖ヒエロニムスの至上の栄光」（グアダルーペ大修道院〔王立聖母修道院〕）もまた、バロックの宗教的図像類におけるこの特徴的なテーマを例証してくれる。バロックの宗教的図像類は聖人たちの「被昇天」をこのようにして描き表したかったのである。聖人たちは恍惚のうちに両腕を大きく広げ、美徳によって神のかたわらに獲得しえた光に満ちた栄光《グロワール》へと入って行く。

第四部

Déconstruction?

脱構築？

天の「脱構築」ではあっても、あの世の「脱構築」ではない。というのも両者は以後分れるからである。天はまず始めに神話上の神々と人間の「栄光《グロワール》」に侵入される。次いで日常生活の画家たちの偏愛の対象となり、とりわけ、「新天文学」の広大な研究領野となる。同時に、プロテスタンティズムと増大する教理教育的関心（ローマ教会も含めて）の二重の影響によって、天国に関する言説はますます描写的でなくなり、ますます信仰絶対主義的になる。あの世はもはや天には位置していない。それはもはや場所ではない。その色彩と形を失ってしまう。あの世するとそれは消失したということなのであろうか。イエスは天国を描写しなかった。そうではなく、平和と幸福の「永遠の将来」の実在を断言したのである。現代の感受性にとっては、こうした充実の状態は、やっと実現された普遍的な友愛とわれわれが愛した人たちとの再会を必然的に含んでいなければならない。キリスト教はそれを当初から教えていなかったであろうか。

第二十三章　非宗教化

地上の栄光

キリスト教の文学と図像学は、「マタイによる福音書」（二五章、三一節）と「ヨハネの黙示録」（二〇章、一一節）の例にならって神の王国と「栄光《グロワール》の玉座」（最後の審判に際して人の子が座すことになる「栄光の玉座」）とを称揚するために、バロック時代を待ったわけではなかった。そうではなく、ルネッサンス以来、古代への回帰と君主国の強化とが一致したために、人々は「栄光《グロワール》」という言葉と、この言葉を取り巻く図像や象徴の群れとを用いて、神の力と地上の王国というふたつの領域を同時に共示する方向へと徐々に導かれていったのである。そこからこのふたつの領域における混ざり合いの危険が生まれることになる。

当時の宗教的テキストは、事実、君主政イデオロギーに鼓吹された語彙を露わに見せている。アヴィラの聖女テレサはその「聖なる人性」において彼女のもとに現れたイエスの「異常な威光《マジェステ》」について語っている。テレサは主イエスのことを「強くて、賢明で、あらゆる財産に富んだ王」と形容し、またその「王国」では、「ひとり分の割当てがどんなに限られたものでも、つねに膨大な量なのです。なぜなら神においては、偉大でない〔大きくない〕ものは何もないからです[1]」と断言している。

テレサは「陛下《サ・マジェステ》」〔世襲制君主の尊称〕という表現を偏愛していた。テレサの例にならって、スペインの修道女たちはこの表現を用いることを怠らなかった。そのことは修道女たちの自伝からわかる。「陛下《サ・マジェステ》〔＝イエス〕はその贈物を〔私の中で〕増やしてくださいました。〔…〕私はいくつかの苦行とその他の節制を行っていましたが、それはみな陛下《サ・マジェステ》が教えてくださったものです」（聖ヨセフのマリアナ）。「〔私の父は〕母のお産の日が近づいて来たとき、生まれる息子または娘が夭折することがなければ、その子に宗教的身分を与えることによってその子を差し上げますと神々しい陛下《サ・マジェステ》に約束しました」（イエスのアントニア[2]〔スペインのカルメル会修道女か。一七〇〇－六〇〕）。「念禱の手段を用いて陛下《サ・マジェステ》は私を大きな危難から解放してくださいました」（受肉のイネス）。フランシスコ会修道女聖ヨセフのアナ・マリア〔前出の聖ヨセフのマリアナと同一人物か〕の次のような打明け話もまた啓示的だ。

一度とても高貴な観想のうちにあって、彼〔陛下＝イエス〕をその栄光《グロワール》の威光《マジェステ》のうちに眼にしたために彼に変わってしまいたいと思っていた私は、〔…〕とても深い法悦のうちに入り込み、とても遠くの、地獄よりももっと下の、私の卑小さの深淵の中に投げ込まれていたのです。というのも私はこう言っていたからです。「無が始まるところにあなたは私を見出すでしょう」と。この極度の卑小さから、そして私の存在のこの空白から、私はあのいと高き陛下《マジェステ》をその偉大さの崇高のうちに見つめていました。陛下を前にしたら至福の人々はみなほとんど無のようなものでした〔…〕。このいと高き威光《マジェステ》から彼は私を見つめていました。そしてこの眼差しによって、彼は私を高め、私を彼とともにあるただひとつの精霊としていたのです[3]」。

これらの引用はイザベル・プートランの本『ヴェールと羽根』の中に集められているのだが、プートランはもうひとり別の神秘思想家ヴァリャドリードのマリナ・デ・エスコバル（一六三三年没）〔一五五四－一六三三、スペインの修道女〕の幻視も同じように分析して、それには「君主政のシンボルが満ち満ちて[4]」いると指摘している。「ヴァリャドリードの幻視者は政府当局者たちに近いため、神と天使と聖人たちを、王権と宮廷社会の諸範疇のもとでしか想像することができないように思われる。父なる神とその子はかくして君主権力のあらゆる記章を、すなわち玉座と王杖と冠を授けられる。キリストは「陛下の偉大な国王」という長ったらしい表現で示される。「大きな立派な館」にあって、キリストは「きわめて豪華できわめて高価な王の衣服」をまとい、「その頭にはきわめて美しく神々しい王冠を戴いている」。地上の諸国家と同じく、天も三位一体の「枢機卿会議」や「裁判所」のような統治機関を持っている。神は大使を、すなわち天使を派遣する。神はその臣民に証書を与える」[5]。

幻視の物語だけでなく、君主政の語彙は十七世紀の宗教文学でもよく見られる。ボシュエの口に語らせるだけではない（「天の王よ、地上の王を保護してください」[6]）。イェレミアス・ドレクセルのフランス語脚色版はダビデにこう言わせている。「主よ、私はあなたの宮殿の美しさとあなたの栄光《グロワール》の住みかを真心込めて愛しています！　軍の支配者よ、美徳の王よ、あなたの館は何と好ましいのでしょう！」[7]。同じ本の別の個所では、選ばれた者たちに次のことが約束される。天国では、「栄光《グロワール》のこの身分にあって、［…］太陽と同じように光り輝き、王と同じように冠を戴き、小さな神々あるいは神の完璧な似姿と同じように神の栄光を受けるであろう」[8]と。

もっと抒情的なリエの聖堂参事会員アルヌーはその『天国の梯子』（一六四五年版）で、やがて天に迎えられる予定の魂に向かって、こう請け合っている。

［天使たちが］あなた〔魂〕を神の威光《マジェステ》の前に導きお連れするために、あなたを迎えにやって来るでしょう。そしてあなたを神のところに連れて行き、王の間にあなたを入らせることでしょう。そこであなたはあの王の中の偉大な王、永遠の神が、あの天の宮廷全体を栄光《グロワール》で満たしている背の高い玉座に座っておられるのを見ることでしょう［…］。

そのあとすぐにあなたは手厚いもてなしを受け、宇宙のこの偉大な王の国の一員として登録され、王の食卓に席を与えられるでしょう［…］。そしてそこから、神の本質を持ったこの美しい太陽の観想と、なおまたその偉大さと驚異との観想に移った私は、すっかり驚き賛嘆の念でうっとりし、何度も何度も恍惚状態に陥った後、あなたを見、あなたが次のように公表し、大きな声ではっきりと公言するのを聞くのです。ふたつの極の下でこれと同じものは何もない、と。そうしたときに、あなたは賛嘆のあまり我を忘れたようになり、この偉大な王に慎んで語りかけ、こう言うのです。「あなた〔王＝神〕の豪華さは何という豪華さでしょう！〔…〕あなたの王国の至るところに、何という栄光を、何という壮麗さを私は見ることでしょう！[9]

このテキストは他の多くのテキストを代弁しているといってもよいものであるが、天国の言語に君主政へのレファレンス〔参照・準拠〕が強く浸透していることを示している。こうした言語は改革派の作家たちによっても同じように用いられた。『悲愴曲』でアグリッパ・ドービニェは「至高天の燃えるような宮殿」を喚起している。そこには神が「鮮やかな色をした大きなアーチの明るい天幕の下に」いる。神はそこで「栄光《グロワール》の玉座」に座り、世界は「陛下《サ・オート・マジェステ》を震えながら賛嘆している」[10]。清教徒のリチャード・バクスター〔一六一五－九一、イギリスの清教徒の牧師〕は、よく読まれた作品である『聖者の永遠の眠り』（一六五〇年）の中で天のエルサレムを喚起し、将来から現在へと横滑りしながら、未来の選ばれた者に次のような言葉で話しかける。「できれば一番高い山のてっぺんに、雲の上のどこかアトラス山脈にでも、心によって身を移しなさい。そしてキリストの王国とその栄光《グロワール》を見なさい〔…〕。主はあなたにそれらすべてをお許しになるでしょう〔…〕。あなたにこの王国を与えることは、主の悦ばしい楽しみなのです。あなたには、あなたの上のあの眼も眩むばかりの栄光《グロワール》が見えますか？　それがあなたの継承物なのです。あの冠はあなたの冠です」[11]。

けれども、全能の神の至上権を示すべく宗教的言語がたっぷりと利用してきた図像やシンボルやメタファーを、地上の君主国が自分のために横取りする時がやって来た。神的な「太陽」がしばしば話題にされてきたのに対して、ルイ十四世〔一六三八－一七一五、フランス王在位一六四三－一七一五〕はこの天体を象徴と考えた。ヴェルサイユ宮殿では、君主の一日は太陽の運行とその影響を模倣した。「国王はすべてを照射する太陽として君臨していた。そして宮廷はコスモスの反映と見なされていた」。天国では、選ばれた者たちがみな神に対して同じ高さに置かれるわけではない。それと同じようにヴェルサイユでは、「廷臣は国王の寵愛を受ければ受ける分だけ、一層宮殿の内部へと入り込むことができ、日の出から日没まで、陛下にうっとりと見惚《みと》れることができた」[12]。キリスト教の歴史を通じて、ヴェルサイユ宮殿のような途方もない広がりを持った宮殿はいまだかつて造られたためしがなかった（正面のファサードが六百七十メートル、鏡の間だけでも七十五メートルに達する）。というのも、それまでは、巨大な寸法は教会用のものだったからである。ヴェルサイユは王の永続的な「輝かしい勝利」が繰り広げられる場所であった。大歩廊の鏡は日の光あるいは燭台の光を反映する役割を持ち、太陽－王のメタファーを構成していた。

　神と人間の両者の王国の緊密な提携は人間の王国を超越性のレベルまで押し上げるものだが、そうした連携はドイツ語圏のいくつもの大修道院の彩色された装飾に明らかである。そのいくつかは事実「皇帝の間」を持っており、皇帝がやって来たときに迎える場所となっていた。また、そこでの図像類も意味深い。オットーボイレン教会の「皇帝の間」は一七二三年から二七年にかけて制作されたが、ここでは教会と神聖ローマ帝国の同盟が称えられている。天井にはシャルルマーニュ〔カール一世、通称大帝。七四二－八一四、フランク国王在位七六八－八一四、西ローマ皇帝在位八〇〇－八一四〕の戴冠が描かれている。広間のまわり全体には、中世の偉大な皇帝たちとハプスブルク家〔オーストリアの王家で神聖ローマ皇帝の家系〕の十六人の皇帝たちばかりか、教皇たちや信仰の擁護者たち、それにホスチアの奇蹟を称揚する八枚の絵画も見られる。メルク大修道院の「大理石の間」の天井は、トローガーによって描かれたものだが、そこには「英雄ヘラクレス」として表現された皇帝の「賛美」が寓意的な形のもとに見られる。ヘラクレス〔ギリシア神話の代表的な英雄〕はケルベロス〔ギリシア神話で冥府の番犬〕を棍棒で脅しているが、ケルベロスの三つの頭は、思い上がり、吝嗇、色欲の罪を意味している。神話と寓意でヘラクレスの美徳を象徴しているが、その主要なものは節制である。クロスターノイブルク〔ウィーン北部郊外の町〕の修道院－宮殿の「皇帝の間」はといえば、そこには単刀直入にオーストリア家〔＝ハプスブルク家〕の栄光に捧げられた卵形の天井がある。それはまわりから中心に向かって色が赤から黄金へと変化する天である。中心部では、複数の寓意が、皇帝カール六世〔一六八五－一七四〇、神聖ローマ帝国皇帝在位一七一一－四〇〕を表す薄浮き彫りの肖像のまわりを回っている[13]。

　天の黄金色の場所で神の代わりをする君主国、それはまたジェイムズ・ソーンヒル〔一六七五－一七三四、イギリスの画家〕とジョヴァンニ・バッティスタ・ティエポロが見せてくれるものでもある。ソーンヒルはグリニジ王立施療院の「ペインティ

人間の栄華が天国で神に取って代わる。ジェイムズ・ソーンヒル「ウィリアム三世と女王アンの勝利」18世紀前半、イギリス、グリニジ王立施療院。Ph. Eileen Tweedy.

ド・ヒル」の天井に、雲の上からヨーロッパに平和を与えるウィリアム三世〔一六五〇－一七〇二、イギリス王在位一六八九－一七〇二〕と女王アン〔一六六五－一七一四、イギリス・スコットランド・アイルランド王在位一七〇二－一七一四〕を描いている〔「ウィリアム三世と女王アンの勝利」〕（この平和は一六九七年に〔フランスとイギリス・オランダ・スペインとのあいだで〕結ばれたライスワイクの和約の結果による）。ティエポロはマドリードの王宮で卵形の天井を利用してそこに「スペイン君主国の至上の栄光」〔「スペイン王家の栄光」とも〕を描いているが、君主国は雲の中に据えられて、メルクリウス〔ギリシア神話のヘルメス〕によって戴冠されている。メルクリウスの上方には太陽の戦車に乗ったアポロン〔ギリシア神話のゼウスの子〕がおり、てっぺんには玉座に座り虹に取り巻かれたユピテル〔ジュピター。ローマ神話の天地至高の神。ギリシア神話のゼウスに相当〕が見えている。

神話的な天

この最後の絵はまた別の横滑り、また別の混同を強調する助けとなる。あの世の天はルネッサンス以来キリスト教の天でもあり、同時に、再使用された神話の天でもある。十六世紀のフランス文学を走り読みすれば、そうした変遷をたどることができる。なるほど、当時いかなる詩人もキリスト教の天を疑問視したりはしないが、エリュシオンの園〔ギリシア神話で、神々に愛された英雄などが死後に送られる楽園〕へのレファレンスは年代を下るにつれてますます多くなるのである。しかも始めのうちはキリスト教による天国の終末論に対するギリシア神話の従属が明白に確認され、エリュシオンの園には聖書の神が住んでいたのに、マロとプレイアッド派〔ロンサールを盟主とするフランスの七人の詩人の総称〕以降〔十六世紀中葉以降〕、異教古代を新しい状況に適応させる潮流が浮かび上がってくる。[14] かくしてマロは『ルイーズ・ド・サヴォワ夫人の死についての牧歌』（一五三一年）において、「心地よい場所《ロクス・アモエヌス》〔「魅惑的な場所」の意。悦楽境〕」としての天国を喚起しているが、そこにはキリスト教の神は不在のように見える。

> ルイーズ様がいるところでは何ものも清らかさを失うことはなく
> けっして日とその喜びが絶えることはない。

けっして鮮やかな緑が絶えることはなく、
その中にともにある人々も命を終えることはない、
なぜならば、かぐわしい香りが立ちのぼるからだ。[15]

ロンサールは自身の墓の「選定」に捧げた『オード』の中で、死後エリュシオンの「囲い地《プルプリ》」（住居）を楽しむことを思い描いている。

幸福な霊が住まいを持つ
そのあたりに私はいるだろう。

不滅の緑が
永遠にあり、
いつの時も美しい
春が続く。

春そしてそよ風《ゼフィール》が
ミルト〔地中海地方に多い植物。古代よりアフロディテの神木とされる〕をそよがせ
千の色を持つ
草原に吹く。[16]

フランス・ルネッサンスはしたがって一五三〇年から四〇年以降、古代人の「エリュシオンの園」に詩人と恋人た

ちの永遠の住まいとしての新たな若さを取りもどさせたのだった。当時人々は、この虚構の言葉の中にキリスト教神学とのいささかの矛盾も見ていなかった。それどころか、ますます頻繁にこの異教の神話に訴える習慣ができあがったのである。

こうした偏流は軋轢なしに行われた。一方では、ユマニスムの時代とそれより後でも、オリンポスの神々は芸術家や文学者、観客や読者からは唯一の神の複数のシンボルと解釈された。かくしてロンサールは、一見したところ異教的な『正義賛歌』で聖書から多くを借りてきており、また口の中に剣〔剣は裁きの象徴〕を入れたユピテルを描きながら、そのイメージを「ヨハネの黙示録」から引き出している。他方――ここで天の君主国と地上の諸君主国の混淆に行き着くのだが――ルネッサンス、次いでバロック期においては、オリンポスの神々を動員して君主たちの権力を称揚したのであった[17]。いずれにしても、愛あるいは栄光を喚起するためにキリスト教の天から疑似神話的な天へと徐々に移って行ったのは事実であるし、こうしたすり替えが、あの世について人々の抱いていたイメージが次第に脱キリスト教化していったことを包み隠した――しかしまた結果としてもたらした――というのも事実である。ノエル・アントワーヌ・プリューシュ師（一七六一年没）〔一六八八―一七六一、フランスの聖職者〕はキリスト教護教論者であり同時に学問の普及者でもあって、その『自然の景観』全九巻は大成功を博したのであったが、適切にも次のように書きとめた。「詩的な天〔十六世紀の詩が表現する天のことか〕の誤りは、理性、細やかな心遣い、そして信仰を鼻にかけている人々のあいだにさえ、生涯にわたり異教的精神に打ち興じているきわめて多くの人がいるということ〔を忘れさせること〕である」[18]。

A・ベイジェが思い出させてくれたように[19]、十七、十八世紀の演劇では、あらゆる舞台で当時必要不可欠なものとなっていた装置、とりわけ、オリンポス山の住人たちが雲から降りて来ることを可能とした装置を、人々は「栄光《グロワール》」と呼んでいた。この舞台仕掛けはとりわけオペラで役に立ったのだが、それは天の超自然的出現者たちを雲に乗せて降ろすために中世の聖史劇で用いられていた「空中登場《ヴォルリー》」に由来していた。

イタリアは、キリスト教の天から新・異教の天への舞台仕掛けを頼りにした舞台上の漸次的移行を、実際に即して捉える最良の場所をなしている。「空の高みから降りて来る天の存在者たちの超自然的出現が演劇において一般化する」のは十六世紀のことであるが、まずはそれより少し前にさかのぼらねばならない。一四三九年のこと、スズダリ〔モスクワの北東ウラジーミルから二十六キロの町〕のロシア人主教が東方正教会とローマ教会の和解を試みる公会議の折にフィレンツェに滞在した際、「受胎告知」と「主の昇天」をそれぞれ描き出すふたつのスペクタクルに立ち会った。「受胎告知」を上演するためにブルネレスキは、大聖堂内部の入口扉の上に天国を作っていた。その真ん中には豪華な服をまとった厳かな父なる神が座していた。神のまわりと足元では、若者たちが天使を表現していた。七つの円が玉座を取り巻き、それらの円の上には何百というオイルランプが灯されて置かれていた。一番外側の円には、四人の天使がキタラとシンバルを持っていた。円は明らかに天球を象徴していた。教会の真ん中には舞台がしつらえられており、それは四つの柱で支えられていた。そこではマリアが寝室で天使ガブリエルの訪問を待っていた。ガブリエルは観客の頭の上を通って、一種のチェアリフトによって天から降りながら到来するのだった。告知が終わると、雷鳴の轟く中、大きな炎が天国から降りて来た。舞台に達すると、炎は火花の束となってはじけ散った。その瞬間、教会の蝋燭という蝋燭すべてに火がつけられた。他方、「主の昇天」の上演は天国を描き出す新しい機会となった。今回は、天国は教会の真ん中に作られた舞台の少し引っ込んだところに置かれていた。そこでは、父なる神が雲の上方、灯りを持った天使たちの眼の眩むような円の真ん中に座していた。力強い声楽と管弦楽がこの天国のスペクタクルに伴っていた。

さて、再び時代を下って一五六五年に立ちもどろう。あいかわらずフィレンツェであるが、人々はこの年、公爵〔コジモ一世・デ・メディチ。一五一九－七四、フィレンツェ大公一五三七－七四、トスカーナ大公一五六九〕の息子の結婚を祝った。婚礼の行列はパラッツォ・ヴェッキオ〔ベッキオ宮〕の方向に進んだが、そこには思いがけないスペクタクルが招待客たちのために用意されていた。「古代風の」劇場がしつらえられてあったが、そのヴォールトが突然開いて天国が見えた。けれどもこの天国にはもはや天使も聖人たちも住んでいなかった。光線の真ん中に現れたのは、白鳥たちに引かれた黄金の戦車に乗るウェヌス〔ローマ神話、ヴィーナスとも〕であった。ウェヌスは裸で、花飾りで飾られていた。そして、これまた裸の美の三女神〔ギリシア神話〕と、春夏秋冬の四季が続いていた。全員が同じ雲の上に集まっていた。彼女たちの背後にはオリンポスのすべての神々が見えたが、神々はゆっくりと地上の方向に降りて来て、翼の生えた裸の子どものクピドと出会った。クピドの後ろには希望と恐れ、喜びと悲しみが従っていた。ウェヌスはクピドに「バラード」〔中世の定形詩のひとつ〕を朗唱し、戦車に乗って再び天に昇って行った。スペクタクルのあいだ中、どこから聞こえるのかわからない快い音楽が聞こえ、芳香が広間にふり撒かれ、美の三美神が花を配って回った。

同じくフィレンツェで、一五八九年のこと、もうひとつ別の大公関連の婚礼が「コスモス的な」〔宇宙的規模の〕ふたつのスペクタクルの制作を可能とした。ひとつは世俗的なスペクタクル、もうひとつは宗教的なスペクタクルである。前者は音楽の力強さを誉め称え、球体の調和というプラトン的理論を神話によって例証しようとしていた。人々は、この幕間劇の作者ブオンタレンティ〔ベルナルド。一五三六―一六〇八、イタリアの建築家、彫刻家、画家、演劇デザイナー〕はティントレットがヴェネツィアのドージェ〔総督〕宮殿の「天国」のために制作した油彩による複数のエスキースから霊感を得たのだと考えたが、それはありそうなことである。いずれにしても、とA・ベイジェはコメントしているのだが、「キリスト教に則った天国の表現と、観客のためにオリンポス山の古代の伝説を思い出させようとする表現とのあいだの一致」[21]を確認しなければならない。こうした二重の用法のひとつの確認例が、一五八九年のこのフィレンツェの祝祭の中に与えられているのである。フィレンツェ郊外の小牧草地では、ある信徒団体が「ヤコブの夢」を上演した。ヤコブは夢のあいだ、天が雲の合間に開くのを見た。雲のひとつには七人の天使がいて、他の天使たちは音楽を奏でていた。それから、天使たちが飛び去り、天は晴れ渡り、奥には父なる神が玉座に座って、緋色の服をまとっているのが垣間見られた。玉座からはふたりの天使に導かれて天の梯子がひとつ降りていたが、梯子は舞台と観客の上にきらめく光線を放っていた。この演出はそのテクニックから、先の一五六五年の神話的喚起を思い出させるものであった。けれども天球の音楽を喚起する演出に付け加えられたこうした演出は、聖なる領域から世俗的な領域へと、またその反対に世俗的な領域から聖なる領域へと、今後は同じ舞台上の手段を用いて容易に移動できることを例証していた。

すると、先ほど引用したイエズス会士メネストリエの言葉が思い浮かぶ。メネストリエは「地上から天へ〔…〕一気に移動〔させ〕〔…〕、開いた天〔と〕、〔…〕天から地上へと飛翔〔する〕神々〔を見せてくれる〕[22]舞台仕掛けを称賛していた。天は今やキリスト教の天国とギリシア・ローマの神々に区別なく役立っていた。したがって当時の芸術はキ

古代神話が流行りの仕方でしつらえられるとキリスト教の天がごちゃごちゃになる。フォンテンブロー派「パルナッソス山」15世紀、フランス。Ph. Bernard Terlay. ©Musée Granet, Aix-en-Provence.

リスト教の「華々しい勝利」――聖体の、イエスの御名の、教会の、聖イグナティウスの、ネポムクの聖ヨハネの、聖ベネディクトゥスの、などーーと、オリンポスの神々の「華々しい勝利」とを代わるがわる誉め称えたのである。

この点について有名な例をひとつだけ取り上げるとすれば、ティエポロがヴュルツブルクの大公‐司教〔司教領主〕のレジデンツ〔ヴュルツブルク司教館〕のために一七五二年から五三年にかけて制作したフレスコ画の全体が啓示的である。バルタザール・ノイマンの技術的壮挙である絢爛豪華な階段は、訪問者が上に上がるにつれて徐々に天井を発見できるように着想されたものである。階段の上部に「アポロンと諸大陸」〔「アポロンと四大陸」か〕を描いたティエポロは、この配置を巧みに利用した。階段に足を入れるや、重たい雲の向こうで光輝くアポロンの上に天が開けるのが見える。下の方ではウエヌスとマルス〔ローマ神話で軍神〕が雲の上に休んでおり、獣帯記号〔古代の天文学で天の位置を示す記号〕がもっと後ろの円弧の上に現れる。階段の踊り場の後ろで方向を変えるとヨーロッパの寓意に気づく。そしてその場面の上方には、妖精たちやその他の寓意的人物たちが天の方に連れて行こうとしている大公‐司教の肖像画のついたメダイヨン〔円形や楕円形内に描かれた肖像画や彫刻〕に気づく。ここでわれわれの関心を引く観点からいえば、多数の要素が互いに絡み合っているのがわかる。すなわち、教会（そして帝国）の高位の人が自分の宮殿のもっとも美しい場所で天の真ん中にアポロンを置き、自らは「華々しい勝利」のうちに、まるで聖人のように、天の高みへと運ばれて行く。シンボルの混同においてこれ以上見事にやってのけることは難しかった。神話的な天がキリスト教の天を排除しようとしていたのである。

キリスト教の天空の段階的な権利剥奪は多様な側面を持った。一五五〇年代にパラーディオはヴィチェンツァ〔イタリア北東部〕に、自ら制作したすべての豪壮な別荘の中でももっとも有名な、そしてもっとも模倣された別荘、「ロトンダ」〔ヴィラ・カプラ・ヴァルマラナ〕を建てるが、これにはイギリスだけで四つの複製が存在する。気高くて静謐な風景の中に置かれ、四方位に向けられたこの別荘〔東西南北に同一のファサードを持つ〕は、その中心式プランによってコスモスの完璧さを意味していた。丸天井が初めて、レジャー用滞在地に用いられた。以前ならそれは聖堂と教会用だったのである。

日常の天

今やここにキリスト教の天の消失のもうひとつ別の形態がある。すなわち、芸術家たちによる風景の征服が確かなものとなるうちに、日常の青空と雲が絵画の対象となるのだ。『ベリー公のいとも豪華なる時禱書』〔ジャン・ド・ベリー(ベリー公ジャン一世)がランブール兄弟に作らせた装飾写本〕以来、風景は絵画作品において次第に重要な位置を占めるようになり、聖俗の場面や肖像画の背景を提供するようになった。こうした風景は、都市のであれ田舎のであれ、あるいは両者が同時に描かれるのであれ、ファン・エイク兄弟の「神秘の子羊」(一四三二年)やヤン・ファン・エイクの「宰相ニコラ・ロランの聖母子」(一四三五年頃〔本書一三七頁図版〕)にも、またレオナルドの「ジョコンダ」〔「モナリザ」〕や「岩窟の聖母」にも現れている。コンラート・ヴィッツ〔一三九〇頃－一四四五頃、スイスの画家〕の「奇蹟の漁り《すなど》」(ジュネーヴ美術歴史博物館)は、その当時としては(一四四四年)ヨーロッパの風景の(比較的)正確な最初の表現であった。ジョヴァンニ・ベリーニの「聖母子」〔「牧場の聖母」とも。ロンドン、ナショナル・ギャラリー〕ではマリアと赤ん坊より彼らのまわりに描かれた田園、そして一見彼らと何の関係もない、草を食う動物や、井戸や、小高い丘の上の村などの方が、重要である。「嵐」〔「テンペスタ」とも〕(ジョルジョーネ〔ジョルジョ。一四七七／七八－一五一〇、イタリアの画家〕、あるいはティツィアーノ?)では、画家は絵の両端に赤い服の男と授乳する女を追いやって、葉叢や川やカステルフランコ〔カステルフランコ・ヴェネト。イタリア、ヴェネト州の都市でジョルジョーネの出身地〕の橋と城壁に明らかな優先権を与えている。デューラーは人間をまったく含まない主題――町、村、採石場、植物の茂みなど――に水彩画を捧げた最初の人である。オランダでは、パティニール〔ヨアヒム。一四八〇年頃－一五二四、フランドルの画家〕ととりわけブリューゲル〔ピーテル一世。一五二五頃－六九、フランドル派最大の画家〕が、山や湖のほとりの町や岩山や曲がりくねった川で構成されるなかば現実の、なかば想像上の広々とした眺望の中に場面を設定するのを好んでいる。パティニールの「エジプトへの逃避」(アントワープ王立美術館)はこの宗教的主題を完全に世俗化して、夏の広々とした空とフランドルの諸要素――家々と小麦畑――を海やアルプスの起伏と結びつけた風景に重きを置いている。同じように、ブリューゲルの「穀物の収穫」(〔一五六五年〕ニューヨーク、メトロポリタン美術館)にちょっとでも立ち止まれば、絵の一番大切な位置は、仕事に勤しんでいる、あるいは食卓を囲んでいる農民たちによってではなく、見渡す限り湖まで広がる広大な風景によって占められていることが確認される。構図全体が夏の暑い一日の金色の光に浸っている。

　こうして思い出してみると、われわれは十七世紀の絵画へと、そしてそれが空〔天〕に——もはや永遠の天国の空ではない空に——与えている位置へと、導かれていく。プーサンがバビロンの恋人たちのドラマとして描いた風景、すなわち「ピュラモスとティスベのいる風景」（一六五三年、フランクフルト、シュテーデル美術研究所）では、嵐を告げる重い黒々とした雲が空全体を鉛色にしている。同じようにクロード・ジュレ、通称ロランの「日の出の港の眺め」（一六七四年、ミュンヘン）の風景では、穏やかな地中海の光が空全体を包み込んでいる。この構図の中では、人物たちは尺度を与えるためにのみ、そして古代に着想を得た建造物は眺望を生み出すためにのみ、そこに存在している。静穏の印象を大きく浮かび上がらせるこの「海景画」では、朝もやを雲散霧消させる太陽の出現といった日常的な出来事を、何よりも復元することを目指している。

　日常の空〔天〕に名誉ある地位を付与したのはもちろん十七世紀のオランダ絵画である。なるほど、この写実主義は必ずしも厳密ではなく、哲学的あるいは宗教的意味を持たないわけでもない。ライスダール〔ヤコブ・ファン。一六二八頃－八二〕の「ウエイクの風車」（一六八〇年、アムステルダム国立美術館）はおそらくメランコリックなメッセージを打ち明けている。風景のただ中に孤立する風車が自然の暴威に晒されているのと同じように、人間も神あるいは運命の力に従っているのである。画家が描くこの場面では、何も動いておらず、風は静かな水面を滑っている船の帆をまだ膨らませてはいない。けれども暗い雲がすでに空を横切り、嵐が近づくのを予測させている。同じライスダールの「城のある滝」（一六六五年、ブラウンシュバイク）は、ぱっとしない岬の上に城が建つドイツのベントハイム〔ウェストファリア地方〕の風景の特徴を故意にゆがめ、その風光を劇的に描き出していると考えることもできる。空には雲が垂れ込め、画家の筆によって山頂は切り立ったものとなり、奔流の激しさがこの絵にあっては人生の束の間の性格を象徴することにもなるかもしれない。けれどもライスダールの大きな画布「ハールレム近くの漂白の場面」〔「ハーレムの眺め」か〕（一六七〇－七五年、チューリヒ美術館）は、何よりも三分の二以上の空間が平野とその広大な空に捧げられている。教会、とりわけその聖バヴォン大聖堂の力強いシルエットだけが、地平線を突き抜けている。視線は鰯雲と青い色をした雲間の繰り返しに幻惑される。雲間から太陽が漂白中の亜麻のシーツをきらめかせている。オランダのこうした風景は、滅多にない見事な腕前で描かれていて、観る者を住民たちの日常の経験へと送り返すのであった。

十七世紀のオランダ絵画のうち、その他の有名な画布が喚起するのもまた、やはり毎日の慎ましい生活における気象学上の空の位置であるが、その数は多く、選ぶのに困惑するばかりである。とりわけ意味深いものとして、ファン・デ・フェルデ〔エサイアス。一五八七－一六三〇、オランダの画家〕の「渡し船」（一六二二年、アムステルダム国立美術館）、カイプ〔アルベルト。一六二〇－九一、オランダの画家〕の「乳牛のいる川の風景」（一六四六年、カールスルーエ州立美術館）、ホッベマ〔メインデルト。一六三八－一七〇九、オランダの画家〕の「ミデルハルニスの並木道」（一六八九年、ロンドン、ナショナル・ギャラリー）を記憶にとどめておこう。この三つの例では、空は少なくとも空間の半分を占めている。最初に、そして何よりも視線を引きつけるのは空である。それはちょうどプルースト〔マルセル。一八七一－一九二二、フランスの小説家〕に親しいフェルメール〔ヨハネス。一六三二－七五、オランダの画家〕の描く「デルフトの眺望」（一六五八年、デン・ハーグ、マウリッツハイス美術館）の空があらためて視線を引きつけるのと同じであって、フェルメールの絵にあっては、空が塔といくつもの屋根、そして前景の黄金の砂を照らし出している。けれどもこの空〔天〕はあの世の空〔天〕ではない。それはより控えめに、仕事と日々の上に雨と光と風と雲をもたらすのである。

あの世の天がこのように徐々に消失して、気象学上の天が得をするという事実に関して、もうひとつ別の思いがけない証拠を提出しよう。それはもっと後代のものであるが、しかし時間におけるこのずれは総体的な証明を損なうことはないであろう。この証拠はベルナール・クーザン〔現代フランスの歴史家、宗教史、文化史研究者〕が念入りに研究したプロヴァンスの奉納絵馬によってもたらされる。この研究でクーザンは、たとえ天の空間と人間的空間のふたつが一枚の絵馬に共存しているとしても、それらがそれぞれ占める割合は三世紀（十七、十八、十九世紀）のあいだに変遷したことを、測定値を頼りに確認している。天の空間の占める割合、すなわち絵馬を宗教絵画に接近させる空間の占める割合は十七世紀にはとても重要であって、時には支配的である。そのことは十八世紀にもまだ変わらない。しばしば絵馬の四分の一、あるいは半分を占めている。天の空間が絵馬の八分の一以下ということは例外のように見える。フランス大革命の直後になると、この割合は減少し、逆に絵馬の四分の一を超えることは滅多にない。時にはごくわずかとなる。十九世紀の後半には、天の空間はもはやお決まりのものではなくなり、いくつかの奉納絵馬では——おもに船乗りのものだが——天の空間が描かれることはまったくない。[23]

プロテスタントのオランダ絵画がカトリックの船乗りの奉納絵馬を先取りしていたことは事実である。しかし長期的に見た両者の変遷は同じことであった。神の天と地上の天を符合させることは次第に困難になってきたのである。

第二十四章　息切れ？

より抽象的な神学的言説

キリスト教の天空が人間の栄光と神話的な寓話によって侵略されるがままとなり、日常的な空の次第に増えていく喚起、その絶えず一層正確になる喚起によって地歩を失いつつあったあいだに、天国に関するカトリック神学者たちの言説は、息切れの兆候を示していたのであろうか。

量的な息切れは？　いや、けっしてそういうことはない。というのも、カトリック宗教改革時代の「群を抜いた神学者」であるフランシスコ・スアレス（一五四八－一六一七年）の作品はふたつ折り判で三十巻にも及ぶのであるが、至福と至福直観に関してこの学者の作品を調べてみると、このテーマについてそこでは百回以上も触れられているのである。この学識豊かなイエズス会士は「形式的〔うわべだけの〕至福」と「客観的至福」、あるいは「偶発的至福」と「本質的至福」、そして「単純な至福」と「超自然的な至福」とを区別して倦むことがない。[1] 至福は同時に知性と意思を働かせることから結果するとスアレスは教える。[2] 聖トマス・アクイナスにならって、選ばれた者たちの最後の審判以前の幸福とは何か、また審判以後の幸福とは何かについて、スアレスは自問する。そして先達と同じように、「魂の至福は魂が自分の身体を再び見出した後も終わることはないであろう。それは増えはしないが、広がりにおいて大き《ノン・アウゲビトゥール・エリト・ターメン・マ》く得るところがあるだろう《ジョール・エクステンシヴァ》」と結論している。[3] 永遠の幸福に関しては、スアレスは明らかに、どんな問題も回答なしには済ませたくなかった。そこから、少なくとも今日のわれわれの眼から見れば、天国の喜びを厳格すぎる煩瑣な議論の大洋に溺れさせる神学的言説の、うんざりするような激増ぶりが生じたのである。

　この事実確認を一般化すべきだろうか。ドレクセルの『天国の喜び一覧』は天国の喜びに関するあらゆる文学の十七世紀の読者に合わせた総括であるが、迫力のある表現を含んでいる。選ばれた者たちが享受する「眼の楽しみ」を扱う中で、このドイツのイエズス会士は、すでに古くからあり十七世紀にもあいかわらず現下の課題であったところの、「現世の軽蔑」への誘いを思い出しながら、こう叫んでいる。

> 天にある何千、何百万という心をうっとりさせる事物の至高の美を見ることとは、何と多くの喜びと満足をもたらすことであろうか！　そこでこそ美は、その光のうちに、また十全たる勝利のうちにあるがごときであって、そこでこそすべての至福の人々は、太陽であり完璧な美の奇蹟であって、そこでこそ結局、天使ならびに救霊が予定された人たちは、栄光の神殿の中であまりにもうっとりするほどの美しさを持つのであるからして、地上のあらゆるもっとも偉大な美しいものでさえ、比べてみれば途方もなく醜いものにしか見えないほどだ［…］。
>
> 　だから、さあ、地上の美しいものよ、私から遠く離れ去るがよい！　というのも、おまえたちは覆われた仮面、悪臭放つ身体、腐った死体にすぎないのだし、幾分か白くて真紅色をした皮膚の薄いヴェールの下に、たくさんのつまらぬものと、たくさんの塵芥を隠しているのだから。ええい、至福の人々のあの永遠の素朴な美を観想するとき、おまえたちの包み隠しと姑息な隠ぺいにはぞっとするばかりだ。天国でこの上なく幸せにしているあの美しい魂やあの気高い霊を眼にするとき、この世でそれなりの美の色彩によって崇められているあの死にかけたおぞましい身体を眼にするのは、そう、私にはとても耐えられない。[4]

『天国の喜び一覧』には天の音楽に関して詳述した長い一節が含まれているが、この部分は不当な比較の助けを借りて地上の音楽を貶《おとし》めながらも、十七世紀の文明において歌唱と器楽が占める次第に重きをなす役割を思い起こさせる。ドレクセルはここでは次のように断言しながら始めている。「神学は愛と喜びが音楽を生むのだと言っているが、まことに至言である［…］」。だから、至福の人々は「愛と完璧な喜びに満たされているので、天国ではいつも美しい調べで歌うのに忙しい」。こうして各人は自分の声だけでコーラスを構成するだろう。

あの巧妙な、巧みな技巧に満ち満ちた大時計がベルを用いて声となし時を告げる前に何らかの曲を歌うのをわれわれが眼にするように、そしてまた、その人工の音楽を作り出すのはたったひとつの大時計でしかなく、そこで多くの声が出会っているように、たったひとりの至福の人もそれと同じように、自分の体の全感覚、魂の全能力を用いて完璧な音楽を創り出すことができるだろう。誰もがみな、それぞれ卓越した音楽のコーラスとなりうるような、何千、何百万もの立派な音楽家として結びついたとき、あの天の音楽の快さは、どれほど大きなものとなるだろう！

天の音楽に比べると、現世の旋律と和音は「施療院で響きわたっているような、うるさいうめき声か、がやがやとした叫び声［…］」でしかなく、「地上の音楽家たちは、比較するに、うめき声とため息のせいで天をうんざりさせる蟬の声以外のものではない」。そこでドレクセルは病気の聖フランチェスコを慰めた天使の逸話をあらためて取り上げ、次のような質問を提出する。

さあ、どうか答えてほしい、あれほど立派な音楽家たち、リュートの卓越した演奏者たち［天使と選ばれた者たち］が、われわれの心と精神の喜びにいかなる印象を植えつけてくれるかを。彼らは天で再会し、たゆみなく休む間もなく歌い、声の優しさをつねにリュートとマンドーラとスピネットの繊細さに結びつけ、至福の人々の耳と心に完璧な満足を与えることをけっしてやめることはないのだ！[5]

さらに先で、ドレクセルはわれわれが天で享受することになる幸福の揺るぎない様子に驚嘆している。論証に「イザヤ書」の一節（三二章、一八節）を付け加えて、こう断言する。「われわれはまるで勝者のように天に座すだろう。そして至高のこの上なく完璧な安息の美のうちに、あるいはまた有り余るほどのあらゆる種類の幸せのうちに憩うだろう。それらの幸せを永遠の安心の家で享受し続けるだろう」[6]。十七世紀になじまれた「霊的な地動説」を自ら引き受けて、この雄弁なイエズス会士は「神の明らかなヴィジョン〔神がはっきりと見えること〕」に捧げられた三つの章の中のひとつで、神についてこう描いている。すなわち、「［神は］栄光の天国における美しい光輝く太陽であって、自らの光の輝きをすべての至福の人々の上につねに満々と放散している。だからその結果として、至福の人々までもがこの神々しい太陽の似姿であり鏡であるがごとく、全宇宙を照らし出せる光線を放射することになるだろう」[7]。次いで、未来から現在へとずれながら、古い比喩を取り上げてこう話をつなぐ。

真っ赤になった鉄に火があまりにも浸透するので、鉄は火そのものでしかないように見えるほどだということを、われわれは知っている。ちょうどそれと同じで、神の光と栄光は至福の人ひとりひとりにあまりにも浸透するので、聖ヨハネの美しい言葉にならえば（三章、二節）〔「ヨハネによる福音書」ではなく、「ヨハネの手紙一」〕、至福の人々は神の生きた完璧な似姿［…］のように思えるほどだ。ヨハネは、われわれが神に会う幸せを手にするときにはわれわれは神に似ているだろうと、そしてこのことは神からのお告げだと言ってわれわれに請け合っている[8]。

今日では忘れ去られたが十七世紀には成功した作家だった著者によるこの『天国の喜び一覧』に収められたこれらの文言は、したがって当時の天国に関する文学を軽蔑して扱うことのないようにとわれわれを誘っている。しかしながら、見事な調子の高まりにもかかわらず、八つ折版で六百四十頁ものドレクセルのこの本は倦怠感を生んでしまう。ドレクセルの教育法は方法の過剰によって重苦しい。古いスコラ学の伝統に忠実なドレクセルは、あの世の幸福を精根尽きさせるような正確さでもって区分けし、カテゴリー化する。五感のそれぞれの、次いで悟性の、意思の、記憶の「喜び」の、至福の場所の、至福の者たちと一緒にいることの、有り余るほどのあらゆる種類の悦楽の、あらゆる欲望の満足の、神がはっきり見えることの「快楽」の、そして最後に、「永遠性それ自体の快楽」の、といった具合である。要するにドレクセルは、見事な発見にもかかわらず、何度も耳にした言説を繰り返し述べずにはいられないのである。その上、その手法は、地上的なるものを貶めて天上的なるものを称えるような修辞上のやり方に絶えず訴えている。つまり人生はひとつの旅にすぎない、というわけである。天国に比べれば「国王たちのどんなに壮麗なルーヴル宮殿も、小鳥の巣あるいは家畜小屋にすぎない」。地上のどんなに魅力的な音楽も、天の旋律に比較すれば病人の「叫び声」や「うめき声」にすぎない。「この世で見ることのできる美しいものはすべて、空しいものにすぎない。天の高みでは、千倍も美しいものが見られることだろう」などなど。

このようなテキストを前にした場合、何度も繰り返されてきた言説が問題となっているわけだから、今日のわれわれにあっては時の経過のために既読感が強められるということもありうるかもしれない。すでに十七世紀においても、人々はそうした印象を受けていたのだろうか。それは確かではない。しかしながら、言語を絶することを表現しようとする際には、どうすればつねに新しいものが創り出せるというのか。こうした困難は、パリのサン・ニコラ・デ・シャン教会の司祭、サン・ポル・ド・レオン〔ブルターニュ半島突端の町〕の司教、次いでアージャン〔フランス南西部、パリの南南西六百十二キロ〕の司教を順次務めたクロード・ジョリ（一六一〇 - 七八年）の説教の中で完全に明るみに出る。ジョリは当時評判の説教家であって、その「生き生きとして洞察力ある想像力、広々としたかつ内省的な精神、［…］重々しく信心家らしい雰囲気、［…］心地よく巧みに取り入る声の調子」を人々は誉めそやしていた。八巻の『説教集』を残した。そのうちのいくつもの巻が天国に捧げられている。とはいえ、宗教的説教家としてのジョリの成功に関する逸話がわれわれに伝えるのは、とりわけ死、最後の審判、天国、地獄といった四つの相に関する教えに関わるものであって、そこでは大罪〔霊魂の死をもたらす罪〕の、あの世における不幸をもたらす諸々の結果の叙述がもっとも大きな地位を占めていた。[9]

しかしながら選ばれた者たちの幸福に関しては、ジョリもまたドレクセル同様、革新的なことを行うことができる。ジョリは叫んでいる。

神の悦楽の淵に突き落とされ、その歓喜と消すことのできない慰めの大洋で泳ぐことは、何という幸福でしょうか！　海のただ中の一匹の魚を想像してみてください。魚はうっとりと泳いでいます。魚の上には百ピック〔ピックは槍のこと。槍の長さを距離の単位としている。一ピック＝一・六メートル〕の水が、下にも百ピック、前にも百ピック、後ろにも百ピック、右にも百ピック、左にも百ピックの水があります。どちらを向いても、東も西も、南も北も、魚は水に囲まれている。その中で、ゆったりと泳いでいるのです。

これこそ至福の人々の幸福の、はっきりと感じとれる形です。これこそ涙と苦しみが至福の人々にもたらしたものです。至福の人々は神の悦楽の奔流の中を泳いでいるのです。[10]

けれども永遠の幸福の水の中をこうして泳ぎ回ることは「われわれの本性を破滅させた」アダムの「慎みのなさ」ゆえに、われわれには「現世の軽蔑」によってしか得ることはできない。したがって、「あの世の楽しみ、慰め、悦楽、歓喜を贖うのは、もはやこの世の悲しみ、苦しみ、うめき声、涙、悔悛、苦行によってでしかないのです」[11]。ふたつの幸福――天と地の幸福――のこのような古典的対照以上に私を打つのは、重苦しいスコラ学の伝統の中から取り出された知的で抽象的な言葉の使用である。「至福の人々の歓喜の源泉は、そして、その氾濫が彼らの至福を創り出すあの悦楽の奔流の源泉は、いったい何でしょう？」とジョリは問う。そしてこう答える。

聖書と教父たちの本を読んで私がこのテーマについて見出したものは次の四つにまとめられます。第一は、対象〔神〕の偉大さと卓越性です。第二は、主体〔人間〕の能力です。第三は、能力と対象のあいだの完璧な一体性です。そして第四は、趣味と味わいと、それから至福の人々が自分の置かれた状態について行う永遠の熟考です。[12]

天使と選ばれた者たちに上天の光のまわりを回らせていた当時の芸術と軌を一にして、「栄光の光」が至福の人々の魂に及ぼす影響についてジョリは何度も強調している。けれども現実離れした語彙の助けを借りて行なっているのであって、そうした語彙は聴く者を否応なくイメージの欠如した状態に置いたのである。

> 神ならざるあらゆるものの上へと〔栄光の光は至福の人々を押し上げます〕。そして神おひとりが彼らの上にいるのです。それというのも、たった一段階の恩寵のみによって魂が自然の中でもっとも偉大でもっとも高貴なあらゆるものの上に立つのとちょうど同じように、この栄光の光によって魂は、恩寵の秩序の中でもっとも卓越したすべてのものの上に立つからです[13]〔…〕。
>
> 栄光の光は聖人たちに神性の本質を露わに見せてくれますが、それによって聖人たちは完璧に、十全に、この上なく見事に至福の人となるのです。彼らは面と向かって神を見、神を凝視し、神を観想します。そしてこの愛すべき広大な対象の中に、自然と恩寵の秩序の中でもっとも偉大なものを見るのです。主がその行きすぎるほどの無限の善性によって彼らのためになされたことを彼らは見るのであり、そしてもしも主が彼らを数限りない他の人たちと一緒に偏在する「滅びの塊《マース・ド・ペルディシオン》」〔天国に行く者よりも地獄に堕ちる者の数が圧倒的に多いということ〕の中に放置していたなら彼らがどうなっていたかを彼らは見るのです。おお、神を見ること、それは何と魅力的なことなのでしょうか！　おお、栄光の光よ、それは何と驚嘆すべきものなのでしょうか[14]！

ここでは「滅びの塊《かたまり》」〔アウグスティヌスの『神の国』二一巻一二章では「断罪された塊」〕に対する悲観的かつ非常にアウグスティヌス的な言及よりも、公衆に限りない幸福の奥儀を把握させようといかめしい言葉に訴えていることの方を、むしろ心にとどめておこう。そしてとりわけ一切の価値判断からかけ離れた歴史家〔を任ずる者〕にとっては、ひとつの文化的事実の説明の方が大切なのである。すなわちその事実とは、カトリック宗教改革時代の、天国に関する言説のきわめて大きな抽象化、という事実である。

この点で意味深いのは、聖フランソワ・ド・サールが一六一七年に万聖節〔＝諸聖人の祝日〕のために修道女たちを前にして行った説教である。このジュネーヴ兼アヌシー司教は説教の中で、至福の人々は三つの「偉大で抜きん出た」事柄を享受していると請け合っている。

> そこで彼ら〔至福の人々〕は一対一で、はっきりと、鮮明に、影やものの姿形なしに、三にして一なる神を見るのです。ぼんやりとではなく、あるがままの姿を、光の中に光を見るような明らかさをもって見るのです。その光の中に彼らは聖母の母なることの偉大さと卓越性を見るのです。そしてさらに神が選ばれた者たちに与える栄光がいかなるものか、いかに大きいかを見るのです。この明白な神の直観において人々はさらなる高貴にして測りがたい玄義〔神秘〕を〔…〕見出します。そのことを知るのにかくも大きな喜びを持つので、さらに大きな玄義を望み欲することはありえないのです。人々はこれ以上ないほどのもの、そして至るところに満ち溢れるものを受け取るのです。というのも、人々がもっとも深い玄義を知ることによって、こうした本性の栄光の中で享受する喜び、歓喜は、完全に人々を満たすからです[15]。

説教の続きの中で聖フランソワ・ド・サールは、聖イグナティウス・デ・ロヨラが恩恵にあずかったあの三位一体を眼にした話を報告して、次のように付け加えている。「神は彼に対して、この神々しい玄義についてこの世で知りうる限りのすべてを知らしめたのです。その結果、この真理は彼の心と精神にあまりにも強く刻み込まれたままとなったので、そのとき以来彼は、崇めるべき三位一体の神聖な玄義に特別な信仰心を抱き、それを思い出すたびに喜びに浸ったのでした[16]」。神秘的な体験をもとにした天国の幸福についての、神学的言葉による、図像に訴えることなくなされた喚起の、見事な例である。

確かに当時の神秘主義文学は豊かで美しいものであったが、天の場所に関しては、先立つ諸世紀の神秘主義文学ほど明確ではなかった。むしろ、救世主と、救世主がその前に姿を現すことを選んだ魂とのあいだの、親密な一体感を力説した。バロック芸術はといえば、それは天の裂け目に殺到する人々の高揚によって支えられていたのであるが、光の微妙なニュアンス、旋回運動、短縮法とだまし絵をマスターし、それによって可能となった幻覚を才気煥発に利用することで、確かにあの世のヴィジョンを成功裏に一新した。それでもやはり、すでに強調したことだが、バロック芸術もまた、あの世とその住人に関しては先立つ時代の図像類ほど正確ではなかった。緑の牧草地、天国の花々、豪華な衣装、天使たちの楽器、天のエルサレムのきらめく城壁、天の宮廷の階級制度とその距離といったものは、聖人たちを神という太陽へ連れ去る眼も眩むような上昇を前にして、以後、姿を消したのである。したがってそのとき天国の喚起の中に生じたのは一種の現実からの離脱であった。また著作と芸術の中に生じたのは教会の教育的かつ公教要理的意思が強化したところのものであったが、こうした意思はトリエント公会議の結果生まれたのであった。

ひとつの教育的意思

というのも、バロックの図像類はきわめて教育的であったからである。これらの図像類は、三位一体、現存説〔聖体中のキリストの現存〕、聖母マリアの被昇天、聖人たちの仲立て〔神とのあいだを仲介すること〕などの教義をありありと心にとどめられるようにする必要があった中で、著作が持ち合わせない視覚的な手段を自由に使えたのだ。さて、著作の方であるが、とりわけ説教と讃美歌においては、公教要理の言葉をますます用いるようになった。換言すれば、今日のわれわれには息切れあるいは反復と見えかねないことも、中世後半の説教においてはすでにはっきりと見て取れるひとつの選択の、いやそれどころか、ひとつの戦略の、結果だったのである。[17] 以後問題となったのは、天の詳細を述べることよりむしろ、天への道を示すことであった。教会の言説は天国の歓喜を遠く指でさし示しながら、そこに到達するための美徳を倦むことなく教えたのだ。こうした言説は、永遠の幸福の国の場所や住人に関する色彩豊かな絵というより、希望の明言であった。

イエズス会士ジャン・ジョゼフ・スュラン（一六六五年没）の『神の愛の讃美歌』は、その全体を見たとき、神秘神学と公教要理との結合のよい例となっている。そのうちのひとつで「愛の咎め」と題されたものは、超自然的な愛の熱情を当時のプレシオジテの〔極度に洗練された〕言葉で表現している。アヴィラの聖女テレサの神秘的恩寵の表現に対する注解として役立つかもしれない。

イエス・キリストが絶えず追い求めている魂よ、
なぜおまえはあの神々しい恋人に、身を任せないのか？
もしもおまえが彼の火を心に受けとめなかったなら、
彼のつれなさの矢を、痛切に感じるのを恐れるがよい。

彼の優しさの代わりに、その憤怒を感じとるよりは、
彼を夫とする方が、むしろよいのではなかろうか？
おまえの心に、恋の稲妻への用意をさせておくがよい。
恋焦がれることのできる人は、やがて幸せになるのだ。

もしもおまえが彼の美しい眼の魅力を感じとることができるなら、
おまえは地上で天のあらゆる悦びを、手にすることができるのだが。
愛に傷ついた心はため息をつくばかり、
流浪があまりにも長く続くにちがいないと見て取って。

こんな心痛をものともせずに、それでも愛さねばならない。
ただひたすら我がイエスのために、燃え上がらねばならない。
それゆえなぜ、この愛の熱情から逃れるのか？
今燃え上がらない者も、いつの日か燃え上がるにちがいない。[18]

けれどもスュランのまた別の讃美歌では、公教要理的語調が強く刻印されている。かくして、「栄光における聖人たちの輝かしい勝利」では、抽象的な言葉で表明されてはいるが、次のような希望の言説が読みとれる。

悔悛〔贖罪の苦行〕は幸せなるかな！
叫び声と涙は幸せなるかな！
永遠の褒賞が
われわれのすべての苦悩を贖ってくれる。
われわれの苦しみは終わりを告げ、
平安の王国で、
けっして終わることのない、
日に到達する。[19]

スュランによって「死につつある正しい人たち」に捧げられたまた別の讃美歌でも、天の幸福と頑なな心に向けられた教育的脅しとが混じり合っている。

おお、不幸せな魂たちよ！
おまえたちは知らないのだ、
その心地よい炎の幸せを。
その魅力を味わいにおいで。
イエス万歳！
狂人よりも

なおみじめな社交家たちよ、
おまえたちが追いかけている幸せより、
この幸せの方がもっと望ましい。
イエス万歳！[20]

確かに抽象的な詩節ではある。けれども、当時しばしばそうしたことがあったように、世俗の小唄から借りたメロディーがいかめしい調子を和らげた可能性はある。

こうした考察に従って、私はここでブルターニュの讃美歌の中でももっとも有名な讃美歌「天国の栄光に思いを致すよき魂の感情」（Sentimancho an ine mad o sangall er gloar ar barrados〔ブルトン語タイトル〕）について、しばしのあいだ立ち止まりたいと思う。十九世紀以来ブルターニュでは簡略化したタイトル「アル・バラドス」の名でとてもよく知られたこの讃美歌は、聖エルヴェ（六世紀）の作とされたりミッシェル・ル・ノブレッツ（十七世紀）の作とされたりしてきたが、実際には、発見された最古の草稿の日付である一七三四年より前にはさかのぼらないようだ。作られた場所はおそらくトレゴール〔ブルターニュ半島の北部海岸地方〕であろう。

一七三四年の草稿をジョルジュ・プロヴォー〔現代フランスの歴史家、十七‐十八世紀の宗教史・文化史の専門家〕は注意深く調べたのであるが、この讃美歌は四十八詩節からなっている。とはいえ今日では、もはやほとんど最初の四つか五つしか歌われていない。この十八世紀のテキストには明らかにトリエント公会議以後の色調が見られる、とジョルジュ・プロヴォーは指摘する。各人の運命は、最後の審判と終末における集団的復活の中世的終末論に依拠することなく、厳密に個人的なやり方で、死後直ちに決せられる。いくつかの点で、この一七三四年のテキストは十全にその時代のもののように見える。「死への聖なる願い」というテーマ群と釣り合った、天の至福への長い憧れが見られるからである。「身体は重い」、大地は「苦悩で満ちた谷」、この世の「幸せ」は「危険」であると、いくつもの節が断言している。内容と形式が、「カトリック宗教改革の司祭の手になるものだと示唆している[21]」。

それなら——ちょっと脇道にそれるが——万聖節や埋葬の際に歌われ、初めて聴いた人たちに強い印象を植えつけるこの讃美歌が、なぜこの二世紀来これほど成功してきたのだろうか。何よりも、希望と郷愁を結びつける、多分グレゴリオ聖歌が元になった、その心を揺り動かすメロディーのせいである。そのメロディーには人生の悲しみが詰まっているが、しかしその悲しみも喜びに変わることを約束している。それは涙であり同時に微笑みである。十九世紀と二十世紀がとくに愛好した詩節についていえば、それは至高天の古い概念に、ロマン派的《ロマンティック》なという言葉ができる以前のロマン派的な諸要素を付加している。

そのとき、私の鎖は
砕かれるのだから、
私は突然雲雀《ひばり》のように、
空中を行くだろう。

天を見つめるとき、
私の本当の国へと、
小さな白い鳩のように、
私は飛んで行きたい。

私は月を通過するだろう、
栄光に向かって進みながら、
星たちの向こうに、
私は連れ去られるだろう。[22]

この脇道はとりわけ「アル・バラドス」の素晴らしいメロディーを浮き彫りにするためだったのであるが、ここでは本題にもどって、カトリック宗教改革時代の天国の文学と、天の栄光に向かってヴォールトと丸天井を開いたバロック芸術におけるもっとも見事な成功との、ふたつのあいだに存在するずれ、共通の目標があるにもかかわらず生じたところのずれについて、あらためて強調しておくことにしよう。そして、以下では天国に関する讃美歌の公教要理的性格をあらためて力説しておこう。一七三四年版「アル・バラドス」の最後の三つの詩節は意味深長である。

誰もが心から耐えるがよい、
諦めて、
おまえたちの苦しみと悲しみを
おまえたちの罪ゆえに。

罪を嫌悪するがよい。
つねに神を愛するがよい。
神の掟に従うがよい、
命の終わるときまで。

これこそ幸福に向かうための
確かな道である。
それに従う者は誰でも、
必ず天に行くことだろう。[23]

歴史家プロヴォーはこの讃美歌を、グリニョン・ド・モンフォール〔ルイ・マリー。一六七三－一七一六、フランスの聖職者で聖人〕がその伝道のために作曲した「讃美歌」や、十八世紀に聖ジャン・バティスト・ド・ラ・サル〔一六五一－一七一九、フランスの聖職者、キリスト教学校修道士会の創設者〕が自分の学校で生徒たちに歌わせていた讃美歌「天国について」と容易に響き合わせている。まずグリニョン・ド・モンフォールが書いた讃美歌を見てみよう。

私が祖国まで
眼を上げるとき、
私はこの世にいるのが、
不幸だと思う。
この忌まわしい流浪から、私を解放してください、
神よ、お願いですから。

おお、天国よ、あなたの美しさは、
どれも心をうっとりさせる、
あなたの悦びには悲嘆がなく、
あなたの楽しみには罪がない、
あなたの日々にはもはや夜はないだろう、
あなたの輝きは心を魅了する。[24]

次は聖ジャン・バティスト・ド・ラ・サルがキリスト教学校修道士会の生徒たちに歌わせていた「天国について」という讃美歌の抜粋である。

天国について私の信ずることは、
私がそれについて述べるすべてのことよりずっと大きい。
そこに行きたいという私の大いなる願いは、
私の心を喜んでそれについて語らせる。

幸せな、何十万倍も幸せな、住みかよ、
王の中の王がいる神々しい宮殿よ、
神のルーヴル、驚嘆すべき都、
その太陽は神。[25]

これらの詩節を読むとき、何世紀にもわたってその色彩を失ってきた諸テーマ、しかし教育的な体裁をとって新たな状況に適応させようと努力していたその諸テーマが、いささかやり尽くされた感じで繰り返されているのを、確認しないわけにはいかないのである。

問題となっている神秘主義

そこで、上記の文学〔天国に関する文学〕を、キリスト教古代ならびに中世がわれわれに残した数多くのテキスト――あの世への旅物語、天のエルサレムに関する詩、永遠の園における選ばれた者たちの歓喜の具体的で味わい深い喚起――と比べてみると、次第に現実遊離の傾向が顕著になるのを確認しないではいられない。

さて――新たな探究の道筋に入るが――、イメージ豊かな、色彩に富んだ天国の喚起は、中世末以来発展してきた神秘主義に対する反動に苦しむほかなかった。事実、人々は、現状を不安定にして教会の階級制度を疑問視しかねない予言と見なされるような幻視や超自然的存在の出現に、不安を感じたのであった。聖女ビルイッタの幻視が論争を引き起こし、聖女の幻視がジャン・ド・ジェルソンにとって疑わしいものとなったのは、こうした雰囲気においてであった。人気のある偉大な説教者であったシエナの聖ベルナルディーノ（一四四四年没）〔一三八〇－一四四四、イタリアのフランシスコ会の説教家〕もまた、悪魔に欺かれた幾人かの透視者を非難した。彼はこう述べている。

以上が、次のように述べる女たちについて私の知っていることです。「ああ、今晩美しいヴィジョン〔幻覚〕が私に現れたのです。私はそれがかくかくしかじかなのを見ました。するとヴィジョンは彼女があれやこれやを持つだろうと彼女に言ったのです」〔このあたり文意不明〕。別の女は言います。「聖母マリアが私に現れました」。別の女が言います。「天使がひとり私に現れました」。そしてまた別の女が言います。「私に月が現れました」。さらにまた別の女が言います。「太陽が」、そして別の女も「私の部屋ですべてを照らし出す月が」〔…〕。このような幻視があなたに示すものをあまりに軽々しく信じてはいけません。信じるよりまず証明する方がよいのです。[26]

一六五九年、聖ヴァンサン・ド・ポールが自分の修道会の修道士たちに「真の光と幻覚」を区別する仕方について長い講演を行ったときも、右の非難とは異なる言い方をしていたわけではなかった。悪魔が「幻覚を催させる」「人を欺く」手練手管でもって想像力の中に導き入れかねない「偽りの日の光」と「偽りの光」に対して人々を用心させながら、ヴァンサン氏はこうはっきりと述べていた。

「これら偽りの光は」事物を実際とは別の仕方で見せるのです。白鳥のように白いものを烏のように黒いと、そして黒いものを白鳥のように白いと、みなさんは言うのです！　――そう、私はこれを偽りの日の光、と言います。それは邪悪な霊が想像力の中に生み出すもので、事物が表すべき事物の真の姿とは別の種類の姿を想像力に提示するのです。そこでこれらの種類が想像力の中に入ってしまい、悟性まで上って行き、ついには意思に反映されます。その結果あの闇の天使〔悪魔〕は黒いものを白く見せ、嘘を真実に見せるのです。[27]

もちろんヴァンサン氏のここでの目的は、天からやって来る啓示に恵まれたと信じ込む人々、そして教会の規則、教え、伝統を見くびるまでになっていた人たちのあまりに大きな自信を狙い撃ちにすることであった。けれども、実はある動きがすでに進行していたのであり、この動きは十五世紀になされていた言説を再び取り上げ、今やジャンセニスム〔十七-十八世紀、フランスから興りヨーロッパのカトリック教会に論争を巻き起こした教派〕やプロテスタントの批評家たちに助けられていたのである。この動きは、人々に天の裂け目を手に入れたと信じさせ、それによって自分たちが有利になるものとばかり信じていた神秘主義的な高揚を、手厳しく吟味しようとするものである。またピエール・ニコル〔一六二五-九〇、フランスの神学者、宗教論争家〕の著作はこうした動きを大いに勇気づけた。『幻視者』（一六六五年）、『道徳試論』（一六七一-七八年）、『念禱論』（一六七九年）、『静寂主義者たちの主たる誤りを論駁す』（一六九五年）である。[28]

慎重にもニコルは神秘的体験をひとまとめにして退けるようなやり方は取らない。ニコルは書いている。「私はそれについて言われていることのすべてを作り話にする、あるいは想像力の産物扱いする人たちには属さない。[…]たとえ想像力の産物であっても、それは誰もが持っているわけではない、また持つこともできない尋常ならざる想像力の産物ということもあろう」[29]。たとえば聖ベルナルドゥスは並外れた「恩寵」を感じたのだった。けれどもこうした譲歩を一旦認めるや、ニコルは一方で聖ベルナルドゥス以後になされたすべての神秘的体験を疑ってかかり、他方では「慎みのない信じやすさ」[30]「常軌を逸した幻視」[31]「偽りの霊的生活」[32]に対する抜きがたい不信を示している。

ニコルの言葉の切っ先はとりわけ「心の平安の念禱」に度外れに耽溺している人たちに向けられている。この人たちは、「いくつかの宗教的な本で内面生活や、神の働き、内省、純粋愛が話題になっているのを耳にして、こうした言葉の輝かしさに驚かされるままとなる[…]。彼らはすぐにもこう思い込む。それを自分たちに啓示したのは神様なのだ。神様は、隠していることを賢者や学者たちには見せてくれるが、そうした少数の人間のうちに、自分たちも入っているのだ、と」[33]。ニコルはしたがって静寂主義者と至福千年説信奉者を同時に攻撃している。ニコルにとり彼らは、「不用意に働いた想像力の結果を、神の光や霊感と取り違える」[34]点で共通しているのである。けれども、非難の言葉――「想像力」――にはもっと広い射程がある。「想像上の〔仮想の〕異端」を攻撃することによって、ニコルはあらゆる神秘的体験に対して疑念を向けるのである。ところで神秘的体験とは、カトリック・ルネッサンスとバロック時代の宗教芸術の、両者の根源にあるものなのだ。とりわけそれは、教会のヴォールトや丸天井や祭壇衝立で信者に差し出された天の啓示の中に見られる。ニコルや当時のキリスト教合理主義者たちの批判はしたがって、コレッジョ以来天国に関する想像の産物を革新してきた霊感を、その大元自体において揺るがしていたのであった。

宗教領域の想像力に対するニコルの疑念は、パスカル〔ブレーズ。一六二三－一六六二、フランスの科学者、哲学者〕のより総括的な不信と軌を一にしていた。すなわち、パスカルが『パンセ』で語った「人間の中の人を騙す部分、あの誤りと偽りの主《ぬし》、いつもずるいと決まっていないだけにそれだけ一層ずるい主。というのも、もしもそれが嘘のまちがいのない基準であったなら、真理のまちがいのない基準とされたであろうから」[35]と言われるものに対するパスカルの不信のことである。ただし『パンセ』の中でパスカルは、キリスト教の天国については叙述しないように気をつけた。マホメット〔ムハンマドとも。五七〇－六三二頃、アラビアの預言者、イスラム教の開祖〕の天国を「笑うべき」[36]と形容し、原罪で失われた幸福によって創り出された「無限の深淵」は「無限で不変の対象によって、すなわち神ご自身によってでしか埋められることはない」[37]と明言することだけで満足したのだった。

パスカルと同じ霊的家族〔ジャンセニストの系譜〕に属するニコルはまた、静寂主義者に反対する、皮肉っぽい四つの対話篇の著者エスプリ・フレシェ〔一六三二－一七一〇、フランスの説教家〕とも協和している。対話篇のひとつで、良識あるひとりの女性が静寂主義の女性心酔者を嘲《あざけ》ってこう述べている。

おお、あなた方、天に起源を持つ瞑想家のみなさん、
そして神の偉大さをともにし、
純粋で素朴で厳かな行為によって、

他の人たちより上に立っているみなさん、
心静かになるのをもう少しおやめになったらいかがですか。
神の栄光を受けるのを少なくして、もっと人の役に立つようになってください［…］。
マルタ〔ベタニアのマルタ〕のような人たちは、時にはマリア〔ベタニアのマリア〕のような人たちより取り柄があるのです〔イエスがこの姉妹の家を訪れたとき、迎えた姉マルタが接待で忙しくしていたのに対し、妹マリアはイエスの語る言葉に聞き入っていた。前者は「活動的生活」を、後者は「観想的生活」を表すとされる。「ルカによる福音書」一〇章、三八－四〇節参照〕。[38]

その上、女権拡張反対論《アンチフェミニズム》の切っ先が神秘主義に対する敵愾心を強化しにやって来ていた。ニコルはこうも書いていた。「常軌を逸した念禱の中には憂慮すべき多くの幻覚がある。というのも、想像力、とりわけ女性の想像力の中には奇妙なバネがあるからだ。女性たちの脳髄を一杯にしている精神の可動性が、女性自身を驚かすような感情を女性たちに感じさせ、自分は超自然的な状態にあると信じ込ませるのである」[39]。もう一度言おう。ニコルとフレシェの攻撃は同じ目標に向かっており、とりわけ「心の平安の念禱」に照準を定めていた。けれどももっと広く見れば、そうした攻撃は「天に起源を持つ瞑想家たち」を非難の対象としていた。そして、宗教的領域において想像力を押さえるように、という誘いとなっていた。天国のすべての幻視に対して、そして幻視をもたらしかねない「自己の外への遊離」（これはフレシェの言い回し）に対して、疑いを投げかけていたのである。かかる攻撃は宗教的感情の合理化という総括的な文脈の中に位置づけられていた。そしてこの文脈は神秘神学の信用を下落させ、カトリックの限界を超え、ボシュエがフェヌロン〔フランソワ・ド・サリニャク・ド・ラモット。一六五一－一七一五、フランスの神秘主義的神学者、文学者、思想家〕と対立するのを眼にし、また天国の想像領域の革新にはほとんど好都合にはならないような、ロック〔ジョン。一六三二－一七〇四、イギリスの哲学者、政治哲学者〕が提案する『理性的キリスト教』（一六九五年）といったモデルを眼にしていたのであった。

第二十五章　プロテスタントの「節度」

なおいくつかの具体的な喚起

ルターの『卓上語録』には宗教改革者とその招待客たちとのあいだに展開する味わい深い会話が含まれているが、その中のもっとも意味深い一節をここで思い起こすのは興味深い。

マルティン〔・ルター〕博士とその客たちは長いこと冗談を言い合ったあと、真面目な事柄、永遠の生命〔や〕天と地が新しくなるそのやり方などについて、話し始めた。〔ルターは断言した〕「キリストにおいてわれわれはみな、未来の、そして永遠の、第二の生を持っています。われわれは新しい天と新しい地を持つでしょう。花や葉叢や草はエメラルドと同じほど美しく、陽気で、見るのに心地よいでしょう。そしてすべての被造物は世界でもっとも美しくなるでしょう。そしてもしわれわれが神の恩寵を得るならば、すべての被造物がわれわれに微笑みかけることでしょう。もし私が屋根瓦にエメラルドへ変わるように命じたなら、それは即座に行われるでしょう〔…〕。

身体は一層容易に意思に従うために、綿毛のように軽くなるでしょう。眼と睫毛は純銀のように輝くでしょう。われわれが今持っている肢体と指をわれわれは持つでしょうが、別の形で、見かけが変貌した形で、持つことになるでしょう［…］」。

Ｈ博士は尋ねた。「あの世には動物はいるのでしょうか？」マルティン博士は答えた。「天は空気にすぎず、地は砂以外ではない、と理解してはなりません。そこには、天と地に属するものすべてを置かねばならないでしょう。そうでなければ、地、天、大気は今と同じにはならないでしょうから。つまり、羊、牛、その他の動物たち、魚、そしてそれ以外のものです［…］。

われわれは自分の眼で光を、天と地の創造者を見るでしょう。それがあまりにも嬉しいので、われわれの身体はここで必要としているすべてのこと、食べたり、飲んだり、眠ったりなどということを、もう要求したりはしないでしょう［…］」。

人々はルター博士に尋ねたものです。「未来の生活では、天の王国には、犬や、その他の動物たちはいるのでしょうか？」博士は答えた。「もちろんですとも！　…聖ペテロは、最後の審判はすべてのものの復元の日、地と天が変わるあの日、となるだろうと言っています（「ペテロの手紙二」三章、一三節）。他のところでももっとはっきりとこう言われています。神は新しい地と新しい天をお創りになるだろう、新しいワンワンと新しい子犬もお創りになるだろう、その皮膚は黄金で、毛と巻毛は宝石でできているだろう。どんな動物も他の動物を貪り食ったりはしないだろう。あの毒のある動物、ひき蛙や蛇は全然いないだろう。そもそもこれらの動物は、この世では、われわれの原罪のせいで毒があり、有害なのだ、と[1]」。

『卓上語録』は多分ルターの他の作品を読むときと同じ眼鏡をかけて読むべきものではないだろう。この本は、一方では宗教改革者が食事の最中に述べたことを間接的にただ報告しているだけであり、他方ではこれらの対話の非公式な性格がユーモラスで逆説的な言い回しの表現を可能にしていたものである。けれどもルターの断言は、同時代人のほとんど全員が一致してそうであったように、ルターが聖書のとりわけ「新しい天、新しい地」という言い回しに対して行っていた根本主義的読解にまさしく一致していた。ここでのルターは、そうした読解から愉快なやり方で表現された結論を引き出すだけで満足していたのである。

天国の場所と幸福についての記述に関しては、とてもはっきり述べられた、しかしルターのテキストに比べればずっと精彩の点では劣るまた別のプロテスタントのテキスト――しかもたいへん流布したテキスト――が少なくとももうひとつ存在する。『天路歴程』（*The Pilgrim's Progress*）である。著者のジョン・バニヤン（一六二八－八八年）〔イギリスの宗教文学者、説教師〕は最初鋳掛け屋であったが、クロムウェル〔オリヴァー。一五九九－一六五八、イギリス清教徒革命の指導者〕の軍に参加した。バプティスト派信徒、そして巡回説教師となったバニヤンは、チャールズ二世〔一六三〇－八五、イギリス王在位一六六〇－八五〕治下で十二年間（一六六〇－七二年）投獄された。バニヤンのもっとも有名な本である『天路歴程』は一六七八年から八四年にかけて書かれたが、英語圏プロテスタント諸国でたいへんな普及を見て、「民衆のバイブル」となった。カルヴァン派のある種の陰鬱さと決別し、騎士風のイメージを帯びたこの本は、信徒にバビロンを逃れて、影の谷と失意の泥沼を通って天の都に行くよう励ましていた[2]。

著者バニヤンはこの作品中のふたりの巡礼、クリスチャンとホープフルの旅程を夢の中で追うのであるが、今や目的地に近づいたふたりは、死の谷を去り、疑念の城を通り越していた。すでに天のエルサレムの見えるところに来たふたりは、「空気の穏やかで心地よい」地方を横切る。これは中世のあの世への旅の再現であって、こうした旅では好んで、たとえばウェンロックの修道士の旅のように、天の都を取り巻く、時に危険な河や溝の前に、一種の地上の楽園――「心地よい場所《ロクス・アモエヌス》」――を置くのがつねだった。

> ここでは、われらの巡礼者たちは小麦にもワインにも欠けることがなかった。というのも、巡礼中むなしく探し求めたものはここには何でも有り余るほどあったからだ〔…〕。途上には果樹園、ブドウ園、庭園があったが、その扉は開かれていた。庭園管理人の何人かが途中にいた。巡礼者たちは管理人に尋ねた。
> ――これらの素敵なブドウと庭園はどなたのものですか？
> ――王様のです。ご自身の楽しみのため、そして旅行者たちの楽しみのためにお植えになったのです。

庭園管理人たちは巡礼者たちを入らせた。そしてブドウの木のあいだに連れて行き、涼むようにと勧めた。王の小道と、王が喜んで立ち止まる木陰を見せた。旅行者たちはそこで休み、眠った。

この感じのよい、心を安らげる地方から、われらが旅行者たちはすでに永遠のエルサレムの特徴をちらと見て取っている。バニヤンはそうした特徴を、中世の物語がしていたように、「黙示録」から借りている。バニヤンは書いている。「その都は真珠と宝石で造られていた。すべての街路が金で舗装されていた〔…〕。けれども、黄金で造られた町に射す太陽の照り返しがあまりに輝かしいので、旅行者たちはそれを見るのが耐えられず、鏡の中で町を見なければならなかった」〔ここは「コリントの信徒への手紙二」（三章、一八節）を利用。「われわれは主の栄光を鏡の中でのように映すのだ」〕。

永遠の幸福の町の扉を越えることができるようになる前に、われらが旅行者たちは最後の試練を通過すべく、溺れる恐れのある河を渡らねばならない。それでも彼らは、対岸にいる「光り輝く」ふたりの男に勇気づけられ、恐怖心と、自分たちの罪についての意気をくじくような過去の記憶を克服して、河の望ましい側に到達する。旅行者たちを待っていた「光輝く」男たちに助けられながら、今や旅行者たちは易々と山をよじ登っている。そこから、決定的な喜びの祝福を受けた場所について、すべてを知ることができるのである。というのも、ふたりの男の言うところでは、そこにこそ、次のようなものがあるからだ。

シオンの山、生ける神の都、天のエルサレム、天使の九隊を形作る巨万の集団、完徳に到達した正しい人たちの霊の集まり。あなたたちは今や神の天国に着く。そこで生命の木を見るだろう。そしてけっして尽きることのないその実を食べるだろう。そこに入ると、白い長衣を着るだろう。そして王の前に出て、王と毎日際限なく語り合うだろう。そこでは、地上で眼にしたいくつかの事柄、たとえば苦悩、病気、死といったものは、もう見出さないだろう。というのも、これらの事柄は過ぎ去ったからだ。

ふたりの使者がいよいよ巡礼者たちを天国の扉の方に導いて行くと、選ばれた者たちが迎えに出る。白い服を着て、「勝ち誇った歩み」を続けながら、永遠の新しい仲間たちを迎える喜びを表している。クリスチャンとホープフルは聖なる都の扉を叩くようにと誘われる。その通りにすると、扉は開かれる。バニヤンは書いている。

私はふたりの巡礼者が扉を越えるや、変身し衣服をまとうのを夢の中で見たが、衣服は太陽のように輝いていた。天使たちがふたりの前にやって来て、ハープと冠を差し出した。ハープは神を称えるため、冠は名誉の印としてであった。

私は夢の中で、都中のすべての鐘の楽しげな音と、「あなたの主の喜びの中に入りなさい」と叫ぶ声を聞いた。私はまた、巡礼たちが強い声で歌うのも聞いた。「玉座にお座りのお方と子羊に、何世紀にもわたる称賛と名誉と栄光と力がありますように[3]」。

バニヤンはふたりの巡礼者の旅のこの天国に関する結論を下すにあたり、何よりも「ヨハネの黙示録」に依拠した。そしてとりわけ、「イザヤ書」、「雅歌」、諸「福音書」、そして一連の使徒書簡から引き出した補足的な諸要素によって、物語を豊かにした。作品全体はといえば、何ら独創性を示しておらず、キリスト教古代や中世が生み出した幻視、そしてあの世への旅の文学全体と比較して、むしろ制限的な反復の領域に位置づけられる。

けれども、おそらくはこうした文学が、とくにプロテスタント諸国では十七世紀の大衆の視界からはもはや消えていたがゆえに、天への希望に飢えた読者たち、そして職業的な神学者たちの主題に関するいかめしい言説にほとんど感受性を示さなかったであろう読者たちに対して、バニヤンはとくに求めたわけでもなかったのに見事な成功を博したのであった。こうした反響が、私が洗礼派説教師バニヤンの作品に与えた位置をよく説明してくれる。

天国の既在

バニヤンの提供になる実例にもかかわらず、天国に関するプロテスタントの言説は全体的に見てきわめて簡素であって、先立つ時期の言説に比べるとかなりはっきりした対照をなしている。確かにルターにとっては、時の終焉についての偉大で決定的な刷新はすべての被造物に関わるものであったにちがいない。そうした断言は『卓上語録』の中にだけでなく、他の言明にも現れている（ただし、人目を引く細部は伴わないのであるが）。たとえば次のような言明である。「その方〔主〕は、われわれと同時に、今は虚無に服しているところの、われわれの天啓を恐れとともに待っているすべての被造物を復活させることであろう。すべての被造物が束の間の存在から解放され、神の栄光を受けたものとなるであろう[4]」。

けれどもルターは、時の終焉、審判の日、歴史の終わりにおけるキリストの栄光に満ちた帰還についてはかなり冗長に語っても、永遠の生活の細部についてはたいていの場合慎重だった。ある日――今度もまた『卓上語録』においてだが――ルターはこう言明した。「母親の胎内にいるとき、その子どもは自分の誕生についてほとんど何も知らないのと同じように、われわれも、永遠の生活についてはほとんど何も知らないのです[5]」。宗教改革者ルターは上層天に関しても同じ慎み深さを示した。至高天を頂点に戴く古典的な天文学を疑問視したわけではなかったにしても。たとえば「創世記」の注解においては、天の上にあって、下に位置する球体を冷やす水の機能については意見を述べることができないと語っている。そして次のように述べて、この主張を拡大する。「天が問題となっている場合、われわれはもうこれ以上述べることはできません。天には天使たちと神が、至福の人々とともにお住いを持っておられるのです。また、われわれが新しい肉体をまとうことになる最後の日に啓示される、その他のことについてもこれ以上述べることはできません[6]」。『教会のバビロン捕囚』という著作の中ですでにルターは同じ精神でもって、偽ディオニュシオスが打ち立てた天使の軍団の配置に反対し、これに抗議していた。こう書いている。

このディオニュシオスが何者であっても、人々がこの人にあんなに敬意を抱くのは私にはまったく不愉快です。というのも、堅固な学問に属するものは、この人のうちにはほとんど何もないからです。実際、この人がその『天上位階論』――詮索好きで迷信深い人たちがあんなに悪戦苦闘したあの本――で天使について想像していることは、いかなる権威の名において、またいかなる理由によって、証明しているのでしょうか？[7]

「創世記」の注解のまた別の個所で、ルターは創造の物語に関してこんな方法上の助言を与えている。「だから、そんな好奇心はやめにしておこう。それから、なぜ聖書が第二日目に関しては「そして神は見た…」等々と言わないのに、第三日目に関しては二度も言っているのか、などと自問するのも、もうやめにしよう。…だから、われわれはあまりに好奇心がありすぎてはいけないのだ」[8]。創造に関する「好奇心」の行き過ぎに対するこうした批判は、『キリストの最後の晩餐』に関するテキストと軌を一にしている。宗教改革者ルターはそのテキストで、聖書を「粗野な、下手な、無分別なやり方で」扱いながら「粗野に（この言葉を繰り返し）戯言《たわごと》を言っている」「幻を視る精神」を糾弾している。[9]

解釈的な想像力に歯止めをかけようとするこうした訴えは、宗教改革者が「「われらの父について」の注釈」〔ルターの注釈もののひとつか〕の中で与えている助言と比較するとき、その意味が十全に明らかとなる。ルターはそこで次のように明言することによって、習慣的な終末論的固定観念の真の逆転を提案しているのである。

神の王国がいつやって来るのかと人々がキリストに尋ねると、キリストはこう言った。神の王国は外的な身振りや音でやって来るものではない。知っておくがよい。神の王国はあなたたちの内部にあるのです、と。同様にキリストはこうも言った（「マタイによる福音書」二四章、二三節以下）。人はこう言ってはならない、「それはここにある、あるいはそれはあそこにある」と。そしてもし誰かがあなたたちに「ほら、それはここにある」あるいは「それはあそこにある」と言っても、その人の言うことを信じるな。というのも、それは偽預言者だからだ。まるでキリストはこう言っているかのようだ。もしもあなたたちが神の王国を知りたいなら、あなたたちはそれを遠くに探し求める必要はないし、国を変える必要もない。それは君のすぐそばにある。その上、それは単に君のすぐそばにあるだけでなく、君のうちにあるのだ、と[10]。

もしわれわれがわれわれのうちに――もちろんキリストの有効な行為によって――「誠実さ、謙遜、真理、純潔、そしてあらゆる徳」を持っていたら、王国はすでにわれわれのうちで「始まって」いるのである。換言すれば、時の終焉を待望して天国を想像するよりむしろ、天の王国が諸君のうちで「始まる」ことに一層心を注げ、ということである。

一五三八年の説教でルターはこのテーマに立ちもどり、真の信者に対して、天のエルサレムと天国の天使たちは真の信者たちにとっては未来を構成するのではなく、既在を構成するのだと請け合った。神の御言葉が「純粋に述べ伝えられ」、「信仰を持った心によって［…］」受け入れられるところではどこでも、「天は広く開かれている」のである。

救世主が生まれて以来、天は開かれています。そして聖パウロが「エフェソスの信徒への手紙」二章で言っているように、「われわれはまた天使たちの公民的共同体に属しているのです［…］。われわれは聖人たちと同じ家の公民であり住民です。そしてわれわれの公民権は世俗的なものでも地上のものでもなく、それどころか反対にあの世の、天にあるのです。そしてそこから、われわれは救世主イエス・キリストを待っているのです」。その場所にこそ真の国が、真のエルサレムがあり、そこでわれわれは天使たちの同朋公民、同じ家の住民、天に住み、行動し、歩いている人たちと同じ同国人であるのです［…］。あなた方は今ではあの世の天のエルサレムで公民権を持っており、絶えず昇ってはあなた方のほうに降りて来る最愛の天使たちの共同体にいるのです。今では地と天はひとつになりました。それはまさに、あなた方があの世に場所を占め、最愛の天使たちによって仕えられるのと同じことなのです［…］。まことに、天は閉ざされてはおらず、扉と錠前は取り去られた、ということです[11]。

この説教でルターは信者の魂の中に天が信仰によって現存することについて、ほとんど際限なく語っている。信者はしたがってあの世のあらゆる「身体的」イメージに警戒すべきなのである。ルターは続けている。「私の身体的目をもってしては、面と向かってキリストを見ることなどできません。たとえ私が聖ステパノのように何かをすることができたとしても、それでも私にとってそれは、信仰の中でキリストを見る場合と同じほど確かなものとは言えないでしょう［…］。人が信仰の中で神を見ることは精神的に見ることであり、それは身体的に見ることよりも確かなのです。そして私は精神的に見ること以外を望みはしないでしょう」。悪魔はわれわれの身体的目を欺くのに苦労しない。けれども「御言葉は確かなのです。一般的に、われわれの身体的な目は、天使たち〔がそうであるの〕とは異なり、あの美しい精霊を見るにはあまりにも暗すぎるのです。けれども信仰は刺すように見るので、雲を通しても天を通しても見えますし、それどころか、われらが主である神の心の中まで、見えるのです。われわれが持ちたいのは、そのようにして見ることです」。そしてルターは繰り返す。信仰によって「われわれ自身が天に住んでいるのです［…］。天はわれわれに開かれています［…］。最愛の天使たちがわれわれをぐるっと取り巻いています[12]」。

ルターにおいては、説教の中でふつうのキリスト教徒たちに宛てて発せられたところの、終末論的待望を内面化するようにという誘いを、そして天の幸福の「身体的な」どんなイメージも信用しないようにという誘いを、強調する必要があった。なるほど、ルターは信仰によって「天は開かれている」ときわめて強く明言していながら、天国に関する余計な想像の産物を放棄し、救世主の現存を自分の中に内面的に迎え入れるようにと、信者をはっきりと誘っている。しかもそれは、「眠っている目によってではなく、あるいはヤコブのように〔天に昇る梯子を見たときの〕幻視によってでもなく、信仰すなわち神の御言葉によって、はるかに確かに、そして明確に[13]」そうするようにと誘うのである。かくして、霊的生活〔信仰生活〕にひとつの方向性が提示された。その方向性は、バロック芸術がやがて特権を与えることになるような方向性とは根本的にかけ離れていたが、しかし、キリスト教においてはすでに古いものとなっていた潮流を再発見するような――これについては後ほど述べることになるが[14]――方向性であった。

カルヴァン派の慎み深さ

カルヴァンはこれらのテーマについてルターの意見に全面的に賛同している。大地は歴史の終焉の後一新されるという確信を、カルヴァンもルター同様受け入れる。「禽獣は、そして木や石に至るまでの感性を持たない被造物でさえ、自分たちの虚しさと堕落の何らかの感情らしきものを持っているのであるから、そこから解放されるために審判の日を待ち望んで［いる］（『ローマの信徒への手紙』八章、一九‐二一節）[15]」。「アダムはその堕罪によって自然の真の秩序と完全さを損なった」と確信するカルヴァンは、「天と地にあるすべてのものは、一新されることを気兼ねしつつも熱望している[16]」と、聖パウロの言葉を引いて明言する。「ローマの信徒への手紙」を注釈しながら、カルヴァンはこう告げる。「神は人類とともに、今や完全に崩壊した世界を完全な形で再建するだろう」。けれどもすぐに、この予言の後に次のような用心を付け加える。「動物、植物、金属のこうした将来の完全さは、一体何に存するのであろうか。これについてこれ以上問い合わせるのは適切ではない。それに、許されてもいない[17]」。宗教改革者カルヴァンはある説教の中でも同じ方向を目指している。カルヴァンは事実そこで次のような忠告を与える。「主イエス・キリストが約束するこの遺産の獲得が目に見えるようになり、大地がわれわれに与えられたことをわれわれが知るようになるまで、辛抱強く待つことにしよう。そして、われわれの行程と巡礼を成就するためにわれわれがこの世で駆けずり回っているあいだは、満足していることにしよう[18]」。

同様に、至福がいつどのようにして訪れるのかについてのカルヴァンの言説の要点は、いかにも「節度」のあるものとなっている。「節度」という言葉はペンのもとに何度も現れるのだ。カルヴァンはこう述べている。将来の「至福」は「まるでわれわれがいつも［現在のわれわれの生活が続く限り］逃れ去る影を追い求めてでもいるかのように、今はわれわれから隠されている。肉の復活［…］は、それ自体に人間的な意味を引き寄せるにはあまりに高貴な事柄なのだ」[19]。そしてたとえば聖トマス・アクィナスがそうしたように、あるいはスアレスが十七世紀に反復したように[20]、全体的復活を待望する個々の魂たちにとって何が起こるのかを自問する必要などないのである。

死と復活のあいだに存在する状態について、より多くの好奇心をもって問い合わせることなど合法的でもなければ有益でもない。魂はどんな場所に住むのか、魂は約束された栄光をすでに享受しているのかいないのか、そういった議論のために何人もの人がすっかり心を悩ませている。しかるに、知らないことに関して、われわれが神から許されている以上に知ろうとして問い合わせることは、狂気の沙汰であり、向こう見ずなことである。聖書では、キリストが魂に現存し、天国で魂を迎えて平安と喜びを与えると述べた後は、〔…〕そこで立ち止まってけっして先へは進まない。神がわれわれに言わずにおいたことをわれわれに教えようとしている先生あるいは博士とは、一体誰なのか?

魂は身体のように、どちらの方向にも寸法を持っているわけではない。われわれはそのことを知っているのであるから、場所に関する質問は軽薄で愚かしい。聖なる霊魂の至福の隠退所がアブラハムの懐〔キリスト出現以前の正しい人たちが死後憩うとされた安息所。極楽〕と呼ばれるとしたら、それはまことによいことだ。この地上の巡礼を終えるとき、われわれはすべての信者の父によって迎えられるということ、なぜなら父はわれわれと信仰の果実をともにするからだということ、そのことをわれわれはアブラハムの懐という呼称によって知らされるだけに、一層よいことなのである。

しかしながら聖書は、われらが主イエスが到来するまで未決定のままであるようわれわれに望み、その到来を待つようわれわれに命じ、栄光の冠を受けるその日にわれわれを委ねている。だからわれわれは、神がわれわれに設けているそうした限界の中に、いわば閉ざされた状態でいることにしよう。すなわち忠実な魂は、戦い働く期限をまっとうした後に、安らぎの中に迎えられ、そこで約束された栄光の成就を喜んで待つのである。かくしてイエス・キリストが贖い主として現れるまで事物は未決定のままにとどまるであろう[21]。

次いでカルヴァンは肉の復活を論じながら、このテーマに関して聖パウロが「玄義」〔神秘〕という言葉を用い（「コリントの信徒への手紙一」一五章、五一節）、したがって「われわれに節度を説き」、「あまりに大胆に、そして煩瑣に思弁する放縦さを抑制している」ことを思い出させる。というのも、「聖書では神の王国が明るさ、喜び、至福、栄光に満ちていることを教えてはいるが、そこで述べているのは、主がわれわれに面と向かって現れる日が到来するまで［…］、その王国はわれわれの知性から遥かに遠く、ほとんど比喩に包まれている」からである。「だからこそ預言者たちは、この霊的な至福をその実質において表現できなかったがゆえに、それを身体的な比喩のもとに叙述し、ほぼ描き出すことができたのである」[22]。カルヴァンは続けている。

永続的な〔永遠の〕至福はわれわれの復活の目的であるが、復活の卓越性については、人間のあらゆる言語が表現しうる一切を語ったところで、そのごくわずかな部分に触れたことにさえならないであろう[23]［…そこから以下のような忠告が生まれる］。かくしてわれわれは、自らの小ささを忘れてしまった結果、狂気の沙汰から雲に乗って飛び回るのだと言い張ることになり、それによって天の明るさのために粉砕されてしまうのではないかと恐れをも抱くがゆえに、なおのこと、この場所では節度に従うべきなのである。われわれが適法以上に知りたいという度外れな欲望を持っていつもどれほどぴちぴちしているか、そのことをわれわれはよくよく感じているはずである［…］。

神の子どもたちは、［…］錯綜した問題についてはしばらく経った後でないと詳細に検討できないことをいずれはわかるであろうから、そうした問題はすべて遠くに追い払い、神が課した限界の中で押し黙ったまま身動きひとつしないでいる〔べきだ〕［…］。最良の方策は、われわれが地上の巡礼者でいるあいだはそれで満足することであり、最後に一対一で目にすることになる事物を鏡の中でおぼろげに見ることである（「コリントの信徒への手紙一」一三章、一二節）。というのも、どこを通ってその場所に行くべきかを気にかけ、そうしながら天国で何が行われているかを知りたいと思う人は、全世界でほんのわずかしかいないからだ。ほとんど誰もが、勝利への闘いには卑怯で怖じ気づき冷ややかである。にもかかわらず、彼らは心の中で空想の輝かしい勝利を思い描いている。[24]

「われわれの常軌を逸した大胆不敵さによって雲に乗り飛び回る」こと、「天国についてすべてを知り」たがること、「空想の輝かしい勝利を」心の中で思い描くこと、どの「好奇心」や行動をとっても、それはカルヴァンによれば救済への道からの逸脱である。それゆえカルヴァンはキリスト教徒たちに、神秘的体験やあの世についての「錯綜した問題」と、選ばれた者たちの住まいについての直接的な提示を用心するようにと勧める。ルターにならってカルヴァンは、やがてバロック芸術が勇気づけるであろう方向とは別の方向を霊的生活〔信仰生活〕に対して提案していたのであり、十七世紀の末にニコルによって体現されるであろう潮流と軌を一にする道を作っていたのである。

トリエント公会議以後のカトリシズムにちょっと目を向けてみれば、バロックの天の繁茂と宗教的言葉の厳格さとのあいだには、たとえその宗教的言葉が神秘的体験を表現しているときであっても、はっきりとしたずれがあるのが確認される。けれどもそのずれは必ずしも矛盾しているわけではない。むしろ問題は相互補完性の方にあったのであり、それはあたかも、天国への上昇の眼も眩むような光に満ちた喚起を言葉が視覚芸術に委ねたのだ、といった風であった。

これに対してプロテスタンティズムは、また別の相互補完性へと向かった。プロテスタンティズムにおいては、信者の集団による歌――もちろん、とりわけ合唱を想定――が、天国の図像の慎み深さをキリスト教の信頼と希望の歌――域内言語を使用した歌――による表現で埋め合わせられるよう要請したのであった。

天国と公教要理

いずれにしても、天国について「節度」を持つようにというプロテスタントの誘いは公教要理の意図と軌を一にしていたのであり、その意図はふたつの宗教改革〔プロテスタントによる宗教改革とカトリックによる対抗宗教改革〕時代に、カトリックにもプロテスタントにも共通したものであった。どちらも、部分的には異なった方法によってではあるが、教育的でありたいと願ったのである。

プロテスタント圏での教育的主眼は、天国の場所を詳細に叙述することにではなく、完璧な喜びへの希望に対して心を向かわせ、そこに到達するための——信仰と徳の——道を指し示すことにあった。バクスターが書いた『聖者の永遠の眠り』がその証拠であって、この本はプロテスタント文学におけるひとつの成功作品である。清教徒の感受性を備えた著者は次のような問いを提出する。「なぜ聖霊〔聖書〕は肉に気に入るような言葉を用いて新しいエルサレムの栄光を叙述するのだろうか？　天が金と宝石でできているということ、天使たちと聖人たちが食べたり飲んだりしているということをわれわれに信じさせるためなのだろうか？」。答——「そうではなく、聖霊がこうした言葉を使うのはちょうど鏡を使うようなものであって、われわれが仲介者なしに自分の眼で見えるようになるまでは、鏡を使ってそうしたものの不完全な表象を見させることができるからである」[25]。したがってバクスターは、「〔『黙示録』の〕著者が見た玉座、王、天上の軍団、光り輝く栄光」[26]をわれわれがその著者とともに見ることを思いとどまらせたりはしない。けれどもバクスターは『聖者の永遠の眠り』の中で「〔地上での生のあいだは〕聖人の安らぎについて熱心に探究する必要」[27]をとりわけ強調している。天国を叙述するより、むしろ天国に導きたいのである。

「天国」という言葉はルターのペンのもとには滅多に出てこないし、まちがいなくルターのものである三十六の讃美歌の中にも姿を見せない。また、それらの讃美歌の中で、「天の王国」「天」「天使たち」「天使の集団」「永遠の生命」という言葉が出てくるのはすべて合わせて三十六回であるが、「信仰」と「救済」は合わせて四十二回、「歌」と「称賛」は合わせて三十六回、「喜び」は二十五回、「愛」は二十二回、「加護」は二十一回である[28]。つまり、こうして数えてみると信仰の力説が明らかとなる。信仰は人を安心させることによって永遠の幸福へと導き、現世においてそれを前もって味わわせてくれるのである。次の詩節はルターのふたつの讃美歌から借りてきたものだが、これらはルターが自分の作曲した歌に込めたかったメッセージを要約しているように私には思われる。

平和と喜びのうちに
私は神の意思に沿ってあの世に行きます。
私の心も精神も慰められ、
静かで落ち着いています。

最愛のキリスト教徒たちの集まりよ、今や喜びましょう、
そしてわれわれの喜びを爆発させましょう、
慰められ、みな集まって、神がわれわれのためになさったことを、
悦びと愛をもって歌うために。[29]

讃美歌集と祈禱集はルター派教会でその数を増した。早くも一五四五年には引かれていたとされるある讃美歌が、当時のプロテスタント圏ドイツにおいて天国の希望がどのように表明されていたかをかなりよく証言している。そこには、喜びと信仰の力説に加えて、「黙示録」から借用した古典的テーマ類の錯綜と、地上が一新されるだろうという確信が認められるだろう。他方、永遠の幸福が問題となる場合の言葉の抑制への誘いも明らかである。

その夏の日のことを考えると私は心から嬉しくなります。その日神様がやって来て、すべてを美しく飾って永遠に一新するでしょう。神様は天と地をまったく再創造するのです。すべての被造物が豪華に、美しく、光り輝くものとなるでしょう。
どんな言語も永遠の偉大さと美を表現することはできません。それらを何に譬えることもできません。言葉はそうするには貧しすぎるのです。ですからわれわれは最後の日まで、言葉を節約しなければなりません。そのときわれわれは神様について、その存在と力を知るでしょう。

そのとき、喜びのうちにわれわれは救世主を観想するでしょう。救世主は血と苦しみによって天を開きました。そして同時に、われわれは救世主のそば近くに、われわれのすべての善き族長たち、預言者たち、殉教者たち、使徒たちを、大勢観想するでしょう。

救世主はわれわれをあらゆる苦悩から、悪魔から、悪人たちから、不安から、恐怖心と嘲《あざけ》りから、悲嘆から、苦痛と呻吟から、病から、悲しみと悲惨から、憂愁から、心配と失意から、解放してくれるでしょう。われわれを不幸の時代から抜け出させてくれるでしょう。

救世主はわれわれを楽しげに永遠の天国に入らせ、そこで神秘の結婚を名誉と栄光をもって称えさせてくれるでしょう。そのとき、神様の宝物殿と神様の泉から、毎日いつも新鮮な、完璧で不変である愛の幸福と法悦が出てくるでしょう。

楽器は妙なる旋律を響かせることでしょう。音楽は神々しい喜びをたっぷりと広めることでしょう。神様の帝国では天使たちとすべての聖人が天の言語でもって永遠に歌い続けることでしょう。

神様とともにわれわれは永遠の最後の晩餐を祝うでしょう。［祝宴の］部屋では、そして神様の食卓では、食物がいたむことはないでしょう。われわれはいつも生命の木の実を食べ、神様とともに、生命を与える泉で飲むでしょう。

玉座にまします主の前で、われわれはみな、喜びのうちに、いつも美しく新しい次のような讃美歌を歌うでしょう。「賛辞と栄光と名誉と権力と力と称賛と恩寵の作用を、父なる神とその息子と聖霊の働きに！」

「主よ、私に対するあなたの善意が私を正しい道の中に保ってくださいますように。主キリストよ。さもなければ、私は道に迷うことでしょう。この悪しき時代に私をしっかりと信仰のうちに守ってください。お助けください！　永遠の結婚の喜びに、私が晴れ晴れとした気持ちで到達できるようになるために」[30]。

これより後のルターの讃美歌集や祈禱集を調査してみると、上記の讃美歌の残す印象が確認される。そこでは天国の叙述はほとんど明確でない。ただ、「天の美しい部屋」「正しい人たちの宮殿」「神の寝室」、あるいは、選ばれた者たちが天使たちと一緒に歌う「喜びの歌」が喚起されるだけである。そのとき「天の弦の演奏が響きわたるのが聴こえるだろう」、そしてわれわれは真実の愛に燃え立つことだろう」[31]。

聖母の訪問の祝日（子を宿した聖母マリアが洗礼者ヨハネの誕生を待っている従姉妹のエリザベツを訪問する）のために〔十八世紀に〕作曲されたバッハの有名なカンタータ「我が喜びの絶えざらんことを」（BWV147）を今参照してみると、われわれはそこにルターが推奨する終末論的な霊的生活〔信仰生活〕の結果を見出すことになる。〔十八世紀当時の〕信者にとっては、救済の日は輝き始めていた。天の喜びはすでにそこにあり、天国は今や与えられているのである。

心と口とわれわれの存在全体が、キリストが神であり救世主である［…］ことを、恐れも疑いもなく、証言しなければなりません。

幸せなキリスト教徒たちよ、用意しなさい。これこそ祝福された時、救済の日なのです。救世主があなたたちを、信仰の鎧かぶとを身にまとうようにと、心にも精神にも、呼びかけています。救世主を信仰のうちに迎えたいという、あなたたちの燃えるような願いを、救世主に叫びなさい［…］。

救世主は我が命の力、我が目の光、我が魂の太陽、我が宝にして至上の悦びです。だからこそ私はイエスを我が心と我が命から遠く離しておきたくないのです[32]。

プロテスタントの国へのわれわれの闖入はそのとき、カトリックの地におけるわれわれの確認事項のひとつと軌を一にする。ふたつの空間において、天国に関する言説はより抽象的で、よりイメージのないものとなった。しかしながらカトリックの芸術は、バロック美学の発明物と、天のヴィジョンを伴った神学的な主張の数々――聖母マリアの被昇天、聖体と聖人たちの輝かしい勝利、地上の生活の強い軽視など――との結びつきによって、天国のイメージを一新した。しかもこの結合は二世紀も続いたのである〔十六－十八世紀〕。反対にプロテスタンティズムは神秘主義に不信を抱き、修道会を（したがって修道会の中でも、観想に献身する修道会を）廃止し、マリアと聖人たちに対する信仰を放棄し、聖母マリアの被昇天には沈黙を守り、ホスチアを表現することに同意せず、天の位階制度を破壊し、至福直観は選ばれた者たちすべてに同じだと明言し、[33]日常的な生活と身分上の義務に価値を付与したのだった。プロテスタンティズムは徳の褒賞の概念を副次的なものとして、罪びとである人間を救済する恩寵を理想化した。このような神学はおそらく、人間の内面における天の既在を力説していたのであるが、しかし天国の光景を視線から遠ざけ、そうした光景については慎重に、しかも「節度」をもってしか語ってはならなかった。天国に関する想像の産物が次第に遠ざけられた結果、天の世俗化が加速されることになったが、そもそもヨーロッパ文明は、とりわけ科学上の進展によって、そうした世俗化へと引きずられていたのであった。科学上の進展については、いずれわれわれも強調する必要があるだろう。

第二十六章　至高天の最後の数世紀

次章では新しい学問の発展によって天が次第に、しかも後もどりできない形で世俗化する様子を描くことになるだろう。けれどもそれに先立って本章では、ガリレイに対して起こされた訴訟を理解するために、至高天に対する信仰がどれほど強力で、一般化されたもので、根強いものであったかを浮かび上がらせる必要がある。

詩における至高天

十六世紀のフランス詩（たったひとつの例しかあげないが、この例は当時の他のヨーロッパ文学にもまちがいなく移し換えることができる）は至高天への言及で満ち満ちている。ポンテュス・ド・ティアール〔一五二一－一六〇五、フランスの詩人。シャロンの司教〕がはっきり述べているところによれば、至高天と呼ばれるわけは、「正確には人を熱烈にさせるいかなる性質のでもなく、神と天使たちと聖なる至福の人々の永遠の住まいに予定される場所として説明される、言葉に尽くしがたい光輝のおかげ[1]」である。一五一九年にジャン・トゥノー〔一四八〇－一五四二、フランシスコ会士、フランソワ一世の聴罪司祭〕がフランソワ一世のために作った教育的論考『韻を踏んだ神秘学』では、選ばれた者たちの住まいは「天の帝国《アンピール》」「美しい天の帝国《アンピール》」「聖なる天の帝国《アンピール》」「上述の帝国《アンペリアル》たる高い天」などと代わるがわる呼ばれている[2]。著者はここでふたつの語源を融合させている。すなわち、「エンピリウス」（火）と「インペリウム」（力）である。けれども著者がその詩句で称揚するのはまさしくキリスト教の至高天だ。

至高天、
そこには、本当に、
生命、喜び、愛、至福、
優しさ、善意、公正さ、慈愛、
親愛、安息、そして真理、
歓喜、称賛と計り知れない善が
満ちている。
そして数知れぬたくさんの天使がいて
みな神の栄光を受け、聡明で、
物体でもなく物質でもない者たちだ。[3]

当時の他の詩においても、たとえ「至高天」という言葉が発せられていなくとも、それは暗黙のうちに了解されており、プトレマイオスの遺産と、死後魂が神的なるものへと昇って行くというプラトン的な概念、そして選ばれた者たちの住まいを宇宙のすべての天球を覆う天国に位置づけるといった考え方の、三つを合算する宇宙形状誌に対するほのめかしは明らかである。たとえば、マロは、亡くなったフロリモン・ロベルテ〔マロの友人か〕が「今や九つの天を飛んでいる」ところを想像している。[4] あるいは「大押韻派」〔十五世紀末から十六世紀初頭の技巧的宮廷詩人たちの自称〕の最後の人であるジャン・ブーシェ（一五五七年没〔一四七六－一五五七、フランスの詩人でラブレーの友人〕）は、「フランソワ一世の勝利［…］をその名前でもって」誉め称えながら、次のように明言している。

上方には始動因、
第九天があり、次に不動の天があり、
それは回転しない。そして水晶天、
次にすべての上に至高天があり、
そこに高き神が永遠の帝国を構えており、
すべての天のうちでもっとも高く最上である。[5]

ジャン・ブーシェが上層天の数を増やそうと増やすまいと、そんなことはわれわれにとってどうでもよい。『神曲』の第三部〔「天国篇」〕は反対に、「始動天」と「水晶天」を一緒に打ち立てていた。それでもやはり、ブーシェにとってもダンテにとっても、「帝国たる天」すなわち至高天が具体的には他のすべての天の上に位置しているのに変わりはない。したがって、至福を受けた魂がその高みから、下に位置する宇宙の全体をまるで展望台から見つめるように見ることができると考えるのが論理的である。ロンサールが『死の賛歌』の中で描く、選ばれた者たちに差し出されるパノラマもまさにそのようになっている。

そこで〔魂は〕天上の神とともにあって、
苦痛も不安も、寒さも暑さも、
いざこざも、病も、耐えることなしに、すべての痛みを免れている。
時代から時代へと至福で満ち足りて過ごす、
創り主のかたわらで〔…〕。
天の昔からの家にとどまって
神の永遠の力を見つめ、

悪魔、英雄、天使の本性、
星、太陽、われわれを囲む天の穹窿の
驚くべき回転を見つめるために。
下に雲を、波打つ大海を、もはやもどることのない
かつて知った大地を、目にするだけで満足する。[6]

これらの詩句は同じロンサールの『天の賛歌』と響き合っている。

空よ、おまえはおまえの円《まる》いアーチの下にすべてを捕らえ、摑んでいる。
素晴らしい輪郭を与える大地と、
大地を包みにやって来る大海と、
散在する空気と炎を。つまりは、おまえのものでないものを、
あるいはおまえに含まれないものを、見ることはない。
われわれが目をどちらに向けようとも
われわれの対象となるのは空の囲いだけだ。

魂は、今後は魂の下に位置する星々を天国の高みから観想する、という考え方が、まさにエティエンヌ・フォルカデルの書いた「マルグリット嬢の死に関するソネット」(一五七九年)の次の三行の詩句を説明している。

[…] 高い天空が彼女をその胸奥に迎え入れる [⋯]
そこでこの花はバラのあいだにあって受け継ぎ

そしてその足の下に天体を認める。[7]

アグリッパ・ドービニェも『悲壮曲』を執筆しながら、至高天に神と九天使の軍団の住まいを置く同じ宗教的宇宙形状誌を述べている。

高き至高天の炎のような宮殿で
現前する永遠が幸せな
天使たちに崇められて輝く。凪の三階級の三倍の
天の軍勢がそこで仕えている。[8]

ドービニェの後も長いあいだ至高天はフランス詩の中に生き残っていた。「数学者サン・マルタン殿」なる人によって一六六七年に出版された『聖母マリアのための豪華な歌《シャン・ロワヤル》』がその証拠である。信仰とその後ろにつき従う理性が、詩人数学者を、「至高天がその丸い形のうちに包み込んでいる／あの恐ろしい［巨大な］塊の上に」導いていく。この塊は天空の塊である。さて、その詩人数学者の詩である。

［…］この青い球は、
地上の要素である不可動体が
広大な天空の可動の紺碧に譲るのと、少なくとも同じだけ、
巨大な至高天に譲るのだ。
この天の上では、すべてが純粋でこの世のものとも思われない。
大気はまったく腐敗堕落せず〔変化せず〕、死をもたらすものは何もない。

物体の資質はけっして変質することがない。
そしてそこには永遠の平和が支配するのが見られる。
太陽の光で照らされることはない。
そこでは至高天が健やかな明かりを撒きちらし、
明かりは至るところで闇を追い払い、
神の輝きをまねている［…］。
［神は］天使のような星々を［至高］天にちりばめた、
夜がその帳《とばり》でもってこの星々を暗くするわけもない。
そしてこの輝かしい住まいはその美しい建物に
何千という不滅の軍団を住まわせているので、
この軍団は数においても、力においても、気高さにおいても、
永遠の叡智が生み出したすべての物体を凌駕している。[9]

著者にとってはまるでコペルニクスもガリレイも存在しなかったかのようだ。この詩は、形式はともかく、少なくとも内容については十三世紀に書かれたものといってもおかしくないほどだ。実際そこには伝統的なキリスト教的宇宙形状誌がそっくり見出される。「地上の要素である不可動体」、大地を取り巻く「可動の」天空、上層天の非腐敗性、至高天から発せられる「健やかな明かり」、下層天の塊を包み込んでいる「何千という不滅の軍団」の住む至高天、というわけである。

神学的言説における至高天の抵抗

至高天が長く生き延びたことの理由に関しては、『トリエント公会議の公教要理』がこの問題について書いているところを参照すれば一層よく理解される。

> 神があらゆる場所、あらゆる事物のうちに、いかなる限界によっても［…］限定されることなく、至るところに現前しておられるとしても、しかしながらわれわれの聖書は、神が天国にそのお住まいをお持ちであるとしばしば繰り返している。その理由は、われわれが頭上に目にする天は世界でもっとも高貴な部分であり、永遠不変のままとどまっており、力と大きさと美しさにおいて他のすべての物体を凌駕しており、規則正しく恒常的なある種の運動を備えているからである。天が神のお住いであると聖書において神がわれわれに証言なさるのは、したがってとりわけ天という作品の中で輝いている神の力と荘厳さについて瞑想するように、人間を促すためなのである。[10]

いずれも、アリストテレスとプトレマイオスに由来する神学と宇宙形状誌の緊密な絡み合いを露わに示す断言となっている。こうした絡み合いは、「イエズス会士のトマス・アクィナス」であるフランシスコ・スアレスの筆のもとでなお一層力強く示されているのが見出される。スアレスはなるほど一六一七年に、ということはガリレイ断罪の十六年前に亡くなったが、しかしコペルニクスが逝ってから数えればほぼ七十五年後のことである。スアレスの著作は——図書館そのものといってもよいほどだが——、何世代にもわたって修道士たちと教団のコレージュ〔イエズス会経営の学院のこと〕の生徒たちを育成した。スアレスは次のように断言している。「究極の天球」が存在しており、「それがあるところでは、この物体は真の現実の存在を持っているが、しかしながらこれを取り巻くいかなる他の物体もない」と。

問題となっているのは「至高天であって、それは他の一切の天に優る。こうした存在のありようからして、それは依存しなければならないようないかなる周囲の地表面も必要としていない」。反対に、「それは」その下に位置する「始動因の天に隣接している」[11]。

至高天と他の天球についてスアレスの提起する問題は、われわれの眼から見ると驚くほどの数になる。けれどもそのすべてにスアレスは次のような形で答えている。


世界の最初の瞬間に、始動因の天から月まで含めてすべての天が造られたのだと、そこでは示されている。

天の恒久普遍性［…］を証明する多数の議論。

可動天以外に不動の、一層卓越した天が存在する。それが至高天［…］である。

至高天は物質と形を持つ［…］。

それが不動であると言うことがどのようにしてできるかということ。

それは堅固だ［…］。

至高天もまた球形である［…］。

第八の天と惑星の天球は、創造の第四日目の晩から自分自身の運動で動き始めた［…］。

キリストが洗礼を受けたとき、天は開かれた［…］。

開かれた天はそのとき、キリストによってだけでなくその場に居合わせた他の人たちによっても見られた［…］。

至高天は最後の審判の後もまったく変わりない姿のままにとどまるだろう［…］。

天球は至高天と同時に無から造られた、などなど[12]。


このようにして、ガリレイの同時代人で知的にも宗教的にも大きな権威を備えた人物が、「創世記」の世界創造の物語を典拠としながら、天の恒久普遍性、地球世界と諸天球との分離、神と天使たちと選ばれた者たちの住まいである「堅固」で「不動」の至高天の実在を、そして自分の中に含まれる諸天球の上に立つ至高天の実在を、断言し続けていたのである。

イエズス会士イェレミアス・ドレクセルの『天国の喜び一覧』（一六三九年フランス語翻案版）を改めて開いてみよう。国際的に広く流布したこの作品は、当時一般に、至高天の存在についてどう教えられていたかをはっきりとわからせてくれる。著者はとくにガリレイの望遠鏡がもたらした天文学上の新しい知見を風の便りで知ったらしい。そしてそのいくつかを採用しているようだ。天国の永遠の安定性に属さないすべてのものの脆弱性を示すために、この新知見を引き合いに出しているからだ。ドレクセルはこう書いている。「しばらく前のこと、占星術師たち〔今日なら天文学者たちと言うところだろう〕は、何ものかが、天においてさえも生まれそして死ぬことがあるのだと指摘した。われわれにはまったく恒久普遍で永遠に持続するように思えるあれらの偉大な物体がもし変質〔腐敗堕落〕と死を運命づけられているとしたら、地球と地球の被造物に対して誰が永遠にして恒常的な持続を約束することなどできるだろう」[13]。

ドレクセルはしたがって天体の恒久普遍性を再検討することを受け入れる。けれども、至高天、すなわち「星の数にも優る悦びが存在する天国というあの豪華な宮殿」[14]が最上位に君臨するところの、あの切れ目なく続く諸天の伝統的なヒエラルキーは断固として維持している。そこでドレクセルは「有名な数学者」クラヴィウス神父（一五三七―一六一二年）〔ドイツ出身のイタリアの天文学者、数学者〕の権威に依拠すると宣言する。この神父もイエズス会士であるが、ユークリッド〔ギリシア名エウクレイデース。紀元前三〇〇年頃アレキサンドリアで活躍した数学者〕の翻訳者であり、グレゴリウス十三世〔一五〇二―八五、教皇在位一五七二―八五〕に暦の改変を提案した人物として知られる。彼に依拠すれば、ドレクセルにとって「一番下の」天は月の天であり、四番目の天は太陽の天、八番目の天は「〔固定した〕星のある」恒星天であって、その広がりは「およそ五千三百二十二万五千四百十五リュー〔一リューは約四・四四五キロメートル〕」である。このサイズは眼も眩むように見えるが、こうした高度まで到達させた上でドレクセルは今度はプラトンに依拠して次のように勧めている。

第八天を取り囲む他の諸天の巨大で莫大な大きさを、なかんずく、至福の人々の天国が存在する世界でもっとも大きな物体である至高天のその大きさを測ろうなどとして、第八天より先に行こうと考えてはならない［…］。［というのも］すべての占星術師が異口同音に次のように強く主張しているからだ。天国は高さにおいて非常に高く、その結果広がりにおいて非常に広大なので、感覚も理性も天国を理解できない［…］。天国はあまりに大きいので無限のごとくであり、あまりにも高いので視界から見失われる。天国を見ることができるのは、幸いにもその中に入れるときだけである。[15]

続く展開の中でドレクセルは、数字を支えにしながら次のことを示そうと努力している。すなわち、至高天は想像しうるあらゆるものよりも大きいのだ、と。けれどもドレクセルにとってまさしく問題なのは、たとえ至高天がすべての星よりも高いところに位置しており、われわれの計算能力を凌駕するサイズで広がっているにしても、それをひとつの場所として提示することにこそある。

一、たとえ物体が毎日二百五十リュー以上進んだとしても、地球から至高天までの道のりを八千年以内でたどることは誰にもできないだろう。二、水車の石臼がたまたま恒星天から落ちて来たとしても、向こう九十二年より前に地球に触れることはできないだろう。そんな短い時間に臼がたとえどんなに進むことができたにしても。三、もし神がすべての至福の人々に天を分け与えたいと思い、それによって各人が自分の取り分として地球より大きな空間を持ったとしても、まだ他の多くの人々に同じようなやり方で分割すべき多くの空間が残るだろう。四、［至高］天と比べれば、地球などほんの一点にすぎない。

（至高）天は「想像もつかない円周」を持っている「球体」であると述べた後、ドレクセルはこう続けている。

われわれがそれを実際に想像できないのは事実である。そしてまた、何人かの人たちが至高天の大きさはフランスの陸路の通常のリューを単位として三十二億四百二万五千四百三リューあると主張してはいるけれども、神学者たちの方では、天は広大であり、天の大きさを測るよりはそれを賛嘆する方がよいと言うだけで満足しているのも事実である。ある博士がこんなことまで言ったほどだ。もしも神が、浜の真砂と同じだけの数の天球を創造されたとしたら、その数は数えきれないほどのものではあろうが、だからといって神が、その広大無限の容積を満たせないなどあろうはずはないのだと。おお、諸天の王のルーヴル宮は大きくて、その王国は長く並外れた広がりがあるのは、事実なのだ。[16]

「何人かの人たち」によって与えられた至高天の計測値を前にして、われわれは微笑まずにはいられない。そしてドレクセルはそのような計算は慎むようにと賢明にも忠告している。それでもやはりドレクセルにとって宇宙のてっぺんにある天国は、面積と高度を持つものなのである。それはひとつの「円周」であるが、その直径は人間の知性を困惑させるのだ。

ドレクセルの前コペルニクス的な断言は、リエの司教座聖堂参事会員フランソワ・アルヌーの『天国とその驚異についての概論』で語られるところの、より有無を言わさぬ断言と比較されるべきものである。この作品は、一六九〇年版〔初版一六〇九年〕でもってすでに本書で何度か利用してきた作品だ。リエの司教座聖堂参事会員アルヌーは著作の冒頭から読者を次のように誘っている。罪を捨て、「出発する」決心をするように、そして、「真の約束の地へ、〔…〕至高天のあの美しい蒼穹［と］広々とした平原」へと「到達するために、必要とあらば死ぬ」決意さえもするように、と。

そこはまことにあまりにも賛嘆すべきところなので、何人かの哲学者はそれについて語って、自然のあらゆる高価な品よりもそこの方を好んだほどだ。その巨大な明るさ［と］度外れの大きさのためであり、同時にまた、そこではあの偉大な神がその神々しい本質の完璧無欠性を見せ［また］輝かせているためである。というのもそこは、とても明るく光りに満ちた実質によって、まるで水晶のように輝いているからだ。それゆえそこは帝国《アンピール》あるいは至高天《アンピレ》と呼ばれる。すなわち、燃えるような、という意味だ。火の何らかの属性を持っているためではなく、その計り知れない光と自然の明るさのためであり、また神々しい光輝のためである。その光輝は、そこではあまりに度外れなまでに栄光に満ちて輝いているので、たとえ蒼穹のすべての星がとても明るい太陽に変わったとしても、あるいはそれぞれの星が正午の太陽より七倍も明るくなったとしても、この自然の美しい奇蹟である至高天の輝かしい光輝に比べれば、そんなものは何物でもないであろう。まこと至高天は神の万能の手になる真の傑作なのである。

アルヌーは数字による見積もりをドレクセルよりもっと先に推し進める。天国の幅についてドレクセルは〔控えめに〕三十二億四百二万五千四百三リューを提案していた。アルヌーは「数学者」と「天文専門家《アストロノミアン》」に依拠しながら三十六億リューへと訂正している。その上、至高天の高度を百三億千四百八万五千七百十リューとする。「ああ、人知を超えた幅だ！　ああ、度外れの高度だ！」反対に水車の石臼の古い仮説を採用して、行程の時間を九十二年から十五年に縮めている。物体が毎日三百二十七万八千リュー進むとしてである。実際アルヌーは至高天と地球のあいだの距離を十七億九千九十二万五千リューとしているのだ！[17]

当然のことながら、われらが聖堂参事会員アルヌーはアリストテレスの物理学と連続する諸天という宇宙形状誌を自分なりに責任を負って採り入れている。至高天は「他のすべての天を包括」し、「自分の中に閉じ込めている」のだ。[18] アルヌーはこう断言する。「この〔至高〕天はあらゆる天球のうちで至高のもっとも高いものである。というのも、それは四元素〔土、水、空気、火〕と七つの惑星と、蒼穹、可動天、水晶天の上にあるからだ[19]」。

最上層天のサイズをあげた後で、アルヌーはそこに含まれているものを思い出させている。

至高天のこの美しい広がりの中には、大きさにおいてその同じ天と同じだけのものを含む王国がある。それは神の息子が最後の審判に際して次のように言いながら、選ばれた者たちに約束するものである。「来たれ、我が父なる神の至福の人々よ。世の始めからあなたたちに用意されていた王国を受け給え」。ところでそれは力強い王国であって、永遠に続くにちがいなく、その状態はけっして衰退することなく、天使たちはそこの廷臣、聖人たちはそこの住人、そして神はそこの王である。[20]

これらの抜粋は、キリスト教の宇宙形状誌が何世紀にもわたって作り上げられてきた姿をそのまま、教育的なやり方で集めたものである。聖堂参事会員アルヌーが途中でサクロボスコのヨハネスによる『天球論《デ・スフェラ・ムンディ》』[21]の権威に訴えているのは偶然ではない。われわれはこうして四元素と天体が結び合わされるのを何度も目にすることになる。けれどもとりわけ、至高天はたとえその広がりが「賛嘆すべき」ものであるのが事実だとしても、固有のサイズを備えたひとつの本物の場所として提示されている。そしてこの場所は、「とても明るく、光り輝いた、[…]とても磨き上げられた、天上の至福を受けた物体の体質に合致した」実質でできている。[22]最後に至高天は、それを照らし出す「計り知れない光と自然の明るさ」を持っているので、「自然の美しい奇蹟」と形容される。創造の傑作である。天国はしたがってその位置が確定された。それは宇宙の一番高い場所である。「自然」に属したものである。そしてその光は、ダンテがかつて称揚したものだが、崇高なものである。なぜならその光は、「神々しい光輝」の光線だからである。

天文学における至高天の諸抵抗

至高天は数千年に及ぶ宇宙形状誌を盾に取った神学によって正当化されていたので、新しい天文学の議論にも計算にも観測にも容易に譲ることはなかった。サクロボスコのヨハネスの『天球論《デ・スフェラ・ムンディ》』、ペッカムの『天球論』、そして前者の『天球論』に対するマイケル・スコットの注解は、いずれも中世天文学の古典的作品であるが、十六世紀には、いやそれどころか十七世紀にさえも、いまだに印刷術のおかげで流布されていた。ドイツ出身のイエズス会士クラヴイウスも、グレゴリウス暦の改良者としてだけでなく、サクロボスコの『天球論』の長大な注解を執筆したことによって有名だった。

一五八四年にはドイツ人アピアン〔ペーター。ラテン名ペトルス・アピアヌス。一四九五－一五五二、ドイツの天文学者、数学者〕の『宇宙形状誌《コスモグラフィア》』が新たに再版されたが、この作品はその六十年前に初版が出されていた。アピアンは確かに十六世紀の偉大な天文学者のひとりであり、とりわけハレー彗星の観測を行っていた。けれどもこの一五八四年の再版には、ダンテやロイスブルークやゾイゼや彼らの同時代人たち〔一四世紀〕が思い描いた世界をイメージさせるデッサンが添えられていた。ただし、「水晶天」が「恒星天」と区別されているという点を別にすればである。これは「始動天」が第十の番号を持つことになる二分割を意味している〔伝統的な宇宙形状誌では、従来から恒星天と水晶天（始動天＝始動因）は切り離されており、前者が第八天、後者が第九天、そして至高天が第十天とされていた。本書五〇頁および六四頁参照〕。けれどもこの「始動天」の外側には、予定通り「神とすべての選ばれた者たちが住む至高天《コエルム・エンピレウム・ハビタキオ・デイ・エト・オムニウム・エレクトルム》」が見出されるのである。

一五六八年にポルトガルの宇宙形状誌家バルトロメウ・ヴェロ〔？－一五六八〕がフランスのシャルル九世のために描いた『天体の形状《フィグラ・ドス・コルポス》』（パリ、フランス国立図書館）には先ほどの二分割は見られない。この宇宙地図はきわめて興味深い。というのも、そこには最新の地理学的知見とコスモスの伝統的な表現とが併置されているからだ。構図の中心には水平ではなく垂直のふたつの半球が姿を現しているが、ひとつはアメリカ、もうひとつは旧世界である。アフリカと極東とアメリカの輪郭が比較的正確に描かれているのに驚かされる。明らかに当時のポルトガルの地図学は地理上の発見の航海に通暁していたのである。けれども地球の向こうとなると、キリスト教徒の天国専門家たちによって補完されたプトレマイオスの体系にわれわれは立ち返ることとなる。そしてそこでは始動天が「神とすべての選ばれた者たちが住み」、天使たちが翼で取り巻いている至高天によって古典的なやり方でその範囲を決められているのである。

至高天がこのように生き延びていたことは、コペルニクスの体系が宗教的異議申し立てとは無関係に引き起こした抵抗を思い起こすとき、一層よく理解される。一五五一年にひとりのドイツ人エラスムス・ラインホルト〔一五一一－一五三、ドイツの天文学者〕がコペルニクスの『天体の回転について《レヴォルツィオニブス》』に基づいた天文表〔『プロイセン天文表』〕を初めて作成し刊行したが、これは一三二〇年代〔実際は十三世紀半ばか〕にさかのぼるプトレマイオスの体系に基礎を置いた『アルフォンソ天文表』〔カスティーリャ王アルフォンソ十世（在位一二五二−八四）の命で作られた、ヨーロッパで当時もっとも一般的な天体運行表〕に取って代わることを目論んだものである。このラインホルトの天文表によれば、ある定められた年の惑星の位置を、毎日でも、あるいは与えられた期間にわたってでも、あらかじめ計算することができるはずであった。以後、天文暦を作るには、『アルフォンソ天文表』に基づくか、『プロイセン天文表』と呼ばれるラインホルトの天文表に基づくかの選択の前に立たされることとなった。長い期間を経て『プロイセン天文表』は徐々に『アルフォンソ天文表』の信用を失わせ、コペルニクス説の普及に貢献した。けれども一方では、ラインホルトは熱烈な地動説信奉者ではまったくなかったし──ティコ・ブラーエ〔一五四六−一六〇一、デンマークの天文学者〕の折衷説と同じ折衷説に近づいていた──、また他方では、アルフォンソ天文学もまだしばらくのあいだは今日性を保っていたのである[23]。

メルセンヌ（一六四八年没）〔マラン。一五八八−一六四八、フランスの物理学者、数学者〕のケースは、コペルニクスとガリレイの断言がもたらすことになる天文学上の大変動を前にした、当時の卓越した精神の持ち主たちの躊躇を考える上で示唆に富む。いくつか例をあげてみよう。メルセンヌはデカルト〔ルネ。一五九六−一六五〇、フランスの哲学者、数学者、自然科学者〕を勇気づけている。またトリチェリ〔エヴァンジェリスタ。一六〇八−四七、イタリアの物理学者、数学者〕の実験をパスカルに教えている。あるいはまた、「理性が著作家に反対する場合、〔その理性を備えた〕神学者はいかなる著作家にも執着しない」と断言し、地動説を「異端である」と形容することを拒絶している。そして一六三三年の断罪をもたらした本〔一六三二年二月発行のガリレイの『天文対話』のこと〕をフランスで印刷するようガリレイに提案することまでしている。しかしながら天文学に関しては結局、聖書の字義通りの読解に与しており、「地球の静止性であれ可動性であれ、それを支持することを余儀なくさせるような自然の証明はまったく存在しない[24]」と宣言している。一六三四年にはこう書いている。「アリスタルコス〔前三世紀ギリシアの数学者、天文学者〕とコペルニクスの後で何人もの人が次のことを証明しようと試みてきた。すなわち、地球は毎日自分の軸のまわりを回っており、また毎年太陽のまわりを回っているのだ、と。けれども、証明にしか屈服しない善意の人たちにこうした意見を支持するよう説得できるような理屈を与えてくれる人は、これまで誰ひとりとして存在しなかった[25]」。

哲学者にしてモラリスト〔人間性の批評家〕で、リシュリューの秘書を務めたジャン・ド・シヨン〔一五九六頃−一六六七、アカデミー・フランセーズ会員〕はコペルニクスの体系を知っていながら、「聖書の語り方と人々の感情にもっとも合致したものとしての古い意見」

だけで満足したいと思う。したがって「天は単純で一様な天体からできている」とあくまで主張し、「恒星天」の中にはっきりと区別された三つの運動を見つけ出し、次のように公言する。すなわち「〔天球と星々の〕これらすべての運動の目的は、この世の事物の善と保存と完成であって、それは天のさまざまな部分を地球のさまざまな場所に適用して地球に天の影響を及ぼすためである」と。[26] 一六五〇年にパリ大学医学部長となったギ・パタン〔一六〇一－九七〕は同様に天動説を放棄するのを受け入れない。[27] レス枢機卿〔ジャン・フランソワ・ポール・ド・ゴンディ。一六一四－七九、フランスの聖職者、回想録作者〕はデカルト主義者となったものの、コペルニクスとティコ・ブラーエのあいだで選択するのを好まない。ブラーエはプトレマイオスとコペルニクスのふたつの体系のあいだの中間的な解決策を提案してはいたのだが。[28] ベール〔ピエール。一六四七－一七〇六、フランスの哲学者〕も同じような慎重さを示しており、『歴史批評辞典』（一六九六－九七年）ではコペルニクスにもガリレイにも一項目も捧げていない。なるほど、「マニ教徒に関する注釈」の頁ではベールに次のように断言する機会を与えてはいる。「コペルニクスの〔体系は〕仮象のいくつかに必ずしも適切に答えてはいないが、しかしそれは非常にすっきりしており、単純で、機械的なので、プトレマイオスの体系よりよしとすべきかもしれない」と。実際、望遠鏡はそのことを確認していたのだった。[29] けれども、他の個所でベールは、人々が天体の推進力の仮説を放棄したことに驚いて、よりはっきりと次のように断言してもいる。「私はコペルニクスの信奉者たちが遅かれ早かれ自分たちの惑星に関してその仮説を採用することになるだろうと考えている」。[30]

十七世紀の末にフランスでは競い合うふたつの辞書が相次いで現れる。一六九〇年には、二年前に亡くなったフュルティエール〔アントワーヌ。一六一九－八八、フランスの作家、辞書編集者〕の辞書〔『万有辞典』一六九〇年〕が死後出版され、また一六九四年には『アカデミー・フランセーズの辞書』の初版が出る。これらの辞書は単語の一覧とその意味をまとめたものだが、これによって知識の現状が明らかにされることになる。モリエールやラ・フォンテーヌ〔ジャン・ド。一六二一－九五、フランスの詩人〕やラシーヌ〔ジャン・バティスト。一六三九－九九、フランスの劇詩人〕の友人であったフュルティエールはアカデミー・フランセーズを除名された人である。オランダで出版されたフュルティエールの辞書にはベールが序文を寄せている。その「天」の項目には次のように書かれている。

〔天は〕基本要素の領域の上にある霊気に満ちた領域で、そこではすべての天体が運動をしている。古代人たちは堅固な天をいくつも認めたが、そこに同じだけの異なる運動を観察した。かくして古代人たちは七つの惑星に対して七つの天を置いた。［…］八番目の天は恒星のためにあり、その天はすなわち蒼穹である。何人かの人たちは異なる仮説に従ってその他たくさんの天を認めた［…］。真の見解とは、天は三つしかないというものである。すなわち、惑星の領域と、蒼穹と、至福の人々の「天」である。かくして聖パウロが第三の「天」に召されたというのは正しい。

至高天は天国であり、神と天使たちと聖人たちの住みかである［…］。その光輝と光ゆえにそう名づけられている。[31]

今度は『アカデミー・フランセーズの辞書』（一六九四年）の「天」の定義である。

〔天は〕すべての基本要素を取り巻き、そこで天体が運動しているところの、世界の上層部分。「天の星々」「天の影響」「月の天」「火星の天」「惑星の天」「至高天」「水晶天」「星のちりばめられた天」「天の穹窿」…。

それはまた至福の人々の住まい、天国をも意味する。「天に達する」「天の王国」「天にましますわれらが父よ」「われらが主は天に上った」「ルキフェルは天から突き落とされた」「天への道」[32]。

ふたつの辞書が与える定義は確かにある種の用心深さを証言している。フュルティエールは「堅固な天」という言葉を多用した人たちと一線を画している。アカデミー・フランセーズは伝統的な天文学を反映するようなありきたりの言い回しをイタリック体〔本訳書では「」〕で表示することによってこの表現に責任を負うことを避けている。けれどもフュルティエールは次のようにはっきりと断言している。三つの「堅固な天」、すなわち惑星の天と蒼穹と、そして「神の住まい」と形容される選ばれた者たちの天が存在する、と。『アカデミー・フランセーズの辞書』はフュルティエールの辞書同様、アリストテレスの自然学に由来し互いに包み合っている天球のシステムを言外に匂わせる「基本要素」という言葉を維持している。

精神の混乱

この十七世紀末に古い宇宙形状誌が維持されていたということは、無論のこと宗教的・哲学的なさまざまな理由から説明されるのであって、それについては次章で力説することになるのであるが、しかしまたこのことは次の事実によっても説明される。すなわちコペルニクスの地動説はコペルニクスの世紀とその次の世紀の多くの自然科学関係者の眼には説得的に見えなかったという事実である。その著作『天体の回転について《レヴォルツィオニブス》』は短くて同時に難解であった。天球教養ある人々のあいだに浸透するには何十年も必要だった。毎日の天文学的実践を簡便化することはなかった。天球の身体性を維持していた。後にケプラーがするのとは反対に、コペルニクスは太陽にいかなる重要な力学的役割も付与していなかった。その上、十全たる地動説の体系を提案していたわけでもなかった。コペルニクスによれば太陽は円軌道の中心に正確に置かれてはいなかったし、各惑星は、観測に符合するようにするために中心から異なった離れ方にされていたからだ。[33] 天体現象の天才的な観測者であったデンマーク人のティコ・ブラーエ（一五四六－一六〇一年）がこのことに気づいて、プトレマイオスとコペルニクスのあいだの中間的な解決策を選び出した。すなわち惑星は太陽の公転において地球のまわりを太陽につき従っていると断言した。地球をあらためて不動のものとして示したのである。一六六一年に出版されたセラリウス〔アンドレアス。一五九六頃－一六六五、ドイツ生まれのオランダで活躍した数学者、地図作製者〕の壮大な『星図帳』〔『大宇宙の調和』とも〕は当時の自然科学界の困惑ぶりを証言するものとなっているが、プトレマイオスとコペルニクスとティコ・ブラーエの競い合う三つの体系のそれぞれに版画を捧げている。[34]

コペルニクスの体系に対する賛同を遅らせた議論のひとつは、当時広範に流布していたところの、アリストテレスの自然学に合致した次のような確信だった。すなわち、万一地球が回っているのだとしたら、高い塔の上から投げられた小石は塔の脚元で地面に触れるのではなく、それより少しだけ西に偏って触れるはずだ、なぜなら小石は垂直に落下するのだから、東に向かって動いている塔から離れるだろうからである、という確信だ。これはまたティコ・ブラーエの推論でもあった。コペルニクスはこの反論に説得的に論駁するすべを心得なかった。船舶の動きと船舶に積載された事物の動きが相互に依存関係にあることを予感した最初の人はジョルダーノ・ブルーノ〔一五四八－一六〇〇、イタリアの自然哲学者〕である。貴族の詩人ラカン（一六七〇年没）〔オノラ・ド・ブイユ・ド。一五八九－一六七〇、フランスの詩人、作家〕は当時の自然科学論争を前にした教養人の困惑を見事に表現してこう書いていた。

もし私が態度を決めねばならないとしたら、プトレマイオスとサクロボスコではなくコペルニクスとガリレイの側につくことになるでしょう。ただし次のことを人が私に理解させることができればの話ですが。つまり、地球の速い運動に従っているといわれるこの大気がどのようにして重い固体の運動を変えることができるのか、つまり大気中に投げ上げた鉛の球を、もしも地球が二十四時間のあいだに回転しているのなら垂直に落下してくるはずの場所から四分の一里以上離れたところにどのようにして落下させることができるのか、ということについてです。私はそうと理解させてくれる例を見たことがありません。先週われわれの家を運び去ったあの暴風でさえ、ピストルの弾を十歩離れたところに運び去ることすらできなかったのです。あの新見解に私が見出すこれらの困難に加えて、新見解は聖書のいくつかの箇所に抵触するように私には思えます。だからこそ私は、旧見解と新見解のどちらかの側に与するよりはむしろ両者のあいだで懐疑のうちにとどまる方を好むのです。どちらも私を満足させないのですから。[35]

ラカンが表明した「懐疑」は多くの同時代人が共有したものであった。それはある期間にわたって一種の落胆を生み出したが、この落胆については、ラカンよりしばらく前に、アンリ・ビュッソンが『シャロンからパスカルまでのフランス宗教思想』〔シャロン（一五四一－一六〇三）はフランスの思想家〕にまとめた調査で力説したところのものでもあった。しかしながらコペルニクスとガリレイの考え方に共鳴したガッサンディ〔ピエール。一五九二－一六五五、フランスの哲学者、科学者〕の場合は、迷いから醒めてこう断言している。「自然の創造主は、ダイダロス〔クレタ島の迷宮を造ったアテネの名工〕よろしく自動人形やその他の驚異的なものを製作して動かして見せながら、内部のバネの仕組みについてはけっしてわれわれに明かさない職人のようなものだ〔…〕。見物人はその職人に質問することもなく、また職人の技を理解できなくて残念がることもなく、ただそれを見る喜びを持つだけで十分にちがいない」。ガッサンディの友人でガッサンディと同じようにエピクロス〔前三四一／三四二－前二七〇／二七一、ヘレニズム時代の哲学者〕の原子論に魅惑されていたコッタン師〔シャルル。一六〇四頃－八二、フランスの聖職者、詩人〕は、古くからの警句を再び持ち出す。「われわれの不確かさほど確かなものはない」。エティエンヌ・パスカル〔一五八八－一六五一、フランスの法服貴族。ブレーズ・パスカルの父〕の友人のル・パイユールは地球の運動を解決不能の問題と考え、学者たちの「うぬぼれ」を非難し、こう結論する。「ひと言でいえば、私は科学を憎み／美しい無知を愛す」[36]。新しい天文学はしたがって、その出現当初は当時のヨーロッパのエリートたちのあいだに大きな疑念を引き起こしたのだ。シェイクスピア〔ウィリアム。一五六四－一六一六、イギリスの劇作家、詩人〕がハムレットに書かせているオフィーリア宛の手紙にもその間接的な反響が見て取れる（『ハムレット』第二幕第二場）。

天体が炎であることを疑ってください。
太陽が回っていることを疑ってください。
真理が真理であることを疑ってください。
でも私の愛だけはけっして疑わないでください。

かくして、確定的と思われていた天文学上の考え方を問い直すことは、善良な人々のあいだに一種の辛い目眩《めまい》のようなものを引き起こしたのだった。その証拠に、英国国教会の説教師ジョン・ダン（一五七三－一六三一年）が天動説と新「哲学」を前にして、その狼狽ぶりを表現した次の有名な詩を見てみるがよい。

新哲学はすべてを問い直す、
基本元素の火は完全に消えた、
太陽は消え去り、地球も同じ、
そして英知ある誰もそれらをどこに探すべきかを言うことができない。
人々はこの世界が過ぎ去ったと苦もなく白状する、
惑星と蒼穹の中に、
彼らがこれほど多くの新事実を探すときには。彼らは見る、
この世界が爆発して原子になったのを。一切がばらばら、統一性はすべてどこかに行ってしまった。
どんな正しき掟も、どんなヒエラルキーも。
君主も、臣民も、父も、息子も。これらの概念はいずれも忘れられた。[37]

同じ実存的な気づまりが、パスカルの『パンセ』中もっとも長い断章であるふたつの無限に関する省察において崇高な表現を見出した。キリスト教化されたプトレマイオスの宇宙論が教えていたこととは反対に、宇宙が閉ざされたものでないことをパスカルは理解した。より古い決まり文句を再び取り上げて、[38]宇宙は「中心が至るところにあって円周がどこにもないような無限の球体」であるとパスカルは考える。地球は「自然の辺鄙《へんぴ》な片隅」にすぎず、人間が住む「小さな暗い牢獄」にすぎない。とすれば「無限の中において人間とは一体何なのであろうか[39]」。この問いは、「[事物の原則と目的を] 知ることの永遠の絶望」をもたらす。そして次のような悲劇的な告白が生まれるのである。「無限の空間の永遠の沈黙は私を恐怖させる[40]」。

パスカルにとって、単に古いだけでなく統一的でもあった天の体系から離れることは困難であった。というのも、この体系は、目に見える宇宙と目に見えない宇宙のすべての構成要素（至高天と、至高天によって取り巻かれたさまざまな天と、地球および地獄）が持つ場所を特定し、それぞれそれをその正しい位置に置いていたからである。それにま

た、世界の中心たる地球のまわりを回る惑星の運動を説明し、「燃えることなく光が輝く天国」から「輝くことなく光が燃える地獄」までの、光の段階的な変化を説明していたからである。

第二十七章　地動説の突然の登場

「新しい天文学」

ガリレイがローマ教会を不安にさせたのは地動説に公然と与したからであろうか、それともその理論のいくつかに隠された「原子論」がカトリック教会の聖体の教義を台なしにしかねなかったからであろうか。

このふたつ目の仮説はピエトロ・レドンディ〔一九五〇－、ミラノ生まれの科学史家〕によって主張されたが、われわれを納得させるものではないだろう。レドンディによれば、ローマ学院のイエズス会士たち、とくにガリレイの不倶戴天の敵であるグラッシ神父は、ガリレイの自然学の「原子論的」基盤の中に、化体《けたい》〔全実体変化。拝領した聖体パンが信徒の口の中でキリストの体に変わること〕に対する攻撃や、新しい天文学から結果する危険よりも、もっと大きな、カトリック教会にとっての危険を嗅ぎつけていたのだという。[1] 新しい天文学はコペルニクスの本の序文の中で仮説という形で紹介されていたが（一五四三年）、しかし当時は、ローマ教会側から激しい抗議を引き起こすことはなかった。〔ガリレイに対する第二次宗教裁判で〕一六三三年に判決が出たとき、ピエトロ・レドンディによれば、ガリレイは古い友人であるバルベリーニ家の人たち（その中には教皇ウルバヌス八世〔前名マッフェオ・バルベリーニ。一五六八－一六四四、在位一六二三－四四、ガリレイを裁判にかけた〕も含まれる）の密かな共謀のおかげで、「アリバイとしての訴訟」によって極刑から免れたらしい。ガリレイはなるほどコペルニクスの地動説を支持することを禁じる一六一六年の〔第一次宗教裁判の折の〕命令に背いたかどで告発されたが、しかし告発する側にとってそれは、ガリレイが化体の教義と両立しない立場をとることを根拠に裁かれるのを避けるためであった。

事実イエズス会士たちは、ガリレイの理論が化体信仰に対して及ぼしうる結果を心配したようである。けれども「ガリレイ事件」をキリスト教文明史の中に置き直してみると、ひとつの明らかな事実が認められる。すなわち、コペルニクス、次いでケプラーおよびガリレイは、地動説そのものを証明することによって真の知的激動を引き起こしたということだ。この文化的断絶は、アリストテレス以来、ということはつまり二十世紀このかた、人々がその中で暮らしてきた自然学と天文学のこの上なく強固な確信の土台そのものを揺るがした。他方、キリスト教は神と選ばれた人たちの天を、こうした構築物に吊るしてきたのであるが、この構築物そのものが二百年足らずのあいだに粉々になってしまった。ひとつの世界観が崩壊し、それとともにひとつの神学も崩壊したのである。

十六世紀と十七世紀には、偉大な精神の持ち主たち――コペルニクス、ガリレイ、ケプラーのみならずメルセンヌ、ガッサンディ、デカルト等々に至るまで――に真の良心問題が提起された。「地動説」と「キリスト教信仰への忠誠」とをいかに折り合わせるかという問題である。[2] 聖書のテキストを字義通りに読解すること、これを放棄しなければならないのだろうか？ ガリレイは確かにそうだと断言した。ところで、とりわけ天地創造の物語と地上の楽園については、字義通りの読解だけがキリスト教のもっとも権威ある人たち、すなわち聖アウグスティヌスや聖トマス・アクィナス、その他大勢によって正当なものであると宣言されてきたのだった。[3]

過去の事柄を現在のわれわれの眼で見るのはまちがいであろう。十七世紀の多くの傑出した精神の持ち主たちは聖書を字義通りのやり方で読むようにという、キリスト教徒たちに課された義務をきわめて真面目に受け取っていた。地動説に対する彼らの躊躇には、ガリレイの蒙る運命を甘受したくないという彼らの側からの用心だけでなく――確かにガッサンディやデカルトの場合にははっきり認められる用心であるが――、聖なるテキストに対する真摯な崇敬の念もまたあった。聖なるテキストはそのすべての部分が聖霊によって啓示されたものとして、何世紀も前から提示されてきたのであるから。この点でメルセンヌのケースは事情をよく物語っている。前章で引用した展開部の続きにはこうある。

時が経てばひとつぐらい［コペルニクスの「見解」の証明が］生まれると人々が考えるなら、その反対を考えてみることも同じくらい容易なのだ。だからこそ教会がそれについて命じることに、あるいは高位聖職者たちがそれについて述べることに、ひたすら従う必要がある。〔地球の〕安定性と不可動性について語っている聖書の一節ゆえに、もっとも博学な人物のひとりであるティコ・ブラーエが可動説を支持することにやましさを感じたという一方で、異端者たちは遠慮なくこの可動説を主張しているのを、私は知っている。そしてまた、聖なるテキストの説明は可動説によっても可能であることを証明するために何人もの人々が努力したことも、私は知っている。[4]

こうした革命的な解決策を提案した人たちの中には、もちろんガリレイもいた。これについては後で立ちもどることにしよう。ここでは反対の意味で、ティコ・ブラーエを参照しておこう。この新教徒は、おそらくは宗教上の理由から、太陽に地球のまわりを回転させ、惑星には太陽のまわりを回転させることで、新しい天文学と聖書のテキストとに折り合いをつけようと試みた。当時の尊敬すべき学者たち、すなわちローマ学院のイエズス会士の天文学者や数学者たちが[5]ティコ・ブラーエの解決策に同調したのは偶然ではない。ブラーエの解決策は聖書の文面と矛盾をきたすことなく、最新の発見を考慮に入れているかに見えたからである。ルターはこうした字義通りの読解を断固支持する人であったが、一五三九年六月発表の『卓上語録』では、「天文学の一切の技法を覆しにやって来た狂人」を誹謗しているようだ。同じ『語録』のまた別のくだりはこれに関してより明示的だ。

天、太陽、月ではなく、地球が動いていることを証明したいと思っている、ある新しい天文学者のことに話が及んだ。あたかも、車か船で移動しながら、まるで自分は不動であって、地球と木々が移動しているのだと思いたがっているかのようである。［ルターはこれに口を挟んで、こう言ったらしい］聡明だと思いたい人は他人の意見に満足してはなりません。つねに何か自分で創り出したことを提唱しなければなりません。天文学全体をひっくり返したいと思っている人がそうしているようにです。けれどもたとえ〔これまでの〕天文学が転覆されたとしても、私としては、聖書を信じます。というのも、ヨシュア〔前十三世紀、モーセ死後のイスラエルの指導者〕は地球にではなく太陽に、止まるようにと命令したからです。[6]

ルターの介入にはちょっとした注釈が必要だ。その一、一五三九年には宗教改革者ルターはコペルニクスの諸テーゼをすでに知っていたが、それはおそらくコペルニクスの弟子のレティクス〔本名ゲオルク・ヨアヒム・フォン・ラオヒェン。一五一四-七四、オーストリアの数学者、天文学者〕によってである。レティクスはヴィッテンベルク大学に所属しており、一五四〇年初頭に『第一の物語《ナラチオ・プリマ》』〔『概要』とも〕を出版したが、これはコペルニクスの『天体の回転について《レヴォルツィオニブス》』の出現〔一五四三年〕に三年先立って新しい天文学に捧げられた最初のテキストである。その二、ルターは「他人の見解に」満足しないコペルニクスのようなやり方を「根拠なしに《ア・プリオリ》」好意的な目で見ていた。その三、けれどもこうしたやり方は結局聖書に反するところに行き着くので、ルターはヨシュアのエピソードを引き合いに出すことによってそれを退けていた。後にヨシュアはガリレイに対比されることになり、ガリレイもヨシュアについて長いあいだ異を唱えることになるだろう。この時代にとってヨシュアが大切な存在であった証拠である。メランヒトン〔フィリップ。一四九七-一五六〇、ドイツのユニマスト、宗教改革家、教育改革家〕はどうかといえば、彼もまた、レティクスの友人とはいえ地動説に対して煮え切らない態度を示した。

リシャール・ストフェールの博士論文以来、カルヴァンも劣らずコペルニクスに敵対的であったことが知られている。ただし、カルヴァンのものとされた文言――「誰があえて厚かましくも、コペルニクスを聖霊の上に置こうなどと考えるだろうか」――はおそらく信憑性が乏しい。けれどもカルヴァンは「ヨブ記」に関する第三十四説教においてこう宣言した。「われわれは太陽が毎日一巡するということ、昇った後に沈むということ、そしてわれわれの上と下で地球のまわりを回っているということをよく知っています」。「コリントの信徒への手紙一」の一〇章と一一章に関する説教では、カルヴァンはコペルニクスに対する戦いに一層きっぱりした態度で赴いた。そこではこう断言している。

　辛辣と矛盾の精神を持ち、至るところに文句の種を見つけ出し、自然の秩序を堕落させようとするあの狂信者たちのようにならないように致しましょう。怪物のような本性を、単に宗教においてだけでなく、至るところで見せようとしてあれほど熱狂的になる人たちなど、どこにもいないでしょう。あの人たちは言うでしょう。太陽は動いておらず、動いていて回っているのは地球なのだ、と。こうした精神の持ち主をわれわれが目にするときには、悪魔が取り憑いたのだとはっきり言わねばなりません［…］。でもここにいるのです。自然の秩序を変えたとか、人々の眼を眩ませさえしたとか、自分たちのすべての思考感覚をボケさせてしまったとか、そう思いたい気違いじみた人たちは、いるものなのです[7]。

　カルヴァンの場合、コペルニクスの理論の中に聖体の教義に対する脅威を見ていたわけではなかった。この教義に関してはカトリックの考えと完全に一線を画していたのだから。そうではなく、カルヴァンがそこに見ていたのは、自然の秩序への堕落の企み――悪魔によって吹き込まれた企み、そうカルヴァンが信じた企み――であった。カルヴァンにとって問題だったのは、したがって宗教的な世界観だった。「熱狂的になる人たち」「悪魔に憑かれた人たち」「気違いじみた人たち」だけが、このようなひっくり返しを提案できたのである。

　しかしながらこのひっくり返しは進行中であった。これを理解するには十五世紀まで、すなわちニコラウス・クサヌスの『学識ある無知』（一四三九年）にまでさかのぼらねばならない。ニコラウス・クサヌスの透徹した注釈学者であったモーリス・ド・ガンディヤック〔一九〇六－二〇〇六、フランスの哲学者、哲学史家〕は、彼についてこう書いている。「哲学者にして神学者、法学者にして数学者」であったこのドイツの枢機卿はイタリア文化にたっぷりと浸っていたが、「あらゆる偽の知識を告発し、詭弁家たちの思い上がった自負を掃討し、いわば認識の零度へと立ちもどって、体系的な問題提起の規律を自らに課している」[8]。この自らに課した規律によって、ニコラウス・クサヌスはわれわれの目から見れば驚くばかりの「半・ユートピア」〔「ユートピアに似たもの」の意〕を、そして預言者的な「勧め」を提案することが可能となったのである。『学識ある無知』を読むと、このクエスの人〔ニコラウス・クサヌスはクエスの町の出身で、「クエスのニコラウス」の意〕が自ら「前代未聞」とか「思いがけない」といった言葉で形容した数々の主張の持つ力強さを前に唖然とさせられる。それらの主張はコペルニクス以来科学が徐々に確認するはずのものだったのである。この著作における衝撃的な言い回しを集め直してみると、とりわけ次のような断言が見出される。

> 世界は円周を持たない。というのも、もしも世界に中心と円周があるのなら、世界はそれ自体のうちに始まりと終わりを持つことになるのだから〔…〕。
>
> したがって地球は、中心ではありえないから、自らの運動を奪われることもありえない。地球が運動を持つことは必要でさえある〔…〕。天には不動の固定した極は存在しない〔…〕、そうではなく、必然的に天のあらゆる部分は運動している〔…〕。地球の外形は可動的で球体である。その運動は完璧でないとはいえ円を描く〔…〕。
>
> 地球が天体の中でもっとも卑しく低劣であるというのは正しくない〔…〕。地球は〔太陽と〕同じ基本諸元素を持っている〔…〕。そして地球は太陽より小さく、また太陽の影響下にあるが、だからといって、そうした理由で地球が太陽より卑しいと言うべきではない〔…〕。われわれが経験している地球の事物の変質〔腐敗堕落〕でさえ、高貴さの欠如の有効な証拠にはならない〔…〕。実際、死は構成されたもののうちにおける、構成されたものの分解にほかならないように思われる。
>
> われわれが今述べたばかりのことに、古代人たちは手をつけなかった。というのも、博学な無知〔の観点から見れば〕古代人たちは過ちを犯したからだ。この地球がまことに動いているということは、われわれにはすでに明らかである。われわれは運動というものを固定された点との比較でしか捉えないから、地球が動いているようには見えないにしてもである。もし誰かが、水が流れていることを知らず、岸辺が目に入らずに、水の真ん中で船に乗っているとしたら、その人に、船が動いていることがわかるだろうか？〔…〕

世界という機械はいわば至るところにその中心を持ち、その円周はどこにも持たない。なぜなら至るところにいてどこにもいない神こそが中心であり円周であるからだ［…］。「人間は生きた存在の中で」もっとも高貴でもっとも完璧な本性を〔備えている〕。そして他の星に別の種類の住人がいる場合、その住人もまたそうなのである。[9]

古代人（アリストテレスとプトレマイオス）はまちがっていた。地球は動いており、世界の中心ではないのである。世界は無限ではないにしても少なくとも際限がない〔不確定だ〕。地球の物質は「卑しく」はない。他の天体に人が住んでいることを排除するものは何もない。これらセンセーショナルな断言のいずれもが宇宙に関する共通の信念をひっくり返すものであった。

同じ大胆さが一世紀後、コペルニクスのペンのもとに再び現れる。ルター派の神学者オジアンダー〔アンドレアス。一四九八－一五五二、ルターの同志〕によって執筆された、『天体の回転について《レヴォルツィオニブス》』に寄せた序文は確かに地動説を単に仮説の形で紹介していたにすぎなかった。しかしながらジャン・ピエール・ヴェルデ〔一九三二－、フランスの天文学者〕は同書の冒頭に収められたパウルス三世宛のコペルニクスの上奏文に見られる「勇気ある」性格を——これまでしばしば黙殺されてきたのだが——正当にも力説している。このテキストでコペルニクスは自分の地動説の体系を告げた後、この体系は「地球があたかも天の中心であるかのごとく、地球は天のただ中で不動であるとする見解が、何世紀にも及ぶ判断によって確認されていることを知っている人たち」に衝撃を与えるだろうと予想している。次いでコペルニクスは教皇に対して、「ことわざの言う通り、たとえ密告者の噛み傷への矯正薬はないとしても、中傷家たちが噛むのを妨げてくださるよう」求めている。その後コペルニクスは、聖書のまちがった読解と教会の何人かの教父の権威に反対して科学の自律への権利を昂然と要求する。

数学に対して完全に無知でありながら、にもかかわらずこうした事柄について判断することを当然の権利として望む人たち、自分たちの見解を通すために悪意によってこじつけられた聖書のある一節を口実にして私の著作をあえて非難し攻撃する人たち、こうした虚しい駄弁家たちがたまたまいたとしても、私はまったく意に介しておりません。それどころか、私はこの人たちの判断を根拠なき軽率な判断として軽蔑するのです。事実人々は次のことを知らないわけではありません。すなわち、著名な作家ではありますが取るに足りない数学者のラクタンティウスが、地球の形は球体であると教えた人たちを嘲笑うとき、ラクタンティウスは地球の形についてまったく子どもじみた説明の仕方をしているのだということを。だからこのような種類の人たちがわれわれを嘲笑うとしても、学者はそれに驚くべきではないのです。数学は数学者のために書かれます。そしてその数学者の目から見れば、私自身の仕事は、私のまちがいでなければ、猊下が今その頂点に立っておられる聖職者の世界に何事かをもたらすように見えることでしょう[10]。

ローマの態度硬化

ニコラウス・クサヌスの『学識ある無知』は当時ほとんど人目を引かなかった。またコペルニクスの諸テーゼについては、出版当時この著作に貼られていた「仮説」というラベルによって、ローマの憤怒から守られているように見えた。出版される前、コペルニクスのテーゼはドイツの枢機卿ニコラス・シェーンベルク〔一四七二―一五三七〕のお墨付きを得ていた。シェーンベルクは一五三六年にローマからコペルニクスにこう書いていた。「貴殿が世界の新しい学説を構築したということ、またそれによれば地球は動いており、対する太陽はもっとも低い場所したがって宇宙の一番の中心を占めているということを、私は知りました〔…〕。だからこそ、きわめて博学な方よ、貴殿の発見を学者たちに伝える〔…〕もっとも差し迫ったやり方を、私は貴殿に求めるのです」[11]。

コペルニクスのテーゼはフランスでは何人ものユマニストから好意的に迎えられたが、その中にはシャロン〔フランス中東部、ソーヌ川北西岸の町〕の司教ポンテュス・ド・ティアールやスカリジェール〔ジュール・セザール、イタリア語ではジュリオ・チェザーレ・スカリジェロ。一四八四―一五五八、イタリア生まれの医者、ユニマスト〕

などもいた。プロテスタントのドイツでは、メランヒトンやルター派の神学者たちのアリストテレス的な確信にもかかわらず、コペルニクス主義の断罪はまったくなかった。しかも忘れてはならないのは、有名なルター派の神学者オジアンダー（一五五二年没）が『天体の回転について《レヴォルツィオニブス》』を編集し、序文を書いたということである。やがてケプラーが、この人もまたプロテスタントだが、地動説に賛成の立場を華々しく表明することになるだろう。しかしながら、「コペルニクス主義に好意的な、ヨーロッパでもっとも重要な動きが生じたのはエリザベス朝イギリスである」[12]。トーマス・ディッグス〔一五四六－九六、イギリスの天文学者〕によるコペルニクスの著作の――部分的な――翻訳は、一五七六年から一六〇五年のあいだに何度も版を重ねたが、これは英仏海峡の向こうで大成功を博した。

これとは反対に、カトリック圏では事態は悪化した。コペルニクスの書物が現れたとき、検邪聖省《サクレ・パレ》の長官バルトロメオ・スピナ〔一四七五頃－一五四六、イタリアのドミニコ会の神学者〕はこの書物の検討の任にあたり、すでに断罪の結論を出していた。一五四六年にスピナが亡くなると、彼の協力者のひとりであるドミニコ会士ジャン〔正しくはジョヴァンニ〕・マリア・トロサニ〔?－一五四九〕が自ら一件書類を取り上げ、次のように結論した（一五四九年以前）。すなわち、「神が世界をどのようにお創りになったかは「創世記」によってきわめてよく知られているにもかかわらず、［コペルニクスは］世界の制作をひっくり返した」と[13]。向きは逆になるが、一五五七年の『ローマ禁書目録』はコペルニクスの書物に言及していなかった。

次いでコペルニクスに対する疑念は対抗宗教改革の闘いの雰囲気の中で、またトリエント公会議の結果もあって、次第に大きくなっていった。事実、同公会議は第四総会（一五四六年〔一五四五年一二月－四七年三月（四九年説あり）の第一会期中に開催〕）において「聖書の解釈の仕方に関する教令」を採択したが、この教令は後にガリレイの断罪に対して援用されることになる。「信仰と習俗が問題となる場合」、今後何びとといえども、「聖書を好き勝手にいじり回し、聖なる母である教会がこれまで堅持してきた、そして今でも堅持している意味に反して聖書を解釈し」てはならず、「聖なるテキストの真の意味とその解釈について判断すべきは教会の権限に帰するのだから、教父たちの全会一致の意見に反して聖書を解釈し」てはならない、という内容であった[14]。

この厳かな警告は理論の上では「信仰と習俗」だけを標的にしていた。だが事実はそれを越えたものであった。そのことは、聖座のスポークスマンであるフランチェスコ・インゴリ〔一五七八―一六四九〕（布教聖省《コングレガシオン》の将来の長官）が、検邪聖省《サントフィス》によるコペルニクス学説の断罪のひと月後（一六一六年）にガリレイに宛てた「反論」の一節を見ればわかる。[15] 問題となるのはまたしてもヨシュアのエピソードである。インゴリは書いている。「聖なる公会議は信仰と習俗について語ったけれども、しかしながら、〔教会の〕教父たちの見解に反する聖書の解釈については、いかなるものであれ、〔トリエント公会議の〕教父たちによって認められていなかったというのは否定することができない[16]」。

ガリレイとローマ教導権〔信者を導くローマ教皇の権限〕とのあいだの論争の中心点が聖書の字義通りの読解についてであったことは、一六一五年六月にガリレイがトスカーナ大公妃クリスティーヌ・ド・ロレーヌ〔一五六五―一六三七〕に宛てた長大な書簡〔『クリスティーヌ・ド・ロレーヌ宛の書簡』〕の形式をとる紛れもない宣言書からはっきりとわかる。それは主として聖書のテキストと新しい天文学とを折り合わせる可能性をめぐって書かれていた。聖書という重要なテキストをその場にふさわしく置き直すことがここでの枢要事となっている。

一五八四年、スペインのアウグスティノ会修道士ディエゴ・デ・スニガ〔一五三六―九七、スペインの神学者〕が『ヨブ記注解』を出版するが、その中でスニガは、地球は動いていると断言する方がその反対より聖書にふさわしいと主張している。一六一二年になると枢機卿のカルロ・コンティがガリレイとの論争の中でこの本を論駁するだろう。

一六〇〇年、ジョルダーノ・ブルーノが汎神論的な諸テーゼを理由にローマで火刑に処される。コペルニクスの理論から出発したブルーノは、宇宙の無限性と永遠性の結論を下し、コスモスの宗教を選ぶことによって、コペルニクス理論を追い越してしまった。[17]

一六〇九年、ガリレイはヴェネツィアで自分の望遠鏡を使って天を探索し始める。発見したことを翌年『シデレウス・ムンキウス』（『星界の報告』）で発表する。月には山がある。地球はさまよえる天体で、太陽の光が反映している。星の数は莫大で、天の川は星団からなっている。木星は四つの衛星を所有しており、自分はトスカーナ大公〔コジモ二世・デ・メディチ。一五九〇―一六二一、メディチ家の第四代トスカーナ大公在位一六〇九―二一〕に敬意を表してそれらを「メディチ家の惑星」〔メディチ家はイタリアの金融業者で、フィレンツェ共和国トスカーナ公国の支配者の家系〕と名づける。一六一〇年から一二年には、ガリレイは太陽の黒点と金星の位相を観測し、太陽の自転に言及し、土星を観測する。一六一一年には、ガリレイはローマのイエズス会の学院に厳かに迎えられた。学院には天文台があったのである。枢機卿ベラルミーノ〔ロベルト・フランチェスコ・ロモロ。一五四二－一六二一、イタリアの神学者、教会博士、聖人〕――この人もまたイエズス会士であった――に打診を受けた学院の学者たちは、金星の位相と木星の衛星は認めるが、土星の衛星には異議を申し立て、天の川の本性については留保する。一六一〇年四月、ケプラーはガリレイの結論に全面的に同意した。

一六一三年一一月と一六一四年一二月、フィレンツェのドミニコ会のふたりの説教家ロリニ神父とコッチーニ神父が地動説を聖書に反するとして公然と非難する。ガリレイは自分の協力者であるベネディクト会士のカステッリ〔フランチェスコ。一五七七－一六四四、イタリアの数学者、物理学者〕に手紙で答える。ガリレイはその手紙で、聖書の字義通りの読解と科学のあいだに不一致がある場合は、放棄されるべきは聖書の字義通りの読解の方だと断言している。

一六一五年、ナポリではカルメル会修道士、パオロ・アントニオ・フォスカリーニ〔一五八〇頃－一六一六頃、イタリアの数学者〕が修道会の総会長に宛てた一通の「書簡」を公表する。この「書簡」は、「ピタゴラス主義者とコペルニクスに対する見解に関するもので、その見解においては、聖書の数節と、その数節に対立させたくなるような神学上の諸命題とを一致させ和解させようと試みられている」。この論考についてフォスカリーニから相談を受けたベラルミーノは、フォスカリーニにこう返事している。

〔…〕〔トリエントの〕公会議は、ご存じのように教会の教父たちが見解を同じくしているものと異なる意味を聖書に与えてはならないとしています。教父たちだけでなく、「創世記」「詩篇」「伝道の書」「ヨシュア記」に関する現代の注解をお読みになってみれば、太陽が天の中心にあって非常な速度で地球のまわりを回っているということを、誰もが一致して「文字通りに」理解していることがおわかりになるでしょう〔…〕。

疑いがあるときには、教父たちが解釈する通りの聖書から離れてはなりません。私はさらにこう付け加えます。「太陽は昇り、太陽は沈む、そして出発点にもどってくる」と書いたのはソロモンでしたが、そのソロモンは神の啓示によってそれを語っただけでなく、人文諸科学と創造の知識において並外れて賢明でこの上なく博識だったので、この学問の一切まで神から受け取ったのです、と。したがってソロモンが証明済みの真理もしくは証明可能な真理に反するような事柄を断言したなど、ありそうもないことなのです。[18]

上にあげたドミニコ会士ロリニはガリレイのコペルニクス的諸見解ゆえにガリレイを一六一五年二月に検邪聖省に対して告発したのであるが、同年六月付で書かれたガリレイの『クリスティーヌ・ド・ロレーヌ宛の書簡』はまさにこうした文脈に位置するものであったのだ。この長大な書簡は近代を打ち立てたテキストのひとつである。なぜならそこには科学的思考の自律の要求がそれまで前例のないような明快さでもって表明されているからである。その書簡は反宗教的なマニフェストでもなければ、非宗教的なマニフェストでもまったくない。そうではなく、ある時は憤慨した調子、またある時は皮肉な調子のその書簡は、フランソワ・ラプランシュ〔一九二八－二〇〇九、フランスの歴史家、宗教思考の専門家〕の言い回しによれば、「科学に関する聖書解釈の憲章を今日、本質的に形作るような思想[19]」を含んでいたのである。このテキストには次の有名な文言が収められている――「〔聖書における〕聖霊の意図は、天がどのようにして動いているかではなく、人がどのようにして天に行くかを、われわれに教えることなのです」。

ガリレイが自分は教会の権威を尊重していると断言したとき、そしてコペルニクスの体系においても自分自身の確言においても人が自分に対してまちがっていると証明できることはすべて放棄する用意があると断言したとき、ガリレイは確かに本心を語っていた。聖書が嘘をつくことはありえないと信じている、と彼は請け合っていたわけである。けれどもガリレイにとって聖書の「真の意味を捉える」ことは望ましいことでもあった。ところで聖職にある著作家たちは「粗野な」大衆の凡庸な知的能力にしばしば順応しなければならなかった。だから「言葉のありのままの意味」だけで満足するなら、神は脚と手と眼を、そして人間と同じ感情――怒り、後悔、憎悪――を持っていると言わねばならず、神は過去を忘れ、未来を知らないと言わねばならないであろう。

書簡はこう続く。「〔神は〕聖書の言葉の中だけでなく、それに劣らず自然の諸効果の中においても自らを表現されるのです」。このふたつの言語〔聖書と自然〕は矛盾することはありえない。そして見たところ不一致がある場合は、聖書の一節の真の意味を探究してそれら一節が自然現象の観察と調和するようにすべきである。誰にもその人の仕事というものがある。神学には、高度の神の観想と永遠の至福に到達するやり方についての助言がある。「より劣る」自然科学には、自然と天の事物の証明がある。神学者は「自分が携わってもいなければ研究してもいない職業において何かを決定する権威を横取りし」てはならない。天文学者たちの観測が聖書に反するように見える場合、「誤謬であり詭弁である以外にありえない」ようなその観察に対して自らを戒めるよう天文学者たちに命ずることは、「天文学者たちに、するのが不可能なことを命じているようなものです。というのも、それは、見ているものを見ないようにと、また理解していることを理解しないようにと命ずるばかりか、自らの研究で手に入れたものとは反対のものを見出すよう命ずることなのですから」。

「コペルニクスの書物、そしてそれと同じ学説を教える人たちの著作を禁ずること、それは天文学という学問全体を禁ずることになるでしょう。しかもそれを禁ずることは、火星と金星がある時は地球に非常に近くなり、またある時は地球から非常に遠くなるということを見ないようにさせるために、天の方を眺めてはならないと厳命することにもなるでしょう」。多くの新しい観測と次第に数を増す学者たちの支持の結果、「コペルニクスを禁止することは、私の考えでは、真理に違反することになるでしょうし、真理がますます疑いなく明証的になっているだけに、一層真理を覆い隠し、真理を消し去ることになるでしょう[20]」。

壁に直面したガリレイ

こうした弁護にもかかわらず、検邪聖省は一六一六年二月、地動説と、地球は世界の中心にはないという断言を断罪し、この断罪は教皇によって正式に承認される。コペルニクスとディエゴ・デ・スニガの書物は「訂正されるまで回収される」。フォスカリーニの本は完全に「禁止され断罪される」。同じ学説を説くその他すべての書物は「禁じられる」。教皇の命令で枢機卿ベラルミーノによって召喚されたガリレイは、これらの検閲に服するよう、そして今後コペルニクスの学説を仮説以外のやり方では提示しないよう警告を受ける。このときガリレイは、万一従わなかった場合には訴追されるというはっきりとした脅しを受けていたであろうか。そうした書類が一六三三年の裁判でガリレイに対して用いられたともいわれる。けれども書類には日付もなければ署名もない。そこからこの書類は真正のものなのか、それとも一件書類に事後的に加えられた偽文書なのかという、今でも議論の続いている問題が出来することとなった。

いずれにしても一六一六年には、ガリレイをめぐる論争はまさしく地動説についての論争、そして地動説が「聖書」の字面と両立不可能であることについての論争となる。この同じ一六一六年にガリレイはカムパネラ〔トマソ。一五六八―一六三九、イタリアの哲学者、政治学者〕から人に累を及ぼしかねない危険な支援を受ける。カムパネラはガリレイのために『弁明《アポロギア》』を書くのである。一六一九年には、今度は地動説に好意的であったケプラーの作品が禁書目録入りとなる。

しかしながら一六二〇年にガリレイはある一篇の詩を受け取る。それはのちに教皇ウルバヌス八世となる枢機卿マッフェオ・バルベリーニがガリレイ擁護のために作った「危険な崇敬《アドゥラチオ・ペルニキオーザ》」である。ところが一六一九年から二三年にかけて、ガリレイはローマ学院の神父たちといざこざを起こす。とりわけ彗星の性質と軌道に関してグラッシ神父と激しくぶつかり合う。ガリレイが『贋金鑑識官《サッジャトーレ》』を書くのはこの論争の折のことであるが、その中でガリレイは天体運動のコペルニクス的円形性を維持させようとして次のように——明らかにまちがいであるが——断言している。彗星は大気圏上部における太陽光線が生じさせた目の錯覚である、と。生き生きと執筆された『贋金鑑識官』は「物質」の見せかけの特性に対して神学的次元で数学的厳密さを対置させ、「宇宙は数学的言語で書かれている」と断言するのである。枢機卿マッフェオ・バルベリーニが一六二三年八月に教皇ウルバヌス八世となると、前もって印刷認可を得ていた『贋金鑑識官』はこの新しい教皇に捧げられる。けれども一六二四年、ローマに教皇を訪ねたガリレイはいかなる励ましも受けることはない。

以後ガリレイは、他の活動のかたわらで『世界のふたつの偉大な体系に関する対話』（プトレマイオスの体系とコペルニクスの体系）〔『天文対話』〕と題されることになる著作の執筆に励み、それは一六三〇年一月に完成する。コペルニクスの体系を自由に述べ合えるようローマ教会が許可すること、これがガリレイにとって最大の関心事であり続けるだろう。たとえグラッシ神父が、そしておそらく他の人たちも一緒になってガリレイにたっぷりとお灸をすえるべく、「ガリレイは化体《けたい》の教義を問題とする原子論をも公言している」とほのめかし攻撃していたにしても、裁判が展開するのはこの問題〔コペルニクスの体系〕をめぐってであったのだ。

『天文対話』は一六三二年二月にフィレンツェで発行される。それはトスカーナ大公〔フェルディナンド二世・デ・メディチ。一六一〇－七〇、メディチ家の第五代トスカーナ大公在位一六二一－七〇〕に捧げられていた。けれども八月には販売が禁止され、一〇月になるとガリレイはローマの宗教裁判所〔異端審問所〕への出頭命令を受け取る。断罪は一六三三年六月のことである。断罪されたことについては、ガリレイの古くからの友人でしかも崇拝者であったウルバヌス八世の態度の豹変がなければ考えられないことであった。この豹変はおそらくさまざまな動機が重なり合ったものと説明できる。ガリレイのこの作品は対話として提示されていたが、ガリレイ自身はその対話の中で、原則として世界についてのふたつの偉大な体系のどちらかに肩を持つわけではなかった。しかしながらガリレイの立場は透けて見えていた。ガリレイは一方で、「聖書」の字面と両立するがゆえにローマのイエズス会士たちの受けがよかったティコ・ブラーエの体系には言及していなかった。他方で、アリストテレスとプトレマイオスの擁護者であるシンプリチオ〔『天文対話』中の三人の対話者のひとり〕のことを、その言葉が笑いの的となる滑稽な「おめでたい人間」として扱っていたのである。当時、時々そう主張されていたように、シンプリチオのモデルは教皇ウルバヌス八世なのだと教皇本人に示唆した人がいたのだろうか。もっとも、裁判のドラマを理解するにはこの仮説は必要でない。それとは別の要素がある。この新しい教皇はフランスに好意的という評判だったが、グスタフ・アドルフ〔スウェーデン王グスタフ二世（在位一六一一－三二）のこと。一五九四－一六三二、ドイツ新教徒救援を口実に三十年戦争に介入〕の軍勢がドイツに進撃していたときにはカトリックの大義をきちんと擁護していないとしてマドリードとウィーンのハプスブルク家から非難されていた。対抗宗教改革のもっとも活動的な翼であるイエズス会士たちは明らかにハプスブルク家に好意的であった。ウルバヌス八世が教皇としての信頼を回復するためにはガリレイ事件に際して、その有罪をもって自らの正統性を華々しく証明する他なかったのである。

ところで裁判で明らかとなるのは地動説が「異端」と形容されたことである。宗教裁判所は「異端的堕落」を厳重に取り締まることを使命としていた。このことはローマ聖省顧問のひとりで『天文対話』に対する報告書作成を担当したオレジオ〔アゴスティノ。一五七七－一六五六、イタリアの枢機卿〕の報告書において想起されている。[21] もうひとりのローマ聖省顧問のインコフェルは、ガリレイがこの『天文対話』の中で、うわべは装っているが明らかに地球の運動に味方しており、コペルニクス自身さえ越えていて、「太陽の黒点と海の満ち干と地球の磁気について吐き気を催すくらいに」力説していることを指摘した上で、「ピタゴラスとコペルニクスの支持者でないすべての人々に戦争を仕掛け、これらの人々を間抜けと思っている」とガリレイを非難した。しかもこうした非難は、ガリレイがある「邪な異端者」に賛辞を呈しているだけになおさら激しいものとなる。この異端者とは、磁気に関する近代的研究の端緒を画した作品である『磁石について』（一六〇〇年）の著者、イギリス人ウィリアム・ギルバート〔一五四〇－一六〇三、医者、物理学者〕のことだ。[22] 結局、一六三三年六月二二日ガリレイに対して下された判決の中で、「異端」という言葉は地球の運動に関わる一件として三度現れる。

次のように述べ、宣告し、判決を下すことにしよう。汝、ガリレイは地球の運動と太陽の静止というあのまちがった学説を主張したがゆえに、また「聖書」に反すると宣言された後もある見解を蓋然性あるものとして擁護しうると主張したがゆえに、異端の嫌疑がきわめて濃厚となった、と。その結果汝は聖なる教理典範のすべての譴責と処罰を受ける危険に身を晒した。しかしながら汝が今からすぐに真摯なる心と偽りのない信仰とをもってわれわれの前で上記の誤謬と異端と、教会に反する他の一切の誤謬と異端を誓絶し、呪い、唾棄しさえすれば、われわれはそれら譴責と処罰から汝を赦免するものである。[23]

地動説は「聖書」に反している。そう断じられたことを「啓発されたヨーロッパ」〔ヨーロッパの知的な人たち〕がはっきりと理解したという点については、多くの証拠の中でも、テオフラスト・ルノドー〔一五八六－一六五三、フランスの医者、ジャーナリスト〕の書いた「ラ・ガゼット」紙一六三四年一月号の記事によって証明されている。そこにはこう読める。「七十歳のフィレンツェ人ガリレオ・ガリレイの見解を断罪する宗教裁判所の判決がここ［パリ］で公表された。動いているのは太陽ではなく地球であるとガリレイは教えたのであり、太陽こそ世界の中心であると主張したのだが、この見解は聖書に反するのである」[24]。

そうなると、本章の冒頭で触れたように、この裁判がガリレイへのもっと深刻な糾弾から、すなわち化体《けたい》の教義の基礎を掘り崩そうとするがゆえの糾弾からガリレイを救うアリバイにすぎなかったなどと、どうして考えられようか。ガリレイの断罪の理由は当時明白だった。裁く側としては「聖書」の解釈に関して教会の権威を守り、聖なるテキストの字義通りでない一切の読解を退けねばならなかったのである。もしもガリレイが自分の立場を頑強に維持していたら、片意地な異端者たちの運命と同じ運命を甘受するに至ったであろうことはまったく疑いを入れない。すなわち火刑になるか、あるいは少なくとも検邪聖省の牢獄に終生つながれていたかのどちらかであったろう。

ガリレイ裁判は、ガリレイの後も続いた。しかも根本的には同じ理由によってであった。カトリック教会が地球の年代に関するビュフォン〔ジョルジュ・ルイ・ルクレール。一七〇七－八八、フランスの博物学者〕の発見に直面したとき、次いで次第に明らかとなる進化論に直面したときのことを思い出そう。

第二十八章　天は変わる

調和のとれた体系の最後の喚起

ローマ教会が長期にわたって新しい天文学に抵抗したとすれば、それはまず何よりも、古い天文学が文字通り「聖書」のテキストに合致していたからであるが、また古い天文学がそれ自体として強固な内的統一性を備えており、世界の他の部分と比べて天国をはっきりと位置づける大きな利点があったからでもある。ところでこの論理的で壮大な構築物はわれわれの地球を中心に置き、至高天に囲まれていたのであるが、二世紀も経たないうちに崩壊することになるだろう。この脱構築の諸相と諸段階を同じひとつの探照灯のもとに集め直してみることにしよう。

　コペルニクスは地球の代わりに太陽を世界の中心として置いた。けれども彼は同心の球体[1]〔天球のこと〕の嵌め込みとしての天の理論を維持した。アリストテレスとプトレマイオスから受け継がれた体系においては、恒星の球体——第八天——はそれが取り巻いているすべての球体に君臨しており、それ自体が「始動因」によって動かされている、ということを思い出そう。この「始動因」は動かないが、下部の球体に、したがって下部の球体の上に固定された天体に、運動を伝えている。これらの運動は完璧である。すなわち、円を描いており、画一的で、減速したり加速したりしない。球体は互いに完璧に隙間なく嵌め込まれており、単に幾何学的形象であるわけではない。それらは「物体的」であるが、しかし結晶質の素材から構成されている。この素材は本来的に神的な要素であって、分解することも変質することもありえない。水と空気と火に取り囲まれた地球は必然的に世界の不動の中心である。というのも、天の他のすべての運動を関係づけることができるような、そしてそれに向かってすべての重い物体が垂れ下がっているような、ひとつの固定点が必要だからである。著者たち〔アリストテレスとプトレマイオス〕によれば、球体の数はしばしば重要なやり方で変化した。そして星の運動の複雑さを説明するために、周転円〔コペルニクス以前に惑星の不規則運動を説明するために考えられた円〕を創り出す必要があった。ある天体が描くと想定される円が周転円と呼ばれたが、他方、この円の中心それ自体が地球のまわりに大円と呼ばれる別の円を描いていた。けれどもこれらの変形物と付加物はどれも宇宙の球形の形状を損なうことはなかった。

同時にピタゴラス的でもありプラトン的でもありアリストテレス的でもあるその起源によって、この閉ざされた宇宙は秩序立っており、階層化されており、古代から中世へと伝えられたのであったが、それは「神聖な」と形容できる調和によって特徴づけられていた。コペルニクス自身、世界の中心として太陽を地球に置き換えながらも、世界を「壮麗な神殿」として語るだろう。世界の「調和のある」美しさは神によって望まれたものであった。宇宙は歌っているというピタゴラスの断言、「天体はもっとも壮麗な合唱を行っている」というプラトンの確信は「スキピオの夢」[2]の中に合流し、中世とルネッサンスはその音楽的宇宙論を採用したのだった。この宇宙論によれば、天体はそれぞれ音を発しているが、その音は、軌道に対する速度が上がれば上がるほど一層高くなる。天体から発せられる音の全体が天の調和を構成する。ケプラーは円を楕円で置き換える。そして楕円軌道では惑星の速度が変化することを確認するだろう。そこでケプラーは、惑星はもはや単一の調べでは歌わないと結論するだろう。けれども、惑星の行程の楕円的な性質は太陽系の音楽的調和の帰結であることを明らかにしようと努力するだろう。[3]

中世の閉ざされた宇宙の頂点は至高天によって構成されるが、至高天は天の他の段階以前に創造され、それらの段階のすべてを取り巻いている。聖トマス・アクィナスにとっては、そしてまたスコラ学者の全体にとっても、問題なのは「物体的な場所のうちでもっとも崇高な」場所であるが、しかしそれでもやはり「物体的な場所」なのである。[4]そこにはもちろんその威厳にふさわしい静止状態があるが、しかしそれは「始動因」に働きかけ、この「始動因」が今度は世界という機械を動かしている。かくして神ならびに選ばれた者たちの住みか、すなわち天国と、地球がその中心にいる惑星の宇宙とのあいだには、「物理的」と形容してよいような交流が存在することとなる。音楽的で調和のある階層化された天体の世界には神的なものが満ちている。そのことをダンテ以上にうまく表現した者はいない。ダンテは連続する九つの天のそれぞれを、選ばれた者たちのカテゴリーのひとつひとつに対応させている〔本書五〇頁参照〕。しかしながら、遍在の特権のおかげで、選ばれた者たちはダンテによれば宇宙のてっぺんにある至高天の奇《くす》しきバラの花〔神秘のバラ、聖母マリアに与えられている称号〕の中にも存在しているのである。

物理的秩序と精神的秩序がともに世界という「単一の全体」を支配しているので、「英知」（アリストテレスの用語）あるいは中間的な「神霊」（プラトンの表現）が円形運動を誘発していると人々は長いあいだ考えていた。キリスト教はそれらを天使で置き換えた。十二世紀の彩色挿絵で飾られた写本には、天使たちが梃子とクランクでもって世界のモーターを始動させるのが見られる[5]。聖トマス・アクィナスは『神学大全』でこう教えている。「天使たちは〔天体において〕可動体のモーターとして存在している〔…〕。天使たちはその動力としての活動を球体の実質のある特定の部分にだけ適用するのではない。その部分はある時は東に、またある時は西にあるのだから、その結果天使はその部分とともに移動することになるだろう。けれども、アリストテレスが『自然学』第八巻で説明しているように、天使は特定の、いつも東の場所を占めているので、そこから球体に対する動力としての力を及ぼすことになる」[6]。天使たちは論理的には偽ディオニュシオスによって示唆された階層秩序を尊重しながらその動力としての力を球体に対して及ぼすことになる。「熾天使」と「智天使」は恒星の球体を、「座天使」は土星を、「主天使」は木星を、「権天使」は火星を、「能天使」は太陽を、「力天使」は金星を、「大天使」は水星を、「天使」は月を、動かすのである[7]〔偽ディオニュシオスの階層秩序によれば、火星を動かすのは「力天使」、金星を動かすのは「権天使」とされる。本書五〇頁参照〕。ニコラス・オレームが一三七七年にフランス王シャルル五世に提出したアリストテレス『天体論《デ・カエロ》』の翻訳である『天空と世界の書』の中では、天球は今度もまた天使たちによって動かされている[8]。

球体〔天球のこと〕と至高天の消失

さて、天の基本構成要素のこのような巧みな配置は二世紀足らずのあいだに取り壊されてしまった。ニコラウス・クサヌスは『学識ある無知』において電撃的な直観を展開してこう断言した。「地球が世界の中心でないのと同じように、世界の円周〔まわり〕もそれ以上に恒星の球体ではない〔…〕。〔世界の極は〕存在しない」[9]。続く世紀〔十六世紀〕の終わりに、ティコ・ブラーエは一五七二年一一月から七四年三月にかけて輝いた新しい星――「ノーヴァ」――を、次いで一五七七年に出現した彗星を、観測した。そしてこれらの観測から、天は不動ではなく、彗星がいわゆる天球なるものを横切ったという結論を引き出した。そこで彼は一五八八年にこう言明した。「天の機械は大部分の人たちが信じていたような、実在的な球体で満たされた、硬くて浸透不可能な物体ではない〔…〕。天はあらゆる方向に広がっており、完璧に流動的で単純であり、どんなに小さな障害物すらどこにも提示しておらず、惑星は神の法則によって治められながらこの環境の中を自由に回っており、運んでいる球体に苦しめられることも引きずられることもまったくない」[10]。ニュートン〔アイザック。一六四三―一七二七、イギリスの物理学者、数学者、天文学者〕が後にこの「神の法則」が何かを明らかにするだろう。さしあたってティコ・ブラーエは伝統的な天動説を維持しながらも、濃密で固く光に満ちた素材で構成された、嵌め込まれた〔入れ子構造の〕諸球体の体系を覆していたのである。

その三年前〔四年前か〕にジョルダーノ・ブルーノは対話篇『無限、宇宙、諸世界』〔一五八四年〕を発表していたが、その中でブルーノは天文学者というよりはむしろ哲学者として、しかし断固としたコペルニクス主義者として、「あれほど多くの偉大な注解者たち、敷衍者たち、注釈者たち、剽窃者たち、要約者たち、スコラ学者たち、翻訳者たち、質問者たち、論理学者たちがそれを出発点として頭をひねったところの、天と世界に関するすべての努力、すべての仕事、すべての研究を」無駄なものとすることを誇りとしていた。「〔それらの仕事に基づいて〕深淵な、鋭敏な、後光に身を包まれた、称揚された、志操堅固な、反駁できない、天使のような、熾天使のような、智天使のような、そして神のような碩学たちが、自分たちの根拠を築き上げてきたのである」[11]。この論争的テキストではブルーノによって強調された寄せ集めが示唆的であるが、この寄せ集めは、宇宙の物理学的な見方と「〔…〕天使のような、熾天使のような、〔そして〕智天使のような碩学たち」によって擁護されていた宗教的な宇宙論とのあいだにある、共通の信念〔ありふれた考え方〕にまさしく呼応していた——もちろんこの碩学たちとは、聖トマス・アクィナスに対するほのめかしであるのは明らかである。『無限、宇宙、諸世界』においてブルーノは次のような対話を想像している。

エルピーノ——〔…〕表面が凹面や凸面の球体などまったくありませんし、周転円などもありません。すべては普遍的な場であり、避難場所〔溜まり場〕なのです。
フィロテオ——その通りです。
エルピーノ——さまざまな天の存在を想定する見解はその起源を天体のさまざまな運動の中に、そして地球のまわりを回っている星で満たされた天の外見の中に見出します〔…〕。したがって光る物体はそれに固有のいかなる運動も持っていませんし、〔その光る物体の運動は〕何らかの知性を持った神的な斥力の効果〔のもと〕で固定されている天球の回転による以外にないのです。
フィロテオ——それが普通の考え方というものです。けれど、われわれの天体が——言い換えればわれわれの世界が——いかなる天球にも固定されておらず〔…〕、普遍の空間の無限を横切って太陽のまわりを回っており、それ自体を軸としても回っているのだということを理解した後では、こうした考え方は打ち砕かれることでしょう。
エルピーノ——疑いもなく、星と火を運んでいる天球というような、こんな想像はすべて〔…〕、もっぱら次のような考え方に根拠を置いているのです。つまり、われわれの地球は、それがそうであるように思えるように、宇宙の中心そのものであって、その結果、地球だけが不動で固定されており、宇宙全体が地球のまわりを回っているのだ、という考え方にです」[12]。

ジョルダーノ・ブルーノは天球と天の円運動の存在を無駄な信念の枠内へと追いやることによって、コペルニクスの体系からコペルニクスがあえて垣間見ようともしなかった結論を引き出していた。宇宙についてのこの新しい見方は、対話の著者にとって結果として至高天そのものを破壊することになったというのは疑う余地がない。したがってブルーノは先にあげた「天使のような碩学たち」のリストに「深淵なる預言者たち——角の生えた、何でも知っている、オリンポス山の、蒼穹の、至高天の雷のように騒々しい預言者たち」を付け加えていた。[13] ブルーノが軽蔑を込めて退けていたのは、天球の論者と同時に、聖書の字義通りの読解者と聖書の「預言者たち」であった。「角の生えた〔…〕預言者」とは明らかにモーセである。十七世紀の科学はガリレイからニュートンへと、星を運ぶ天球の空想的な性格を確認しようとしていたのだった。

世界の伝統的な見方は同じひとつの包括的な構造の中に物理的秩序と精神的秩序を統合していたのであるが、それは上と下という根本的な概念のまわりに組織されていた。地球の奥には地獄があり、天の頂には至高天があった。紛れもない「天文学的論文」である『神曲』は特権的な旅人であるダンテを下から上へ、不純なるものから崇高な完璧さへと徐々に押し上げて行く一種の秘儀伝授の旅をなしていた。キケロの『国家論』中第六巻の「スキピオの夢」、聖アウグスティヌスの『告白』中〔第九巻〕の「オスティアの幻視」、中世の図像学によって何度となく利用された「ヤコブの梯子」[14]は、物質的なものから精神的なものへの段階を追った論理的な移行にヨーロッパ文明を慣れ親しませていた。「天球は精神的上昇の連続する段階として昇り詰められねばならなかった〔…〕。天へと向かうこと、それはわれわれを地球に釘づけにしている重みから解放されることであった」[15]。

この点で啓示的なのは、他にも例はたくさんあるであろうが、一二〇〇年頃北イタリア（ボローニャか）で作られた『魂の運命を論ず』（匿名）の中に現れる、天球を横切る上昇である。[16] 地球はアリストテレスの図式に従えば、古典的にはその他の主要三元素——水、空気、火——によって取り巻かれており、次いで扇形によって表される天球によって取り巻かれている。上では、下から上に向かって順次自然の諸原理、次いで世界の魂の四つの段階——植物的、動物的、理性的、天的——、そして最後に知性の十のレベルを意味する弓形に取って代わられる。知性の十のレベルのうち九は天使の階層秩序に照応している。この長い上昇の過程で天の性質は変化し、物質的なものから精神的なものとなる。選ばれた者たちは地球から昇ってきて、「ヤコブの梯子」の格子のような異なる弓形を昇り詰め、かくして宇宙論的な天を横切ってキリストのところまで到達するのである。この図式は細部においては複雑であるが包括的な構造においては単純であって、宇宙と魂の運命にとって共通のものと見なされていた垂直の地形図〔景観〕をよく表している。

ジョルダーノ・ブルーノが同じ『無限、宇宙、諸世界』の中で対話のパートナーのうちふたりに行わせているやりとりを対比させて読んでみることにしよう。

> ブルキオ――〔新しい天文学には〕あの美しい秩序はどこにあるのでしょうか。あの自然の魅力ある階梯はどこにあるのでしょうか。われわれの地球がそうであるところの、もっとも濃密でもっとも粗野な物体から、水がそうであるところのあのそれほど濃密でない球体まで、蒸気がそうであるところの微細な球体まで、空気がそうであるところのなお微細な球体まで、そして天の物質である神的なるものに至るまでのあの階梯はどこに？　暗いものからそれほど暗くないもの、輝くもの、そして最後にはもっとも輝くものに至るまでの階梯とは？〔…〕
>
> フラカストロ――そうした秩序がどこにあるかお知りになりたいのですね。夢の、空想の、幻想の王国にですよ。〔…〕
>
> ブルキオ――そうした言葉で、世界をひっくり返したいんですね。
>
> フラカストロ――すでにひっくり返っているものをひっくり返そうとしていると言って責めるんですか。〔…〕基本諸元素と天体の例の通俗的な秩序はこの上なく虚しい夢と想像にすぎないのです。なぜといって、観測によってそれを確かめることはできないでしょうし、理性によってその存在を証明することもできないのですから」[17]。

ブルキオの問いは正しかった。新しい天文学は世界の秩序全体を「ひっくり返し」ていた。あるいはもっと正確な言い方をすれば、新しい天文学は宇宙に上も下も認めていなかった。したがって、宇宙の鉛直線の頂点にある至高天には、ということはすなわち天国には、もはやスペースを残していなかった。しかも新しい天文学はもはや地獄の場所を特定することも許さなかった。それが、フランチェスコ・インゴリがガリレイに反対してぶつけた「神学的な」議論のひとつとなる。

インゴリはガリレイにこう書いた。「[神学者たちが地動説に反対しているのは]地獄が、すなわち悪魔と呪われた者たちの住む場所が、地球の中心にあるというきわめて強力な理由による。というのも、天が天使たちと選ばれた者たちの住む場所であるとすれば、悪魔と呪われた者たちの住む場所の方は、天からもっとも離れた場所、すなわち地球の中心であらねばならないからだ[…]。地獄が地球の中心にあって、天からもっとも離れた場所になければならないのなら、地球は天からもっとも離れた場所である宇宙の真ん中に位置することになるのだと、必然的に断言しなければならない」[18]。

天は不変ではない

天と地獄を対立させていた垂直性の崩壊にはまた、変質〔腐敗堕落〕しうるものと変質しえないものという伝統的な概念を再検討させるという側面もあった。中世はプラトンもアリストテレスも受け入れていた区別、すなわち物体が変質しうる基本諸元素から構成されているところの、月と地球のあいだにある不完全な世界と、完璧さと不変性の領域であるコスモスの残りの部分とのあいだの区別を、受け継いでいた。月の球体の向こうにある天では何も変化するものはないということは、誰もがそろって受け入れていた確信であった。かつてエンペドクレス〔前四九三頃－前四三三頃、ギリシアの哲学者〕が定義した下方世界の基本四元素――土、水、空気、火――は互いのあいだで滅ぶべき組み合わせを形作っていたのに対して、地球の大気の向こうに位置する空間は五番目の基本元素である「第五元素」、つまりエーテル状の実体で満たされていたが、このエーテル状の実体はなるほど物質的ではあっても、きわめて軽く純粋であった。こうした宇宙論は現実にはひとつの学説に、またわれわれの目から見ればひとつの障害物になっていた。

さてこの宇宙論は新しい天文学の相次ぐ前進によって打ち砕かれた。ふたつの領域——ひとつは変質しうる領域、もうひとつは変質しえない領域——のあいだの偽の区別に関してニコラウス・クサヌスが書いていたことをもう一度読んでみよう。「地球の黒い色は地球が卑しいということを証明しない〔…〕。地球は〔太陽と〕同じ基本諸元素を持っている」[19]。もし誰かが地球を天から眺めたとしたら、地球は「一個の光り輝く星」に見えることだろう。コペルニクスの体系の論理的帰結は、ふたつの空間——すなわちひとつは地球と月のあいだの空間、もうひとつは月より先の空間——に対するアリストテレス的な区別の消滅であった。なぜなら以後地球は他の惑星と同じ惑星であって、必然的に同じ基本諸元素から構成されることとなったからである。

とはいえコペルニクスは、変質しえない天という学説を問題とするような定式化はあえて行わなかった。これに対して、コペルニクスの後継者たちは宇宙の統一化に段階的に取り組むことによって、変質しえない天という学説の再検討に尽力した。ティコ・ブラーエの場合、一五七二年に観測した新しい星は天が不動ではなく「流動性がある」ということを証明するのみにとどめるだろう[20]——これは人をそれほど怯えさせない慎重な譲歩だった。けれども少し後になるとジョルダーノ・ブルーノが次のような問いを皮肉たっぷりに発することによって繰り返し念を押した。「悪化しやすいもの、変質〔腐敗堕落〕可能なものから一切の変化・変質の解放にまで及ぶ〔…〕あの美しい秩序は一体どこにあるのですか?」[21]。ブルーノはまたこう断言もした。「私は、地球が水によって取り囲まれ水の中に含まれており、その水は火に、そしてその火は天によって同じような状態にされていると説く、そうした秩序、配置を否定します。事実私はこう主張します。すなわち、容れ物はたったひとつしかないのであって、そのたったひとつの容れ物がすべての物体を、つまりわれわれにはあの広大な場に撒き散らされ散らばっているように見えるあれらの大きな機械を、含んでいるのだと。そしてその広大な場では、あれらの物体、天体、世界、永遠の光が、土、水、空気、火と呼ばれるものによって構成されているのだと」[22]。

やがて望遠鏡の利用によってガリレイが月のクレーター、太陽の黒点、天の川のおびただしい数の星、金星の位相、木星の衛星を発見することとなった。月のクレーターの存在は、月が天の永遠不変の実質によって構成されてはいないことを証明していた。したがってガリレイはきっぱりとこう断言することができた。「私は基本元素の世界と天の世界とのあの虚しい区別を、あるいはあの対立に与える余地を、私の思想の中に認めたことは一度もなかった」[23]。『世界のふたつの偉大な体系に関する対話』〔『天文対話』〕でガリレイはこの問題に関して賛成・反対の両意見を代わる代わる述べることができた。まず、伝統主義者の代弁者であるシンプリチオはそこで躊躇することなく次のように言明している。「［一切の］天の物体は増えることはありえず、変質不可能であり、悠久であり、要するに永遠であって、不滅の神々にふさわしい住まいである」と。——これは中世神学の至高天を指し示す古典古代の影響下にある定式化である。「良識もそのことを確認してくれる。伝承と記憶によれば、最後の天全体においても、またそれ自体のいかなる部分においても、過去において変貌というものを一度も見たことがない」[24]。その上、もしも新しい天文学が地球に天の物体と同じ基本元素を与えることによって地球を高貴なものとするのであれば、天の物体は反対に「不完全」になるばかりか、加えて無益なものとなってしまう。なぜなら、そうであれば天の物体は、これまで人々が信じていたようには、もはや「地球に役立つよう」秩序立てられることがなくなるからである。

サグレドは『天文対話』の中で他のふたりの主役〔シンプリチオとサルヴィアティ〕の話に耳を傾ける第三者であるが、ふたりの議論のそれぞれを交互に取り上げる。それはもちろんガリレイの代弁者であるサルヴィアティの議論に自らが説得されるためである。サグレドはいっときシンプリチオの立場に身を置いて、アリストテレスの敵たちによって蹴散らされるすべての人の狼狽を次のような言葉で表現している。

アリストテレスの権威を失墜させたら、われわれの論争を調停するには一体誰に訴えたらいいのでしょう。［…］その蔭で敵のどんな襲撃からも安全でいられたこの城壁を破壊すべきなのでしょうか。多くの時間を費やし、莫大な出費をいとわず、何百人もの職人たちの労働の代価として壮麗な宮殿を建設しながら、基礎が悪かったがゆえにその宮殿が廃墟に帰すかもしれない姿を目にしている誰かに同情するように、私は彼〔シンプリチオ〕に同情しています。〔…〕その人は鎖、支柱、控え壁、外堡、控え柱を使って崩壊を防ごうと努めるでしょう。[25]

安心感の喪失〔安全の崩壊〕、「壮麗な宮殿」の解体、目印の喪失、未知なるものへの跳躍。サグレドはここで、変質可能な地球が結晶質の〔透明な〕宇宙の中心に据えられ、他のすべての天体が正しい位置に配置され、天国が天球の論理的な頂点に位置づけられるという体系に慣れきったすべての人々の抱く恐怖心を見事に表現していた。一方、サルヴィアティはシンプリチオの懐古趣味的なさまざまな理由に答えて、『天文対話』でこう明言する。

　望遠鏡のおかげでわれわれはアリストテレスよりも三十倍から四十倍も〔天に〕近くなっています。われわれはアリストテレスが見ることができなかった多くのこと、なかでもアリストテレスにはまったく不可視であった太陽上の斑点を観測することができます。だからわれわれは太陽をアリストテレスよりもずっと確かに論ずることができるのです〔…〕。
〔黒点は〕生まれては消えること、天体の近くにあって天体とともにあり、あるいは天体のまわりを回っていることが、結論的に証明されました。〔…〕〔そして〕黒点がかつて地球上で起こったすべてのものよりずっと重大な発生であり変質〔腐敗堕落〕であることも証明されたのです。しかも太陽という天体上でさえこれほど大きく頻繁な発生および変質があるのだとすれば、当然ながら太陽は天のもっとも高貴な部分に属していると考えることができるわけですから、他の天体上にも同じような現象が存在しうると考えることを妨げるような、一体いかなる強力な理由があるというのでしょうか？[26]」

かくしてガリレイはジョルダーノ・ブルーノの意見に全面的に賛成していたのだが、しかしながらブルーノの名をあげることはしなかった。ところでかつてのドミニコ会士〔＝ブルーノ〕に対して宗教裁判所が維持した八項目の告訴箇条の中には、彼の「変質〔腐敗堕落〕と発生の法則の解釈」が含まれていた。[27] 天球に変質と変化が存在しうると断言することは「異端的」と見えたのである。けれども自明の理は今やそこにあった。「聖なるもの」と「永遠の純粋さ」の領域とされた天、そして「変質しうるもの」と「人間的なるもの」の領野とされた地球、このふたつをかつてのように切り離すことはもはやできなくなったのである。

先ほど読んだ通り、サルヴィアティは「望遠鏡のおかげでわれわれはアリストテレスよりも三十倍から四十倍も[天に]近くなっています」と断言していた。そのことは明らかな事実となりつつあった。しかしながら――ここで差し挟んでも無駄ではない余談であるが――別の見方をすれば、カルル・アヴランジュ〔現代ベルギーの文化史家〕によれば、望遠鏡のせいで、「十全たる現前であったもの」が今や「実質的には不在の次元に属する」ようになってもいた。[28] われわれはこの表現をわれわれの主題に取り入れることができる。というのも、望遠鏡は天文学的な天を観測者に近づけはしたが、蒼穹における天国の場所の「不在」をも証明したからである。目的を拡大し、カルル・アヴランジュの分析の筋道に直接沿って、次の点を強調する必要がある。すなわち望遠鏡は視野の統御を延長することで、近代の「境界」を、そしてその「標識」を構成したのだ、と。望遠鏡は天に向ける眼差しを変え、天の概念的な再組織化を誘発したのである。

宇宙の統一〔統合〕の論理はデモクリトス〔前四六〇頃－前三七〇頃、ギリシアの哲学者〕、エピクロス、ルクレティウス〔前九四頃－前五五、ローマの詩人〕の原子論の再活性化へと導いた。彼らの原子論によれば、宇宙は真空と原子によって構成されており、その結びつきによってこの上なく多様な物体を産み出す分割も変容もしえない粒子が原子であるとされていた。この論理はまた実体と性質の区別を拒否する十四世紀のウィリアム・オヴ・オッカム〔一三〇〇頃－四九頃、イギリスのスコラ哲学者〕の学説をある意味では復活させていた。そのオッカムは聖体に関して危険に見える理論を提出していた。聖別されたパンは内部の変化を蒙らないと主張していたからである。

これとは反対に、カトリックによる化体《けたい》の教義は十三世紀に定式化され、トリエント公会議で確認されたのであるが、それは「実体」と「偶有性」〔実体の現象様態のこと〕の概念を統合していた。聖変化によってパンとブドウ酒の「実体」はキリストの体と血へと変化し、他方「偶有性」、すなわちパンとブドウ酒の組成、色、風味はある奇蹟的な仕方でとどまるのだった。ところでガリレイは『贋金鑑識官《サッジャトーレ》』（一六二三年）の中で、物質を、量と形と時空間における位置へと還元することを目指した。これらの性質はすべて数学的測定に適合するからである。次いでガリレイは、物質的実体から発する「きわめて小さな微粒子」がわれわれの身体に遭遇するや、そこに味覚と嗅覚に関わる感覚と快・不快のあらゆる「情動」を産み出すことを示唆した。[29] こうした機械的な原子論はカトリックの聖体の教義とうまく一致しなかった。聖体の教義からすれば、パンはその量を保っているので聖変化は実体的な転換をもたらさないという結論をそこから引き出すことも可能であった。グラッシ神父はこうしてガリレイが信仰のもっとも大切なこの点を地動説による以上に疑問視していると言ってガリレイを非難した。

こうした非難が少なくとも後景においては公式の教会のガリレイに対するいよいよ募る反感のひとつに数えられたというのは、ありそうなことである。しかし、いずれにしても、「異端的」と宣言されたのは疑いもなく新しい天文学であることに変わりはない。地動説がガリレイを救うアリバイとなったという仮説は説得的でないように見える。なぜなら、被告発者が極刑を免れたのは、コペルニクスの学説を公然と棄てることによってだったからである。[30]

静止〔不動〕の価値喪失と真空の存在

われわれはこうしてさまざまなアプローチでもってわれわれの主題の中心的なテーマを再び見出すことになる。新しい天文学は一連の連鎖的な反応によって文化的激動を引き起こした。それは天を非神聖化したからである。コペルニクス自身とともにではなくとも、少なくともその後継者たちとともに、新しい天文学は宇宙の尺度から高・低のどんな概念も取り除き、天国と地獄を非局在化し、月の先にある世界からはどんな変質〔腐敗堕落〕不可能性も撤回し、透明な天球とそれを回転させているとされた天使たちを排除し、地球からその悲惨さと偉大さを同時に奪うことによって地球を平凡なものとした。悲惨さというのは、地球だけが変質可能な基本諸元素から構成されていると信じられていたからであり、また偉大さというのは、宇宙は地球のまわりを地球に役立つために回っていたと信じられていたからであって、受肉と贖罪はコスモスのこの中心的な場所で論理的には起こったと見なされていたからである。ところで今やわれわれは、われわれの惑星をもはや宇宙空間の中心としてではなくある一点として見なさねばならなくなったのであり、受肉と贖罪が他の星に似たひとつの星で実現したことを受け入れねばならなくなったのである。

これに加えて、純粋に質的な物理学に基づいて、運動と真空に関してそれまで信じられ教えられてきたことの一切が、やがてひっくり返されることになった。それまで運動は変化の一範疇と見なされていた。そして静止との関連でのみ理解されていた。静止は神聖視されていた。それは優れて高貴な状態であった。したがって世界の中心である地球が静止しているのは当然だった。その上アリストテレスによれば、天の世界には円を描く画一的な運動しか存在しない。この運動は単純であって、生まれた場所で動き回っている単純な物体にふさわしい。それはそれ自体のうちにとどまる運動であり、出発点にもどってくる運動であって、その事実からして静止に類似した運動である。その代わりに直線的な運動は地球と月のあいだの領域に固有のものであって、その領域では、生まれた場所から外に出た事物はそこにもどろうと努める。重いものにとっては低いところに、火にとっては高いところに、という具合である。けれどもこの場合もやはり、事物の直線的運動の目的は、生まれた場所における静止の探究である。

アリストテレスから継承されスコラ学によって受け入れられた見方に基づく「運動」とは、少なくとも地球と月のあいだの世界においては、変化、変質、発生、腐敗堕落の同義語であった。したがって宇宙のてっぺんでは変化はありえなかったし、運動はありえなかった。至高天のすぐ下では、始動因の球体が――下位の天の回転の原因となっていたのだが――固定されていた。そして無論のこと、至高天は際立って最高の静止の場所であった。前に引いたアルベルトゥス・マグヌスの文言を思い出そう。「至高天は「運動の中の静止《キエトゥム・イン・モトゥ》」である。［そして］永遠の至福を有する人々にこの場所がふさわしいのは、この静止のためである」[31]。聖トマス・アクィナスはこれと符合するようにこう断言していた。「［至高天では］選ばれた者たちは静止の住居を自分のわけ前として受け取る」[32]。天国の幸せは神と会えることであったから、不動の姿勢は至福直観〔選ばれた者たちの魂が天国で神を直接に見ること〕にとってもっとも納得できるものに見えた。そこから、とりわけビザンチン圏で芸術家たちが天国に集まった選ばれた者たちに長いあいだ付与していた、身じろぎしない姿勢というものが生まれたのである。

ところで新しい物理学は運動と静止を理解するやり方を変更した。地球と月を結ぶ世界に固有のものとされた直線的運動と、天の球体に固有のものとされた円を描く運動とのあいだにそれまで認められていた性質の差異を、ガリレイとともに新しい物理学は消失させたのだった。ガリレイは円形運動に一種の聖性を残しておき、ケプラーの楕円については拒否したけれども、世界のすべての物体に直線運動と円形運動があることを認めた。これは筋の通ったことだった。なぜなら、天と地球のあいだにはもはや不均質性もなければ、地位の相違もなかったからである。[33]以後数学的な言い回しで表現されることになる運動と静止は、かくしてその存在論的合目的性と機能を失いつつあった。静止は非神聖化されていたのである。

また、「真空に対する恐怖」もこの激動の中で消えてしまった。ところで宇宙における真空の不在はアリストテレスの公理に属していた。真空、それは非存在だった。一六三八年にレイデン〔オランダ西部の都市〕で出版された『数学的叙説と証明』においてガリレイは「真空に対する例の恐怖」と闘い、いかにして人は「真空の力を遊離し」「それを測る」ことができるかを説明しようと努力した。そのようにしてガリレイは「その力がいかなるもので、どれほど大きなものであるか」を証明したのである。[34]大気の重さという概念から出発して、水銀管の中で真空を作り出す実験を一六四三年にフィレンツェで首尾よくなし遂げたのがガリレイの弟子のトリチェリであったのは、偶然ではない。真空の観念は事実大気の重さという観念と分かちがたく結びついていた。[35]この重さを普遍的な説明の因子として一般化する道が以後開かれた。裁判に際してガリレイを告発した何人かのイエズス会士は真空に反対する学者たちの意見をあらためて動員しようと試みた。けれどもフランスではメルセンヌとパスカルがトリチェリを引き継いで、真空の敵たちを孤立させた。コスモスの物理的均質化において新たな時代が画されたのである。[36]

ニュートンは万有引力の概念を発表することによってこのプロセスを引き継ぎ完成させたのであるが、この概念は地球の重さと天体間の引力とをその性質に関して同一視したものである。けれどもニュートンはまた別のやり方でも天の非神聖化に貢献した。一七〇四年に発表される『光学』以来の仕事によってである。事実ニュートンはプリズムによる白色光の分散の研究に基づき色彩理論を提出し、光は色彩によって大きさの変わる、大気を振動させる微粒子から構成されていると断言した。光の本性に関するこれらの研究は、「暗室」という斬新な試みについて仕事を進めていたケプラーの研究の延長上に位置していた。というのも、「暗室」の助けを借りてケプラーは光の本性と属性を定義しようとし、光の「実験的な細密解剖[37]」をしようと思っていたからである。しかしそれは多くの人にとって冒瀆的な企てであった。

天のエルサレムに関わるテキスト類や図像集における光の喚起の豊かさ、美しさを思い出すとき、ケプラーとニュートンがこの領域で創り出した断絶が推し量られる。それまで神の表れとされていた光は、今度は科学の対象となりつつあったのである。

人の住む世界の複数性？

天の非神聖化の最後の側面をここで思い起こさねばならない。人の住む世界が複数ありうるという明言である。ニコラウス・クサヌスはこの仮説を排除していなかった。確かにニコラウス・クサヌスは「この地球に自分の領土として住んでいる人々の〔本性よりも〕〔…〕気高く完璧な本性は」存在しないと確信していたが、しかしこうも付け加えていた。「たとえ他の星に別種の住人がいるとしても[38]」。ジョルダーノ・ブルーノは汎神論的、アニミズム的な宇宙観に突き動かされて、人の住む世界の複数性を断言することを怠らなかった。そしてとりわけ次のように明言した。「われわれの世界と同じくらいに嘘偽りのない、あるいはそれ以上に素晴らしい数えきれないほどの世界に、われわれと同じような、あるいはもっと優れた住人がいないなどと想像することは、十分に慎重な理性的存在には不可能です[39]」。ガリレイはこうした可能性を拒否したが、ユートピアが再び誕生しつつあった時代になると、この可能性はカムパネラによって『太陽の国』（一六二三年）の中で再び取り上げられ、やがて流行のテーマとなった。

ガッサンディは死後出版された一六五八年の作品『哲学体系論《シンタグマ・フィロソフィクム》』において月とその他の天体に人間が存在するかどうかについての問題を長々と論じて、肯定的に解答した。[40] それより二十年前、ふたりのイギリス人J・ウィルキンズとF・ゴドウィンはどちらもコペルニクスの体系から、月には人間がいるという可能性を導き出していた。十七世紀の末、高レベルの科学者クリスティアーン・ホイヘンス（一六九五年没）（一六二九－九五、オランダの物理学者）が研究者人生としての最後に、人の住む世界の複数性に関する作品を執筆したのは意味深長である。『コスモテオロス』（『コスモスの理論』か）と題する、死後兄弟によって出版された本である。土星の第一衛星の発見者（土星の最大の衛星タイタンをホイヘンスは一六五五年に発見した）はそこで「プラネティコル」（惑星人か）の存在をコペルニクスの宇宙論のひとつの帰結とし、「神がすべての「天の地球」の世話をしている」証拠としている。[41]

以上の想起はシラノ・ド・ベルジュラック（サヴィニャン・ド。一六一九－五五、フランスの詩人、思想家、軍人）とフォントネル（ベルナール・ル・ボヴィエ・ド。一六五七－一七五七、フランスの思想家、劇作家）の著作を歴史的文脈の中に位置づけるのを可能とするが、ふたつの著作はどちらも宗教を台なしにするような諸結果を、コペルニクスの天文学から導くように見えた。『月世界旅行記』は著者（シラノ・ド・ベルジュラック）の死の二年後、一六五七年に不穏当な個所がかなり削除されて出版された。フォントネルの六篇の対話からなる『複数世界についての対話』は一六八六年に世に出た。シラノ・ド・ベルジュラックの著書における「月は［人の住む］世界であって、その世界にとってはわれわれの世界が月として役立っている」[42]という断言は、ルクレティウスの原子論と結びつき、そしてまた宇宙の有限性ならびに魂の不死性の否定とも結びついている。フォントネルの『対話』では、前コペルニクス的な宇宙論に対する反駁が、摂理の拒否や人間中心主義的な「狂気」の拒否と相伴っている。この「狂気」はすでにガリレイによって告発されていたものだが、そうした「狂気」は「自然全体が例外なくわれわれの用途にあてられているということをわれわれに信じさせようとする」[43]。フォントネルの代弁者はこう明言している。「地球には現状のように人が住んでいるのに、惑星にはまったくそういうことがないというのは、まことに奇妙なことだと思わずにはいられません」[44]。けれども、こうした仮説に立った場合、原罪と贖罪についての公式の神学はどうなっていたのであろうか。新しい天文学はここでコペルニクスもガリレイも望まなかった限界まで推し進められた。けれども、世界の複数性についてガッサンディとシラノ・ド・ベルジュラックとフォントネルが新しい天文学から引き出した諸結果は、伝統的な宇宙形状誌の崩壊が引き起こした根底的な不安定をもたらす動きをよりよく捉える助けとなる。ブルーノとガリレイによって設定された想像上の反論者たちは「上下さかさまの世界」や「荒廃した建物」、「破壊された避難所」や「廃墟となる脅威に晒された壮麗な宮殿」について、しっかりした根拠のもとで語っていた。われわれはかくしてわれわれの中心的な問題へと立ちもどらされる。選ばれた者たちの天は以後どうなったのであろうか。それをどこに位置づけねばならなかったのか。

この問題はダランベール〔ジャン・ル・ロン。一七一七―八三、フランスの数学者、哲学者〕とディドロ〔ドゥニ。一七一三―八四、フランスの思想家〕の『百科全書』における「天国」の項目ではっきりと、しかも皮肉のおまけつきで、提出されている。

> コペルニクスとデカルトの体系〔ガリレイの体系が忘れられているのは遺憾〕は、この世界の秩序と構造に関するプトレマイオスの古い仮説をひっくり返しただけではない。俗に「天国」と呼ばれている選ばれた者たちの住まいを置くにふさわしい場所を他に提案することも余儀なくしたのである。アダムが追放された地上の「天国」の所在についてと同様、人々はわれわれが行かねばならない天上の「天国」の所在についても、学校で当然のこととして議論している〔…〕。というのも、結局、天が流動性のものとなって以来、また地球と惑星が大気中で太陽のまわりを回るようになって以来、そしてわれわれが目にする星がみな太陽であってそのそれぞれが渦巻の中心となって以来〔デカルトの考え方に対するほのめかし〕、至高天は消失しなければならなかったし、あるいは少なくともかつてあった場所からはるかに遠くへと行かねばならなくなった。いずれにしても、この広大な宇宙空間の周辺のどこかに「天国」を置くとしたら、神に見放された者たちは地球の中心で閉じ込められることになり、また選ばれた者たちはこの大きな世界のまわりできわめてゆったりと過ごすことになると、私には思われる〔…〕。「天国」を作るのは場所ではない。それを作るのは神を見ることで享受する幸福である〔…〕。この点につ

いて語りたいと思うとき、「天国」は場所でなく状態の変化であるという観点から語ること以上に上手に語ることが、はたしてできるだろうか。

『百科全書』はこうしてヨハネ・パウロ二世〔一九二〇－二〇〇五、ポーランド出身の第二六四代教皇〕が一九九二年に公表した『カトリック教会のカテキズム』への道を開いていたのである。そこにはこう読める。「「天にまします方」、この表現は場所〔空間〕を意味するのではなく、存在のあり方を意味している」[45]。

第二十九章　「言語に絶することを図像で表現できるだろうか？」

「いかなる目も見たことのなかったもの…」

『百科全書』が世に出たとき、キリスト教の天国の図像類のストックがすでに底をついていたことは、眼を眩ませるがしかし遅まきのロココの花火にもかかわらず、もはや明らかであった。新古典主義の美学への移行、次いで十九世紀宗教芸術の新ロマネスク、新ゴチック、新ビザンチンの繰り返しがこの枯渇を確認してくれた。天の非神聖化は天国にまつわる想像の産物の貧困化をもたらしたが、今や明らかに後もどりできないやり方で精神の中にその歩みを進めていた。

この非神聖化はマックス・ウェーバー〔一八六四－一九二〇、ドイツの経済学者、社会学者〕が「世界の脱魔術化」と呼んだところのものの重要な一面を構成した。聖なるものは、科学の探究と説明に大きく開かれた宇宙の外へ徐々に撤退しつつあったのである。[1] 進化論の誕生、世界は七日間で創造されたのではないという明らかな事実、エデンの園に関する「創世記」の文字通りの読解の必然的な放棄は、天の非宗教化と同じ方向で作用した。キリスト教的感受性の歴史において以後一頁がめくられた。人々が千五百年にわたって天国を想像していたようには想像できなくなっていた。もはや天国を想像することはまったくできなくなっていたのである。何という空隙であろうか！　本書の先立つ部分のすべてがその底の深さを推し量らせてくれる。

マックス・ウェーバーが「世界の脱魔術化」によって意味したところのものは、ルドルフ・ブルトマン〔一八八四－一九七六、ドイツの聖書学者、プロテスタント神学者〕によって「非神話化」と形容された。ブルトマンによれば、死後「天に行く」希望は「救済と光の超越的な世界をわれわれの地球の上方のコスモス的空間に位置する領域として思い描く、古い神話的イメージ」と結びついていた。けれども「われわれは宇宙の上と下について語ることが馬鹿げていることを学んだ。大きな雲に乗ったキリストの到来は、もはやわれわれにとって誠実には理解することのできない表象である」[2]。

歴史上の重要な――しかしながら滅多に提起されない――問題がここで提出される。この「非神話化」は近代科学の誕生とともに十七世紀に現れた新奇な問題だったのであろうか。キリスト教の天国にまつわる言説を急いで俯瞰しただけで、反対に次のことが明らかとなる。すなわちこうした言説は、一見互いに矛盾しているように見えながらも長いあいだ問題なく共存してきたふたつの要素によっていつも構成されていた、ということである。この言説は一方では、上方のエルサレム、決定的に再発見されたエデンの園、天の宮廷、奏楽の天使たち、マリアの戴冠と被昇天、教会と聖人たちの勝利を喚起する可能な限りもっとも美しい図像類などなどを用いてきた。けれども他方でこの言説は、あの世の幸福は言語に絶したもので、表象不可能なものだと、絶えず断言してきた。今やはっきりさせるべきは、この第二の点である。

この系譜の起源にはコリントの信徒への聖パウロのふたつの手紙がある。「コリントの信徒への手紙一」（二章、九節）では、「イザヤ書」と「エレミヤ書」の一節を融合しながらパウロは次のように教えている。神の叡智は「目が見もせず、耳が聞きもせず、人の心に思い浮かびもしなかったこと、神が自分を愛する者たちに用意したすべてのこと」である、と。「コリントの信徒への手紙二」（一二章一～四節）では、パウロが「第三の天まで引き上げられ」たときの幻視が喚起されるが、それには不確かさがつきまとっている。「それは私の体の中のことだったでしょうか。体の外のことだったでしょうか。私にはわかりません」。聖アンブロシウスはこの第二のテキストに依拠して、天国を描くことの不可能性を次のように断言している。

天国の問題に取りかかろうとするとき、天国とは何であり、それがどこにあって、その性質はいかなるものであるかを探究し説明しようと欲するなら、われわれは深刻な困難に遭遇することになるように思われる［…］。もしも天国が聖パウロあるいはパウロに似た人がその生涯に見ることのできたようなものであるとしても、それでもやはりパウロが、それは自分の体の中のことであったのか、それとも体の外のことであったのかを思い出せなかったことに変わりはない。しかしながらパウロは、漏らすことを禁じられているような言葉を耳にしたのである。それならわれわれは、われわれが見ることのできなかった天国の場所の問題をどのようにして解決できるのであろうか。しかも、たとえわれわれが天国を見たことがあったとしても、それを他人に知らせることは禁じられるであろう。もしもパウロがその崇高な啓示から結果する奢りを恐れているのだとしたら、それ以上にわれわれは、その暴露が危険なしでは済まないような対象に対してあまりにも関心を抱きすぎた探究の活動を、どれほど畏れねばならないであろうか［…］。パウロにはその秘密を委ねておくことにしよう。[3]

けれども、キリスト教の歴史を通じてあの世に関する最重要の鍵となる言葉として理解され、記憶にとどめられたのは、聖パウロの伝達不可能な幻視以上に、「目が見たこともないもの…」についてのパウロの教えである。そのことを示すテキストは選ぶのに困惑するばかりだ。読むに任せて心にとまったいくつかをあげるだけにするが、ほかにもたくさん付け加えることができるはずである。

アイルランドの使徒聖パトリク（四六一年没）は聖パウロのテキストに依拠して天国を理解することの不可能性を述べている。事実こう明言する。

あるがままの天の王国の幸せについて述べ、考え、あるいは理解することは、何びとも肉を身にまとっている限りできることではない。というのも天国の幸せは、次のように書かれているところからして、人が考え思いつくことのできるものよりはるかに大きく、ずっとよいものだからである。「目が見もせず、耳が聞きもせず、人の心に思い浮かびもしなかったことを、神はご自分を愛する者たちに用意された」〔この部分原文ラテン語「コリントの信徒への手紙一」二章、九節〕。事実神の王国はどんな評判よりも大きく、どんな称賛よりもよい。それは数の学問や想像しうるどんな栄光をも越えている。[4]

聖ベネディクトゥスはその『戒律』の中で修道士たちにこう断言している。「〔もしもわれわれがわれわれの行いによって〕神の掟〔…〕を〔実現したら〕、そしてもしも最後の審判の日にそれを示したら、主から与えられるわれわれの褒美は神が約束された通りのものとなるでしょう。そしてそれについてはこう書かれています。「神が自分を愛する人たちのために用意したものを、目も見なかったし、耳も聞かなかったし、人の心も知らなかった」」[5]。セビリャのイシドルスは次のような言葉によって「未来の生活」に関する説明を始めている。「未来の生活における真の至福に関して聖書は次のように言明する。「目が見もせず、耳が聞きもせず、人の心に思い浮かびもしなかったことを、神は人を愛する者たちに用意した」」〔この部分原文ラテン語〕。イシドルスはしたがって、われわれが天使のようになること（「マタイによる福音書」一三章、四五節に準拠）、われわれはもう罪を犯すことはありえないこと、われわれはじかに神を見ること、そしてそのときわれわれは至福と安心を知ること、を断言するだけで満足する。[6]

いきなり十六世紀まで飛ぶなら、われわれは同じ聖パウロの言説を再び見出すことになる。司教ブリソネ〔ギヨーム。一四七二頃－一五三四、フランスの高位聖職者〕はニコラウス・クサヌスとマルシリオ・フィチーノに発する否定的神学に範をとって、あの世に物質的なイメージを与えようとするのは冒瀆的であると見なしてこう書いている。「聖パウロ氏がどんな言葉も理解も超越するものとして沈黙した事柄について私が判読できると思ったとしたら、私は冒瀆の言葉を吐いているのです」。そしてまた、こうも。「神が御自分を愛する人たちのために用意したものは目に見えませんし、耳にも聞こえません。人間の心にも悟性にも届かないのです〔…〕。もし私が天使の資質にも人間の資質にも理解できない味を、味のない味を――というのも理解不能なのですから――想像し説明すると思うなら、私は神を冒瀆することになるでしょう」[7]。彼はまたこうも断言した。「われわれはわれわれの最期について盲目なのです。」[8] ブリソネの文通相手で弟子でもあったマルグリット・ド・ナヴァール〔一四九二－一五四九、フランスのナヴァール女王在位一五四四－四九〕は選ばれた者たちの幸福を『船』の中で否定的に喚起しながら同じような言葉遣いを用いている。

選ばれた者たちに神が委ねる幸せは、
人のどんな心もこれを思い描くことはできない、
目が見ることもできなければ、耳が聞くこともできない、
それはあまりに大きいので、人の力を凌駕する！

この世にはそんな至福はない、
またあなたの神があなたのために用意するあの至福に
比べうるものは見つけられないであろう。[9]

フランソワ一世とアンリ二世〔一五一九－五九、フランス王在位一五四七－五九〕の庇護を受けた詩人フランソワ・アベール（一五六一年没）〔一五一〇－六一、フランスの詩人、翻訳家〕は、『死を軽んずる牧歌』の中で天国は「言語に絶する宝物」であると言明し、続いて次のように明確化している。

それは人間の目が見ることのできない、
耳が聞くことも、心が思い描くこともできない、宝物、
それは要するに永遠の生命と結びついた、
不死の大きな喜び。[10]

上に引いたパウロ的な繰り返し、とりわけブリソネとマルグリット・ド・ナヴァールの繰り返しは、福音主義的なユマニスムの系譜に位置づけられると考えられるだろうか。福音主義的ユマニスムは、神の超越性を容赦なく否定する傾向があまりにも強い宗教を危ぶんでおり、その点ではプロテスタントに近かったのであるが。確かにエラスムスは『痴愚神礼讃』で次のように書いていた。「［黄金時代の同時代人たちは］死すべき人間が自分の置かれた立場以上のものを知ろうとすることは瀆聖だと考えていた。天の向こうにあるものを調査することについては、そんな錯乱は頭に思い浮かびもしなかった」[11]。同様にルターは、最終的な天国における動物たちの身分について『卓上語録』でほとんどユーモラスな予想を行っているものの、あの世の喚起においてはむしろ慎重になることを説いた。カルヴァンはこう断言した。「知らないことに関して、われわれが神から許されている以上に知ろうとして問い合わせることは、狂気の沙汰であり、向こう見ずなことである」[12]。したがってカルヴァンは「［死後］魂がいかなる場所に住まうかについてこれ以上詳しく調査することを［…］」勧めなかった[13]。

けれども、六百四十頁（八つ折判）にもわたってあらゆる「喜び」を詳述しているドレクセルの『天国の喜び一覧』のフランス語版が、そのタイトルのもとに、聖パウロの例の言い回し「目が見もせず…」を伴っているのを見るのはなお一層驚くべきことである。どうやら著者は、天国での近い将来の成り行きに関する自分の饒舌と「コリントの信徒への手紙一」の慎重な断言とのあいだに矛盾を見てはいなかったようだ。天の幸福のどんなに大げさな喚起も描写も、当然のことながら、あの世の現実にははるかに及ばないが、一般には認められていたのである。

トリエント公会議の公教要理はこの問題に関して明快である。そこにはこう読める。

この［天国の］至福はあまりに大きいので、誰も［…］それについて正しい観念を抱くことはできないであろう。というのも、あるひとつの対象を指し示すために他のいくつもの対象と共通する言葉を用いるや否や、その言葉はこの対象を完璧に表現するための適切な単語を欠いているという明らかな印となるからである。

もしもわれわれが聖人の幸福を、永遠に生きることになるであろうすべての人に一般に当てはまるわけでもなければ、聖人たちに必然的に当てはまるわけでもないような言葉で指し示すとしたら、そこからわれわれは次のような結論に至る権利を当然獲得する。すなわち、適切な言葉によって聖人の幸福にかなり広い観念を与えることができるようになるには、聖人の幸福はあまりに高尚であまりに卓越したものなのだ、と。なるほどわれわれは聖書の中に、「神の王国」とか「イエス・キリストの王国」とか「天の王国」とか「天国」とか「聖なる国」とか「新しいエルサレム」とか「父の家」とかといった、それ〔聖人の幸福〕を指し示すかなり多くの表現を見出す。けれども、これらの名前のどれも、その大きさを表現するのに十分でないのは明らかである。

今日では、こうした幸福の偉大さをわれわれが理解するのは不可能である。それはわれわれの精神に現れることはできない。主の喜びのうちにわれわれが参入していなければならない。そのときわれわれは、まるでそれに漬かりきったようになり、至るところからそれによって包まれるようになるであろう。そしてわれわれのすべての願いが満たされることになるであろう」[14]。

公会議の公教要理はこの名言を支えるために当然のことながら聖パウロのもうひとつの有名な断言を参照させていた。「今、われわれは鏡の中を、それもおぼろげに見ているが、そのときには、一対一で目にすることになろう」（「コリントの信徒への手紙一」一三章、一二節）。

天国に関するふたつの言説

聖女マルグリット・マリーの霊的指導者であったイエズス会士クロード・ド・ラ・コロンビエール〔一六四一-八二。一九九二年に列聖された〕はある説教の中で、あの世の天国の「えも言われぬ豊かさ」を喚起するために引き算の言葉を力強く用いている。彼の言葉に耳を傾けよう。

われわれは［聖人たちが］享受している幸福を不完全にしか知りません。けれども聖人たちが免れている不幸は強く感じるのです。ですから、われわれが彼らの幸福を願うほどに心を駆り立てられるには、彼らの所有している幸福より、彼らの解放された悲惨さを思い浮かべる方が、好都合なのです［…］。この世で神を知るもっとも確かでもっとも完璧なやり方が、神が免れている不完全さを考えてみることであるのと同じように、永遠の住まいの幸福をわれわれに知らしめるもっとも身近でもっとも有効な道もまた、そこから排除されている悲惨さを考えてみることなのです［…］。

私は天の幸福が何に存するかは知りません。ただ私は次のことを知っています。そこでは完璧な喜びを味わうだろうということ、神を神ご自身において見るということ、神はこの至福の場所にしか現れないということ、そして神が天と地を飾ったすべての装飾物、われわれに喜びを与えわれわれの感覚を喜ばせるために人為が自然に付け加えることのできるその一切、それらすべての美しいものは天国と比べたなら何物でもないということを。そこに何があるのか私はまったく知りません。そこに何がないかなら知っています。そこには精神的ないかなる悪も、肉体的ないかなる悪も、いかなる罪も、いかなる悪徳も、いかなる嫉妬も、いかなる私利私欲も、いかなる気まぐれも、そして苦しみを与えるかもしれないいかなる美徳さえも、ないのです。もはや信仰も、恐れも、希望も、苦悩も、贖罪も、ないのです。[15]

ひとりのイエズス会士によって与えられるこうした天国の定義は、否定的な基調となってはいるが、一方ではバロック教会の、とくにラ・コロンビエール神父が所属していたイエズス会の教会の、眼も眩むばかりの装飾と共存していたのだった。このふたつのタイプの言説のあいだの矛盾は、ビザンチン世界における聖像破壊運動に対する勝利と、西欧における教導権による図像の絶えざる受容を参照すれば、現実的な矛盾というよりも見かけ上の矛盾となる。ダマスコの聖ヨハンネス（七五〇年頃没）〔ダマスカス生まれのギリシア教会博士〕は『図像を投げ捨てる者たちを駁す』を書いて「いかにして見えざるものの図像を作るか」という問題を提出し、こう答えていた。「無形の者が人間となったということをもし汝が理解したなら、そのときには明らかだ、汝はその者について人間の図像を作ることができる」[16]。東方正教会の神学によれば、神の光と言葉はイコンの黄金によって捉えられる[17]。カトリックの側では、トリエント公会議の精神におけるよき代弁者モラヌスが、純粋な霊である天使になぜたとえば人間の外観を与えるのかを、見事に説明している。モラヌスはこう書いている。「翼は天使たちがその奉仕においてどれほどの素早さをわれわれの神でもある彼らの神に対して、そしてまたわれわれに対して示すかを意味している〔…〕。天使たちの吊り香炉はわれわれの祈りを主に向かって差出し唱えていることを意味している」[18]。神学者たちの頭の中では、天国の図像はひとつの「神秘的で象徴的な」言説を構成していたのであり、それによって人々はあの世の幸福に関して、字義通りの意味から感覚領域を超えた霊的な意味へと上昇することができたのである。

しかしながら、天国の図像が何世紀にもわたって大いに利用されあまりにもしばしば繰り返し用いられたために、しまいには信用をなくした、ということも事実である。それはわれわれが前に力説した「息切れ」というものである〔本書第二十四章〕。宗教的言説がさまざまな道を通ってこの種の喚起における一層の節度へと向かいつつあったそのときに、永遠の至福を喚起させるための想像力が枯渇してしまったのだ――しかもそれは偶然ではない。

この主題に関するプロテスタントの自制心、そしてその自制心があの世の幸福に関するローマ・カトリックのいや増す教育的な基調音と取り結ぶ親近性については、本章に先立って明らかにされている[19]。したがってここでは当時の包括的な宗教的推移の一特徴について指摘するのが望ましいであろう。あいかわらず天国の喚起が問題となっている場合の話であるが、今日から見た場合、カトリック宗教改革の神秘神学と、ジャンセニスト〔十七－十八世紀、フランスから興りヨーロッパのカトリック教会に論争を巻き起こした教派ジャンセニスムの信奉者〕たちの「幻視」に対する反感は――それらは互いに正反対のふたつの考え方に見えるけれども――、にもかかわらず中世の人たちにはあれほど近くにあった天に対してともに距離を置く方向へと収斂したのであった。というのも、〔ジャンセニストと同様〕神秘神学は、カトリック宗教改革の時代には――そもそも長い伝統に従ってのことであるが――、あの世の世界に直ちに腰を落ち着けることより、むしろ内面化と神との合一を強調したからだ。しかも、他方、――もう一度言おう――バロック芸術はそれがどんなに眼を眩ませるものであったにしろ、至高天の正確な描写よりも、至高天への上昇を提示したのである。

とはいえ、天国の具体的な表象の歴史はバロックの黄昏とともに終わったわけではなかったことも確かだ。延長されたし、新たな展開もあった。その証拠として最近の証言を以下にひとつあげておくが、これがあれば他の証言をあげる必要もなくなろう。ハンガリーの敬虔な農婦マルギット・ガリ〔一九〇七－?〕の証言である。ガリによるこの回想は共産主義の時代にまとめられ、一九八三年に出版された。この回想はそのまま十三世紀あるいは十七世紀の女性キリスト教徒の回想となってもおかしくないであろう。マルギット・ガリは二年間しか学校に通わなかったが、教会あるいは家で聞いた公教要理の教えをきちんと消化していた。なるほど著者の名前は書かれていないが、聖パウロの言葉を以下のような文章で引用している。「この天国を私たちは私たちに述べられている通りに思い描くのです。というのも、主が自分の命令に従う人たちのために用意したものを、かつて一度も人間の目は見たこともなければ、人間の耳は聞いたこともないからです」。その後、ガリは天国について叙述を行うのだが、それは彼女の頭の中では、前述の注意と矛盾するものではない。この叙述にはペンで急いで描かれたふたつのデッサンが添えられている。

マルギット・ガリにとって、[20] 天に太陽と月と星を創造し配置したのは父なる神である。「太陽については、それは父なる神の目、三位一体のランプです」。星は「天使たちが地球を見守る窓」である。「人間は月に行ったことがあると言われますが、それはほら話です〔…〕。神が望まれた限界を人間はけっして越えることはできないでしょう。この世を去り浄められた魂のために神が用意した場所、そこに人間がたどり着くことはけっしてできないでしょう」。マルギット・ガリにとっての天国とは、十五世紀の芸術家たちにとってのそれと同じく、ひとつの場所である。すなわち、「あらゆる種類の花々〔…〕」のある美しい園である――「聖処女はつねにユリに囲まれています〔…〕。スズランについては優れてマリアの花です。けれどもスミレやその他あらゆる花もあります。そしてとりわけ、木々のない天国など思い描いてはいけません！〔…〕そこはどんな季節であれ、花でいっぱいの場所なのです」。

天国ではどんな場所も優劣がないというわけではない。われらが農婦は「ニワトコやイヌゴマが生える園の奥深くにいるだけでもう満ち足りた気持ちに」なるだろう。というのも、「父なる神が雲の玉座に座を占め、右手には息子が座り、白鳩の形をした聖霊が彼らの上を飛翔する姿が」至るところから見えるからだ。「そして彼らの脇には聖処女がいる」。「化け物のような翼を持った」智天使たちと「薄いバラ色の」衣服をまとった熾天使たちが三位一体を見下ろしている。

マルギット・ガリの描くデッサンは、添えられた説明文ともあいまって、天国にまつわる長い伝統——書かれたものも図像学的なものも——をよく知っていることを示している。ガリは「列聖された処女たちの穢れなきグループ」「殉教者たちの軍団」「使徒たちの一群」「聖なる隠者たち」「証聖者たち」「多数の聖人」を、それぞれのいるべき場所に置くことによって「天の秩序」を再構成してみせる。そしてこれらすべての「一群」が「はっきりと区別された列をなしている」ことを明確にしている。マルギット・ガリは気兼ねなく伸び伸びとゲントの「神秘の子羊」を説明していたことであろう。

このハンガリーの農婦は重要な自問を行っている。天国では人々は何をしているのだろうか。これに対する答は次の通り。花々の世話と称賛の歌を歌うこと、これを交互に行っている。「そこでは人々が絶え間なく「聖なるかな、聖なるかな、聖なるかな、主よ、宇宙の神よ」〔「ヨハネの黙示録」四章、八節〕と繰り返しているのを私は思い描きます。「ホサナ」〔神を賛美する叫び〕がひっきりなしに叫ばれています。というのも、そこでは沈黙の場所がないからです〔…〕。ある一団が神への賛歌を歌うあいだ、別の一団は園の手入れをするのです」。ただし使徒たちの場合は違っている。聖ペテロは天国の戸口におり、他の使徒たちはイエスの玉座の脇にいる。「私の考えでは、それはちょうど政府の集まりのようなものです。座席は互いにすぐ近くにあって、選ばれた者たちがそれを占めています。彼らはもちろんけっして移動したりはしません。仕事もしていません。実際、彼らが花に水をやっているところなどどうして想像できるでしょうか。彼らは天の政府を形作っているのです。彼らは指導者なのです」。マルギット・ガリによる天国の描写は模範的である。というのも、何世紀ものあいだに付け加えられた神学的・象形的諸要素——三位一体の玉座、使徒たちに割り振られる名誉の座席、聖人と天使たちが整然と並んだ一群、天上のものとなった地上の楽園、至福直観に伴う歌——を再編成し、視覚化しているからである。庭いじりを別とすれば、天国では人々はあまり動かない。なぜなら「そこでは人々が絶え間なく「聖なるかな、聖なるかな、聖なるかな、主よ」と繰り返している」からである。

現代のハンガリーの一農婦の頭の中で伝統的な天がこのように維持されていたこと以上に驚くべきは、十七世紀と十八世紀の何人かの神学者たちの、天を最大限人間化し具体化しようという大胆な試みである。ルター派の牧師フィリップ・ニコライ〔一五五六－一六〇八、ドイツの牧師、詩人、作曲家〕は一五九九年から一六〇八年にかけてふたつの作品を書き、地球は最後の審判の後で天国のようになるだろうと断言した。海だけはもう存在しないだろう。大陸間の往来はそれで容易になるだろう。気候はどこでも心地よいものになるだろう。各人が出身地で幸せに暮らすだろう。けれども聖霊降臨の大祝日にも似て、外国人の言葉は苦もなくわかるようになるだろう。[21]

ハプスブルク家の諸国家では、カプチン会修道士マルティン・フォン・コッヘム（一六三四－一七一二年）〔ドイツの神学者〕がとくに女性読者のために何冊かの宗教書を書いたが、それらはベストセラーとなって十八世紀を通して再版された。コッヘムはそこで次のような信念を披歴した。すなわち天は「想定されるような霊的な何かではなく、一種の物質からなり、形式と実質を備えた身体的な何かである」と。天国は何もない空間ではない。そこには視覚と触覚と味覚と嗅覚を楽しませる川も木も果物も花も見られる。[22] チューリヒの牧師ヨハン・カスパール・ラヴァテル（一七四一－一八〇一年）〔スイスの牧師、詩人、観相学者〕が描いたのもまた物質的な天である。スタール夫人〔一七六六－一八一七、スイスの女流作家〕はこの人のことを「少しスイス風のフェヌロン」と言っていた。またゲーテはラヴァテルがゲーテを改宗させようとしたのでうるさいやつと思ったらしいが、そのラヴァテルは『永遠の眺望』と題してまとめられたある友人宛ての書簡集の中でこう断言している。選ばれた者たちは天国的となった地球の端から端まで幸せに旅をすることだろう、そしてそこに家を建て、素晴らしい庭をしつらえるだろう、と。[23]

ラヴァテルはスウェーデンボリ（一六八八－一七七二年）を読んでいたが、このスウェーデンボリに関してはコリーン・マクダネルとバーンハード・ラングが『天国の歴史』〔一九八八年〕の中で長々と論じている。[24] 著者らはスウェーデンボリに近代の天の創造者を見ている。スウェーデンの主教の息子スウェーデンボリは最初（鉱山の）技師、そして科学者の経歴をたどったが、一七四三年以来あの世への幻覚を抱き、それを一連の作品の中で世に知らしめた。

『天的秘義』〔『天界の秘儀』とも〕、『天国と地獄、惑星と天体の驚異』、『この世とあの世における夫婦愛の魅力についての興味深い論考』である。

スウェーデンボリの教義は「新しいエルサレムについての〔教義〕」といわれるが、確かに革新的な諸要素を含んでいる。その主要なものは、静止に対するスコラ学的な称賛に反して、あの世では何ひとつ静止したものはなく、運動こそがその基本的な構成要素だとする断言である。そしてそれにはふたつのやり方がある。まずスウェーデンボリはあの世の宇宙にいくつもの段階を認める。死は狭い海峡の通過にすぎず、死ぬとすぐに死者は「霊的世界」に到着する。そこでは彼らはまったく自由に、自分の行動によって自分の運命——天国への上昇か、あるいは地獄へ堕ちるか——を決定的に決めることとなる。天国自体が下から上へと三つのレベルを含んでいる。自然的天国、霊的天国、天上の天国である。浄化の活力全体が、オリゲネスの場合と同じように、頂上への上昇を可能とする。

したがって、中世の天を特徴づけていた不動主義的観点とはほど遠い。その上、最高の段階にあっても、活動性は是非とも必要である。至福直観の不変性の中で停止することはもはやない。奉仕はこの先もまだ続く。天国の幸福は、神とその他の者をつねに一層愛することにある。天国の生活の、この尽きることのない霊的な活力に対する新たな固執は、西欧思想における進歩の観念の発見とたまたま同時に起こったわけではなかったのだ。

スウェーデンボリの時代には、そしてスウェーデンボリ以後の時代にはなおのこと、天国はこうした霊的な活力によって特徴づけられるという確信を多くの著作家が表明した。非国教徒の説教師で『讃美歌』によって名高いイギリスのアイザック・ウォッツ（一六七四－一七四八年）はこう断言した。「既知と未知の宇宙で天使たちがこれほどまでに多様な心地よいやり方で神への奉仕に使われているとしたら、正しい人たちが非活動的な観想という座ったままの状態に永遠に閉じ込められるなど、われわれには想定することができない」[25]。進歩の観念の創始者のひとりであるライプニッツ〔ゴットフリート・ヴィルヘルム。一六四六－一七一六、ドイツの哲学者、数学者、政治家〕にとっては、あの世における幸福は「完璧な所有に〔…〕あるのではない。それはより大きな善へと向かう継続的な不断の進歩以外ではありえない」[26]。これはまたカント〔イマニュエル。一七二四－一八〇四、ドイツの哲学者〕も共有した見解だった[27]。スコットランドの哲学者アイザック・テイラー（一八六五年没）〔一七八七－一八六五〕、バプテスト派の説教師チャールズ・スパルジョン（一八九二年没）〔一八三四―九二〕、小説家のエリザベス・スチュアート・フェルプス〔一八四四―一九一一、アメリカの作家〕――彼女の小説『開かれた門』（一八六八年）はたいへんな成功を博した――、メソジスト教徒のレスリー・ウェザーヘッド（一九七六年没）〔一八九三―一九七六、イギリスの神学者〕らは――いくつかの名前をあげたにすぎないが――、行動は祈りであること、天は観想的な崇拝の場所ではないこと、天は活動的な国であってその存在理由は相互の奉仕であること、そしてそこで人は絶えず学んでいること、これらのことをそろって断言していた。

リジューの聖女テレーズ〔本名テレーズ・マルタン。一八七三―九七、フランスのカルメル会修道女〕は天国における激しい活動を原理に掲げる思想の流れに加わった。事実彼女は死の数週間前にこう書いた。

私は天で不活動のままにはとどまらないつもりです。私の願いはなお教会と人々のために働くことです。私はそれを善良な神様にお願いしますし、神様が私の願いを聞き入れてくださることを確信しています。天使たちは神様の顔を見ることをけっしてやめず、愛という岸辺のない大洋で道を見失うことをけっしてやめることなく、絶えず私たちに心を砕いているのではありませんか。なぜイエスは私が天使たちを手本とすることを許さないでしょうか［…］。もし私がすでに戦場を離れているなら、それは休息したいという願いのもとでそうしたのではありません［…］。天の祖国へと私を惹きつけるもの、それは主の呼び声であり、これほどまで私が願っていた通りに主を愛せる希望であり、多くの人々に主を愛させることができるかもしれないという考えなのです。彼らは主を永遠に称えることでしょう[28]」。

テレーズはその数カ月前にもこう明言していた。「もし私が天国でイエスの栄光のために働くことができないなら、私は現世の中にとどまり、なおイエスのために戦う方を好みます[29]」。

けれども――テレーズの信仰生活からかけ離れたスウェーデンボリにもどると――、先ほど私が強調した「現代性」にもかかわらずスウェーデンボリはあの世の世界が具体的な面でわれわれの世界に似ているという古い確信を、確かに新しいタッチの助けを借りて復活させ、強化しさえしたように私には思われる。天ではわれわれは天使となるが、顔、目、耳、腕、脚のある天使である。天使は五感を与えられており、男女両性に分かれる。天国はなるほど霊的である。けれども、家、街路、庭、山々があって、物質的性格を保っている。感覚の経験が接近できる場所こそが問題なのであって、物質的な外見はこのレベルになると神的なるものの表現のひとつとなるのである。当然のこととしてスウェーデンボリは天国における結婚を、したがって性的結合の幸福を、維持し称揚する。とはいえこの神的な悦びは純粋でまったく内面的なものである。

スウェーデンボリの例にならって、エリザベス・スチュアート・フェルプスはしゃれた山荘や庭園やピアノのある天国を想像した。天の住人の習慣や用事や子どもの育て方を本の中で思い起こさせた。[30] ヴィクトリア時代のもうひとりの女流小説家であるアグネス・プラットもまた、美しい風景の中に組み込まれた魅力的な家を天国に登場させた。[31] さらに一九六九年に亡くなったケベックのひとりの農夫は、非常に具体的な形でユーモアを交えてこう打ち明けていた。自分は、天で「善良な神様にもうおまえなんか必要ない」などと言われ「馬鹿に」されたくない。「もし天が何もしてくれないなら、自分は〔神には〕興味などない〔…〕。聖ペテロに頼むつもりだ。大地を切り開き、開墾しに出かけ、楓《かえで》に切り込みを入れ、多分雌鶏の世話をするようにとね」[32]。交霊術の信奉者については、十八世紀以来多数いたが、彼らは死の前と後を切り離すような境界あるいは差異を小さくする傾向があった。

神秘を受け入れる

けれども、繰り返しや再燃やしばしば驚くほどの思いがけない発見にもかかわらず、ある長期にわたる変化が——私はそれについて今から力説したいのであるが——あの世の神秘をはっきりと際立たせ、またキリスト教の天国に関するイメージ豊かな言説をイメージのない言葉からますます切り離し、後者と比較して前者の信用を失墜させる方向に作用していくのである。われわれがこれまで詳細に説明してきたすべての要因が、相次いで、あるいは同時に、こうした方向に作用した。それらの要因とは、すなわち、神話的神々の侵入、画家たちの絵筆のもとで次第に大きな位置を占めていく日常的な天、天国のイメージのストックの枯渇、ふたつの宗教改革に共通する教理教育的な意図、プロテスタントとジャンセニストの「節度」、そしてもちろん、「新しい天文学」の勝利、といったものである。

天国の色彩豊かな想起と、描写的というより信仰絶対主義的な言説とのあいだの共存は、長いあいだ調和がとれていたのであったが、これが断ち切られてしまった。前者は、構築されつつあった科学とその科学がもたらした心性の変化によって、正面から打撃を受けた。反対に後者は、聖パウロの権威と一連の公会議やキリスト教の時代を通じて発せられた警告、そして神秘主義者の経験に依拠して、揺るぎなかったし、また今でも揺るぎないものであると私は思う。

視覚化されたというよりも生きられた天国、描写の対象というよりも信仰の対象としての天国を強調する傾向は、数ある証言の中でも、十九世紀と二十世紀のふたりの神秘思想家――リジューのテレーズと三位一体のエリザベト〔本名エリザベト・カテー。一八八〇－一九〇六、フランスのカルメル会修道女〕――の著作によって、また集団的なレベルでは十八世紀以来イギリスのプロテスタントたち――英国国教会に属そうと属すまいと――が用いてきた讃美歌によって、われわれに証明されている。この二組の一連の典拠を互いに突き合わせると、永遠の幸福に関するキリスト教的信念の、今日に至るまで無傷なままであったところの核心的部分が明らかにされるはずである。

リジューのテレーズについては私はジャン・フランソワ・シス〔一九二九－、フランスの司祭で神学者〕に導かれて読んでいるが、テレーズは「天国」という言葉を滅多に用いていない。むしろテレーズは「天」について語るのだが、それを叙述することもない。ある定型表現がこの領域におけるテレーズの確信と希望を見事に要約している。「これが私の天なのです[…]、これが私の運命です。愛に生きることなのです」。そしてテレーズはイエスに話しかけて次のように述べる。「あなたの中に私はすべてを、地と天さえも持っています」[33]。このふたつの表現は一八九五年のものであるが、以下ではとりわけ、一八九六年春の復活祭から一八九七年九月三十日に二十四歳で亡くなるまでの、テレーズの最後の書きものについて詳しく取り上げよう。そこには確かに天国に関する伝統的で月並みな想像の産物を想起させる表現も見出される。「［イエスよ、］天の熾天使たちがあなたの宮廷を形作っている」「楽しげな小さな智天使たちの／魅力的な軍団を伴って／おお、神の子よ、あなたを称える歌を／私たちは天で歌うでしょう」。あるいはまた、「従順な子羊の処女《おとめ》のような列」「天球に向かって昇って行きながら、あなたの別れの歌はまだ春のようでした」「天へ舞い上がる」などなど。[34] けれどもこうしたイメージ豊かな、安っぽい甘ったるさを免れない想起は、テレーズが生涯最後の時期の「闇」の中で悪戦苦闘するとき、この「闇」によって必要なものとされた信仰の業《わざ》をたいていの場合可能にしている。これについての彼女の告白は感動的だ。

　誰ひとりとして考えてもみなかったのにクリストフォルス・コロンブス〔一四五一―一五〇六、アメリカ大陸への航海者〕の天才的能力が新世界の存在を彼に予感させたのと同じように、私もまた、別の世がいつの日か揺るぎのない住まいとして私の役に立ってくれるだろうと感じていたのです。けれども、私を取り囲んでいた霧が突然一層濃くなり、私の魂の中まで侵入し、魂を包んでしまったので、もう私には、あんなにも優しい私の心のふるさとを魂の中に見出すことが不可能になったのです。すべてが消え去ったのです！　闇に囲まれ疲れてしまった私の心を、私は明るい国の想起によって休ませたいと思いましたので、募りつつある激しい苦悩をそちらに向けて吸い上げようとしました。すると、そのとき、闇が罪人《つみびと》たちの声を借りて、私を嘲笑ってこう言っているように思われたのです。「おまえは光を、この上なく甘美な芳香で満たされた心のふるさとを、夢見ている。おまえはこれらすべての、驚異の創造主の、「永遠の」所有を夢見ている。おまえはおまえを取り巻く霧からいつかは抜け出られると思っている。進め、進め、おまえが期待するものをではなく、なお一層深い夜、虚無の夜をおまえに与える死を、楽しむがいい」[35]。

　この地上の夜で、テレーズは愛にほかならないあの世に対する清浄無垢な信仰を、それでも保っている。同じ告白で彼女はこう書く。

私はあなた〔＝イエス〕にとっては慰めに満ち満ちたひとつの魂、信仰のヴェールがほとんど引き裂かれたひとつの魂に見えるにちがいありません。しかしながら〔…〕それはもはや私にとってはヴェールではありません、それは天までそびえ立ち星のちりばめられた蒼穹を覆う壁なのです〔…〕。天の幸福を歌い、神の永遠の所有を歌うとき、私はそれによる喜びをひとつも感じません。というのも、ただ単に「私が信じたい」ことを歌っているだけですから…時には確かに、ほんの小さな一条の太陽光線が私の闇を照らしにやって来ます。そのとき、試練は「一瞬」やみます。けれども次にはこの光線の思い出が、私に喜びをもたらす代わりに、私の闇を一層濃いものとするのです。[36]

生涯最後の十八カ月のあいだに書かれたその他の書きものの中で、テレーズは、存在しかつ同時に不在である天のテーマに何度となく立ちもどっている。「「あなたのヴェールで覆われた眼差し」、これこそ私たちの「天」です。「ああ、イエスよ」」[37]。他の箇所で彼女は、「この世の夜」のおかげで、「天の秘密」を言うのは不可能であると断言している。「というのも」と彼女は白状する、「この世の言葉で天の秘密を繰り返し述べることが私にはできないのを感じているからです。それに、何頁も何頁も描写した後でも、まだ始めていない〔「天の秘密」を述べることができない〕と思うでしょう〔…〕。あまりにも多くのさまざまな眺望があり、あまりにも多くの無限に多様なニュアンスがあるので、天の君主のパレットだけが、この世の夜の後で、私の魂の目に明らかにしてくれる驚異を描ける色彩を、私に差し出してくれるでしょう」[38]。死後の幸福はしたがって、彼女にとっては人間の言葉では尽くしがたいものとなる。「天の君主」を除いてどんな画家も、それを目に見えるようにすることはできない。けれどもそれは視覚の対象ではないとしても、夜のさ中であってさえ、願望の対象なのである。

ああ。我が最愛の方、あなたの小鳥は力もなく翼もなく、あなたの望むだけ長くそこにとどまるでしょう。いつも目をあなたの上に釘づけにしているでしょう。あなたの神々しい眼差しに「魅了され」たいのです。あなたの愛の「餌食」になりたいのです［…］。私はそうした希望を持っているのですが、いつの日か、熱愛する鷲よ、あなたはあなたの小鳥を迎えにやって来られるでしょう。そして一緒に愛の住まいへ再び上って、あなたの小鳥をこの愛の燃え立つ深淵に永遠に投げ込むでしょう。あなたの小鳥はこの愛に、犠牲として差し出されたのです。[39]

テレーズにとっての天とは、確かに、ひとつの究極の目的であって、彼女はそれを信仰によって肯定している。けれどもその天は、肉体的精神的な苦悩を伴ったひとつの現在でもある。一八九六年六月、テレーズは聖体の秘蹟の祝日のときに作った「私の天！」と題する詩の中でこう叫んでいる。

私のイエスに向かってため息をつくとき、イエスは私に微笑みかける。
そのとき私はもはや信仰の試練を感じない。
私の神の眼差し、その素敵な微笑み、
これこそ私の天！［…］

私の天は魂の上に惹きつけることのできるもの、
私の母である教会と私のすべての修道女たちの上に
イエスの恩寵とイエスの神々しい炎を
この炎は心に火をつけ心を喜ばせることができるもの［…］。

私の天、それは小さなホスチアに隠されている
そのホスチアでは、私の夫であるイエスが、愛によってヴェールをかむっている。
この神の家庭に私は命を汲み尽くしに行く

そしてそこでは私の優しい救世主が昼も夜も私の話に耳を傾ける［…］。

私の天は私の中に類似を感じるもの
その力強い息吹で私を創造した神との類似を。
私の天はいつまでもその現前の中にとどまるもの、
それを私の父と呼び、父の子であるところのもの[40]［…］。

魂の中の天の現前、天国の「既在」、これこそテレーズと同じカルメル会修道女で一九〇六年に二十六歳で亡くなった三位一体のエリザベトの書き物にもまさしく現前する確信である。エリザベトは「栄光の称賛」「沈黙の魂」となることを願っていた。そして十字架の聖ヨハネを引用しながらヨハネとともにこう断言していた。「光が横断するこの夜の静寂と沈黙の中で［…］、「魂は神がその中にあることを魂なりのやり方で歌っています［…］。魂はこの世のあらゆるコンサートと旋律を越えた比類のないハーモニーを聴いている気がします」。けれどもそれは沈黙の音楽です。というのも、この静かで穏やかな知識はいかなる声の物音もなく伝わるからです」。このような魂の「天」においては、「栄光の称賛がその永遠の職務を始めます。その讃美歌は途絶えることがありません。栄光の称賛は聖霊の力のもとにあるのです［…］。それはいつも歌っています。いつも崇拝しています。その神の称賛と神への愛の中に、そして神の栄光の熱情の中に、いわばしっかりと取り込まれているのです[41]」。三位一体に語りかけて、エリザベトはこうも述べていた。「すっかり自分を忘れてあなたの中に定着するように、そしてまるで私の魂がすでに永遠の中にあるように、不動で心安らかになるよう私を助けてください［…］。私の魂を鎮めてください。それをあなたの天にしてください。あなたの愛する住まい、あなたの安らぎの場所にしてください[42]」。請願志願女性〔修道女を志願する女性〕に対してエリザベトはこう断言していた。カルメル会修道女は愛する方と自分を同一視しており、「その方を至るところに見出しています。それは地上の天ではありませんか！　その天を、あなたはご自分のうちにお持ちなのです[43]」。

リジューのテレーズならびに三位一体のエリザベトの断言を、以前引いたルターの次の断言と比較してみなければならない。「天の王国は単に君のすぐそばにあるだけでなく、君のうちにあるのだ」。信仰によって「われわれはわれわれ自身が天に住んでいるのです[44]」。歴史の眼差しはそのとき次のことを発見する。終末論を内面化すること、そして天国を具体的に表したいというつねに存在する誘惑から逃れること、すなわちここでは、何度も繰り返し語られてきたキリスト教の一テーマが問題となっていたのである。

そこから、神と「天」に関する言説が問題となる場合、リジューのテレーズと三位一体のエリザベトを長い霊的な大河の内部に置き直す必要が生まれてくる。三世紀のオリゲネスは至福千年説の信奉者たちに反対して論争し、彼らが新しいエルサレムを次のように想像しているとして非難している——「その基礎にさまざまな宝石を据え、碧玉で建てられた壁と、水晶で飾られた砦と、選ばれたさまざまの石、碧玉、サファイア、カルケドン、エメラルド、赤色縞瑪瑙、クリソライト、ヒアシンス、アメジストでできた城壁とで再建されることになる地上の都市[45]」。

反ラテン論争における十一世紀ギリシア教会の代弁者のひとり、修道士ニセタス・ステタトス〔ラテン名ニケタス・ペクトラトゥス。一〇〇五‐九〇、ビザンチンの神秘主義者、神学者〕は「われわれには何の役にも立たない歴史上のエデン」を「叡智的で不可視の世界の中の、もうひとつの天国」と対置して、後者について次のように断言している。「それは実在し、人間の内部に広がっている。小さな世界の中で大きな世界となるべく創造された人間の内部に[46]」。われわれはここに、すでにあげたロイスブルークの表現を再び見出す。「身体的天が終わるところでは、想像力と内的外的感覚も停止する[47]」。ニコラウス・クサヌスは「神を見ること」を扱いながら同じような言葉遣いによってこう述べていた。「もし誰かがあなた［主］を知ろうとして何らかの考えを抱くとしても、その考えが天国の城壁を越えないものであるだけに、それはあなたにまで達することはないと私は確信します[48]」。

今度は神秘主義的打ち明け話が、神の現前についてのこの言葉に尽くせない側面を強調している。聴罪司祭が作成した報告によれば、フォリーニョのアンジェラ（一三〇九年没）は「法悦」となった後で、こう明言したらしい。「これらの幸せに、すなわち私が体験した一切をはるかに上回る筆舌に尽くしがたいこれらの愉悦に浸っているうちに、えも言われぬ神の御業《みわざ》が私の魂に生じたのです。聖人も天使もそれについて語ることはできないでしょう」。またこうも断言していた。

これが〔…〕神の愉悦の筆舌に尽くしがたい深淵なのです。神のこの顕現は神以外の他の幸せがなくとも、最高の幸せです。聖人たちが永遠に持っている幸せです〔…〕。もしも私が永遠の生について語ろうと試みたなら、それは語る代わりに冒瀆の言葉を吐いているように思えるのです。そして耕す代わりに荒らしているように思えるのです〔…〕。深淵の事柄については、何かを語るのは不可能です。その音が事柄の観念を与えるようなたったひとつの言葉も、たったひとつの考えも、危険を冒すことになりかねないたったひとつの判断も、語れません〔…〕。深淵の神に似ているたったひとつの言葉も、たったひとつの観念も」[49]。

シエナのカタリナは、言語に絶する、あの世へと導かれるこうした陶酔の絶対的に例外的な性格を確言している。「この最高の全善を知ることによって、魂はそれ自体のうちに神を見るだけに、一層深い愛の深淵に溺れます。そのとき認識の目が開かれ、ものが見えてきて、〔魂の〕意思は神が愛するものを愛するところまで行くのです」。そしてカタリナはイエスに語りかけてこう述べる。

あなたが魂に夢中になり、魂の方も不滅の〔…〕あなたに夢中になる〔とき〕、あなたは魂に不滅の幸せを知らしめ、その幸せをあなたの愛徳の希望のうちに味わわせるのです。光であるあなたは魂に、あなたとともに光にあずからせ、火であるあなたは魂に、あなたとともに火にあずからせることで、あなたの火の中で、あなたの意思を魂の意思に結びつけ、また魂の意思をあなたの意思に結びつけるのです。叡智であるあなた、あなたは魂に、真理を見分けて真理を知る叡智を授けます［…］。力であるあなた、あなたは魂に力を与えます［…］。無限のあなた、あなたは恩寵によってこの世で魂と一致したことにより、魂を無限にするのです。[50]

受肉の聖マリア（一六七二年没）の『霊的著作』は似たような経験を、それは表現しえないものであると形容しながら、詳細に述べている。

［魂はそのとき］天にも似て、そこで神を享受するのです。そしてその中で何が起こっているかを表現するのは魂にはできないでしょう。それは、それを経験し享受している人たちにしか味わうことも耳にすることもできないコンサートでありハーモニーなのです。この秘密は残しておかねばなりません。ともかくそれはどんな表現も越えているのです。そしてそれについて語られることはすべて、実際のそれと比べれば低く不完全に見えるのです［…］。私は沈黙を余儀なくされます。というのも、たとえ天使と人間のすべての言語が一緒に集まったとしても、この崇高な交流の中で何が起きているかを説明することはできないと私には思えるからです。[51]

こうした神秘主義的な体験は時代を横切ってその表明の数を増やすこともできようが、それは偽ディオニュシオスに親しい、「沈黙という光を越えた闇」の経験にも似ていた――「そこでは、人はこの光り輝くまばゆいばかりの闇の秘密について、その絶対的に触知不可能で不可視の暗さ全体を通じて手ほどきを受けるのである。目を閉じるすべを心得た叡智が、言語を絶する光輝でもって満たされる闇の秘密について」。[52] 十字架の聖ヨハネは後に『信仰によって神を知る魂の歌』においてこう断言するだろう。「私は水がほとばしり流れ行くひとつの泉を知っています。けれどもそれは夜の奥底においてのことです［…］。私はその泉の新鮮で純粋な流れを信仰によって知っています。けれどもそれは夜の奥底においてのことです［…］。天と地はそこにおいて乾いた喉を潤すことでしょう。けれどもそれは夜の奥底においてのことなのです」[53]。

目を閉じるすべを心得た魂によって生きられた「天」、これは要するに神秘主義的な経験である。天国に関するふたつの言説——ひとつは視覚的で外部に対して表現する言説、もうひとつはイメージを欠いた瞑想的な言説——をますます隔てることになった距離を境界例によって人々に正しく理解させるためには、このような神秘主義的経験を想起する必要があった。第一の言説はしまいには使い果たされた。そしてその素晴らしい色彩にもかかわらず、恐ろしい前代未聞の変化を遂げつつあった文明の中で座りの悪いものとなった。もうひとつの言説は、言語を絶するあの世の巨大な神秘を一層守ったことによって、おそらくはよりよく抵抗することができたのだった。

英語によるプロテスタントの讃美歌は、天国を叙述するという不可能な計画を、キリスト教がますます棚上げしたことを確認してくれる。ここで取り上げるふたつの讃美歌集は、広く普及した点から見て意味深い証言となっている。ジョン・ウェスリー〔一七〇三－九一、イギリスの神学者、メソジスト派の創始者〕作曲の『メソジスト教徒と呼ばれる人たちのための讃美歌集』（一七三七年）と、同じくウェスリーに基づく『アメリカ合衆国におけるプロテスタント監督教会の代表者会議によって採択された讃美歌集　改訂・拡大版』（一八九二年）である。前者は七百六十九の讃美歌を集めており、うち十二は「天を描く」の項目にまとめられている。後者にはそれより少ない六百七十九の讃美歌が収められているが、うち十五が「天のエルサレム」に捧げられているから、前者に比べてこのテーマに割り当てられた割合はわずかながら増加している（一・〇五％に対して二・一〇％）。けれども、選んだふたつの資料においてその割合は僅少のままであり、他方、それらはバニヤンの『天路歴程』の例にならって、天の国は「ヨハネの黙示録」以来ステレオタイプ化した言葉でもって喚起されるのであり、そこからしても描写力はそのときすでに衰えていたと言えるのである。前者の『讃美歌集』の第七十五番讃美歌は、とりわけ次のような詩節を含んでいる。

信仰の目を上げなさい、そしてご覧なさい
聖人たちと天使たちが集まっているのを

眼も眩む玉座の前に群がる
数えきれない一団となって。
めいめい救世主の前に立っている。
全員が、列をなし、ミルクのように白い服を着て、
手にはシュロの葉を持ち
頭には栄光の冠を戴いている。[54]

もっと明瞭な、しかしやはり「黙示録」に忠実な後者の『讃美歌集』（一八九二年の監督教会採択の『讃美歌集』）は、信者たちにこう歌わせる。

私は聖なる国を見た、
新しいエルサレムを、
花嫁のように装って、天から降りて来る、
宝石で飾られた王冠《ディアデム》を伴って。
清らかな水の流れが
黄金の玉座からほとばしり出ていた。
人々はここで賛辞を捧げていた
そして子羊の足元にいた。[55]

これらの常套句とこれらの繰り返しは、全体的なインスピレーションから見れば、互いにきわめて近いものであるこのふたつの讃美歌集の精神をもっともよく表現している箇所だとは言えない。しかしその反面、このふたつの讃美

歌は、あの世の幸福に対する希望の強固なメッセージを包括的に、しかもイメージにさほど訴えることなく、明らかにしている。この世は「涙の谷」と形容されたままなのである。前者の『讃美歌集』に収められたある讃美歌はこう主張する。「私たちのただひとつの仕事、私たちのただひとつの目的、それは新しいエルサレムに到達することなのです」[56]。これと符合するように、後者の『讃美歌集』は叫ぶ。「おお、天国よ、おお、天国よ、／あなたの安らぎを誰が切望しないでしょう?／幸福の国を誰が探し求めないでいられましょう?」[57]

こうした詩による教理教育の支配的なテーマは、神の善良さ、贖罪に対する信頼、救世主イエスと栄光の主に対する賛辞、祈りの仕方、キリスト者の生活といったものであるが、これらは十九世紀のカトリックの讃美歌学に近いものであって、そこでは「天の住まい」に対する頻繁なる言及は次第に具体的な描写を伴わないものとなっていた。

そういうわけで、リジューのテレーズと三位一体のエリザベトの神秘主義的な経験をもう一度調べていただきたい。あるいは、十八世紀中頃から十九世紀末までの英語によるプロテスタントのふたつの讃美歌をもう一度比較して読み直していただきたい。すると同じ確認に行き着くのである。「天国」でも「天」でもよいが、それは色彩を失ったのである。もちろんキリスト教の言葉からそのすべてが消え去ったわけではないが、いずれにせよこの色彩の喪失は、現実主義的というより、信仰絶対主義的になったがゆえの結果だったのである。

第三十章　「天国、それは他者である[1]」

天国の最新の歴史

コペルニクス、ケプラー、ガリレイの「新しい天文学」とともに始まり、今日もなお深みを増すひとつの変化が原因となって、「あの世」は言語に絶するあらゆるものを伴いながら次第に「天」に取って代わってきたのだった。これと並行して、西欧における感受性の深刻な変化のために、教会は十八世紀から現代に至るまで、死、最後の審判、天国、地獄の四つの相〔人間の終末の状態を示す四つの相。四終〕に関する言説の修正を余儀なくされた。[2] 今日ではこの四つの相は目立たないものとなっている。あるいは、煉獄と地獄については沈黙することを採用しさえして、また最後の審判についてはもはやほとんど何も言わなくなっている。共通の確信は、煉獄と地獄はこの世に十分現前しているので、死後にまでそれらを延長する必要はないというものである。

天国もまた、この心的な大変動に容赦されることはなかった。けれどもこの言葉は今でもたいへん受け入れられており、現代人はたとえこの言葉に異なった希望を込めるとしても、あいかわらず天国を夢見ている。われわれはそこで二重の自明の理の前に立たされている。ひとつは天国が破裂したという事実、もうひとつはこの言葉に結びついた希望がしつこく存続しているという事実である。破裂はふたつのやり方でもって生じた。ひとつは、われわれの視線を進歩のイデオロギーと社会主義へ、そして現世において見つけ出せるはずのエデンの園へ向けさせることによってである[3]――これは『千年の幸福』〔本書『楽園の歴史』第Ⅱ巻〕の中で私がたどろうとした道筋である。もうひとつの破裂は、キリスト教という混沌とした星雲の内部において、もっとも具体的なものの見方からもっとも具体性を欠いたものの見方まで、扇状に大きく広がった見方で天国が表現されたことによってである。

　天国の破裂をめぐるこうした具体的な想起、あるいは、こう言った方がよければ「人間味を帯びた」想起のうち、もっとも驚くべき、もっとも魅力的な想起についてはすでに指摘した。こうした想起はスウェーデンボリに範をとって現れたのであって、それは、身体的愛は墓のかなたでも続いており、天使たちは両性に分かれ都市で暮らしている、と想像するものである。そこでヴィクトリア時代のイギリスの人々は、この世に「天を併合する」人たち、「キリスト教徒よりはむしろアメリカ・インディアンに一層ふさわしいほど堕落した」考えのもとで永遠について語る人たちを皮肉らずにはいられなかった[4]。もっと謹厳な人たちは天国を広大な大学として思い描いた。そこでは人々はけっして学ぶことを――もちろん喜びのうちにだが――やめないだろう。天国には知の総体をカバーできるような図書館、古文書、索引カードがあることだろう[5]。交霊術の信奉者たちは死者たちのスポーツ活動やダンスまでも描いたが、ダンスは信仰の一形式であった。また別の人たちは、この世で愛した動物たちと墓のかなたで再会できるだろうと断言した[6]。これらの奇妙な確信をここで想起するのは、教会の統制から天国についての言説が解放されるとき、そこにどんな規制緩和が出来するかを際立たせるためである。

　とはいえ教会は、天のエルサレムにおける永続的な安息という古典的な断言は維持した。ジョン・ウェスリーの讃美歌はたいへん人気があったが、信者たちに次のことを思い起こさせた。「私たちはこの世では外国人、巡礼者にすぎないのです。／この世は、私たちの知る通り、私たちの場所ではありません。／涙の谷を急いで渡りましょう。／そして、ついに永遠にあなたの顔を〔おお、主よ!〕、／私たちの天の国へ急ぎましょう、／私たちのあの世の永遠の家へ[7]」。過去と現在のすべての偉大なキリスト教会はこのようなテキストを産み出すことができたであろうし、またできるであろう。

十九世紀には、天国における選ばれた者たちの不断の活動が革新的な著作家たちによって強調されていたのであるが、これに対してカトリックとプロテスタントの新スコラ神学は、至福直観の本質に反するように見えるこのような見方と戦った。たとえば、フランス人ジャン・レイノー（一八六三年没）〔一八〇六－六三、社会主義者、哲学者〕が天における活動的性格の真実性を断言すると、この言動はペリグー〔フランス南西部の都市〕で開催された司教会議によって注意を命ぜられ（一八五七年）、レイノーの著作『地と天』〔一八五四年〕は禁書目録に入れられた。また、ドイツの主教ウィルヘルム・シュナイダー〔一八四七－一九〇九〕は、至福直観における心の安らぎは精神の最大限の活動を内包していると説明し、主の前では千年は一日のようなものだ〔「主のもとでは、一日は千年のようであり、千年は一日のようである…」（「ペテロの手紙二」三章、八節）〕ということを想起させた。あるいは、フライブルク・イム・ブライスガウ〔ドイツ南西部バーデン地方の中心地〕の神学者エンゲルベルト・クレプス（一九五〇年没）は、次のような問題を提出した。もしも選ばれた者たちが至福直観のおかげで余すところのない幸福を手にしているのだとしたら、どうして天で向上を期待したり新規なものを探し求めたりする必要があろうかと。[8]

けれども二十世紀のプロテスタントの神学者たちはこうした古典的な諸々の確信から離れて、天を「非神話化」したいと考えた。ここではとりわけポール・ティリヒ（一八八六－一九六五年）〔ドイツ生まれのアメリカの宗教哲学者〕とルドルフ・ブルトマン（一八八四－一九七六年）が問題となる。ティリヒは神の超越性を守りながらも、信仰と文化のあいだの対話を促進する必要と、そのために「綜合の神学」と「相関の方法」を提案する必要に心を砕き、キリスト教の教義をより明確に表明し直そうと努めた。ティリヒによれば、キリスト教教義の伝統的な表現はもはや現代世界にとっては理解できないものだったのである。そこから、何世紀にもわたって信仰されてきた天国のイメージや概念――天、至福直観、天使の集団など――を受け継ぐことの拒否が生まれる。ティリヒにとって天国は場所でもなければ、ましてや状態でもない。とりわけ、永遠の生など存在しないとさえ言うことができる[9]――前に引いた十七世紀のラ・コロンビエール神父ならおそらく受け入れていたであろう表明の仕方である。ティリヒは永遠の生をわれわれの現在の経験から切り離さない。それはわれわれの実存の肯定的な側面なのである。最後の審判の暗喩はこの実存の肯定的なものがその否定的なものから解放される、その最終的な分離を意味している。死後における各人の個人的な運命に関しては、ティリヒはさほど明確ではない。神の全体性の内部では個人の運命を排除することはしない。けれどもそれを詳しく説明することを拒み、それについてのどんな詩的イメージも退けるのである。[10]

ルドルフ・ブルトマンもまた、福音のメッセージに現代的な意味を根本から付与する意図に取り憑かれていた。福音のメッセージから現代人にとってそれを受容不可能なものとしてしまう文化的不純物を、取り除きたいと考えた。だからこそブルトマンはイエスの生涯の奇蹟に関わる諸要素を神話的物語と見なしたのである。こうした「非神話化」は当然のことながら死後に関するキリスト教の教えを覆す方向へと導いた。「霊的な物体」と「光でできた天の世界」は理解不能で意味のない概念にしか見えなかったのであり、あの世のどんなイメージも棄ててしまった。しかしこのことは、どんな希望も認めないことと同じではなかった。時間の継起しか思い描くことのできない人間精神には、永遠性は思考不可能なものであるから、「死の「あとに」あの世があるのではない。そうではなく、ただ死の「上の方に」あの世があるのである。というのも、神は死者の神ではなく、生きている者の神だからである」[11]。謎めいた表現であり、当惑させられるかもしれない。

ティリヒとブルトマンのこの捉えどころのない終末論に対して、バーゼルの改革派信徒カール・バルト（一八八六―一九六八年）〔スイスのプロテスタント神学者〕やイエズス会士カール・ラーナー（一九〇四―一九八四年）〔ドイツのフライブルク出身、カトリックの司祭〕による強固な骨組みを持った終末論は好対照をなした。バルトにとってキリスト教徒であるとは、神の王国への希望の中に逃避することではなく、現前する世界を変えるために働くことである。とはいえこれは、聖書への根源的な回帰によってしかなしえない。ところで聖書は「完全な他者」である神の神秘の筆舌に尽くしがたい性格を教えている。人間はただその理性のみによっては「神という絶対者」に到達することはできない。そこから、死後とはこの世の変形された継続ではないという断言が生まれる。天国における家族的な集まりや永遠の宴会はバルトにとっては問題外である。どんな人間中心主義もわれわれの終末論的な希望から追放されるべきなのだ。死はわれわれの道に終止符を打ち、われわれを神と直面させるのである。[12]

カール・ラーナーはその神学を、司牧の実践、一般信徒の必要物、自らの霊的探究、という三つの側面から同時に出発して構想した。[13] そこから教義学ではなく、「伝記的で［…］、多元的で、批判的で、厄介で、硬派な神学」を引き出した。[14] そしてあの世については、愛想のよい教義があまりにも人間的な諸要素——私なら民俗学的と呼ぶところの諸要素——に利する形をとったために、永遠の生の神中心的な現実をぼかしてしまったという確信を、バルトと共有していた。死の天使たちは、われわれの個人的な伝記がわれわれの精神を満たしていた一切のものを、われわれの精神から取り去るだろう。こうして穿たれた広大な沈黙した虚無は、主の光と恩寵によって満たされるだろう。周囲に賛辞と音楽を想像することなど無用なのである。[15]

天国、充満した世界

ところで、バルトとラーナーによってあれほど強固に表明された神中心主義的な厳格さの向こう側では、長い期間にわたってこれと好対照をなしてきたひとつの主張が、西欧の感受性の深奥から現れる。それはとりわけ十八世紀以来、神中心主義とは反対に、われわれが愛した人々とのあの世での再会に高い評価を与えようとしてきたものである。こうした心理的必要は今日でもわれわれを捕らえて離さない。われわれはこの現代のキリスト教の天国が神的なものより人間的なものへ向けられていると考える権利を持っている。けれどもまた別の観点から見れば、現代のキリスト教の天国は神の絶対的他者性に関するバルトやラーナーの断言と逆説的にも一致するのである。神がどんな言語を話すかはわからない。その代わり、われわれの言葉を使えば、人々を——とくにわれわれが愛した人たちを——至高の存在の光り輝くほっとするような近隣に位置づけることは可能だし、そうすることは人間にとっての慰めになるのである。

死者をこのように位置づけることは、必ずしもイメージを伴わない。われわれは今日、かつてはイメージが意味を持たせるはずであった超自然の現実に対するそのイメージの適応不十分性をよく感じている。逆に、天国に関するキリスト教的言説の本質的な諸要素と現代人の主要な要求とのあいだには、ひとつの幸福な出会いが存在するように私には思われる。教義は古いものである。けれどもわれわれの現代の感受性の諸要求は、教義を新しい照明のもとに置いたのである。したがって私は本書の最後で、しかも——私はそう期待するのだが——術策なしに、歴史学と神学と人間学とを協和させようと努めるであろう。

とりわけ西欧において今日われわれは、社交性、共生、交感の大いなる必要を表明している。これらの言葉は会話やメディアにつねに立ち現れている。なぜならわれわれの文明は孤独の蓄積となりかねないからであり、あるいはすでにそうなっているからである。ところでキリスト教はこの世の無理解と軋轢に対して、相互の愛と透明しかないような、そして心と心の交感が水晶のように澄みきって永続的となるような世界への希望をつねに対置してきた。

するとこうした交感は多くの人のものとなるだろう。というのも天国には大勢の人がいるからだ。聖アウグスティヌスの神学が「滅びの塊《マース・ド・ペルディシオン》」〔本書四八〇頁参照〕という厄介な教義を産み出したこと、そしてそれが先ほどの断言と食い違うことは私も知っている。「少数の選ばれた者たち」を強調した人たちは、天国の群衆とはつまり膨大な数の天使と世の始まりから累積された選ばれた者たちの双方によって構成されると断言することによって、何とか取り繕ってきた。[16]けれども教義上のもうひとつ別の言説がこれとは反対の方向に向かっていた。この言説は「ヨハネの黙示録」（七章、九節）にしっかりと根を張っていたのだが、そこではこう読める。「その後、私は見た、それは誰にも数えきれないほどのおびただしい群衆だった。あらゆる国民、種族、民族、言葉の違う民からなっていた。身に白い長い衣を着け、手にシュロの枝を持って、玉座の前と子羊の前に立っていた」。これと響き合うのは「ヘブライ人たちへの手紙」（一二章、一節）で、ここで著者〔聖パウロ〕はこう述べることによって信者たちを勇気づけている。「われわれは、〔…〕このようにおびただしい証人の群れに囲まれているのですから〔…〕、自分たちに差し出されている試練に耐え抜こうではありませんか」。次いでキリスト教文学がいくつもの時代にまたがって、多くのさまざまなカテゴリーの人たちが天国に現前するということを明言してきた。どのテキストを選んでよいか迷うほどだが、そのうちのいくつかだけを引用する。

おそらく悪疫のときに書かれた『死を免れないことについて《リーベル・デ・モルタリターテ》』の中で聖キプリアヌスは、永遠の幸福の場所を希求するよう「最愛の信徒たち」に説き勧めている。「そこには使徒たちの栄光の一団と大喜びする預言者たち、数えきれないほどの殉教者たち、〔…〕邪欲に打ち勝った列聖された処女《おとめ》たち、〔…〕そして地上の世襲財産を天の宝物へと移し換えた慈悲深い人たちがいるのです」[17]。後に聖アンブロシウスは『善としての死《デ・ボーノ・モルティス》』の中で同じ言説を操り、「〔アブラハムの懐〔本書五〇四頁参照〕に〕集まった聖人たちの群れと正しい人たちの会衆の方へ」眼差しを向けるようにと、信徒たちを誘っている[18]。トゥールのグレゴリウスによれば、修道士サルヴィは「天の高みに運ばれると」「床が金や銀のように輝く住まいに招じ入れられ」た。そこで目にしたのは、「大勢の男女で〔…〕この群衆の奥行きも先頭もさっぱりわからないほどでした」[19]。よく引かれる例をあげれば、ヤコブス・デ・ウォラギネは『黄金伝説』の中で「使徒たちの名だたる一団、〔…〕大勢の殉教者たち、〔…〕おびただしい数の証聖者たちの一群、〔…〕そして列聖された処女《おとめ》たちの一団」によってマリアが天に迎えられるのを見る[20]。聖女ビルイッタの『天啓』は「黙示録」に範を取って、「白くまばゆい衣服をまとった数えきれないほど大勢の人たちがいる、理解を絶する大きさの宮殿」の幻視に言及している[21]。至福の人ハインリヒ・ゾイゼに語りかけた永遠の全知〔＝神〕の場合はこう明言する。「ほとばしり出る、調和のとれた生命の泉から、心の願い全体に従って飲んでいる、あの数えきれないほどの数の群衆をあなたのまわりに眺めなさい」[22]。リヴァデネイラによる『聖イグナティウス伝』の中ではこう語られている。聖人がミサを行い、「そしてすべての聖人へ《エト・オムニブス・サンクティス》」という言葉を含む総告解を唱えていると、「栄光《グロワール》に光り輝く非常に多くの聖人たちを目の前に見た」と[23]。聖フランソワ・ド・サールは『信心生活入門』の中で女性読者のために次のような言葉で天国の客人たちを想起させている。「この幸せな国の大勢の公民たちと住人たちの気高さ、美しさ、その数の多さをご覧なさい。何百万人という天使たち、智天使たち、熾天使たち、あの使徒たち、殉教者たち、証聖者たち、列聖された処女《おとめ》たち、聖なる貴婦人たちの一団。その数の多さは数えきれないほどです」。なるほど、天使たちの一群が何よりもまず言及されている。なぜなら数が巨大だからだ。けれども人間の数の多さも印象的である。少し先で次のように語られるからだ。「あなたを励ます聖人たち、そしてあなたにふさわしい百万もの聖なる人たちを見てください。その人たちは、自分たちの心とあなたの心がいつの日かひとつになるのを見、永遠に神を誉め称えることしか願っていないのです」[24]。

われわれが用いた豊かな図像学的資料では、選ばれた者たちの一群を見させようとする意図は必ずしも明らかではない。けれどもそうした意図は、かつて描かれたもっとも大きな天国、すなわちヴェネツィアの統領の宮殿〔ドージェ宮殿〕にあるティントレットの「天国」の図にははっきりと表れていた。芸術家は大評議会広間を自由に使ってその広大なスペース（二十二メートル×七メートル）をすっかり埋め尽くしたので、一平方センチさえ空隙がないほどだった。天使と選ばれた者たちがひしめき合ってキリストとマリアのまわりを旋回している。ティントレットの絵筆のもとでは天国は充満した世界である。

その存在を世に知らしめたジェルメーヌ・ルクレール〔現代フランスのイタリア語教授資格保持者〕の後を受けて、[25]私はここでジェノヴァのサンタ・マリア・ディ・カステッロ修道院に保存されているルイ・ブレア〔ニースの画家、知られているのは一四七五年から一五二三年まで〕のあまりにも知られていない作品である「諸聖人」（一五一二年）に読者の注意を引きたいと思う〔次頁図版〕。この作品の女性寄進者はブレアに「すべての聖人の大きな祭壇画」を注文した。事実それがこの作品のもっとも重要な意味である。作品自体は聖母の戴冠式が主題なのではあるが。上部三分の一では、マンドルラ〔神光〕の中心でマリアが三位一体によって冠をかぶせられている。その周囲とその下では、二百以上の人物像が残りのスペースを埋めている——選ばれた者たち、天使たち、それにまだ地上にいる人間たちである。けれども天使たちは、構図を埋めている男女に比べると控えめでほとんど目立たない。人間の男女の方がずっと大きく描かれている。勝利の教会〔天国の至福を得た魂〕は上部に、そして戦う教会〔地上の信者を指す〕すなわち地上の教会は下部にある。とはいえこのふたつのグループを隔てている七人の小さな天使を見分けるには細心の注意が必要だ。ふたつのグループのそれぞれのメンバーは似たような服を着ているからだ。画家は明らかに聖徒の交わりを通して天と地のあいだの非連続性よりは連続性の方を示したかったのである。地上の人間は祈りを捧げながら天国の方を眺めている。もしくはお互い同士愛情を込めて言葉を交わしている。「選ばれた者たちの世界と人間たちの世界はこのようにして同じひとつの秩序の中に組み込まれ、同じ実在をともにし、同じ波動によって貫かれている[26]」。

同じ読解がデューラーの「三位一体の礼拝」にも適用される。これもまた諸聖人を扱っており、ブレアの作品と一年違いの同時代の作品で（一五一一年）、ニュルンベルクの老人施療院のために制作されたものである。デューラー

天国、それは他者であって、孤独の累積ではないであろう。ルイ・ブレア「諸聖人」1512年、楽園の祭壇衝立中央パネル、ジェノヴァ（イタリア）、サンタ・マリア・ディ・カステッロ修道院。Ph. Pierre et Germaine Leclerc.

の場合もまた天の教会と地上のキリスト教世界が同じひとつの祈りにおいて一体となっている。両者はもちろん互いに階段状になってはいるが、しかしどんな天使のリボンも両者の境界を示したりはしていない。三位一体のまわりに集まった諸聖人は天使と人間たち、生者と死者たちをひとつの共通の祝祭のうちに統合しており、死者たちは今や永遠の幸福の恩恵に浴しているのである。

永遠の共生

聖フランソワ・ド・サールが『信心生活入門』で素描した天国の生活の想起には、強調すべき描写が含まれている。事実サールは、「[選ばれた者たちが]いつも永遠の愛の心地よい讃美歌を歌い、いつも揺るぎない歓喜を享受し、お互いに言語を絶した満足を与え合い、幸せで解消不可能な交わりの慰めのうちに暮らしている」と断言している[27]。これこそまさしく、今日われわれがあれほどまでに切望する天国の交わりであり交感である。こうした希望はジャン・ポール・サルトル〔一九〇五‐八〇、フランスの哲学者、作家、評論家〕の暗い判断（「地獄、それは他者である」〔『出口なし』〕）と対立する。キリスト教の天国は事実人間のあいだの完全な調和の状況として姿を現す。それは原罪から生まれた憎悪を和合と友情に取り替える。前に引用した『往生術』の遅い時期の版（一五八九年[28]）は次の点を明確にしている。選ばれた者たちは「抗しがたい歓喜のうちに」いることになるだろうが、それは単に「神の愛の所有によって」ばかりでなく「互いに抱く愛によって」でもある。「彼らは永遠に神と密着し、また互いに密着するであろう[29]」。

ルイ・ブレアの「諸聖人」は一緒に祈りを捧げ、あるいはお互い同士言葉を交わす人々を示すことによって、こうした愛情溢れる交流を表現している。彼らの所作は他者に耳を傾けることを表し、開いた手は迎えることを物語っている。同じように、ジョヴァンニ・ディ・パオロの「天国」〔「楽園」とも〕（ニューヨーク、メトロポリタン美術館）の花咲ける園では、天使たちが選ばれた者たちを優しく迎えるばかりか――フラ・アンジェリコやシュテファン・ロホナーにも親しいテーマ――、永遠のエデンの園の住民も、概してふたりずつのグループになって、互いに完璧な相互理解のうちに言葉を交わしているのである。

完全に透明なあの世において各人が他者に与える幸福。こうしたテーマがかなり後期の作品である『天国の喜び一覧』でも強く称揚されていたとすれば、それははたして偶然と言えるだろうか。するとこの強い称揚は——十七世紀前半において——、原罪のために多かれ少なかれこの世でばらばらになってしまった人間たちが愛情に満ちた共生を選んでいく決定的な状況として天国を生きるという、それ以前の時代よりもはるかに強く感じとられた欲求なるものの存在を証明することになるだろう。

ドレクセルは尋ねている。「天における以上によい近隣関係を一体どこに思い描くことができるでしょう。みな同じひとつの意思、同じひとつの心、同じひとつの魂、同じひとつの意図、互いに競って神を愛し称えたいという同じひとつの感情しか持たず、にもかかわらず困惑も嫉妬も不安も嫌悪も抱かないような、何百万人という至福の人々が、一体〔天以外の〕どこにいるというのでしょう」。こうした問いを立てた後、我らがイエズス会士〔=ドレクセル〕はこう告げる。自分は「至福の人々のこの気持ちよい関係を、そしてこの仲のよさを」論ずるつもりだと。ドレクセルは書いている。「仲のよい兄弟たちが一緒に暮らすのを見るのは、何と心和む快いことでしょうか。なぜなら、神が、愛と平和の神が、永遠の生の恵みと恩恵をたっぷりと注いでくださる場所は、通常そこにおいてなのですから」。

なるほど人間は「社交的な動物」である。けれども地上の家族は、どんなに聖人のごとき家族であっても、つねに「何らかの不和と仲違いを」経験するものである。反対に「至福の人々と一緒にいるだけで、いつも混乱がない。なぜなら、彼らはいつも仲よくしており、完璧な友情の絆で結ばれているので、無数の栄光の身体〔復活後の至福を受けた身体〕にも同じひとつの魂と同じひとつの心しかないように思われるほどだからである」。

たとえ天に「栄誉と功績の大きな不平等」が存在するとしても、それでも各人は自分の運命に満足している。したがってわれわれは美しい「身体組織」において「指が目の職務を得たいと願い出ることもなければ」「足が手を羨むこともない」。この後に、各人相互に与えられた幸福に関する感動的な展開部が続く。

〔…〕至福の人々のひとりひとりが段々と全員の幸福をともにするようになり、また全員がひとりの幸福を、まるで自分自身の幸福ででもあるかのよう、段々と享受するようになることだろう〔…〕。〔天国では〕全員が各個人について述べることができる。それはもうひとつの自分自身なのだ。その結果、各人は自分自身の幸福と満足を嬉しく思うのと同じように、仲間の幸福と満足を嬉しく思うのである。〔そしてなお一層驚くべきことは〕全員がお互いに知り合いであって、この世でいつもきわめて親しかった友人に対するのと同じほどの親愛の情を込めて、非常に親密にお互いを訪ね合い話を交わす、ということである〔…〕。

神はその至高にしてわれわれには理解できない叡智の宝の中に素晴らしい巧緻の技を見出された。そして、至福の人々がひとりでいても、他の十万人以上の人の幸福を嬉しく思い、その結果いわば自分自身が十万倍以上も幸福になれるよう導かれるのである[30]〔…〕。

かくして天国の状況においては「〔各人が〕全員の幸福を享受する。なぜなら、彼ら全員をまるで自分自身のように愛し、また逆に全員からも愛されているので、彼ら自身の幸福を自らの幸福にしているからである」。

この点に関しては、ローマのサン・ティーヴォ・アッラ・サピエンツァ教会の礼拝堂の上にボロミーニが建てた丸天井と小頂塔について、今日ではかなり一般化している解釈に立ちもどるのも無意味ではあるまい[31]。建築家は使徒たちの頭上に火の言葉が降りて来るところを表現したかったようだ。そして、頂にあるコロナ〔コーニス（軒蛇腹）で前面が垂直平面になっている部分〕のヴォリュートでは、思い上がった建築が作り出す言葉の混乱と、この混乱に伴って人間のあいだに無理解を引き起こすバベルの塔に対して、聖霊降臨の塔を対置したかったらしい。天国は永遠の聖霊降臨の中で人間のあいだに調和を回復させるであろう。

「至福直観と天国の共生との和解は可能なのであろうか」という異議に対しては、キリスト教の歴史を通じていくつもの協和的かつ肯定的な回答が寄せられてきた。七－八世紀、ベーダ（尊者）はこう断言した。「〔至福の人々は、〕この世で知った人たちをそれと認めるだけではなく、一度も会ったことのない善人たちまでも、まるで会って知ったことのある人のように、それと認めるのです。彼らにとって天で知らない人などありましょうか。なぜなら天では彼ら全員が、すべてをご存じの神を、この上なく明瞭に見ているからです」[32]。十二世紀、聖ベルナルドゥスはこう述べてこれを確認した。「至福の人々は、神の愛徳のすぐ近くにいるだけに、一層大きな愛徳によってお互いがひとつに結ばれているのです」[33]。そして聖アンセルムスはこう断言する。天のエルサレムでは「各人が神の至福を喜ぶであろう、そして各人が持つ至福を喜ぶであろう。どちらも大きな喜びとなるであろう」[34]と。

しかしながら十三世紀に至り、『神学大全』において聖トマス・アクィナスは次のような問いを提出する。「〔永遠の〕至福にとって友人の集まりなど必要なのだろうか」。というのも、とトマス・アクィナスは説明するのだが、至福にとってもっとも大切なのは神の愛であって、隣人の愛ではないからだ。「たとえ神の所有を享受する魂がひとつしかないとしても〔「友人の集まりがなくても」の意〕、その魂はやはり幸福であろう」。けれども天国は虚無ではない。したがって隣人に対して抱く愛は「神に向けられた完璧な愛に由来する。かくして友情が完璧な幸福に介入するのは一種の相伴関係によるのである」[35]。とはいえ、この問題において聖トマス・アクィナスは聖ベルナルドゥスと比べれば疑いようもなく後退しているのであって、トマス・アクィナス以後、この「すべての個人がいわば併置されているような未来の世界の見方」からキリスト教がわれわれを解放し、あの世の「社会的次元」に十全なる光をあてるようになるのは、つい最近のことにすぎない[36]。

引き続く頁で私は、カトリックの空間内部においてこの社会的次元への意識を著しく前に進めた二冊の本を、とりわけ利用しようと思う。ドミニコ会士C・I・アンサルディの『愛しい家族とあの世で再会する希望と慰めについて《デラ・スペランツァ・エ・デラ・コンソラツィオーネ・ディ・リヴェデーレ・イ・カリ・ノストリ・ネッラルテラ・ヴィータ》』（一七七二年）およびイエズス会士フランソワ・ルネ・ブロット〔一八二五-一九〇八〕の『天で人々は互いに相手を認知する』（一八六三年）の二冊であるが、フランソワ・ルネ・ブロットの本はC・I・アンサルディの本に基づいている。意味深長な事実はブロットの作品がベストセラーだったことであり、フランス国立図書館は二十冊ほどを所有しているが、これは同書が相次いで再版された証拠である。一方、アンサルディは、至福直観と隣人愛との和解に関して、至福直観は「至福の本質」と「キリスト教のもっとも偉大で、もっとも高貴で、もっとも崇高な希望」を構成すると書いた。けれどもアンサルディの本全体は、その序文の中で予告されているように、次のことを示すのを目指すであろう。すなわち、「天で愛しい人たちと再会するという慰めは最高善の享受の楽しみとはならないだろう〔…〕」ということである。「それどころか、この世でもっとも愛しかった人たちと天でひとつになることができるという希望は」、神を見、神とひとつに結ばれたいというわれわれの願いを培うための「ひとつの機会、ひとつの鼓舞、ひとつの段階とならなければならない」[37]。

フランソワ・ルネ・ブロットの本に序文を寄せている司教〔ブロット自身か〕はというと、キリスト教におけるあの世に関して、これまでおそらく十分には主張されてこなかった「社会的次元」をいかに理解させるかが問題となっていることを意識して、こう書いている。

> 選ばれた者たちの本質的な幸福は神の本質のヴィジョンとその所有のうちに存するが、とはいえ彼らの至福は、もしこう言ってよければ、神の友人たちの至福に対して彼らが獲得する認識によって補われ完成される〔…〕。至福の人々が天で互いにそれとわかるのでないなら、天の幸福についてどんな考えを持てばよいであろう。互いに孤立し、行動もなく相互の関係もない、不動で、不変の観想に吸い込まれた、いわば物質化された大勢の人たちを必然的に思い描かねばならなくなるだろう。けれどもそうなれば、彼らの全体はもはや友人の集まりも、霊的な家族も、神の国も造りはしないであろう〔…〕。天は〔…〕、こうした表現を許していただきたいのだが、一種の独房となってしまい、そこで魂は至福直観の虜となって、まわりで何が起こっているかまったくわからず、一種の理由なき孤立の中で生きることになってしまうであろう[38]。

これはトマス・アクィナスの伝統からは遠いが、十九世紀を生きたリジューのテレーズなら愛したかもしれない、はっとするような断言であって（テレーズはブロットを読んでいたのであろうか）、現代の感受性とも響き合っている。いずれにしてもこうした断言が生まれるには、イエスが想起させるふたつの切り離せない戒――「心を尽くし

［…］おまえの神である主を愛せよ。そして隣人を自分のように愛せよ」（「マタイによる福音書」二二章、三四－四〇節）――と、「ヨハネの黙示録」における神の国の想起があったのである。

第三十一章　「この世にいる私に手紙を書いてくれれば、私は返事をするだろう」[1]

死者の近さ

神の国の住民のあいだの完璧な交感の希望に対して、今日では、終末論的ニヒリズムを拒否する人たちのあいだで次のような確信が、すなわち、われわれが愛した人たちは死後われわれの近くにとどまっているという確信――あるいは願い（？）――が付け加わる。

このつながり〔死者とわれわれのつながり〕を明らかにしようとしたとき、人類学と歴史学が出会うのである。両者の交差した眼差しは、人間のある基本的な欲求と、少なくとも西欧においては比較的最近のある進展とを同時に露わにしてくれる。他人の死を前にしたわれわれの今日的な態度をよりよく理解するために、今やこのふたつを順次検討しなければならない段階に入った。

今日知られる限り、もっとも古い葬儀は紀元前九万年にさかのぼる。最初の埋葬はそれを執り行った人たちのあいだに次のような自覚があったことを明らかにする。すなわち、「真の〔…〕他者はその消滅しつつある感性的現前の枠をはみ出すのだという自覚」である。[2] テルトゥリアヌスやラクタンティウスが示した権威にもかかわらず、「宗教」という単語が「レリガレ religare」（結ぶ）に由来するかどうかは確かではない。けれども人間は、動物とは異なって死者たちと、したがって死後のあの世と結ばれようと努めたときに、真にその名に値したのだと断言することはできる。したがってある文明が死者たちを忘れ、服喪の儀式をせずに済ますとしたら、その文明は危険な状態にあるのである。

けれども亡くなった人たちとの関係は長いあいだ曖昧であった。あらゆる伝統的な文明が、ある程度まではキリスト教的ヨーロッパの文明も含めて、あたかも「分身が生き延びること」を信じているかのように振る舞ってきた。亡くなった人たちは、肉体も魂も別のやり方で生き続けるのであり、かつて暮らした場所に繰り返しもどって来さえするのだと、人々は考えていた。亡くなった人たちは、少なくともその死からある期間は、不死というより非-死〔死とは無関係〕であった[3]。近くて同時に掴みどころがなく、不安にさせると同時に安心感を与える存在と見なされていた。こうした信仰は概念化されたものというより体験されたものであったが、恐れと親密さが複合した態度から生じていた。恐れとはすなわち、墓のない死者、あるいは尋常ならざる仕方で亡くなった死者が幽霊となって生者の社会を混乱させるのではないかという恐れであり――人々は多くの儀式によってこうした事態を防ごうと試みていた――、また、親密さとはすなわち、生者と亡くなった者とのあいだの連帯の確信に基づくところの親密さである。そこから先祖の骨に静かにかつ入念にブラシをかける中国人の所作や、死者がいつも同じ側にいると飽き飽きするので定期的に「もどって来る」というマダガスカルの典礼が生まれる。メキシコでは十一月二日に死者が好きだったお菓子とともに、流行の曲を聴くことができるトランジスターラジオを墓の上に置く。そして家の中ではこの日のために死者の祭壇を組み立てる。確かに問題は、死者たちに、生者の心の安らぎを乱さないようにしてもらうことである。そうすれば、死者たちが近くにいることは心の安らぎにつながっていく。人々は死者たちのために祈り、反対に、死者たちは人々のためにその家族を守ってくれるのである。

ローマ人が守護神に捧げていた信仰を、アニミズムのアフリカにおける伝統的な葬儀と比較するのは人類学的に不合理なことではない。守護神、すなわち先祖の魂とは、十字路、都市、とりわけ家を守護する神々であった。「家長」は大切な日や厳かなときに、その家の守護神を祀る祭壇にいけにえを捧げ、その代わりに守護神は子孫を守ってくれるのがつねだった。アニミズムのアフリカでは死は不浄である――これは多くの伝統的な文明に共通の確信である。葬儀はしたがって亡くなった人を浄めるという機能を持つが、しかしまた、「祖先の村」に達することを可能にするという機能も持っている。この目的地に到達すると、亡くなった人は生者に幸福と平安をもたらすものとなるだろう。祖先はひとつの現前である。彼らは不可視の生者である。アフリカの諸宗教はこうして「生者の村」と「死者の村」のあいだの絶えざる往還を明らかにしている。父祖伝来という観念を中心的なものと見なし、集団の生活は個人の死を凌駕するということを前提としている。

　生者と死者のあいだの関係は聖パウロによって定式化された「キリストの神秘体」という教義以来、キリスト教によっても称揚され、聖なるものとして尊ばれてきた。事実聖パウロは、「キリストは教会の頭であり、教会はキリストの体である」と断言した（「エフェソスの信徒への手紙」一章、二二―二三節）。この頭によって「体全体は関節と靱帯のおかげで支えられ、しっかりと結び合わされて、神が授ける成長を引き出すのです」（「コロサイの信徒への手紙」二章、一九節）。「われわれはひとつの身体にいくつもの肢体を持っており、しかもこれらの肢体がすべて同じ働きをしているわけではないのと同じように、〔集団としての〕われわれも数は多いが、キリストにおいて唯ひとつの身体を形造っており、各自は互いに肢体なのです」（「ローマの信徒への手紙」一二章、四―五節）。この身体においてすべての信徒はただひとつの国民を形造り、ただひとりの新しい人間を形造っている。このような教義の論理的帰結は次のようになる。たとえ死によってさえ、天の教会と地上の教会の分離は存在しない。両者は復活したイエスを中心に置く同じひとつの全体において、通じているのである。

　キリスト教の最初の数世紀においては、死んだ信徒と生きている信徒とのあいだの連帯や相互扶助は主としてオリゲネスとカエサレアのバシレイオスによって強調された。オリゲネスによれば、地上の祈りに天の祈りが結びつく。亡くなった人たちの魂はキリスト教徒の典礼の集まりに加わる。天国の聖人たちは生者のために生者とともに戦っている。選ばれた者たちの悦びは、最終的に全員が天の栄光〔選ばれた者があずかる神の栄光〕のうちに集まったとき、初めて完全なものとなるだろう。バシレイオスも同じテーマを取り上げた。亡くなった人たちと生きている人たちの相互の祈りは、ひとつの必然のようにバシレイオスには見えていた。この有益な交換は両者が同じひとつの全体、すなわちキリストの体から出たものであることに由来している。地上の教会と天のエルサレムは神の国というただひとつの全体を形造っている。[4]聖アウグスティヌスも同じ確信を共有していた。殉教者の功績は地上の信徒の宝であり、地上の信徒は「殉教者の辛苦の果実」であると教えた。天の高みから殉教者たちは絶えず生者のために執りなしているのである。[5]

しかしながら「聖徒の交わり」という表現は、その意味自体今日の文化においては理解困難なのではあるが、比較的遅くに現れた。ニカエア〔トルコの北西部にあった都市、現トルコ内のイズニク〕の「クレド」（〔信徒信経、信仰宣言〕三二五年）にも東方の「信経」にも出てこない。おそらくガリアで定式化されたこの表現は、四世紀末または五世紀初め頃になってようやく『使徒信経』〔使徒から伝えられたと信じられている典型的信仰告白。『使徒信条』ともいう〕に加えられたのであろう。その上この表現には数世紀のあいだふたつの異なる意味が付与され、どちらとも決まらなかった。ある時は信者――生者も死者も――のあいだの交流を意味し、またある時はとりわけ洗礼と聖体の秘蹟によって聖なる事物にあずかることを意味した。[6]ここでわれわれの興味を引くのは第一の意味である。

この、生者と死者のあいだの霊的交流という意味での「聖徒の交わり」に対する信仰は、キリスト教の歴史では早い時期にふたつの流れに沿って表明された。すなわち、亡くなった人たちに対する祈りと、聖人に求められる保護である。死者が「アブラハムの懐に」「心の安らぎの場所に」「光の住まいに」「天のエルサレムに」などなどに「置かれるように」と、死者のために生者が神に祈願する古い典礼用のテキストは数多い。[7]また、キリスト教古代の墓碑銘は、生者が亡くなった者たちのために祈るよう求めるテキストを死者の記念建造物に具えよと、死者たちが望んでいたことも表している。墓碑銘のテキストはその逆のケースがあることも証し立てている。夫婦が、子どもたちが、兄弟姉妹が、故人の執りなしを祈願している――「汝の配偶者のために祈れ」「汝が去りし者たちのために」などである。[8]こうして、生の結合は死によって断ち切られることはないと断言されていたわけである。

キリスト教は死者を生者に近づけたのに対して、古代ギリシア・ローマは死者を人が住む領域から追放することによって両者を隔てていた。この事実についてはフィリップ・アリエスが正しく力説している。[9]キリスト教による死者と生者の接近は、とくに聖人の――そして最初は殉教者たちの――墓所のまわりに〔「聖人のかたわらで《アド・サンクトス》」〕墓を集めることによって、次いで、教会のすぐ近くに墓地を造成することによって、それどころか、これはしばしば行われたのだが、聖堂の内部に埋葬することによって、明らかになった。このような仕方で人々は亡くなった人たちを聖人と聖遺物の保護下に置いていた。死者が他の死者を霊的に助けていたわけである。けれども、墓あるいは聖人の聖遺物の存在はまた、恩恵を求める巡礼者たちをも引きつけた。亡くなった者たちはしたがって、生者の求めを聞き入れることとなった。より一般的に言えば、「町の中で《イントラ・ムロス》」〔都市の城壁内で〕聖遺物を所有することは、一都市にとって保護と保証を意味するものとなったのである。[10]

キリスト教が創設した生者と死者のあいだの緊密な関係は諸聖人の祝日〔十一月一日〕、次いで死者の日〔十一月二日〕の創立を説明してくれる。前者は教皇ボニファティウス四世の決定にさかのぼる。六一〇年のこと、教皇は教会に衣替えした旧アグリッパのパンテオン〔万神殿〕に地下墓所《カタコンベ》から移送させておいた大勢のローマの殉教者たちを安置し、その名誉を称えたいと思ったのである。この祝日はやがて規模を拡大し、「すべての殉教者とすべての聖人の祝日」となったが、八三五年には教皇グレゴリウス四世がこれをキリスト教世界全体で祝うよう命じた。こうして十一月一日という日付は九世紀以来西洋で徐々に定着したのだった。[11] なるほど、キリスト教の歴史上の英雄たちの名誉を称えることが問題ではあった。けれどもその集合的な性格は生者と死者とのあいだの絆の継続を言外にほのめかしていた。「死者の日」という儀式の制定がそのことを確認したのである。

〔古代ギリシア・ローマの伝統文化にさかのぼれば、〕この儀式の起源には、亡くなった人たちを追悼する異教の実践が見出されるが、その実践は「聖人に対して捧げられた、執りなしを求める祈り」ではなかった。けれどもキリスト教の最初の数世紀における確信、すなわち死者たちはしばらく待機の時間を経験するという確信と、次いで次第に明らかになってきた恐れ、すなわち死者たちは苦しい浄化に晒されるかもしれない（「煉獄」が場所としても名詞としても現れる以前のこと）という恐怖、このふたつによって、人々は亡くなった人たちのために祈りを唱えるようになったのである。祈りはそのもっとも完成された表現をミサの中に見出したが、この場合ミサとは追悼ミサだけでなく、毎日のミサをも意味しており、少なくとも五九〇年から六〇四年まで教皇だった聖大グレゴリウス〔グレゴリウス一世〕の時代には早くも、毎日のミサに「死者の記憶」が含まれていた。ミサでの死者の想起は、カロリング時代における名簿の導入と特定の故人のための「私的ミサ」の執行とによって強化された。そのとき以来、死者のためのミサの数が修道院共同体で増加した。九世紀の中頃にクリュニー修道院が、諸聖人の祝日と関連してその翌日の十一月二日に、死者に対する年に一度の包括的な追悼式〔「死者の日」〕を導入したのはこうした文脈においてである。

後の煉獄（十二世紀末頃、贖罪の苦しみの場所として定義された場所）[12]に対する信仰の発展と、一三〇〇年の大赦の年〔聖年〕以来亡くなった人たちにまで拡大された[13]贖宥《しょくゆう》の恩典とによって、ローマ教会では、生者と死者のあいだですでに織り上げられていた関係が強化されることとなった。教会の「宝物」——十字架上のイエスの犠牲によってだけでなく、聖人たちの功績によっても構成される——から汲み取ることによって、生者の祈りと貧者への施し（とはいえ生者が大罪〔重大な事柄について悪いと知りつつ犯した罪〕の状態にないという条件つきであるが）は、いまだ天への最終的な移行を待っている死者たちの試練の時間を短縮する特権に功徳をもたらすとされた。霊的な善の循環がこの世とあの世のあいだで激しくなった。「愛の霊的交わり」〔愛の信徒共同体〕が凱旋の教会（天国）と苦しむ教会（煉獄）と戦いの教会（この世）のすべてのメンバーをひとつにしていたのである。[14]二十世紀の初めまでには、死者のための祈りは「カトリック教会においてもっとも広まった、またもっとも人気のある信仰心」となった。[15]

「感情の激変」と情動的なものへの備給

カトリシズムと対立していたルターとカルヴァンは、聖人崇拝と贖宥の実践が引き起こしたさまざまな逸脱に反対して、十字架上のキリストの犠牲こそが教会の唯一の「宝物」であると言明した。そこから、生者と亡くなった人たちのあいだになされる霊的奉仕の交換、すなわち「聖徒の交わり」に対する評価下落が生じた。一五三〇年の「アウクスブルク信仰告白」〔プロテスタント側がアウクスブルクの帝国議会に提出した、宗教改革の主要教理〕は確かに、「信仰を強固なものとするために、聖人たちの記憶をルク信仰告白の弁明』（一五三一年）は前もってこう明らかにしていた。

人的に聖人たちのものだと考え［なければならないということにはなりません］…」[17]。メランヒトンが書いた『アウクスブ

とによってこれに含みを持たせている。「［しかしその結果］聖人たちを救い主と見なして、あらゆる種類の助けを個

〔シュマルカルデンはドイツ南西部の都市〕においては聖人の執りなしをひとつの可能性として賛嘆しさえしている。だが、強く警戒を促すこ

持ち続けねばならない」と断言はしている（第二一条）[16]。ルターが執筆した『シュマルカルデン箇条』（一五三七年）

聖人たちについては、われわれは次のことは認めます。生者が普遍的教会のために教会全体において祈るのと同様に、天にいる人たちも教会全体のために祈る、ということを。しかしそれでもやはり、聖書の中には、「マカベア書」〔旧約聖書外典と偽典の名称〕から借用した夢を除けば、生者のための死者の祈りについてはいかなる証言も存在しないのです。

聖人たちが教会のために祈るということはせいぜい認めるとしても、だからといって聖人たちに助けを求めなければならないということにはなりません。われわれの『信仰告白』では、聖書は加護を求めることを教えていない、もしくは聖人たちに助けを求めねばならないとは教えていない、と断言するにとどめています。聖書から引かれたいかなる戒律からも、いかなる約束からも、いかなる例からも、聖人に加護を求めることについて好意的なものを引き出すことはできないのですから、結局、率直に言ってこの件についてはいかなる確信も抱けないということになります[18]。

カルヴァンはもっと断固としていて、皮肉な調子で次のような問いを提出する。「［聖人たちが］われわれの言葉まで耳にできるほど長い耳を持っており、われわれの必要を考慮できるほど鋭い眼を持っているなどと、一体誰がわれわれに教えてくれたのでしょうか」[19]。

こうした神学から流れ出ていたのは、至福直観だけに中心を据えた天国の幸福の見方であった。ルターとカルヴァ

ンによれば、至福の人々は神と向かい合って神を見、自分の願いを神に向けること以外にはやることがない。神は彼らの喜びのすべてなのだ。そして天ではどんな階層制もどんな権威も消え去ってしまうので、夫に対する妻の服従を含意する結婚は維持できないだろう。もっとも、ルターは父とあの世で再会することを期待していた。けれどもカルヴァンにとっては、天にいることは互いに語り合うことでもなければ互いに耳を傾け合うことでもなく、ただ神を享受し、神の意思を行い、神のうちに安らうことなのである。[20]

あの世の幸福に関するまったく神中心的なこうした言説は、中世スコラ哲学の言説に合致したものであり、もっとも正当的な改革派の伝統の中で、カール・バルトに至るまで維持されてきた。けれどもプロテスタント圏内にはそうした言説しかなかったわけではない。ルターの弟子で彼の最初の伝記を書いたヨハネス・マテジウス（一五六五年没）〔一五〇四－六五、ルター派の牧師〕は説教の中で夫婦と子どもたちの天における集いについて断言した——確かにこうした再会に優先権を認めているわけではないが。[21]ルター派の牧師フィリップ・ニコライについては前段でそのきわめて具体的な天国の見方を紹介したが、ペストの後で一五九九年にこう主張した。疫病で離別した「両親と子どもたち、夫と妻たち、婚約者たち、兄弟姉妹、従兄弟と近隣の人たち」は天で再会するであろう、と。[22]十八世紀以降、最初はプロテスタントの地方で、地上の愛があの世でも続くという確信がとりわけ広まった。もちろんここで問題となっているのもやはり生者と死者のあいだの情愛の関係なのであるが、人間的な愛情によって地上で結ばれた人たちがとくに強調されている。二十世紀最後の四半世紀の歴史編纂は、西欧における死の歴史の重大な転換期について十全な解明を行っているので、ここではその結論だけを要約すれば十分であろう。

フィリップ・アリエスは「感情の激変」をめぐって語ったが、それは正しかった。[23]というのも、十八世紀以降、生き残った者の服喪の仕事として持ち込まれたのは、もはや一族との伝統的な連帯ではなく、愛しい人たち——妻、夫、両親、子どもたち——と結ばれた地上での愛の絆をあの世でも持ち続けることであり、それどころか、それを称揚することであったからだ。亡くなった人たちとのこのような新しい関係が集団行動においていつ広まったのか、その時期を年譜の上で明らかにしたいと思うなら、十八世紀の六十年代と、この時代のスウェーデンボリならびにルソー

〔ジャン・ジャック。一七一二－七八、ジュネーヴ出身の思想家〕の名前をあげることができる。

スウェーデンボリは「愛は人間の生」であり、「人間そのもの」であると説いた。したがって愛は死後も続くはずである[24]。ルソーは大成功を博した小説『新エロイーズ』において、あの世における人間の愛を誉め称えた。小説のヒロインのジュリーは家族の圧力でヴォルマールと結婚したが、家庭教師のサン・プルーを愛し続けている。彼女は模範的な妻であった。おそらくそれだけに逆に、ジュリーはその早すぎる死の直前にサン・プルーにこう書くことができた。「私の魂はあなたなしで存在するでしょうか。あなたなしで私は一体どんな至福を味わうというのでしょう。いいえ、私はあなたと別れるのではありません。あなたをお待ちするのです。この世で私たちを引き裂いた美徳は、永遠の住まいで私たちをひとつにするでしょう。私はこの甘美な期待のうちに死ぬのです[25]」。カルヴァン派の正統教義に則って牧師はジュリーに以前こう述べていた。「神の無限性と、栄光と、もろもろの属性」は、至福の人々の魂が専念する唯一の対象であろう、それらが「他のすべての思い出」をかき消すであろう、「人々はもはや互いに相手を認知することもないであろう」と。これに対してジュリーはこう答えていた。

> 正直申し上げて、私はとても大切な愛情を心に感じておりますから、そういう愛情をもう抱かなくなるだろうと考えるとしたら、私にとっては辛いことになるでしょう〔…〕。私にとって大切であった方々を〔…〕私は覚えておりましょう。とすれば、その方たちは私にとっていつまでも大切な方々であってくれましょう。その人たちにもう会えないというのであれば、それは辛いことになるでしょう。そして至福の人々の住まいには、けっして辛いことは入ってこないのです〔…〕。この世に住んだことを私が覚えております限り、私はこの世で愛した方々を愛することでしょう[26]。

ロマン主義は死のメランコリーと静まり返った自然に囲まれた墓への散策に親しんだが、あの世をしばしば「最愛の人」との再会の場として想像した。ゲーテ作『若きウェルテルの悩み』の中で、ウェルテルは夫から解放されたシャルロッテとの永遠の愛が死によって可能となると考えて、自殺する気になる。同じように、ロバート・ブラウニング〔一八一二－八九、イギリスの詩人〕作『指輪と書物』の中で、ポンピリアは両親によって年老いたイタリアの伯爵と結婚させられるのだが、ある聖職者に恋をして一児をもうける。伯爵に短刀で突き刺されたポンピリアは、死ぬ前にこう言明する。私の結婚はこの世のためのものでしたが、（聖職者との）恋は天で花開くでしょう、と。バイロン〔ジョージ・ゴードン。一七八八－一八二四、イギリスの詩人〕は、天は恋人たちの終わりなき心の交わりとなるであろう、と主張する。[27]

愛し合っていた人たちがあの世で再び一緒になることをロマン主義が力説していた点について、何人もの著作家をあげた後で私が論及するとすれば、それは西欧の追悼の歴史と「死の永遠の再発見」[28]の両者における重要な一段階を明らかにするためである。というのも、今日まで、偶然のめぐり合わせを越えたひとつの歴史的な相伴関係についてはほとんど明らかにされてこなかったからである。つまり、千年にもおよぶ天国の図像類がキリスト教圏でその力を失いつつあったとき、描写的というより情動的なものへの新しい備給がなされ、それが亡くなった愛しい存在の追悼へと向かわせていったのである。諸聖人の祝日は信者にとっても無信心者にとってもわれわれが愛した人たちの祭日となり、家族の思い出の特権的な瞬間となった。今日たとえばフランスで諸聖人の祝日に祝われているようなあの「追想の宗教」もこのときすでに始まっていた。今やフランス人の八十％が諸聖人の祝日の時期に墓地へと赴く。亡くなった人たちとの年に一度の出会いのために、何百万人ものドライバーが国内を行き来する。そのとき花や蝋燭、あるいはその両方が、墓の上に山積みとなる。

十八世紀の末以来明らかになってきた死者との新しい関係の諸側面は種々あった。そしてそれらは以前のモデルが長期にわたって生き伸びてきた中で同時に起こった。こうして十九世紀はいまだカトリック諸国においては偉大な煉獄の世紀であったが、とはいえ図像類は煉獄を以前よりは穏やかで慰めに満ちたものとして想起していた。[29]ミッシェル・ヴォヴェル〔一九三三－、フランスの歴史家、フランス革命の専門家〕が思い出させるところによれば、ヴィクトル・ユゴー〔一八〇二－八五、フランスの詩人、小説家、劇作家〕は「祈りを求める死者たちの存在に取り憑かれ」続けていた。[30]他方、キリスト教の幹に生まれたひとつの新しい宗教、モルモン教徒の宗教は、生者と亡くなった人たちとの関係や、亡くなった人たちが生者に対して差し出す救いの手に大きな意味を認めながらも、こうした交わりにおける情動的な要因については棚上げしたし、今でも棚上げしている。確かに「末日聖徒」〔モルモン教は、正式には「末日聖徒イエス・キリスト教会」という〕の神学はこの世とあの世における家族に大きな重要性を与えてはいるが、しかしそれは、家族というものが彼らの教会によって祝別され作り上げられるという条件においてのことである。そのとき家族は永遠の家父長制社会の基礎となり、「霊的存在」を産み出す細胞として機能することになるであろう。考慮に入れられるのは、夫婦愛や家族愛そのものではなく、教会がこの世で認めた霊的奉仕の細胞であって、その細胞の役割が死後増大するのである。モルモン教徒たちが非常に遠い祖先にまで洗礼を授けようと努めたのはこの精神においてであり、また、祖先の足跡を見出そうとして教区簿冊をもとに大掛かりな探索を行ったのもこの精神においてである。

普及度の点でモルモン教徒たちの教義よりももっと重要なのは、とりわけ十九世紀中頃以降の、交霊術の流行であった。交霊術は「いんちきな霊性」としばしば呼ばれたものの、その基底部には、生者の世界と死者の世界は互いに隣同士であって、両者のあいだの交流は呼び出しコードを用いれば比較的容易にできるという確信が見出される。当然のごとく今回もまた、交霊術の探究が到達を試みたのはまずもって近しくしていた故人である。交霊術の黄金時代には、いくつかの名前のみをあげれば、ヴィクトル・ユゴー、アラン・カルデック〔一八〇四－六九、フランスの教育学者、哲学者〕、カミーユ・フラマリオン〔一八四二－一九二五、フランスの天文学者、作家〕、コナン・ドイル（この人は医者だった）〔一八五九－一九三〇、イギリスの作家〕といった人たちがこの秘教的な流行に心を動かされた。一八五四年になるとアメリカでは一万人の霊媒者と三百万人の信奉者を数えたという。[31]

愛し合った人たちは再びひとつになるだろう

今ここで急いで想起した諸事実は、その多様性にもかかわらずひとつの中心的な事実のまわりを回っている。すなわち、愛する人たちと墓のかなたで再会したいという願いと、この世の試練においてその人たちから保護を得たいという望みが、新しい力をもって表現されるのを、十九世紀は見たということである。家族の墓が十九世紀に増大し、妻と子どもの墓の場合にはしばしば特別大げさな墓碑銘を伴っていたのは偶然ではない。

ミッシェル・ヴォヴェルは、十九世紀にまとめられたある巨大集成の統計結果を再現してみせた。一五〇〇年から一八六〇年に至るまでの、キリスト教徒のすべての告解が混然一体となった、未来の生活〔＝あの世〕に関する文学についての研究である。この研究は、方法と選択においては議論の余地があり、どちらかといえばラテン世界についてよりもドイツ語文化圏やアングロ・サクソン諸国についての理解を助けるものであるが、われわれの関心事となっている主題に関してはそれでもやはり教えるところが多い。この資料によれば、「近親者との再会」というテーマは十六世紀にはまったく出現せず、十七世紀にはわずか一点を数えるのみだが、しかし十八世紀には十二点、十九世紀（一八六〇年以前）になると五十五点にも及んでいるのである。[32]

この流れはその後も一層強まった。あの世における集いの確実性、そしてすでに亡くなっている愛しい人たちがわれわれを保護してくれているという確信、このふたつを同時に表現したいくつもの論述から、どれを選んでよいか困惑するばかりだ。成功を博した本『開かれた門』の著者エリザベス・スチュアート・フェルプスは一八八五年にある詩集を出版したが、その内容は亡くなった人たちから口述されたものだと述べている。そのひとつ、「障壁はもうない」と題された詩の中で、亡くなったある母親が愛情を込めてこう断言している。「私は以前と同じようにあなたの方へ身をかがめる、／忠実なあなた、私の腕はあなたのまわりにあって〔…〕。／愛し合っていた人たちが集まっている／結束した、切り離せない群れとなって、どのようにしてだか誰にわかろう？[33]」。この作品もまた書店で大成功を収めた。

青年期のリジューのテレーズの場合も、そのペンのもとでは同じ確信が見られる。母を亡くしていたテレーズは姉のポーリーヌとマリーが相次いでカルメル会に入るのを見て深く心を乱された〔これによりテレーズはたったひとりになった〕。少し後でこう書くだろう。「もう彼女〔マリー〕に意中を打ち明けることができないので、私は天の方に向かいました。私が話しかけたのは、私に先立って天にいた四人の小さな天使たちでした。というのも、この穢れのない魂たちは心の動揺も恐れもかつて一度も経験したことがなかったのですから、地上で苦しんでいる彼らの憐れな妹を憐れに思ってくれるにちがいないと思ったからです」[34]。この「四人の小さな天使たち」とは、テレーズの母がテレーズより先にもうけた四人の子どもたちだった。後に、その九カ月前からカルメル会に入会していたテレーズは叔母にこう書くだろう。「人生は何と速く過ぎ去るのでしょう。私がこの世にあってももう十六年、ああ！　私たちはもうすぐみんな天でまた一緒になれるでしょう」[35]。

　こうした希望は、カトリックの大地とプロテスタントの諸国で十九世紀が産み出した多数の「慰めの手紙」の糧となった。強調すべき事実がある。これらの手紙はしばしば女性の手で書かれたものであり、他の多くの手がかりとともに十九世紀に宗教感情の表現を刻印した、そしてより正確にいえば、今われわれに関係するところの天国での希望の表明を刻印した、女性化と穏やかさの証言になっているということである。ハンガリーの農婦マルギット・ガリの回想録の中にとりわけ次のような意味深い一節が現れる。

　私の兄弟のアンタルは一九一四年の戦争のさなかに亡くなりました。私の母はいつも規則正しく彼女自身の母の墓を訪れ、アンタルの魂のために祈りを捧げていました——「ああ、優しいお母さん、息子のアンタルに会えるよう、アンタルの新しい道へ行ってくださいな！」——私の母はこの道を「新しい」と呼んでいました。だって本当に私のかわいそうな兄弟はそれまでそこを一度も通ったことがなかったのですから。母はアンタルのために、亡くなった魂たちの保護を求めていたのです。だって魂たちは主に対して、あるいは聖人たちに対して、執りなしをすることができると考えられるのですもの。天は、まったくこの世みたいなところなのです。もしも何かがうまく行かなくて、あなたの役に立ちそうな誰かに出会ったとしたら、あなたはその人に助けてくれるようにと頼むことができます。私たちだって、私たちの死者もまた聖人たちと多分うまく会話ができるものと、そう思っているのです。いつだって母は私たちにこう断言していたものです。家族全員があの世で再会するんだって。彼女〔私（ガリ）の母〕の母は、最後の瞬間に、こう彼女に言いました。「さあ、子どもたち、私が最初に待っているのはパニ〔マルギット・ガリの母の姉妹〕だよ——パニとは、やがて母なし子になるはずの彼女〔私（ガリ）の母の母〕の娘です——。要するに、あの世で私たちが再会できればの話だけれどね」。そして私の母もまたこう繰り返しました。「子どもたち、おまえたちは私たちがあの世で再会するのを妨げるものが何もないように、そんな風に生きなければいけないよ。もしも家族の誰かが、再会のないようなどこかに迷い込む羽目になったら、こんな大きな苦しみはないだろうからね！」。天国に到達したら、どの妻も夫のかたわらに居場所を見つけるのだと、かつては言われていました。でもそれは、まったくとんでもない話！　私たちはみな同じやり方で罪を犯したからなのかしら。だから同じ場所に値するというわけなのかしら。[36]

時にユーモラスないくつかの言外のほのめかし、功績の不釣り合いという教会の伝統的な教義を物語るいくつかの看過できない背景など、この示唆するところの多い資料については少し長く引用せざるをえなかった。主調はやはりあの想起である。「いつだって母は私たちにこう断言していたものです。家族全員があの世で再会するんだって」。信者による墓のかなたでの再会の希望、そして不信心者による未来の非現実と思える事柄に対するメランコリックな願望、こうしたものが一世紀以上も前から他人の死を生きる生き方を特徴づけている。オーギュスト・コント〔一七九八－一八五七、フランスの哲学者、数学者、社会学の創始者〕の実証哲学を広めたリトレ〔エミール。一八〇一－八一、フランスの哲学者、辞書編集者〕はある日こう白状した。「私は神を好きではありません。神に会いたいとも思いません。しかし母には再会したいと思っています」[37]。アリカンテの監獄〔アリカンテはスペイン南東部、地中海沿岸の都市〕で一九四二年に亡くなったスペインの共和主義者ミゲル・フェルナンデス〔一九一〇－四二、詩人〕はこんな短い詩を作った。

情愛深い私の体は
この世にあるのに、
この世にいる私に手紙を書いてくれれば、
私は返事をするだろう。

原爆の犠牲者の思い出のために長崎に建てられた記念碑の上には次のような碑文が刻まれた。「私たちはあの世で再会することでしょう」[38]。ポントルソン〔フランス西部、モン・サン・ミッシェル近くの都市〕の墓地のとある墓の上には、花崗岩の電話機が置かれていて、「愛しい死者」と書かれた墓標を見降ろしている。多くのゴスペルソングを歌っている歌手のニコレッタ〔ニコレッタ・グリゾニ。一九四四-、フランスの歌手〕は一九九九年十一月十五日放送の「プロテスタントの現在」でこう言明した。「私はあの世に大勢知り合いがいます。彼らを通じてよく神に話しかけます」。ある母親はこう打ち明けている。「娘〔亡くなった娘〕の長い苦しみを想起し、娘が光の中で晴れやかな様子をしているのを「感じる」とき、娘が私をそこに連れて行くために私を待っているのを知るのです。そしてこの考えが私を支えてくれるのです」[39]。

しかしながら一九四四年の調査によると、四十二%のフランス人が人間は死後すっかり消えてしまうと考えている[40]。こうした条件では、フィリップ・アリエスの的確な指摘を繰り返すことができる。「神が死んだとき、そのときこそ死者の崇拝は真の宗教となることができる」[41]。確かに諸聖人の祝日のときには、現代のフランスでは信者と不信心者が同じ――ただし前者にとっては現実の、後者にとっては象徴的な――追想のやり方で、一緒に聖体拝領する。けれどもパリのリセのあるカトリックの施設付き司祭の経験もおそらく同時に記憶にとどめておくべきである。司祭はこう指摘している。若者たちは服喪の機会に「自分たちから去った人たちと愛によって関係を続け、この愛の恩恵に浴し続けることができることを、発見する」のだと[42]。

したがって死者と生者のあいだのこうした情愛の関係が問題となっているとすれば、今度は次の点を私としては示したいと思う。すなわち、十九世紀と二十世紀はひとつの確信を表明したのであるが、その核心は実のところ、キリスト教の長い歴史を通じて存在していた確信なのであって、ただ、初めて支配的になったのがわれわれの時代であったということである。換言すれば、現代文明は、かつてにおいてはただひっそりと流通していた教義上の一要素を明確に述べたということだ。たとえばそうした要素は諸聖人の祝日や死者の日のためのボシュエの説教には明示されていないが、しかしボシュエにとってこの要素はあくまで教義上の正統性を持っていたのであり、至福体験の確信というもうひとつの確信と張り合うようなものではなかっただけなのである。

ドミニコ会士アンサルディ（十八世紀末）とイエズス会士フランソワ・ルネ・ブロット（十九世紀の六十年代）の作品のどちらもが、自らの心の慰めとなる言葉――ブロットの場合は「慰めの手紙」の形で提示される――を真正の神学と接続させたいと願ったというのは示唆的である。たとえばブロットの著作は、一方では当時の新たな情動的要求に答える表題――『天で人々は互いに相手を認知する』――を持っており、他方ではそうした情動的要求に反駁するために、『新エロイーズ』の中で牧師がジュリーに対して、天で「人々が互いに相手を知ることはない」ことを断言して用いた言葉〔本書六一九頁参照〕を引用しているのである。アンサルディとブロット[43]はしたがってたいていの場合、ふたりがそれに注意を引きつけた「慰め」の文学の、われわれにとっての導き手となるであろう。

再会のキリスト教文学

「慰め」の文学は古典古代に、なかでもとりわけキケロの「スキピオの夢」――教会の最初の数世紀の作家にはなじみのあるテキスト――に根差している。キケロはそこで永遠の幸福の場所へと向かうスキピオの旅を思い起こさせる。そしてその場所でスキピオは父と再会して喜びの涙とともに父を抱擁するのである[44]。このテーマは、次いでキリスト教徒たちのペンによって受け継がれた。テルトゥリアヌスによれば、「この劣った世で一緒になった人たちが離別するのを許さないのと同じように、神はひとつに結ばれた人たちを離ればなれにしたりはしないだろう」[45]。聖キプリアヌスは『死を免れないことについて《リーベル・デ・モルタリターテ》』の中でこう書いた。「なぜわれわれは急いで走ってわれわれの祖国を見に、われわれの祖先に挨拶しに、行かないのでしょうか。そこではわれわれの愛しかった人たちが大勢でわれわれを待っているのです。われわれはおびただしい数の両親、兄弟、子どもたちに待ち望まれています。心の安らぎのうちに落ち着いた彼らは、今ではわれわれの救済に心を砕いています。彼らに会いに行き、彼らを抱擁することは、彼らにとって、またわれわれにとって、何という喜びでしょうか！」[46]。ところで、このテキストが（比較的）有名だった証拠となるのだが、ベーダ（尊者。七三五年没）があるホメリア〔「福音書」解説を中心とした説教〕の中でこのテキストを一語一語繰り返しているのである（ただし出典は示していない）[47]。

聖アウグスティヌスはあの世における再会についてあまり多くを述べていない。とはいえ、未亡人となったあるローマの貴婦人に宛てた「慰め」の手紙で、こう明言した。「この世を去ったわれわれの愛しい人たちを、われわれは失ったわけではありません。ただわれわれの前方へ送っただけです。われわれもいずれ出発するでしょう。そして愛しい人たちがわれわれにとって今まで以上に愛しい存在となり、また今まで以上にわれわれによく知られる存在となるあの世に向かって、われわれも参るでしょう。そしてそこでは、別れを恐れることなく愛しい人たちを愛することができるのです[48]」。

聖アウグスティヌスの回心の立役者である聖アンブロシウスは、亡くなった弟に次のような言葉で話しかけていた。「今やおまえはもどって来れないのだから、おまえの方に行くのは私なのだ［…］。弟よ、やがておまえとまた一緒になれるという希望を除けば、私にどんな慰めが残されているのか。おまえの旅立ちによってわれわれのあいだに置かれた別離の状態が長く続きませんように。そしておまえのことをこんなにも強く懐かしがっている者を、おまえの祈りによってもっと早くおまえのもとに引き寄せることができますように」。同じ聖アンブロシウスは別の手紙でこうも書いていた。「主よ、この世で私にとって大切だった人たちから、死後私を引き離さないでください。お願いです、私が行くことになるところに、彼らもまた私と一緒にいるようにしてください[49]」。聖ヒエロニムスはある未亡人を次のような言葉で慰めた。「あなたのリキニウスを兄弟として懐かしみなさい。けれども彼がイエス・キリストとともに君臨していることを喜びなさい。リキニウスは勝ち誇り、自分の地位に確信を持って、天の高みからあなたを見つめています。あなたの労苦と仕事においてあなたを支え、あなたのために、自分のかたわらに場所を準備しているのです[50]」。

有名なギリシアの教父たちにも同じ言葉遣いが見られる。ナツィアンツァの聖グレゴリウスは友人のカエサレアのバシレイオスの死後こう断言した。「今やバシレイオスは天にいる。彼がわれわれのために昔からの犠牲を捧げ、人々のために新しい祈りを伝えるのはそこである。というのもバシレイオスは立ち去ったとはいえ、われわれから完全に去ったわけではないからだ。時には、私が自分の義務から外れるときには、夜の幻覚によって私に知らせにやって来て、私を戒めさえする」[51]。「慰めの手紙」という文学ジャンルのおかげで、聖ヨハンネス・クリュソストモスはある未亡人に――なるほど結婚という地上の関係の継続を排除することによってではあるが――こう述べることができた。「テラシウスが天で享受している名誉を考えることによって、あなたの涙と苦悩に終止符を打ちなさい。彼が生きたように、そして彼以上の完璧ささえ持って、生きなさい。そうすることによって、同じ美徳を実践した後で、あなたは同じ聖なる場所に迎えられるでしょう。そしてあらためて永遠にテラシウスと結ばれることでしょう。結婚の絆によってではなく、もっとよい別の絆によって。前者は単に体を結ぶだけですが、後者はもっと純粋で、魂と魂を結ぶのです」[52]。

愛し合っていた人たちのあの世における再会のテーマはギリシアの修道士ストゥディオスのテオドロス（八二六年没）〔七五九－八二六〕の手紙に何度も取り上げられている。彼の名前はコンスタンティノープルのストゥディオス修道院の名前に由来していた。テオドロスは皇帝権力に直面した教会の独立の擁護者であり、聖画像破壊論者に反対する画像擁護者だった。テオドロスが作った修道院の規則はビザンチンとスラブ世界に広まった。したがってこの人は第一級の人物である。さて、そのテオドロスは天国における家族の再現の教義に賛成して断固譲らなかった。子どもたちを全員亡くしたある父親にこう書いた。「あなたのお子さんたちは失われたのではありません。そうではなく、あなたのためにつつがなくしておられるのです。そしてあなたが現世の最期に到達するや、嬉しさに喜び身震いするお子さんたちに再会できるでしょう」[53]。ある未亡人にはこう断言した。「名高い男性とあなたを結ばせるために花咲ける年頃まであなたを導いた神は、復活によってもう一度あなたをその方と結ばせることが必ずおできになるでしょう［…］。主の日にあなたは再び夫を手に入れるだろうと私は思います」[54]。男やもめに対してもこれと対になる話をした。「あなたはこれほど立派な妻をあなたよりも先に神のおそばへ送り出したのです［…］。今やあなたは、摂理によって定められたときに、天であの卓越した伴侶と再会できるよう努力しなければなりません。そうすればあの方〔妻〕はあなたとともに、筆舌に尽くしがたい幸せにあずかりながら、終わりのない時間の中で楽しまれることでしょう」[55]。

最後の審判のとき、復活した人々はけっしてお互いに認知することはないだろう、なぜならそのときには、もはやギリシア人もユダヤ人も、野蛮人も奴隷も自由人も、夫も妻もないだろうから、と主張するオリゲネスのような「聴き手を欺く」人たちをテオドロスはある教理教育の説教で批判し、きっぱりと明快にこう断言した。「そうです、そう信じなければなりません。兄弟はその兄弟を、父はその子どもたちを、妻はその夫を、友人はその友人を、認知するのです［…］。全員がわれわれ全員を知るのです。神のもとでの全員の住まいが、他の多くの恩恵に付け加えられたこの恩恵によって――つまりわれわれが互いに認知するという恩恵によって――、一層楽しいものとなるためにです」[56]。

西欧に立ちもどって年代を下ると、これと符合する保証の言葉が、少なくとも短い明言の形をとって目の前に姿を現す。聖ベルナルドゥスは「ソロモンの雅歌」〔旧約聖書中の一書である「雅歌」のこと〕に関する説教のひとつを兄弟のジェラールに対する追悼の演説に変えた。そして次のような言葉で呼びかけた。

> 神と結ばれれば結ばれるほど、一層愛に満たされます。ところで、神が苦しむことはありえなくとも、神は同情することができます。というのも、不幸な人たちを憐れみ、罪ある人たちを許すのは、神に固有のことだからです。したがって、兄弟よ、おまえは他人の不幸に心動かされねばならない。なぜなら、おまえは神の慈悲にあれほど親しく結びついているのだから。だからこそわれわれに対するおまえの愛情は、小さくなるどころか、完璧の域にまで達したのです。神を身につけたからといって、おまえはわれわれに対する思いやりを捨て去ったわけではありません。なぜなら神ご自身がわれわれを心にかけておられるからです（「ペテロの手紙一」五章、七節）。おまえは弱さであったものを捨てました。けれども、憐憫、あるいは同情であるものを捨てたわけではありません。結局、愛徳はけっして死なないのですから（「コリントの信徒への手紙一」一三章、八節）、おまえが私を忘れることはけっしてないでしょう[57]。

明らかに聖ベルナルドゥスは、選ばれた者たちと彼らの地上の近親者とを結びつけている緊密な絆と、至福直観とのあいだにいかなる矛盾も見ていなかった。聖トマス・アクィナスは、地上で愛し合っていた人たちのあの世における再会についてははっきりしなかった。反対にシエナのカタリナは、神との対話のひとつで主にこう言わせている。「私のすべての選ばれた者たちは完璧な愛徳のうちに分かちがたく結ばれてはいるが、にもかかわらず、地上で相互に愛し合った人たちのあいだにも、独得の交感や楽しげな聖なる親密さがあるのです〔…〕。この聖なる愛は、永遠の生において彼らのあいだでいささかも小さくなるものではありません。それどころかこの愛は、一層大きな霊的喜びと満足をもたらすのです」[58]。

聖ヴィセンテ・フェレール〔一三五〇－一四一九、スペイン生まれのドミニコ会士〕は説教の中で聴衆にこう断言している。「清く敬虔な人が死ぬと、天使たち、近親者、若くして逝った子どもたちが駆けつけてくる。そして、子どもたちは自分の父や母がまったく離れたところにいることを知ると、キリストに父や母の魂を受け入れるよう願うのです」[59]。ロレンツォ・ヴァッラは『快楽について《デ・ヴォルプターテ》』の中でこれに近い確信を表明している。こう述べる。「選ばれた者が天国に到着すると、――ちょうどフラ・アンジェリコの絵の中のように――亡くなった両親と友人たちに迎えられ抱擁されます。そして楽しい鐘の音にも比べられる音楽が天を満たすのです」。ヴァッラの想像上の対話者であるアントニオは、先に亡くなった父と母、子どもたち、兄弟姉妹とあの世で再会することを切に願っている[60]。これと似通った希望が、友人イグナティウス・デ・ロヨラに東洋の地から手紙を書き送る聖フランシスコ・ザビエル〔一五〇六－五二、スペインの宣教師〕によっても表明される。

あの世でわれわれが身体的に会い、集える恩恵をわれわれにくださるよう、われわれの主であるイエスに祈願するためにこの手紙を終えることにしましょう。なにしろ、ローマから非常に遠いインドという地において、しかもそこには他の土地に探しに行く必要もないくらい回心させるべき人々がたっぷりいるのですから、われわれがこの世で本当に再会することができるかどうか、私にはわからないのです。あの世に先に着いて、主に愛されている兄弟が見つからなかったときには、われわれがみなそこで主の栄光のうちに集えるよう、われわれの主イエスに祈願することにいたしましょう」[61]。

これと符合する主張をもっと増やすこともできる。夢の中で父に会ったロンサールに父はこう断言する。

［…］死んだら、おまえの魂は永遠の生の中で、
私の魂と、そして亡くなったおまえの叔父の魂と、
そしてまたおまえの母親の魂とも、一緒になりにやって来るだろう、
おまえの母は天から、おまえを苦しめている
苦通と心配を見ているのだ…[62]

アンリ四世〔一五五三―一六一〇、フランスのブルボン朝初代の王在位一五八九―一六一〇〕の聴罪司祭でイエズス会士のピエール・コトンは、出版用に「黙想」と改題された説教の中で、天の幸福がどんなものであるか推察し、こう予言している。「［そのとき］息子は父が与えてくれた正しい教育を父に感謝し、娘は母が与えてくれたよき手本を母に感謝するでしょう」。母は娘にこう言うだろう。「おまえの至福は私の至福の当然の付きものだよ。そして私の至福はおまえの至福の付け足しだよ」[63]。

説得力のある証明の骨組みを作り上げるには、ここに選んだような抜粋を提供しなければならなかった。亡くなった人たちがかつて地上で慈しんだ人たちとあの世で特権的な関係を作り上げるという確信は、せいぜい二百年ほど前にようやくキリスト教の舞台の前面に出てきたにすぎないとはいえ、にもかかわらずそうした確信は、教会の最初期から早くも、少なくともそれとなくは存在していたのである。今日、そこにより高い価値が付与されていることは、われわれの現在の感受性と、キリスト教の死後に関する言説――とりわけ今現在そうであるところのもの――とのあいだに、ある照応関係が存在することを明らかにしてくれる。アヴィラのテレサは、ある日神が「抵抗しがたい猛烈さでもって」彼女を彼女自身から奪い去り「［自分は］霊において天へと運ばれた」と語っている。テレサは言う、「［そしてそこで］私が見た最初の人は父と母だったのです」[64]。

結び　天国から受け継いだもの

私はこの三巻本で「失楽園の歴史」を書いたのだろうか。

というのもキリスト教の土壌では、人々は時として、エデンの園への郷愁と、光輝き同時に予測可能な将来においてエデンの園を再建したいという意思と、そして終末の後で「天から下って来る」（「ヨハネの黙示録」二一章、一〇節）永遠の幸福のエルサレムに住みたいという希望を同時に培ってきたからである。ところでこの三世紀のあいだに、天国に関するこうした三つの光景は蜃気楼のように逃げて行き、消え去ってしまった。それらは子ども時代のような永続的な郷愁を表していたのであろうか。それとも天は、われわれの祖先の幻想を投影したところの巨大なスクリーンだったのであろうか。超自然的なるものとの関係は、われわれの西欧の歴史を通じて深刻な変容を蒙った。そのことをむしろ確認しておこう。超自然的なるものと地上の具体的な現実は長いあいだ互いに複雑に絡み合っていた。超自然的なるものが日常的な現実に備給をし、反対に、地上の家具調度が天の世界に大きな場所を提供していた。

宗教的画像が聖なるものとの関係に匹敵するという時代があった。次いで、ルネッサンス以降、それは芸術の領野に入り込んだ。[1] それと同時に、次第に顕著となる非宗教化の傾向があらゆる領域に忍び込んだ。十七世紀の科学革命以来、ひとつの客観的事実が徐々に幅をきかせるようになった。天と地は同じひとつの宇宙に属しており、同じ法則に従っているというのである。天は神の「場所」ではない。このことはガガーリン〔ユーリー・アレクセイエヴィチ。一九三四－六八、ソ連の宇宙飛行士〕がありのままに立証したのであるが、しかし彼は二十世紀の真っただ中で、いまだに天の古い見方にとどまっていた。

とすれば、天国はもはやひとつの「ユートピア」として、すなわちトマス・モア〔一四七八－一五三五、イギリスの思想家、政治家〕が創り出したこの言葉の語源的な意味における「どこにもない場所」としてしか定義されえないのであろうか。ということは、つまり天国は現実性を持たないということなのだろうか。そして、問いを繰り返してみよう。「ユートピア」――今度は通常の意味で――という言葉が包含する希望はすべて空想なのだろうか。人類はユートピアなしで生きられるのだろうか。

われわれの「天国」という言葉は、今や「ユートピア」のすべての意味を含んでいる。キリスト教信仰によれば、この言葉は場所ではなく、死の向こうの、あるいはより正確にいえば、復活の向こうの、未来を指し示している。というのは、諸「福音書」から生まれた希望の「ダイヤモンド」[2]は、人間が不死であることではなく、亡くなった人たちが、彼らの手を取る神の呼び声でもって、死の暗い穴から外に出ることを意味していたからである。死者はそのとき第二の、今度は永遠の、生の中に入る。しかしその生は、われわれにはいまだ思い描くことのできない諸条件の中で展開するのである[3]。

驚異の誘惑から遠ざかっている今日の信者は、あの世に関する表象の空白を受け入れねばならない。なるほど手痛い損失ではある。けれどもこの損失は、来たるべき世界における「至福」の実現の「ユートピア的な」希望によって埋め合わせがつく。事実こうした「至福」は天国そのものと同じような「ユートピア」であって、両者には緊密な関係が存在する。世界の隠された顔はイエスの預言が現実となるような顔であろう。泣く者たちは慰められるであろう。義に飢え乾いている者たちは満たされるであろう。慈悲深い人たちは慈悲を得ることであろう、等々（「マタイによる福音書」五章、「ルカによる福音書」六章）。天国はこれらの尋常ならざる夢の現実化なのであろう。そうした夢の存在がなければ、この世の生は地獄へと向かうのである。

「天国から受け継いだもの」という問いに対して、キリスト教信仰はこう答え続けるのである。救世主の復活のおかげで、いつの日かわれわれはみな手を携えるであろう、そしてわれわれの目は幸福を見るであろう、と。

47. Bède le Vénérable, « Paraenetica ». 次の中にある。*PL*, t. 94, c. 452.

48. Augustin. この手紙は *PL*, t. 33, c.318の中にある。C. McDannell et B. Lang, *Heaven...*, p. 60に引かれている。

49. Ambroise, « De excessu fratris sui » 1. 2, 並びに « De obitu Valentiani consolatio ». それぞれ *PL*, t. 16, c.1414と *ibid.*, c. 1444にある。

50. Jérôme, « Epistola ad Theodoram ». 次の中にある。*PL*, t. 22, c. 685.

51. Grégoire de Nazianze, « Oratio XLIII ». 次の中にある。N° 384 des « Sources chrétiennes », Paris, Le Cerf, 1992, p. 303.

52. Jean Chrysostome, « Tractatus ad viduam juniorem ». 次の中にある。*PG*, t. 48, c. 604.

53. Théodore Stoudite, « Lettres », ここでは I, n° 29. 次の中にある。*PG*, t. 99, c. 1003.

54. *Ibid.*, II, n° 110. 次の中にある。*PG*, t. 99, c. 1370.

55. *Ibid.*, II, n° 186. 次の中にある。*PG*, t. 99, c. 1571.

56. Théodore Stoudite, « Serm., catech. XXII ». 次の中にある。*PG*, t. 99, c. 539.

57. Bernard de Clairvaux, « In Cant. Sermo 26, n° 5 ». 次の中にある。N° 431 des « Sources chrétiennes », Paris, Le Cerf, 1998, p. 289.

58. Catherine de Sienne, *Le Dialogue*, chap. 21.

59. Vincent Ferrier, « Sermon n° 2, De Assumptione ». 次の中にある。*Œuvres*, Paris, 1909, t. 2, p. 663.

60. L. Valla, *Il Piacere (De voluptate)*, Naples, 1948, p. 310.

61. François Xavier, *Correspondance*, 1532-1552, Paris, Desclée de Brouwer, 1987, p. 69.

62. Ronsard, *Œuvres*, Paris, « Bibliothèque de la Pléiade », t. 2, 1950, p. 415.

63. P. Coton, *Sermons sur les principales et plus difficiles matières de la foi, réduits par lui-même en forme de méditations*, Rouen, 1626, « Du paradis », méd. 21, p. 626.

64. Thérèse d'Avila, *Œuvres*, すでに引いた版 (« Vie »), I, 304.

結び

1. これは次の作品の中心テーマである。H. Belting, *Image et culte...*

2. J.-P. Manigne の次の著作の中の言い回し。*Lazare, dehors*, Paris, Desclée de Brouwer, 1998.

3. *Catéchisme de l'Église catholique* (1992), n° 1027は次のように表現している。「神との、そしてキリストのうちにあるすべての者との至福の交感のこの神秘は、あらゆる理解、あらゆる表象を越えている」。

14. P. Ariès, *L'Homme devant la mort*, p. 149.

15. *Ibid.*, p. 458.

16. この論述全体については M. Lienhard の論文 « La sainteté et les saints » を参照。次の中にある。*Études théologiques et religieuses*, 1997, 3, pp. 375-387.

17. A. Birmele et M. Lienhard, *La Foi des Églises luthériennes*, Paris/Genève, Le Cerf/Labor et Fides, 1991, p.261.

18. *Ibid.*, p. 203.

19. Calvin, *Institution chrétienne*, II, xx, 24. 次によって引かれている。M. Lienhard, « La sainteté et les saints », p. 382.

20. Calvin, *Corpus reformatorum*, t. 77 (*Opera Calvini* の t. 5), p. 327. C. McDannell et B. Lang, *Heaven*..., p.155に引かれている。

21. *Ibid.*, p. 156.

22. P. Nicolai, *Freudenspiegel*, p. 92. *Ibid.*, p. 211に引かれている。

23. P. Ariès, *L'Homme devant la mort*, p. 464.

24. E. Swedenborg, *Traité curieux des charmes de l'amour conjugal dans ce monde et dans l'autre*, 1768, *passim*.

25. J.-J. Rousseau, *La Nouvelle Héloïse*, Paris, Flammarion, 1967, lettre XII, VIe partie, p. 566.

26. *Ibid.*, lettre XI, p. 555.

27. 私が急いで再録したこれらの例は、次の著作でもっと長く論述されている。C. McDannell et B. Lang, *Heaven*…

28. M. Vovelle の言い回し。

29. M. Vovelle, *Les Âmes du purgatoire*, Paris, Gallimard, 1996, p. 199以下.

30. M. Vovelle, *La Mort et l'Occident*, p. 658.

31. *Ibid.*, p. 662.

32. *Ibid.*, pp. 391-393.

33. P. Ariès, *L'Homme devant la mort*, pp. 447, 448に引かれている。

34. J.-F. Six, *Thérèse de Lisieux. Son combat spirituel. Sa voie*, Paris, Le Seuil, 1998, p. 23に引かれている。

35. *Thérèse par elle-même*, présentation de J.-F. Six, Paris, Grasset/Desclée de Brouwer, t. 1, 1992, p. 82.

36. M.Gari, *Le Vinaigre et le fiel*, pp. 16, 17.

37. J.-F. Six,*Littré devant Dieu*, Paris, Le Seuil, 1962, p. 139.

38. こうした説明は黒澤明の映画「八月の狂詩曲」〔1991年制作〕で与えられている〔1990年８月の長崎のある山村を舞台とするこの映画のひとこまに、長崎原爆慰霊の日に村人たちが小さな御堂に集まって念仏を唱えている場面がある。堂内の壁には、村出身の犠牲者たちの名前とともに「倶會一處」と大きく揮毫された額が飾られている。みなが念仏を唱える中、原爆で夫を亡くした老婆（主人公）の息子が、ハワイから訪れていた従兄弟に、「倶會一處」とは「あの世で会って一緒になりましょう」という意味であると説明する。本文のドリュモーの記述はこのシーンから引かれたものと思われる〕。

39. *Le Pèlerin*, 10 sept. 1999.

40. *Actualité des religions*, n° du 10 nov. 1999に発表されている。

41. P. Ariès, *L'Homme devant la mort*, pp. 536, 537.

42. *La Croix*, 1er novembre 1999の中にある。

43. 本書608-609頁を参照。

44. 本書77-78頁を参照。

45. Tertulien, *De monogamia*, chap. 10, Paris, Le Cerf, « Sources chrétiennes », 1988, p. 179.

46. Cyprien, « Liber de immortalitate ». 次の中にある。*PL*, t. 4, c. 623.

17. Cyprien, « Liber de immortalitate ». 次の中にある。*PL*, t.4, c. 601.

18. Ambroise, « De bono mortis ». 次の中にある。*Opera omnia*, Paris, 1882, t.1, c. 591.

19. Grégoire de Tours, *Histoire des Francs*, Paris, Les Belles Lettres, 1963, II, p. 77.

20. Jacques de Voragine, *La Légende dorée*, すでに引いた版の II, pp. 94, 95.

21. *Les Révélations célestes de sainte Brigitte*, すでに引いた1624年の仏訳版, p. 286.

22. H. Suso, *Livre de la Sagesse éternelle*, すでに引いた版の pp. 354, 355.

23. P. de Ribadeneira, *Vida de... Ignacio de Loyola*, すでに引いた版の p. 165.

24. François de Sales, *Introduction à la vie dévote*, éd. des *Œuvres* complètes, Annecy, 1893年以降, t. 3, pp. 51-53.

25. G. et P. Leclerc, *Louis Brea. Un poème de l'unité*, Paris, Mame, 1992, pp. 155-163.

26. *Ibid.*, p. 156.

27. François de Sales, *Introduction...*, すでに引いた版の t. 3, pp. 50, 51.

28. 本書175, 234頁を参照。

29. C. Havelange, *De l'œil et du monde...*, p. 199.

30. J. Drexel, *Tableau des joyes...*, pp. 382-385, 389-391, 395-397.

31. 本書366-367頁を参照。

32. Bède le Vénérable, « Aliquot quaestionum liber qu. XII». 次の中にある。*PL*, t. 93, c. 465, 466.

33. Bernard de Clairvaux, « In dedic. eccles.sermo 1 », n°7. 次の中にある。*PL*, t. 183, c. 521.

34. Anselme, *Cur Deus homo*, l'Université de Louvain-la-Neuve によって刊行された古い翻訳, 1984, p. 192.

35. Thomas d'Aquin, *Somme théologique*, Ia-IIae, quest. 4, art. 8, p. 164.

36. Xavier Léon-Dufour 神父が次に寄せた対談から抜粋した言葉。*La Vie*, 27 mars 1997.

37. C.I. Ansaldi, *Della Speranza et della consolazione di rivedere i cari nostri nell'altera vita*, Turin, 1772, pp. 3, 4.

38. F.-R. Blot, *Au ciel on se reconnaît*, Lyon, 1863, pp. 17, 23, 24.

第三十一章

1. M. Hernandez, « Sonetos : El silbo vulnerado ». 次の中にある。*Œuvres complètes*, Madrid, Espasa Calpe, 1992, p. 450. 詩は *Tus cartas son un vino* と題されている。この詩に注意を喚起してくれた友人のジャン・フランソワ・トゥルネールに感謝する。

2. M. Hulin, *La Face cachée du temps*, Paris, Fayard, 1985, p. 120. 以下の頁ではこの作品に大いに依拠している。

3. E. Morin, *L'Homme et la mort*, Paris, Le Seuil, 1970, pp. 132-156.

4. オリゲネスとバシレイオスの思想に関するこれらの情報は、論文 « Communion des saints » から引いた。次の中にある。*DTC*, t. 3, 1, c. 436-440.

5. Augustin, « Sermo cclxxx » と « Enarr. in ps. lxxxv ». それぞれ、次の中にある。*PL*, t. 38, c. 1283 と *PL*, t. 37, c. 1099.

6. J.-Y. Lacoste 監修, *Dictionnaire critique de théologie*, Paris, PUF, 1998, pp. 241, 242.

7. ここでは『地上の楽園』57-59頁と、J. Ntedika, *L'Évolution de l'au-delà dans la prière pour les morts*, Louvain, Nauwelaerts, 1971, 主として p. 227以下.

8. ここでは次を参照。*DTC*, « Communion des saints », t. 3, 1, c. 454以下.

9. P. Ariès, *L'Homme devant la mort*, pp. 37-95.

10. *Rassurer et protéger*（『安心と加護』), Paris, Fayard, 1989, pp. 228-233を参照。

11. A. Vauchez 監修, *Dictionnaire encyclopédique du Moyen Âge*, Paris, Le Cerf , 1997, II, « Toussaint », pp. 1525, 1526.

12. J. Le Goff, *La Naissance du purgatoire* を参照。

13. *Ibid.*, p. 443.

46. Nicolas Sthétatos, *Opuscules et lettres... : « Du paradis »*, Paris, Le Cerf, « Sources chrétiennes », 1961, pp. 27, 159.

47. 本書106頁を参照 ; Ruysbroeck, *Œuvres*, すでに引用した版の t.2, pp. 76, 77.

48. M. De Gandillac によって刊行された古い仏語訳*Nicolas de Cues, Œuvres choisies*, Paris, Aubier, 1942 : « Traité de la vision de Dieu », p. 401.

49. Agnès de Foligno, *Le Livre...*, p. 171. この女性幻視者についてより一般的には *Angèle de Foligno. Le dossier*, présenté par G. Barone et J. Dalarun, École française de Rome, 1999.

50. Catherine de Sienne, *Les Plus Belles Lettres*, Paris, Lethielleux, 1927, p. 95.

51. Marie de l'Incarnation, *Écrits spirituels et mystiques*, Paris, 1929, t. 1, p. 360.

52. Pseudo-Denys, *La Théologie mystique*, rééd. Migne, Paris, 1991, p. 21.

53. Jean de la Croix, *Œuvres complètes*, Paris, Le Cerf, 1990, « Poèmes », p. 151.

54. J. Wesley, *A Collection of Hymns for the Use of the People Called Methodist*, Londres, 1737, hymne 75, p. 78.

55. *The Hymnal Revised and Enlarged, as Adopted by… the Protestant Episcopal Church in U. S. A. in 1892*, hymne 404, p. 377.

56. J. Wesley, *A Collection…*, hymne 71, p. 73.

57. *Hymnal…*, hymne 394, p. 360.

第三十章

1. J.- F. Six の表現。いくつもの口頭発表でこの表現を用いている。

2. ここではすでに古典となっている次の２著作を参照されたい。その分析を私が繰り返す必要がなくなるからである。P. Ariès, *L'Homme devant la mort*, Paris, Le Seuil, 1977並びに M. Vovelle, *La Mort et l'Occident de 1300 à nos jours*, Paris, Gallimard, 1983. これら２著作は私の主題の背景を構成している。また次も参照。C. McDannell et B. Lang, *Heaven. A History.*

3. これは『楽園の歴史』の第Ⅱ巻である *Mille Ans de bonheur*（『千年の幸福』), Paris, Fayard, 1995（邦訳2006）のテーマだった。

4. C. McDannell et B. Lang, *Heaven...*, p. 274に引かれている。

5. *Ibid.*, p. 297.

6. *Ibid.*, pp. 299, 300.

7. J. Wesley, *A Collection of Hymns…*, 前章註54で引いた版の p. 73.

8. これらの想起はすべて C. McDannell et B. Lang, *Heaven...* による。

9. 本書576-577頁を参照。

10. Paul Tillich の主要著作は次の通り。*Théologie systématique*, publiée en cinq parties (1951-1963) ; 仏訳版, Genève, Labor et Fides, 1991年以降。

11. C. McDannell et B. Lang, *Heaven...*, p.332に引かれている表現。Bultmann についてはとりわけ次の作品が仏語に訳されている。*Histoire et eschatologie*, Neuchâtel, Delachaux et Niestlé, 1955 ; *Jésus, mythologie et démythologisation*, Paris, Le Seuil, 1968 ; *Foi et compréhension*, Paris, Le Seuil, 1969-1970, 2 vol.

12. K. Barth の集大成の作品 *Dogmatique* は1932年から67年にかけて執筆され、1953年から80年にかけて Labor et Fides (Genève) によって全26巻索引つきとして仏語に翻訳された。

13. K. Rahner にはとりわけ次の著作がある。*Écrits théologiques*, 1954-1975, 12 vol ; *Mission et grâce*, 1962-1965, 3 vol ; *Les Chances de la foi*, 1974 ; *Traité fondamental de la foi*, 1983.

14. E. Vilanova, *Histoire des théologies chrétiennes*, Paris, Le Cerf, 1997, III, pp. 923-927.

15. C. McDannell et B. Lang, *Heaven...*, p.343に引かれている。

16. これはとりわけ次のふたりの断言である。Suarez, *Opera omnia*, すでに引いた版の t. 2 (« De angelorum... »), pp. 44-47 ; Drexel, *Tableau des joyes...*, p. 388. 次も参照。J. Delumeau, *Le Péché et la peur*（『罪と恐れ』), Paris, Fayard, rééd. 1994, pp. 315-321（邦訳547-558頁).

céleste…

9. Marguerite de Navarre, *Le Navire*, éd. R. Marichal, Paris, Champion, 1956, p. 265.

10. F. Habert, *Le Temple de chasteté... ensemble plusieurs petites œuvres poetiques*, Paris, 1549 (BNF, Réseve), f° 2, r°. P. Chiron, *La Représentation du paradis céleste*…, p. 371を参照。

11. Érasme, *Éloge de la folie*, éd. Chomarat, p. 149 ; P. Chiron, *La Représentation du paradis céleste*…, p. 366.

12. 本書504頁に引かれている。

13. 本書504頁を参照。

14. *Catéchisme du concile de Trente*, éd. D.M. Morin, 1984, pp. 129-131. 次に引かれている。P. Chiron, *La Représentation du paradis céleste*…, p. 323, 360.

15. *Orateurs sacrés*, t. 7, c. 1538-1540.

16. 次の中で引かれている。A. Paléologue, *Le Mont Athos, merveille du christianisme byzantin*, Paris, Gallimard, 1997, p. 108.

17. *Ibid.*

18. Molanus, *Traité des saintes images*, pp. 438-439.

19. 本書506頁以下を参照。

20. M. Gari, *Le Ciel et le fiel*, Paris, Plon, 1983, pp. 6-16.

21. フィリップ・ニコライ, マルティン・フォン・コッヘム, ヨハン・カスパール・ラヴァテル, そしてスウェーデンボリについては、次のものによって与えられる指示に従う。C. Mcdannell et B. Lang, *Heaven*..., p. 181-199 ; *Erster Theil aller teutschen Schriften* における P. Nicolai, « Theoria vitae aeternae ».

22. Martin de Cochem, *Das grosse Leben*, 1753年版, pp. 167-170.

23. J.C. Lavater, *Aussichten in die Ewigkeit*, 2e éd., Hambourg, 1773, I, p. 125および III, pp. 93-99.

24. C. Mcdannell et B. Lang, *Heaven*..., pp. 180-227.

25. I. Watt, *Works*, Londres, 1812, II, pp. 398, 399. 次の中に引かれている。*Heaven*..., p. 208.

26. Leibniz, *Nouveaux Essais*, II, 21. 次の中に引かれている。*Heaven*..., p. 277.

27. *Critique de la raison pratique* の中にある。次に引かれている。*Heaven*..., p. 278.

28. *Thérèse de Lisieux par elle-même. Tous ses écrits de Pâques 1896 à sa mort*..., présentation de Jean-François Six, Paris, Desclée de Brouwer, 1997, 3 vol. ここでは、III, pp. 245, 246.

29. *Ibid.*, p. 133.

30. 彼女の著作 *Beyond the Gates* (1883), p. 124以下.

31. *Godey's Magazine* (1898年 6 - 7 月) に発表された *The City Beyod* の中にある。*Heaven. A History* に引かれている。

32. B. Lacroix, *La Foi de ma mère*, Montréal, Bellarmin, 1999, p. 191.

33. *Thérèse de Lisieux par elle-même*..., II. pp. 165, 172.

34. *Ibid.*, III, pp. 65, 104, 108, 118, 144.

35. *Ibid.*, p. 197.

36. *Ibid.*, p. 198.

37. *Ibid.*, p. 62.

38. *Ibid.*, pp.78, 79.

39. *Ibid.*, p. 76.

40. *Ibid.*, pp. 28, 29.

41. Élisabeth de la Trinité, *Souvenirs*, Carmel de Dijon, 1911, pp. 122, 123.

42. *Ibid.*, pp. 305, 306.

43. *Ibid.*, p. 329.

44. 本書500-502頁を参照。

45. Origène, *Traité des principes*, Paris, Le Cerf, « Sources chrétiennes », 1978, p. 307.

p. 413.

21. G. Bruno, *L'Infini...*, p. 113.

22. *Ibid.*, p. 114.

23. Galilée, *Dialogues et lettres choisies*, P.H Michel による翻訳, Paris, Hermann, 1997年版, p. 69 (« Discours des comètes »).

24. Galilée, *Dialogue sur les deux grands systèmes...*, すでに引いた版 (Le Seuil, 1992) R. Fréreux による翻訳, p. 72.

25. *Ibid.*, p. 73.

26. *Ibid.*, pp. 88-90.

27. G. Bruno, *L'Infini...*, introduction de B. Levergeois, p. 16.

28. C. Havelange, *De l'œil et du monde...*, p. 265以下。

29. Galilée, *L'Essayeur (Il Saggiatore)*, C. Chauviré による翻訳, Paris, Les Belles Lettres, 1980, pp. 347-349. 次を参照。M. Clavelin, *La Philosophie naturelle de Galilée*, pp. 435-444.

30. 本書549-550頁を参照。

31. 本書61頁を参照。

32. Thomas d'Aquin, *Somme théologique*, Ia, quest. 66, art. 3, 前に引いた版の p. 58.

33. M. Clavelin, *La Philosophie naturelle de Galilée*, pp. 226, 227を参照。

34. Galilée, *Dialogues...*, pp. 237, 238.

35. P. Redondi, *Galilée hérétique*, pp. 323-325を参照。

36. *Ibid.*, pp. 328, 329.

37. C. Havelange, *De l'œil et du monde...*, p. 309.

38. Nicolas de Cues, *La Docte Ignorance*, p. 159.

39. G. Bruno, *L'Infini...*, p. 122.

40. Gassendi, *Opéra*, 1658, t. 1, pp. 525-529.

41. 仏訳版 C. Huygens, *Nouveau Traité de la pluralité des mondes*, Paris, 1702.

42. Cyrano de Bergerac, *L'Autre Monde. Les États et empires de la lune. Les États et empires du soleil*, éd. de M. Weber, Paris, Editions sociales, 1959, p. 38.

43. Fontenelle, *Entretiens sur la pluralité des mondes*, éd. de A. Calame, Paris, Didier, 1966, p. 23.

44. *Ibid.*, p. 92.

45. *Catéchisme de l'Église catholique,* Paris, Mame/Plon, 1992, p. 566 (n° 2794).

第二十九章

1. M. Weber のこの分析はとりわけ次の中に見られる。*Aufsätze zur Religionssoziologie,* 1920, 3 vol., Tübingen, Mohr, 1991. また、未完の著作 *Économie et société* (1922) の « Typen religiöser Vergemeinschaftung » の章にも見られる。次も参照。R. Aron, *Les Étapes de la pensée sociologique*, Paris, Gallimard, 1967, p. 535以下.

2. R. Bultmann, *Foi et compréhension,* t. 2 *: Eschatologie et démythologisation*, Paris, Le Seuil, 1969, pp. 103, 104.

3. Ambroise, *Corpus scriptorum Ecclesiae latinae*, Vienne, 1897, t. 32, l, pp. 265, 266.
次の中で引かれている。*Dictionnaire de spiritualité*, art. « Paradis », t. 12, c. 191.

4. Patrick, « De Tribus habitaculis liber ». 次の中にある。*PL*, t. 53, c. 831.

5. *Règles des moines*, présentées par J.-P. Lapierre, Paris, Le Seuil, 1982, p. 68.

6. Isidore de Séville, « De ordine creatorum ». 次の中にある。*PL*, t. 83, c. 950-952.

7. G. Briçonnet, *Correspondance...*, Genève, Droz, 1972, I, pp. 106, 140. 1521年11月11日と1522年2月5日の手紙。

8. *Ibid.*, pp. 114, 115. これらの引用と後に続く16世紀の引用は、次の博士論文の中に見られるが、私はこの博士論文をあらためて大いに活用している。P. Chiron, *La Représentation du paradis*

12. この言葉は F. Laplanche が *Histoire du christianisme (1530-1620)*, t. 8, Paris, Desclée de Brouwer, 1992, pp. 1087-1094で « Sciences de la nature et vision religieuse du monde » に捧げた卓越した論文の中に見られる。私は著者がP・レドンディのテーゼに関連してガリレイ裁判を説明する仕方に、深く同意するものである。

13. M.-P. Lerner, « L'hérésie héliocentrique : du soupçon à la condamnation ». 次の中にある。*Sciences et Religion. De Copernic à Galilée*, École française de Rome, 1999, pp. 73-75.

14. *Concilium oecumenicorum decreta*, éd. G. Alberigo, p. 664.

15. M.-P. Lerner, « L'hérésie héliocentrique », pp. 87, 88.

16. *Le Opere di Galileo Galilei*, éd de G. Barbera, Florence, 1968, t. 5, p. 411.

17. 以下の古典的な著作を参照。H. Védrine, *Giordano Bruno*, rééd. Paris, Vrin, 2000 ; F. Yates, *Giordano Bruno et la tradition hermétique*, 仏訳版, Paris, Dervy, 1996 ; G. Aquilecchia, *Giordano Bruno*, 仏訳版, Paris, Les Belles Lettres, 2000 ; L. Firpo, *Le Procès de Giordano Bruno*, 仏訳版, Paris, Les Belles Lettres, 2000. 次の著作でもジョルダーノ・ブルーノに１章が捧げられている。N. Benazzi et M. D'Amico, *Le Livre noir de l'Inquisition*, Paris, Bayard, 2000.

18. L. Geymonat, *Galilée*, pp. 107, 108に引かれている。

19. 本章註12にあげた F. Laplanche の論文の p.1105.

20. この手紙は本章註16であげたガリレイの *Opere* (éd. G. Barbera) の第５巻に見られる。ここでは p. 314以下.

21. *The Galileo Affair*, M.A. Finocchiaro による編訳, Université de Californie, Berkeley, 1989, p. 262.

22. *Ibid*., p. 264以下.

23. *Le Opere di Galileo Galilei*, t. 19, éd. G. Barbera.

24. 次の中に引かれている。n°2 des *Cahiers de Science et Vie*, « Galilée. Naissance de la physique », avril 1991, p. 50.

第二十八章

1. 本書第三章を参照。

2. 本書78頁を参照。

3. M. Lachièze-Rey et J.-P. Luminet, *Figures du ciel*, とりわけ p. 58以下.

4. 本書60頁を参照。Thomas d'Aquin, *Somme théologique*, I a, quest. 102, ad. 1, p. 268 et *Supplément*, 69, 1, p. 10.

5. M. Lachièze-Rey et J.-P. Luminet, *Figures du ciel*, p. 178.

6. Thomas d'Aquin, *Somme théologique*, I a, quest. 51, art. 3, p. 48.

7. Dante, *La Divine Comédie*, chant xxviii du *Paradis*.

8. M. Lachièze-Rey et J.-P. Luminet, *Figures du ciel*, pp. 28, 179-182.

9. Nicolas de Cues, *La Docte Ignorance*, 前章註９で引いた版の pp. 151, 152.

10. Tycho Brahé, *De mundi aetheri recentioribus phaenomenis*, chap. 8. 次に引かれている。J.-P. Verdier, *Une histoire de l'astronomie*, pp. 138, 139.

11. G. Bruno, *L'Infini, l'univers et les mondes*, B. Levergeois による翻訳, Paris, Berg, 1987, p. 123.

12. *Ibid*., pp. 101, 102.

13. *Ibid*., p. 123.

14. 本書第二十四章を参照。

15. M. Lachièze-Rey et J.-P. Luminet, *Figures du ciel*, p. 177.

16. *Ibid*., 並びに C. Heck, *L'Échelle céleste*, ill. 32.

17. G. Bruno, *L'Infini*..., pp. 113-121.

18. *Le Opere di Galileo Galilei*, éd. G. Barbera, t. 5, p. 408.

19. Nicolas de Cues, *La Docte Ignorance*, p. 156.

20. M. Bucciantini, « Teologia e nuova Filosophia ». すでに引いた次の中にある。*Sciences et Religion*,

28. *Ibid.*

29. P. Bayle, *Dictionnaire historique et critique*, t. 4, p. 628.

30. *Ibid.*, « Ricius » の項目。E. Labrousse, *Pierre Bayle*, Paris, Albin Michel, 1996, p. 252に引かれている。

31. Furetière, *Dictionnaire universel*, reprint, s.n.l., 1978, « 天 » の項目。

32. *Dictionnaire de l'Académie française,* 1694, « 天 » の項目。

33. M. Lachièze-Rey et J.-P. Luminet, *Figures du ciel*, p. 33.

34. M. Serres 監修, *Éléments d'histoire des sciences*, Paris, Bordas, 1989, pp. 226, 227に再現されている。

35. Racan, « Lettre à Chapelain » de nov. 1656. H. Busson, *La Pensée religieuse...*, pp. 289, 290に引かれている。

36. これらの引用はすべて次の中にある。H. Busson, *La Pensée religieuse...*, pp.301, 302.

37. J. Donne, *The Complete English Poems*, éd. A. J. Smith, Londres, 1971: *The First Anniversary*, v. 205-215, p. 276. 私はこれらの詩句をすでに次の著作で引用したことがある。*Le Péché et la peur*（『罪と恐れ』), p. 172（邦訳300-301頁).

38. 本書539頁を参照。

39. Pascal, *Pensées*, éd. Brunschvicg, n° 161〔正しくは n° 72〕.

40. *Ibid.*, n° 10〔正しくは n° 206〕.

第二十七章

1．P. Redondi, *Galilée hérétique*, 仏訳版, Paris, Gallimard, 1985. 次も参照。G. Minois, *L'Église et la science*, Paris, Fayard, 1990, 2 vol., ここでは I, pp. 370-409. ガリレイに関する豊かな書誌の中で私がとくに記憶にとどめているのは（すべてを網羅するわけではないが）以下の著作である。A. Koyré, *Études galiléennes*, Paris, Hermann, 1939, 3 vol., réimpr. de 1966; G. de Santillana, *Le Procès de Galilée*, Paris, Club du meilleur livre, 1955 ; S. Drake の著作で、*Discoveries and Opinions of Galileo*, New York, Anchor Books, 1957から、*Galileo, Pioneer scientist*, Toronto University Press, 1990まで ; M. Clavelin, *La Philosophie naturelle de Galilé*e, rééd., Paris, Albin Michel, 1996 ; L. Geymonat, *Galilée*, 仏訳版, Paris, Le Seuil, 1992. ガリレイについてのとてもよい説明が次の中に見られる。P. Rossi, *La Naissance de la science moderne*, Paris, Le Seuil, 1999, とりわけ pp. 125-163. この先の註12も参照。この註12で、次の作品における F. Laplanche の貢献について指摘されている。*Histoire du christianisme* の第８巻。

2．ここで私は次の著作の論点と意見が一致している。S. Mazauric, *Savoirs et philosophie à Paris dans la première partie du XVII*[e] *siècle*, Publications de la Sorbonne, 1997, p. 315, n. 10.

3．『地上の楽園』33頁以下を参照。

4．M. Mersenne, *Les Questions...*, p. 211.

5．M. Clavelin, *La Philosophie...*, とりわけ p. vii を参照。ローマ学院の数学者と物理学者については A. Romano, *La Contre-Réforme mathématique. Constitution et diffusion d'une culture mathématique jésuite à la Renaissance (1540-1640)*, École française de Rome, Paris, De Boccard, 2000.

6．これらの引用は次の中に見られる。J.-P. Verdet, *Une histoire de l'astronomie*, Paris, Le Seuil, 1990, pp. 107, 108.

7．この引用と、その前の引用は、次の中にある。R. Stauffer, *Dieu, la création et la providence dans la prédication de Calvin*, Berne, P. Lang, 1978, pp. 187, 188.

8．M. de Gandillac, *Genèses de la modernité*, Paris, Le Cerf, 1992, pp. 435以下.

9．Nicolas de Cues, *La Docte Ignorance*, 仏訳版, Paris, Alcan, 1930, pp. 149-161.

10. J.-P. Verdet, *Une histoire de l'astronomie*, pp. 75, 76に引かれている。

11. *Ibid.*, pp. 109, 110に引かれている。

last uns singen (Recueil de Fischer-Tümpel, II, n° 241).

32. Bach, *Kantaten*, Wiesbaden Breitkopf et Härtel, 1981, cantate n° 147, pp. 1-9, 29, 30, 69-72.

33. これについては次の著作を参照。C. McDannell et B. Lang, *Heaven*..., pp. 150, 151.

第二十六章

1. Pontus de Tyard, *Œuvres poétiques complètes*, Paris, Didier, 1966, p. 10, n.2. P. Chiron, *La Représentation*..., I, p. 71を参照。私はあらためてこの優れた研究に依拠することになるだろう。次も参照。C. Blum, *La Représentation de la mort dans la littérature française de la Renaissance*, Paris, Champion, 1989, pp. 315-319.

2. J. Thenaud, *La Cabale métrifiée*, BNF, ms. fr. 882, f°s 8 v°, 10 v°, 20 v°, 53 r°. 次に引かれている。P. Chiron, *La Représentation*..., pp. 71-72.

3. *Ibid.*, f° 10 v° ; P. Chiron, p. 306.

4. Marot, « Deploration sur le trespas de messire Florimond Robertet ». 次の中にある。*Œuvres complètes*, Paris, Garnier, 1990, I, p. 210.

5. J. Bouchet, *Triomphes...du Roy de France, François premier de ce nom*..., BNF, Réserve, Ye 191, f° 47 r°. P. Chiron, *La Représentation*..., pp. 73に引かれている。

6. Ronsard, « Hymne de la mort », éd. de la Pléiade, II, p. 288.

7. É. Forcadel, *Œuvres poétiques*, Paris, 1579 (BNF, Réserve, Ye 375, p. 193). P. Chiron, *La Représentation*..., p. 345に引かれている。

8. A. d'Aubigné, *Les Tragiques*, éd. de la Pléiade, p. 91.

9. *La Nature naissante ou les Merveilleux Effets de la puissance divine dans la création du monde achevée en six jours par le Sire de Saint Martin : à l'honneur de la Vierge Marie, chant royal*, Paris, 1667, pp. 5-11.

10. *Catéchisme du concile de Trente,* reprint 1984 de l'éd. D.M. Morin (Desclée de Brouwer, 1923), p. 492.

11. F. Saurez, *Opera omnia*, 本書第二十四章註 1 で引いた版の t. 26, c. 978.

12. *Ibid.*, index général, « Coelum », c. 150, 151.

13. J. Drexel, *Tableau des joyes*..., p. 93.

14. *Ibid.*, pp. 107, 114.

15. *Ibid*, p. 360.

16. *Ibid.*, pp. 362, 363.

17. F. Arnoux, *Traité du paradis*..., pp. 3, 4.

18. *Ibid.*, p. 5.

19. *Ibid.*, p. 3.

20. *Ibid.*, p. 11.

21. *Ibid.*, p. 7. 本書63-64頁を参照。

22. *Ibid.*, p. 82.

23. 次のふたつを参照。J.-P. Verdet, *Une histoire de l'astronomie*, Paris, Le Seuil, 1990, pp. 111, 112 ; E. Poulle et D. Savoie, « La survie de l'astronomie alphonsine » (*Journal for the History of Astronomy*, n° 29, 1998, pp. 201以下にある).

24. M. Mersenne, *Correspondance*, Paris, CNRS, 1945年以降. P. Tannery, C. de Waard et A. Beaulieu 監修, III, pp 192, 574. XIII, p. 160および XIV, p. 61も参照。

25. M. Mersenne, *Les Questions théologiques, physiques, morales et mathématiques*, Paris, 1634, pp. 210, 211 ; H. Busson, *La Pensée religieuse française de Charron à Pascal*, Paris, Vrin, 1933, pp. 287, 300を参照。

26. J. de Salhon, *Les Deux Vérités*, 1626, 1re vérité, discours 3.

27. H. Busson, *La Pensée religieuse*..., p. 287.

38. F. Fléchier, *Œuvres*, Paris, 1828, t. 9, pp. 258, 259.
39. P. Nicole, *Traité de l'oraison*, Paris, 1679, p. 43.

第二十五章

1. Luther, *Propos de table*, Paris, Aubier, 1992, pp. 335-337.
2. J. Blondel, « La Bible de Bunyan » を参照。次の中にある。J. R. Armogathe, *Le Grand Siècle et la Bible*, t. 6 de la *Bible de tous les temps*, C. Kannengiesser 監修, Paris, Beauchesne, 1989, pp. 581-596. また R. Stauffer, « "Le Voyage du pèlerin" de J. Bunyan » も参照。次の中にある。*BSHPF*, 134, 1988, pp. 709-722.
3. J. Bunyan, *Le Voyage du pèlerin*, La Bégude-de-Mazenc, La Croisade du livre chrétien, 1970, pp. 185-194.
4. Luther, *Werke*, éd. de Weimar, 1883年以降、ここでは37, 68, 37. 次の著作に引かれている。M. Lienhard, *Au cœur de la foi de Luther*, Paris, Desclée de Brouwer, 1991, p. 298.
5. Luther, *Werke,* TR. 3, n° 3339, p. 276. 前掲書に引かれている。
6. Luther, *Œuvres*, Genève, Labor et Fides, 1957年以降、ここでは t. 18, p. 44.
7. Luther, *Œuvres*, t. 2, p. 246. プレイアッド版では t. 1, 1999, pp. 807, 808. 次の著作に引かれている。P. Chiron, *La Représentation*..., I, p. 131.
8. Luther, *Œuvres* (Labor et Fides), t. 18, p. 46.
9. Luther, *Œuvres*, t. 6, p. 112.
10. Luther, *Œuvres*, t. 1, p. 161.
11. Luther, *Œuvres*, t. 13, pp. 229, 230.
12. *Ibid*., pp. 230-232.
13. *Ibid*., p. 235.
14. 本書590頁以下を参照。
15. Calvin, *Institution de la religion chrétienne*, 1560 年版, Genève, Labor et Fides, 4 vol., 1955-1958. 仏語は現代綴りにした。ここでは t. 3, pp. 183, 184 (l. III, chap. 9).
16. *Ibid*., p. 459 (l. III, chap. 25).
17. Calvin, *Corpus Reformatorum*, t. 77, c. 153 (« Epist. Pauli ad Rom.»).
18. *Ibid*., t. 74, c. 788 (sermon 63).
19. *Ibid*., p. 460.
20. 本書236頁を参照。
21. Calvin, *Institution*…, t. 3, p. 467 (l. III, chap. 25).
22. *Ibid*., p. 473.
23. *Ibid*., p. 470.
24. *Ibid*., pp. 473-475.
25. 私はここで、パリで1833年に出版された R. Baxter の次の本を使っている。*Repos éternel des saints*, p. 276.
26. *Ibid*., p. 277.
27. *Ibid*., その第７章にある。
28. P. Veit, *Luther et le chant*（博士論文）, Paris-IV, 2 vol., 1980, I. pp. 32, 39, 42, 70-75, 96-109, 287以下。
29. *Ibid*., p. 160に翻訳して引かれている。
30. この讃美歌に対して注意を喚起してくれた Marc Lienhard に感謝する。Marc Lienhard の次の著作も参照。*La Foi vécue. Études d'hitoire de la spiritualité*. ジャン・マリー・ザン氏が親切にここで引用した讃美歌の私の翻訳を見てくれた。
31. P. Veit の情報に感謝する。これについては、次の讃美歌を参照されたい。*Herr Christ, tue mich verleihen*（次の信仰の著作の中で初めて公になった。P. Nicolaï, *Freudenspiegel des ewigen Lebens*, 1599）。また1651年に発表された Johann Rist の次の讃美歌も参照されたい。*Frisch auf und*

した論文なので、以下、いちいち断らない。

21. *Ibid.*, p. 409.

22. 本書417-418頁を参照。

23. B. Cousin, *Ex-voto de Provence*, Paris, Desclée de Brouwer, 1981, pp. 26, 27.

第二十四章

1. F. Suarez, Opera, éd. Vivès, Paris, 1856以降, ここでは I, 43；IV, c. 117, 197ほか.
2. *Ibid.*, IV, c. 77.
3. *Ibid.*
4. J. Drexel, *Tableau des joyes...*, pp. 195-198.
5. *Ibid.*, pp. 231-234.
6. *Ibid.*, p. 393.
7. *Ibid.*, p. 542.
8. *Ibid.*, p. 545.
9. Migne, *Orateurs sacrés*, t. 32, c.11-12.
10. *Ibid.*, c. 538.
11. *Ibid.*, c. 534.
12. *Ibid.*, c. 527.
13. *Ibid.*, c. 490.
14. *Ibid.*, c. 499.
15. François de Sales, *Œuvres*, Annecy, 1892-1964. ここでは t. 9, p. 116. この参照指示は次の本で与えられている。C. McDannell et B. Lang, *Heaven...*, pp. 165, 376.
16. *Ibid.*
17. ここでは、本書「はじめに」に引いた Hervé Martin と Nicole Beriou の著作を参照。
18. J. J. Surin, *Cantiques spirituels de l'amour divin*, Florence, Leo S.Olschki, 1996, p. 216.
19. *Ibid.*, p. 226.
20. *Ibid.*, p. 219.
21. G. Provost, « Le paradis change en Bretagne » : à propos du *Kantik ar Baradoz*. 次の中にある。*Chrétientés de Basse-Bretagne et d'ailleurs. Mélanges offerts au chanoine J.-L. Le Floch*, Société archéologique du Finistère, 1998, pp. 183-201.
22. *Ibid.*, pp. 186, 187.
23. *Ibid.*, pp. 192, 193.
24. Grignion de Montfort, *Œuvres*, Paris, Le Seuil, 1966, p. 1483.
25. *Cantiques lassalliens*, t. 22, 1965, pp. 34, 35.
26. S. Barnay, *Le Ciel sur la terre...*, p. 146に引かれている。
27. Vincent de Paul, *Entretiens spirituels aux missionnaires*, éd. A. Dodin, Paris, Le Seuil, 1959, pp. 765, 766.
28. とりわけ H. Bremond の次の著作を参照。t.4 de *l'Histoire littéraire...*, pp. 472-491.
29. P. Nicole, *Essais de morale*, Genève, Slatkine Reprints, 1971, II, lettre LX, p. 106.
30. *Ibid.*, p. 109.
31. P. Nicole, *Les Imaginaires*, t. 2, *Les Visionnaires*, Liège, 1667, p. 7.
32. *Ibid.*, pp. 308, 309.
33. *Ibid.*
34. *Ibid.*, p. 36.
35. Pascal, *Pensées*, éd. Brunschvicg, n°82〔ラフュマ版 n°44〕.
36. *Ibid.*, n°148〔正しくは n°598、ラフュマ版では n°218〕.
37. *Ibid.*, n°699〔正しくは n°425、ラフュマ版では n°148〕.

う言葉に曖昧さを残しながらも「…地獄においても」となっていた。エル・グレコと彼の作品の出資者は明らかに地獄を考えていた。

43. ルーヴル美術館における B. Lidemann の次の講演における表現。*La Survivance de l'image précopernicienne dans les ciels baroques*, 8 novembre 1993. 美術館のカセットに拠る。

44. Catherine de Sienne, *Traité de l'oraison*, 本章註7と第十九章註20で引いた版の p. 267.

45. ここではエルサレム聖書〔1948年から54年にかけてフランスで出版されたエルサレムのドミニコ会聖書学校の編集による聖書〕の翻訳を用いた。

46. M. Vovelle, *Les Âmes du purgatoire ou le Travail du deuil*, Paris, Gallimard, 1996, とりわけ pp. 112-198.

47. Rivadeneira, *Vida...*, p. 59.

48. Thérèse d'Avila, *Le Livre de la vie*. 本章註38で引いた版の p. 304.

49. *Ibid.*, p. 209.

50. J.-J. Surin, *Cantiques spirituels*. すでに引いた版〔本書第二十四章註18の著作か〕の p. 217.

51. 本書176頁以下と443頁以下を参照。

52. Pierre d'Alcantara, *Œuvres complètes (De l'oraison et de la méditation)*, Paris, 1862, p. 83.

53. Thérèse d'Avila, *Le Livre de la vie*. 本章註38で引いた版の pp. 208, 308.

54. Rivadeneira, *Vida...*, pp. 164, 165.

第二十三章

1. Thérèse d'Avila, *Le Livre de la vie*. 前章註32、38で引いた版の p. 208 ; *Château intérieur* , p. 971 ;*VIes Demeures*, p. 1086.

2. I. Poutrin, *Le Voile et la plume*, pp. 385, 389, 399.

3. *Ibid.*, p. 410.

4. *Ibid.*, p. 96.

5. *Ibid.*

6. この一節はナントの王令の廃止をほのめかしながら語られた箇所として、*Oraison funèbre de Michel Le Tellier* の中に見られる。

7. J. Drexel, *Tableau des joyes...*, p. 164.

8. *Ibid.*, p. 181.

9. F. Arnoux, *L'Échelle du paradis*, Rouen 1645, pp. 523-526.

10. A. d'Aubigné, *Œuvres*, Paris, Gallimard, « Biblithèque de la Pléiade », 1969, pp. 91-94.

11. R. Baxter, *The Saints' Everlasting Rest*, 1654年版 (Londres), p. 261.

12. R. Toman, *L'Art du baroque*, pp. 133-140.

13. G. Bazin, Les Palais de la foi (Autriche, Allemagne et Suisse), 順番に pp. 40, 94, 107.

14. P. Chiron, *La Représentation du paradis céleste dans la littérature française du* xvie *siècle de Jean Lemaire de Belges à la Pléiade*（博士論文), Paris-X-Nanterre, 1995, 2 vol. ここでは I, p. 51. 論述の全体において私はこのたいへん興味深い仕事を大いに活用している。

15. Marot, *Œuvres poétiques*, éd. G. Defaux, Paris, Garnier, 1990, 2 vol. ここでは I, p. 229 ; P. Chiron, *La Représentation...*, I, p. 40.

16. Ronsard, *Œuvres complètes*, Paris, Gallimard, « Biblithèque de la Pléiade », 1950, I, p. 537 ; P. Chiron, *La Représentation...*, I, pp. 56, 57.

17. A. Beijer の口頭発表 « Visions célestes et infernales dans le théâtre du Moyen Âge et de la Renaissance » の後の R. Lebègue の指摘参照。次の中にある。J. Jacquot 監修, *Les Fêtes de la Renaissance*, I, pp. 415, 416.

18. N.-A. Pluche, *Le Spectacle de la nature*, II, *Histoire du ciel*, 1740, p. 412.

19. 本章註17を参照。

20. A. Beijer « Visions célestes... », p. 406以下、参照指示つき。論述全体において私が多いに依拠

C. Renoux, *Sainteté et mystique*…, p. 499.

5. C. Renoux, *Sainteté et mystique*…, p.506.

6. I. Poutrin, *Le Voile et la plume*..., p. 72.

7. Catherine de Sienne, *Livre des dialogues (Traité de l'oraison)*, pp. 250, 265, 273.

8. P. de Rivadeneira, *Vida del bienaventurado padre Ignacio de Loyola*, Madrid, s.d., 主として pp. 35, 60, 62.

9. Ignace de Loyola, *Journal spirituel*, Paris, Desclée de Brouwer, 1958, p. 121.

10. Thérèse d'Avila, *Le Livre de la vie.* 前章註28で引いた版の p. 308.

11. *Ibid.*, p. 140.

12. I. Poutrin, *Le Voile et la plume*...pp.414, 415に引かれている。

13. É. Mâle, *L'Art religieux*..., p.153.

14. この聖人に関する最も重要な本は依然として次の著作である。L. Ponnelle et L. Bordet, *Saint Philippe Neri et la société romaine de son temps*, Paris, Vieux Colombier, 1958. なかでも pp. 68-87.

15. *La Vie et l'œuvre spirituelle du P. Louis Lallemant*, introduction et notes par F. Courel, Paris, Desclée de Brouwer, 1959, pp. 350, 351.

16. I. Poutrin, *Le Voile et la plume*..., pp. 22-26.

17. Marie de l'Incarnation, *Écrits spirituels*, Paris, Desclée de Brouwer, 1930, pp. 233-238.

18. « visions mystiques » に関する J.-P. Cousin と J. Le Brun の諸論文を参照。次の中にある。*Nouvelles de l'Institut catholique de Paris*, février 1977.

19. É. Mâle, *L'Art religieux*..., p.166.

20. L. Ponnelle et L. Bordet, *Saint Philippe Néri*..., pp. 80, 81.

21. É. Mâle, *L'Art religieux*..., p.172.

22. *Ibid.,* p. 158.

23. *Ibid.,* p. 163.

24. *Ibid.,* p. 161. *Acta sanctorum*, t. 7, p. 188への参照指示あり。

25. *Ibid.,* pp. 171, 172.

26. *Ibid.,* p. 183.

27. *Ibid.,* pp. 186, 187.

28. François de Sales, *Traité de l'amour de Dieu*, Paris, Gallimard, « Bibliothèque de la Pléiade », 1969, p. 212.

29. H. Bremond, *Histoire littéraire*..., t. 4, pp. 512-517.

30. J. Drexel, *Tableau des joyes du paradis*, 仏訳版, Paris, 1639, pp. 180, 181.

31. F. Arnoux, *Traité du paradis*..., pp. 29, 30.

32. Thérèse d'Avila, *Château intérieur (VIes Demeures)*. すでに引いた次の作品にある。*Œuvres complètes*, p. 1084.

33. P. Dinzelbacher, « La littérature des révélations au Moyen Âge : un document historique ». 次の雑誌にある。*Revue historique*, n° 558, avril-juin 1986, pp. 293, 294.

34. *Ibid.,* p. 295.

35. J. Le Brun, « Une lecture historique des écrits de Marguerite-Marie Alacoque ». 次の中にある。*Nouvelles de l'Institut catholique de Paris*, 1977, pp. 42, 43.

36. I. Poutrin, *Le Voile et la plume*..., p. 94.

37. Rivadeneira, *Vida*..., p. 158.

38. Thérèse d'Avila, *Le Livre de la vie.* 次の中にある。*Œuvres complètes*, I, p. 304以下.

39. *Ibid.*

40. *Ibid.*, p. 327.

41. Marie de l'Incarnation, *Écrits spirituels.* 本章註17で引用した版の pp. 233-235.

42. 共同訳聖書（TOB）では「…地下においても」と訳しているが、伝統的な訳では「地獄」とい

24. MOLANUS, *Traité des saintes images*, p. 439. Molanusはここで16世紀のもうひとり別の作家Conrad Braunを引いている。

25. *Ibid.*, pp. 441-444. おそらくイエズス会士のThynusなる人物の一節を、モラヌスは自分の責任で引いている。

26. PIERRE D'ALCANTARA, *Œuvres spirituelles*, Paris, 1862, pp. 83, 84.

27. FRANÇOIS DE SALES, l'*Introduction à la vie dévote*の第16章。*Œuvres complètes*, Annecy, 1893, I, p. 50.

28. THÉRÈSE D'AVILA, *Œuvres complètes*, Paris, Le Cerf, 1995 : I, *Livre de la vie*, p. 327.

29. F. SUAREZ, *Opera*, éd. Vivès, 1856年以降、ここではt. 2, c. 44, 46.

30. J. DREXEL, *Tableau des joyes du paradis*, 仏訳版, Paris, 1639, pp. 387, 388.

31. F. ARNOUX, *Traité du paradis et de ses merveilles*, Lyon, 1690, pp. 24, 25. 私が参照したのはこの版である。初版は1609年。

32. *Ibid.*, p. 98.

33. H.-M. BOUDON, *La Dévotion aux neuf chœurs des saints anges*. 次の中にある。*Œuvres complètes*, éd. Vivès, t. 1, c. 836.

34. L. ABELLY, *Du culte et de la vénération qui sont dus aux neuf ordres des hiérarchies célestes*, Paris, 1691, p. 2.

35. 私はここで、*Histoire de la musique*, pp. 377, 378におけるB. MASSINとJ. MASSINの分析を採用している。

36. V. L. TAPIÉ, *Baroque et classicisme*, pp. 52, 53.

37. 本書325頁以下を参照。

38. THÉRÈSE D'AVILA, *Livre de la vie*, 本章註28に引いた版のp. 209.

39. A. d'AUBIGNÉ, *Les Tragiques*, Paris, Gallimard, « Bibliothèque de la Pléiade », 1969, p. 90.

40. J. MILTON, *Le Paradis reconquis ou les Tentations de Jésus au désert*, L. Vaucherによる翻訳, Paris, 1859, p. 66.

41. J. DREXEL, *Tableau des joyes...*, p. 306.

42. H.-M. BOUDON, *La Dévotion aux neuf chœurs des saints anges*. 本章註33であげた版、c. 835.

43. F. ARNOUX, *Traité du paradis...*, p. 64.

44. LUDOLPHE LE CHARTREUX, *La Grande Vie de Jésus-Christ*, 仏訳版, 1864, IV, p. 283. 私はこの展開部で*Rassurer et protéger*（『安心と加護』）のいくつかの一節（pp. 331, 332）を取り上げている。

45. M. LUTHER, *Œuvres*, Genève, Labor et Fides,depuis 1957, t. 13, pp. 230-232.

46. P. COTON, *Intérieure Occupation...*, 1609年版, p. 45.

47. BOSSUET, *Œuvres*, Rennes, 1863, I, pp. 643-651.

第二十二章

1. H. BREMOND, *Histoire littéraire du sentiment religieux en France*, Paris, Bloud et Gay, 12 vol., 1916-1933, rééd. de 1967は宗教感情の問題に関する偉大な古典としてとどまっている。とりわけ、ここで扱っているテーマに関しては、t. 2, *L'Invasion mystique*. É. MÂLEの美しい章« La vision et l'extase »も基本文献である。次の中にある。*L'Art religieux de la fin du XVIe, du XVIIe et du XVIIIe siècle*, Paris, A. Colin, 1951, pp. 151-200. その他私は次にあげる博士論文も参照した。I. POUTRIN, *Le Voile et la plume. Autobiographie et sainteté féminine dans l'Espagne moderne*, Madrid, Casa de Velazquez, 1995 ; C. RENOUX, *Sainteté et mystique féminines à l'âge baroque. Naissance et évolution d'un modèle en France et en Italie*, 3 vol. dact., Paris-I, 1995 ; J. BOUFLET et P. BOUTRY, *Un signe dans le ciel*, Paris, Grasset, 1997もここで扱う主題に関連している。

2. É. MÂLE, *L'Art religieux...*, p. 170.

3. M. DE CERTEAU, *La Fable mystique*, Paris, Gallimard, 1982, p. 129.

4. GERSON, *De mystica theologia*, éd. A. Combes, Lugano, 1958, p. 117. 次の著作に引かれている。

18. G. Bazin, *Destins du baroque*, p. 224.

19. P. Charpentrat, *L'Art baroque*, p. 162.

20. 次の著作を参照。*L'Église du monastère de Saint-Benoît de Rio de Janeiro*, Rio de Janeiro, Lumen Christi, 1992, p. 80.

21. H. et A. Stierlin, *Les Ors du Mexique...*, p. 112.

22. V. L. Tapié, *Baroque et classicisme*, p. 447.

23. M. Pianzola, *Brésil baroque*, Genève, Bonvent, 1974, p. 164.

24. H. et A. Stierlin, *Les Ors du Mexique...*, pp. 66-72.

25. Molanus, *Traité des saintes images*, p. 238.

26. *Ibid.*, p. 341.

27. 個人蔵。次の雑誌に掲載されている。*Artes de Mexico. Nueva Epoca*, 12号, 1991夏季, p. 51.

28. E. G. Barragan, « Les ciels baroques », ルーヴル美術館での講演。25 nov. 1993. ルーヴル美術館のカセットに拠る。

29. P. Charpentrat, *L'Art baroque*, p. 40.

30. R. Toman, *L'Art du baroque*, pp. 99, 100.

31. P. Charpentrat, *L'Art baroque*, p. 140.

32. H. et A. Stierlin, *Les Ors du Mexique...*, pp. 142, 143.

第二十一章

1. V. L. Tapié, *Baroque et classicisme*, p. 302. タピエ自身次の著作を引いている。O. Stephan, *Plasticky princip v ceské architekture barokni na pocatku 18 véku*（18世紀初頭におけるチェコバロック建築の造形原理）, Umeni, I, 1959, pp. 1-17.

2. B. et J. Massin, *Histoire de la musique*, p. 507.

3. R. Toman, *L'Art du baroque*, pp. 206, 207.

4. F. Sabatier, *Miroirs de la musique*, Paris, Fayard, 1998, I, pp. 328-330. この後の展開において私はこの優れた著作から大いに着想を得ている。

5. *Ibid.*, pp. 433-438.

6. B. et J. Massin, *Histoire de la musique*, pp. 465-467.

7. *Ibid.*, p. 496.

8. *Ibid.*, p. 513.

9. この段落の情報はすべて次に拠る。*Ibid.*, pp. 381, 383, 386, 393, 462, 469.

10. *Ibid.*, p. 467.

11. *Ibid.*, p. 506.

12. R. Sticker, *Musique du baroque*, Paris, Gallimard, 1968, pp. 92-95.

13. C. Ménestrier, *Des représentations en musique anciennes et modernes*, Genève, Minkoff reprint, 1977, p. 263.

14. *Ibid.*, p. 239.

15. *Ibid.*, pp. 175, 218.

16. *Ibid.*, p. 170.

17. *Ibid.*, p. 191.

18. *Consiliorum oecumenicorum decreta*, éd. G. Alberigo, p. 737.

19. 次の著作に引かれている。F. Scaramuzzi, *Per dilettatione grande et per utilità incredibile. Musica ed esperienze sociali tra Rinascimento e Barocco*, Bari, Laterza, 1982, p. 110.

20. *Ibid.*, p. 111.

21. フィリッポ・ネリのための仕事をした音楽家 G. Animuccia の言い回し。*Ibid.*, p. 119を参照。

22. 本書288頁以下を参照。

23. C. Eschenfelder, *Tiepolo*, Cologne, Könemann, 1998, p. 102.

34. A. Chastel, *Le Mythe de la Renaissance...*,p. 95.

35. *Ibid.*, p. 101.

36. C. Havelange, *De l'œil et du monde*, Paris, Fayard, 1998, p. 233以下。次の２著作も参照。H. Damisch, *L'Origine de la perspective, Paris, Flammarion, 1993* ; P. Hamou, *La Vision perspective (1435-1740). L'art et la science du regard de la Renaissance à l'âge classique*, Paris, Payot et Rivages, 1995 (textes choisis).

37. G. Bazin, *Les Palais de la foi* 参照。ここで問題となっているのはドイツであるが、画像と注釈はイタリア、イベリア半島諸国、フランスに捧げられた巻に見られる。p. 235.

38. G. Bazin, *Destins du baroque*, p. 239.

39. *Ibid.*

40. V. L. Tapié, *Baroque et classicisme*, pp. 52, 53.

41. 本書287-288頁を参照。

42. 本書364頁を参照。

43. ローマの教会に関する記述においては、すでに古くはなったが、ローマの街について知りたいすべての人にとって貴重な次の著作を私は何度も活用した。J. Maury et R. Percheron, *Itinéraires Romains*, Paris, Lethielleux, 1950, 随所に.

44. V. L. Tapié, *Baroque et classicisme*, pp. 341, 342.

45. G. Bazin, *Destins du baroque*, pp. 242, 243 ; P. Charpentrat, *L'Art baroque*, pp. 35-37, 52, 53, 69, 93, 131-133.

46. R. Toman, *L'Art du baroque*, Cologne, Könemann, 1998, p. 227.

第二十章

1．V. L. Tapié, *Baroque et classicisme*, p. 112. 次の２著作も参照。P. Charpentrat, *L'Art baroque*, p. 18 ; G. Bazin, *Destins du baroque*, p. 104.

2．V. L. Tapié, *Baroque et classicisme*, p. 124.

3．H. Bauer, « Zum ikonologischen Stil der süddeutschen Rokokokirche ». 次の中にある。*Münchner Jahrbuch der bildenden Kunst*, XII, 1961, pp. 222-224.

4．*Ibid.*, p. 271.

5．M. Ménard, *Mille Retables de l'ancien diocèse du Mans*, Paris, Beauchesne, 1980, pp. 23-26. 以下の頁において私はこの素晴らしい著作を大いに活用している。

6．V. L. Tapié, J.-P. Le Flem et A. Pardailhe-Galabrun, *Retables baroques de Bretagne*, Paris, PUF, 1972, p. 127.

7．また V. L. Tapié, *Baroque et classicisme*, pp. 272, 273を参照。

8．M. ménard, *Mille Retables...*, pp. 148-150. 次の著作も参照。J. Salbert, *Les Ateliers de retabliers lavallois aux* xviie *et* xviiie *siècles*, Paris, Klincksieck, 1976.

9．R. Guttierez 監修, *L'Art chrétien du Nouveau Monde. Le baroque en Amérique latine*, Paris, Zodiaque, 1997, pp. 146, 147, 437.

10. Molanus, *Traité des saintes images*, éd. F. Boespflug, O. Christin et B. Tassel, Paris, Le Cerf, 1996, p. 130.

11. M. Ménard, *Mille Retables...*, p. 185.

12. *Ibid.*, p. 311.

13. « La France baroque » に捧げられた次の雑誌を参照。*Notre Histoire*（157号）, juillet-août 1998.

14. J. Charpy 監修, *Patrimoine religieux en Bretagne*, Rennes, Ouest-France, 1998, s.p.

15. R. Toman, *L'Art du baroque*, pp. 341, 342および表紙、また G. Bazin, *Les Palais de la foi* (Autriche, Allemagne...), p. 142を参照。

16. H. et A. Stierlin, *Les Ors du Mexique...*, pp. 176-183.

17. G. Bazin, *Les Palais de la foi* (Autriche, Allemagne...), p. 176.

3. G. Bazin, *Les Palais de la foi*, Paris, Vilo, 1981, 2 vol. ここではII (Autriche, Allemagne, etc.) pp. 117-119. 次も参照。V. L. Tapié, *Baroque et classicisme*, 2e éd., Plon, 1972, p. 338. 本章と次章については、このふたつの著作と、以下の著作を絶えず活用している。P. Charpentrat, *L'Art baroque*, Paris, PUF, 1967並びにG. Bazin, *Destins du baroque*, Paris, Hachette, 1968.

4. P. Charpentrat, *L'Art baroque*, p. 103.

5. Y. Bottineau, *Baroque ibérique*, Fribourg, Office du livre, 1969. この著作も以下の記述で大いに活用している。

6. 特別に意味深いこの教会に関する資料調査については、コレージュ・ド・フランスの同僚である友人ジャン・マリー・ザンにおかげを蒙っている。この建築物に私の注意を向けてくれたのは彼であり、とても感謝している。この教会はG. Bazin, *Les Paradis de la foi* (Autriche), p. 19にも名前だけ引かれている。

7. P. Charpentrat, *L'Art baroque*, p. 18.

8. G. Bazin, *Destins du baroque*, p. 105.

9. R. Toman, *L'Art du baroque*, Cologne, Könemann, 1998, p. 28.

10. P. Charpentra, *L'Art baroque*, p. 21.

11. V. L. Tapié, *Baroque et classicisme*, p. 110.

12. ここでは次の発表を参照。L. Rice « Borromini e la vita accademica alla Sapienza ». この発表は2000年にローマで開催された学会*Borromini e l'universo barocco*で行われたものだが、その記録集は本書公刊時点ではまだ刊行されていない〔Richard Böselと Christoph Luitpold Frommel 監修で*Barromini e l'universo barocco*としてElecta社から2000年に刊行〕。

13. G. Bazin, *Destins du baroque*, p. 172.

14. V. L. Tapié, *Baroque et classicisme*, p. 249.

15. G. Bazin, *Destins du baroque*, p. 106.

16. P. Charpentrat, *L'Art baroque*, p. 28.

17. H. Bremond, *Histoire littéraire du sentiment religieux en France*, rééd. A. Colin, 1967 : I, p. 26. Bérulleの次の著作から抜粋した一節である。*Grandeurs de Jésus*, Paris, Éd. Oratoire/Le Cerf, 1996, VII, p. 85. 次の著作も参照。A. Ferrari, *Figures de la contemplation, la « rhétorique divine » de Pierre Bérulle*, Paris, Le Cerf, 1997, p. 235以下.

18. 本書第十章を参照。

19. Clément d'alexandrie, *Proteptikos*, XI, 114, 2-3. 次の著作に引かれている。F. Tristan, *Les Premières Images chrétiennes*, p. 384.

20. Catherine de Sienne, *Le Livre des dialogues*, Paris, Le Seuil, p. 351.

21. Luther, *Œuvres*, Genève, Labor et Fides, t. 10, p. 31, Épître du premier dimanche de l'avant.

22. 次の著作を参照。H. et A. Stierlin, *Les Ors du Mexique chrétien*, Paris, Imprimerie nationale, 1997, pp. 22-24.

23. 次の著作を参照。M. Lachièze-Rey et J.-P. Luminet, *Figures du ciel*, p. 28.

24. Copernic, *De revolutionibus orbium coelestium*, Hidesheim, Gerstenberg, 1984, l. 1, chap. 10, p. 20.

25. V. L. Tapié, *Baroque et classicisme*, pp. 118-121.

26. G. Bazin, *Destins du baroque*, p. 288.

27. 次の著作（学会の記録集）の図16を参照。*Guarino Guarini e l'internazionalità del Barocco*, Turin, Acc. Delle scienze, 1970.

28. M. Lachièze-Rey et J.-P. Luminet, *Figures du ciel*, p. 59.

29. *Ibid.*, p. 33.

30. J. Kepler, *Astronomie nouvelle*, J. Peyrouxによる翻訳, s. 1., 1979, p. xxvii.

31. *Ibid.*, pp. 220-222並びに*L'Harmonie du monde*, 同上翻訳, pp. 380-394.

32. G. Bazin, *Destins du baroque*, p. 243.

33. *Guarino Guarini*…, pp. 181-187.

19. O.M.UNGERS を参照。H.A. MILLON et V. M. LAMPUGNANI 監修, *Architecture...*, p. 307.

20. L. B. ALBERTI, *De re aedificatoria*, VII, chap. 3. 次の本に引かれている。A. CHASTEL, *Art et humanisme à Florence*, Paris, PUF, 1961, p. 139.

21. M. FICIN, *Theologia platonica*, II, 6. 次の著作に引かれている。A. CHASTEL, *Art et humanisme...*, p. 141.

22. プランは次の中にある。B. JESTAZ, *La Renaissance de l'architecture. De Brunelleschi à Palladio*, Paris, Gallimard, 1995, p. 21.

23. A. CHASTEL, *Art et humanisme...*, p. 141.

24. C. HUELSEN, *Il Libro di Giulano da San Gallo*, Leipzig, 1910 並びに A. CHASTEL, *Art et humanisme...*, p. 144を参照。

25. M. TRACHTENBERG, « On Brunelleschi's Old Sacristy as model for early Renaissance Church Architecture ». 次の中にある。*L'Église dans l'architecture de la Renaissance*, Paris, Picard, 1995, p. 18.

26. A. BRUSCHI, « L'architecture religieuse de la Renaissance en Italie de Brunelleschi à Michel-Ange ». 次の中にある。H.A. MILLON et V. M. LAMPUGNANI 監修, *Architecture...*, p. 123.

27. A. MANETTI, *The Life of Brunelleschi*, éd. H. Saalman, University Park et Londres, 1970, p. 106. 本章註25の M. TRACHTENBERG の論文に引かれている。

28. A. BRUSCHI の本章註26に引いた論文, p. 124.

29. 前に引いた M. TRACHTENBERG の論文 p. 27の表現。同論文 p. 22も参照。

30. A. BRUSCHI の本章註26に引いた論文, p. 128.

31. L. HAUTECŒUR, *Mystique et architecture*, Paris, Picard, 1954, p. 214.

32. CHATEAUBRIAND, *Le Génie du christianisme*, 3e partie, l. I, chap. 6 ; 1881年版, p. 311.

33. PAUL LE SILENTIAIRE, « Descriptio S. Sophiae », dans *PG*, t. 86, c. 2138-2139.

34. PROCOPE, « De aedificiis », dans *PG*, t. 87, c. 2287. J. Plazaola, *Historia...*, p. 170に引かれている。

35. B. JESTAZ, *La Renaissance de l'architecture...*, pp. 52, 53.

36. L. B. ALBERTI, *De la peinture*, J.-L. Schefer による翻訳, Macula, 1992, p. 69.

37. A. MANETTI, *Vie de Filippo Brunelleschi*, C. LAURIOL による翻訳, Paris, L'Équerre, 1978, p. 108. 未完の本書は一般に、とりわけA・シャステルによって、マネッティのものとされている。

38. *Ibid.*, p. 164.

39. 次の著作に引かれている。H. SAALMAN, *Philippo Brunelleschi. The Cupole of Santa Maria del Fiore*, Londres, Zwemmer, 1980, p. 12.

40. G. VASARI, *Les Vies des meilleurs peintres, sculpteurs et architectes*, A. Chastel 監修, Paris, Berger-Levrault, 1983, t. 3, p. 215.

41. M. FICIN, *Thélogie platonicienne de l'immortalité de l'âme*, Paris, Les Belles Lettres, 1964, p. 226.

42. L. PACIOLI, *De divina proportione*, éd. dans les *Fontes ambrosiani*, Milan, Bibl. ambr., 1956, t. 31, p. 22.

43. B. JESTAZ, *La Renaissance de l'architecture...*, p. 52.

44. *Ibid.*

45. J. PLAZAOLA, *Historia...*, p. 636.

46. G. BRUNEL, M.-L. DESCHAMPS-BRUGEON et Y. GAGNEUX, *Dictionnaire des églises de Paris*, Paris, Hervas, 1995を参照。

47. « La Gloire du Val-de-Grâce » (1669). 次の中にある。MOLIÈRE, *Œuvres complètes*, Paris, Garnier-Flammarion t. 4, p. 466.

第十九章

1. 本書第十五章を参照。

2. 本書336頁を参照。

31. *Dictionnaire d'archéologie chrétienne et de liturgie*, t. 14, c. 413における翻訳。

32. C. Heck, *L'Échelle céleste...*, p. 199.

33. *Ibid.*, p. 200並びに *La Légende dorée*.

34. C. Heck, *L'Échelle céleste...*, p. 215.

35. *Ibid.*, pp. 118-120.

36. *Ibid.*, p. 163. P. Courcelle, *La Consolation de philosophie dans la tradition littéraire. Antécédents et postérité de Boèce*, Paris, 1963, p. 47による。

37. G. Duby, *Le Moyen Âge*, p. 83.

38. この教会に私の興味を引きつけてくれたLorgues夫人に感謝する。Collection « Zodiaque », chez Desclée de Brouwer, *Dauphiné roman*, 1992, pp. 163-175, 書誌つき, p. 175を参照。

39. G. Duby, *Le Moyen Âge*, p. 79.

40. *Œuvres complètes de Suger*, publiées par A. Lecoy de La Marche, 1847, p. 225（サン・ドニ大聖堂の承認つき）。次を参照。P. Frankl, *The Gothic Literary Sources and Interpretation Through Eight Centuries*, Princeton University Press, 1960, pp. 444, 445; L Grodecki, *L'Architecture gothique*, Paris, Gallimard, 1978, pp. 8-26; C. Rudolf, *Artistic Change at St Denis*, Princeton University Press, 1990; *Abbot Suger and Saint-Denis*, symposium edited by L. Lieber Gerson, New York, Metroplitan Museum.

41. Suger, *Liber de rebus in administratione sua gestis*, II, 18と *De consecratione ecclesiae sancti Dionysii*, chap. 7. Belles Lettres, Paris, 1996, pp. 147, 27の翻訳による。

42. E. Kirschbaum et X. Braunfels監修, *Lexicon der christlichen Ikonographie*, Fribourg-en-Brisgau, 1968-1976, 8 vol., art. « Himmelfahrt Christi ».

43. 本書66、206頁ほかを参照。

第十八章

1. Nicolas de Cues, *La Docte Ignorance,* Paris, Alcan, 1930, p. 67.

2. L'*Hortus deliciarum* のすでに引いた版、図版９。

3. *Ibid.*, 図版31-32.

4. G. Duby, *Le Moyen Âge*, p. 79.

5. E. Gondinet-Wallstein et E. Rousset, *Une rose pour la création*, Paris, Mame, 1987, とくに pp. 40-44.

6. Proclus, *Commentaire du Timée*, prologue, Paris, Vrin, 1966, pp. 28, 29.

7. 引用した版の図版８。

8. Honorius d'Autun, « De imagine mundi libri tres », dans *PL*, t. 172, c. 140.

9. この著作で « La musique des sphères » と題された木版画。P. Castelli の論文 « Orphica » を参照。次の中にある。*Il Lume del sole. Marsilio Ficino medico dell'anima*, Florence, Opus libri, 1984, p. 78.

10. C. de Bovelles, *Le Livre du sage*, 1509, ch. 9, éd. P. Magnard, Paris, Vrin, 1982, p. 111.

11. A. Chastel, *Le Mythe de la Renaissance*, Genève, Skira, 1969, p.140.

12. L. B. Alberti, *De re aedificatoria*, III, chap. 14並びに VII, chap. 2. 1547年の仏訳。

13. S. Serlio, *L'Architettura*, l. V (« des temples »), pp. 3, 7. 1619年版を使用。

14. *Ibid.*, l. III(« des antiquités »), p. 30.

15. Palladio, *Quatre Livres de l'architecture*, l. IV, 1650年の仏訳。再版 Arthaud, 1980, p. 280.

16. O.M. Ungers, « Mesure, nombre et proportions : les critères de l'architecture à la Renaissance ». 次の中にある。H.A. Millon et V. M. Lampugnani監修, *Architecture de la Renaissance italienne*, Paris, Musée des monuments français/Flammarion, 1995, p. 315.

17. L. B. Alberti, *De re aedificatoria*, IV, chap. 2.

18. *Ibid.*, IX, chap. 2.

父性の歴史』), Paris, Bordas/Larousse, 2000, pp. 17-39の D. LETTE の論文を指す。

第十七章

1．本書200頁を参照。

2．H. TOUBERT, *Un art dirigé*, p. 59.

3．この点については、C. McDANNELL et B. LANG, *Heaven*…, p. 112の適切な指摘を参照。

4．J.-P. JOSSUA, *Seul avec Dieu*…, p. 39に掲載。

5．本書231頁以下を参照。

6．本書60頁以下を参照。

7．ペリパトス学派のニコラウス〔ダマスのニコラウス。前一世紀〕の言い回しで、P. DUHEM, *Le Système du monde*, p. 245に引かれている。

8．ここで用いたのは A. Christen の版で、図版34。

9．*La Bible et les saints, guide iconographique*, Paris, Flammarion, 1994, pp.44, 45も参照。

10. G. DUBY, *Le Moyen Âge*, Paris, Le Seuil, 1995, pp. 64, 65に掲載。

11. *Ibid.*, p. 252に掲載。

12. A. CHASTEL, *L'Âge de l'humanisme*, Paris, Édition des Deux Mondes, 1963, 図版 21および pp. 259, 329.

13. エッサイの系統樹のテーマのとても美しくかなり珍しい挿絵がエルツ山地〔ドイツとチェコにまたがる山地〕のアンアベルク・ブッフルツの古い鉱山町に見られる。アンネンキルへ教会の彫刻を施された祭壇衝立には、下部に眠っているエッサイがおり、そこから１本の木が伸びていて、そのてっぺんには、大きなサイズで、ルネッサンス様式の列柱とつけ柱に囲まれて、神の子を崇敬するマリアとヨセフがいる。1522年に制作された。

14. 時禱書については、たとえば、F. AVRIL et N. REYNAUD, *Les Manuscrits à peintures en France, 1440-1520*, p. 269を参照。

15. M. ELIADE, *Mythes, rêves et mystères*, Paris, 1957, pp. 133-164 ; G. DURAND, *Les Structures anthropologiques de l'imaginaire*, Paris, Dunod, 1992, pp. 138-162 ; M. MESLIN, *Pour une science des religions*, Paris, Le Seil, 1973, pp. 213-214. この後のすべての論述において私は次の傑出した著作を大いに活用している。C. HECK, *L'Échelle céleste*... ; ここでは p. 16.

16. *PG*, t. 44, c. 1140 (« De oratione dominica »), II. C. HECK, *L'Echelle céleste...,* p. 33に引かれている。

17. R. BARON, *Études sur Hugues de Saint-Victor*, pp. 173, 174. C. HECK, *L'Échelle céleste...,* p. 95に引かれている。

18. *Corpus christianorum continuatio mediaevalis*, Turnhout/Paris, 1968以降。ここでは VII, p. 89に収められた RUPERT DE DEUTZ, *« De Divinis officiis »*, III, 18. H. De Lubac による翻訳が C. HECK, *L'Échelle céleste...,* p. 193に引かれている。

19. J. Risset による翻訳が C. HECK, *L'Échelle céleste...,* p. 117に引かれている。

20. JACOPONE DA TODI, *Les « Laudi »*, L. Portier による翻訳の p. 231.

21. C. HECK, *L'Échelle céleste...,* pp. 44, 45. H. MUSURILLO, *The Acts of the Christian Martyrs*, Oxford, 1972, pp. xxv-xxvii, 106-131を参照。

22. C. HECK, *L'Échelle céleste...,* p. 43.

23. AUGUSTIN, « Sermons 280-282 », dans *PL*, t. 38, c. 1280-1285.

24. *La Légende dorée*, II, pp. 399, 400.

25. P. Deseille による仏訳。Begrolles-en-Mauges (abbaye de Belle-Fontaine), 1978.

26. *Ibid.*, p. 135.

27. *Règles de moines*, présentation de J.-P. Lapierre, Paris, Le Seuil, 1982, p .72.

28. われわれが用いている版の図版16と79。

29. C. HECK, *L'Échelle céleste...,* pp. 125-131.

30. *Ibid.*, pp. 194-197.

7．G. Duby, *Fondements d'un nouvel humanisme*, Genève, Skira, 1966, p. 113に掲載。

8．私はこの作品について触れようか迷った。というのも、作者・場所の情報がないたったひとつのコピーしかないからである。しかしながら、私の説明がこの作品の価値を伝えられることを期待する。

9．A. Chastel, *Italie 1460-1500*, Le grand atelier, Paris, Gallimard, « L'univers des formes », 1965, p. 284に掲載。

10. *Ibid.*, p. 241に掲載。

11. 本書187-188頁を参照。

12. 次を参照。J. Everaert et E. Stols 監修, *Flandre et Portugal*, Anvers, Mercator, 1991, pp. 151, 152.

13. 以下の論述のために私はつねに有益な作品である次の２著作を活用する。H. Poulaille, *La Grande et Belle Bible de noëls anciens du XIIe au XVIe siècle*, Paris, Albin Michel, 1942とりわけ pp. 72-169並びに J. Delumeau 監修, *La Mort des pays de cocagne*, Publications de la Sorbonne, 1976, pp. 57-83の J. Benesse と M. Darrieu の研究。

14. *Livres d'heures de Basse-Normandie*, bibliothèque municipale de Caen, 1986, p. 44の M. Dosdat と A. R. Girard の研究。

15. 再び H. Poulaille, *La Grande et Belle Bible*..., pp. 201-211を参照。並びに私の監修による *La Mort des pays de cocagne*, p. 58の J. Benesse と M. Darrieu の論文を参照。

16. フランシュ・コンテに関しては次を参照。C. Dondaine, *Noëls au patois de Besançon*, thèse, SNI, Jacques et Demontrond, 1997.

17. H. Poulaille, *La Grande et Belle Bible*..., p. 498に引かれている。

18. *Ibid.*, p. 340.

19. *Ibid.*, p. 491.

20. *Ibid.*, p. 269.

21. *Ibid.*, p. 503.

22. *Ibid.*, p. 504.

23. *Ibid.*, p. 256.

24. *Ibid.*, p. 319.

25. *Ibid.*, p. 429.

26. *Ibid.*, p. 485.

27. *Ibid.*, p. 428.

28. 本書213-217頁を参照。

29. *Rassuer et protéger*（『安心と加護』), chap. 7.

30. 次を参照。J. Everaert et E. Stols, Flandre et Portugal, p. 146.

31. 私は目立ついくつかの作品にしか触れていないが、さらに例を増やすことができよう。偶然に旅行と読書から得られた２例を次にあげる。ブダペスト（国立美術館）の「ウェストファリアの画家」のものとされる「聖母子」(15世紀）は奏楽の天使たちに囲まれている。ロッテルダム（ボイマンス・ファン・ブニンヘン美術館）では、マリアと幼子イエスは多数の楽器を演奏する天使たちに囲まれている（15世紀後半)。

32. *Livres d'heures de Basse-Normandie*, p. 44.

33. V. Reinburg, *Popular Prayers in Late Medieval and Reformation in France*, Ann Arbor, 1985（マイクロフィルム版博士論文), 主として pp. 105-172を参照。

34. 次を参照。Alexandre-Bidon et M. Closson, *L'Enfant à l'ombre des cathédrales*, Presses universitaires de Lyon, 1985並びに Alexandre-Bidon et P. Riché がこのテーマでフランス国立図書館で企画した展覧会のカタログ。

35. 次を参照。E. Becchi et D. Julia, *Histoire de l'enfance en Occident*, Paris, Le Seuil, 1998, 2 vol.（その第１巻のとくに第１章と第６章).

36. これは新版の J. Delumeau et D. Roche 監修, *Histoire des pères et de la paternité*（『父親の歴史、

22. J. Wirth, J. Levy et C. Dupeux 監修, *La Gravure d'illustration en Alsace au XVIe siècle*, Strasbourg, Presses universitaire de Strasbourg, I, 1992, p. 397.

23. いくつかある中でも Catalogue de l'exposition *L'Art au temps des rois maudits*, Paris, RMN, 1998を参照。

24. *Poètes et romanciers du Moyen Âge*, Paris, Gallimard, « Bibliothèque de la Pléiade », 1952, p. 1171にある。

25. G. Duchet-Suchaux et M. Pastoureau, *La Bible et les saints*, Paris, Flammarion, 1994, p. 27（これは展覧会ガイドである）.

26. 次を参照。A. Michel, *Histoire de l'Art*, Paris, A. Colin, 12906, II, 2, p. 211.

27. A. Erlande-Brandenburg, *La Conquête de l'Europe*, p. 134に掲載されている。

28. E. Panofsky, *Les Primitifs flamands*, p. 397.

29. *Arts, recherche et créations*, n° 52, Conseil régional des Pays de Loire, pp. 125-137,（出版年不明）所収の J. Guilbault, « Les anges musiciens de la cathédrale du Mans ». この情報は Michèle Ménard 夫人に負っている。彼女に感謝する。

30. この三連祭壇画のパネルはカスティーリャのある教会のオルガンの外装箱を飾っていた。

31. N. Grubb, *Figures d'anges*, New York/Paris/Londres, éd. Abbeville, 1995を参照。私の同僚であるオルレアン大学の Philippe Faure の情報に従うと（彼の博士論文はまだ出版されていない〔その後一例として以下が出されている。Philippe Faure, *Les Anges dans le christianisme médiéval*, Aubier, 2003〕）、この点についての簡潔な書誌は以下の通り。J.-Y. Lacoste, « Les anges musiciens. Considérations sur l'éternité, à partir des thèmes iconographiques et musicologisues », *Revue des sciences philosophiques et théologiques*, t. 68, 1984, pp. 549-575 ; R. Hammerstein, *Die Musik der Engel*, Bern/Munich, 1962 ; *L'Ange*, colloque du Centre européen d'art sacré, Pont-à-Mousson, 1981 ; *À ciel ouvert, sur les ailes de l'ange*, publ. De l'université catholique d'Angers, 1991.

32. 次を参照。J.-L. Biget, *Sainte Cécile d'Albi,* Toulouse, Odyssée, 1995, pp. 39-42.

33. *Le Vitrail en Bourgogne, miroir du quotidien*, Images du patrimoine, SPADEM, 1986, p. 48（L. de Funance と F. Gatouillat の研究）.

34. N. Bridgman, *La Musique à Venise*, Paris, PUF, 1984, p. 42.

35. *Ibid.*, p. 44.

36. J. Massin et B. Massin 監修, *Histoire de la musique*..., p. 322に引かれている。

37. このことは E. Weber, *Le Concile de Trente et la musique*, Paris, Honoré Champion, 1982からはっきりと結論づけられる。

38. P. Veit, *Luther et le chant*, thèse dactylographiée, Paris-IV, pp. 22, 23.

第十六章

1．本書166頁を参照。

2．C. Acidini-Luchinat 監修, *Benozzo Gozzoli. La chapelle des Mages*, Paris, Gallimard, 1994, p. 265を参照。

3．ケンブリッジのフィッツウィリアム美術館写本 S 62 (Fitzwilliam Museum de Cambridge, ms. S 62) の15世紀フランス語時禱書挿絵に似たような構図がある。すなわち、家畜小屋がゴシック式教会の丸天井へと続いており、教会の天辺に永遠なる父が見える。生誕の場面のレベルでは柵があり、聖家族を右側では三博士から、左側では祈る８人の天使から隔てている。

4．「羊飼いの礼拝」（15世紀フランドル画派、エディンバラ、スコットランド・ナショナル・ギャラリー）はこの作品に近い。すなわち、３人の天使がロバと雄牛のかたわらで祈りの姿勢でいる。パリの中世博物館（クリュニー）の多彩テラコッタ〔赤茶色の粘土の素焼き〕の祭壇画もまた、マリアとヨセフの横でひざまずく３人の天使を描いている。

5．*Révélations* de sainte Brogitte（1624年の仏訳版）, l. 7, chap. 21, p. 464にある。

6．次を参照。*Catholicisme*, t. 9, c. 1317.

Berne/Munich, 1974.

45. 私は友人である Casa de Vélasquez の元館長 Joseph Pérez に感謝する。彼はこのタピスリーに関わる文献を提供してくれた。このことについてはとりわけ E. Calahorra, « El Tapiz de la musica », *Heraldo de Aragon*, 18 avril 1984並びに E. Torra de Arna, A. Hombria Tortajada et T. Domingo, *Los Tapices de la Seo de Zaragoza*, Caja de Ahorros de la Immaculada de Aragon, 1985を参照する必要がある。

46. 次を参照。T. Coonolly, *Mourning into joy. Music, Raphaël and Saint Cecilia*, Yale University Press, 1995.

47. 次を参照。N. Dufourcq 監修, *La Musique*, Larousse, I, pp. 113-117.

48. 次を参照。A. Erlande-Brandenburg, *La Conquête de l'Europe : 1260-1380*, Paris, Gallimard, 1987, p. 134.

49. Jean Climaque, 25, 893a ; H. Davenson, *Traité de la musique*..., p. 107. さらに新しい翻訳が P. Deseille, *L'Echelle sainte*, Bégrolles-en-Mauges, 1987, p. 168にある。

50. H. Davenson, *Traité de la musique*..., p. 114.

51. *Ibid*., pp. 109, 110.

52. M. Lachièze-Rey et J. P. Luminet, *Figure du ciel*, p. 58.

第十五章

1. ここでの論述全体についてはとくにすでにあげた B. et J. Massin 監修, *Histoire de la musique*... に添っている。ここでは p. 182.

2. *Ibid*., p. 183.

3. *Ibid*., p. 210.

4. J. Jacquot 監修, *Les Fêtes de la Renaissance*, Paris, CNRS, 1973, t. 1, p. 389に引かれている。その出典は *Pii Secundi commentarii rerum mirabilium*, Rome, 1584, l. VIII, p. 365である。

5. *Ibid*., pp. 384以下.

6. J. Jacquot 監修, *Les Fêtes de la Renaissance*, t. 1, pp. 384, 385.

7. E. Vilamo-Penti, « La court de paradis », *Annales Academiae scientiarum fennicae*, Helsinki, 1953, t. 79, p. 8 以下.

8. H. Duteuil, Turnholt, Brepols, 1976, XLI a, pp. 133, 134 の J. Beleth, *Summa de ceelesiasticis officiis*, chap. 72, « De festo subdiacorum ». また次を参照。J.-C. Schmitt, *La Raison des gestes dans l'Occident médiéval*, Paris, Gallimard, 1990, pp. 90, 91.

9. Encyclopédie *Catholicisme*, « Danse » を参照。また « La danse dans les églises », *Revue d'histoire ecclésiastique*, XV, 1914, pp. 5-22, 229-245並びに上にあげた J.-C. Schmitt の著作も参照。

10. J. Delumeau, *Le Péché et la peur*(『罪と恐れ』), Paris, Fayard, 1994年版, p. 87(邦訳2004, 155頁).

11. ラテン語文献には *a organo* とある。これを通常そうであるように「オルガン」と訳すべきだろうか。あるいはむしろ「楽器」と訳すことのできる単数の集合名詞を指してはいないだろうか。

12. *Conciliorum... decreta*, G. Alberigo 版, Bologne, 1973, p. 737.

13. 簡潔にまとめられた楽器の歴史については Massin 並びに Dufourcq のすでにあげた作品に加えて、古いが詳しい H. Lavoix, *Histoire de la musique*, Paris, Quantin, (出版年不明)を活用した。

14. J. Jacquot 監修, *Les Fêtes de la Renaissance*, t. 1, p. 393.

15. H. Lavoix, *Histoire de la musique*, p. 128.

16. G. Chaucer, *The Canterbury Tales*, University of Oklahoma Press, 1990, t. 11, p. 183.

17. これらの、またこれ以後の情報は N. Dufourcq 監修, *La Musique*, Larousse, I, p. 72以下から引かれている。

18. この写本はグルノーブル市立図書館にある。

19. フランス国立図書館のブルクマイアーのデッサンによる1526年(?)の版画。

20. N. Dufourcq ほか, *La Musique*, Larousse, I, p. 76を参照。

21. Ronsard, *Œuvres complètes*, Paris, Gallimard, « Bibliothèque de la Pléiade », 1950, pp. 979-982.

11. *La Vie et les révélations de sainte Gertrude*, p. 629. J. Mège の翻訳。

12. *La Légende dorée*, éd. Flammarion, 1967, II, p. 88.

13. *Visio Tnugdali*, éd. A. Wagner, pp. 45, 48.

14. *Ibid.,* p. 49.

15. H. Suso, *Œuvres complètes*, p. 354.

16. Brigitte de Suède, *Les Révélations…*, 本書第六章註18にあげられている版, p. 853.

17. Platon, *La République*, Paris, Garnier-Flammarion, 1966, livre X, 616-617e, R. Bacou の仏訳 ; M. Lachiéze-Rey et J.-P. Luminet, *Figures du ciel*, p. 58.

18. 前註17の後者に引かれている。Cicéron, « Le Songe de Scipion », *La République*, Paris, Les Belles Lettres, 1966, VI, p. 172.

19. B. Massin et J. Massin 監修, *Histoire de la musique occidentale*, Paris, Fayard, 1993, p. 160における Françoise Ferrand の論考。

20. 本書260頁以下を参照。

21. Athanase, *Epistola ad Marcellum*, 29. 私はここで古いが事情に明るい T. Gérold, *Les Pères de l'Église et la musique*, Paris, 1931, ici, p. 125によって与えられた説明に従っている。

22. Clément d'Alexandre, *Pédagogue*, II, c. 4, 41 ; T. Gérold, *Les Pères…*, p. 126.

23. Augustin, « Ennnaratio in ps. 150 », *PL*, t. 37, c. 1951-1953. BASILE, « Homelia in ps. 32 », *PG*, t. 29, c. 323-350. またここでも T. Gérold, *Les Pères…*, pp. 126, 127を参照。

24. T. Gérold, *Les Pères…*, p. 130.

25. Origène, « In ps. 150 », *PG*, t. 12, c. 1682.

26. 次を参照。E. Reuter, *Les Représentations de la musique dans la sculpture romane*, Paris, E. Leroux, 1938.

27. Clément d'Alexandre, *Le Protreptique*, Paris, Le Cerf, « Sources chrétiennes », 1949, t. 2 bis, p. 55.

28. Épiphane de Chypre, « Adversus haereses », *PG*, t. 41, c. 325-327 ; T. Gérold, *Les Pères…*, p. 123.

29. Cyprien, « Sermo de zelo et livore », *PL*, t. 4,c. 638-650.

30. Augustin, *Confession*, X, chap. 49.

31. *Ibid.*, chap. 50.

32. *De musica* は *Dialogues philosophiques*, t. 7 des *Œuvres de saitnAugustin*, Paris, Desclée de Brouwer, 1947に所収。

33. H. Davenson (Marrou), *Traité de la musique selon l'esprit de saint Augustin*, Neuchâtel, éd. La Baconnière, 1942, p. 74.

34. Basile, « Ennaratio in ps. 32 », *PG*, t. 29, c. 323-350; T. Gérold, *Les Pères…*, p. 103.

35. Ambroise, *Ennaratio in XII ps. Davidicos*, *PL*, t. 14, c. 905 ; T. Gérold, *ibid.*

36. Prosper d'Aquitaine, « Expositio in ps. 149 », *PL*, t. 51, c. 423 ; T. Gérold, *Les Pères…*, p. 134.

37. Agobard, « Liber de correctione antiphonarii », *PL*, t. 104, c. 334 ; T. Gérold, *Les Pères…*, p. 164.

38. B. Massin et J. Massin 監修, *Histoire de la musique…*, p. 227に引かれている。

39. J.-C. Margolin による仏訳, *Erasme et la musique*, Paris, Vrin 1965, p. 17. また次を参照。Naz, *Dictionnaire de droit canonique*, t. 3, art. « Chant » ; *Extravagantes communes,* l. 3, titre 1.

40. *Ibid.*, p. 101に引かれている。

41. *Ibid.*

42. 教皇ハドリアヌス六世〔教皇在位1522-23、オランダ出身〕にあてられたアルノビウス〔5世紀半ばの詩人、作家、神学者〕の『「詩篇」注解』に寄せたエラスムスの序文。*Ibid.*, p. 76に引かれている。

43. 私は優れた論考であるタイプ打ち博士論文 P. Veit, *Luther et le chant*, Paris-IV, 1980の pp. 11-29を要約した。

44. R. Hammerstein, *Dialobus in musica. Studen zur Ikonographie der Musik in Mittelalter*,

29. Thomas d'Aquin, *Somme théologique*, *Supplément*, quest. 93, 2, pp. 231-235.
30. Ruysbroeck, *Le Royaume des enfants de Dieu*, pp. 145-147.
31. Eadmer, *Liber de beatitudinis coeletis patriae*, *PL*, t. 159, c. 588.
32. Honorius d'Autun, *Elucidarium*, *PL*, t. 172, c. 1169.
33. Origène, *Traité des principes*, 本書第三章註２にあげられている版, pp. 399, 405, 407, 409.
34. Augustin, *De Genesi ad litteram*, Paris, Desclée de Brouwer, « Bibliothèque augustienne », 1972, p. 455.
35. *Une élévation sur les gloires de Jérusalem*, p. 333.
36. J. de Gerson, *A. B. C. des simples gens*, 本書第一章註12にあげられている版, p. 155.
37. Honorius d'Autun, *Elucidarium*, *PL*, t. 172, c. 1172.
38. Pseudo-Cyprien, *De Laude martyrii*, これは R. GRIMM, *Paradisus*..., p. 46に掲載されている。
39. Éphrem, *Hymnes sur le paradis*, 本書第八章註14にあげられている版, p. 139.
40. Augustin, *La Cité de Dieu*, XXII, 30, 本書第二章註５にあげられている版, p. 139.
41. Augustin, *Enchiridion*, *PL*, t. 40, c. 244.
42. Grégoire le Grand, *In septem psalmos poenitentiales*, *PL*, t. 79, c. 658.
43. Isidore de Séville, *De ordine creatorum liber*, *PL*, t. 83, c. 951.
44. Eadmer, *Liber de beatitudinis*..., *PL*, t. 159, c. 592.
45. Hugues de Saint-Victor, *De anima*, *PL*, t. 177, c. 189.
46. Jean de Fécamp, *La Confession théologique*, p. 173.
47. Bernard de Clairvaux, *Sermone diversis*, *PL*, t. 183, c. 664-665.
48. *Ibid*., c. 940.
49. Hildegarde de Bingen, *Scivias*, 本書第二章註28にあげられている版, partie III, vision 12e, pp. 611-613.
50. H. Spitzmuller, *Anthologie de la poésie latine médiévale*, pp. 711-713.
51. *Imitation*, 本書第六章註13にあげられている版, 1. 3, chap. 47, 48 pp. 211, 213.
52. Augustin, *La Cité de Dieu*, 本書第二章註５にあげられている版, p. 711.
53. Isidore de Séville, *De ordine creatorum*, *PL*, t. 83, c. 950.
54. Honorius d'Autun, *Elucidarium*, *PL*, t. 172, c. 1172.
55. Thomas d'Aquin, *Somme théologique*, *Supplément*, quest. 93, 3, pp. 246-249.
56. 私はここで『神の国』の第22章並びに Julien de Tolède, *Prognosticorum* (Brépols, 1976) の巻１を要約している。
57. H. Spitzmuller, *Poésie italienne du Moyen Âge*, p. 699.
58. Bernard de Clairvaux, *Sermone diversis*, *PL*, t. 183, c. 664-665.

第十四章

1. *La Bible. Écrits intertestamentaires*, 本書第四章註５にあげられている版, pp. 1181, 1182, 1185. 本章と次章を書くことができたのはマルティーヌ・ソネが私のために進んで集めてくれた資料のおかげであり、そのことを彼女に深く感謝する。
2. F. Amiot, *Évangiles apocryphes*, pp. 312, 313.
3. Éphrem, *Hymnes sur le paradis*, 本書第八章註14にあげられている版, p. 146.
4. H. Spitzmuller, *Anthologie de la poésie latine médiévale*, p. 181.
5. *PL*, t. 145, c. 866にある。
6. H. Spitzmuller, *Anthologie*..., p. 601.
7. *Analecta hymnica Medii Aevi*, t. 46, p. 232にある。
8. Hildegarde de Bingen, *Scivias*, 6e vision, 本書第二章註28にあげられている版, p. 142.
9. *PL*, t. 172, c. 1172にある。
10. *Recherches des sciences religieuses*, t. 50, 1951-1952, p. 333にある。

37. L. B. Philipp, *The Gent Altarpiece*…, p. 80.

38. C. Van Mander, *Le Livre des peintres*, p. 31.

39. *Ibid.*, p. 59.

40. *La Vie et les révélations de sainte Gertrude*, 1671, p. 210, J. Mège の仏訳。

41. Augustin, *De Trinitate*, I, 6, 9, *PL*, t. 42, c. 826. これは E. Panofsky, *Les Primitifs flamands*, p. 389に引かれている。

42. L. Van Ruyvelde, *L'Agneau mystique*, Bruxelles, Elsevier, 1959, p. 14.

43. E. Panofsky, *Les Primitifs flamands*, p. 389.

44. F. Avril et N. Reynaud, *Les Manuscrits à peintures en France, 1440-1520*, p. 114に掲載、注解つき。

45. L. B. Philipp, *The Gent Altarpiece*…, p. 70.

第十三章

1. Augustin, *La Cité de Dieu*, 本書第二章註５にあげられている版, p. 709.

2. Julien de Tolède, *Prognosticatio futuri temporis* (1. 3, iv-vi, *Opera*, Turholt, Brepols, 1976, p. 122). フリアンはここで『神の国』XXII, 29, 1 を引いている。

3. Isidore de Séville, *De ordine creatorum liber*, *PL*, t. 83, c. 950.

4. Patrick, *De tribus habitaculis liber*, *PL*, t. 53, c. 834.

5. Bernard de Clairvaux, *Sermone diversis*, *PL*, t. 183, c. 664.

6. J. Leclercq, *Une élévation*, p. 331.

7. *Analecta hymnica*, t. 48, p. 493にある。

8. Thomas d'Aquin, *Compendium theologiae*, Paris, Vrin, 1984, p. 179.

9. 本章註８にあげた版の pp. 134, 135 (quest. 4, art. 2).

10. Thomas d'Aquin, *Somme théologique*, *Supplément*, quest. 87-89, pp. 227-231.

11. *Divine Comédie, Paradis*, Flammarion,1990, p. 283. J. Risset による仏訳。

12. C. Combet による古仏語からの現代仏語訳版, M. Porète, *Le Miroir des simples âmes anéanties*, Grenoble, J. Million, 1991, p. 191. 異端とされたポレートのこの本は焼却を免れた。

13. H. Suso, *Œuvres complètes*, 本書第二章註31にあげられている版, pp. 354, 355.

14. これらの文献は C. Havelange, *De l'œil et du monde. Une histoire du regard au seuil de la modernité*, Paris, Fayard, 1998, pp. 202-205に引かれている。

15. 『地上の楽園』第二章を参照。

16. *Dictionnaire d'archéologique chrétienne*…, t. 13, c. 1581.

17. *PL*, t. 83, c. 526以下および次を参照。*DTC*, I, 2, art. « Augustin », c. 2447.

18. 本書91-95頁を参照。

19. *PL*, t. 83, c. 526以下および次を参照。*DTC*, II, 1, art. « Bernard » c. 781. この問題についての基本文献であり, 私がここで大いに活用するのは以下の著作である。C. Trottmann, *La Vision béatifique des disputes scolastiques à sa définition par Benoît XII*, École française de Rome, 1995, とりわけ p. 453以下.

20. Eadmer, *Liber de beatitudinis coeletis patriae*, *PL*, t. 159, c. 590.

21. *DTC*, t. 2, 1, c. 658, « Benoît XII » の仏訳を参照。

22. Thomas d'Aquin, *Somme théologique*, *Supplément*, quest. 87-89, p. 227.

23. ここでも〔前註19に続き〕次の著作を参照。C. Trottman, *La Vision béatifique*…

24. Augustin, *La Cité de Dieu*, 30, 本書第二章註５にあげられている版, p. 711.

25. H. Spitzmuller, *Anthologie de la poésie latine médiévale*, p. 1205.

26. *Ibid.*, p. 601.

27. Honorius d'Autun, *Elucidarium*, *PL*, t. 172, c. 1162.

28. Jean de Fécamp, *La Confession théologique*, 本書第七章註14にあげられている版, pp. 172-174.

6. *Art, religion, société dans l'espace germanique au XVIe siècle*, Strasbourg, Presses Universitaires de Strasbourg, 1997, pp. 31-53所収の F. Boespflug, « La double intercession en procès. De quelques effets iconographiques de la théologie de Luther ».

7. 次を参照。V. Verdier, *Le Couronnement de la Vierge*, Montréal, 1980, p. 117.

8. J. Delumeau 監修, *La Religion de ma mère*, Paris, Le Cerf, 1992, pp. 91-122所収の D. Alexandre-Bidon, « Des femmes de bonne foi » 並びに Homo religiosus…, pp. 528-534所収の « Prier au féminin ». また V. Reinburg, *Popular Prayers in Late Medieval and Reformation France*, Ann Arbor, Univ. Microfilms International, 1985並びに *Livres d'heures de Basse-Normandie*, catalogue, la bibliothèque munuicipale de Caen 1985も参照。

9. 次を参照。J. Wirth, *L'Image médiévale*…, pp. 294, 295.

10. 参照文献は *Dictionnaire de spiritualité*, t. 12, art. « Paradis », c. 193にある。

11. Adam de Perseigne, *Mariale*, *PL*, t. 211, c. 707.

12. Jacopone da Todi, *Les Laudi*, 本書第二章註29にあげられている版, p. 368.

13. J. Plazaola, *Historia y sentido del arte cristiano*, Madrid, Biblioteca des autores cristianos, 1996.

14. フランス国立図書館の写本2643, 2813を参照。

15. J. Plazaola, *Historia y sentido*…, p. 478.

16. こうした情報すべては J. Plazaola, *Historia y sentido*…, p. 477にある。

17. Méliton, *De transitu Virginis*, *PG,* t.6, c.1231-1240.

18. Grégoire de Tours, *Les Livres des miracles*, Paris, 1857, p. 13.

19. H. Spitzmuller, *Anthologie*…, p. 375.

20. *Ibid.*, pp. 433, 434, 1747, 1748.

21. Anselme, *Orationes*, *PL*, t. 158, c. 944, 966 ; J. Plazaola, *Historia y sentido*…, p. 479.

22. Leclercq et Rochais による校訂版 Bernard de Clairvaux, *Opera*, t. 5 : Sermones, Rome, 1968, p. 230 ; J. Plazaola, *Historia y sentido*…, p. 479.

23. *« Legenda aurea » : sept siècles de diffusion*, Cahier spécial d'études médiévales, Paris/Montréal, Vrin/Bellarmin, 1986, pp. 95-99所収の « Les textes de Jacques de Voragine et l'iconographie du couronnement de la Vierge » を参照。

24. Élisabeth de Schönhau, *Liber revelationum*, Douai, 1628, p. 204.

25. Honorius d'Autun, *Sigillum Mariae*, *PL*, t. 172, c. 506.

26. G. Duby, *Le Temps des cathédrales*, Paris, Gallimard, 1976, p. 187.

27. Jacques de Voragine, *La Légende dorée*, II, pp. 90-105, ここでは p. 94 ; P. Verdier, « Les Textes de Jacques de Voragine », pp. 96, 97.

28. Jacques de Voragine, *La Légende dorée*, II, p. 321.

29. P. Verdier, « Les Textes de Jacques de Voragine… » に続いて ms. 1179 de la bibliothèque Mazarine, ms. 1335 du musée de Condé de Chantilly を参照されたい。だが Ms. Fr. 242 de BNF, f° 1, v. 1403を引くこともできよう。さらに広くマリアの戴冠のテーマについては C. Sterling, *La Peinture médiévale à Paris*, 1300-1500, Paris, Bibliothèque des Arts, 1987, pp. 139, 234, 279, 336, 383, 388, 427, 459を参照。J. Wirth, *L'Image médiévale*…, pp. 224-226は『黄金伝説』にはマリアの戴冠は明白ではないと指摘する。

30. P. Verdier, « Les Textes de Jacques de Voragine… », p. 98.

31. 本書151頁を参照。

32. Bodleyan Library, ms. 134.

33. Pierpont Morgan Library, ms. 677.

34. 次を参照。J. Delumeau, *Rassurer et protéger*（『安心と加護』), Paris, Fayard, 1989, pp. 389-399.

35. BNF, Lat. 3207, II, 78 ff. これは F. Avril et N. Reynaud, *Les Manuscrits à peintures en France, 1440-1520*, p. 418に掲載されている。

36. A. Chastel, *Le Mythe de la Renaissance*, *1420-1520*, Genève, Skira, 1969, p. 55に掲載されている。

13. とりわけ次を参照。Mollat Du Jourdan et A. Vauchez 監修, *Histoire du christianisme des origines à nos jours*, Paris, Desclée de Brouwer/Fayard, 1990, t. 6, pp. 438, 439.

14. 次を参照。L. B. Philip, *The Gent Altarpiece…*, pp. 13, 25.

15. D. Rigaux, *À la table du Seigneur, l'Eucharistie chez les primitifs italiens, 1250-1497*, Paris, Le Cerf, 1989, 各所とりわけ pp. 56, 57.

16. L. B. Philip, *The Gent Altarpiece…*, pp. 61-76.

17. E. Panofsky, *Les Primitifs flamands*, p. 396. 反対に、鳩にあてられているスペースは最初の構図と比べて縮小されたと思える。

18. E. Panofsky, *Les Primitifs flamands*, p. 386.

19. Origène, *Peri Archon*, l. 2, cchap. 26, *PG*, t. 11, c. 197-198.

20. Cyprien, *Liber de immortalitate*, chap. 26, *PL*, t. c. 601-602.

21. Cyprien, *Correspondance*, Paris, Les Belles Lettres, 1962, t. 2, p. 167.

22. Bède le Vénérable, *Homelia lxxi*, *PL*, t. 94, c. 452.

23. Pierre-Marie Gy 神父（神父にはこの点について訊ねた。謝意を表する）は、聖歌 *Placare, Christe, servulis* はもともと諸聖人の祝日の聖歌 *Christe Redemptor omnium* の（17世紀の）リライトであると説明する。また Dreves-Blume, *Analecta Hymnia*, 51, 150, Szoverffy, *Die Annalen der lateinischen Hymnendichtung*, I, 1964, p. 424を参照。

24. Honorius d'Autun, *Elucidarium*, 1. 3, partie IV, *PL*, t. 172, c. 1172.

25. Hildegarde de Bingen, *Scivias*, 3e partie, 13e version, pp. 614-620.

26. *Visio Tnugdali*, 本書第五章註24にあげられている版, p. 52.

27. J. Chiffoleau, *La Comptabilité de l'au-delà*, Paris, De Boccard, École française de Rome, 1980, p. 358.

28. *La Vie et les révélations de sainte Gertrude*, Paris, 1671, 1. III, p. 210, J. Mège の仏訳。

29. H. Suso, *Le Livre de la Sagesse éternelle*, pp. 355, 356.

30. *Homo religiosusu. Autour de Jean Delumeau*, Paris, Fayard, 1997, pp. 505-511 所収の J. Le Goff, « Un purgatoire romain ». *Ci nous dit* については2000年４月に碑文・文芸アカデミーで行われた C. Heck の素晴らしい発表を参照されたい。

31. Raban Maur, « Comment in Ezechielem », *PL*, t. 110, c. 975.

32. Jacques de Voragine, *La Légende dorée*, II, p. 321.

33. Brigitte de Suède, *les Révélations célestes et divines*, 本書第六章註18にあげられている版, p. 853.

34. Mechitilde de Magdebourg, *La lumière et la divinité,* Paris, 1878, p. 97. H. Oudin の仏訳。

35. Jacopone da Todi, *Les « Laudi »*, Paris, Le Cerf, 1996, p. 138.

36. Angèle de Foligno, *Le livre…*, p. 89.

37. 本書47頁を参照。

38. Jacques de Voragine, *La Légende dorée*, II, p. 321.

39. Brigitte de Suède, *les Révélations célestes*, pp. 852, 853.

40. *Visio Tnugdali*, 本章註26と同じ版, p. 52.

第十二章

1. 次を参照。N. Laneyrie-Dagen, *L'Invention du corps*, Paris, Flammarion, 1997.

2. Brigitte de Suède, *les Révélations célestes*, pp. 852, 853.

3. たとえば A. Grabar, *La Peinture byzantine*, pp. 104, 105並びに M. Allenov, N. Dmitrieva et O. Meddvedkova, *L'Art russe*, Paris, Citadelles et Mazenod, 1991, p. 35を参照。

4. A. Grabar, *Les voies de la création en iconographie chrétienne*, Paris, Flammarion, 1994, p. 304.

5. W. Sauerlander, *Le Siècle des cathédrales*, Paris, Gallimard, 1989, pp. 235, 312, 379.

注解、F・ベスフルグ訳である ; BNF, ms. Lat. 1156.

26. THOMAS D'AQUIN, *Somme théologique*, Ia, quest. 51, art. 2, p. 47.

27. J. VILLETTE, *L'Ange dans l'art d'Occident du* XIe *au* XVIe *siècle*, Paris, H. Laurens, 1941, p. 88.

28. J. VILLETTE, *L'Ange*…, p. 87.

29. 教会は1711年に全面的に改修され、フレスコ画はバチカン宮殿とクイリナール宮殿〔ローマの七丘のひとつクイリナールの丘にある宮殿。イタリア共和国大統領官邸〕に分かれて収蔵された。

30. BÈDE LE VÉNÉRABLE, *PL*, t. 91, c. 409-410 ; *DTC*, t. 1, art. « Auréole ».

31. THOMAS D'AQUIN, *Somme théologique*, *Supplément « Le monde des ressuscités »*, quest. 96, art. 9, p. 360.

32. E. PANOFSKY, *Les Primitifs flamands*, p. 389.

33. II Hénoch, *La Bible. Écrits intertestamentaires*, p. 1177.

34. *Dictionnaire d'archéologie chrétienne*, t. 13, c. 1583-1584の仏訳。

35. *PL*, t. 17, c. 1927.

36. *Dictionnaire d'archéologie chrétienne*, t. 13, c. 1599-1600.

37. PRUDENCE, « Harmartigenia », *PL*, t. 59, c. 856-859.

38. ÉPHREM DE NISIBIE, *Hymnes sur le paradis*, 本書第八章註14にあげられている版, pp. 99, 128, 145, 151.

39. GRÉGOIRE DE TOURS, *Histoire des Francs*, 本書第五章註６にあげられている版, II, p. 77.

40. BONIFACE, *Lettres*, *Monumenta historica Germaniae*, éd. M. Tangle, I, p. 11.

41. 本書90頁を参照。

42. *Visio Tnugdali*, 本書第五章註24にあげられている版, pp. 45, 50.

43. J. Mège (1671) , 前章註41にあげられている版, pp. 554, 513.

44. L. Bruchman (1841), 本書第六章註17にあげられている版, p. 77.

45. HONORIUS D'AUTUN, *Elucidarium*, *PL*, t. 172, c. 1172.

46. *PL*, t. 145, c. 861.

47. *Analecta hymnica Medii Aevi*, t. 46, pp. 229.

48. JEAN DE FÉCAMP, *Confession théologique*, pp. 172, 173.

49. B. RIMBERTINO, *Liber de delciis sensibilibus paradisi*, Paris, 1514, f°s 35-37.『天国の感覚的喜びについての書』という同じテーマが前者〔RIMBERTINOの著作〕と同じタイトルで、聖職者 Celso Maffei によってユリウス二世〔教皇在位1503－13。ローマにルネッサンス芸術の最盛期をもたらした〕に献呈されている。次を参照。C. MCDANNEL et B. LANG, *Heaven*… p. 136並びに M. BAXANDALL, *L'Œil du quatrocento*, Paris, Gallimard, 1978, p. 157.

第十一章

1. H. SPITZMULLER, *Anthologie de la poésie latine médiévale*, p. 1133.

2. *Ibid.,* p. 664.

3. *Ibid.,* p. 185.

4. *Ibid.,* p. 381.

5. *Ibid.,* p. 113.

6. *Ibid.,* p. 467.

7. 「黙示録」の挿絵については F. VAN DER MER, *L'Apocalypse dans l'art* を参照。

8. H. SPITZMULLER, *Anthologie*…, p. 181.

9. *Ibid.,* p. 55.

10. H. TOURBET, *Un art dirigé*, p. 59.

11. *La Tenture de l'Apocalypse d'Angers*, pp. 129, 199.

12. GUILLAUME DE LORRIS et JEAN DE MEUNG, *Le Roman de la Rose*, 本書第一章註19にあげられている版, p. 1161.

37. Bernard de Clairvaux, « Tractacus in laudem… », *PL*, t. 182, c. 1143-1144並びに « In nativitate B. Mariae sermo », *PL*, t. 183, c. 447 ; M. Levi d'Ancona, *The Garden…*, p. 125.

38. 次を参照。S. Barnay, *Le Ciel sur la terre,* pp. 124-128.

39. Ambroise, « Expositio Evangelii secundum Lucam », *PL*, t. 45, c. 1732-1733 ; M. Levi d'Ancona, *The Garden…*, p. 216.

40. 次を参照。J. Goody, *La culture des fleurs*, Paris, Le Seuil, 1994.

41. *La Vie et les révélations de sainte Gertrude*, J. Mège の仏訳, Paris, 1671, p. 512.

42. Ambroise, *Hexameron*, *PL*, t. 14, c. 175, 190 ; M. Levi d'Ancona, *The Garden…*, pp. 332, 347.

第十章

1. M. Pastoureau, « L'Église et la couleur des origines à la Réforme », *Bibliothèque de l'École des chartes*, t. 147, 1989, p. 205.

2. この言い回しは B. Dompnier の博士論文口頭試問で出てきたものであり、私はこの言い回しが書かれたものとしてあるかどうか知らない。

3. Pseudo-Cyprien, « De Laude martyrii », *Corpus script.lat.*, 3, 3, 43-44. また次を参照。R. R. Grimm, *Paradisus coelestis*, p. 46.

4. Grégoire de Nysse, « In funere Pulcheriae oratio », *PG*, t. 46, c. 870.

5. Ambroise, *Opera omnia*, Paris, 1882, I, c. 592.

6. Grégoire de Tours, *Histoire des Francs*, II, p. 77.

7. Raban Maur, *Opera omnia*, Migne 版, 1864, t. 5, c. 267.

8. Pierre Damien, « Hymnus gloriae paradisi », *PL*, t. 145. c. 915-916.

9. Isidore de Séville, « Differentiarum libri duo », *PL*, t. 83, c. 950.

10. Bernard de Clairvaux, « Sermones de diversis », *PL*, t. 183, c. 664.

11. Honorius d'Autun, *Elucidarium*, *PL*, t. 172, c. 1176.

12. Thomas d'Aquin, *Somme théologique*, Ia, quest. 91, art. 4, p. 55.

13. Angèle de Foligno, *Le Livre…*, 本書第六章註15にあげられている版, p. 77.

14. Brigitte de Suède, *Les Révélations…*, 本書第六章註18にあげられている版, pp. 525-530.

15. *Imitation de Jésus-Christ*, Bouchet の仏訳, Lyon, 1891, p. 211.

16. P. Giraud-Augry による解題と翻案 *Ars moriendi*, Paris, Dervy, 1986, p. 183. 聖パウロの引用は「コリントの信徒への手紙二」（三章、一八節）からであるが、意訳である。

17. M. Pastoureau, « L'Eglise et la couleur », pp. 215, 216.

18. 次を参照。A. Grabar, *La Peinture byzantine*, Genève, Skira, 1953.

19. 次を参照。P. Riché 監修, *Encyclopédie des saints et de la sainteté*, Paris, Hachette, 1986の t. 5, pp. 124, 125, 174, 175.

20. 私は再び A. Grabar, *La Peinture byzantine…* を随所参照した。

21. 私はとくに M. Pastoureau の著作を参照した。*Figures et couleurs*, Paris, Le Léopard d'or, 1986 ; *L'Histoire*, sept. 1986, pp. 46-56所収の « Les couleurs ont une histoire »; *Sublime Indigo*, musée de Marseille, Office du livre, 1987, pp. 19-27 所収の « Vers une histoire de la couleur bleue » ; *Couleurs, images, symboles. Études d'histoire et d'anthropologie*, Paris, Le léopard d'or, 1989 ; *La Couleur. Regards croisés sur la couleur du Moyen Âge du* xx*e siècle*, Colloque de Lausanne, Paris, Le Léopard d'or, 1994.

22. Rabelais, *Gargantua*, chap. 9, Paris, Gallimard, « Bibliothèque de la Pléiade », 1955, p. 31.

23. *La Maison-Dieu*, 176, 1989, pp. 54-65 所収の M. Pastoureau, « *Ordo colorum*. Notes sur la naissance des couleurs liturgiques ». 著者は未来のインノケンティウス三世の *De sacro sancti altaris mysterio*, *PL*, t. 217, c. 799-802の仏訳をここに載せている。

24. Hildegarde de Bingen, *Scivias*, 本書第二章註28にあげられている版, I, pp. 32, 78.

25. 次を参照。*Heures de Margurite d'Orléans*, Paris, Le Cerf, 1991. これは E・ケーニヒ序文・

7．私はF. J. FURNIVAL et M. A. CAMBRIDGE, *The Pilgrimage of the Man*, Londres, 1899, I, p. 14という英語版を参照した。

8．Y. LEFEVRE, *L'Elucidarium*..., pp. 186, 464.

9．この主題についての論述は『地上の楽園』171-192頁の論述を参照。

10．次を参照。*Essays in honor of Erwin Panofsky*, M. MEISS 編, New York University Press, 1961, pp. 303-322所収のG. B. LANDER, « Vegetation symbolism and the Concept of Renaissance ».

11．次を参照。R. SCHAER 監修, *Tous les saviors du monde*, Paris, BNF/Flammarion, 1996, p. 206, 227 ; K. THOMAS, *Man and the Natural World*, New York, Pantheon Books, 1983, pp. 303-322.

12．J. DELUMEAU et R. LIGHTBROWN, *La Renaissance*, Paris, Le Seuil, 1996, pp. 117-124所収のLORENZ, « *Ars nova* : le naturalisme flamand ».

13．*Essays in honor of Erwin Panofsky*..., pp. 201-218 所収のJ. HELD, « Flora, Goddess and Courtesan » を参照。

14．P. RICHÉ, *Petite vie de saint Bernard*, Paris, Desclée de Brouwer, 1989, pp. 32, 33に引かれている。論証の必要上、私はここで『地上の楽園』175-177頁にある説明を再び取り上げている。

15．G. DURAND, *Rational ou manuel des divins offices,* Paris, 1848, p. 59.

16．H. SPITZMULLER, *Anthologie de la poésie latine médiévale*, pp. 191-193.

17．PIERRE DAMIEN, « Hymnus de gloria paradisi », *PL*, t. 145. c. 861.

18．ここでの論述のために以下の著作を大いに活用する。M. LEVI D'ANCONA, *The Garden of the Renaissance*, Florence, L. S. Olschki, 1977および、1991年のプチ・パレの展覧会の折に作成されたカタログ *Flore en Italie, symbolique et représentation de la flore dans la peinture italienne du Moyen Âge et de la Renaissance*. カタログからの引用については以後参照頁を示さない。

19．*PL*, t. 79, c. 494.

20．M. LEVI D'ANCONA, *The Garden*..., p. 142.

21．ALBERT LE GRAND, *Opera omnia*, t. 36, Paris, 1898, p. 811 の « De laudibus b. Mariae virginis ». この文献に行き着いたのはS. BARNAY, *Un moment vécu d'éternité. Histoire médiévale des apparitions mariales (IVe-XVe siècle)*, Paris-X-Nanterre, 1997, 3 vol. の博士論文手稿のおかげである。ここではt. 2, p. 590.

22．*Ibid.* p. 811.

23．JÉRÔME, « Lettre à Fabiola », *PL*, t. 22, c. 710.

24．RABAN MAUR, « Allegoriae in Sacra Scripturam », *PL*, t. 112, c. 992.

25．M. LEVI D'ANCONA, *The Garden*..., p. 316による。

26．*Ibid.*, *id.* この詩はG. M. DREVESによって出版された*Analecta Hymnica Medii Aevi*, Leipzig, 1854-1909, 55 vol. から引かれている。ここではt. 46, p. 229.

27．C. ACIDINI-LUCHINAT 監修, *Benozzo Gozzoli. La chapelle des Rois mages*, Paris, Gallimard, 1994, p. 266.

28．本書第十六章を参照。

29．*Flore en Italie,* p. 82.

30．M. LEVI D'ANCONA, *The Garden*..., pp. 308, 309.

31．*Ibid.*, pp. 300, 301.

32．VEVANCE FORTUNAT, « De virgininate », *PL*, t. 88, c. 267 ; M. LEVI D'ANCONA, *The Garden*..., p. 400.

33．G. DURAND, *Rationale divinorum officiorum,* Rome, 1473, I, p. 12. これはM. LEVI D'ANCONAによって与えられた情報であるが、私は確認することができなかった。

34．J. A. AGRICOLA, *Medicinae herbariae libri duo*..., Bâle, 1539, p. 86 ; M. LEVI D'ANCONA, *The Garden*..., p. 125.

35．AUGUSTIN, « Sermo cxciv de Annunciatione dominica », *PL*, t. 39, c. 2105.

36．BÈDE LE VÉNÉRABLE, « In cantica canticorum... expositio », *PL*, t. 91, c. 1102 ; M. LEVI D'ANCONA, *The Garden*..., p. 125.

13. J. Amat, *songes et visions*…, pp. 124, 125.

14. Éphrem, *Hymnes sur le paradis*, Paris, Le Cerf, « Sources chrétiennes », 1968, 随所にあるがとりわけ pp. 10, 122-125, 145.

15. F. Tristan, *Les Premières images*…, pp. 110, 111.

16. J. Wilpert, *Le Pitture delle catacombe romane*, Rome, 1903, 図版6, n. 2 および図版7, n. 3 ; F. Tristan, *Les Premières images*…, p. 105.

17. *Ibid.*, p. 118に掲載。

18. *Histoires des saints et de la sainteté*, Paris, Hachette, 1987, t. 2, p. 216に掲載。

19. この碑文は *Dictionnaire d'archéologique chrétienne*…, t. 13, c. 1599-1600に掲載されている。私は『地上の楽園』54, 55頁にこれを引用した。

20. *Liturgie de saint Clément* dans *Ptrologie grecque* (*PG*), t. 12, c. 613.

21. Augustin, « Ennarat. In Ps. xxxvi", n. 10, *PL*, t. 36, c. 361および *De Genesi ad litteram*, l. 12, chap. 25, *PL*, t. 34, c. 483.

22. この問題についての聖バシレイオスの説教に関する情報は次にある。*DTC*, t. 2, art. "Ciel", c. 2487-2488.

23. Pseudo-Cyprien, "De Laude martyrii", *Corpus scriptorium eccleasiaticorum latinorum*, 3, 3, 43-44. これはとりわけ次に引かれている。R. Grimm, *Paradisus coelestis, Paradisus terrestris*, Munich, Fink, 1977, p. 46.

24. Cyprien, *Correspondance*, Paris, Budé, 1962, 2 vol, ここでは I, pp. 93, 94.

25. Ambroise, « De bono mortis », *Opera omnia*, Migne 版, Paris, 1882, I, c. 591-592.

26. Aphraatès, « Dem. XXII, De morte et novissimis temporibus », 12. これは Graffin, *Patrologia syriaca*, Paris, 1894, I, pp. 1014, 1015にある。

27. Prudence, *Hamartigenia*, *PL*, t. 59, c. 1070.

28. « Acta Sebastiani », 4, 13, *PL*, t. 17, c. 1927. J. Amat の翻訳による *Songes et visions*…, p. 400. さまざまな « Passions » については *Histoire des saints et de la sainteté* の第 2 巻 pp. 250-225を参照。

29. « Acta Felicis, Fortunati et Achillei », Acta sanctorum, 23 avril, p. 98 ; J. Amat, *Songes et visions*…, p. 399.

30. 次を参照。H. Toubert, *Un art dirigé*, Paris, Le Cerf, 1990, p. 239以下.

31. 本書第二章註25にあげられている Christen 版, pp. I-II に引かれている。

32. 本書88-95頁を参照。

33. G. M. Dreves, *Analecta hymnica Medii Avevi*, Leipzig, 1854-1909; t. 46, p. 229.

34. C. McDannell et B. Lang, *Heaven*…, pp. 115, 116.

35. *Ibid.*, pp. 116-118にある記述に従っている。

36. *Ibid.*, pp. 134, 135.

37. Erasme, *Colloques*, Paris, Imprimerie nationale, 1992, I, pp. 194, 195.

38. C. McDannell et B. Lang, *Heaven*…, pp. 119-121.

39. *Ibid.*, pp. 140, 141.

第九章

1. C. McDannell et B. Lang, *Heaven*…, pp. 122,123.

2. これは C. McDannell et B. Lang, *Heaven*…, pp. 122-140および *Revue de l'histoire des religions*, t. 213, fasc. 2, avril-juin 1996, pp.192-212 所収の B. Lang, « Les délices du ciel dans la pensée de la Renaissance » にある主張である。

3. 本書42-43頁を参照。

4. Julien de Tolède, « Liber prognosticorum futuri saeculi », *Opera*, Tournai, Brépols, 1976, p. 100.

5. Pierre Damien, « Hymnus de gloria paradisi », *PL*, t. 145. c. 861.

6. Y. Lefevre, *L'Elucidarium*…, pp. 186, 464.

れは本章註４にあげた次に所収。*La Dimora di Dio con gli uomini*, pp. 77-118.

37．F. Van der Meer, *L'Apocalypse dans l'art*, p. 134.

38．次を参照。*L'Esprit de Cluny,* La Pierre-qui-vire, « Zodiaque », 1963 ; H. J. Conant, *Cluny, les églises et la maison du chef d'ordre*, Mâcon, Protat, 1969.

39．ロヒール・ファン・デル・ウェイデンの「七つの秘蹟」の祭壇画に関するこの短い注釈はR. Recht, *Le Croire et le voir*, Paris, Gallimard, 1999の刊行前に書かれたが、内容は一致している。

40．BNF, Lat. 8850, prologue, f° 1, v°.

41．Bibliothèque ducale de Wolfenbüttel, code. Guelf. Gud. Lat. 2, f° 14, v°. これはF. Van der Meer, *L'Apocalypse dans l'art*, p. 128に掲載されている。

42．C. McDannell et B. Lang, *Heaven. A History*, p. 75, 図版４.

43．*Ibid*., p. 74.

44．H. Spitzmuller, *Poésie italienne du Moyen Âge*, Paris, Desclée de Brouwer, 1975, pp. 712, 713の仏訳。

45．*Ibid*., pp. 74-77, *Acta sanctorum*, Paris, 1866, t. 7, mai, p. 168.

46．« La tenture de l'Apocalypse d'Angers », *Cahiers de l'inventaire*, n° 4, ministère de la Culture, Nantes, 1987, pp. 272-275.

47．次を参照。F. Van der Meer, *L'Apocalypse dans l'art*, pp. 228, 229.

48．E. Pognon, *Les Très Riches Heures du duc de Berry*, s. d. musée Condé, Chantilly (f° 17, v° du manuscrit).

49．現在はベルリンにある。またC. McDannell et B. Lang, *Heaven*…, p. 141に掲載されている。

50．次を参照。H. Bauer, *Kunst und Utopie*, Berlin, 1965, pp. 1, 2.

51．Paris, Bibl. Sainte-Geneviève, ms. Lat. 218.

52．次を参照。*La Dimora di Dio con gli uomini*, pp. 111-113所収のM. Rossi et A. Rovetta, « Indagine sullo spazio…».

53．*Ibid*., pp. 126, 127所収のA. Colli, « La Tradizione… » を参照。

54．L. B. Philip, *The Gient Altrapiece*…, p. 195.

第八章

１．H. Spitzmuller, *Poésie italienne du Moyen Âge*, pp. 714, 715の仏訳。

２．*Écrits intertestamentaires*, p. 483に基づいてF. Tristan, *Les Premierès Images chrétiennes*, Paris, Fayard, 1966, p. 109に引かれている。

３．*Eranos Jachbuch* 所収J. Danielou, « Terre et paradis… », 1953, XXII, p. 448 ;『地上の楽園』56頁。

４．『地上の楽園』13-41頁。

５．N. Gauthier, « Les images de l'au-delà durant l'Antiquité chrétienne ». これは *Revue des études augustiniennes*, 33, 1987, p. 7 にある。

６．『地上の楽園』51-63頁。

７．Isidore de Séville, *PL*, t. 83, c. 75, 950.

８．Y. Lefèvre, *L'Elucidarium et les Lucidaires*, Paris, De Boccard, 1954, pp. 165, 444.

９．Thomas d'Aquin, *Somme théologique*, 本書第二章註34にあげられている版, Ia, quest. 102, art. 2, p. 280.

10．*Évêques, saints et cités en Italie et en Gaule. Études d'archéologie et d'histoire*, École française de Rome, 12998, pp. 159-186所収のJ.-C. Picard, « Les origines du mot paradisus — parvis » を参照。

11．C. Kappler, *Apocalypse*…, p. 258.

12．*Dictionnaire d'archéologique chrétienne*, art. « Paradis », t. 13, c. 1583-1584の仏訳. *Passio sanctarum Perpetuae et Felicitatis* の完全版はC. Van Beek, Nimègue, 1936にある。すでに『地上の楽園』49, 50頁に引いたこの短い抜粋をここに再録することが必要だと私は考えた。

6．この主題については次を参照。É. LAMIRANDE, « Le thème de la Jérusalem céleste chez saint Ambroise », *Revue des études augustiniennes*, n° 23, 1983, pp. 209-232. 原典は *Œuvres* d'Ambroise, Paris Le Cerf, « Sources chrétinnes », 1971にある。

7．私はこれらの文献をすでに『地上の楽園』58頁で引用した。それらの文献およびそれに合致する他の文献は I. DE VUIPPENS, *Le Paradis terrestre au troisème ciel*, Paris-Fribourg, 1925, pp. 26-28にある。また次を参照。*Dictionnaire d'archéologie chrétienne*..., art. « Paradis », t. c. 1582-1583, *DTC*, art. « Ciel », t. 2, c. 2500-2503および J. NTEDIKA, *L'Evolution de l'au-delà dans la prière pour les morts*, Louvain, Nauwelaerts, 1971, p. 227以下.

8．H. SPITZMULLER, *Anthologie de la poésie latine médiévale*, p. 375.

9．*PL*, t. 145, c. 915-916.

10．OTTON DE FREISING, *Chronicon*, Hanovre, 1867, I, pp. 413-415. また次を参照。C. MCDANNELL et B. LANG, *Heaven. A History*, p.108.

11．HONORIUS D'AUTUN, *Elucidarium*, *PL*, t. 172, c. 1157.

12．*Imitation*..., III, chap. 48, 前章註13にあげられている版 (1891), p. 213.

13．H. SPITZMULLER, *Anthologie*..., pp.1205-1207.

14．JEAN DE FECAMP, *La Confession théologique*, Paris, Le Cerf, « Sources chrétiennes », 1992, pp. 171, 172.

15．J. LECLERCQ, « Une élévation sur les gloires de Jérusalem » は *Recherches de science religieuse*, t. 50, 1951-1952, pp. 326-334にある。

16．H. SPITZMULLER, *Anthologie*..., p. 599.

17．G. M. DREVES, *Analecta hymnica Medii Aevi*, t. 46, pp. 229, 230の « De Paradiso ».

18．« De Caelesti Ierusalem », *Ibid.*, p. 232.

19．H. SUSO, *Œuvres complètes*, 本書第二章註31にあげられている版, pp. 326-334.

20．L. VALLA, *Il Piacere (De voluptate)*, Naples, Pironti, 1948, pp. 304, 305.

21．本書92-94頁を参照。

22．これらすべての幻視の文献は本書第六章の記述および C. CARROZI の著作 *Le voyage de l'âme*... を参照。

23．J. DE VORAGINE, *La légende dorée*, II, pp. 412, 413.

24．『聖ペルペトゥアとその侍女聖フェリキタスの受難』についての完全な文献は C. Van Beek によって校訂された *Passio sanctarum Perpetuae et Felicitatis*, Nimègue, 1936である。

25．次を参照。J. AMAT, *Songes et visions*..., p. 397.

26．GRÉGOIRE DE TOURS, *Histoire des Francs*, t. 2, p. 77.

27．本書90頁および次を参照。C. CARROZI, *Le voyage de l'âme*..., pp. 310-316.

28．*Ibid.*, p. 613.

29．*Ibid.*, pp. 628-633.

30．*Les Révélations célestes et divines de sainte Brigitte*, 本書第六章註18にあげた版 (1624), pp. 286, 289, 713, 841.

31．C. MCDANNELL et B. LANG, *Heaven. A History*, pp. 116, 117, 図版13参照。

32．*Ibid.*, pp. 119, 120, 図版14.

33．ORIGÈNE, *In Joannem*, XIII, 84, Paris, Le Cerf, « Sources chrétiennes », 1975, pp. 74-76. 私はここですでにあげた E. LAMIRANDE, « Le thème de la Jérusalem céleste...», pp. 215,216に従っている。

34．EUSÈBE DE CÉSARÉE, *Histoire écclésiastique*, Paris, Le Cerf, « Sources chrétiennes », 1993, t. 55, 10, 4, p. 69.

35．AMBROISE, *Expositio evangelii secundum Lucam*, II, 88-89, Paris, Le Cerf, « Sources chrétiennes », 1971, pp. 113, 114.

36．天のエルサレムの先取りとしての教会に関する論述すべてについて、私は次の論文に従っている。M. ROSSI et A. ROVETTA, « Indagine sullo spazio ecclesiale immagine della Gerusalemme celeste »。こ

9. Pseudo-Bonavennturae, *De perfectu religiosorum*, とりわけ VII, éd. A. C. Peltier, *S. Bonaventura Opera omnia*, Paris, t. 12, pp. 327-442.

10. P. Renucci, *Dante*, pp. 128, 129.

11. É. Mâle, *L'Art religieux du XIIIe siècle*, Paris, A. Colin, 1932, p. 389.

12. Guillaume de Digulleville, *Pèlerinage de l'âme*, 1504年版, Lyon, s. p., chap. 1.

13. *Imitation de Jésus-Christ*, M. Bouchet の仏訳, Lyon, 1891, pp. 211, 212.

14. Mechitilde de Magdebourg, *La lumière et la divinité, les révélations de la sœur Mechtilde*, Paris, 1878, pp. 93, 95, 97, 101.

15. Angèle de Foligno, *Le livre de la Bienheureuse Angèle de Foligno*, éd. Doncoeur, Paris-Toulouse, 1925, pp. 77, 89, 171.

16. H. Suso, *Œuvres complètes*, pp. 354-356.

17. J. Bruchman (Brugman), *Vie de la bienheureuse Lidwine, vierge*, Besançon, 1841, pp. 76-79, 仏訳。この作品を教えてくれ仏訳を提供してくれたエルヴェ・マルタンに感謝する。

18. Brigitte de Suède, *les Révélations célestes et divines*, Paris, 1624, pp. 852, 853.

19. A. Vauchez 監修, *Histoires des saints et de la sainteté*, t. 7, Paris, Hachette, 1986, pp. 86, 87 ; The Pierpont Morgan Library, ms. 498, f° 4, v°.

20. Ruysbroeck, *Œuvres*, Vermont, Bruxelles, 1935, t. 2 : *Les Royaumes des enfants de Dieu*, pp. 76, 77, 191, 195.

21. Gerson, *De probatione spirituum*, t. 9, p. 177 ; *De distinctione verarum visionum a galsis*, t. 3, p. 36, éd. Glorieux.

22. S. Barnay, *Les Apparitions de la Vierge*, p. 73.

23. J. Le Goff, *Saint Louis*, Paris, Gallimard, 1996, pp. 469, 470.

24. J. de Voragine, *La légende dorée*, Paris, Flammarion, 1993, 2 vol. ; t. 2, pp. 321, 322.

25. *Ibid.*, これは H. Neveux, « Les lendemains de la mort dans les croyances occidentales (vers 1250-vers 1300) », *Annales ESC*, février-mars 1979, pp. 256, 257に引かれている。

26. A. Gourevitch, *La Culture populaire au Moyen Âge*, Paris, Aubier, 1992, p. 195.

27. C. Erickson, *The Medieval Vision, Essays in History and Perception*, NewYork-Oxford, 1976, pp. 30, 46, 88, 215.

28. A. Gourevitch, *La Culture...*, pp. 200, 224, 243-266.

29. P. A. Sigal, « L'homme et le miracle », *La France médiévale*, Paris Le Cerf, 1985, pp. 138-147.

30. J.-C. Schmitt et col., *Prêcher d'exemples*, Paris, Stock, 1985, pp. 32-34から引かれている。

31. このエピソードはすでに『恐怖心の歴史』で引用した。このエピソードを教えてくれたR・ミュシャンブレに感謝する。BM de Lille, ms. 795, f° 599 (n° 452 du *Catalogue des manuscrits de la bibliothèque municipale de Lille*, Paris, 1897, pp. 307-310).

32. この主題については J. Le Goff, *La Naissance du purgatoire* を参照。

33. L. Fevbre, *Le Problème de l'incroyance au XVIe siècle. La religion de Rabelais*, Paris, Albin Michel, 1947年版, pp. 476-478.

第七章

1. A. Dupont-Sommer et M. Philonenko 監修, *La Bible. Écrits intertetamentaires*, pp. 1482, 1483.

2. F. Amiot, *Évangiles apocryphes*, Paris, Fayard, 1952, pp. 308-312の翻訳を用いた。

3. 次を参照。M.-T. Gousset, « La représentation de la Jérusalem célestene », *Revue archéologique*, XXIII, 1974, pp. 47-60.

4. A. Colli, « La tradizione figurativa della Gerusalemme celeste ». この論文は *La Dimora di Dio con gli uomini*, Université Catholique de Milan, 1983, p. 121所収。私は以下の頁できわめて書誌が優れているこの論文を大いに活用した。

5. Origène, *Traité des principes*, Paris, Le Cerf, « Sources chrétiennes », 1971, pp. 397-399.

14. バロントゥスの幻視はE. Kruschにより校訂され*Monumenta germaniae Historica (Scriptores rerum merovingicarum)*, V, c. 377-394に所収。また次を参照。*Dictionnaire d'histoire et de géographie ecclésiastique*, VI, c. 882-885並びにC. Carrozi, *Le voyage de l'âme*..., pp. 139-180.

15. *Monumenta Germaniae Historica*, « Epistolae selectae », I, Berlin, 1916, pp. 11, 12所収のBoniface, *Lettres*, éd. M. Tangl ; C. Carrozi, *Le voyage de l'âme*..., p. 194以下.

16. Bède le Vénérable, *Historia esslesiastica*, éd. Colgrave, Oxford, 1969, pp. 496, 497; C. Carrozi, *Le voyage de l'âme*..., p. 244.

17. Aethewulf, *De abbatibus*, éd. A. Campbell, Oxford, 1967, pp. 54-63; C. Carrozi, *Le voyage de l'âme*..., p. 306以下.

18. C. Carrozi, *Le voyage de l'âme*..., pp. 324-346. Carrociは以下のふたつの版を用いている。E.Dimmer, *Monumenta Germaniae Historica*, *PLM*, II, pp. 267-275, 301-333およびD. A. Trail, *Walafrid Strabo' Visio Wettini (Latenishe Sprache und Litteratur des Mittelalters*, 2), Berne/Francofort, 1974.

19. オームの幻視はAnalecta Bollandiana, 75, 1957, pp. 72-82所収のH. Farmer, *The Vision of Orm*による版 ; C. Carrozi, *Le voyage de l'âme*..., pp. 431-436.

20. グンゼルムの幻視についてはとくに*PL*, t. 212, c. 1060-1065および*Petrus venerabilis*, Rome, 1956, pp. 92-113所収のG. Constable, *The Vision of a Cistercian Novice*の版を参照のこと ; C. Carrozi, *Le voyage de l'âme*..., pp. 475以下.

21. アルベリクスの幻視の刊本はMauro Inguanezwgner, *Miscellanea Cassinese*, IX, 1932である。また次を参照。J. Le Goff, *La Naissance du purgatoire*, Paris, Gallimard, 1981, pp. 251-256およびC. Carrozi, *Le voyage de l'âme*..., pp. 589-597.

22. C. Carrozi, *Le voyage de l'âme*..., p. 518.

23. E. Warnkeによる校訂版*Das Buch vom Expurgatoire s. Patrice*...; C. Carrozi, *Le voyage de l'âme*..., p. 604以下.

24. *Visio Tnugdali*, A. Wagner, Erlangen, 1882, ここではpp. 41-55 ; C. Carrozi, *Le voyage de l'âme*..., pp. 597-601.

25. C. Carrozi, *Le voyage de l'âme*..., p. 623.

26. *Visio Thurkilli relatore, ut videtur, Radulpho de Coggeshall*, éd. P. G. Schmidt, Leipzig, Teubner, 1978. また次を参照。C. Carrozi, *Le voyage de l'âme*..., とりわけpp. 623-634およびJ. Le Goff, *La Naissance du purgatoire*, pp. 397-399, 500, 501.

第六章

1. *Visio s. Elissabethae*, 1628, pp. 176, 196. また次を参照。*Archiv für mittelrheinische Kirchengeschite*, 4, 1952, pp. 79-119所収のK.Koster, « Das visionäre Werk Elisabeths von Schönhau ».

2. *Seul avec Dieu*, Paris, Gallimard, 1996, p. 49のJ.-P. Jossuaによる翻訳。ギベール・ド・ガンブルー〔1124-1213、ベルギーの修道院長〕への書簡。

3. *Ibid.*, id : *Scivias*, 1re vision.

4. Hildegarde de Bingen, *Scivias*, éd. A. Führkötter, Turnholt, Brepols, 1978, I, p. 175 (5e version).

5. Guibert de Nogent, *De prignoribus sanctorum*, *PL*, t. 156, c. 670-671.

6. Abélard, *Dialogue entre un philosophe, un juif et un chrétien*, dans M. de Gandilacc, *Œuvres choisies d'Abélard*, Paris, 1945, pp. 315, 316 ; *PL*, t. 178, c. 1672 ; C. Carrozi, *Le voyage de l'âme*..., pp. 542-544.

7. Honorius d'Autun, *Scala coeli major*, dans *PL*, t. 172, c. 1236 ; C. Carrozi, *Le voyage de l'âme*..., pp. 544-549.

8. David d'Augusbourg, *De exterioris et interioris hominis compositione*, ここはIII : « De septeme », c. 970-980 ; S. Barnay, *Les apparitions de la Vierge*, Paris, Le Cerf, 1992, pp. 69, 70 ; *Le Ciel sur la terre*, Paris 1999, p. 152.

22. 次を参照。P. Courcelle, « La postérité chrétienne du *Song de Scipion* », dans *Revue des études latines*, 36, 1958, pp. 205-234.

23. J. Le Goff, *Pour un autre Moyen Âge*, p. 303.

24. Terutullien, *De anima*, IX, 4, éd. Wasjink, CCLII, pp. 792, 793. これは C. Carrozi, *Le voyage de l'âme dans l'au-delà d'après la littérature latine (Ve-XIIe siècle)*, École française de Rome, De Broccard, Paris, 1994, p. 26に引かれている。

25. J. Amat, *Songes et visions…*, p. 115を参照。

26. Macrobe, *Œuvres complètes*, Paris, éd. Nisard, 1875, pp. 13-15.

27. Augustin, *De Genesi ad litteram*, chap. 12. また次を参照。C. Erickson, *The Medieval Vision. Essays in perception*, Oxford, Oxford University Press, 1976, pp. 36, 37.

28. C. Carrozi, *Le voyage de l'âme…*, p. 33.

29. Augustin, *Confession*, P. de Labriolle の仏訳、Paris, Les Belles Lettres, 1961, pp. 228, 229.

30. Augustin, *De cura gerenda pro mortuis*, XII, 32, 60 : « Bibliothèque augustinienne », 49, pp. 500, 501. これは C.Carrozi, *Le voyage de l'âme…*, pp. 540, 581に引かれている。

31. Honorius d'Autun, « Scala coeli major », dans *PL*. t. 172, c. 1232. これは C. Carrozi, *Le voyage de l'âme…*, pp. 546, 547に引かれている。

32. Lactance, *Opif. Dei*, 18. 次を参照。J. Amat, *Songes et visions…*, pp. 201, 206.

33. J. Amat, *Songes et visions…*, pp. 222, 223 ; Prudence, *Cathemerinon*, *PL*, t. 59, c. 831-832.

34. Prudence, *Hamartigenia*, *PL*, t. 59, c. 1074.

35. *Ibid*., c. 912, 920. J. Amat, *Songes et visions…*, p. 222, 223.

36. *Deux Mille Ans de christianisme,* t. 2, Paris, 1975, M. Evdokimov, M.-L. Thérel et C. Walter の論文, pp. 48-53.

37. S. Barnay, *Les Apparitions de la Vierge*, Paris, Le Cerf, 1992, pp. 46-53. また次を参照。S. Barnay, *Le Ciel sur la terre. Les apparitions de la Vierge au Moyen Âge*, Paris, Le Cerf, 1999.

第五章

1. C. Carrozi, *Le voyage de l'âme…*, p. 43.「魂の旅」に関するすべてについて私はこの基本的著作に従っている。

2. *Ibid*., p. 44 ; 全般的には pp. 43-61. 聖大グレゴリウスの『対話』第四の書は Cerf 社の « Sources chrétiennes » 叢書265巻として刊行された。

3. *Ibid*., p. 187. *Dialogues,* IV, 43, 2, 本章註２にあげられている版, pp. 154, 155.

4. *Ibid*., pp. 500-506 ; J. Le. Goff, *La Naissance du purgatoire*, pp. 266-273.

5. C. Carrozi による翻訳 *Le voyage de l'âme…*, pp. 530, 531は K. Warnke による *Tractus*, *Das Buch vom Espurgatoire s. Patrice der Marie de France un seine Quelle* (Bibliotheca Normannica, IX), Halle, 1882, prologue, 3-13に基づく。

6. Grégoire de Tours, *Histoire des Francs*, Noël の仏訳 Paris, Les Belles Lettres, 1963, t. 2, p. 77.

7. 『地上の楽園』第二章全体（42-63頁）を参照。

8. C. Carrozi, *Le voyage de l'âme…*, p. 72を参照。

9. P. Lauer, *Les Annales de Flodoard, chroniqueur du Xe siècle,* Paris, 1906, p. 175.

10. 『地上の楽園』149, 150頁。また次を参照。*The Anglo-Norman Voyage of st Brandan*, éd. E. G. R. Waters, Oxford, 1928.

11. J. N. Garvin 校訂のテキストと翻訳 *The Vita sanctorum Patrum Emeretensium,* Washington, 1946, pp. 138-147. また次も参照。C. Carrozi, *Le voyage de l'âme…*, pp. 69, 70.

12. M. C. Diaz による校訂版 *Visiones del Mas alla en Galicia durante la Alta Edad Media*, Saint-Jacques-de-Compostelle, 1985, pp. 33-61 ; C. Carrozi, *Le voyage de l'âme…*, pp. 75, 76.

13. ファーシーの幻視のテキストは以下に掲載されている。C. Carrozi, *Le voyage de l'âme…*, pp. 679-692.

Système du monde, III, pp. 515-517を参照。

37. Albert le Grand, « Summa de creaturis », dans *Opera omnia*, éd. Boignet, 1895, t. 34, pp. 415-419. また Honorius d'Autun, « De Imagine mundi », dans *PL*, t. 172, c. 146も参照。

38. 本書第十二章を参照。

39. Pierpont Morgan Library, New York, ms. 498, f° 4, v°.

40. J. Peckham, *Perspectivae communis lobri tres*, Coogne, 1580, f°s 2-3. これは P. Duhem, *Le Système du monde*, III, pp. 515に引かれている。

41. P. Renucci, *Dante*, p. 128.

42. C. McDannell et B. LANG, *Heaven. A History*, pp. 85, 86.

43. Ruysbroeck, « Le Royaume des enfants de Dieu », *Œuvres*, II, pp. 74-76.

44. H. Suso, *Œuvres complètes*, 前章註31にあげられている版 (« Livre de la Sagesse éternelle »), p. 354.

第四章

1. M.-D. Chenu, *La Théologie au XIIe siècle*, Paris, Vrin, 1957, pp. 66, 67の言い回し。J. Le Goff, *Pour un autre Moyen Âge,* Paris, Gallimard, 1977, p. 53に再録。

2. B. McGinn, *Visions of the End. Apocalyptic Traditions in the Middle Ages*, New York, Columbia University Press, 1979, p.16.これは仏訳の J. Pelikan, *L'Émergence de la foi catholique*, Paris, PUF, 1994, p. 132にあたる部分を引いている。

3. 私はこのテーマについて、とりわけ *La Peur en Occident*（『恐怖心の歴史』), Paris, Fayard, 1978, pp. 197-231（邦訳1997, 367-433頁), Pluriel, 1979, pp.259-302および『楽園の歴史』第Ⅰ巻『地上の楽園』、第Ⅱ巻『千年の幸福』において何度も強調した。

4. N. Gautier, « Les images de l'au-delà durant l'Antiquité chrétienne », dans *Revue des études augustiniennes*, 33, 1987, p. 15.

5. *La Bible. Écrits intertestamentaires*, éd. A. Dupont-Sommer et M. Philonenko, Paris, Gallimard, 1987, pp. 508, 509.また次を参照。C. Kappler 監修, *Apocalypse et voyages dans l'au-delà,* Paris, Le Cerf, 1987, pp. 210- 216.

6. *La Bible. Écrits intertestamentaires*, p. 1454.

7. *Ibid.*, pp. 1426-1428. *Quatrième Livre d'Esdras*. また次を参照。J. Le Goff, *La Naissance du Purgatoire*, pp. 52, 53を参照。

8. F. Amiot, *La Bible apocryphe. Évangiles apocryphes*, Paris, Fayard, 1952, pp. 292, 293 ; M. R. James, *The Apocryphal New Testament*, Oxford, Clarendon, 1950, pp. 518-520.

9. C. Kappler, *Apocalypse...*, p. 238.

10. この論述の明確さのために『地上の楽園』48頁（以下邦訳頁）にある説明を再度引いた。

11. C. Kappler, *Apocalypse...*, p. 243.

12. *Ibid.*, pp. 258, 259.

13. *Ibid.*, pp. 257, 258.

14. Hermas, *Pasteur*, Paris, Le Cerf, « *Sources chrétiennes* », 1958, p. 77.

15. *Ibid.*, p. 319.

16. J. Amat, *Songes et visions. L'au-delà dans la littérature latine tardive*, Études augustiniennes, 1985, p. 61.

17. *Dictionnaire d'archéologie chrétienne*, t. 13, Paris 1938, c. 1583-1884にある文章の翻訳である。

18. *Ibid.*, c. 1584-1586.

19. J. Amat, *Songes et visions...,* p. 135.

20. *Le Songe de Scipion* は le livre VI de la *République* に挿入されている。使用した版は E. Breguet, *Cicéron, la République*, t. 2, l. II à VI, Paris, Les Belles Lettres, 1980, pp. 104, 108-110.

21. Cicéron, *De divinatione*, Paris, Les Belles Lettres, 1992, p. 45.

juives et chrétiennes de l'espace, Paris, Vrin, 1988, p. 20以下.

4. Augustin, « De Genesi ad litteram », dans *PL*, t. 34, c. 270-271.

5. 本書79-80頁を参照。

6. Pseudo-Denys, *La Hiérarchie céleste*, dans *Œuvres complètes*, 前章註18にあげられている版, pp. 211-235.

7. Thomas d'Aquin, *Somme théologique*, Ia, quest. 66, art. 3, 前章註34にあげられている版, p. 63.

8. C. Heck, *L'Échelle céleste dans l'art du Moyen Âge*, Paris, Flammarion, 1997, p. 36.

9. A. Grabar, « L'iconographie du ciel dans l'art chrétien de l'Antiquité et du haut Moyen Âge », dans *Cahiers archéologiques*, n° 29, CNRS, Paris, 1981, pp. 5-10.

10. *Ibid.*, p. 10.

11. A. Grabar, *Les voies de la création en iconographie chrétienne*, Paris, Flammarion, 1994, p. 27.

12. 前者は*Bible de Vivien*, 1re moitié du IXe siècle (BNF), 後者は*Codex Liuthar*, Trésor de la cathédrale d'Aix-la-Chapelle.

13. A. Grabar, « L'iconographie du ciel... », p. 15.

14. T. Litt, *Les Corps célestes dans l'univers de saint Thomas d'Aquin*, Louvain, Nauvelaerets, 1963, p. 261.

15. Basile de Césarée, *Homélies sur l'hexameron*, Paris, Le Cerf, « Sources chrétiennes », 1968, pp. 121, 197-203.

16. *Ibid.*, p. 121.

17. Bede le Vénérable, « Hexameron », *PL*, t.91, c. 13-14. 私はここおよびこれ以下の引用では T. Litt, *Les Corps célestes...*, p. 258以下でまとめられた文献を用いる。

18. W. Strabon, « Glossa ordinaria », dans *PL*, t. 113, c. 74.

19. Alcuin, « Interrogationes et responsiones in Genesim », dans *PL*, t. 100, c. 519.

20. Pseudo-Isidore, « Anacleti epistola », dans *PL*, t. 130, c. 74.

21. 「アンピレ empyrée」〔至高天〕という語の初出を11世紀の聖アンセルムスのものとした M. Lachiéze-Rey et J. P. Luminet, *Figure du ciel*, Paris, Le Seuil/BNF, 1998の主張をわれわれの説明は修正する。

22. A. Vauchez 監修, *Dictionnaire encyclopédique du Moyen Âge*, 2. Vol. Paris, Le Cerf, 1997 : I, p. 445.

23. Hugues de Saint-Victor, « Summa sententiarum », dans *PL*, t. 176, c. 81.

24. Pierre Lombard, « Sentences », II, dist. 2, dans *PL*, t. 192, c. 656.

25. Thomas d'Aquin, *Somme théologique*, Ia, quest. 102, 2, ad. 1, pp. 275-281および Supplément, 69, 1, p. 10.

26. Bonaventure, IIe *livre des sentences*, dist. 2, quest. 1, et art. 3, quest. 3.

27. Albert le Grand, *Opera omnia (Somme théol.)*, Boignet 版, Paris, Vivès, 1894, t. 31, p. 757.

28. Thomas d'Aquin, *Somme théologique*, Ia, quest. 66, art. 3, 本章註25にあげられている版, p. 63.

29. Alain de Lille, « Anticlaudianus », dans *PL*, t. 210, c. 536, 537.

30. Thomas d'Aquin, *Somme théologique*, Ia, quest. 66, art. 3, 本章註28に同じ, p. 63.

31. Jacopone da Todi, *Les Laudi*, 仏訳は L. Portier, p. 365.

32. P. Duhem, *Le Système du monde*, Paris, Hermann, 1958年改訂版 III, pp. 216-223.

33. *Livre de l'échelle de Mahomet* の西欧における影響については C. Heck の著作 pp. 98-100の書誌を参照。

34. *Ibid.*, p. 239.

35. M. Scot, *Super auctore sphaerae*, Venise, 1518, f° 108. マイケル・スコットについては P. Duhem, *Le Système du monde*, III, pp. 241-248を参照。

36. C. Heck, *L'Échelle céleste...*, pp. 104, 105, 図版33. ジョン・ペッカムについては P. Duhem, *Le*

Paris, BNF, Flammarion, 1993, p. 51 ; Bibliothèque Sainte-Geneviève, Paris, ms. 246, f° 406.

12. 本書223頁以下を参照。

13. 次を参照。M. Meiss, *La Peinture à Florence et à Sienne après la Peste noire*, 仏訳版, Paris, Hazan, 1994, pp. 150-155.

14. C. McDannell et B. Lang, *Heaven. A History*, Yale, Yale University Press, 1988, pp. 59-68.

15. Augustin, *La Cité de Dieu*, XXII, p. 707.

16. *Ibid.*, p. 641.

17. *Ibid.*

18. とりわけ次を参照。Pseudo-Denys l'Alréopagite, *Œuvres complètes*, M. de Gandillac による翻訳・序文・注釈, Paris, Aubier, 1943 ; H. Spitwmulier, *Poésie latine chrétienne du Moyen Âge,* Paris, Desclée de Brouwer, 1971 ; ここでは pp. 1705-1707.

19. *Vocabulaire de théologie biblique*, Paris, Le Cerf, 1971, p. 58.

20. Pseudo-Denys, 本章註18にあげた版, p. 205.

21. *Ibid.*, pp. 209, 210.

22. 次を参照。*Dictionnaire de théologie catholique (DTC)*, art. « Anges », c.1209-1210.

23. H. Spitwmulier, *Poésie latine*..., p. 1706.

24. この部分は次註に引いた作品の１頁にある。

25. *Hortus deliciarum*, Strasbourg, Coprur, 1992. A. Christen 監修, ランツベルクのヘラートの12世紀写本の復元版。

26. *Ibid.*, pl. 95.

27. *Seul avec Dieu*, Paris, Gallimard, 1996, p. 55に収録の J.-P. Jossua による翻訳。

28. Hildegarde de Bingen, *Scivias*, éd. A. Fuhrkötter, Tournai, Brepols, 1978, I, pp. 100, 101; II, pp. 615, 616.

29. Jacopone da Todi, *Les Laudi*, Paris, Le Cerf, 1966, L. Portier による翻訳, pp. 14, 336-342.

30. *Pasional Premyslovny Kunhuty*, E. Urbankova, K. Syejskal, Prague, Odéon, 1975, f°s 18a, 22b. この写本を指摘しコピーを提供してくれたエルヴェ・マルタンに深く感謝する。

31. H. Suso, *Œuvres complètes*, présentation, J. Ancelet-Hustacheによる翻訳・注釈, Paris, Le Seuil, 1977, p. 355.

32. 次を参照。A. Renaudet, *Dante humaniste*, Paris, Les Belles Lettres, 1952, とりわけ pp. 167, 540 ; P. Renucci, *Dante*, Paris, Hatier, 1958, pp. 109-136 ; *Enciclopedia dantesca*, Instituo della Enciclopedia italiana, Rome, 1972, p. 284以下.

33. *Les Laudi*, Paris, Le Cerf, 1987, L. Portier による翻訳。

34. Thomas d'Aquin, *Somme théologique*, III, supplément 93, 2, Le Cerf /Desclée de Brouwer, Paris, Tournais, p. 234. この版は1921年に開始された。本書全体で用いられている。

35. 次を参照。R. Mujica Pinilla, *Angeles apocrifos en la America virreinal*, Lima, Mexico, Madrid, Instituo de Estudios Tradicionales, 1992, p. 157.

36. *DTC*, art. « Anges », c.1249から引かれている。また次を参照。J. Kemmel, *Libri symbolici ecclesiae orientalis*, Iena, 1843, pp. 77-83.

37. C. Hallet, « *El Congregante perfecto » del Padre Ignacio Garcia Gomez, S. J., manuscrito chileno, del siglo XVIII*, Santiago, Universitad Catolica de Chile, 1982, p. 202.

第三章

1. 伝統的宇宙形状誌の優れた紹介は次にある。C. S. Lewis, *The Discarded Image*, Cambridge, Cambridge University Press, 1967, pp.92-121.

2. Origène, *Traité des principes*, H. Crouzel et Simonetti による翻訳, Paris, Le Cerf, « Sources chrétiennes », 1978, t. 1, pp. 269-273.

3. 次を参照。A. Dersreumaux et F. Scmidt, *Moïse géographe. Recherches sur les représentations*

5. C. Van Mander, *Le livre des…*, p. 32.
6. E. Panofsky, *Les Primitifs flamands*, pp. 388, 721 (n. 43).
7. 次を参照。A. Chastel, *Le Cardinal Louis d'Aragon…*, p. 59.
8. C. Van Mander, *Le Livre…*, p. 30.
9. C. Van Mander はその本を1604年に出版し、1606年に死去した。
10. *Patrologie latine (PL)*, t. 172, c. 1166.
11. L. Van Puyvelede, *L'Agneau mystique…*, p. 30.
12. J. de Gerson, *A.B.C. des simples gens*, dans *Œuvres*, éd. Glorieux, t. 7, 1966, p. 155.
13. C. Van Mander, Le *Livre…*, p. 31.
14. 次を参照。J. Wirth, *L'image médiévale…*, pp. 287-290.
15. H. Martin, *Les Mentalités médiévales*, Paris, PUF, 1996, p. 89.
16. 次を参照。E. Panofsky, *Les Primitifs flamands*, pp. 330, 657 ; H. Martin, *Les Mentalités médiévales*, p. 88. B. Fazio は1745年にフィレンツェで印刷された *De viris illustribus* にヤン・ファン・エイクの短い伝記を載せている。
17. L. B. Philipp, *The Gent Altarpiece…*, p. 56.
18. L. Van Puyvelede, *L'Agneau mystique…*, p. 39.
19. Guillaume de Lorris et Jean de Meung, *Le Roman de la Rose*, Le Livre de poche, 1992, p. 1167.
20. *Ibid.*, p. 1161.
21. *Ibid.*
22. *Ibid.*
23. *Ibid.*, p. 1183.
24. C. Van Mander, *Le Livre…*, p. 34.
25. L. Van Puyvelede, *L'Agneau mystique…*, p. 26 ; L. B. Philipp, *The Gent Altarpiece…*, pp. 105, 106.
26. H. Martin, *Les Mentalités médiévales*, pp. 282, 283.
27. *Ibid.*, p. 293.
28. *Ibid.*, p. 100.
29. E. Roy, *Études sur le théâtre français au XIVe siècle. Le Jour du Jugement, mystère français sur le Grand Schisme*, publié pour la première fois d'après le ms. 579 de la bibliothèque de Besançon et les *Mystères* de Sainte-Geneviève, Paris, 1902, pp. 113, 114.
30. A.Gréban, *Le Mystère de la Passion*, texte du manuscrit de la bibliothèque d'Arras, reprint Paris, Slatkine, 1976, p. 2.

第二章

1. 私はこの *Histoire du paradis*（『楽園の歴史』）の第Ｉ巻にあたる *Le Jardin des délices*（『地上の楽園』), Paris, Fayard, 1992（邦訳2000）の第一章、第二章の要点をここでまとめている。
2. F. Van der Mer, *L'Apocalypse dans l'art*, p. 31.
3. 次を参照。*Dictionnaire de spiritualité*, art. « Jérusalem céleste », c. 944-958.
4. S. Gruzinski, *L'Aigle et la Sibylle*, Paris, Imprimerie nationale, 1994, pp. 91- 128.
5. Augustin, *La Cité de Dieu*, Paris, Desclée de Brouwer, 1960, t. 37 des *Œuvres de saint Augustin*. ここでは XXII, pp. 615-637.
6. *Ibid.*, p. 689.
7. E. Panofsky, *Les Primitifs flamands*, p. 386.
8. A. de Laborde, *La Cité de Dieu de saint Augustin*, Paris, 1909, 3 vol. ; ここでは t. 2, p. 223.
9. *Ibid.*
10. *Ibid.*
11. 次の著作を参照。F. Avril et N. Reynaud, *Les Manuscrits à peintures en France*, 1440-1520,

原　註

＊ジャン・ドリュモー『地上の楽園』の引用頁は邦訳書のもの。

はじめに

1．説教師たちによる 天国の想起の貧弱さについての一致した判断は以下の著作（刊行順）から引かれている。M. ZINK, *La Prédication en langue romane avant 1300*, Paris, H. Champion, 1974, とくに pp. 463-471 ; H. MARTIN, *Le Métier de prédicateur à la fin du Moyen Âge*, Paris, Le Cerf, 1988, とくに pp. 349, 350 ; N. BERIOU, *L'Avènement des maîtres de la parole. La prédication à Paris*, Institut d'études augustiniennes, 1999, 2 vol. ここでは1, pp.447, 448.

2．J. LE GOFF, *La Naissance du purgatoire*, Paris, Gallimard, 1981, p. 484.

3．本書第二十四章、第二十六章、第三十章を参照。

4．J. DELUMEAU, *Rassurer et protéger*（『安心と加護』), Paris, Fayard, 1989, p. 478を参照。

5．とりわけ F. GARNIER, *Le Langage de l'image au Moyen Âge*, Paris, Le Léopard d'or, 1982-1989, 2 vol. ; J. WIRTH, *L'image médiévale. Naissance et développements (VIe-XVe siècle)*, Paris, Klincksieck, 1989 ; F. DUNAND, J.-M SPIESER et J. WIRTH 監修, *L'image et la production du sacré*, Paris, Klincksieck, 1991 ; J. BASCHET et J.-C. SCHMITT 監修, *Fonctions et usages des images dans l'Occident médiéval*, Paris, Le Léopard d'or, 1996 ; および1981年に刊行され1998年に仏訳された H. BELTING, *Une histoire de l'image avant l'époque de l'art*.

6．J. WIRTH, *L'image médiévale*, p. 233.

7．J. BASCHET et J.-C. SCHMITT 監修, *Fonctions*..., p. 5 (J. BASCHET の論考).

8．J. WIRTH, *L'image médiévale*, pp. 224-226.

9．*Ibid.*, p. 227.

10．J. BASCHET, *Fonctions*..., 上記原註７にある論考の p. 23を参照。

第一章

1．BEATIS, *Journal de voyage*, Paris, 1888, p. 109.

2．次を参照。A. CHASTEL, *Le Cardinal Louis d'Aragon ; un voyageur de la Renaissance*, Paris, Fayard, 1986, P. 59. このテキストには若干の曖昧さがある。「両端にはほとんど自然な大きさのふたつの裸体図、アダムが右にイヴが左にいる〔実際は左右逆〕。これは油絵で描かれ、姿、肉づきそして陰影においてきわめて完全な真実性をもって描かれているために、キリスト教圏で描かれたもっとも美しいパネルだということができる［…］、まるで画家の手から出てきたばかりのようである。このパネルの主題は被昇天である」。訪問者たちの賛嘆の目はまずアダムとイヴの表現に向かい、そして続いて「パネル」全体に移っていくように見える。

3．C. VAN MANDER, *Le livre des peintres*, 仏訳版, 1884, p. 32.

4．ゲントの多翼祭壇画「神秘の子羊」についての文献は大量に上る。とくに E. PANOFSKY, *Early Netherlandish Painting*, Cambridge, Harvard University Press, Mass., 1953. 私は次の仏訳を用いた。*Les Primitifs flamands*, Paris, Hazan, 1992, pp. 325-435; L. VAN PUYVELEDE, *L'Agneau mystique d'Hubert et Jean Van Eyck*, Bruxelles, Elsevier, 1959 ; L. B. PHILIPP, *The Gent Altarpiece and the Art of Jan Van Eyck*, Princeton, Princeton University Press, 1971 ; F. VAN DER MEER, *L'Apocalypse dans l'art*, Anvers, Mercator-Chêne, 1978, pp. 235-257を参照。

訳者あとがき

二〇一五年の十月下旬にベルギー北西部、フランドル地方のゲント（ヘント）を訪れた。本書の通奏低音をなす聖バヴォン大聖堂の多翼祭壇画、通称「神秘の子羊」を直に見ることが旅の目的だった。本書翻訳に向けて本腰を入れて仕事にかからねばならないということを言い訳に、十一年半ぶりにパリに向かった。正直言って十三時間のフライトと八時間の時差は辛い。到着二日目からようやく行動を開始して、パリ八区オスマン大通りのジャクマール・アンドレ美術館を訪れた。パリのブルジョワがどれほど裕福かを知るには見ておくべき建物だと聞いていたが、なるほどその規模と収蔵品の豪華絢爛さには驚いた。なかでもイタリア絵画のコレクションで名高く、ここでウッチェロ（パオロ。一三九六－一四七五、イタリア・ルネッサンス期の画家）の「聖ゲオルギウスとドラゴン」（ゲオルギウスはイギリスの守護聖人。二七〇頃－三〇三頃、ローマ皇帝ディオクレティアヌスの迫害で殉教）にお目にかかれるとは思わなかった（後で調べてみると、われわれがよく見る有名な一点はロンドンのナショナルギャラリーに所蔵されていることがわかった）。またルネッサンス期の聖母子像もいくつもあり、聖母子に光輪がはっきりと描かれているかそれとも微かに線が見える程度か、あるいは多くの天使たちには光輪や翼がついているのかいないのか、ついているならそれがどう表現されているか、目をこらしてみた。とりわけ天使たちの衣服の形状や色、楽器の有無は、あらかじめ本書前半を読んで得ていた知識から気になるところだった。というのもゲントの（多翼）祭壇画に描かれる天使たちには光輪も翼もないという究極の姿で現れているからだ。

　フランス・ベルギー・オランダ・ドイツの四カ国を結ぶ高速列車タリスのチケットをパリの北駅で予約してから、聖バヴォン大聖堂に近いホテルをインターネットで探しゲントに向かった。パリを十一時半過ぎに発った列車はベルギーのブリュッセル南駅に到着し、十三時〇六分の電車に乗り継いだ。快速だったので途中停まることもなく三十分でゲントの駅に到着し、トラムウェイ（市電）でホテルに向かった。実際に着いてみたら大聖堂とは狭い道路を隔てたところにあるホテルで、部屋の窓から大聖堂の側面の壁が目の前に見えてびっくりした。いかにもこの季節のフランドルらしい曇り空の下、大聖堂の正面に回ると、大改修工事の最中で、西口正面は半分以上シートに覆われていた。

　翌朝、大聖堂内部へと向かった。入り口は正面ではなくて北向きの横にあった。祭壇画が置かれているのは西口正面から入った場合すぐ左、祭壇画が大きいせいか空間が狭く感じる。撮影は禁止。やや薄暗い中に一メートルぐらいの高さの黒っぽい壇の上に、開けられた祭壇画があった。高く大きいのは想像していた通りだが、十二面の中に描かれた絵はまだぼんやりとしか見えない。暗さに目が慣れていないせいだろう。両翼は完全に開かれているわけではなく内側に三十度ぐらいの角度を残したままだ。そのため、正面から見ると両翼上部のアダムとイヴは細長く見えるが、二人が向き合っているという印象も生み出している。正面パネルの上段に左から聖母マリア、主、洗礼者ヨハネが描かれていて、それ自体の大きさにも驚く。主の教皇冠と笏、赤に宝石がきらめく豪華な衣服、マリアの王冠と青のマント、洗礼者ヨハネは修道服の上に鮮やかな緑の袖なしマントをはおっている。まさにこれ以上ないと思わせるほどの色彩の競演だ。中央パネルの下段は祭壇画全体の呼称としても知られる「神秘の子羊」である。この絵の中に十五世紀ネーデルラント、フランドルの画家が生み出した奇蹟の世界が広がっている。本書の著者ジャン・ドリュモーが「最後の審判が済んだ後の天国」と表現した世界である。子羊とはイエスであり、その血が人類を救ったからこそ現れた待望の天のエルサレム、すなわち選ばれた者たちが集う天国がここにある。当時の記録はこの祭壇画について、「民衆はそれを大祝祭日にしか見ることができなかった。しかし、そんな日はたいへんな人出で、近づくことも難しく、礼拝堂は一日中一杯であった」と述べている（本書三二頁）。

この祭壇画についてはこれから後、何度も立ち返り細部を見ることになるだろうと考えながら、ゆっくりと大聖堂の中を歩き始めた。するとルーベンス作「修道院に入る聖バヴォン」（十七世紀前半。聖バヴォンは六五三没）の前に至った。ここにはルーベンスだけでなく、ネーデルラントの他の画家たちが描く「聖母被昇天」「キリストの哀悼」もある。後陣に行くと高さ十八メートルもある主祭壇が見える。四本の柱に囲まれた聖バヴォンの彫像が中央に置かれていて、大聖堂のこの守護聖人を天使たちが支え、まさに光の束とともに天に昇らんとしている。これは完全にバロックの時代である（本書第十九章、二十章参照）。

大聖堂を出た後は、修復作業が見学できるゲント市立美術館に向かった。これもトラムウェイでの移動、すぐに着いた。作業現場では修復とともにさまざまな測定装置やX線を用いた分析作業も進んでいるようだった。その後美術館の作品を見るために館内を移動し、フランドルの風景画をゆっくり見てからパリにもどる準備を始めた。

あの旅から三年と七カ月が過ぎようとしている。ゲントの祭壇画あるいは「神秘の子羊」は本書各所で何度も言及されるが、章が進むにつれて対象となる時代は古代、初期キリスト教時代、さらにルネッサンスへと移っていく。その叙述の節目ごとに祭壇画へともどり、閉じた祭壇画と開かれた祭壇画の計二十四枚の区画がドリュモーの探究の証言者として現れる。そうした場面を訳していくと、そのたびにあの町の薄曇りの中の景色が浮かび、私の滞在前後にパリやブリュッセルで起こったテロの記憶も蘇ってくる。

二十数年前に取り組んだ同じ著者による『恐怖心の歴史』の

翻訳の仕事を思い出すと、いろいろな意味でたいへん貴重な経験だったと思う。きわめて広大な時間と空間の中で起こった「恐怖心」をめぐる出来事や事象に圧倒され、それまでに味わったことのない衝撃を覚えた。初めて詳細に語られた出来事に震撼し、そうした事象を解き明かした著者の力量にも圧倒された。その重さが少しずつ胸の中に沈殿していくのを感じ、私の思考が新しい何かを受け取ったという気がした。十四世紀から十八世紀までのヨーロッパで、人々が抱いた、あるいは押しつけられた「恐怖心」の実態。そしてそれがどのような結果を人間世界にもたらし、指導的立場にあった各時代の教会をどのように振舞わせたか。今あらためてその内容を咀嚼し、思考回路の糧にしたいと思っている。

私がドリュモーという碩学と出会ったもっとも古い記憶について少し触れておこう。彼がコレージュ・ド・フランスの「西欧近代における宗教的心性の歴史」講座の教授に就任したのは一九七五年二月だった（その音声データはコレージュ・ド・フランスのサイトで聴くことができる）。七五年の春学期のこと、パリ第三大学の中世文学ゼミで、指導教授が「まだあまり知られていないが、大変優れた歴史家がコレージュ・ド・フランスで講義を始めた。興味のある人は聴きに行くといい」と紹介してくれたのが始まりである。すぐに行ってみることにしたが、まだ大人気というほどではなかったので、教室には空席があり、教授の登壇を待った。すると教室入り口近くにいた初老の男が「教授がお見えになりました」と多分言ったのだろう、颯爽とドリュモーが現れたことを覚えている。その講義で語られたのは、長崎の殉教のことだと今でも思っているが、開講早々そのようなテーマに入ることはありそうにないかもしれない。その年に何度か講義に通ったはずだし、それから十五年後の一九九〇年にも彼の講義を聴講していたから、そのときの話題だったかもしれない。いずれにしても九〇年には立ち見どころか別教室でのテレビ受講となった。今やそれほどの人気を博していたわけだ。九一年に日本にもどってから三年後くらいに本書の共訳者である永見文雄氏とともに『恐怖心の歴史』の翻訳に取りかかった。この大著以後ドリュモーは「恐怖心の歴史家」あるいは「恐怖心の司牧術の歴史家」と呼ばれるようになったわけだが、振り返れば私はそのデビューに立ち会ったことになる。

ぜひ紹介しておきたい一文がある。ドリュモーが『恐怖心の歴史』「日本語版への序文」に寄せた、歴史家としての自己の立場を述べた一節である。ドリュモーは次のように語っていた。「私は自分がキリスト教徒であるということ、ただしキリスト教を引き合いに出す当局と諸国民によってさまざまな時代を通じて犯された過ちに関して明晰な意識を持ったひとりのキリスト教徒であるということを、隠したいとは思いません。いかなる歴史家といえども中立ではありません。けれども歴史家には客観的な立場にとどまる義務があります」（『恐怖心の歴史』一頁）。日本の学問世界でこのような信仰告白をすることはあるだろうか。とりわけ人文社会系の分野において。ドリュモーはキリスト教世界で起こったことを信者としての自分が調べ、解明し、暗部を明らかにすることが自らの責務だと思った、そして歴史家として「客観的な立場で」そうすることを自らの使命としたにちがいない。こうしてドリュモーは、西洋文化が最終的にどのように「恐怖心」を克服したかを明らかにした。キリスト教文化が苦難の末に克ち得た勝利、その試練の歩みを見届けた彼が、キリスト教徒として誇りを覚えたとしても誰が非難できよう。

研究計画と経歴

ドリュモーがその遠大な計画のもとに始めた中世後期から十八世紀（本書に関しては古代から二十世紀）までの宗教的心性史研究は本書をもって完結した。これまでの著書の中で何度も語ってきたその研究の道筋は「恐怖」「安心感への欲求」「幸福への希求」という三本の柱に基づいていた。一九七八年の『恐怖心の歴史』に始まり二〇〇〇年の本書の刊行をもって宗教的心性史をめぐる一連の全七作品を書き終えたわけだが（後出著作リストの太字）、本人が語るところによれば二十八歳から、すなわち一九五一年頃からすでにその準備を始めていたという。一九二三年六月生まれだからもうすぐ九十六歳、二〇〇〇年以後も現在に至るまで精力的に発言を続けている。

教育者としてのキャリアは一九四七年から始まる。まずブールジュのリセ・アラン・フルニエ教授、次にローマのフランス学院教師、五〇年十月から五四年十月まではレンヌのリセ・シャトーブリアン教授を務めた。五五年六月に歴史学で国家博士号を取得。その後は五五年十月から七〇年十月までレンヌ大学で近代史を教え、七〇年から七五年までパリ第一大学で近代史の教授兼同大学近代史研究センター所長を務めた。その間、六三年から七五年までパリ高等学術研究院（EPHE）、七五年から七八年まで社会科学高等研究院（EHESS）で研究指導教授を兼任し、七五年から九四年まではコレージュ・ド・フランス教授も務め「西欧近代における宗教的心性の歴史」の講座を担当した。

ドリュモーの経歴と著作については『恐怖心の歴史』の「訳者あとがき」（永見文雄）に詳しく記されている。しかしだいぶ時間も経っているので、著作については二〇〇〇年以降のものを補いながら、あらためて一覧化しておきたい。

『十六世紀後半のローマにおける経済・社会生活』*Vie économique et sociale de Rome dans la seconde moitié du XVIe siècle* (2vol., 1957 et 1959)〔国家博士論文〕

『ローマのミョウバン、十五－十九世紀』*L'Alun de Rome, XVe-XIXe siècles* (1962)〔博士副論文〕

『宗教改革の誕生と確立』*Naissance et affirmation de la Réforme* (1965)

『中世末期、十六世紀と十七世紀』*La Fin du Moyen Âge, les XVIe et XVIIe siècles* (en coll., 1965)

『サン・マロ港の動き、一六八一－一七〇〇、統計的総括』*Le*

Mouvement du port de Saint-Malo, 1681-1700, Bilan statistique（1966）

『ルネサンスの文明』*La Civilisation de la Renaissance*（1967, 邦訳二〇一二）

『ブルターニュの歴史』*Histoire de la Bretagne*（en coll., 1969）

『ブルターニュの歴史資料』*Documents de l'histoire de la Bretagne*（1971）

『ルターとヴォルテールのはざまのカトリシズム』*Le Catholicisme entre Luther et Voltaire*（1971）

『ルネサンスから啓蒙期のイタリア』*L'Italie de la Renaissance aux Lumières*（1974）

『十六世紀のローマ』*Rome au XVIe siècle*（1975）〔博士論文を要約した作品〕

『コレージュ・ド・フランス開講講義（一九七五年二月十三日）』*Leçon inaugurale au Collège de France（13 février 1975）*（1975）

『宝の国の死、ルネサンスから古典主義時代の集団行動』*La Mort des pays de Cocagne. Comportements collectifs de la Renaissance à l'âge classique*（en coll., 1976）

『キリスト教二千年』*2000 ans de Christianisme*, Tome V（en coll., 1976）

『キリスト教はやがて死ぬのか』*Le Christianisme va-t-il mourir ?*（1977）

『恐怖心の歴史』*La Peur en Occident（XIVe-XVIIIe siècles）. Une cité assiégée*（1978, 邦訳一九九七）

『キリスト教民衆の生きられた歴史』*Histoire vécue du peuple chrétien*（2 vol., en coll., 1979）

『レンヌの司教区』*Le Diocèse de Rennes*（en coll., 1979）

『キリスト教の歴史の一道程』*Un chemin d'histoire chrétienne*（1981）

『罪と恐れ——西欧における罪責意識の歴史／十三世紀から十八世紀』*Le Péché et la peur : La culpabilisation en Occident（XIIIe-XVIIIe siècles）*（1983, 邦訳二〇〇四）

『ルターの場合』*Le Cas Luther*（1983）

『私の信ずるところ』*Ce que je crois*（1985）

『最初の聖体拝領、四世紀の歴史（十六－二十世紀）』*La Première communion. Quatre siècles d'histoire（XVIe-XXe siècles）*（en coll., 1987）

『時代の不幸、フランスにおける災禍と大災害の歴史』*Les Malheurs des temps. Histoire des fléaux et des calamités en France*（en coll., 1987）

『安心と加護、かつての西洋における安全という感情』*Rassurer et protéger. Le sentiment de sécurité dans l'Occident d'autrefois*（1989）

『父親の歴史、父性の歴史』*Histoire des pères et de la paternité*（ouvrage collectif - 2e édition, 2000, 初版は1990）

『告白と許し——告解の困難』*L'Aveu et le Pardon. Les difficultés de la confession（XIIIe-XVIIIe siècles）*（1991, 邦

訳二〇〇〇)

『母の宗教——信仰の継承における女性の役割』*La Religion de ma mère : Le Rôle des femmes dans la transmission de la foi*（1992)

『**地上の楽園**』(『**楽園の歴史**』Ⅰ)*Une histoire du Paradis. I : Le Jardin des délices*（1992, 邦訳二〇〇〇)

『宗教的現象』*Le Fait religieux*（1993)

『学者と信仰：科学者の発言』*Le Savant et la foi : Des scientifiques s'expriment*（1993)

『**千年の幸福**』(『**楽園の歴史**』Ⅱ)*Une histoire du Paradis. II : Mille ans de bonheur*（1995, 邦訳二〇〇六)

『ルネサンスの歴史』*Une Histoire de la Renaissance*（1999)

『**喜びへの希望**』(『**楽園の歴史**』Ⅲ)*Une histoire du Paradis. III : Que reste-t-il du Paradis ?*（2000, 邦訳二〇一九)

『夜明けを待つ——明日のキリスト教』*Guetter l'aurore. Un christianisme pour demain*（2003)

『イエスとその受難』*Jésus et sa passion*（en coll., 2004)

『西欧近代における宗教的心性の歴史』(コレージュ・ド・フランス最終講義)*Histoire des mentalités religieuses dans l'occident moderne.* Conférence terminale de Jean Delumeau au Collège de France 1994 - CD audio - Ed. Le Livre Qui Parle（2005)

『カムパネラの謎』*Le Mystère Campanella*（2008)

『天国を求めて』*À la recherche du paradis*（2010)

『ローマの二回目の栄光——十五 - 十七世紀』*La seconde gloire de Rome. XVe-XVIIe siècle*（2013)

『恐怖から希望へ』*De la peur à Espérance*（2013)

『神の未来』*L'Avenir de Dieu*（2015)

『幸福のもっとも美しい歴史』*La Plus Belle Histoire du bonheur*（en coll., 2016)

本書の位置づけ

本書は前段「研究計画と経歴」で述べた三本の柱の三番目、「幸福への希求」をテーマとした『楽園の歴史』三部作の最終巻にあたる。その第Ⅰ巻『地上の楽園』では「創世記」の記述にある「エデンの園」すなわち「地上の楽園」探しに焦点をあて、キリスト教初期の時代から十八世紀まで、西洋の心性と多くの学究が素朴かつ真剣に挑んできた「地上の楽園探し」(「創世記」のエデンの園はどこにあるのか)をめぐる人類の営為の総体を明らかにした。続く第Ⅱ巻『千年の幸福』では、「至福千年説」という異端の思想が終末意識やユートピア思想と結びつきながら社会の伏流として存続し、時代の節目節目に過激な社会運動として立ち現れたことを論証した。第Ⅲ巻の本書『喜びへの希望』は、三部作の帰結であるとともに『恐怖心の歴史』に始まった遠大な研究計画の終着点になる。私たちは幸福を見ることができるだろうか。以下にその概要を記す。

本書の概要

本文は四部構成全三十一章からなり、前後に「はじめに」「結び」がある。時代としては著者が今まで定めてきた「中世後期から十八世紀」という枠を越えて、古代（キケロ『国家』）から二十世紀末（歌手ニコレッタ・グリゾニ）まで、より長い時間の流れの中で天国の存在の跡をたどる。天国が形を変え、ついにはほとんど消えてしまうまでを膨大な資料を駆使してさまざまなテーマを見出し描出する。消えた天国の後には何が残ったか。果たして人間は「幸福」を手に入れることができるのか。これが最終の問いとなる。

【第一部　眩暈《めまい》　第一－六章】

ドリュモーはまず、本書の案内役になるゲントの祭壇画「神秘の子羊」を目にしたときの自身の体験を語り、十五世紀前半に完成したこの作品が、それまでのキリスト教圏で考えられ語られてきた「天国」、あるいは絵画・彫刻・建築物・音楽・楽器等によって表現されてきた「天国」を総括する希有な作品であったことを最初に提示する。天国のイメージを創り出した基礎文献、とりわけエデンの園を想起させる「創世記」、および天のエルサレムが降りて来ると語る、燃え上がるイメージに満ちたまるで雪崩のように押し寄せる「ヨハネの黙示録」は「楽園」というテーマの大貯蔵庫となった。聖アウグスティヌスの『神の国』と偽ディオニュシオスの『天上位階論』もまた中世を通じて長いあいだ強い影響力を保ち続け、その結果として考え出されたのが、キリスト教化されたプトレマイオスの天文学であり、「天使の階級」と「選ばれた者たちの階級」とを組み合わせた宇宙観（本書五〇頁）である。アリストテレスとプトレマイオスの宇宙論は、中世にキリスト教化されることによって、おそらくはより知られていたもうひとつの体系、「大地は平らな円盤」という体系に対して勝ちを収めたことになる。「プトレマイオスの天球と神学者たちの至高天を結びつける天の体系はなおも見事に受け継がれた。〔…〕キリスト教化され、至高天を戴冠した古代の宇宙形状誌は、長いあいだ尽きないほどに、詩と図像に彩られた」（本書六八－六九頁）。こうして継承された天（天国）の姿は幻視の物語でさらに強化され、十二世紀にその最盛期を迎えた。その代表例が『トンダルの幻視』である（本書九一－九五頁）。

【第二部　幸福　第七－十三章】

天のエルサレムの待望から始まる第二部は本書の中でももっとも「希望」に満ちたキリスト教文化の営為として、「地上の楽園（エデンの園）」と「天国」について語る。とりわけゲントの「神秘の子羊」についてドリュモーはこう語る。「画家は、地上の建物を用いつつ、だが、ほっそりとした構造物と円形の建物、ロマネスク様式、ゴシック様式、ビザンチン様式の建物群を結び合わせる隠喩的再構成によって、永遠のエルサレムを暗示させようと意識したのだと仮定してみる方がいい。証聖者たちの右側の丸天上あるいは八角堂は、もしかしたら、当時西欧で考えられていたようなエルサレムの聖墳墓教会を、空想によるイメージから表現しようとしたのではないだろうか」(本書一三八頁)。「地上の楽園(エデンの園)」と「天国」との同一化はこうして進んでいく。「この多翼祭壇画の作者たちあるいは作者(ファン・エイク兄弟あるいはヤン・ファン・エイク)は、天国の草原と救済の泉とを選ばれた者たちの最終的住まいの内部に完全に移し入れたという点が際立つ。ここに、再び見出された「地上の楽園」とわれわれがこの語に与える現在の意味での「天国」とが一致するのである」(本書一五六頁)。

「天国の光、色彩、芳香」という表題がつけられた第十章は読者の想像力を刺激し楽しませるにちがいない。色彩の歴史家であるミッシェル・パストゥローは、この祭壇画に描かれた聖霊の鳩が発する光について次のように書いた。「その光は、見えるが同時に非物質的である、感覚されうる世界の唯一の部分である。その光は表現できないものの可視化であり、そのようなものとして、神の発現である」(本書一七二頁)。金と青は重要な色である。金は物質であると同時に光でもあり、色彩を輝かせる。中世において白よりも白いもの、それは金であった。今や金はキリスト、聖母、聖人たちの背後の色となった。十五世紀半ばの画家ロヒール・ファン・デル・ウェイデンの「最後の審判」(本書三一六頁図版)では、青い空と金色の空が同居している。そして青。「青の革命」(十二世紀末-十三世紀)が起こったあと、この色は聖母の衣服の色となるべく運命づけられ、現代ではフランス人によってもっとも好まれる色となっている。

ここで押さえておくべきは、色の象徴体系が成立するのは「青の革命」の前夜であったことだ。体系化はロタリオ枢機卿、後のインノケンティウス三世(一二一六年没)によってなされた。

純潔の象徴である白は天使、処女《おとめ》、証聖者の祝日にふさわしいとともに、クリスマス、主の公現、聖木曜日、復活祭、主の昇天および諸聖人の祝日などの大祭にもふさわしい。赤はキリストと殉教者の血を思わせるので、十字架、使徒、殉教者の祝日と五旬節に望ましい。黒は喪と悔悟に結びつく。典礼ではこの色を死者のミサ、待降節、幼子殉教者および四旬節の期間に用いるべきである。緑の色が残っているが、これは通常の平日に用いられるべきである。なぜなら、緑は白、黒、赤の中間的色であるからである〔…〕。すべて他の色はこの主要四色に含まれる。たとえば朱色は赤に、紫は黒に、黄色は緑に。かなりの数の著者が、植物との比較を行っており、バラといえば殉教者、サフランは証聖者、ユリは処女《おとめ》になぞらえている(本書一八一頁)。

まだ「青の革命」の前であり、青はもっとも高貴な色に仲間入りしていなかったことがわかる。また、天使たちの姿が衣服の描写を通して数多く描かれるのも十三世紀以降の際立った特徴である。十五世紀の画家フラ・アンジェリコの描く天使について触れると、天使たちは非常に美しく、体の大きさは人と同じであり(本書一五四頁図版)、さまざまな仕事を持っている。

同じく十五世紀の画家メロッツォ・ダ・フォルリやベノッツォ・ゴッツォリの作品もまた、奏楽の天使とともに見事な色彩を表現している。他方、画家たちによって数多く描かれてきた天使の光輪、翼についても変化が現れてくる。同時代のゲントの祭壇画に現れた歌う天使たち、演奏する天使たちにはもはや光輪も翼もない。

　ところで、ゲントの祭壇画は「諸聖人の祝日」の描写でもある。「選ばれた者たち」のカテゴリーを構成する諸聖人、それをゲントの祭壇画に従って並べてみると「使徒、殉教者、族長、預言者、異教徒、殉教した処女《おとめ》、証聖者」となり、これはオータンのホノリウス（十二世紀）によってあげられたカテゴリーに沿ったものとなっている（本書二八頁）。

　マリアについてはとくに注目しなければならない。ゲントのマリアは豪奢な衣服をまとい、宝石とユリやバラの花で飾られた王冠をかぶっている。これは「栄光の聖母」像である。「栄光の聖母」は十五世紀初頭から爆発的に出現した聖母戴冠という図像学のテーマに結びついたものだ（本書二一四、二二五頁図版）。ヤコブス・デ・ウォラギネによる十三世紀末の書『黄金伝説』は少なくとも二度、マリア称賛にあてている。そのひとつには次のようにある。「この日、天は至福の人マリアを喜びとともに迎えた。天使は喜び、大天使は大喜びし、座天使は興奮して、主天使は「雅歌」でマリアを称え、権天使は声を合わせ、能天使は楽器でそれを伴奏して、智天使と熾天使は聖歌を歌う。すべての者がマリアを神聖なる国王の至高の法廷まで導く」（本書二二二頁）。こうして地上のマリアは体と魂とともに天に昇って行くのである。

　ゲントの祭壇画が示す「地上の楽園」と「天国」との同一化についてはもうひとつ、「三位一体」の表現にも注目しておこう。「笏を持ち教皇冠をかぶる教皇は、〔…〕同時に三位一体のふたつのペルソナ〔父なる神と子なるキリスト〕である。教皇の姿をした人物は永遠の父であり、息子の受肉をずっと望んでいた。しかしこの人物は、ふたつのレベルで存在する。天上にあっては王、地上にあっては人類を救った犠牲者である。「光の帯に囲まれて、天国の朝の栄光の青空を飛ぶ」鳩は、この天の地理のふたつの層をつなぐ。天国では神の祝福する手のもとで、至福の人々が永遠のミサを行うために集まる。ミサは贖われた人類の喜びの表明である」（本書二二九－二三〇頁）。

「至福直観」とは選ばれた者たちの魂が天国で神を一対一で見ることであり、これが「天国の幸福」である。では完全な至福直観は、いつ選ばれた者たちに与えられるのか。最後の審判が済んで身体の復活が起こる前なのか、後なのか。聖アウグスティヌスは「「天使たちとともにある、永遠の生」は、復活後に初めて、選ばれる者たちに与えられるだろう」（本書二三五頁）と明言する。

【第三部　変化　第十四－二十二章】

　ゲントの祭壇画の作者ファン・エイク兄弟はこの祭壇画に、より多くの地上的要素を導入しようと試みた。天が地上に近づき始めたのだ。その様子を伝える役を担ったのが「奏楽の天使」たちである。だが、十六世紀になると状況は変化していく。俗なるものによる聖なる世界への侵入、この事態にローマ教会が危険を感じ始める。

第三部のはじめの三章は音楽について語られる。古代ローマの哲学者ボエティウスの音楽論からふたつの相反する考えが出てきた。宇宙の調和が生み出す「天の音楽」と、人を感覚の奴隷にし魂を無気力にする歌や楽器が踊り出す「世俗の音楽」との対立である。とりわけ世俗音楽が勢いを得て、さまざまな楽器やダンスに結びつくと、教会から嫌悪される対象となった。ところが、「アルス・ノーヴァ」（十四世紀頃のフランス・イタリアの新しい音楽）の時代を迎え、ポリフォニーの誕生、世俗音楽の飛躍、そして楽器の改良と増加が興ると、音楽を奏でる天使たち、すなわち「奏楽の天使たち」の姿が教会内や周囲にも目立つようになる。しかしその姿はやがて消えていく。「天は人間的ではなくなり、より聖なるものとなるだろう」（本書二九一頁）。

第十七章からは徐々にルネッサンス後のバロック時代へと探究が進んでいくが、ここでドリュモーは上昇する動き（垂直性）、たとえば「天の梯子」や、「創世記」に現れる「ヤコブの梯子」（本書三二七頁）の意味を考えるよう読者を促す。「キリスト教の言説においては、梯子は〔…〕しばしば美徳へと向かう困難な段階的上昇を表現した。けれどもそれはまた、少なくとも西欧においては、この機能と矛盾することなく終末論的ヴィジョンを強調するのにも役立った」（本書三二九頁）。こうした垂直性は古代より丸天井によって拡張されてきたものである。「キリスト教芸術の象徴体系においては、後陣と丸天井は、宇宙論的と宗教的の二重の意味においてすでにかなり以前から天を指し示すものとなっていた。後陣は原則として教会の東側にあって、天の穹窿のうちで「救いの太陽《ソル・サルティス》が昇る、すなわちキリストが天へと昇ったところの、またそこから正義の太陽《ソル・ユスティキエ》としてキリストが生者と死者を裁きにやって来るであろう」部分を表象していた。転じて、後陣によってなされる賛美は救世主の母あるいは使徒たちへの賛美ともなりうるものだった。いずれの場合も、問題となっていたのは救済の神秘と天国の住民たちのために特別に用意された建築上の容量であった」（本書三五〇頁）。

また、バロック以前の天使たちは「不動であるか、あるいは、小規模の移動」の中にいたが、バロック時代の天国は「天使たちと選ばれた者たちの眼の回るような運動によって充たされていた」（本書三七五頁）。このバロック時代の天国は、ふたつのきわめて重要な要素の結合と、その自在な駆使から結果したものであった。要素のひとつは丸天井とヴォールト、もうひとつは遠近法と遠近短縮法とだまし絵である。

バロック時代に生じた天国の変化は祭壇衝立（祭壇画）の建築や装飾に表現された「三位一体」および「聖母の被昇天」にも見られる、とドリュモーは言う。「十八世紀の最後の絶頂期においては、バロック様式は諸芸術の融合のようにわれわれには見える。舞台装置が空間を動員する。表面は細分化される。

構造は壁面と付け柱に沿って絶え間なく流れるスタッコ（化粧漆喰）の集積のうちに解体する。絵画、彫刻、建築は互いに滑っていく。本物らしさはすべて追放される。群がる「プッティ」、急回転する天使たち、天の高みで渦を巻く密集した人物たち、新たな色彩のレパートリーが聖堂を非物質化し、祝祭的な呪縛を創出し、宇宙的な歓喜を呼び起こす。天が日常的なるものの中に侵入し、いやむしろそれを無に帰する。教会はその全体において天国的な場所となるのである」（本書四一二頁）。

第二十二章の表題「雲の切れ目が現れる」の意味は、雲に裂け目ができれば天の様子が垣間見えるかもしれないという願望の表現である。十六世紀後半のエル・グレコ作「神聖同盟の寓意」（本書四四五頁図版）はその典型と見ることができる。

【第四部　脱構築？　第二十三－三十一章】

最終第四部の導入文には近代以降の「天国」の運命が要約されている。「天国に関する言説はますます描写的でなくなり、ますます信仰絶対主義的になる」（本書四五六頁）とはどういうことか。ドリュモーは次のように問う。「あの世はもはや天には位置していない。それはもはや場所ではない。その色彩と形を失ってしまう。するとそれは消失したということなのであろうか」（同）。最後の三章と「結び」がこれに対する答えとなる。

太陽王ルイ十四世の時代、すなわち十七世紀中葉から十八世紀初頭にかけて、主を「陛下」と表現する神秘思想が時代を動かし始める。その時代状況をドリュモーは次のように説明している。「全能の神の至上権を示すべく宗教的言語がたっぷりと利用してきた図像やシンボルやメタファーを、地上の君主国が自分のために横取りする時がやって来た。神的な「太陽」がしばしば話題にされてきたのに対して、ルイ十四世はこの天体を象徴と考えた。ヴェルサイユ宮殿では、君主の一日は太陽の運行とその影響を模倣した」（本書四六〇頁）。こうした状況の中でキリスト教の天空の段階的な権利剥奪が起こる。プーサン、クロード・ジュレ（通称ロラン）、そしてライスダール、フェルメールが描く空はもはやあの世の空（天）ではなく、「日常の空（天）」である（本書四七〇－四七三頁）。十七世紀絵画は神の天と地上の天を符合させることが困難になった。バロック芸術によって姿を消すのはあの世の空だけではない。緑の草原、天国の花々、豪華な衣装、天使たちの楽器、天のエルサレムのきらめく城壁、天の宮廷の階級、これらもまたすべて姿を消す。そのとき天国の喚起を促す側から生じてきたのは一種の現実からの離脱であった。そしてそのすべてはローマ・カトリックによるトリエント公会議（一五四五－六三）の結果生まれたものであった。一方、この時代、「プロテスタント圏での教育的主眼は、天国の場所を詳細に叙述することにではなく、完璧な喜びへの希望に対して心を向かわせ、そこに到達するための――信仰と徳――の道を指し示すことにあった」（本書五〇七頁）。ドリュモーはこうしたプロテスタントの立ち位置を「節度」と名付けている（本書五一一頁）。

十七世紀なってもなお至高天に対する信仰がどれほど強力で、

一般化され続け、根強く残っていたかについては留意すべきである。たとえばアグリッパ・ドービニェ（一六三〇没）のフランス詩の中に見られるように（本書五一六頁）。しかしそれでもなお、天国に関するイメージ豊かな言説が信用を失っていったのはなぜなのか。それには複数の要因があげられる。神話的古代の神々の侵入、画家たちの絵筆のもとで次第に大きな位置を占めていく日常的な天、天国のイメージのストックの枯渇、カトリックとプロテスタントのふたつの宗教改革に共通する教理教育的な意図、プロテスタントとジャンセニストの「節度」、「新しい天文学」の勝利など、これらについては第四部全体を通して詳しく分析される。

ここでドリュモーによる次の一文に注意しておく必要がある。「天国の色彩豊かな想起と、描写的というより信仰絶対主義的な言説とのあいだの共存は、長いあいだ調和がとれていたのであったが、これが断ち切られてしまった。前者は、構築されつつあった科学とその科学がもたらした心性の変化によって、正面から打撃を受けた。反対に後者は、聖パウロの権威と一連の公会議やキリスト教の時代を通じて発せられた警告、そして神秘主義の経験に依拠して、揺るぎなかったし、また今でも揺るぎないものであると私は思う」（本書五八五頁）。この「信仰絶対主義」という言葉が本書の結論を導く際のひとつの鍵となる。同様に、「永遠の幸福に関するキリスト教的信念の、今日に至るまで無傷なままであったところの核心的部分が明らかにされるはずである」（同）という著者の言明も重要な鍵となるだろう。

「新しい天文学」が勝利した後、「あの世」と「天国」の分離が明白になる。二十世紀に至り、プロテスタントのカール・バルトは「どんな人間中心主義もわれわれの終末論的な希望から追放されるべきなのだ。死はわれわれの道に終止符を打ち、われわれを神と直面させるのである」（本書五九九頁）と主張した。カトリックのカール・ラーナーは「死の天使たちは、われわれの個人的な伝記がわれわれの精神を満たしていた一切のものを、われわれの精神から取り去るだろう。こうして穿たれた広大な沈黙した虚無は、主の光と恩寵によって満たされるだろう。周囲に賛辞と音楽を想像することなど無用なのである」（本書六〇〇頁）という自らの確信を語った。これらは神中心主義の厳格さの表明である。

一方、すでに十六世紀の初頭より、ルイ・ブレアの「諸聖人」（本書六〇四頁図版）やデューラーの「三位一体の礼拝」（＝「諸聖人の祝日」）は天国における生者と死者の愛情溢れる交流を表現していた（本書六〇三－六〇五頁）。そして、その時代に表現された当時の人々の心性と同様の心性を今日のわれわれの中に見出すとすれば、それはドリュモーによって切り取られた以下のような場面となる。「諸聖人の祝日は信者にとっても無信心者にとってもわれわれが愛した人たちの祭日となり、家族の思い出の特権的な瞬間となった。今日たとえばフランスで諸聖人の祝日に祝われているようなあの「追想の宗教」もこのときすでに始まっていた。今やフランス人の八十％が諸聖人の祝日の時期に墓地へと赴く。亡くなった人たちとの年に一度の出会いのために、何百万人ものドライバーが国内を行き来する。そのとき花や蝋燭、あるいはその両方が、墓の上に山積みとなる」（本書六二〇頁）。十九世紀の人、辞書編集者で実証哲学を広めたエミール・リトレは、「私は神を好きではありません。神に会いたいとも思いません。しかし母には再会したいと思います」と自らの思いを吐露した（本書六二四頁）。二〇世紀に生きたハンガリーの農婦マルギット・ガリの回想録にはこうある。「いつだって母は私たちにこう断言していたものです。家族全員があの世で再会するんだって」（本書六二三頁）。愛しい人に再会したいというこのような素朴な願い、すなわち「亡くなった人たちがかつて地上で慈しんだ人たちとあの世で特権的な関係を作り上げるという確信」は、ドリュモーによれば「せいぜい二百年ほど前にようやくキリスト教の舞台の前面に出てきたのにすぎなかったとはいえ、にもかかわらずそうした確信は、教会の最初期から早くも、少なくともそれとなくは存在していた」ものなのである（本書六三二頁）。

「愛しい人と再会できるという確信」はキリスト教初期の時代から存在していた。これが、「天国の何が残っているか」（本書原題）という「われわれ同時代人の不安のこもった問いかけ」（本書二頁）に対する、本書の長い旅の終着点から得られた回答であった。

＊　＊　＊

最後に、翻訳作業についてひと言。本書には膨大な引用文がついているが、訳出に際しては原則として邦訳文献からではなく、原書のフランス語テキストから直接訳すことを心がけた。というのも、著者による地の文の表現を最大限に生かすには引用文の語彙の選択に影響を与える場合もしばしばあり、既存の邦訳文献では対応しきれないことが多々生じたからである。したがって邦訳文献を直接利用することはほぼなかったわけだが、これら先人の業績を参照することは怠らなかった。なお、フランス語の聖書の扱いについて、ドリュモーはカトリックとプロテスタントによる共同訳を用いたとしている。そこで今回の翻訳ではその二〇一〇年版を参照することとした。また、ギリシア教父、ラテン教父による文章にも聖書の一文が引かれているが、出典不明の箇所がいくつかあったため、これらについては訳註で断りを入れた。

凡例に示した通り、翻訳は「はじめに」から第十六章までを西澤が、第十七章から「結び」までを永見が担当した。「原註」についてはそれぞれが担当部分を処理した。「作品名」と「人名」のふたつの「索引」は両者の共同作業である。表記の統一や訳註の調整などのために訳者らは互いに訳文に目を通し意見を交換したが、それらの最終的な処理の責任はそれぞれを担当した側にある。

二十数年ぶりの共同翻訳作業には思った以上に時間と手間を要した。編集を担当された山田氏にはその間辛抱強く待っていただいた。それだけではなく訳稿完成後も丁寧に目を通してくださり貴重なアドバイスをいただいた。心からの感謝を申し上げる。また、多くの方から貴重なご教示をさまざまに賜った。いちいちお名前はあげないが、この場を借りて心からお礼を申し上げたい。

二〇一九年五月

訳者を代表して　西澤　文昭

ワ行

ラ行

ヤ行

マ行

『年代記』（ジャン・**フロワッサール**） 217
『年代録』（エリナン・ド・**フロワモン**） 91, 124
『年報』（**フロドアール**） 87

「ノートル・ダム・ミサ曲」（**ギョーム・ド・マショー**） 273

ハ行

「灰色の雄牛とロバのあいだに」（クリスマスキャロル。十六世紀） 305
『パウロの幻視』（四世紀－十三世紀） 74, 82
「パウロの黙示録」 73-5, 88, 117, 123, 144, 254, 320
「八月の狂詩曲」（映画。黒澤明） 635
『花の書』（細密画。サントメールの**ランベール**、フランス、シャティイ、コンデ美術館） 229
『花の書』（写本。サントメールの**ランベール**、ベルギー、ゲント大学図書館） 132
『ハムレット』（**シェイクスピア**） 531
「バラの生垣の聖母」（マルティン・**ショーンガウアー**、フランス、コルマール、サン・マルタン教会） 183, 215
「バラの聖母」（シュテファン・**ロホナー**、ドイツ、ケルン、ヴァルラフ・リヒャルツ美術館） 215
『薔薇物語』（ギョーム・ド・**ロリス**とジャン・ド・**マン**） 27, 30-2, 200
「バルク書」 116, 117
「パルナッソス山」（フォンテンブロー派、フランス、エクサンプロヴァンス、グラネ美術館） **468**
「ハーレム近くの漂白の場面」（「ハーレムの眺め」か。ヤコブ・ファン・**ライスダール**、スイス、チューリヒ美術館） 471
『バロックと古典主義』（ヴィクトル・リュシアン・**タピエ**） 378, 414
「バロンチェリ多翼祭壇画」（**ジョット**、フィレンツェ、サンタ・クローチェ教会のバロンチェリ礼拝堂） 177
「反キリストの悪事」（ルカ・**シニョレリ**、イタリア、オルヴィエート大聖堂） 346
『パンセ』（**パスカル**） 492, 532
『万有辞典』（アントワーヌ・**フュルティエール**） 527

「被昇天のための聖歌」（詩。**オディロン・メルクール**） 218
『秘蹟に関する典礼書』（**ゲラシウス一世**） 119
『秘蹟に関する典礼書』（イタリア、ウディーネ司教座教会参事会図書館） 200
『秘蹟に関する典礼書』（ドイツ、ゲッティンゲン大学図書館） 200, 315
『悲愴曲』（アグリッパ・**ドービニェ**） 460, 516
『被造物大全』（大**アルベルトゥス**） 65
「羊飼いの礼拝」（アンニバーレ・**カラッチ**、フランス、オルレアン美術館） 361
「羊飼いの礼拝」（フーゴ・ファン・デル・**グース**、ベルリン、ダーレム美術館） **297**
「羊飼いの礼拝」（エル・**グレコ**、マドリード、プラド美術館） 426
「羊飼いの礼拝」（パオロ・ディ・**ジョヴァンニ・フェイ**、バチカン宮美術館） 294
「羊飼いの礼拝」（フランシスコ・デ・**スルバラン**、フランス、グルノーブル美術館） 361
「羊飼いの礼拝」（ヤコポ・ダ・ポンテ・**バッサーノ**、ヴェネツィア、アカデミア美術館） 311
「羊飼いの礼拝」（フェデリコ・**バロッチ**、ミラノ、アンブロジアーナ絵画館） 311
「羊飼いの礼拝」（**ムリーリョ**、マドリード、プラド美術館） 361
「羊飼いの礼拝」（ジョルジュ・ド・**ラ・トゥール**、パリ、ルーヴル美術館） 311, 361
「羊飼いの礼拝」（フランシスコ・**リバルタ**、スペイン、ビルバオ美術館） 311
「日の出の港の眺め」（クロード・**ジュレ**、通称**ロラン**、ミュンヘン、アルテ・ピナコテーク） 471
『日々の賛歌』（**プルデンティウス**） 81

287, 380
「天使のシャンソン」（ジャン・**ダニエル**） 303
「天使の群れ、天より来たれり」（**バッハ**、コラール、作品番号 BMV607） 413
『天上位階論』（偽**ディオニュシオス**） 43, 45, 49, 422, 500
『天体の回転について』（**コペルニクス**） 6, 372, 525, 529, 537, 540, 542
『天体の形状』（バルトロメウ・**ヴェロ**、パリ、フランス国立図書館） 525
『天体論』（**アリストテレス**） 52, 372, 553
「天地創造のバラ窓」（ニコラ・**ル・プランス**、フランス、ボーヴェ大聖堂） 339
『天的秘儀』（『天界の秘儀』とも。**スウェーデンボリ**） 582
『天で人々は互いに相手を認知する』（フランソワ・ルネ・**ブロット**） 608, 626
「伝道の書」（**ソロモン**） 544
「天に迎えられる聖ノルベルト」（ジョヴァンニ・バッティスタ・**ピアツェッタ**か、ベルギー、グリンベルゲン大修道院） 453
「天の栄光への聖イグナティウスの入来」（アンドレア・**ポッツォ**、ローマ、ジェズ教会） 405
『天の賛歌』（ピエール・ド・**ロンサール**） 515
『天の書』（聖**ビルイッタ**『天啓』の十四世紀末の写本。ニューヨーク、モーガン・ライブラリー） 105
「天の女王マリア」（「**聖女ルキアの伝説**」**の画家**、ワシントン、ナショナル・ギャラリー） 334
『天文対話』あるいは『世界のふたつの偉大な体系に関する対話』（**ガリレイ**） 6, 526, 547-9, 560, 561
『典礼解説』（ギョーム・**デュラン**） 161, 168
『天路歴程』（ジョン・**バニヤン**） 496, 593

『道徳試論』（ピエール・**ニコル**） 491
「東方三博士の行列」（ベノッツォ・**ゴッツォリ**、フィレンツェ、メディチ・リカルディ宮の礼拝堂） 166, 187, 294
「東方三博士の礼拝」（**ルカ・ディ・トメ**か、マドリード、テッセン・ボルネミサ・コレクション） 295
「東方三博士の礼拝」（ロレンツォ・マイティアーニ工房、イタリア、オルヴィエート大聖堂ファサード） 295
「トランスパレンテ」（ナルシソ・**トーメ**、スペイン、トレド大聖堂） 398, 399, 408, 450
『トリエント公会議の公教要理』（一五六六年作成の『ローマ・カトリックのカテキズム』のこと） 393, 518
「ドルシアーナの蘇生」（フィリッピーノ・**リッピ**、フィレンツェ、サンタ・マリア・ノヴェッラ教会） 350
『トンダルの幻視』（十二世紀半ば） 92, 95, 123, 151, 190, 205, 208

ナ行

「七つの秘蹟」（**ファン・デル・ウェイデン**、ベルギー、アントワープ王立美術館） 129, 666
『ナントのための典礼書』（一四五〇－五五年） 229

『贋金鑑識官』（**ガリレイ**） 547, 563
「乳牛のいる川の風景」（アルベルト・**カイプ**、ドイツ、カールスルーエ州立美術館） 472

「ネヘミア記」（**エズラ**） 72
『念禱論』（ピエール・**ニコル**） 491
『念禱論』（アルカンタラの聖**ペテロ**） 432
『年代記』（**オットー・フライジング**） 119

『デカメロン』(ジョヴァンニ・**ボッカッチョ**) 277, 283
『出口なし』(ジャン・ポール・**サルトル**) 605
「テサロニケの信徒への手紙一」(聖**パウロ**) 35
『哲学体系論』(ピエール・**ガッサンディ**) 567
『哲学の慰め』(**ボエティウス**) 258
「テモテへの手紙一」(聖**パウロ**) 229
「デルフトの眺望」(**フェルメール**、オランダ、デン・ハーグ、マウリッツハイス美術館) 472
『天球論』(ジョン・**ペッカム**) 64, 524
『天球論』(サクロボスコの**ヨハネス**) 63, 524, 525
『天空と世界の書』(アリストテレス『天体論』の翻訳。ニコラス・**オレーム**) **372**, 553
『天啓』(聖**ゲルトルート**) 255
『天啓』(聖**ビルイッタ**) 105, 125, 206, 208, 210, 257, 298, 423, 602
『天啓大要』(ジロラモ・**サヴォナローラ**) 156
「天国」(カルロ・**カルローニ**、ウィーン、オーストリア絵画館) 365
「天国」(ピエトロ・ダ・**コルトーナ**、ローマ、サンタ・マリア・イン・ヴァッリチェッラ教会) 381, 447
「天国」(「楽園」とも。**ジョヴァンニ・ディ・パオロ**、ニューヨーク、メトロポリタン美術館) 157, 168-70, 605
「天国」(ヤコポ・ロブスティ・**ティントレット**、ヴェネツィア、ドージェ宮殿) 318, 467, 603
「天国」(ピエール・**ミニャール**、パリ、ヴァル・ド・グラース教会) 359, 447, 450
「天国(の表現)」(ジョヴァンニ・**ランフランコ**、ナポリ、テソーロ・ディ・サン・デナーロ礼拝堂など) 447
「天国(の表現)」(イタリア、シチリア、チェファル大聖堂など) 351
「天国(の表現)」(メキシコ、テポツォラン、サンタ・カーサ付属礼拝堂など) 363
「天国(の表現)」(ローマ、サン・タニェーゼ教会など) 351
『天国賛歌』(シリアあるいはニシビスの**エフライム**) 145, 189
『天国と地獄、惑星と天体の驚異』(**スウェーデンボリ**) 4, 582
『天国とその驚異についての概論』(フランソワ・**アルヌー**) 290, 424, 522
「天国について」(讃美歌。聖**ジャン・バティスト・ド・ラ・サル**) 488
「天国について」(詩。十一世紀) 152, 191
「天国の栄光に思いを致すよき魂の感情」あるいは「アル・バラドス」(ブルターニュの讃美歌) 485, 487
『天国の栄光の聖歌』(**ペトルス・ダミアニ**) 119, 162, 191
『天国の感覚的喜びについての書』(**リンベルティーノ**) 192, 662
「天国の宮廷」(詩。十三世紀後半) 275
「天国の至福」(ジョヴァンニ・**ランフランコ**、ローマ、サン・タンドレア・デラ・ヴァッレ教会) 364, 380
「天国の草原」(イタリア、ラヴェンナ、サン・タポリナーレ・イン・クラッセ教会) **351**, 360
「天国の小さな庭」(**上部ラインの画家**、フランクフルト、シュテーデル美術館) 213, **214**, 215
『天国の梯子』(フランソワ・**アルヌー**) 459
「天国の梯子」(**ヴェッキエッタ**、イタリア、シエナ、サンタ・マリア・デラ・スカラ施療院) 330
『天国の梯子』あるいは『聖なる梯子』(聖**ヨハンネス・クリマコス**) 269, 327
『天国の喜び一覧』(イェレミアス・**ドレクセル**) 4, 423, 439, 475, 477, 520, 575, 606
『天国の歴史』(コリーン・**マクダネル**とバーンハード・**ラング**) 4, 68, 153, 581
「天国への道」(ディリク・**バウツ**、フランス、リール美術館) **155**, 202
「天国篇」→『神曲』(**ダンテ**)
「天使のコンサート」(ガウデンツィオ・**フェッラリ**、イタリア、サロンノ、奇蹟の聖母マリア教会)

「奏楽の天使」（フランス、サンス、サン・テティエンヌ大聖堂）　287
「奏楽の天使」あるいは「キリストの昇天」（**メロッツォ・ダ・フォルリ**、ローマ、サンティ・アポストリ教会、現在はローマのクイリナーレ宮殿およびバチカン宮美術館）　187, 286
「奏楽の天使たちに囲まれる聖母」（アンドレア・**オルカーニャ**、フィレンツェ、アカデミア美術館）　307
「奏楽の天使たちに囲まれる聖母」（コズメ・**トゥーラ**、ロンドン、ナショナル・ギャラリー）　299
「奏楽の天使たちに囲まれる聖母」（ハンス・**メムリンク**か、ベルギー、アントワープ王立美術館）　285
「奏楽の天使たちに囲まれる聖母」（フランス、ル・マン大聖堂）　285
「奏楽の天使たちに囲まれる父なる神」（ボニファチオ・**ベンボ**、ミラノ、スフォルツェスコ城）　286
「荘厳の聖母子」（ハンス・**メムリンク**、ワシントン、ナショナル・ギャラリー）　309
「創世記」（**モーセ**）　36, 37, 141, 145, 150, 242, 243, 326, 339, 346, 377, 499, 500, 519, 542, 544, 570
『創世記逐語注解』（聖**アウグスティヌス**）　54, 79
『創世の六日間』（**バシレイオス**）　58

タ行

『第一の物語』（『概要』とも。**レティクス**）　537
「大公の聖母子」（**ラファエッロ**、フィレンツェ、ウフィツィ美術館）　311
『大天文学総覧』（**プトレマイオス**）→『アルマゲスト』
『太陽の国』（トマソ・**カムパネラ**）　567
『太陽の賛歌』（聖**フランチェスコ**）　273
『対話』（シエナの聖**カタリナ**）　370
『対話』（聖大**グレゴリウス**）　84, 85, 88, 670
『対話集』（**エラスムス**）　155
『卓上語録』（**ルター**）　494, 495, 499, 536, 575
「戦う教会と勝利の教会」あるいは「真実の道」（**アンドレア・ディ・ボナイウート**、フィレンツェ、サンタ・マリア・ノヴェッラ教会）　42, 200, 267
「ダニエル書」　38, 72, 82, 146, 260, 423
『旅日記』（**デューラー**）　229
「魂と肉体の劇」（宗教音楽。エミリオ・**デイ・カヴァリエーリ**）　419, 420
『魂について』（**テルトゥリアヌス**）　79
『魂の運命を論ず』（一二〇〇年頃。匿名）　556
『魂の巡礼』（ディギュルヴィルの**ギョーム**）　102

「知恵の書」（紀元前一世紀）　99, 172, 213
『父親の歴史、父性の歴史』（ジャン・**ドリュモー**ほか）　654
『小さき花』（聖フランチェスコの死後一世紀頃イタリア語で書かれた説教集）　269
『痴愚神礼賛』（**エラスムス**）　155, 575
『地上の楽園』（『楽園の歴史』第Ⅰ巻。ジャン・**ドリュモー**）　1, 118, 636, 641, 659, 664-7, 670, 671, 674
『地と天』（ジャン・**レイノー**）　598
『忠実な羊飼い』（ジョヴァンニ・バティスタ・**グアリーニ**）　278

『罪と恐れ』（ジャン・**ドリュモー**）　1, 7, 276, 310, 637, 641, 656

「ディオニュシオス文書」（偽**ディオニュシオス**）　43-5
『ティマイオス』（**プラトン**）　340, 356

「聖母戴冠」（ジョヴァンニ・**ダル・ポンテ**、フランス、シャンティイ、コンデ美術館） 180, 213, 314
「聖母戴冠」（ジウスト・**デ・メナブオーニ**、ロンドン、ナショナル・ギャラリー） 224
「聖母戴冠」（**ネリ・ディ・ビッチ**、アメリカ、ボルティモア、ウォルターズ・アート・ギャラリー） 66
「聖母戴冠」（**フラ・アンジェリコ**、パリ、ルーヴル美術館） 180, 182, 224
「聖母戴冠」（**フラ・アンジェリコ**、フィレンツェ、ウフィツィ美術館） 177, 182, 224
「聖母戴冠」（**フラ・アンジェリコ**、フィレンツェ、サン・マルコ美術館） 182, 224
「聖母戴冠」（マルティニ・**フランチェスコ・ディ・ジョルジョ**、イタリア、シエナ美術館） 224
「聖母戴冠」（ジョヴァンニ・**ベリーニ**、ヴェネツィア、ペザロ市立博物館） 224
「聖母戴冠」（**ボッティチェリ**、フィレンツェ、ウフィツィ美術館） 224
「聖母戴冠」（**ラファエッロ**、バチカン宮美術館） 224
「聖母戴冠」（フィリッポ・**リッピ**、フィレンツェ、芸術アカデミア） 224
「聖母戴冠」（**リフェルスベルクの受難の画家**、ミュンヘン、ニンフェンブルク城） 186
「聖母戴冠」（グイド・**レーニ**、フランス、バイヨンヌ、ボナ美術館） 420
「聖母と幼子と奏楽の天使たち」（ハンス・**メムリンク**、ミュンヘン、アルテ・ピナコテーク） 215
「聖母の結婚」（**ペルジーノ**、フランス、カーン美術館） 350
『聖母の死』（偽**メリトン**） 217, 218
『聖母の時禱書』（ニューヨーク、ピアポント・モーガン・ライブラリー） 226, 308
「聖母の七つの喜び」（ハンス・**メムリンク**、ミュンヘン、アルテ・ピナコテーク） 295
「聖母被昇天」（エギト・クイリン・**アザム**、ドイツ、バイエルン、ロール大修道院付属教会） 395, **396**
「聖母被昇天」（**コレッジョ**、イタリア、パルマ大聖堂） 362, 378, **379**, 380, 390, 394, 426, 447
「聖母被昇天」（ファイト・**シュトゥース**、ポーランド、クラクフ、聖母マリア教会） 391
「聖母被昇天」（ヤコポ・**トッリティ**、イタリア、サンタ・マリア・マッジョレ大聖堂） 151
「聖母被昇天」（ヨハン・ミヒャエル・**フィッシャー**、ドイツ、ディーセン、アウグスチノ修道会の教会） 397
「聖母被昇天」（フランス、フージェール、サン・スュルピス教会） 395
「聖母被昇天」（フランス、リール・シュール・ラ・ソルグ、ノートルダム・デ・ザンジュ教会） 395
「聖母被昇天」（メキシコ、サン・ルイ・ポトシ、カルメル会修道院） 397
「聖母被昇天」（リスボン、聖ロック教会） 394
「聖母マリアの永眠」（ファイト・**シュトゥース**、ポーランド、クラクフ、聖母マリア教会） 391
「聖母マリアのエルミタージュ」（**スュニエ**、フランス、ピレネー・オリアンタル、フォン・ロムー） 420
「聖母マリアの戴冠」→「聖母戴冠」（グイド・**レーニ**）
『聖母マリアのための豪華な歌』（数学者**サン・マルタン殿**） 516
「生命の泉」（**ペトルス・クリストゥス**、マドリード、プラド美術館） 201
『聖ヤコブの典礼』（六世紀） 118
「聖夜のために」（第八番ト短調「クリスマス協奏曲」。アルカンジェロ・**コレリ**） 415
「聖ヨハネの幻視」→「ヨハネの黙示録」（パウル・**トローガー**）
『世界像』（オータンの**ホノリウス**） 341
『世界のふたつの偉大な体系に関する対話』（**ガリレイ**）→『天文対話』
『説教集』（クロード・**ジョリ**） 478
『全オランダ誌』（ルドヴィコ・**グイッチャルディーニ**） 27, 196
『善としての死』（聖**アンブロシウス**） 148, 602
『千年の幸福』（『楽園の歴史』第Ⅱ巻。ジャン・**ドリュモー**） 1, 597, 637, 671

「奏楽の天使」（フランス、アルビ大聖堂） 287

『星図帳』(『大宇宙の調和』とも。アンドレアス・**セラリウス**) 529
「聖テレサの法悦」(ジョヴァンニ・ロレンツォ・**ベルニーニ**、ローマ、サンタ・マリア・デラ・ヴィットーリア教会) **427**
『正統信仰箇条』(十七世紀以降の東方正教会の教会法書式集) 51
「聖ドミニクス〔ドメニコ〕の栄光」(ジョヴァンニ・バッティスタ・**ピアツェッタ**、ヴェネツィア、サン・ジョヴァンニ・エ・パオロ教会) 453
「聖なる器の戸棚」(**フラ・アンジェリコ**、フィレンツェ、サン・マルコ美術館) 339
『聖なる守護天使の祝日のための説教』(ジャック・ベニーニュ・**ボシュエ**) 429
『聖なる調和』(ビンゲンの**ヒルデガルト**) 271
『聖なる梯子』→『天国の梯子』(聖**ヨハンネス・クリマコス**)
「聖ニコラウス」(ヨハン・ルーカス・**クラッカー**、チェコ、プラハ、聖ミクラーシュ・マラー・ストラナ教会) 384
『聖パトリクの煉獄』(ソルトリーの**ヘンリクス**) 85, 92, 98
「聖ヒエロニムスの至上の栄光」(フランシスコ・デ・**スルバラン**、スペイン、グアダルーペ、王立聖母修道院) 453
「清貧の寓意」(**ジョット**、イタリア、アッシジ、サン・フランチェスコ教会) 177
「聖フィリッポ・ネリに現れる聖母子」(グイド・**レーニ**、ローマ、サンタ・マリア・イン・ヴァリチェッラ教会) 437
『聖フェリクス、聖フォルトゥナトゥスと聖アキレウス伝』(六世紀以降) 149
『聖ブレンダヌスの航海』(一二〇〇年頃) 87
「聖ペテロと聖アウグスティヌスに現れた玉座の聖母」(**ロベール・カンパン**、フランス、エクス・アン・プロヴァンス、グラネ美術館) 182
「聖ペテロへの天国の鍵の授与」(**ペルジーノ**、ローマ、システィナ礼拝堂) 350
「聖ベネディクトゥスの栄光」(ヨハン・ミヒャエル・**ロットマイヤー**、オーストリア、メルク修道院) 453
『聖ペルペトゥアとその侍女聖フェリキタスの受難』あるいは『ペルペトゥアの受難』(三世紀) 76, 77, 79, 145, 189, 326, 667
「聖母子」(**フラ・アンジェリコ**、イタリア、コルトーナ、司教区美術館) 177
「聖母子」(**フラ・アンジェリコ**、ドイツ、フランクフルト、シュテーデル美術研究所) 177, 186
「聖母子」(**フラ・アンジェリコ**、フィレンツェ、サン・マルコ美術館) 177, 182
「聖母子」(「牧場の聖母」とも。ジョヴァンニ・**ベリーニ**、ロンドン、ナショナル・ギャラリー) 470
「聖母子(像)」(**ラファエッロ**、フィレンツェ、パラティナ美術館など) 361
「聖母子像」(ディエゴ・**ヴェラスケス**、マドリード、プラド美術館) 361
「聖母(の)戴冠」→「マリアの戴冠」も参照
「聖母戴冠」(パオロ・**ヴェネツィアーノ**、ヴェネツィア、アカデミア美術館) 66
「聖母戴冠」(パオロ・**ヴェロネーゼ**、ヴェネツィア、サン・セバスティアーノ聖具納室) 224
「聖母戴冠」(アンゲラン・**カルトン**、フランス、ヴィルヌーヴ・レ・ザヴィニョン、ピエール・ド・リュクサンブール美術館) 28, 184, 205, 224, **225**, 334
「聖母戴冠」(カルロ・**クリヴェッリ**、イタリア、ミラノ、ブレラ美術館) 224
「聖母戴冠」(エル・**グレコ**、スペイン、トレド、聖ホセ礼拝堂) 225
「聖母戴冠」(エル・**グレコ**、マドリード、プラド美術館) 225
「聖母戴冠」(リッカルド・**クワルタラーロ**、イタリア、シチリア、パレルモ国立美術館) 224
「聖母戴冠」(**ジェンティーレ・ダ・ファブリアーノ**、ミラノ、ブレラ美術館) 224
「聖母戴冠」(**ジョット**、イタリア、パドヴァ、スクロヴェーニ礼拝堂) 224
「聖母戴冠」(**ジョット**、イタリア、ボローニャ美術館) 224
「聖母戴冠」(**ステファーノ・ディ・サンタグネーゼ**、ヴェネツィア、アカデミア美術館) 285

『神聖比例論』（ルカ・**パチオリ**） 343, 356
『人体均整論』（**デューラー**） 342
『新天文学』（**ケプラー**） 6, 374
『審判の日』（聖史劇。フランス、ブザンソン市立図書館） 33
『神秘神学について』（**偽ディオニュシオス**） 432
「神秘の降誕」→「降誕」（**ボッティチェリ**）
「神秘の子羊」あるいは「ゲントの（多翼）祭壇画」（**ファン・エイク兄弟**、ベルギー、ゲント、聖バヴォン大聖堂） **口絵**, 6, 20, 21, **22-4**, 25, **26**, 27-35, 65, 71, 107, 111, 137, 139, 156, 157, 161, 163-70, 172-5, 177, 178, 180, 182-4, 188, 196, 201-3, 205-10, 212-5, 221, 225-30, 239, 242, 244, 252, 284, 292, 309, 313, 334, 360, 391, 442, 470, 580, 675

『数学的叙説と証明』（**ガリレイ**） 565
『スカラ・コエリ』（ジャン・**ゴビ**） 329
「スキピオの夢」（『国家論』中第六巻。**キケロ**） 55, 77-9, 256, 258, 552, 556, 626
『図像を投げ捨てる者たちを駁す』（ダマスコの聖**ヨハンネス**） 577
「ステファネスキ多翼祭壇画」（**ジョット**、バチカン宮美術館） 177
『ストロマティオス』（アレクサンドレイアの**クレメンス**） 73
「スペイン君主国の至上の栄光」（「スペイン王家の栄光」とも。ジョヴァンニ・バッティスタ・**ティエポロ**、マドリード王宮） 463
「すべての聖人」（十七世紀。ギリシア、アトス山） 317
『住まいの書、あるいは霊魂の城』（アヴィラの聖**テレサ**） 432

『聖アウグスティヌスの真の考えによる音楽論』（アンリ・**ダヴァンソン**〔＝**ダヴァンソン・マルー**〕） 262, 269
『聖イグナティウス伝』（ペドロ・デ・**リヴァデネイラ**） 442, 448, 452, 602
「聖イグナティウスの勝利」（アンドレア・**ポッツォ**、ローマ、サン・イニャッツィオ教会） 382, 446, 453
『聖ヴァンサン・ド・ポール伝』（ルイ・**アベリー**） 425
「聖ウルスラの伝説」（ワシントン、ナショナル・ギャラリー） 227
『聖王ルイ』（ジャック・**ル・ゴフ**） 106
『聖画像論』（**モラヌス**） 393, 421
「聖家族」（エル・**グレコ**、マドリード、タヴェラ施療院） 361
「聖家族」（ヤン・**ホッサールト**、ポルトガル、エボラ美術館） 300
「聖家族」（**ムリーリョ**、パリ、ルーヴル美術館） 448
「聖カタリナの神秘の結婚」（**コレッジョ**、パリ、ルーヴル美術館） 311
『正義賛歌』（ピエール・ド・**ロンサール**） 465
「聖告図」（「受胎告知図」とも。**ル・ナン兄弟**、パリ、サン・ジャック・デュ・オー・パ教会） 447
『静寂主義者たちの主たる誤りを論駁す』（ピエール・**ニコル**） 491
『聖者伝』（**ゲラルデスカ**） 133
『聖者の永遠の眠り』（リチャード・**バクスター**） 460, 507
『聖書訓話』（中世） 329
「聖女たちに囲まれた聖母子」（ハンス・**メムリンク**、パリ、ルーヴル美術館） 215, **216**
「聖女ルキアの伝説」（アメリカ、デトロイト美術館） 136, 137, 334
『精神の悦楽』（**デマレ・ド・サン・ソルラン**） 438
『聖セバスティアヌス伝』（五世紀） 148, 163, 189
「聖体の論議」（**ラファエッロ**、バチカン宮美術館） 188
「聖チェチリア」（**ラファエッロ**、イタリア、ボローニャ国立美術館） 268

『シャンソン選集』「序文」（ピエール・ド・**ロンサール**） 282
「受胎告知」（エル・**グレコ**、マドリード、プラド美術館） 426
「受胎告知」（**ファン・デル・ウェイデン**、パリ、ルーヴル美術館） 188
「受胎告知」（**フラ・アンジェリコ**、フィレンツェ、サン・マルコ美術館ほか） 181, 182
「出エジプト記」（**モーセ**） 196, 339
『受難の聖史劇』（アルヌール・**グレバン**） 33, 301
『主の賛歌』（聖**コロンバ**） 254
『主のブドウの書』（十五世紀の第三四半期） 226
『シュマルカルデン箇条』（**ルター**） 617
『殉教称賛』（偽**キプリアヌス**） 173
「純潔の寓意」（**ジョット**、イタリア、アッシジ、サン・フランチェスコ教会） 177
「頌歌」 125, 254
「障壁はもうない」（詩。エリザベス・スチュアート・**フェルプス**） 622
『消滅した単純な魂の鏡』（マルグリット・**ポレート**） 234
「勝利の教会」（ルーマニア、スチェヴィータ、修道院付属教会） 317
『植物界の図絵』（ガスパール・**ボーアン**） 160
『植物図鑑』（ヨハンネス・アンモニウス・**アグリコラ**） 169
『植物図鑑』（**タベルナモンタヌス**） 160
『諸原理について』（アマンティウス・**オリゲネス**） 53
「ジョコンダ」（「モナリザ」。**レオナルド・ダ・ヴィンチ**、パリ、ルーヴル美術館） 470
「諸聖人」（ルイ・**ブレア**、イタリア、ジェノヴァ、サンタ・マリア・ディ・カステッロ修道院） 603, **604**, 605
「諸聖人の祝日」あるいは「三位一体の礼拝」（**デューラー**、ウィーン美術史美術館） 66, 180, 182, 183, 188, 206, 335, 603
「女性の肖像（音楽の寓意）」（フィリッピーノ・**リッピ**、ベルリン国立美術館） 283
「城のある滝」（ヤコブ・ファン・**ライスダール**、ドイツ、ブラウンシュバイク、アントン・ウルリヒ公爵美術館） 471
『死を軽んずる牧歌』（フランソワ・**アベール**） 574
『死を免れないことについて』（聖**キプリアヌス**） 204, 601, 626
『新エロイーズ』（**ルソー**） 619, 262
『神学大全』（**トマス・アクィナス**） 5, 174, 187, 233, 553, 608
『神学的告白』（フェカンの**ヨハネス**） 120, 191, 239, 244
『神学の鏡』（中世） 329
『新旧音楽における上演』（クロード・フランソワ・**メネストリエ**） 417
『神曲』（**ダンテ**） 32, 49, 50, 63, 67-9, 73, 98, 101, 102, 171, 208, 325, 330, 362, 514, 556
　「地獄篇」 2, 73, 74, 101
　「煉獄篇」 2, 101, 325
　「天国篇」 2, 32, 49, 50, 53, 67, 68, 98-101, 158, 171, 174, 208, 223, 233, 239, 256, 274, 330, 340, 514
『新クリスマスキャロル集』（ジャン・**ダニエル**） 302
『新クリスマスキャロル集』（フランソワ・**ブリアン**） 302
『信仰によって神を知る魂の歌』（十字架の聖**ヨハネ**） 592
『信仰の進歩』（アウクスブルクの**ダーヴィト**） 98
「真実の道」（**アンドレア・ディ・ボナイウート**）→「戦う教会と勝利の教会」
『信心生活入門』（聖**フランソワ・ド・サール**） 602, 605
「神聖同盟の寓意」あるいは「イエスの御名の礼拝」「フェリペ二世の夢」（エル・**グレコ**、スペイン、エスコリアル美術館） 426, 444, **445**, 450
『人生の書』（『自叙伝』か。アヴィラの聖**テレサ**） 428, 432

「最後の審判」（ヒエロニムス・**ボス**）→「楽園」（原画ヒエロニムス・**ボス**「最後の審判」の細部…）
「最後の審判」（**ミケランジェロ**、ローマ、システィナ礼拝堂） 43
「最後の審判」（ハンス・**メムリンク**、グダニスク、ポーランド国立美術館） **130**
「最後の審判」（レイデンの**ルーカス**、オランダ、レイデン市立美術館） 180
「最後の審判」（シュテファン・**ロホナー**、ドイツ、ケルン、ヴァルラフ・リヒャルツ美術館） 130, 286
「最後の審判」（イタリア、ヴェローナ、サンタ・アナスタシア教会） 316
「最後の審判」（イタリア、ボローニャ国立美術館） 212
「最後の審判」（イタリア、ロレート・アプルティーノ、サンタ・マリア・イン・ピアーノ教会） 125, 153
「最後の審判」（ヴェネツィア、トルチェッロ、サンタ・マリア・アスンタ大聖堂） 153, 211, 316, 317
「最後の審判」（スペイン、サラゴーサ大聖堂美術館） 268
「最後の審判」（フランス、コンク、サント・フォア教会） 315, 316
「最後の晩餐」（**レオナルド・ダ・ヴィンチ**、イタリア、ミラノ、サンタ・マリア・デッレ・グラツィエ教会） 202
「宰相ニコラ・ロランの聖母子」（ヤン・**ファン・エイク**、パリ、ルーヴル美術館） **137**, 182, 188, 470
「ザカリア書」 245
「先頃バラの花が」（ギョーム・**デュファイ**） 259
『サーキルの幻視』（一二〇七年） 94, 124
「サクラ・シンフォニア集」（合唱。ジョヴァンニ・**ガブリエリ**） 289
『サピエンスの大時計』（ハインリヒ・**ゾイゼ**）→『永遠の知恵の書』
『賛歌』（**ヤコポーネ・ダ・トーディ**） 48, 62, 326
『讃美歌』（アイザック・**ウォッツ**） 582
「讃美歌」（ルイ・マリー・**グリニョン・ド・モンフォール**） 488
「サン・マルコ広場での聖十字架の行列」（ジェンティーレ・**ベリーニ**、ヴェネツィア、アカデミア美術館） 274
「三位一体の礼拝」（**デューラー**）→「諸聖人の祝日」
『サン・メダール修道院の福音書抄録』（フランス国立図書館） 132, 200

『地獄の厳罰一覧』（イェレミアス・**ドレクセル**） 4
「地獄篇」→『神曲』（**ダンテ**）
『磁石について』（ウィリアム・**ギルバート**） 549
『自然学』（**アリストテレス**） 20, 553
『自然の景観』（ノエル・アントワーヌ・**プリューシュ**） 465
『シデレウス・ムンキウス』（『星界の報告』。**ガリレイ**） 543
「熾天使、智天使と礼拝する天使たち」（**ヤコーポ・ディ・チョーネ**、ロンドン、ナショナル・ギャラリー） 184
「使徒行伝」（聖**ルカ**） 43, 320, 321
『使徒信経』（『使徒信条』） 614
『死の賛歌』（ピエール・ド・**ロンサール**） 514
「死の勝利」（イタリア、ピサのカンポ・サント霊廟） 267
「死のダンス」（十四世紀の写本「朱い本」に収録。スペイン、モンセラート修道院） 276
「詩篇」 1, 31, 141, 164, 172, 221, 242, 249, 253, 259, 260, 262, 263, 266, 272, 284, 289, 292, 318, 319, 322, 331, 406, 544
「詩篇」入り典礼書（フランス、シャンティイ、コンデ美術館） 322
『「詩篇」注解』（**アルノビウス**） 657
『シャロンからパスカルまでのフランス宗教思想』（アンリ・**ビュッソン**） 530

『光学』（**ニュートン**） 566
「降誕」（カルル・**ヴァン・ロー**、フランス、アミアン美術館） 361
「降誕」（ベノッツォ・**ゴッツォリ**、フィレンツェ、メディチ・リカルディ宮の礼拝堂） **166**, 187, 294
「降誕」（**ジョット**、イタリア、パドヴァ、スクロヴェーニ礼拝堂） 294, 421
「降誕」（フランシスコ・デ・**スルバラン**、フランス、グルノーブル美術館） 420
「降誕」（**ピエロ・デラ・フランチェスカ**、ロンドン、ナショナル・ギャラリー） 188, **299**
「降誕」（**ファン・デル・ウェイデン**、ベルリン、ダーレム美術館） 296
「降誕」（**フラ・アンジェリコ**、フィレンツェ、サン・マルコ美術館） 294
「降誕」（**ペトルス・クリストゥス**、ワシントン、ナショナル・ギャラリー） 296
「降誕」あるいは「神秘の降誕」（**ボッティチェリ**、ロンドン、ナショナル・ギャラリー） 276, 297
「降誕」（**ロベール・カンパン**、フランス、ディジョン美術館） 182
「降誕」（ジョルジュ・ド・**ラ・トゥール**、フランス、レンヌ美術館） 311, 361
「降誕」（パリ、ルーヴル美術館） 298
『こう伝えられている』（一三一三－三〇年） 205
『国王大全』（中世） 329
『告白』（聖**アウグスティヌス**） 55, 79, 261, 262, 556
『告白と許し』（ジャン・**ドリュモー**） 1
「穀物の収穫」（ピーテル一世・**ブリューゲル**、ニューヨーク、メトロポリタン美術館） 470
『ゴシックの図像学』（エミール・**マール**） 101
『コスモテオロス』（『コスモスの理論』か。クリスティアーン・**ホイヘンス**） 567
『国家』（**プラトン**） 258
『国家論』（**キケロ**） 55, 256, 556
『この世とあの世における夫婦愛の魅力についての興味深い論考』（**スウェーデンボリ**） 582
『コーラス用詩篇』（クロアチア、ザダル、フランシスコ会修道院） 284
「コリントの信徒への手紙一」（聖**パウロ**） 28, 35, 123, 195, 196, 231, 237, 241, 451, 505, 537, 571, 573, 575, 576, 629
「コリントの信徒への手紙二」（聖**パウロ**） 52, 69, 74, 175, 451, 497, 571, 663
「コロサイの信徒への手紙」（聖**パウロ**） 43, 613
「ゴンキヒワの聖母子」（**ラファエッロ**、フィレンツェ、ウフィツィ美術館） 311
『コンスタンティヌスの寄進状』（八世紀中頃） 122

サ行

「最後の審判」（アンドレア・**オルカーニャ**、イタリア、ピサ、カンポ・サント教会） 211, 315, 316
「最後の審判」（ピエトロ・**カヴァリーニ**、ローマ、サンタ・チェチリア教会） 315, 316
「最後の審判」（ルカ・**シニョレリ**、イタリア、オルヴィエート大聖堂） 43, 286
「最後の審判」（**ジョヴァンニ・ディ・パオロ**、イタリア、シエナ国立美術館） 157, 167, 168, 170
「最後の審判」（**ジョット**、イタリア、パドヴァ、スクロヴェーニ礼拝堂） **40**, 186, 212, 316, 317, 421
「最後の審判」（**タッデオ・ディ・バルトロ**、イタリア、サン・ジミニャーノ大聖堂） 212
「最後の審判」（ヨハン・バプティスト・**ツィンメルマン**、ドイツ、バイエルン、ヴィース巡礼教会） **446**, 450
「最後の審判」（ニコラ・**ピサーノ**、イタリア、シエナ大聖堂） 315
「最後の審判」（ヤン・**ファン・エイク**、ニューヨーク、メトロポリタン美術館） 29, 212
「最後の審判」（**ファン・デル・ウェイデン**、フランス、ボーヌ施療院） 130, 177, 182, 188, 212, 315, **316**
「最後の審判」（**フラ・アンジェリコ**、フィレンツェ、サン・マルコ美術館） **154**, 155, 171, 212, 276
「最後の審判」（ジャン・**ベルガンブ**、ベルリン絵画館） 135, 156

「教皇マルチェルスのミサ」（宗教音楽。ジョヴァンニ・ピエルジ・ダ・**パレストリーナ**） 418
『恐怖心の歴史』（ジャン・**ドリュモー**） 1, 310, 668, 671
「玉座の聖母子」（ヤン・ファン・**エイク**、ドイツ、ドレスデン国立絵画館） 182
「巨人族の墜落」（ジュリオ・**ロマーノ**、イタリア、マントヴァ、テ宮殿） 376, **377**
『キリスト教結婚教育論』（**エラスムス**） 265
『キリスト教考古学事典』（一五八一年） 234
『キリスト教地誌』（**コスマス**） 54
「キリスト降誕図」→「降誕」
「キリスト磔刑図」（**ボッティチェリ**、イギリス、ケンブリッジ、フォッグ・アート美術館） 136
「キリストとサマリアの女」（ジローラモ・**ダイ・リブリ**、イタリア、ヴェローナ、カステル・ヴェッキオ美術館） 168
『キリストにならいて』（**トマス・ア・ケンピス**） 102, 119, 175, 233, 245
「キリストの降誕」→「降誕」（フランシスコ・デ・**スルバラン**）
「キリストの最期」（**ジョヴァンニ・ディ・ピエトロ**、ロンドン、ナショナル・ギャラリー） 168
『キリストの最後の晩餐』（**ルター**） 500
「キリストの生涯についての聖歌」（**コエリウス**あるいは**セドゥリウス**） 197
「キリストの昇天」（ロレンツォ・**ギベルティ**、フィレンツェ、サン・ジョヴァンニ礼拝堂） 335
「キリストの昇天」（**コレッジョ**、イタリア、パルマ、サン・ジョヴァンニ・エヴァンジェリスタ教会） 378
「キリストの昇天」（**ジョット**、イタリア、パドヴァ、スクロヴェーニ礼拝堂） 335, 421
「キリストの昇天」（**ペルジーノ**、フランス、リヨン市立美術館） 335
「キリストの昇天」（アンドレア・**マンテーニャ**、フィレンツェ、ウフィツィ美術館） 335
「キリストの昇天」（**メロッツォ・ダ・フォルリ**）→「奏楽の天使」（**メロッツォ・ダ・フォルリ**）
「キリストの洗礼」（エル・**グレコ**、マドリード、プラド美術館） 426
「キリストの復活」（エル・**グレコ**、マドリード、プラド美術館） 426
「キリスト変容」（**ラファエッロ**、バチカン宮美術館） 335

『クリスティーヌ・ド・ロレーヌ宛の書簡』（**ガリレイ**） 543, 545
『クリスマスキャロル集』（**コンシエルジュリの囚人たち**） 302
『クリスマスキャロル集』（ニコラ・**ドゥニゾ**） 302, 306
『クリスマスキャロル集』（サムソン・**ベドゥアン**） 302
『クリスマスキャロル集』（ルカ・**ル・モワーニュ**） 302, 305
「クリスマスの図」（マティアス・**グリューネヴァルト**、フランス、コルマール、ウンターリンデン美術館） **300**
『クンフタ・プシェミスルの受難記』（十四世紀） 48

『月世界旅行記』（サヴィニャン・ド・**シラノ・ド・ベルジュラック**） 567
『原罪の起源』（**プルデンティウス**） 189
『幻視者』（ピエール・**ニコル**） 491
『幻視者たち』（**デマレ・ド・サン・ソルラン**） 438
『謙遜の梯子』（聖**ベルナルドゥス**） 328
『建築技法について』（『建築論』とも。レオン・バッティスタ・**アルベルティ**） 343, 344
『建築論』（**ウィトルウィウス**） 342
『建築論』（グアリーノ・**グアリーニ**） 373
『建築論』（セバスティアーノ・**セルリョ**） 343
「ゲントの（多翼）祭壇画」（**ファン・エイク兄弟**）→「神秘の子羊」

『黄金の書』（ドイツ、ミュンヘン、ドイツ国立図書館） 200
『黄金の書』（ドイツ、ロルバッハ） 322
『往生術』（一四九二年初刊） 175, 234, 605
「幼子の礼拝」（「ポルティナリの多翼祭壇画」の中央パネル。フーゴ・ファン・デル・**グース**、フィレンツェ、ウフィツィ美術館） **296**
「オスティアの幻視」（『告白』中第九巻。聖**アウグスティヌス**） 556
『オード』（ピエール・ド・**ロンサール**） 464
『処女（おとめ）の鏡』（十二世紀） 328
「オルガス伯の埋葬」（エル・**グレコ**、スペイン、トレド、聖トーメ教会） 426, 444
「音楽（若い女性の寓意）」（アントニオ・**ポライウオロ**、ローマ、サン・ピエトロ大聖堂シクストゥス四世の墓所） 283
『音楽について』（聖**アウグスティヌス**） 262
『音楽の鏡』（フランソワ・**サバティエ**） 414
『音楽の実践』（フランキノ・**ガフリオ**） 342
『音楽論』（**ボエティウス**） 258

カ行

『外的および内的人間の構成』（アウクスブルクの**ダーヴィト**） 98
『快楽について』（ロレンツォ・**ヴァッラ**） 122, 630
「快楽の再来」（演劇。十七世紀） 418
「快楽の園」（ヒエロニムス・**ボス**、マドリード、プラド美術館）**本書カバー／表紙**, 125, 267
『戒律』（聖**ベネディクトゥス**） 573
「雅歌」（「ソロモンの雅歌」とも） 104, 122, 125, 141, 152, 164, 189, 221, 222, 290, 498, 629
『画家と建築家の遠近法』（アンドレア・**ポッツォ**） 383
『学識ある無知』（**ニコラウス・クサヌス**） 538, 539, 541, 554
『カトリック教会のカテキズム』（**ヨハネ・パウロ二世**） 569
『神の愛の讃美歌』（ジャン・ジョゼフ・**スュラン**） 482
『神の国』（聖**アウグスティヌス**） 40-2, 71, 118, 136, 158, 180, 204, 206, 225, 232, 241, 242, 246, 247, 480, 658, 659
『神の祝福』（**ベネディクトゥス十二世**） 236
『神の道を知れ』（ビンゲンの**ヒルデガルト**） 47, 328
『神の業の書』（ビンゲンの**ヒルデガルト**、イタリア、ルッカ市立図書館） 341
「ガラテヤの信徒への手紙」（聖**パウロ**） 115
『カルメル山登攀』（十字架の聖**ヨハネ**） 432
「岩窟の聖母」（**レオナルド・ダ・ヴィンチ**、パリ、ルーヴル美術館） 470
『カンタベリー物語』（**チョーサー**） 280
『完徳の道』（アヴィラの聖**テレサ**） 432

『偽教皇法令集』（『偽イシドルス教会法令集』とも。**イシドルス・メルカトール**） 59
「危険な崇敬」（マッフェオ・**バルベリーニ**） 547
『奇蹟の書』（トゥールの**グレゴリウス**） 217
「奇蹟の漁り」（コンラート・**ヴィッツ**、ジュネーヴ美術歴史博物館） 470
『貴婦人たちの擁護者』（マルタン・**ル・フラン**） 281
『饗宴』（**ダンテ**） 49
「教会に捧げる賛歌」（六世紀あるいは八世紀） 128
『教会のバビロン捕囚』（**ルター**） 499
『教会ミサ大全』（ジャン・**ベレト**） 275

『韻を踏んだ神秘学』（ジャン・**トゥノー**） 512

「ウィトルウィウス的人体図」（**レオナルド・ダ・ヴィンチ**、ヴェネツィア、アカデミア美術館） 342
「ウィリアム三世と女王アンの勝利」（ジェイムズ・**ソーンヒル**、イギリス、グリニジ王立施療院） **462**, 463
『ウィンチェスター司教用定式書』（紀元一〇〇〇年頃） 58
「ウェイクの風車」（ヤコブ・ファン・**ライスダール**、オランダ、アムステルダム国立美術館） 471
「ウェヌス、愛と音楽」（**ティツィアーノ**、マドリード、プラド美術館） 291
「ウェヌスの誕生」（**ボッティチェリ**、フィレンツェ、ウフィツィ美術館） 168
『ヴェルシュ・ガスト』（『外国人の客』。中世） 329
『ヴェールと羽根』（イザベル・**プートラン**） 458
『宇宙形状誌』（ペーター・**アピアン**） 525
『占いについて』（**キケロ**） 78

『永遠の安息日の過ごし方』（八世紀あるいは九世紀） 120, 237
『永遠の知恵の書』（ハインリヒ・**ゾイゼ**） 20, 48, 103, 329
「永遠の眺望」（ヨハン・カスパール・**ラヴァテル**） 581
「栄光のキリスト」（**フラ・アンジェリコ**、イタリア、オルヴィエート大聖堂） 177
「栄光の聖母」（スペイン、ビルバオ美術館） 309
「栄光の聖母マリア」（フーゴ・ファン・デル・**グース**の弟子のひとり、ポルトガル、エボラ美術館） 309
「栄光のフランチェスコ」（**ジョット**、イタリア、アッシジ、サン・フランチェスコ教会） 177
「エウリディーチェ」（オペラ。ヤコポ・**ペーリ**） 420
「エジプトへの逃避」（ヨアヒム・**パティニール**、ベルギー、アントワープ王立美術館） 470
「エズラ記」 72
「エズラの第四の書」 72, 73
「エゼキエル書」 36, 38, 72, 82, 115, 142, 193, 447
『エゼキエル書注解』（ラバヌス・**マウルス**） 205
「エッサイの樹」（ドイツ、ケルン、聖クニベルト教会など） 323
「エッサイの樹」（フランス、サン・ドニ大聖堂など） 322
「エッサイの系統樹にならったドミニコ会士たちの系図」（メキシコ、オアハカ、サント・ドミンゴ教会） **324**
『悦楽の園』（ランツベルクの**ヘラート**） 45, **46**, 126, 152, 207-9, 211, 221, 222, 284, 321, 328, 338, 340, 342
『エティエンヌ・シュヴァリエの時禱書』（ジャン・**フーケ**） 295, 314
「エノクの第一の書」 72, 73, 142
「エノクの第二の書」 254
「エフェソスの信徒への手紙」（聖**パウロ**） 27, 43, 126, 501, 613
『エルキダリウム』（オータンの**ホノリウス**） 28, 119, 143, 158, 191, 205, 208, 240, 255
『エルサレムの栄光の聖歌』（フェカンの**ヨハネス**の弟子） 121, 232, 241, 255
「エレミヤ書」 195, 571
「円＝『創世記』」（ヴェネツィア、サン・マルコ大聖堂） 339
『エンキリディオン』（聖**アウグスティヌス**） 243
「円形天窓」（アンドレア・**マンテーニャ**、イタリア、マントヴァ、ドゥカーレ宮殿） 376

『黄金伝説』（**ヤコブス・デ・ウォラギネ**） 107-9, 124, 205, 206, 208, 222, 223, 255, 321, 326, 330, 602, 660

作品名索引（日本語版）

＊「福音書」の項目は立てていない。
＊作者名の太字は人名索引の見出しに対応している。
＊図版掲載頁も太字で示した。

ア行

「哀悼」（**ジョット**、イタリア、パドヴァ、スクロヴェーニ礼拝堂） 421
『愛の生ける炎』（十字架の聖**ヨハネ**） 432
『アウクスブルク信仰告白の弁明』（フィリップ・**メランヒトン**） 617
『アエネーイス』（**ウェルギリウス**） 74, 99
『アカデミー・フランセーズの辞書』（「天」の定義の項） 527, 528
『アフリカ』（**ペトラルカ**） 78
「アポロンと諸大陸」（「アポロンと四大陸」か。ジョヴァンニ・バッティスタ・**ティエポロ**、ドイツ、ヴュルツブルク司教館） 469
「アポロンと美の女神たち」（マールテン・デ・**フォス**、ブリュッセル、ベルギー国立美術館） 291
『アミンタ』（トルクアータ・**タッソー**） 278
『アメリカ合衆国におけるプロテスタント監督教会の代表者会議によって採択された讃美歌集　改訂・拡大版』（ジョン・**ウェスリー**） 593-5
「アモス書」 142
「嵐」（「テンペスタ」とも。ジョルジョ・**ジョルジョーネ**あるいは**ティツィアーノ**、ヴェネツィア、アカデミア美術館） 470
「アル・バラドス」（ブルターニュの讃美歌）→「天国の栄光に思いを致すよき魂の感情」
『アルフォンソ天文表』（十三世紀半ば） 525, 526
『アルマゲスト』あるいは『大天文学総覧』（**プトレマイオス**） 20, 63
『アンシャン・レジーム期における子どもと家庭生活』（フィリップ・**アリエス**） 310
『安心と加護』（ジャン・**ドリュモー**） 1, 636, 647, 654, 660, 675
『アンティクラウディアヌス』（**アラン・ド・リール**） 61
『アンヌ・ド・ブルターニュの小時禱書』（一五〇三年頃） 227
『アンブロシウスの賛歌』（五世紀－八世紀） 195
『暗夜』（十字架の聖**ヨハネ**） 432

「イエスの御名の勝利」（**バチッチョ**、ローマ、ジェズ教会） 381, 444, 450
「イエスの御名の礼拝」（エル・**グレコ**）→「神聖同盟の寓意」
「イエスの生涯」（スペイン、トレド大聖堂） 391
『イエス伝』（**ルドルフ・ル・シャルトルー**） 429
『イギリス教会史』（尊者**ベーダ**） 58, 88
「イグナティウス・デ・ロヨラ」（ローマ、ジェズ教会） 436
「イザヤ書」 38, 59, 117, 142, 159, 172, 184, 193, 195, 319, 321, 451, 477, 498, 571
『一般光学』（ジョン・**ペッカム**） 67
『愛しい家族とあの世で再会する希望と慰めについて』（C・I・**アンサルディ**） 608
『命の巡礼』（ギヨーム・ド・**ディギュルヴィル**） 159, 329

ヤ行

ラ行

マ行

ナ行

ハ行

タ行

サ行

カ行

人名索引（日本語版）

＊アダム、イヴ、聖母マリア、イエス、キリストは項目として立てていない。
＊原則としてそれぞれの初出頁には訳者による人名註を付した。

ア行

訳者紹介

西澤文昭（にしざわ・ふみあき）

1946年長野県生まれ。東京大学教養学科卒・同大学院仏文科修士課程修了。現在、青山学院大学名誉教授。中世フランス文学・語学専攻。論文に「『アルビジョワ十字軍の歌』研究」、「大押韻派」（『フランス文学を学ぶ人のために』）、「十五、十六世紀フランスにおける国家起源論」（『国家と言語』）、「十五世紀作詩法論者の見た“rondel simple”」、「中世レトリックの一系譜」、「ヴィヨンと“Seconde rhétorique”」、「スクリプタ、フランシアン、文学言語——フランス語の成立に関する若干の考察」、「“Grands Rhétoriqueurs”をめぐって——作詩法理論解読の試み」、訳書にレヴィ＝ストロース『アスディワル武勲詩』、ジャン・ドリュモー『恐怖心の歴史』（共訳）、同『地上の楽園』（共訳）、その他に『岩波キリスト教辞典』（項目執筆）、『フランスの言語文化Ｉ』（放送大学教材、共著）など。

永見文雄（ながみ・ふみお）

1947年鳥取県生まれ。東京大学教養学科卒・同大学院仏文科博士課程中退。現在、中央大学名誉教授。18世紀フランス文学・思想史専攻。著書に『菩提樹の香り——パリ日本館の15カ月』、『ジャン＝ジャック・ルソー——自己充足の哲学』、『ルソーは植民地の現実を知っていたのか』、『ルソーと近代——ルソーの回帰・ルソーへの回帰』（共編著）、訳書にルソー『ポーランド統治論』、同『フランキエール氏への手紙』、シャップ・ドートロッシュ『シベリア旅行記』、プレヴォー『ブリッジの物語』、リュスタン・ド・サン＝ジョリ『女戦士』、テラソン『セトス』、コワイエ『軽薄島の発見』、ピーター・ゲイ『自由の科学——ヨーロッパ啓蒙思想の社会史Ｉ・II』（共訳）、ジャン・ドリュモー『恐怖心の歴史』（共訳）、ブリュノ・ベルナルディ『ルソーの政治哲学——一般意志・人民主権・共和国』（共訳）など。

●〈楽園の歴史〉III

喜びへの希望

（検印廃止）

2019年６月25日　初版第１刷発行

訳者　西澤文昭
　　　永見文雄

発行者　武市一幸

発行所　株式会社　新評論

〒169-0051　東京都新宿区西早稲田３-16-28
http://www.shinhyoron.co.jp

TEL 03 (3202) 7391
FAX 03 (3202) 5832
振替 00160-1-113487

定価はカバーに表示してあります
落丁・乱丁はお取替えします

装幀　山田英春
印刷　フォレスト
製本　松岳社

Printed in Japan
ISBN978-4-7948-1123-3

ジャン・ドリュモーの本

「恐怖」と「安心」と「彼岸」を作り出す文化はいかに生産されるか。
西欧文明の深層構造を究明する「意識」の歴史学。
アナール派第三世代の重鎮が圧倒的学殖で析出する、
キリスト教文明圏の集団的心性史。

J.ドリュモー／永見文雄・西澤文昭訳
恐怖心の歴史
A5　864頁　8500円
ISBN4-7948-0336-2　〔97〕
海、闇、狼、星、飢餓、租税への非理性的な自然発生的恐怖心。指導的文化と恐れの関係。14－18世紀西洋の壮大な深層の文明史。心性史研究における記念碑的労作！　書評多数。

J. ドリュモー／佐野泰雄・江花輝昭・久保田勝一・江口修・寺迫正廣訳
罪と恐れ
A5　1200頁　13000円
ISBN4-7948-0646-9　〔04〕
【西欧における罪責意識の歴史／十三世紀から十八世紀】西洋個人主義の源泉、自己へと向かう攻撃欲の発露、自らの内に宿る原罪と罪責意識…。『恐怖心の歴史』に続く渾身の雄編。

J. ドリュモー／未刊
安心と加護（仮）
本書では前二作から必然的に導かれてきたテーマが扱われる。中世から近代にかけて、人々は自然、人間、彼岸に由来する様々な脅威と危険に対して如何なる解決策をとってきたのか。

J.ドリュモー＆D.ロッシュ監修／未刊
父親の歴史、父性の歴史
古代ローマ以来の父親像の変化から、科学の進歩によって混迷の淵に追いやられた現代の父性までを検証。人口学・精神分析学・法学・図像学等を結集した父親史研究の集大成。

◆〈楽園の歴史〉三部作完結　宗教的心性史研究の金字塔

J. ドリュモー／西澤文昭・小野潮訳
Ⅰ．地上の楽園
A5　396頁　4200円
ISBN4-7948-0505-5　〔00〕
アダムは何語で話したか？アダムとイブの身長は？先人達は、この地上に存続しているはずだと信じた楽園についてのすべてを知ろうと試みた。失われた楽園への人々の〈郷愁〉。

J. ドリュモー／小野潮・杉崎泰一郎訳
Ⅱ．千年の幸福
A5　656頁　7000円
ISBN4-7948-0711-2　〔06〕
幸福は未来に存在する。中世の千年王国論から近代のユートピア、進歩思想まで、キリスト教文明の伏流に生き続ける〈未来への郷愁＝夢〉はどのような思想的変遷をたどってきたのか。

J. ドリュモー／西澤文昭・永見文雄訳
Ⅲ．喜びへの希望
A5　724頁　9000円
ISBN978-4-7948-1123-3　〔19〕
天国に幸福を求める宗教的想像力は各時代の学芸文化をいかに刺激し、近代によっていかなる変容を遂げたか。その「天国」から現代人が受け継いだ人類普遍の感受性とは何か。

価格は全て税抜です。